3th Edition

글로벌경영 사례 100

박병일 노태우 오금식 공저

머리말

국제화의 물결이 점차 격화됨에 따라 기업들은 이제 우물 안 개구리처럼 자국시장에만 편하게 안주할 수는 없게 되었으며, 이로 인해 우리 시장으로 유입되는 외국인직접투자와 한국기업의 해외직접투자가 공히 폭발적으로 크게 증가하고 있다. 과거 제2차 세계대전 이전만 하더라도, 선진국들조차 가공할 만한 교역장벽을 설치하여 국가 간 재화와 서비스의 자유로운 이동을 가로막았던 시절이 있었다. 하지만 각국 정부는 점차 교역확대로 인해 향유할 수 있는 이익들을 인지하게 되었고, 따라서 언급한 장벽들을 서서히 줄여나가려는 노력을 해나감으로써 국제화의 진일보가 가능해졌으며, 또한 우리가 지금껏 목격해온 (커뮤니케이션, 정보가공 및 수송 분야에서의) 기술의 발전은 국제화를 아예 우리의 현실로 만들어주었다.

한편 해외기업에 의한 국내시장에서의 영업활동이 되었든, 한국기업의 국제무대 등장이 되었든, 국제화로 인해 촉발된 해외진출의 가속은 다양한 이유들로 인해 기업으로 하여금 필연적으로 외국인비용(liabilities of foreignness)을 겪게 하는바, 그들이 경험했던 시행착오를 학습함으로써 바람직하고 적절한 국제경영전략을 설계할 수 있는 능력을 배양할 필요성이 제기되고 있다. 이에 본서는 국제화와 해외직접투자에 기반을 둔 국제경영 학문을 연마함에 있어 이를 사례중심으로 교육하기 위한 목적을 담고 집필되었다.

상기에 이미 지적했듯이, 날로 치열해져가는 국제경쟁상황을 극복하기 위해 기업이 취하는 보편적 대응전략 방안 중 하나로 해외직접투자를 들 수 있으나, 많은 다국적기업의 해외시장 진입이 외부 환경적 요인으로 혹은 부적절한 전략수립과 실행으로 인해 실패를 경험하는 경우가 비일비재하다. 본서에서는 다국적기업의 국제경영 성공뿐만 아니라, 특히 최신 실패사례들을 심층분석함으로써 해외시장에서의 전략수립에 대한 이해의 폭을 넓히고자 노력하였다. 이렇듯 해외진출과 관련된 여러 가지 사례들을 면밀히 살펴봄으로써 바람직한

국제경영활동을 위한 시사점을 도출해볼 수 있음은 물론, 사례연구를 통해 유사한 환경에 직면했을 때 이를 극복할 수 있는 국제경영전략의 수립능력을 함양할 수 있을 것으로 기대된다.

본서는 총 4부 16개의 장으로 구성되어 있다.

제1부 '국제경영의 이해'(1~4장)에서는 국제경영에 대한 기본개념과 체계를 고민함과 동시에 국제경영의 주체가 되는 다국적기업의 개념과 다국적기업의 생성요인을 살펴보고, 아울러 진입하고자 하는 시장에 대한 국가 비즈니스 시스템의 이해 및 문화적 차이의 중요성과 해외시장진출 동기 등을 관련사례를 통해 알아본다.

제2부 '국제경영환경'(5~8장)에서는 다국적기업이 불가피하게 다양한 위험에 노출될 수밖에 없는 이유들로, 각 국가가 견지하는 상이한 통상정책 및 보호무역주의적 환경, 지역경제통합체 설립의 증가와 국제통상질서의 변화, 국제금융환경의 복잡성 등을 지적하고 있으며, 더불어 국제교역과 투자에 현저한 영향을 미치는 각국 정부의 규제와 지원 역시 환경적 불확실성을 가중시키는 것으로 바라보았다. 본서는 이들을 종합적으로 국제경영환경으로 통합하여 각각의 주요 이슈들을 사례별로 나누어 살펴보고자 한다.

제3부 '국제경영전략'(9~12장)에서는 이질적인 통상 및 투자 환경에서 비롯된 사업기회를 활용하여 기업의 목표를 달성하기 위한 기업의 국제경영전략을 논의해본다. 이를 위해 해외시장 진입전략과 관련된 최신 자료들을 살펴본 후, 부적절한 전략적 제휴전략, 인수 및 합병전략으로 인해 기인된 기업의 선례들을 차례로 조사해본다. 마지막으로, 국가 간의 자원과 활동을 어떻게 배치하고 이들을 효과적으로 조정할 것인가를 설명하는 글로벌전략을 고려하여 학습한다.

끝으로 제4부 '국제경영관리'(13~16장)에서는 국제경영관리의 각 기능별 영역을 체계적으로 이해하기 위해 국제마케팅관리, 국제재무관리, 국제인적자원관리, 국제기업의 조직 및 통제전략 등을 주제로 하여 사례를 통한 국제경영 교육을 도모한다.

특히 이번 3판을 발간하면서, 지금까지 수록된 비교적 낡고 오래된 사례들을 최신 스토리로 대체하고자 노력하였으며, 논리적으로 풍성하지 못했던 사례들도 교체함으로써 보다 더 생동감 있고 흥미로운 내용만을 담아내고자 힘썼다. 본서를 출간하면서 본 저자는 국제경영이라는 세계를 학생들이 보다 더 흥미롭고 가깝게 공부할 수 있도록 돕기 위해 최선을 다했다고 생각하지만, 그럼에도 불구하고 아직도 많은 부족함이 있으리라 여겨진다. 아무쪼록 관심 있는 많은 독자들의 조언과 질타를 기대하면서, 3판의 부족한 점은 향후 계속해서 수정·보완할 것을 약속드린다. 더불어 본서가 세상의 빛을 볼 수 있도록 많은 지원을 해준 도서출판 시대가치 김광범 대표와 직원들에게도 감사를 드린다.

2022. 12.

이문동 교수연구실에서

대표저자 박병일

차례

제 1 부 국제경영의 이해

제 4 장 국제경영이론 93

제 2 부 국제경영환경

제 5 장 지역경제통합 135

제 3 부 국제경영전략

제 10 장 전략적 제휴전략 283

제 11 장 해외인수합병전략 313

제 4 부 국제경영관리

제 16 장 국제기업의 조직 및 통제 483

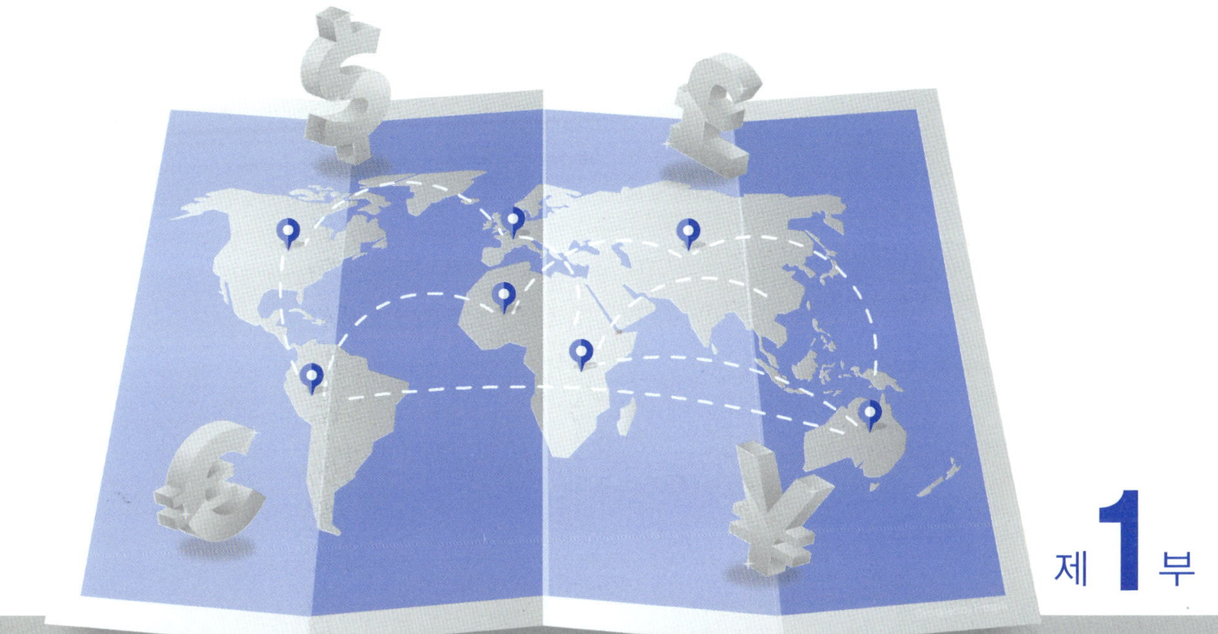

제 1 부

국제경영의 이해

국제경영에 대한 기본개념과 체계를 이해함과 동시에 국제경영의 주체가 되는 다국적기업의 개념과 다국적기업의 생성요인을 살펴보고, 아울러 국가 비즈니스 시스템 및 문화적 차이의 중요성과 해외직접투자이론을 관련 사례를 통해 알아본다.

기업의 국제화와 다국적기업

제 1 장

[1] 이것만은 알아두자

국제화의 정의

기업의 국제화란 특정국가에 거점을 두고 있는 기업이 대상시장 또는 경영활동의 범위를 해외시장으로 확대시켜 나가는 과정을 의미한다.

국제화의 유형

국제화에는 크게 '시장의 국제화(globalization of markets)'와 '생산의 국제화(globalization of production)'라는 두 가지 상이한 유형의 기업국제화가 존재한다. 시장의 국제화란 명백히 독립적이던 개별 국가시장이 하나의 통합된 글로벌시장으로 변화하는 것을 의미하며, 이는 ① 국가 간 교역을 저해하던 각종 장벽들이 감소하여 생산된 제품을 국경을 넘어 판매하는 것이 용이해지고, ② 세계 각국 소비자들의 기호가 점차 동일한 기준으로 수렴하며, ③ 이로 인해 기업은 보다 더 표준화된 제품을 생산함으로써 세계 시장의 창조를 가능하게 하였다.

하지만, 이러한 시장의 국제화는 또한 ① 소비자들의 선호도가 국제적으로 동질화되는 것이 일반적인 특징임에도 불구하고, 여전히 개별시장간 차이가 존재함을 부인하기 어려우며, 따라서 이를 극복하기 위해 기업은 ② 국가특유적인 마케팅 전략과 ③ 다양한 제품생산 능력을 갖춰야 한다는 점 등의 장애요인으로 인해 그 확산에 어려움을 겪고 있다.

반면, 생산의 국제화는 재화와 서비스의 생산에 필요한 요소들(예컨대, 노동력, 자본, 토지 등)을 국외에서 조달함에 있어 그 가격(cost)과 품질(quality)이 국가 간 상이함에 따라 촉진되었다. 생산의 국제화를 설명하는 데 있어 주목해야 할 한 가지 특징은 역사적으로 생산의 국제화는 서비스업보다는 제조업에서 활발히 일어나곤

했으나, 최근 점차 현대 커뮤니케이션 기술(특히 인터넷 기술)이 발달함에 따라 다른 국가의 저비용 생산기업으로부터 아웃소싱이 활발히 진행되고 있고, 이에 따라 서비스부문의 국제화가 급격히 진척되고 있다는 사실이다. 이러한 생산의 국제화는 ① 자유무역을 어렵게 하던 장애요소들이 상당 폭 감소했음에도 불구하고 공식적, 혹은 비공식 교역장벽이 상당 부분 존재하고 있다는 점, ② 일부 국가에서는 해외직접투자의 유입을 제한하는 정책적 수단을 행사하고 있다는 점, ③ 기술의 발전에도 불구하고 여전히 상당한 수송비용이 발생하고 있다는 점, 이외에도 ④ 여러 가지 복잡한 정치 · 경제적 위험요소들이 해외시장에 상존한다는 점 등이 이를 저해하는 주요 원인이 되고 있다.

국제화의 촉진요인

표 1-1 | 기업 국제화의 촉진요인

1. 국제무역환경의 자유화	2. 기술의 발전
• 자유무역을 저해하던 장벽의 감소 • 사회주의 경제의 개방	• 커뮤니케이션 • 정보 가공기술 • 수송기술
3. 통신수단의 발전	**4. 소비자기호의 동질화**
• 지구적 조정 및 통합능력의 증대 • 지구적 정보탐색능력의 증대 • 정보지식의 국제교류 활발	• 제품의 현지적합성의 증가 • 지구적 단일시장의 증가

다국적기업의 정의

2개국 또는 그 이상의 국가에서 생산, 분배, 판매, 기타 활동을 영위하고 지배하는 기업을 일컫는다.

국제화에 기인한 다국적기업의 주요 특징 변화

과거 국제화가 확산되고 진척되기 이전에는, 다국적기업은 선진국에 본사를 두고 있는 기업이 대부분이었던 것이 사실이지만, 국제화의 파도가 선진국을 넘어 신흥시장과 개발도상국을 휩쓸게 됨에 따라, 이들 선진국이 아닌 국가에 기반을 둔 다국적기업들이 크게 늘어나고 있으며, 이것이 최근 국제화를 통한 다국적기업

추세의 주요 변화라고 지적할 수 있다. 국제화로 기인한 또 다른 다국적기업의 특징 중 하나는 중소규모 다국적기업의 부상을 꼽을 수 있다.

[2] 국제화의 주요 사례

사례 1-1 한국콜마와 코스맥스의 국제화 과정

1. 한국콜마

HK Kolmar

한국콜마는 1990년에 설립된 화장품 생산 기업으로서 국내에서는 최초로 화장품 OEM/ODM[1] 사업을 시작한 기업이다. 1990년 5월 윤동한 회장은 일본콜마와 51:49 지분비율로 합작법인인 한국콜마를 설립함으로써, 독일에 이어 13번째 콜마 네트워크 기업을 설립하였다. 이러한 과정을 통해 탄생한 한국콜마는 1992년 매출 10억 원을 시작으로 1996년에는 200억 원을 돌파했다. IMF 외환위기 속에서도 연평균 20%에 달하는 매출 성장을 꾸준히 달성하여, 2007년에는 1,000억 원을 돌파하였고, 2020년 매출액은 1조 3,142억 원에 이르렀다. 현재 한국콜마는 연구개발부터 제조 및 품질관리까지 담당하는 종합적 ODM 서비스를 바탕으로 기초, 색조, 기능성 화장품 등 다양한 제품을 제조하고 있다. 또한 아모레퍼시픽, LG생활건강, 카버코리아, 해브앤비 등 국내외 600여 개 이상의 기업을 고객사로 두고 있다.

한국콜마가 중국 사업을 본격화한 2000년대 중반, 국내 화장품 ODM 시장은 성장이 둔화되었고, 화장품업체 간의 경쟁도 치열해져 과도한 할인경쟁으로 이어졌다. 이는 OEM/ODM 기업에게는 원가압박으로 작용하여 영업이익률이 지속적으로 하락하는 결과를 낳았다. 화장품 ODM 기업들은 전체적인 화장품 수요와 주요 고객사의 전략 변화에 민감할 수밖에 없어, 다양한 판로를 개척할 필요가 있었다. 이러한 시장상황으로 인해 당시 많은 화장품 기업들은 앞 다투어 해외시장 개척에

---

1) 저자 註 : OEM이란 '주문자위탁생산' 또는 '주문자상표부착생산'을 의미하는 반면, ODM은 주문자의 요구에 따라 단순 생산만 하는 OEM 방식과 달리, 주문자가 요구하는 기술을 자체 개발해서 납품하는 형태를 뜻한다.

나섰다.

당시 중국의 시장 가능성은 무궁무진했다. 중국은 2001년 WTO에 가입하였으며, 2000~2005년 사이의 GDP 성장률은 연평균 9.5%를 시현하였다. 특히 화장품 시장은 2003년에서 2006년 연평균성장률이 무려 22%에 달하였고, 2010년까지도 10% 내외의 높은 GDP 성장이 기대되었다. 한편, 시장에 진출한 중국 현지기업들은 브랜드, 기술력 등의 경쟁력이 부족했던 반면, 한국콜마는 1993년부터 꾸준히 중국시장의 현황을 조사하여 중국시장에 대한 이해도가 충분했다.

이에 한국콜마는 중국시장 진출 계획을 수립하고, 2007년 100% 지분을 투자하여 베이징 콜마를 출범시켰다. 한국콜마는 이름에서처럼 베이징을 거점도시로 선정했는데, 상하이가 아닌 베이징을 거점도시로 선정한 것에 대해서는 대내적으로 논란이 많았다. 상하이는 전통적인 중국의 경제와 문화의 중심지로 화장품 기업뿐만 아니라 수많은 다국적기업들이 중국 진출을 계획할 때 1순위로 고려하는 지역이었기 때문이다. 실제로 로레알, P&G 등 대부분의 다국적 화장품 기업은 상하이를 중국 진출의 발판으로 삼았다. 하지만 이들과 달리 한국콜마가 화장품의 불모지라고 할 수 있는 베이징을 거점으로 중국 사업을 시작하고자 한 배경에는 다음과 같은 이유가 있었다. 이미 글로벌 화장품 브랜드들이 다수 상하이로 진출했기 때문에, 상하이를 거점으로 선정한다면 그들과의 가격경쟁으로 인해 저가화장품 판매가 불가피하다고 판단했다. 대신 베이징을 거점으로 선택해 글로벌 브랜드와의 직접적인 경쟁을 피하고, 한국콜마가 강점을 가진 기술력을 활용하여 중간 이상의 기초제품에서 인지도를 쌓는 전략을 선택하였다. 베이징은 상하이와 비교해도 인구수나 경제수준이 부족하지 않다는 강점도 가지고 있었다.

한국콜마의 글로벌 진출 전략은 국내시장부터 입지를 공고히 한 뒤 글로벌 진출을 본격화하는 것이었다. 이 전략에 맞춰 한국콜마는 90년대부터 중국 진출의 기회를 엿보면서도, 국내에서 주 고객 확보가 확실히 이루어진 후 중국 사업을 본격화하였다.

이렇듯 사전준비가 확실했기에, 한국콜마는 비교적 성공적으로 중국시장에서 자리를 잡고 사업을 확장하였고, 2014년에는 260억 원의 매출을, 2015년에는 400억 원의 매출을 달성하였다. 당해 영업이익률은 15%에 달했는데, 이는 경쟁사의 평균 영업이익률인 7~8%를 훨씬 뛰어넘는 수치로 한국콜마 전략이 유의미한 성과를 거둔 것으로 볼 수 있다. 또한 베이징에서의 사업이 궤도에 오르자 상하이 진출을

그림 1-1 | **한국콜마 매출액 및 영업이익 추이**

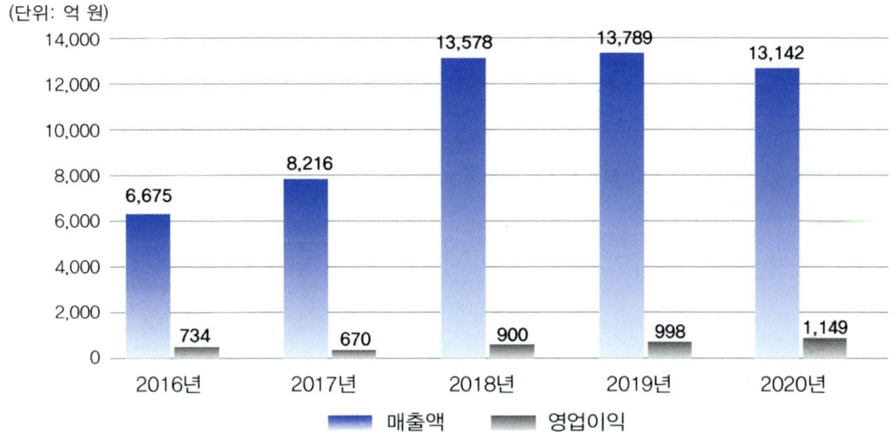

(단위: 억 원)

	2016년	2017년	2018년	2019년	2020년
매출액	6,675	8,216	13,578	13,789	13,142
영업이익	734	670	900	998	1,149

자료 : 글로벌어코노믹.

본격화하였다. 2018년 한국콜마는 상하이에서 40km 정도 떨어진 강소성(江蘇省) 무석시에 베이징에 이은 제2공장을 완공하였다. 제2공장은 연면적 7만 4,600㎡, 부지 6만 3,117㎡ 규모로 지어졌다. 이는 설립연도 기준 중국에서 가장 큰 화장품 제조 공장이었다.

한국콜마는 최근에도 긍정적인 성과를 보이고 있다. 코로나19 사태 이전인 2019년 한국콜마의 매출은 약 1조 3,700억 원에 달했으며, 영업이익은 약 1,000억 원에 달했다. 2020년에는 코로나19 사태의 여파로 매출이 약 1조 3,100억 원까지 감소했으나, 영업이익이 전년대비 약 15%나 증가한 1,150억 원을 기록했다. 중국 경제가 회복세에 들어선 2021년 1분기의 매출은 약 3,000억 원으로 작년 동기대비 18% 증가했으며, 영업이익 역시 242억 원으로 작년 동기대비 약 3% 증가하는 등 호실적을 이어오고 있다.

2021년 한국콜마는 중국 화장품시장의 회복세에 맞춰 중국시장에서 바디 및 헤어 제품을 집중적으로 공략할 계획이다. 또한 화장품사업에 대한 깊은 이해와 경험이 충분치 않은 사업자들의 화장품사업을 돕는 온라인플랫폼 플래닛 147을 출범했다. 플래닛 147은 화장품 개발과정에 대한 교육부터 제품 제작, 패키징, 브랜드 기획에 이르기까지 화장품사업에 관련된 모든 분야에 대한 서비스를 제공한다.

2. 코스맥스

한국콜마의 베이징 진출과 비슷한 시기에 상하이 진출에 성공한 기업이 있다. 바로 코스맥스이다. 코스맥스는 1992년에 설립된 한국미로토를 모태로 하는 화장품 ODM 기업인데, 설립 2년 뒤인 1994년 코스맥스로 상호가 변경되었으며, 1996년 향남제약공단에 위치한 공장에서 OEM 사업을 시작하였다. 지금은 로레알그룹, 아모레퍼시픽, LG생활건강, 더페이스샵 등 100여 개 브랜드에 화장품을 공급하고 있다.

코스맥스는 비교적 시장규모가 작은 국내화장품 OEM 분야에서도 한국콜마에게 뒤진 후발 업체였기 때문에, 일찍부터 글로벌 시장에 많은 관심을 가졌다. 코스맥스가 중국 진출계획을 수립했을 당시에는 중국 여성들이 화장을 많이 하지 않아, 회의적인 시선이 지배적이었다. 또한 중국이 까다로운 시장으로 인식되기도 했다. 그러나 코스맥스는 중국이 경제발전을 시현함에 따라 여성의 사회참여가 증가할 것이고, 화장품시장 역시 크게 성장할 것이라고 예견하였으며, 따라서 그 전에 시장에 안착해야 한다고 판단했다. 중국시장에 마땅한 경쟁자가 부재한 것도 주요했다. 비록 인터코스, 일본콜마 등 먼저 중국시장에 진출한 글로벌 ODM 기업들이 있었지만, 글로벌 ODM 기업들 대부분은 중국에 진출한 글로벌 브랜드 화장품 기업에게 제품을 납품하는 것을 목적으로 했지 현지 화장품업체들과는 거래하지 않고 있었기에 코스맥스의 영업형태와는 차이가 있었다. 이러한 상황 하에서 글로벌 ODM 기업들과 거래하지 못한 현지 화장품업체들은 대부분 품질이 떨어지는 저가 제품만을 출시하고 있었다는 점에서 코스맥스의 직접적인 경쟁자는 되지 못했다. 이러한 사실들을 직시한 코스맥스는 합리적인 가격에 고품질 화장품을 개발, 제조한다면, 중국 현지 화장품업체들과 더불어 질 좋은 제품을 출시해 동반성장을 할 수 있을 것이라고 판단했다.

코스맥스는 중국시장 진출을 결심한 후, 생산거점으로 적합한 곳을 물색했다. 중국 동부지역 도시를 집중분석한 결과, 법인과 공장을 설립할 부지로 상하이를 결정했다. 상하이는 높은 임대료와 인건비로 인해 공장 운영이 힘든 지역 중 하나였으나, 중국시장을 선점하기 위해서는 중국인들에게 최고라는 의미를 가진 'Made in Shanghai' 라벨이 필요하다고 여겼다. 또한 화장품 용기 제조사나 포장회사를 비롯한 각종 부자재 회사가 상하이에 집중되어 있기 때문에, 물류비 절감에도 도움이 될 것으로 예측했다. 계획 수립을 마친 코스맥스는 2004년 중국 상하이 종합공업개발지구에 '코스맥스상하이'를 설립하며 중국시장에 진출했다.

코스맥스는 초기에는 직접 공장을 건설하지 않고 소규모 공장을 임차하여 제품을 생산했다. 이는 중국시장에서 단기간 내에 승부를 내기보다는, 장기적인 관점에서 상황에 따라 유연하게 기업을 경영하기 위해서였다. 중국에서는 토지 매입 시 복잡한 규제를 감당해야 하기 때문에, 초기 리스크를 줄이기 위한 취지도 있었다.

코스맥스는 중국에서 고객사들에게 고품질 제품을 합리적인 가격에 공급하는 전략을 추진했다. 또한 현지 근로자의 업무 성향에 맞는 생산기법을 자체적으로 개발했으며, 시장 상황과 글로벌 화장품 트렌드에 대한 정보를 제공하는 등 고객사가 경쟁력을 가질 수 있도록 노력했다. 이는 중국시장에서 화장품 ODM 전문 기업으로 자리 잡는 데에 발판이 되었다. 특히 시중에 출시되기 전 제품의 품질을 3년간 추적 관리하는 코스맥스만의 시스템은 고객사의 신뢰를 확보, 유지하는 데에 큰 역할을 했다.

코스맥스의 중국매출은 2006년 17억 원을 달성한 후 해마다 2배가 넘게 증가해, 임대 공장의 생산설비만으로는 물량 조달이 어려워졌다. 이에 2008년부터는 자체 공장을 통해 제품을 생산하기 시작했다. 초기 연간 6,000만 개 규모로 시작한 생산설비 물량은 시간이 지남에 따라 꾸준히 증설되었다. 이를 두고 업계에서는 일찌감치 해외시장을 공략해 성장발판을 마련했다며, 코스맥스의 선제적인 시장 진출에 대해 긍정적으로 평가했다. 2010년에는 '코스맥스상하이'의 상호를 '코스맥스차이나'로 변경하였다.

코스맥스차이나는 아이콘, 자연당 등 각 화장품 유통분야별 선두업체들을 고객사로 확보하였다. 2014년 기준으로 거래 업체 수는 100여 곳이며, 이 중 80%에서 90%가 중국 현지기업이었다. 2006년 20억 원 정도였던 매출액도 2013년에는 800억 원으로 성장했다. 2004년 상하이에 설립된 코스맥스차이나는 2017년 1월 11,500평 규모의 색조 화장품 전용공장을 보유할 만큼 규모가 커졌고, 상하이에서의 성장경험을 토대로, 2010년 코스맥스광저우 법인을 추가로 설립하여 불과 3년 만인 2013년 연 4,000만 개의 생산능력을 갖추게 될 정도로 성공을 구가하였다.

코스맥스는 중국에서 멈추지 않고, 해외시장 공략에 더욱 박차를 가했다. 2012년에는 인도네시아 자카르타에 법인을 설립하였고, 그 다음 해 자카르타에서 운영 중이던 로레알 공장을 인수하여 이를 동남아시아 생산기지로 삼았다. 이어 코스맥스는 화장품의 본가라 할 수 있는 미국 진출을 성공시켰다. 코스맥스가 글로벌

그림 1-2 | 코스맥스 실적 추이

자료 : 뉴스핌.

ODM 기업을 목표로 하고 있었기에, 그들에게 세계에서 가장 큰 화장품 소비국인 미국으로의 진출은 어쩌면 당연한 귀결이었다. 코스맥스는 2013년 미국 현지 법인을 설립한 후 인도네시아에서처럼 오하이오주에 위치한 로레알의 공장을 인수했다. 또한 단순히 공장 건물만 인수하지 않고 노동력과 기술력, 시스템을 포함한 포괄적 인수를 감행하여 코스맥스가 한 단계 도약하는 계기를 만들었다.

현재 코스맥스는 미국, 태국, 중국 등 6곳에 해외 생산기지를 운영하고 있다. 연간 생산가능한 제품은 약 16억 개로 이는 전 세계 인구의 4분의 1이 사용할 수 있는 수준에 해당하며, 글로벌 화장품 브랜드를 통해 미국, 프랑스, 일본 등 전 세계 100여 개국에 판매되고 있다. 전체 매출은 코로나19 사태 직전인 2019년 기준, 1조 3,000억 원을 상회하며, 영업이익 또한 540억 원에 달했다. 최근에도 코로나 19의 여파를 견뎌내며 세계 각국에서 실적회복을 보이고 있다. 2021년에는 약 1조 5,000억 원의 매출이 예상되고 있으며, 영업이익 역시 900억 원을 넘길 것으로 기대되는 등 긍정적인 실적이 예견되고 있다.

1. 한국콜마처럼 글로벌 브랜드들과의 경쟁을 피해 베이징을 거점도시로 하여 해외진출을 하는 것과, 코스맥스처럼 'Made in Shanghai' 라벨을 위해 경쟁을 감수하고 상하이로 진출하는 것 중 어떤 것이 더 합리적인 선택이라 평가하는가?

2. 한국콜마의 글로벌 진출전략에 대해 어떻게 평가하는지 여러분의 의견을 제시하시오.

3. 만약 현재 중국 진출을 준비하는 한국의 화장품 ODM 기업이 있다면, 베이징과 상하이 중 어느 곳을 통해 진출하는 것이 좋을까? 또 어떤 전략을 세우는 것이 좋을지 견해를 밝히시오.

사례 1-2 CJ오쇼핑의 태국시장 진출 전개 과정

CJ오쇼핑은 케이블TV 위성방송이 도입되면서 방송채널이 다양해진 1995년에 국내 최초로 등장한 TV홈쇼핑 브랜드이다. TV홈쇼핑은 기존 상거래와 다르게 방송과 유통이 결합된 형태로 적은 비용으로 상품을 홍보 및 판매할 수 있다는 장점이 있었다. 이에 더해, TV로 방송되는 특징으로 인해 정부는 TV홈쇼핑 시장에 진입하기 위한 승인제도를 만들어 신규 사업자의 TV홈쇼핑 시장 진입이 쉽지 않았다. 이러한 배경을 바탕으로 국내 TV홈쇼핑 시장은 빠르게 성장했지만, 2003년부터 홈쇼핑 산업이 성숙기에 진입하면서 점차 수익성이 악화되었다.

CJ오쇼핑은 국내 홈쇼핑 시장의 정체기를 극복하기 위해 국내 기업 중 최초로 국제화를 시도했다. 최초 진출 국가는 지리적, 문화적으로 가깝고, 시장 규모가 큰 중국을 선택하되, 주변 도시가 발달하지 않은 베이징보다는 쑤저우와 항저우 등 주변 도시가 튼튼하고 홍콩과 인접한 상하이로 진출을 결정했다. CJ오쇼핑은 상하이 내 시장점유율 2위의 방송사인 상하이미디어그룹(SMG)과 합작하여 동방CJ를 설립했고, 2010년에는 현지 업체와의 경쟁을 이겨내고 상하이 홈쇼핑 매출 1위를 달성하며 성공적인 국제화 성과를 거두었다. 제품설명에 집중하는 방식으로 딱딱하게 진행되는 기존 타 아시아국가 홈쇼핑과 다르게, CJ오쇼핑은 비주얼을 강조하며 스토리텔링형으로 진행하는 한국형 홈쇼핑과, 신속하고 정확하게 제품을 배송하는 한국의 서비스 마인드를 수단으로, 중국, 인도, 일본, 베트남 등으로 성공적인 사업 확장을 견인했다. 특히, CJ오쇼핑이 활발하게 해외로 사업을 확장하던 시기에 동남아시아는 홈쇼핑 시장이 발달하지 않은 상태여서 상대적으로 시장개척이

자료 : 한국경제.

쉬웠을 뿐만 아니라, 더불어 한류의 영향으로 한국 제품에 대한 인지도가 높았다. 예컨대, CJ오쇼핑이 동남아시아에서 두 번째로 진출한 국가인 태국은 동남아시아 국가 중 경제규모가 두 번째로 컸던 바, 1인당 GDP는 2012년 기준 5,850달러로 중진국 수준이었다. 2011년 당시에는 태국의 유료 TV 보급률이 20%밖에 되지 않아 비교적 낮은 수준이었지만, 같은 해 태국 정부가 방송통신위원회를 설립하며 방송과 통신이 융합된 IPTV시장의 활성화를 촉진했고, 인터넷 보급률도 2008년 18.2% 수준에서 2012년 37.6%로 빠르게 높아졌기 때문에 TV채널 및 인터넷을 통해 상품 주문접수 및 판매가 이루어지는 홈쇼핑 시장이 태국에서 성장할 가능성이 높아졌다.

CJ오쇼핑은 이전의 국제화 경험을 바탕으로 홈쇼핑 사업의 확장을 위해서는 진출국가에서 상품홍보를 위한 전용 TV채널을 확보하는 것이 중요하다는 점을 학습했기 때문에 태국의 방송사업자인 지엠엠 그래미(GMM Grammy)와 합작투자를 통해 2012년 GMM CJ(GCJ)를 설립했다. CJ오쇼핑은 한국의 KT Skylife와 유사한 태국의 케이블 위성방송 플랫폼인 GMM-Z와 약 300만 가구의 상당한 회원을 보유하고 있는 합작투자 파트너인 지엠엠 그래미를 통해 태국 현지시장에 안정적으로 정착할 수 있었다. 태국시장에서 성공적으로 안착한 GCJ는 현지 소비자의 니즈를 적극적으로 반영하며 현지시장에서의 성장을 구가하였다. 예를 들어, GCJ의 태국 진출 초기인 2013년에는 판매위험이 적은 주방용품이 제품 카테고리의 약 41%를 차지했지만, 2017년에는 주방용품 9%, 언더웨어 12%, 스포츠레저 15%, 건강 10%,

표 1-2 | 2012~2017년 태국 GCJ 영업실적

(단위 : 억 원)

구분	2012	2013	2014	2015	2016	2017
취급고	29	204	376	579	570	650
영업이익	−36	−44	−24	−5	−13	2

자료 : 시사저널이코노미.

식품 1%, 인테리어 4%, 생활 4%, IT 6%, 패션 10%, 가전 12%, 이미용 제품 16%로 현지 소비자의 선호를 적극적으로 반영하였던 바, 제품 카테고리가 다양해졌다. 고객응대 측면에서는 상대에게 나쁜 말을 하지 않는 태국문화(끄렝자이)의 영향으로 고객들의 서비스 만족도를 정확히 파악하기 쉽지 않았다. 이를 개선하기 위해 GCJ는 업계 최초로 VIP 고객제도를 도입하여 매주 VIP 고객 5~6명과의 인터뷰를 시행하여 서비스에 대한 고객 의견을 수집하는 FGI(focus group interview)제도를 도입했고, 반품제도가 정착되지 않은 태국에서 15일 내에 사유를 묻지 않고 제품을 반품할 수 있는 제도를 최초로 소개하며 고객의 구매 불안감을 해소했다. 이에 더하여, 한국형 홈쇼핑 서비스의 장점을 살리고자 태국의 홈쇼핑 쇼호스트를 한국으로 보내 교육시킴으로써 우수한 현지인 쇼호스트를 확보했고, CJ대한통운과 현지 1위 택배사인 케리(Kerry) 등에 배송물량을 위탁하여 전국적인 배송체계를 확립했다. 이를 바탕으로 2017년까지 배송의 약 90%가 3일 이내에 신속하게 이루어질 수 있도록 했다. GCJ의 이러한 차별화 노력으로 인해 2012년부터 2017년까지의 취급고(즉, 홈쇼핑 회사가 판매한 제품가격의 합)는 연평균 성장률(CAGR) 약 86%를 기록하며 빠르게 성장할 수 있었고, 2017년에는 영업이익 2억 원을 달성하며 태국 홈쇼핑업계 최초로 흑자를 기록했다.

그러나 기술이 발전하면서 동남아시아 홈쇼핑 산업의 성장이 불투명해졌다. 특히 태국은 모바일 퍼스트 국가로 2016년부터 4G LTE 서비스를 제공했고, 2019년 기준으로 휴대폰 보급률[2] 194.7%, 인터넷 보급률 75.3%를 초과했다. 태국의 모바일 시장이 급격히 성장함에 따라, 2017년에는 태국 비매장형 유통시장에서 방문판매가 949억 밧으로 가장 큰 규모를 차지하였지만, 2018년부터 모바일 쇼핑을 포함한 이커머스 시장규모가 급격히 증가했고, 2019년에는 1,553억 밧 규모로 태국에

2) 저자 註 : 휴대폰 사용대수/1인당.

표 1-3 | 태국 비매장형 유통시장 현황

(단위 : 십억 밧)

구분	2017	2018	2019
방문판매	94.9	93.1	93.9
홈쇼핑	11.6	13.5	15.3
이커머스	63.2	96.7	155.3
기타	8.2	8.5	9.0

자료: 코트라.

서 가장 큰 비매장형 유통시장으로 성장했다. 반면, GCJ의 사업영역인 홈쇼핑은 시장규모도 작고, 성장률도 높지 않아서 장기적으로 성장과 수익을 기대하기 어려웠다. 이에 더하여, 매출 100조 원 달성을 목표로 하는 이재현 CJ그룹 회장의 그레이트 CJ를 이루기 위해 CJ제일제당은 브라질 사료업체인 셀렉타, 미국 식품업체인 쉬완스 컴퍼니 등 대규모 인수합병에 착수했다. 따라서 2019년 CJ제일제당의 차입금 규모는 약 9조 5,000억 원으로, 4년 만에 차입금 규모가 2배 증가하며 CJ그룹은 비상경영을 선포했다. 그 결과 CJ그룹은 외형 확장이 아니라 질적 성장에 집중하기 위해 수익성이 낮은 글로벌 사업을 정리하는 작업에 들어갔고, CJ오쇼핑은 2019년 하반기에 태국 합작사의 지분을 전량 매각하고 철수를 결정했다.

대신 2021년 5월 10일, CJ ENM 커머스 부문인 CJ오쇼핑은 사업 중심축을 모바일로 전환하고, TV홈쇼핑(CJ오쇼핑), T커머스(CJ오쇼핑 플러스), 인터넷쇼핑몰(CJ몰)의 통합 브랜드인 CJ온스타일을 출범했다. CJ온스타일 론칭 미디어 온라인 설명회에서 CJ온스타일의 허민호 대표이사는 "TV와 모바일의 경계가 사라지고 있는 미디어 환경에 발맞춰 '모바일 퍼스트' 전략으로 비즈니스 패러다임을 전환하고자 한다. TV홈쇼핑 1위 사업자로 쌓은 상품 소싱 역량과 신뢰도 있는 서비스를 바탕으로 고객이 합리적인 취향 소비를 경험할 수 있도록 하겠다"고 밝혔다. 변화를 시도한 CJ온스타일이 새로운 도전에서 어떠한 성과를 보여줄 수 있을지는 앞으로 주목할 필요가 있다.

1. 여러 다양한 해외 진출 전략 중 CJ오쇼핑이 합작투자 형태로 해외시장에 진출한 이유는 무엇이라고 생각하는가?

2. CJ오쇼핑은 태국시장에서 차별화를 위해 어떤 노력을 기울였는가?

3. 뛰어난 시장성과를 거두던 CJ오쇼핑의 TV홈쇼핑 사업은 왜 태국시장에서 철수하게 되었고, 그럼에도 지속적인 성장을 시현하기 위해서는 어떤 변화를 시도해야 한다고 여겨지는가?

사례 1-3 넥센타이어: 미국법인(수출, 판매법인 설립)

NEXEN 넥센타이어

넥센타이어의 전신은 1942년 설립된 흥아고무공업㈜이고, 1956년부터 국내 기업 최초로 자동차 타이어 생산을 시작했다. 1996년에 부도로 도산한 국내 타이어 업체인 우성타이어를 1999년 흥아타이어공업㈜이 인수한 뒤, 2000년 사명을 넥센타이어로 변경했다. 넥센타이어는 자동차용 타이어를 핵심제품으로 하며, 전체 매출액의 약 80%가 해외에서 발생하는 다국적 기업이고, 미국, 중국, 독일, 이탈리아, 캐나다, 일본 등에 해외법인을 두고 있는 바, 지분참여를 통해 진출한 일본법인을 제외한 여타 생산 및 판매법인은 완전자회사 형태의 오너십을 갖추고 있다. 1970년대 이후, 자동차 산업 육성책과 수출촉진 정책이 추진되면서 자동차 산업의 중간 투입물인 국내 타이어 산업도 빠르게 유망 수출 산업으로 성장했다. 넥센타이어도 1970년대 전후로 동남아시아, 미국, 유럽 등으로 해외수출을 확대했고, 1975년 이후 수출이 본격적으로 확대되면서 내수 대비 해외매출의 비중이 높아지기 시작했다. 넥센타이어는 1987년 미쉐린타이어와 합작투자 형태로 미쉐린타이어코리아를 설립했고, 미쉐린타이어와의 제휴가 종료된 후에는 일본 오츠타이어와 기술제휴협약을 맺으면서 타이어 제조를 위한 핵심 기술 확보에 주력했다. 넥센타이어는 내수시장에서의 성장한계에 대비한 국제화를 계획하며 다른 기업과의 제휴를 통해 기술력을 확보했고, 2005년 미국 캘리포니아에 지분율 100%의 미국 판매법인 넥센타이어아메리카(Nexen Tire America, INC)를 설립하면서 해외시장 진출을 본격화했다.

주지하는 바와 같이, 미국은 거대한 규모의 자동차시장을 보유하고 있고, 따라서 미국시장에서의 성공이 회사의 성장 및 브랜드 이미지 제고에 미치는 파급효과가 상당할 것으로 판단했던 것이 미국시장 진출의 주요 동기가 되었다. 넥센타이어가 미국에 진출한 2000년대 초 미국 자동차시장은 GM, 포드 등 현지 자동차업체의 침체와, 일본 및 한국 자동차업체의 약진으로, 원가절감 능력과 가격의 중요성이 커지고 있었고, 자동차업체와 부품업체 간 관계가 수평적이고 개방적인 관계로 변하면서 부품업체 간 경쟁이 치열해지고 있었다. 한편, 넥센타이어가 미국시장에 진입한 시점에는 이미 수많은 경쟁자가 시장에 존재했고, 국내 타이어 기업의 미국 진출과 비교해도 금호타이어의 미국 법인인 Kumho Tire USA(1975년 설립), 한국타이어의 미국 법인인 Hankook Tire America(1981년 설립)에 비해 넥센타이어는 20여 년 이상 늦게 미국시장에 진입했다. 이런 점에서 넥센타이어는 후발주자로서 시장에 신속하게 침투하기 위한 차별화된 전략이 필요했다. 제품 측면에서 넥센타이어는 진입장벽이 낮은 일반타이어보다는 초고성능 타이어(UHP: Ultra High Performance)에 초점을 맞추면서, 넥센타이어의 전체 매출 중 초고성능 타이어가 차지하는 비중은 2004년 3%에서 2009년에는 30%까지 상승했다.

초고성능 타이어는 타이어 림 직경이 16인치 이상이고, 편평비[3])가 55% 이하인 타이어를 의미하고, 휠 사이즈가 큰 반면, 타이어 옆면의 폭이 좁아서 자동차가 날렵하게 보이는 시각적 효과를 준다. 또한 초고성능 타이어는 빗길 등 다양한 조건에서 뛰어난 배수능력으로 인한 미끄럼 방지, 비대칭 타이어 패턴 적용으로 조종 응답성 강화 등 뛰어난 주행성능을 갖추고 있다.

타이어시장은 신차용 시장(OE: Original Equipment)과 교체용 시장(RE: Replacement Equipment)으로 구분할 수 있는데, 신차용 시장에서 타이어 제조사의 1차 고객은 자동차 제조사이고, 교체용 시장에서 타이어 제조사의 1차 고객은 타이어 딜러이기 때문에 각 시장에서의 고객 요구 및 공급사슬전략에는 차이가 있다. 신차용 시장은 사전에 판매 물량의 안정적 확보가 가능하지만 가격할인을 제공해야 하고, 대부분의 제조사가 JIT(Just-In-Time) 생산시스템을 채택하고 있었기 때문에 타이어 제조사의 납품 신뢰도 수준이 교체용 시장에 비해 높아야 했다. 이에 더해, 적시에 제품을 납품하기 위해 자동차 제조사 근처에 창고를 설립하여 소량의 제품을 자주 공급해야 했다.

반면, 교체용 시장에서는 타이어 딜러로부터 안정적 판매물량을 사전에 확보하는 것이 상대적으로 힘들지만, 가격할인의 폭이 작고, 타이어 딜러가 다수의 공급

---

3) 저자 註 : 타이어 바닥 폭과 타이어 높이의 비율.

원과 저장시설을 보유하고 있어 JIT 공급을 요구하는 자동차 제조사에 비해 타이어 딜러와의 거래에서는 고객의 입지에 따라 창고를 설치할 필요성이 적으며 제품 공급 부담이 적다. 더불어 미국은 전통적으로 신차용 시장보다 교체용 시장의 규모가 상대적으로 컸고, 2008년 글로벌 금융위기로 인해 미국 소비자의 신차 구매가 감소하면서 신차용 시장이 더욱 위축되었기 때문에 넥센타이어는 세부시장인 교체용 시장에 집중하고, 다수의 거래선을 확보하는 것보다는 우량 유통업체를 선별하고 믿을 수 있는 가격정책으로 신뢰관계를 구축하는 전략을 추진했다.

넥센타이어는 미국 최대의 독립 타이어 딜러인 American Tire Distributors(ATD)와 우호적인 관계를 맺고 지속적으로 파트너 관계를 강화했다. 그 결과 ATD의 매출액에서 넥센타이어아메리카의 공급액 비중이 2007년 1.9% 수준에서 2010년에는 6.1%로 증가했고, 2010년 넥센타이어아메리카의 매출액에서 ATD로 공급하는 금액이 차지하는 비중은 전체의 절반에 가까운 약 48.8%를 기록했다. 2009년 기준으로 한국타이어의 미국법인은 800개, 금호타이어의 미국법인은 180개의 거래선을 관리하고 있었는데, 넥센타이어아메리카의 거래선 수는 132개로 미국시장에서의 유통망 관리 부담이 상대적으로 적었다. 이에 더해, 2011년 노사상생협력 유공 포상에서 대통령 표창을 수상할 만큼 안정적이고 협조적인 넥센타이어의 노사관계는 넥센타이어아메리카의 서비스 신뢰도 상승에 긍정적인 영향을 미쳤고, 미국 텍사스 레인저스, LA 에인절스 등과 파트너십을 체결하며 타이어 산업에서의 구매결정에 중요한 브랜드 인지도와 이미지 개선을 위한 마케팅을 적극적으로 추진했다. 특화된 제품개발 및 적절한 목표 세부시장 설정, 우량 유통업체를 선별적으로 관리하며 강력한 신뢰관계를 구축하는 전략으로 넥센타이어아메리카에 대한 미국

표 1-4 | 미국 타이어시장 출하량

(단위 : 백만 개)

구분		2007	2008	2009	2010	2011
승용차 타이어	신차용	48.0	39.0	25.0	34.6	36.0
	교체용	205.0	195.0	184.0	198.7	198.0
트럭 타이어	신차용	9.9	7.3	4.7	6.5	8.8
	교체용	52.4	45.5	38.7	43.3	45.9
총계	신차용	57.9	46.3	29.7	41.1	44.8
	교체용	257.4	240.5	222.7	242.0	243.9

자료 : Modern Tire Dealer.

소비자 인식은 점차 개선되었고, 2017년 미국의 소비자 만족도 평가기관인 JD파워가 29,622명의 차량 소유자를 대상으로 진행한 신차용 타이어 고객만족도 조사에서 넥센타이어는 12개 타이어 브랜드 중에서 4위를 차지했다. 이뿐만 아니라 미중 무역분쟁으로 인해 2019년 1월에서 5월까지 중국의 대미 타이어 수출이 60% 감소했고, 태국산 타이어와 한국산 타이어의 대미 수출이 각각 12%, 15% 증가하면서 국내 타이어 기업이 반사이익을 누리게 되었다. 2019년 기준으로 국내 타이어 3사인 한국타이어, 금호타이어, 넥센타이어의 북미지역 타이어 판매 비중은 각각 24%, 22%, 29.5%로 북미지역 매출이 차지하는 비중이 가장 높은 넥센타이어가 가장 큰 반사이익을 누린 것으로 나타났다.

그러나 미국시장에서의 선전(善戰)과는 별개로, 넥센타이어는 코로나19 사태로 인해 그외 해외시장에서 큰 위기를 맞이했다. 가령 넥센타이어는 유럽시장 점유율을 높이기 위해 2014년 1조 원을 투입해 체코법인(Nexen Tire Europe s.r.o.)을 만들었지만, 코로나19 확산방지를 위한 체코정부의 고강도 정책으로 인해 넥센타이어의 핵심 해외법인인 체코법인의 2020년 상반기 현지 공장 가동률이 63.2% 수준까지 떨어졌고, 이로 인해 2020년 3분기 약 475억 원 적자를 시현함으로써, 모든 해외법인 중 가장 큰 손실이 발생했다. 이에 더하여, 넥센타이어는 일본에서의 브랜드 인지도 제고와 일본 자동차 기업에 대한 제품공급을 늘리기 위해 2015년 도요타그룹 계열의 종합무역회사인 도요타 통상과 51:49지분으로 합작투자를 추진했는데, 코로나19의 확산에도 불구하고 넥센타이어는 해외사업 확대를 목표로 2020년 2분기에 일본 합작법인(Nexen Tire Japan Inc)의 지분율을 기존 51%에서 85.1%로 높이면서 이를 넥센타이어 종속사로 편입했다. 하지만 일본법인 역시 2020년 3분기 4억여 원의 손실을 기록했다. 더 심각한 문제는 이 당시 체코와 일본뿐만 아니라 중국(상하이), 독일, 프랑스 등에서도 모두 순손실을 시현했다는 데 있다. 그 결

표 1-5 | 타이어 3사 영업이익 비교

(단위 : 억 원)

	2018년	2019년	증감률
한국타이어	7,026	5,429	−22.7%
금호타이어	−788	373	흑자전환
넥센타이어	1,824	2,073	13.7%

자료 : 이투데이.

과 2020년 3분기 넥센타이어의 이자보상배율은 0.64로 1보다 낮은 수치를 기록하며 영업이익으로 금융비용 납부조차 어려운 상황이 되었고, 넥센타이어의 2021년 영업이익과 매출액은 2020년에 비해 각각 81%, 16% 급감했다.

글로벌 경기침체가 계속되는 상황에서 넥센타이어가 직면한 경영위기를 극복하고 경영안정화를 이루기 위한 개선방안이 시급하다.

Question

1. 넥센타이어는 어떤 방식으로 미국시장에 진출하였는가?
2. 넥센타이어는 미국 타이어시장에서 경쟁기업과 다르게 소수의 배송센터와 거래선을 구축했는데, 넥센타이어의 전략은 적합한 전략일까?
3. 포스트 코로나 시대에 넥센타이어가 한층 더 성장하기 위해서는 어떤 혁신이 필요하다고 판단하는가?

사례 1-4 까르푸의 현지화 실패

현재 한국의 20대로 살아가는 청년층은 모두 어렸을 적 한 번쯤 가족들과 까르푸에 가서 쇼핑을 한 기억이 있을 것이다. 그만큼 까르푸가 처음 한국에 들어왔던 1996년 당시부터 2000년대 초까지 까르푸는 국내 할인 유통점인 이마트와 1위를 다툴 정도로 엄청난 성공을 거두며 승승장구했다. 하지만 20대들은 또한 그들이 성장하면서 그들의 기억 속에서 까르푸가 서서히 사라져갔다는 것에 공감할 것이다. 즉, 까르푸는 그리 오랫동안 한국에서 성공을 거두지 못했고 이내 곧 한국시장에서 사라졌다.

까르푸는 1963년 프랑스 파리에서 창립된 기업이다. 당시 처음 생긴 까르푸 매장은 다섯 개의 도로가 교차하는 곳이었고, 그 점에 착안해 공동 창립자들인 마르셀 푸르니에(Marcel Fournier), 드니 포레(Denis Defforey), 쟈크 드포레(Jacques Defforey)는 프랑스어로 '교차로'를 뜻하는 'Carrefour'라는 단어를 매장의 이름으로 사용하였다. 까르푸 그룹은 디스카운트스토어, 백화점, 슈퍼마켓을 혼합한 하이퍼마켓이라는 개념을 도입해 1963년 6월 파리 근교에 첫 하이퍼마켓 매장을 선보였다. 까르

푸는 1976년 자체 상표를 본격적으로 사용했고 우유, 비스킷 등 50여 개의 식품이 '까르푸'라는 상표를 달고 보다 저렴한 가격으로 소비자에게 선보여졌다. 이후 새로운 개념이라는 신선함과 자체 상표 사용의 성공으로 인해 까르푸는 유럽의 각국으로 그 매장을 확대해 갔고, 지속적인 성공을 시현하여 현재까지 월마트와 함께 나란히 명실상부 세계 최고의 유통기업이라는 명성을 잇고 있다. 하지만 두 기업 간에 차이가 있다면 바로 아시아 시장 진출에 관한 것이다. 월마트와 달리 까르푸는 한시라도 빨리 세계 1위 기업인 월마트를 추격하려고 하듯 아시아 시장 진출을 서둘렀다. 하지만 그 결과는 그리 좋지 않았다.

까르푸는 1990년대에 들어서 적극적으로 아시아 시장 진출 사업을 시작했고, 1993년에 한국에 진출해 3년 뒤인 1996년에 1호점을 냈다. 당시 한국에 하이퍼마켓이라는 개념이 보편적이지 않을 시기라서 까르푸는 소비자들에게 새롭고 신선한 모습의 유통매장이라는 점을 앞세워 보란 듯이 진출 초기부터 승승장구하는 모습을 보여줬다. 하지만 앞에서도 언급했듯, 까르푸의 성공은 그리 오래가지 않았다. 까르푸는 한국시장에서도 프랑스 본사의 방식을 그대로 이어갔다. 까르푸는 본국지향적인 기업이었다. 매장 구성, 조직문화 등 다방면에서 철저히 본사의 규정을 엄수했고, 지점장, 본사 간부와 같은 주요 상급 조직원들의 국적도 본사국인 프랑스의 국적이 다수였다. 때문에 당연히 소비자들과의 의사소통이 잘 이뤄지지 않았고 이뤄졌더라도 매우 느려 신속한 피드백을 주기에도 역부족이었다. 당시 상황을 기록한 기사를 보면 1996년 7월 30일 경기도 부천시 중동신도시 1호점 개점식에도 그들의 본국지향적인 성향이 그대로 드러났다고 한다. 당시 프랑스인 사장은 지역 유지들과 부녀회 간부, 언론사 기자들 앞에서 통역도 없이 연설한 뒤 매장을 한 차례 살펴보고 사라졌다. 매장에 대한 설명도, 고객에 대한 애착도 보이지 않았다.

까르푸가 한국시장 진출에 실패한 것은 그들이 현지화에 실패했기 때문이다. 그들이 기업을 국제화하는 단계에서 조금 더 현지의 방식을 개방적으로 받아들였다면 결과는 지금과 조금 달랐을지도 모른다. 이전에 비해 글로벌화된 기업경영환경은 다국적기업이 여러 나라에서 성공적으로 가치 창출을 이루게 하였지만 아직까지 존재하는 국가별 경영환경의 차이 탓에 기업들은 개별 국가의 상황에 맞출 필요성이 있으며, 이는 현지화 전략을 통해 이뤄질 수 있다. 까르푸의 경우에도, 유럽 소비자들과 기호와 행태가 다른 한국 소비자들에게 자신들의 국제적 기준을 적용하는 데는 분명 무리가 있었다. 그들의 국제적 기준에 현지 소비자의 기호와 고객 행태 등을 적용했다면 까르푸의 한국시장 진출은 보다 성공적이었을 것이다. 예를 들어, 한국의 소비자들(특히 중년층의 여성 고객)은 식료품을 구입할 때 그것을 감각적으로 체험해 보길 원한다. 과일이나 채소를 고를 때도, 생선이나 육류를 고를 때도 그들은 서슴없이 판매용으로 나온 상품을 만져보고, 맡아보고, 허용되는 경우 맛보기까지 한다. 이것이 한국 소비자의 특징이며, 국내 할인점에서는 그것을 판매 과정의 일부로 여기고 시식대까지 적극적으로 마련한다. 하지만 까르푸는 그들이 상품을 체험하도록 허용하지 않았다. 까르푸는 유럽에서 판매하던 방식 그대로 모든 식료품을 랩과 스티로폼 그릇으로 포장한 상태에서 소비자에게 판매했다. 당연히 한국 소비자들은 까르푸에서 예전과 같은 체험을 할 수가 없게 되었고, 상품의 판매율이 낮아짐은 물론 고객들이 점점 매장을 찾는 일이 없어졌다.

만약 까르푸가 진정 한국시장에서의 성공을 원했다면 그들은 매출의 일부를 희생하더라도 더 많은 이익 창출을 위해서 고객들에게 상품 체험을 개방했어야 했다. 그것이 한국 소비자들이 상품을 선택하고 구입하는 방식이고, 더 나아가 소비 지출을 확대하게 만드는 방법이기 때문이다. 같은 관점에서, 까르푸는 그들이 아시아 시장 진출 후 그들의 똑같은 국제적 기준을 적용했는데도 다른 시장에서는 문제가 없었던 반면, 유독 왜 한국시장에서 매출 상승률이 지지부진했는지를 빨리 알아차리고 좀 더 자세하게 파악했어야 했다. 그들은 현지 소비자들이 무엇을 원하는지, 어떻게 해야 그들이 만족하고 더 자주 매장을 찾는지에 관해 적극적으로 나서 조사하고 전략을 짜지 않았다.

까르푸는 1996년 1호점을 개점한 이후, 한국에 많은 매장을 세우며 성공하는 듯했으나 갈수록 지지부진한 매출 성적으로 인해 결국 초기 4년간 당시 업계 1위를 함께 다투던 이마트는 물론, 후발주자로 업계에 뛰어든 국내 유통기업인 홈플러스와 롯데마트에 줄줄이 밀리면서 업계 4위로 추락하게 되었다. 해외시장 진출 시 3위 안에 들지 못하면 즉각 철수한다는 기업 규칙을 엄수해 까르푸는 결국 한국시장 진출 10년 만인 2006년에 이랜드에 회사를 매각하며 한국시장으로부터의 전격 철수를 선언했다. 까르푸는 한국시장과 마찬가지로 일본시장에서도 일본 특유의 상거래 관행에도 불구하고 그들의 국제적 기준을 고집하다 현지화에 실패해 단기간에 철수했고, 업계 선두주자로 각광받았던 중국시장에서조차 중국 내 대형 유통기업들과의 치열한 경쟁 탓에 점유율이 2% 이상 떨어지며 위기를 맞아 현재 철수를 검토 중에 있다고 한다.[4] 까르푸는 유럽에서의 성공 전략을 믿고 그 국제적 기준을 고집하다 아시아 시장에서의 적응 및 현지화에 실패함으로써 더 큰 성공을 노릴 수 있었음에도 단기간에 실패를 맛봐야 했다. 만약 그들이 현지 소비자들과 보다 원활한 의사소통을 이루고 적극적으로 현지화에 앞장섰다면 어떻게 되었을까?

Question

1. 까르푸의 저비용 중심의 효율적이고 합리적인 경영방식이 결국 국제화의 실패로 귀결된 이유는 무엇인가?
2. 까르푸가 아시아 시장에서 현지화를 단행하지 않은 이유는 무엇이라고 보는가?
3. 현지화와 표준화의 장·단점이 무엇이라고 생각하며, 어떠한 영업환경에서 각각의 전략을 사용해야 한다고 판단하는가?
4. 만약 여러분이 까르푸의 최고경영자였다면, 한국시장에서 철수를 했을 것인가? 아니면 다른 국제화 전략을 고민했을 것인가? 후자라면, 한국을 비롯한 아시아 시장에서 어떠한 전략을 사용했을 것으로 여겨지는가?

사례 1-5 테슬라에게 중국의 전기자동차시장은 블루오션인가?

테슬라는 2003년 설립되었으며 스포츠카와 전기자동차를 개발하는 등 틈새시장을 공략하여 소비자들의 관심을 받았다. '달리는 즐거움'을 내세운 테슬라는 환경을 고려하는 고급 이미지 마케팅을 통해 브랜드 가치를 높이면서 유명세를 얻게 되었고, 2020년 상반기 글로벌 전기자동차 판매량이 179,050대를 기록함으로써 글로벌 전기차 판매량 1위를 차지한 거대한 기업으로 성장했다.

다른 기업과는 차별화되는 테슬라의 경쟁력은 다음과 같다. 첫째, 테슬라는 독

4) 저자 註 : 이후 까르푸는 전략을 바꿔 중국에서는 현지화에 주력하였다.

창적인 지능형교통체계(ITS) 특허를 보유하고 있고, 세련된 스포츠카형 전기차를 판매하면서 중국 소비자들의 지지를 얻었다. 둘째, 수많은 특허를 취득한 테슬라는 특허기술의 70% 이상을 배터리 개발에 투자하며 배터리를 자체 생산 및 공급할 수 있게 되었다. 예를 들어, 테슬라 전기차 배터리에 사용된 리튬이온 배터리의 폭발 가능성에 대한 우려가 있었지만, 테슬라는 배터리 과열 방지와 관련된 특허를 40건 이상 취득하여 배터리의 안전성에 대한 우려를 줄일 수 있었다. 이에 더하여, 전기자동차의 큰 단점인 리튬이온 배터리의 에너지 저장밀도 한계로 인해 주행거리가 짧다는 것을 해결하기 위해 노력하고 있다. 짧은 주행거리의 문제를 해결하기 위해서는 전기자동차 충전소 확충이 필수적이다. 테슬라는 20분까지 충전시간을 단축시킨 슈퍼충전소를 개발해 미국, 유럽뿐만 아니라 중국, 일본, 호주, 멕시코 등에 고속도로와 대도시를 중심으로 구축하고 있다. 셋째, 테슬라는 차별화된 기술력 못지않게 차별화된 판매방식을 사용한다. 테슬라는 2019년부터 영업직원, 전시장 없이 온라인을 통해 전기차를 판매하겠다고 발표했다. 그 결과 테슬라는 타 브랜드들과 달리 영업직원과 전시장이 없음에도 불구하고 판매량이 늘고 있다. 이는 매장 방문이 어려운 소비자들이 편리하게 접근하고, 웹사이트를 통해 잠재고객의 수요를 이끌어내기 위한 세일즈 방식 전략이라고 평가할 수 있다.

테슬라는 중국이 전 세계에서 가장 큰 규모의 자동차시장이면서 전기차 수요도 매우 높은 국가이고, 중국 전기자동차시장은 글로벌 자동차 회사의 성공가능성을 가늠하는 주요한 테스트 베드이기 때문에 중국시장으로의 진출을 결정했다. 중국

그림 1-3 | 2020년 상반기 글로벌 전기차 판매량

(단위 : 대, ( )는 증감률, %)

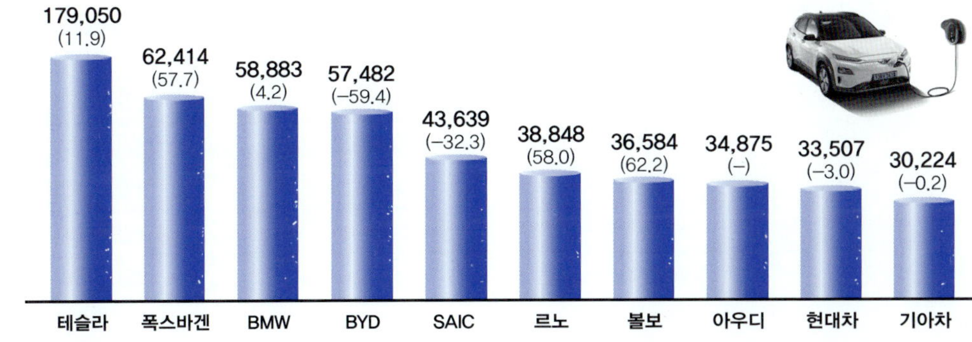

자료 : 전자신문인터넷.

정부는 전통적으로 중국시장에 진입하는 외국기업을 대상으로 50:50 지분의 합작투자를 통한 진입을 허용했지만, 최근에는 신에너지 자동차 기업에 대한 외국인투자비율 제한을 철폐했고, 외국인의 중국 내 자동차 합작회사 설립을 2개 이하로 제한하는 규정도 2022년에 폐지하겠다고 발표했다. 외국인의 중국시장 진입에 대한 중국 정부의 규제가 완화되면서, 테슬라는 해외 자동차업체 중에서 최초로 50:50 지분합작 투자가 아니라 100% 지분으로 중국시장에 진입하게 되었다.

테슬라는 2019년 중국으로부터 공장 설립허가를 받은 후 상하이 린강에 총면적 86만㎡ 규모의 공장을 세웠다. 린강은 중공업 장비, 철강 등의 중형 제조업 위주의 산업지역이었지만, 여러 해에 걸쳐 기존 전통 제조업에서 고급 제조업으로 산업형태를 전환하여 우수 제조기업의 대량 유치에 성공했다. 테슬라의 린강 진출은 향후 린강 지역이 스마트업 및 친환경업 제조지로 발전하기 위한 발판이 될 것으로 추측된다.

중국시장에 진출한 테슬라는 고급 제품을 선호하는 중국 내 중산층 이상 세부마켓을 잠재적인 목표고객으로 설정하여 저가형 제품을 생산하는 다수의 중국 현지 로컬(local) 자동차업체들과 직접적인 경쟁을 피할 수 있었다. 개혁개방 이후 급격한 경제개발로 많은 부를 축적한 중국은 사회적으로 빈익빈 부익부 현상이 심화되는 문제가 있었지만, 그럼에도 14억이 넘는 중국의 인구 중 중산층 이상의 인구는 충분했기 때문에 테슬라는 이를 목표고객으로 삼으면서도 많은 타깃 소비자를 확보할 수 있었다. 그 결과 2020년 1월부터 10월까지 중국 전기차 모델별 판매순위에서 테슬라의 모델3은 누적판매량 9만 3,224대를 기록하며 1위를 차지했다.

표 1-6 | 중국 전기차 모델별 판매 순위(2020년 1～10월)

순위	제조사	모델	판매량(대)
1	테슬라	모델3	9만 3,224
2	상하이GM우링	훙광 미니	4만 4,276
3	광치(GAC)	아이온S	3만 5,145
4	BYD	뉴Qin EV	3만 3,425
5	창청자동차	ORA R1	2만 7,301
6	체리자동차	모빌eQ	2만 4,719
7	니오	ES6	2만 3,006

자료 : 동아닷컴.

그림 1-4 | **중국 전기차 및 충전 인프라 보급 추이**

(단위 : 만 대)

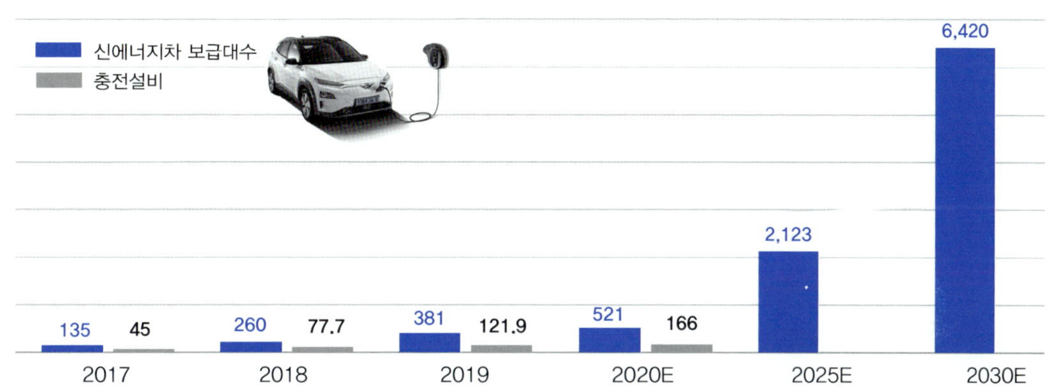

자료 : 뉴스핌.

앞서 기술한 바와 같이, 테슬라가 중국의 친환경 정책을 바탕으로 중국시장에 안정적으로 정착했지만, 전기자동차의 대중화를 위해서 해결해야 할 도전과제도 존재한다. 우선 중국의 신에너지차 보급 대수가 2017년 이후 꾸준히 증가하고 있음에도 충전설비는 턱없이 부족하다. 주유소가 부족하면 내연기관차 이용이 불편하듯, 전기차 충전시설이 많아져야 전기차 이용자가 많아질 수 있다. 이에 테슬라는 자체적으로 충전망을 구축하고 무료 충전서비스를 제공하는 등 매우 적극적인 자세로 충전소 네트워크 부족문제를 해결하고 있다. 비록 초기에는 많은 비용 투자를 필요로 하겠지만 충전소의 숫자가 늘어날수록 전기차의 수요가 더 많아질 것이라 예측했기 때문에 테슬라는 전기차 충전소 네트워크 구축에 적극적인 노력을 경주하고 있다.

다음 도전과제로, 경쟁자들이 빠르게 따라오고 있다는 사실을 간과할 수 없다. 전기자동차시장에서는 중국의 추격이 매우 빠르게 진행되고 있다. 중국은 전기차 산업을 국가급 산업으로 육성하면서 중앙정부와 지방정부가 전기자동차 보조금을 지급하고 있다. 이는 테슬라에게 유리한 혜택을 제공해주기도 하지만, 한편으로는 중국 전기자동차업체의 성장을 돕고 있다는 점에서 위험요소로 작용할 수 있다. 예컨대, 중국 신흥 전기차 기업인 웨이라이(蔚來, NIO)는 전기자동차 판매 호조에 힘입어 중국의 신흥 전기차업체로 부상하였다. 특히 테슬라가 독보적인 우위를 보인 2020년 상반기 전기차시장에서, 웨이라이도 뚜렷한 경쟁력을 입증하며 신흥 전기차 강자로서 발돋움했다. 실제로 2020년 웨이라이의 판매량은 코로나 사태가 심각했던 2월을 제외하고 모두 증가세를 보였다. 특히 사상 최초로 2분기의 판매량이 1만 대를 돌파하였으며, 특히 지난해(즉, 2020년)와 비교하여 판매량이 무려 190.8% 증가하였다. 심지어 웨이라이의 6월 판매량은 전년 동기 대비 179% 증가하여 3,740대를 기록하였다. 웨이라이는 2021년 5월까지의 전기차 누적 판매량에서 글로벌 18위를 기록하여 중국 신흥 자동차업체 중 최초로 상위 20위권에 들기도 했다. 이와 같은 판매 호조는 감각적인 디자인을 바탕으로 프리미엄 차량에 대한 선호도와 중국의 전기차 보조금제도 연장이 복합적으로 작용한 것으로 보인다.

테슬라는 중국시장 진출을 통해 전기자동차 브랜드로서 뚜렷한 입지를 남겼다. 하지만 앞서 잠시 언급한 바와 같이, 중국 전기차업체들 역시 내수시장이 빠르게 성장하면서 선전하고 있다. 테슬라는 중국 내 전기차 판매량 1위를 유지하기 위해 중국 전기차업체와의 경쟁에서 확고한 우위를 점해야 할 것이다. 만일 이를 현실화한다면, 지금보다 더욱 견고하게 성장하여 혁신적인 성과를 이룰 수 있으리라 여겨진다.

Question

1. 세계에서 가장 전기차시장 규모가 큰 중국에서 테슬라는 어떠한 차별화 전략을 통해 경쟁우위를 갖출 수 있었다고 생각되는가?
2. 중국 정부는 그간 중국에 진입하는 외국기업에게 합작투자를 통한 진입을 허가하였는데, 반면 이와 달리 테슬라에게는 단독투자를 허가하였던 바 이 배경이 무엇이라고 보는가?
3. 중국 전기차시장에 진출한 국내 자동차 기업들이 향후 경쟁우위를 높이기 위해서는 어떤 전략이 필요하다고 판단하는가?

사례 1-6 BBQ를 통해 살펴본 외식산업의 국제화 실패 사례

BBQ 치킨으로 유명한 ㈜제너시스는 1995년 BBQ라는 브랜드로 1호점을 오픈한 이래 1999년에는 100호점을 돌파하고 그 후 본사 직원 및 가맹점주 대상의 외식산업 교육을 위한 '치킨대학(大學)'을 용인시에 설립했을 뿐만 아니라, 국내 치킨 프랜차이즈 시장에서는 BHC를 인수 등 다양한 인수합병 전략의 활용을 통해 10여 개의 브랜드를 운영하는 독보적인 존재로 성장하였다. 현재 국내 3,700여 개, 해외 350여 개의 가맹점을 운영하고 있다.

닭이라는 메뉴는 남녀노소를 불문하고 한국인들이 가장 좋아하는 품목 중 하나이지만, 사실 전 세계인이 선호하는 메뉴이기도 하다. 따라서 이와 같은 인식하에, BBQ는 2002년 상하이에 1호점을 오픈하면서 중국 진출을 시도하였고, 2004년 스페인을 타깃으로, 그리고 2005년에는 일본시장에 대한 진출을 모색하였다. 그 후에도 2007년에는 싱가포르, 2008년에는 미국, 그리고 2011년에는 브라질, 인도, 태국, 사우디아라비아, 인도네시아 등에 진출하여 범세계적인 글로벌경영을 시도 중이다. 하지만 중국과 스페인 및 일본에서의 BBQ 사업실패는 대표적인 현지화 전략의 실패사례로 꼽을 만하다.

BBQ중국은 2002년에 상하이와 교민이 많이 살고 있는 칭다오에 각각 진출하였다. 중국 진출 전 1만 명의 중국인 잠재고객을 상대로 시식회를 진행한 사실은 외식업계에서도 유명하게 회자된다. 시식회의 결과, 중국인들이 BBQ의 맛과 가격에 모두 만족한다는 성적표를 받아들게 되었고, 때마침 불어 닥친 중국에서의 부동산 붐을 타고 아파트 등 가구 수가 급속히 증가하고 있었으므로, 이것이 자연스럽게 배달수요로 이어지리라 판단하였다. 국내에서 치킨 배달 등으로 사세를 늘린 기업이니만큼 배달은 BBQ 국제화의 메인전략이었다.

총 300억 원을 중국에 투자한 BBQ는 2003년까지 15여 개의 직영 배달 매장을 중국에 오픈하였다. 그러나 맛과 가격 모두 만족한다고 하던 중국 고객들은 BBQ를 찾지 않았다. 이는 BBQ가 중국시장과 정서를 제대로 파악하지 못했기 때문에 어쩌면 당연한 결과인지도 모르겠다. 체면을 중시하는 중국 고객들은 공짜 시식회에서 부정적인 의견을 피력하지 못했으며, 비싸다고 말해 자기의 재정상태를 남에게 노출시키는 대답도 하지 않았던 것이다. 또한 중국인의 식문화는 위신을 중요

시하기 때문에 대형 음식점의 으리으리한 시설을 가진 음식점을 선호한다. 2000년대 이후 불량식품에 대한 경계가 높아지던 시기에 처음 보는 브랜드에다 주방도 볼 수 없는 작은 배달 치킨매장은 중국인에게 성이 차지 않았던 것이다.

두 번째 해외 진출국인 스페인에서도 문제는 계속되었다. 2004년 스페인으로의 국내 외식업 진출은 BBQ가 최초였으나, 그만큼 생소한 시장이기도 하였다. 따라서 스페인에 대한 객관적인 지표에 의지하여 사업진출을 결정하였는데 다름 아닌 한국의 3배에 이르는 닭고기 소비량과 세계 2위의 관광대국이라는 점이 의사결정에 주요하게 작용하였다. 스페인의 수도 마드리드 등 유명 관광지에 집중적으로 5개 점포 등을 출점하였으나, 정작 스페인 관광객들은 스페인 현지 음식을 선호하여 처음 접하는 한국의 치킨브랜드에는 전혀 관심이 없었다. 또한 한국의 3배에 이르는 닭고기 소비량 역시 긍정적인 것만은 아니었는데, 그만큼 스페인의 치킨시장은 언제 어디서든 먹을 수 있는 레드오션이었으며 경쟁이 치열하였다. 결국 스페인 BBQ법인도 적자를 면치 못하였다.

세 번째 해외 진출국은 2005년 일본이었다. BBQ는 앞서 두 번의 직접투자 방식의 해외진출에서 실패를 맛본 이후, '마스터 프랜차이즈' 방식으로 일본에 진출하였다. 마스터 프랜차이즈 방식은 해당 국가에서 파트너 회사를 찾아 브랜드 독점권을 부여하고, 사업노하우를 제공하는 대신, 일정 매출 및 사업 확대에 비례해 로열티를 받는 방식이다. 이에는 생소한 해외시장에서의 리스크를 줄이고 현지 사정을 보다 정확하게 이해하고 있는 파트너회사의 마케팅이나 입지선정이 더 뛰어날 수 있다는 판단이 작용하였다. 2006년 일본BBQ는 일본의 스시배달 외식기업 중 TOP3에 해당하는 'REX'사와 마스터 프랜차이즈 계약을 체결하였다. 계약체결 대가로 100만 달러, 추가 BBQ 가맹점 한 곳을 유치할 경우 5,000달러와 매장 매출의 3.5%에 이르는 로열티를 BBQ에 지급하는 내용이었다. 이 REX사는 배달 전문 매장을 350여 개 운영 중이었고, 일본 내 유통 및 원가관리 능력이 뛰어난 기업으로 정평이 나 있었다. 자국 내 인지도도 매우 높았고, 무엇보다 인구밀도도 높으며 싱글족이 인구비율에서 상당 부분을 차지하고 있는 시장이니 BBQ의 강점인 배달전략이 주효하다고 보았다. 그러나 REX사에게 있어서 치킨은 잘 모르는 분야였다. REX사의 스시는 일본 국민들에게 신뢰받았으나, BBQ브랜드의 치킨은 일본인들에게 어디까지나 신생 브랜드였다. 스시의 제조방법은 일본인들이 잘 알고 있는 내용이었지만 치킨은 그러지 못하였고, 조리과정을 신뢰할 수 없었던 BBQ를 통해 치킨을 배달해 먹으려는 고객 수는 많지 않았다. 이러한 일련의 시행착오 과정을 통해 해당 시장에서 인지도가 없는 상태에서 배달전략만으로는 생존할 수 없다고 판단한 일본BBQ는 추후 BBQ치킨 브랜드를 홍보할 수 있고 체험할 수 있는 플래그십(Flag-Ship) 스토어 출점 전략으로 선회하였으며, 현재는 일본의 주요 철도에 매장운영권을 가지고 있는 회사로 현지 파트너를 변경하였다.

1. BBQ가 치킨 브랜드를 알리기 위해 '플래그십 스토어'가 필요하다고 본 이유는 무엇인가?
2. 중국, 스페인, 일본 시장에서 BBQ가 실패한 주요 요인들은 각각 무엇이라고 보는가?
3. 현지화와 국제화의 관련성, 즉 국제화를 위한 현지화의 중요성을 설명하시오.

사례 1-7 국민파이에서 글로벌 파이로 : 오리온 초코파이의 국제화

• 오리온이란?

1950년대 풍국제과를 인수하면서 탄생한 오리온은 1950~60년대 다양한 제과제품 개발로 제과업계에서 인기를 독점하기 시작한다. 1970년대 들어서 동양시멘트 법정관리 신청으로 부도에 직면하게 되었지만 '초코파이'를 개발함으로써 비약적인 성장을 이루게 된다. 초코파이의 성장을 바탕으로 오리온은 1990년대에 들어서며 수출을 강화하고 해외 현지법인을 설립하는 등 본격적인 국제화의 기반을 다졌고, 2005년 사상 최초로 해외 매출액 1억 달러를 돌파한다. 현재는 해외시장 공략을 가속화하며 세계 최고의 제과업체로 도약하고 있다. 이러한 해외사업의 성공은 '오리온 초코파이'라는 강력한 브랜드가 있었기에 가능한 일이었다.

• 초코파이 情

1974년에 출시한 초코파이는 오리온의 상징적인 제품이다. 2003년 제과업계 최초 단일품목 매출 1조 원을 돌파한 오리온 초코파이는 현재 세계 60개국에 수출되고 있으며, 특히 중국, 베트남, 러시아에서 폭발적인 인기를 누리고 있다. 국민파이를 넘어서 글로벌 파이로 발전한 초코파이는 현재 해외시장 매출액이 국내시장 매출액을 뛰어넘고 있다.

• 초코파이의 국제화 계기

오리온이 본격적으로 국제화 시장을 공략하기 시작한 1990년대 내수시장의 성장률은 경제성장률을 밑돌고 있었고 작은 크기에 비해 다양한 기업들이 진출해 있었기 때문에 포화상태였다. 따라서 제과회사를 비롯한 식품회사들은 내수시장의 한계를 느끼고 있었고 이를 극복하기 위해 해외시장 개척에 나섰다. 해외시장에 대한 면밀한 검토를 통해 오리온은 중국, 러시아, 베트남 등으로 진출하기로 결정했다. 이들 국가를 선정한 이유는 글로벌 식품기업들과의 경쟁에서 동등한 위치를 차지하기 위해서였다. 미주나 유럽, 아프리카 등지에는 이미 세계적인 글로벌 식품회사들이 마켓을 선점하고 있었기 때문에 신 시장을 개척하는 것이 필요하다고 판단한 것이다.

• 핵심지역에 초코파이의 집중화

오리온은 국내 1위의 경쟁력을 갖고 있는 초코파이를 전략상품으로 선정하고, 본격적인 초코파이 수출 강화에 들어갔다. 특이한 점은 오리온은 국가단위로 시장을 나누기보다는 핵심지역을 중심으로 시장을 분류한 것이다. 이에 따라 오리온은 한국거점, 중국거점, 동유럽거점, 인도차이나거점으로 초코파이 로드맵을 그렸다. 이 거점 중에서도 러시아, 대만, 중국을 주력시장으로 오리온은 각종 시식회, 판촉행사, 광고 등의 마케팅 전략을 강화해 나가기 시작했다. 또한 기존에 다양하게 주문되어 제작, 수출되던 초코파이의 명칭을 'ORION CHOCO PIE'로 통일했으며, 포장도 내수용과 같은 붉은색으로 변경해 단일 디자인을 도입했다. 제품 표기도 기존 영어와 아랍어에서 중국어, 러시아어를 추가로 제작 표기하기 시작했다. 이와 함께 제품 종류도 각국의 요구에 따라 다양하게 만들었다.

• 한국의 정을 세계에 알린 광고

'초코파이＝정(情)'으로 대표되는 한국에서의 초코파이의 이미지를 세계 시장에도 그대로 접목시키는 전략을 사용했다. 가장 한국적인 정을 광고 콘셉트로 잡아 제품이 주는 따뜻함과 매치시킨다는 것이 초코파이 광고의 주요 모토였다. 중국, 베트남, 러시아 등 각기 다른 나라에서도 인간의 보편적 감정이라 할 수 있는 정을 느낄 수 있음을 보여준 것이다. 초코파이 광고는 유명인이 출연하진 않지만 가슴이 따뜻해지는 영상으로 각 나라의 문화나 현실에 맞게 제작하면서 현지인에게 호감을 얻을 수 있었다. 또한 초코파이 광고는 정을 나눈다는 의미로 다른 이들과 나누어 먹는 제품으로 광고하면서 초코파이를 박스로 구매하는 구매자의 비율을 낱개로 사는 구매자의 비율보다 높게 하는 데 성공했다.

• 영업망 구축을 통한 현지화

오리온은 세계 시장 진출의 지속적인 전략으로 판매의 기본이 되는 영업망 구축에 큰 노력을 기울였다. 오리온이 채택한 영업망 구축전략은 국가별, 품목별 총대리점을 지정하여 안정적인 수출물량 확보는 물론 해당 국가 내 초코파이의 가격안정, 시장안정을 추구하는 전략이다. 해당 지역의 물류 및 유통을 현지 학습화함으로써 중국 같은 경우 대도시를 중심으로 직·간접적인 방식으로 현지 유통을 직접 운영한다는 것이었다. 이러한 영업망 구축에 대한 노력은 오리온이 안정된 수급망의 확보, 일관된 가격정책을 유지해 제품의 이미지를 높이는 데 도움을 주었고 이는 지속적인 수출 확대에도 기여했다. 이를 통해 오리온은 문화적, 지리적으로 차별화된 시장을 거점으로 세분화했다. 이는 궁극적으로는 현지화 전략을 구사하기 위해 필요한, 거점 시장에서 우위를 확보하겠다는 전략이었고, 오리온은 보다 쉽게 국제화에 뛰어들 수 있었다.

• 적극적인 시장 개척

오리온은 시장을 개척할 때, 수출 주력지역과 초코파이를 결부시켰다. 중국, 러시아, 동남아 등 개발도상국에 진입해 있거나 강대국이지만 경제적으로 선진적이지 못한 나라들을 주요 타깃으로 잡았다는 것도 초코파이가 세계화 제품으로 자신감을 가지는 데 큰 기여를 하였다.

개척시장을 정한 다음 식품전시회에 참가해 제품 알리기에 주력하는 한편, 자체적으로 초코파이 시식회를 개최하며, 적극적인 시장 개척을 추진한 것이다. 또한 현지 문화에 대한 이해가 시장 개척에 절대적이라는 생각에 따라 '문화감수성 교육'이라는 자체개발 교육프로그램을 실시하기 시작했다. 이 교육은 그 나라의 역사, 문화, 생활방식, 관습, 종교, 언어 등을 총망라한 교육내용으로 현지 문화를 이해하는 데 필요한 모든 사항을 교육시켜서 지역에 따른 그들의 삶을 이해하기 위한 노력을 한 것이다. 또한 해외마케팅을 강화하기 시작해 중국 천안문 광장에 초대형 초코파이 입간판을 설치했으며, 베이징 중심가의 대형슈퍼를 통해 시식회도 자주 가졌다. 뿐만 아니라 베트남, 미얀마, 인도네시아 등 동남아 일대에서도 각종 전시회에 참가하며 초코파이 알리기에 주력했다.

• 국제화 전략에 따른 결과

초코파이의 성장을 발판으로 오리온은 국제화 전략에 박차를 가하고 있다. 오리온은 현재 중국시장 성장률 1위를 기록하고 있는 제과업체이며, 2012년 기준 중국 파이시장 시장점유율 38%를 점유하고 있을 정도로 중국 내에서도 초코파이는 대표적인 파이제품이 되었다. 또한 글로벌 콘셉트에 맞춰서 포장을 바꾸는 등 지속적인 현지화 노력으로 명실상부한 글로벌 파이로의 입지를 다지고 있다. 2013년 현재 미국 프로야구 LA다저스와 파트너십을 맺고 현지 마케팅을 펼치고 있고, 골프선수 최경주는 대회 참가자들에게 가장 한국적인 선물이라며 초코파이를 나눠

주는 등 초코파이는 국제화의 영역을 아시아와 러시아를 넘어 세계로 뻗어 나가고 있다. 뿐만 아니라 북한 수해지역에도 초코파이를 보내는 등 오리온은 국제사회에서도 기업의 책임을 다하고 있다.

Question

1. 초코파이가 한국의 국민파이에서 글로벌 파이로 나아갈 수 있었던 계기는 국제화였다. 그렇다면, 초코파이의 국제화 전략이 바람직했다고 생각하는가? 왜 그렇게 생각하는가?
2. 초코파이의 성공요인을 중장기적 관점에서 분석하시오.
3. 초코파이의 잠재적인 다음 국제화 타깃은 어디가 될 수 있을 것인가? 그렇게 생각하는 이유는 무엇인가?

사례 1-8 동남아 내 오아시스를 찾아서 : 미원의 국제화

미원 味元 SINCE 1956

1960년대 국산 조미료 대량생산시대를 열었던 미원은 1970년대 초반 일찍이 기업의 국제화를 시도하여 원료 조달 및 해외시장의 성공이라는 '두 마리 토끼'를 삽은 기업이다. 미원은 그 전신인 동아화성공업이 설립된 1950년대 중반 이후부터 1960년대 말까지 국내 조미료 시장점유율 1위를 기록하며 시장 내 선두주자로서 안정적인 위치를 점하고 있었다. 그러나 1970년대에 들어서며 경쟁사인 제일제당의 공격적인 영업전략으로 인해 시장 내 경쟁이 보다 치열해지게 되었는데 당시 제일제당은 당밀을 주원료로 하는 조미료와 설탕을 함께 생산하고 있었기 때문에 원료 조달에 있어 미원에 비해 규모의 경제를 누리고 있는 상황이었다. 설상가상으로 당밀의 국제가격이 폭등하면서 영국과 일본 등지의 기업들이 당밀 시장을 독점하다시피 함에 따라 당밀의 안정적인 확보가 어려워졌다. 이러한 국내외적 상황에서 미원은 안정적인 원료 확보 및 해외시장 진출을 위해 동남아 국가로 눈길을 돌리게 되었다.

이때 미원은 동남아시아 내 당밀 주요 생산국인 4개국(태국, 말레이시아, 필리핀, 인도네시아)을 진출 후보지로 선정한 뒤 각 국가별로 시장 환경을 분석하고 항목별 점수를 매겨 시장성을 평가하였다. 그런데 그 평가표를 살펴보면 각국의 정치상황, 노동환경, 공업화 정도, 그리고 MSG 소비패턴에 이르기까지 현지 시장에 대한 분석이 매우 다각적이고 정밀하게 이루어졌음을 확인할 수 있다. 이러한 분석에 기반하여 미원의 최종 진출 시장은 인도네시아로 채택되었는데, 미원은 그 후에도 3년간 따로 현지 조사단을 구성하여 인도네시아의 생활양식 및 시장구조 등에 대한 추가적인 조사를 진행하는 등 기업의 국제화를 도모하기에 앞서 매우 세밀한 사전조사를 진행하였다.

1973년 미원 인도네시아(PT Miwon Indonesia)라는 이름으로 현지법인을 설립하였을 때, 인도네시아의 조미료 시장은 일본의 아지노모토(Ajinomoto)와 화교계 기업인 사사(Sasa)로 양분되어 있었다. 이 두 기업은 미원 인도네시아를 견제하기 위해 정치적 로비를 통해 미원의 공장을 중단시키는가 하면, 미원을 상대로 상표권 소송을 걸기도 하였다. 이에 따라 미원은 재정적으로 막대한 손실을 입게 되었으나, 이에 굴복하지 않고 공장이 중단되었던 1년여 동안 현지 시장조사에 더욱 매진하였다. 그 결과 미원은 본사의 기술개발능력이 인도네시아 현지의 다른 경쟁기업들과 비교하여 뒤처지지 않는다는 점을 확인하였으며, 선점기업들로부터 시장점유율을 빼앗아오기 위해서는 치밀한 현지화 전략이 필요할 것으로 판단하였다. 이러한 맥락에서 미원 공장이 다시 가동되기 시작했을 때, 그들은 그동안 쌓아온 현지 시장에 대한 깊은 이해를 바탕으로 적극적이고 효과적인 현지화 전략을 수행할 수 있었으며, 시장점유율의 빠른 상승과 함께 현지 진출 11년 만에 두 경쟁사를 누르고 업계 1위 자리를 차지하게 되었다.

미원이 펼쳤던 현지화 전략 중 가장 주효했던 것은 바로 한국형 호별판매제도의 도입이었다. 당시 아지노모토는 인구가 밀집해 있는 도심 지역을 중심으로 직판 체제를 구축하고 있었으며, 사사는 대형 대리점 판매방식을 취하고 있는 상황이었다. 그러나 미원은 현지에서 오랜 기간 시장조사를 거친 결과, 국토의 대부분이 소규모의 섬들로 이루어져 있는 인도네시아에서는 이러한 경쟁사들의 판매방법이 알맞지 않다는 결론을 내렸다. 대신 미원은 작은 섬들에 위치해 있는 가정집 및 식당들을 일일이 찾아다니며 한국 직원들의 서투른 인도네시아어 솜씨로나마 직접 제품의 용도를 설명하고 홍보하는 식의 저인망식 판매전술을 운용하였다. 이렇듯 말로 설명하는 홍보전략은 당시 중졸 이하의 학력이 인도네시아 전체 인구의 80% 이상을 차지하고 있었다는 점과 그에 따라 문맹률이 상당히 높은 수준이었다는 점을 고려해 보았을 때에도 충분히 효과적인 전략이었다고 할 수 있으며, 이는 더 나아가 인도네시아 현지에서 미원의 브랜드 이미지가 제고되는 계기로까지 작용하였다.

호별판매제도의 성공으로 현지화 전략에 대해 어느 정도 자신감을 얻은 미원은 아지노모토와 사사의 대규모 판매체제에 맞서 인도네시아 전국에 약 500여 개에 달하는 군소 대리점을 조직하였다. 또한 가급적이면 미원에서 근무한 경험이 있는 현지인들이 대리점을 운영할 수 있도록 지원함으로써 본사와 대리점 간의 갈등을 최소화하는 전략을 구축하였다. 미원 인도네시아는 이러한 전략적 소규모 판매·유통방식을 통해 비교적 단기간에 높은 기업 성과를 이룩할 수 있었으며 인도네시아 시장점유율을 효과적으로 증대시킬 수 있었다.

뿐만 아니라 미원은 지역별로 시장의 성숙도 및 구매 빈도가 상이하게 나타나는 인도네시아의 소비시장 특성에 주목하여 지역별 시장진입에 있어서 차별화 전략을 실시하였다. 다시 말해, 미원은 지역별 시장수요에 맞게 서로 다른 규격의 제품을 공급하는 전략을 취하였으며 설령 같은 지역이라 할지라도 판매 매장의 규모에 따라 그에 맞는 규격의 제품을 주 판매 대상으로 홍보해 왔다.

또한 미원은 인사정책의 분야에서도 현지화 전략을 꾀했다. 미원이 인도네시아 시장에 처음 진출하였을 당시 미원의 김희중 사장은 기업의 마케팅 현지화 전략이 제대로 이루어지기 위해서는 그에 앞서 현지 인력의 적극적 활용이 선행되어야 한다고 언급하였다. 예컨대, 직원들이 현지어에 서투를 경우 고객들이 그 기업에 대해 친밀감을 형성하기 어려우며 이것은 나아가, 기업의 해외진출의 성패를 좌우하는 중요한 요소로서 작용한다는 것이다. 따라서 현지 인력의 육성은 미원의 인도네시아 진출과정에 있어서 필수적인 요소로 간주되었고 미원은 진출 초기부터 인사정책의 현지화를 추진해온 것이다.

인도네시아인 대다수는 이슬람교도로 시간관념이 희박하고 성취욕이 낮은 편이었으며 오랜 기간 식민지의 역사를 거치며 다소 수동적인 국민성을 가지고 있었다. 미원은 이러한 상황에서 인력의 현지화와 함께 체계적인 교육 프로그램 및 직원들의 참여를 고취시킬 수 있는 인사정책이 필요하다고 판단하였고 꾸준한 교육훈련과 설득, 그리고 과감한 권한 이양을 통해 직원들로 하여금 책임감을 강화시키고 고용의 효율성을 극대화하려 노력하였다. 그 결과 미원 인도네시아 내 거의 모든 업무가 현지인 중심으로 수행, 관리되었으며, 교육훈련 및 권한 이양 정책뿐만 아니라 인센티브 제도를 도입함으로써 사내 생산성이 크게 향상되었다.

지금까지 살펴본 바와 같이, 미원은 기업의 내·외부적 요인, 그 중에서도 특히 현지 시장 상황에 대한 체계적이고 다각적인 분석을 통하여 일찍이 국제화에 성공을 거둔 대표적인 기업이라 할 수 있다. 실제로 미원 인도네시아는 1980년대 이후부터 현재에 이르기까지 인도네시아 조미료 시장에서 꾸준히 1위 자리를 지켜오고 있으며, 현재는 그러한 성공을 바탕으로 현지 사업을 다각화하기 위한 노력을 경주 중이다. 미원의 새로운 이름인 대상㈜은 인도네시아 전용 브랜드인 '마마수카(Mama Suka)'를 만들고 마요네즈, 김, 유지류, 당면 등 조미료 외에도 다양한 제품을 선보여 왔으며, 그 결과 지난 2012년, 3,000억가량의 매출 성과를 기록할 수 있었다.

Question

1. 미원이 인도네시아 시장에 주목하게 된 이유는 무엇인가?
2. 이슬람국가인 인도네시아에서 호별판매제도가 성공할 수 있었던 이유는 무엇이라고 보는가?
3. 상대적으로 선진지식을 보유한 본사 주재원을 다수 파견하는 것이 경영효율성 증진에 기여하지 않을까? 그렇다고 판단하는 경우와 그렇지 않다고 여기는 경우 그 이유를 제시하고, 이를 미원의 현지화 전략과 접목하여 고려해 보시오.

토의자료 1-1 기업의 국제화 : 한국기업의 러시아 진출

"러시아에는 삼성전자, 현대·기아차, LG전자만 있는 게 아니다."

지난 12일 러시아 모스크바, 상트페테르부르크에서 만난 코트라 직원들은 국내기업들이 러시아 시장에서 왕성한 활동을 하고 있다고 전했다. 한국에서는 주로 삼성, 현대차, LG 등 4대 그룹에 주목하고 있지만 '숨은 진주'가 많은 셈이다. 그런데도 이들이 우리 국민의 눈길을 끌지 못하는 이유는 소비재가 아닌 건설장비, 물류 등 기업 간 거래 부문에서 활약하고 있기 때문이다.

현대중공업은 러시아에 진출한 지 2년 만에 건설장비시장에서 독보적 1위로 올라섰다. 현대상선은 지난 2008년 법인을 세운 뒤 물동량이 10배나 성장했다. 롯데백화점은 진출 초기에 전략적 실패를 경험했으나 차별화정책으로 돌파구를 마련하고 있다.

특히 러시아는 오는 8월 세계무역기구(WTO)에 가입할 예정이어서 우리 업계에는 호재로 작용할 전망이다. 관세 인하 등의 효과로 러시아에서 입지가 한층 탄탄해질 전망이기 때문이다. 김상욱 코트라 모스크바 무역관장은 "러시아가 WTO에 가입하면 글로벌 기업들의 전쟁터가 될 것"이라며 "러시아 정부가 자원개발형 경제에서 기술집약형 경제로 전환을 시도하면서 첨단기술을 갖고 있는 기업에게는 기회가 될 것"이라고 말했다.

러시아 진출 2년 만에 업계 1위

"러시아에서 '현대중공업' 하면 건설장비, '건설장비' 하면 현대중공업이라는 이야기를 듣겠다."

모스크바에서 만난 강성우 현대중공업 모스크바 지사장은 현대중공업의 성공 스토리를 자세히 설명했다. 경쟁사들이 생각하지 못한 방법으로 위기를 기회로 만든 현대중공업은 지난 2008년 러시아 시장에 진출한 지 2년 만에 업계 1위로 우뚝 섰다.

현대중공업은 러시아 시장에 진출하자마자 글로벌 금융위기를 겪었다. 당시 러시아 자동차, 건설시장은 절반으로 쪼그라들었다. 하지만 글로벌 금융위기는 현대중공업에게 기회가 됐다. 강 지사장은 딜러사와 함께 고통을 감내하기로 했다. 현대중공업이 5%, 딜러사가 5%로 총 10%를 부담해 할인판매에 들어간 것. 경쟁사들이 재고를 들고 우물쭈물하는 사이 현대중공업은 손실을 감수하고 물량을 모두 떨어냈다. 빠른 회전은 현대중공업의 시장점유율 상승으로 이어졌다. 당시 건설장비시장에선 히타치가 시장점유율 40%로 독보적 1위를 지키고 있었다. 그런데 현대중공업은 2009년 말 시장점유율 27%로 올라섰고, 2010년엔 30%, 2012년엔 34%로 올라섰다. 2위 업체(점유율 15%)와의 격차도 크게 벌렸다.

건설장비 분야의 성공에 힘입어 현대중공업은 고압차단기, 변압기류를 생산하는 전자전기 사업분야에도 진출했다. 올해 매출 4억 달러를 무난히 달성할 것으로 전망된다. 강 지사장은 "일본기업들이 1960년대 러시아에 진출해 사업을 해온 것에 비하면 역사는 짧지만 현대중공업은 과감한 전략과 서비스 마인드로 단숨에 1위 기업에 올랐다"고 강조했다.

품격 있는 서비스로 10배 성장

현대상선은 지난 2008년 국내 해운업체 중 처음으로 상트페테르부르크에 법인을 설립했다. 러시아 해운물량의 50%를 차지하고 있는 도시여서 기회가 많았기 때문. 이후 3년여 만에 취급물량은 10배로 늘어났다. 현재 현대상선은 주당 수입 1,400TEU(1TEU는 20피트 컨테이너 한 개), 수출 300TEU를 처리하고 있다. 터미널도 상트페테르부르크에 진출한 글로벌 선사 중 가장 많은 4개를 운영하고 있다.

현대상선의 성공 비결은 바로 '고객감동 서비스'다. 현대상선의 운임료는 경쟁사에 비해 15% 비싸다. 그만큼 서비스에 자신이 있다는 얘기다. 현대상선은 상트페테르부르크 바다가 겨울에 결빙되는 점을 고려해 고객들에게 해상온도, 얼음 두께, 해상길 통과 시간 등을 실시간으로 알려주고 있다. 조재민 현대상선 러시아 법인장은 "현대상선의 가장 큰 장점은 적시성"이라며 "화주들이 화물의 도착·출발 등을 예측할 수 있도록 모든 정보를 제공하고 있다"고 설명했다.

물량이 늘어나면서 직원 수도 늘었다. 초창기 주재원을 합쳐 8명에서 지금은 22명으로 커졌다. 조재민 현대상선 러시아 법인장은 "수익성 확보를 위해 외부 에이전트에 맡겼던 포트 입항 절차, 통관 등을 현지 직원들이 직접 수행할 것"이라고 설명했다.

한국 패션시장 러시아에 접목

지난 2007년 모스크바 시내 중심에 진출한 롯데백화점은 서울의 명동 같은 상권에 호텔과 함께 들어서면서 이곳에서 관심의 대상이었다. 그러나 규모와 매장 콘셉트 등에서 전략적 오류를 범하면서 시련기를 맞았다. 작은 규모로 고급 백화점을 지향한 것. 롯데백화점은 2만 3,140㎡이다. 러시아 백화점은 대부분 6만~9만㎡ 규모다.

하지만 최근 기존 러시아 시장 패턴과 차별화하면서 위기를 벗어나고 있다. 국내 중고가 패션 브랜드들의 입점 추진이 대표적이다. 단순한 백화점 입점을 넘어서 롯데백화점은 이들 브랜드를 러시아 시장에 진출시키고 있다.

김재열 러시아 롯데백화점 팀장은 "러시아 패션 시장은 초고가 명품과 저가 시장으로 양분돼 있어 중고가 시장이 없는 반면 한국은 중고가 패션이 유독 발달해 있다"며 "롯데백화점은 한국의 이들 브랜드 제품을 수입해 판매하고 있다"고 말했다. 대표적인 브랜드가 온앤온, 제시뉴욕, VOV다. 샤트렌은 오는 8월 입점한다. 온앤온은 월 1억 원의 매출을 올리고 있으며 카자흐스탄 등 독립국가연합(CIS) 국가에서 찾아와 사업협력을 상의하고 있다.

김 팀장은 "롯데백화점도 한국 중고가 브랜드로 이익을 보고 국내 브랜드들도 롯데백화점을 통해 시장을 확대할 기회를 얻고 있다"고 말했다. (자료 : 파이낸셜뉴스, 2012.7.19)

토의자료 1-2 마이크로 다국적기업이 뜬다

2년 전 당시 28세였던 미국인 조슈아 워런 씨는 한 번도 얼굴을 보지 못한 동갑내기 폴란드인 빅토르 자르카 씨와 크리에이튜이티라는 회사를 차렸다. 두 사람이 실제로 얼굴을 본 건 올해 1월이 처음이었다. 그전에는 이메일과 국제우편, 화상회의가 둘을 이어주는 전부였다.

이 회사의 월 매출액은 약 10만 달러(약 1억 1,400만 원) 수준이다. 고객 회사는 북미와 아시아, 유럽 등 세계 각 대륙에 걸쳐 있다. 직원 13명의 아주 작은 기업이지만 세계 시장에서 빠르게 성장하고 있다. 기존의 다국적기업과는 비교 자체가 안 될 정도로 규모가 작지만 인터넷과 기술 발전에 힘입어 세계를 무대로 사업을 벌이는 '마이크로 다국적기업'이다.

일하는 방식이 바뀐다

워런 씨와 자르카 씨의 회사는 온라인쇼핑몰을 만들어주는 일을 한다. 워런 씨의 집이 있는 미국 텍사스 주에서 7명이 일하고 자르카 씨가 있는 폴란드 코닌에서는 6명이 일한다. 고객을 찾기 위한 영업은 안 한다. 광고나 마케팅 인력은 물론이고 경리직원조차 없다. 웹사이트 개발자가 직원의 전부다.

크리에이튜이티는 전형적인 마이크로 다국적기업이다. 자신의 핵심역량에만 집중하고 나머지 모든 기능은 적극 외부에 맡기기 때문이다. 크리에이튜이티는 웹사이트 개발 외의 일은 모두 '오데스크'라는 회사에 맡겼다.

오데스크는 미국 실리콘밸리 레드우드시티에 있는 온라인 인력중개 회사다. 구직자가 자신이 어떤 능력을 갖고 있는지 오데스크가 운영하는 사이트에 올리면 기업들은 이를 보고 일을 맡긴다. 단기간 일거리를 거래하는 것이다. 기업은 인력을 정규직으로 채용하는 부담을 덜고 일자리를 구하는 프리랜서는 원하는 시간만큼만 일하게 된다.

크리에이튜이티는 오데스크를 활용해 고객을 찾고, 광고를 하며, 돈을 정산받는다. 글로벌 사업이지만 큰돈을 들일 필요가 없다. 크리에이튜이티의 창업자 워런 씨 자신도 2009년 10월까지만 해도 오데스크를 통해 일을 구하던 프리랜서였다. 고용한 기업으로부터 좋은 평가를 받아 시작할 때 15달러이던 시급이 10개월 만에 95달러까지 올라갔다. 그렇게 받고도 고객이 줄을 섰지만 워런 씨는 과감하게 프리랜서 일을 포기하고 당시 오데스크에서 자신만큼 잘나가던 개발자 자르카 씨에게 동업을 제안했다.

오데스크가 만드는 '국경 없는 일자리'

다양한 기업이 오데스크를 통해 성공적으로 사업을 진행하고 있다. 미국 샌프란시스코의 섬택은 정원사나 배관공이 필요한 집에 출장 서비스를 제공한다. 미국 전역에서 이런 서비스를 제공하지만 직원은 고작 19명뿐이다. 실제로 일을 하는 배관공이나 정원사는 오데스크에서 구한다. 섬택의 핵심역량은 직접 손으로 하는 기술이 아니라 빠르고 정확하게 사람을 보내주는 능력이다.

페이스북과 구글, NBC, HP 같은 대기업도 오데스크를 통해 단기간 고객 상담원이나 프로그래머를 고용한다.

오데스크는 2007년 사업을 시작한 이래 매년 사업 규모가 두 배로 성장했다. 지난해 오데스크가 기업고객으로부터 받아 프리랜서들에게 전해준 임금은 3억 달러(약 3,420억 원)를 넘었다. 매월 거래되는 일의 종류만 12만 가지이며 최근에는 마케팅, 회계, 글쓰기 등으로 업무 영역이 넓어졌다. 하지만 직원은 80여 명에 불과하다. 오데스크 자신도 인력중개 외의 다른 업무는 230명의 프리랜서를 고용해 해결한다.

오데스크 같은 기업의 등장으로 멀리 떨어진 곳에서 인력을 자유롭게 구할 수 있게 되자 정부의 정책이 바뀐 사례도 나왔다. 기자와 만난 게리 스와트 오데스크 최고경영자(CEO)는 방글라데시 정부가 프리랜서들이 인터넷으로 외국에서 벌어들인 소득에 대해 소득세를 부과하지 않기로 결정한 점을 예로 들었다.

스와트 CEO는 "지금까지 방글라데시에서 외화 획득을 위해 고등교육까지 마친 노동자를 해외로 내보냈는데 이들은 벌어들인 돈의 상당액을 해외에서 썼다"며 "이보다는 차라리 이들을 방글라데시에 두고 돈만 적극적으로 외국기업들로부터 벌게 하는 게 국가경제에 도움이 된다고 판단한 것"이라고 말했다.

:: **마이크로 다국적기업**(micro multinationals)

핵심역량을 유지하기 위한 최소한의 인력만 두고 나머지 업무는 아웃소싱을 통해 해결하는 다국적기업을 뜻하는 말로 미국 버클리 캘리포니아대 명예교수이자 구글의 수석경제학자인 할 바리언 교수가 이름 붙였다. 기존 다국적기업들은 각국에 지사를 두는 등 규모가 컸지만 기술 발전에 힘입어 아주 작은 다국적기업들이 등장하고 있다.

(자료 : 동아일보, 2012.5.7)

참고문헌

Hill, C. W. L.(2011), "*International Business: Competing in the global marketplace*", McGraw-Hill Irwin.

Modern Tire Dealer(2012), "*MTD Facts Issue: 2012*", Modern Tire Dealer.

Root, F.(1994), "*Entry Strategies for International Markets*", Lexington Books.

글로벌이코노믹, [기업분석] 한국콜마, 시장 기대치 넘은 4분기 어닝서프라이즈… 자회사 에이치케이이노엔 주도, 2021년 2월 24일자.

김희은, 유효상(2016), 화장품 OEM/ODM 산업에서의 한국콜마 성장사례, 경영교육연구, 31(2), 279-310.

넥센타이어(2017), 넥센타이어, 美 JD Power 고객만족도 조사 승용차 부문 2년 연속 4위.

[online] Available at https://www.nexentire.com/kr/media/news/1190254_1224.php [접속일: 2021년 8월 22일].

뉴데일리경제, 코로나 힘들었지만… 한국콜마・코스맥스 작년 선방, 2021년 2월 19일자.

뉴스핌, 중국 新인프라 전기차 충전 설비, 다크호스 산업으로 부상, 2020년 3월 25일자.

뉴스핌, 코스맥스, 지난해 4Q '어닝쇼크'지만… 올해는 장밋빛 전망?, 2021년 3월 4일자.

동아일보, 마이크로 다국적기업이 뜬다, 2012년 5월 7일자.

매일경제, [CASE STUDY] (17) 혁신의 아이콘 전기차 업체 테슬라 14년 된 후발기업이 미국 車 1위(시가총액)로 부상, 2017년 6월 19일자.

변종복, 민동권(2013), 넥센타이어 미국 법인의 공급사슬 전략과 구매자-공급자 관계에 관한 탐색적 사례연구, 경영교육연구, 28(4), 433-455.

블로터앤미디어, [넘버스]넥센타이어 글로벌 톱 10 꿈 늦어지나 멀어지나, 2020년 12월 9일자.

서민교, 박병일(2013), "글로벌경영", 서울경제경영출판사.

송윤아(2019), 테슬라, 중국의 전기자동차 시장에 시동을 걸다, 기업과혁신연구, 42(4), 85-99.

시사저널e, CJ오쇼핑, 5년 만에 태국사업 흑자, 2018년 2월 5일자.

연합뉴스, CJ오쇼핑, CJ온스타일로 브랜드 통합… 모바일 중심 재편, 2021년 4월 28일자.

이양복, 박찬웅(2019), 웁살라 모델관점에서 넥센타이어의 국제화 전략 연구: 경영자의 시장지향성 중심으로, 전문경영인연구, 22(3), 111-134.

이준호, 고영희(2009), 한국콜마(주)의 전략적 진화: 또 다른 100년을 향하여, *Korea Business Review*, 12(3), 1-50.

장세진(2004), "한국기업의 글로벌경영 사례집", 박영사.

장세진(2019), "글로벌경영", 박영사.

전자신문인터넷, 현대・기아차 상반기 전기차 판매량 감소… 경쟁사는 모두 증가, 2020년 8월 4일자.

정구현, 감덕식(2008), "한국기업의 글로벌경영", 위즈덤 하우스.

정지현, 이동현(2019), 글로벌 화장품 산업에서 후발기업의 역량축적에 관한 연구: 한국콜마와 코스맥스를 중심으로, 경영교육연구, 34(5), 275-295.

조선비즈, 베트남 TV홈쇼핑 매각 추진… CJ, 태국 사업은 작년말 철수, 2020년 1월 11일자.

최순규, 강지훈(2019), CJ 오쇼핑의 태국 진출 전개 과정과 성공 요인에 관한 연구, 경영사연구, 34(3), 5-25.

카가이, 테슬라 해냈다! 중국 최초 100% 지분 공장건설 의미는, 2018년 7월 11일자.

코트라(2013), 태국, 인터넷 사용자 2배 증가 예상. [online] Available at https://news.kotra.or.kr/user/globalAllBbs/kotranews/album/2/globalBbsDataAllView.do?dataIdx=123234&column=&search=&searchAreaCd=&searchNationCd=&searchTradeCd=&searchStartDate=&searchEndDate=&searchCategoryIdxs=&searchIndustryCateIdx=&page

=178&row=100 [접속일: 2021년 7월 8일].

코트라(2019), 테슬라 최초의 해외 공장, 상하이에서 첫 삽. [online] Available at https://news.kotra.or.kr/user/globalAllBbs/kotranews/album/2/globalBbsDataAllView.do?dataIdx=172752 [접속일: 2021년 7월 20일].

코트라(2021), "2021 태국 진출전략", 코트라.

한국경제(2018), CJ오쇼핑은 어떻게 태국 소비자를 사로잡았나. [online] Available at https://www.hankyung.com/economy/article/201802056115g [접속일: 2021년 8월 22일].

한국인터넷진흥원(2012), "태국 방송통신 품목 보고서 – 인터넷기반TV", 한국인터넷진흥원.

한국콜마(2018), 한국콜마, 중국에 두 번째 공장 짓고 시장 본격 공략. [online] Available at https://www.kolmar.co.kr/pr/news.php?ptype=view&idx=6139 [접속일: 2021년 7월 6일].

한국타이어(2020), "Hankook Technology Group Annual Report 2019", 한국타이어.

현대경제신문, 화장품업계, 중국 소비 회복에 1분기 웃었다, 2021년 5월 12일자.

제 2 장 국가 비즈니스 시스템

[1] 이것만은 알아두자

현대사회에는 국제화가 점차 가속화되고 있다. 그러나 현대사회가 아무리 국제화되고 있다 하더라도 다국적기업이 진출한 나라의 비즈니스 시스템은 각국의 정치, 경제, 법률체제라는 세 가지 범주에 따라 크게 차이가 난다. 정치체제는 분석할 수 있는 방법이 여러 측면에서 가능하나 크게 보면 민주주의와 전체주의로 구분할 수 있다. 일반적으로 민주주의는 개인주의에 입각한 경우가 많고, 전체주의는 집단주의와 관련이 많은 체제이다. 한편 경제체제는 정치체제와 밀접한 연관성을 가지고 있으며 대개 시장경제, 계획경제, 혼합경제로 분류한다. 이와 같은 정치 · 경제 시스템과 아울러 각국이 갖고 있는 법률시스템은 그 나라에 있는 사람들의 행동을 규제하며 그 나라의 법이 적용되는 과정을 결정한다. 독일, 프랑스, 한국, 일본 등 대부분의 국가에서는 성문법 체제를 갖고 있으며, 미국과 영국은 관습법적 체제를 갖고 있다. 반면, 이슬람교를 국교로 채택하고 있는 많은 국가에서는 종교적 가르침에 기초한 신정법을 적용하고 있다. 즉, 법률시스템은 관습법, 성문법, 신정법으로 세분화된다. 종합하면, 다국적기업은 해외투자 시 각 국가의 정치, 경제, 법률체제에 있어서의 차이로 인해 어려움을 겪는 경우가 많으며, 이에 적절히 대응하느냐 혹은 그렇지 못하느냐에 따라 투자성패가 결정되는 상황에 흔히 직면한다.

정치적 위험의 의의

외국의 정치적인 정세변화로 인하여 해외사업은 직 · 간접으로 영향을 받는 일이 많은데, 이러한 정치적 변화에 대한 평가와 대응방안을 분석하는 것은 매우 중요하다. 일반적으로 정치적 위험은 “정치적 사건이나 과정에 의하여 야기된 잠재적으로 심각한 경영상의 위험”으로 정의될 수 있다.

표 2-1 | 정치적 위험의 원천과 영향

원 천	원천이 되는 집단	국제경영에 미치는 영향
–상반되는 정치이념 –사회적 불안과 무질서 –현지기업인 또는 외국기업인의 이해관계 –정치적 독립과 주권선언 –전쟁 또는 내란 –새로운 외교관계 형성	–집권정부와 행정부서 –의회 내 세력집단 –의회 밖의 세력집단 –일반대중집단(학생, 노동자, 소수민족 등) –외국정부 또는 국가 간 연합기관·단체 –전쟁 상대국이나 내란을 지원하는 외국정부	–재산몰수 –재산수용 –운용상의 규제(고용정책, 소유정책, 시장점유율, 제품특성 등) –이전자유의 제한(배당금, 이자, 상품, 인력 등) –계약의 일방적 파기 –차별정책(조세, 정부 공사의 강제적인 수주 강요 등) –재산 또는 인명피해

정치적 위험의 관리

표 2-2 | 정치적 위험의 관리방안

구 분	내부관리방안	외부관리방안
투자 이전	• 진출여부 결정 • 지분의 최소화(현지 차입, 합작투자, 경영관리계약 등) • 국제적인 통합(생산, 마케팅, 부품조달 활동을 국제적으로 통합)	• 정부 또는 민간 해외투자보험 부보 • 현지 정부 보증 • 투자보장 협정
투자 이후	• 적극적인 사회적 책임활동 • 현지화 정책 추진 • 적극적인 기술이전	• 정부 또는 민간 해외투자보험 부보 • 해외투자에 대한 국제협약
위험발생 이후	• 적극적인 회수와 보상방안	

[2] 국가 비즈니스 시스템의 주요 사례

사례 2-1 중국시장에서 성공한 현대자동차그룹

주지하고 있듯이, 중국은 공산주의적 전체주의 정치체제를 기반으로 하는 국가이다. 공산당은 모든 정치권력의 근원이며 다른 정치조직을 통제하는 배타적인 권

리를 보유하고 있다. 2013년 3월 17일 폐막된 양회(兩會)에서 최대 규모의 지도부 조정이 완성되었는데, 이에 따라 중국 정치체제가 새로운 주기에 진입했다는 의견이 지배적이다. 새로운 주기라고 해서 그것이 전체주의에서 민주주의로의 전환을 뜻하는 것은 아니다. 시진핑은 취임과 동시에 "중국의 꿈"이라는 이념을 제기하였다. "중국의 꿈"이란 중화민족의 위대한 부흥에 대한 소망을 의미하며, "중국의 꿈"이라는 슬로건의 바탕에는 애국주의를 핵심 기반으로 한 민족정신과 개혁정신이 깔려 있다. 즉, 중국의 새 지도부는 민주적인 사회주의 현대화 국가건설을 목표로 하고 있음에도 여전히 그 기저에는 전체주의 이념이 핵심으로 자리 잡고 있다. 국제화의 촉진과 더불어 부상하고 있는 중국은 다국적기업에게는 더할 나위 없이 매력적인 시장인 것은 분명하지만, 여전히 시장 진출에 있어서 정치적 위험성을 가지고 있는 곳이기 때문에 동향을 꼼꼼히 살펴봐야 할 필요가 있다.

2012년 현대자동차의 중국 현지 합자회사인 북경현대와 동풍열달기아(이하 DYK)는 모두 133만 6,571대의 승용차를 판매했다. 이는 폭스바겐과 GM에 이어 중국 내 3위에 해당하는 판매규모였다. 이로써 현대・기아의 중국 내 시장점유율은 2011년 9.8%에서 2012년에는 10.5%로 뛰어올랐다. 중국사업 시작 11주년을 맞는 2013년 북경현대는 97만 대, DYK는 50만 대의 승용차를 중국에서 판매할 계획이다. 또한 최근 각종 보도에 의하면, 현대자동차가 중국에서 실시한 신차품질조사 결과 1위를 차지했다고 한다. 그리고 2013년 1~9월 판매실적이 이미 79만 대를 넘어섰는데, 이는 지난해 같은 기간에 비해 28%나 성장한 수치이다. 이에 따라 연간 100만 대 판매 목표도 무난히 달성할 것으로 보이며, 목표가 달성된다면 이는 현대자동차가 중국에 공장을 설립한 지 11년 만의 일로, GM과 폭스바겐이 각각 13년, 25년이 걸려 연간 100만 대 판매를 이뤄낸 것에 비하면 대단한 성과라고 할 수 있다.

중국 정부는 초기 자동차산업의 육성에 있어서 보호적인 정책과 독점적 이윤보장 정책으로 일관했다. 즉, 업체 선정 이후 독점적인 지위를 부여하고 그들에게 막대한 이윤이 남도록 하여 기업을 육성하려 하였다. 결과적으로 기술개발을 등한시하게 되어 수입차와의 경쟁에서 살아남을 수 없는 상황에 이르게 되었다. 중국 정부는 1994년 발표한 '자동차공업산업정책'에서 자동차산업에 대한 정부의 보호의지로 외국자본의 참여를 50% 이내로 제한했다. 외국인직접투자를 전면적으로 허용할 경우 기술이전 등에 따른 산업발전효과가 약해질 가능성이 있었고 국부의 유출 역시 염려되었기 때문이었다. 신 자동차산업정책에서는 중국 내 완성 승용차 조립부문의 합자기업을 3개의 큰 회사, 3개의 중형 회사, 2개의 소형 회사 등 8개로 제한하고, 승용차 조립부문에 대한 외자 기업의 더 이상의 추가 진입을 허용하지 않았다. 완전 허용을 하게 되면 중국기업이 경쟁에서 도태되어 도산할 가능성이 높았기 때문이다. 이후 자동차공업 10차 5개년 계획은 중국의 WTO 가입으로 인한 관세 인하 및 수입할당제 철폐로 인해 승용차 및 부품 수입 증가가 예상됨에 따라 자동차산업의 공정한 경쟁을 추진하고, 자동차산업의 개방 폭을 확대하는 쪽으로 정책기조를 잡았다. 이는 중국 자동차산업 육성정책에 따른 것으로, 중국의 자동차산업이 해외법인의 도움 없이 성장하기에는 부채비율이 80%에 달하는 등, 중국 정부의 힘만으로는 산업의 육성이 어려웠기 때문이다. 2001년 11월 WTO에 가입하면서 중국은 80~100%에 달하는 승용차의 관세율을 2006년까지 25% 수준으로 내리기로 합의하였다. 또한 부품에 대한 관세도 단계적으로 인하해 2005년까지 수입을 자유화하고 외국회사에 독점적인 판매망을 허용키로 하였다. 그러나 대폭 내렸다 하더라도 다른 국가의 관세율에 비하면 아직도 매우 높은 수치였다. 게다가 중국 정부의 현지생산 우대정책에 따라 이들 현지 합작업체들에게 지원되는 세제혜택을 감안한다면 중국 정부의 규제는 여전히 높은 수준이라고 할 수 있었다. 이로 인하여 현지 생산공장 설립의 필요성이 대두되었다.

현대자동차는 당시 자체적으로 수립한 기업 목표를 달성하기 위해 신흥시장으로의 진출을 검토하였다. 해외법인 진출에 있어 최우선 고려대상은 지리적으로 가까울 뿐만 아니라 거대한 잠재 수요를 가지고 있는 중국이었다. 중국법인 설립에 있어서 현대자동차는 몇 가지 중요한 의사결정을 내려야 했다. 인도법인과 같이 단독진출을 할 것인가, 혹은 조인트벤처 등의 형태로 합작법인을 설립할 것인가의 문제가 그 중 하나였다. 중국이 비록 시장경제체제를 받아들였다고는 하나 여전히 정치적 입김이 크게 작용하고 정부의 규제나 정책이 많은 영향을 끼치는 등 정치적 위험이 큰 나라였다. 더불어 2001년경에는 이미 유럽 및 미국 유수의 자동차업체들이 안정적으로 시장에 진입해 있는 상황이었으므로 현대자동차는 후발주자로서의 부담까지 안게 되었다. 위의 두 가지 차원, 즉 정치적 위험성의 존재와 후발주자로서의 불리함으로 인해 현대자동차는 중국기업과의 합작투자를 진지하게 고려하지 않을 수 없었다. 다만 합작 파트너 선정에 있어서 현대자동차에게 가장 중요한 것은 상기 두 가지 위협을 희석시킬 수 있어야 한다는 점이었다. 이를 고려했을 때 북경시가 공기업과 같이 운영하고 있는 북경기차는 현대자동차에게 정부의 지원을 이끌어 냄으로써 정치적 위험성을 줄여주고, 시장에 대한 접근을 보다 용이하게 함으로써 후발주자로서의 낮은 인지도와 불리한 상황을 다소나마 극복하게 해줄 수 있는 최적의 파트너였다. 결과적으로 북경현대자동차 생산공장은 2002년 5월 북경시 북경기차투자공사와 합자비율 50 : 50의 조건으로 합작계약을 체결하고 설립되었다.

이후 북경현대는 글로벌 경쟁사보다 늦은 출발에도 불구하고 파죽지세로 성장했다. 설립 2년 만에 14만 대를 생산 · 판매해 중국 승용차 판매 10위권에 진입했고, 2006년에는 29만 대의 판매량으로 5위권에 진입할 정도로 상승을 시현하였다. 2007년 미국 발 금융위기로 인해 타격을 입긴 했지만, 이후 능동적인 시장 대응과 다각적인 전략을 바탕으로 꾸준한 상승세를 유지하고 있다.

최근 중국 정부는 경제발전과 환경보호를 조화롭게 처리하고자 하는 움직임을 보이고 있다. 지난 30년간 중국 경제의 고속성장에 따른 부작용으로 인한 환경오염이 심각한 문제로 인식되어 왔는데, 이제 중국 정부가 정책적으로 이 환경문제 해결에 나서고 있는 것이다. 이에 부합한 현대자동차의 “현대 그린 존” 사업과 같은 사회공헌활동은 중국 내에서 현대자동차그룹에 대한 매우 긍정적인 이미지를 구축하는 데 도움이 되었다고 할 수 있다. 현대자동차는 중국 최고의 사회책임 기업에 2010, 2011년 2년 연속 선정되는 등 중국 내 사회공헌활동의 공로를 인정받고 있다.

이렇게 현대자동차는 중국 진출 초기부터 현재까지 중국의 국가 비즈니스 시스템에 발 빠르게 대응하는 전략을 구사하면서 중국시장 내에 성공적으로 안착하였다. 앞으로 중국의 자동차시장은 점점 더 커질 것이고, 중국의 경제규모도 크게 증가할 것으로 예견되며, 이에 발맞춰 현대자동차가 향후 세계 최대의 중국 자동차 시장에서 어떻게 선전해 나갈지 기대를 갖게 한다.

Question

1. 현대자동차가 중국시장에 진출하면서 북경시에 의해 공기업처럼 운영되는 북경기차와 더불어 합작기업을 설립한 이유는 무엇인가?
2. 중국시장에서 현대자동차가 활발한 사회적 공헌활동을 펼친 이유는 무엇이라고 생각하는가?
3. 중국시장에서의 정치시스템 차이를 극복하면서 지속적인 성장을 유지하기 위해 현대자동차가 향후 취해야 할 전략을 고려해 보시오.

사례 2-2 개성공단, 폐쇄해야 하나? 유지해야 하나? 발전시켜야 하나?

개성공단은 한국과 북한이 공동으로 구축한 세계적 규모의 산업단지이며, 남북 및 외국 기업을 유치하여 동북아시아 지역의 중추적 거점으로 만들기 위해 추진하는 국제자유경제 지대이다. 개성공단은 남북한 간 크고 작은 마찰 속에서도 평화의 상징으로서 지속적으로 성장해 왔다. 그러다 2013년 4월 북한은 연평도 포격사건과 기타 경색된 남북관계를 이유로 남한 근로자의 통행을 일방적으로 막고, 북측 근로자를 철수시키면서 기약 없이 생산이 중단되었다. 9월에서야 여러 차례의 협상 끝에 극적인 합의를 보고 재가동될 수 있었다. 하지만 남북한이 재가동 합의 당시 '발전적 정상화'와 관련해 합의한 3통(통행 · 통신 · 통관)문제의 완벽한 해결가능성이 낮고, 공단이 가동을 정지한 5개월간 거래처가 끊기면서, 재가동 이후에도 충분한 주문량을 확보하지 못한 기업들이 사업을 포기하는 사례가 늘고 있다. 더욱이 지난 이산가족사태로 경색된 국면에 들어간 뒤에 남북 공동위원회 산하 분과위원회 회의가 많이 늦춰지면서 이미 3곳이 기업매각을 체결했고, 7곳은 철수할 계획으로 알려지는 등 20여 개의 업체가 철수를 고심하고 있는 것

으로 나타났다.

개성공단은 그 존재 자체의 의미에서부터 정치적·제도적 위험성을 내포한다고 볼 수 있다. 개성공단은 햇볕정책의 산물이자 북한의 개혁·개방정책의 대표적 사례로 인식되곤 있으나, 이것이 곧 남북한 간 위기나 정치적 분쟁과 독립적으로 분리돼 있음을 뜻하지는 않는다는 사실을 확인하게 되었다. 일시적인 국경폐쇄는 작은 마찰로 인해 발생할 수 있는 사항이라 고려될 수도 있지만, 정치적 이유로 근로자들을 아예 철수시켜버렸다는 사실은 입주기업 입장에서는 기업이 항상 정치적 위험에 노출될 수 있음을 반증한다.

앞선 사태에서 보듯이 개성공단에 진출한 기업들은 재산몰수(confiscation)나 재산수용(expropriation)의 위험이 존재하며, 북한 당국의 운용상의 규제(operational risk) 또한 주요한 위험요인이 되고 있다. 실제로 개성공단의 생산물품은 제품판매에 있어서 상당한 제약을 가지고 있었는데, 2010년 총생산량 3억 2,300만 달러 가운데 제3국에 판매한 양은 3,700만 달러에 불과하다. 대북 경제제재와 높은 관세율, 국제사회에서의 북한의 지위문제 등으로 인해 개성공단의 생산물품은 해외 수출범위가 대단히 제한되기 때문이다. 뿐만 아니라, 국경 출입 역시 힘들고, 휴대폰·인터넷 사용 등이 불가능해 유선으로만 통신이 가능하다는 점, 최근 몇 년간 북한 당국의 요구에 따라 성과급을 5%씩 인상해야 했던 점 등의 많은 규제와 요구사항이 있어 왔다. 더불어, 항상 약정불이행의 위험을 내재하고 있는데, 앞선 사례와 같이 일방적인 남북 간의 합의 파기가 여기에 해당된다. 1980년대 재일교포기업들이 북한에 투자했다가 실패한 경우도 북한이 계약을 이행하지 않았던 이유가 가장 컸다고 할 수 있다. 또한 북한에서 겪을 수 있는 다른 위험으로는 이전의 자유에 대한 제한(transfer risk)이 있다. 다국적기업은 기술, 인력, 자본 등을 해외에 이전하여 생산·판매하고, 여기서 획득한 이익이나 배당을 본국으로 송금하게 되는데 북한에서의 영업은 이러한 송금이 제한될 위험성을 늘 수반하고 있다. 법률적 위험도 무시할 수 없다. 북한의 헌법은 외국인투자를 보장하는 규정이 없고 단지 외국인투자를 장려하는 데 그친다. 합법적으로는 외국투자기업의 합법적 권리와 이익을 보장하고 있지만 장려하는 차원이기 때문에 국유화의 가능성을 배제할 수 없고, 이는 북한시장에 투자하려는 해외자본, 기업들에게 투자에 대한 확신을 주지 못하는 주된 이유로 작용한다. 마지막으로 내란, 전쟁으로 인한 위험 가능성, 즉 북한과 외부 국가 간의 무력적 충돌을 비롯하여 내란, 혁명, 쿠데타 등 여러 유형의 정치 환경적 불확실성을 무시할 수 없다.

이러한 북한 안의 내재적 문제 외에도 외부적인 제약도 있다. 한국 정부는 개성공단 생산물품을 그간 한국이 제3국과 체결한 자유무역협정의 틀 안에 포함하고자 여러 차례 시도를 해왔지만, 아세안국가들과 싱가포르, 인도 정도만이 이를 인정하고 있다. 한국과의 자유무역협상 과정에서 미국이나 EU는 개성공단에서 생산된 물품의 시장진입을 추후 논의하는 방향으로 협상을 미뤘다. 박근혜 정부에 들어와서는 남한뿐 아니라 다양한 국가의 기업이 투자하는 이른바 '개성공단의 국제화'를 추진하고 있지만, 북측의 반대는 물론 외국자본의 복잡한 이해관계가 얽혀 있어 쉽지는 않을 것으로 전망된다.

이러한 많은 위협요인을 내포함에도 불구하고 개성공단 사업은 남한경제에도 많은 이점을 주고 있다. 개성공단에 진출하는 중소기업은 공단 투자를 통해 경쟁력을 강화하고 공동화 현상을 해소할 수 있을 것이라고 전망하였는데, 이는 대부분의 기업이 남북한 경색국면에 접어들기 전까지 흑자경영을 하고 있었던 데서 입증된다. 개성공단은 우리와 가깝다는 지리적 이점을 통한 운송, 통관, 물류비 절감은 물론, 향후 중국횡단철도와 시베리아횡단철도가 연결되면 동북아경제의 중심으로 성장할 수 있을 것이라는 예상도 할 수 있으며, 현재는 러시아가스관의 개통이 유력한 상황에 놓여 있다. 그리고 이전에 나진 · 선봉자유무역지대에서는 에너지조건이 투자유치에 장애요인으로 작용한 것에 비해, 개성지구는 남한의 전기 공급이 용이하고, 비무장지대를 통한 인프라 지원을 기대할 수 있어 상당히 유리한 지리적 여건에 놓여 있다는 점도 고려되어야 한다. 무엇보다 최대의 장점은 북한근로자의 생산경쟁력이다. 개성공단의 근로자 임금은 월 65달러로 국내 근로자의 임금과 비교하면 20분의 1 수준에도 미치지 않는다. 따라서 생산력 부분에 있어서는 세계에서 가장 경쟁력을 가지는 국가 중 하나라고 할 수 있다. 여기에다 남북 간 합의에 의해 노사갈등이 존재하지 않는 상황이고, 임금인상률도 연 5% 이상 인상하지 못하도록 제한하였다. 또한 평당 15만 원인 공장부지 땅값도 그나마 저렴한 편이어서 예컨대, 화성공장 부지가격(평당 200만 원 이상)과 비교해 볼 때 10배 이상 저렴하다는 이점을 갖고 있다. 그 외에도 언어가 같고, 동일한 문화를 공유한다는 점 등 여러 방면에서 장점을 가지고 있다는 사실 역시 우리 기업들의 진출 필요성을 보여주는 증거가 된다. 이뿐만 아니라 국가 차원에서 해외직접투자위험을 담보해 주는 정책적 보조 수단으로 한국수출보험공사의 해외투자보험과 한국수출입은행의 손실보조제도가 있다는 점, 그리고 개성공단투자에 따른 손실은 남북협력기금에서 운영하는 손실보조제도에 의해 보상될 수 있다는 점은 굉장히 유리한 이점으로 작용한다. 다시 말해, 투자에 따르는 위험요소를 관리할 수 있는 시스템이 구축되어 있다고 할 수 있다.

개성공단 사례는 남북 간 민족적 화합의 의미를 내포하며 조성되었으나, 그럼에도 정치적 위험의 영향이 상존하고 있는 것이 사실이며, 남북이 통일되지 않는 상기 전술한 정치적 위험을 감내해야만 하는 굉장히 특수한 경우라 할 수 있다. 비록 이번 남북 간의 대립으로 인해 많은 기업들이 철수하거나 사업포기를 하긴 하였으나, 이것이 실패사례라 단언하기에는 아직 이를 수 있다. 실질적으로 북한과 남한 쌍방 모두에게 있어 경제적 혜택을 도모할 수 있는 프로젝트일 뿐만 아니라, 개성공단이 재가동된 만큼 향후 발전 여력이 크기 때문이다. 북한 정부에게도 개성공단 사업은 많은 노동 및 고용 인구를 창출하는 전략개발사업이기도 하기에 의지를 가지고 개성공단에 대한 확대와 국제화 노력을 기울인다면 상당히 경쟁력 있는 민족 사업으로 발전시킬 수 있으리라 여겨진다. 정부의 공언대로 외국기업, 특히 서구의 다국적기업에 의한 투자가 행해질 수 있도록 공단을 점차 변혁하고, 고용, 법질서, 통신시스템, 정치적 위험 등 다양한 문제를 풀어나가면서 불확실성을 점차 해소해 나간다면, 기업의 입장에서도 충분히 매력적인 투자처가 될 것이라 예상해 볼 수 있다.

Question

1. 개성공단을 여러분은 폐쇄해야 한다고 보는가? 아니면 현재와 같은 상태로 유지해야 하는 것이 최선이라고 판단하는가? 혹은 보다 발전시키는 것이 바람직하다고 여기는가? 답변에 대한 이유를 제시하시오.
2. 여러분이 기업의 의사결정권자라면 과연 개성공단에 투자하겠는가?

3. 만약 투자를 결정했다면, 살펴본 정치적 위험을 최소화하기 위해 어떠한 노력을 기울여야 한다고 보는가?

사례 2-3 인도 내 발전소 건설계약과 엔론

엔론은 1985년 7월 텍사스주(州) 소재 휴스턴 천연가스 주식회사와 네브라스카주(州)의 인터노스 오마하주식회사 간 상호 합병하면서 탄생하였다. 이후 텍사스주 휴스턴에 본사를 두고 뉴욕 증권거래소에 상장되었으며, 전기, 천연가스, 펄프, 제지, 통신사업 부문에서 시장을 선도해 나가는 세계적인 기업으로 성장하였다. 최초 합병 당시에는 텍사스 지역에서 천연가스를 공급하는 소규모 회사에 불과하였으나, 엔론의 설립자인 켄 레이 회장의 뛰어난 로비스트 기질로 인하여 1990년대 들어 급성장을 시현하였다. 하지만 2001년 말, 그동안 분식회계를 통해 회사의 재무상태를 허위로 보고한 사실이 드러나면서 파산신청을 하게 되었는데, 파산 당시까지 엔론은 미국의 중서부와 플로리다주는 물론, 브라질, 아르헨티나, 베네수엘라, 콜롬비아, 볼리비아 등 해외로까지 천연가스 사업을 확대하고 있었다. 이외에도 여러 국가에 수많은 발전소를 보유하고 있었다.

파산신청을 하기 이전, 과거 엔론은 인도에 진입하면서 정치적 위험에 노출되어 큰 타격을 입은 적이 있다. 1991년 당시 인도는 도로, 통신, 전기, 항구 등 사회간접자본이 열악한 것이 경제개발과 성장을 성취하는 데 큰 걸림돌로 작용하고 있었다. 특히 전기가 매우 부족하여 이의 관리를 위해 대부분의 발전소는 전력위원회로 불리는 국영회사에서 맡아 운영하였다. 그러나 이러한 정책은 효율성을 저하시켰으며 운영에 있어서 많은 어려움을 발생시켰고, 상황이 개선되지 않자 인도 정부는 외국계 업체들이 제안한 발전프로젝트를 승인하게 된다.

사실 인도는 1947년 영국으로부터 독립하고 나서 외국인직접투자에 대해 비우호적인 태도를 견지해 왔다. 많은 사람들이 다국적기업의 직접투자는 자본, 기술, 고용 등에 있어서 선진국 경제로의 예속을 가속시키고, 이는 투자국에 의한 지배의 수단으로 작용하며, 물가상승과 빈부격차를 심화시켜 오히려 경제성장을 어렵

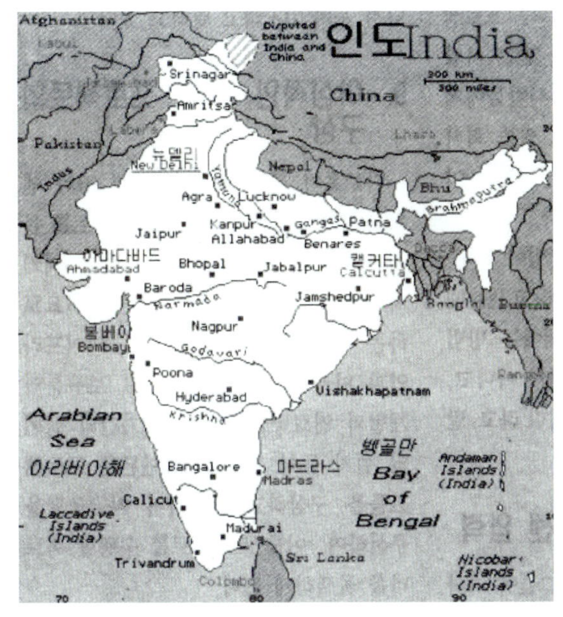

게 한다고 여겼다. 그럼에도 1990년에 이르자 인도 내에 변화의 바람이 불기 시작하였다. 그 첫 단추로서, 1991년 라오 정부는 독립적 에너지 프로젝트를 시행하기 위해 외국인에게도 제한 없이 에너지 산업에 대한 투자를 허가하였다. 그즈음 인도는 극심한 에너지 부족에 시달리고 있었기 때문에 경제발전을 추구하기 위해서라도 독립적 에너지 프로젝트는 아주 중요했다.

당시 인도 정부는 정부자금이 부족했기에 발전소 설치에 있어서 큰 비용을 제공해줄 수 없었다. 따라서 엔론이 설치비용을 부담하는 대신, 2010년까지 인도 LNG의 가장 큰 분배자와 소비자가 되기로 약정하고, 마하라슈트라주의 댑홀에 발전소를 건설하는 계약을 1995년 1월 마하라슈트라 주정부와 체결하였다. 이 과정에서 엔론은 투자자들에게 매년 15% 성장 이익을 약속했는데, 만일 엔론의 인도 진출이 성공하지 않는다면 적잖은 피해가 예견되는 일이었다.

이러한 예상되는 피해발생 가능성을 줄이기 위해, 엔론은 발전소 건설 및 운영에 대한 안전장치를 보장받는 협상을 체결하였으며, 발전하여 만든 모든 전기는 마하슈트라 정부 전력위원회가 전량 구입하도록 하고, 중앙정부가 대금지급을 보증하도록 했다. 또한 대금은 미 달러화로 지불하되, 환율은 미국 1달러를 인도 36루피로 고정할 것과 향후 20년 동안 발전설비 운영권한을 보장함은 물론, 그 기간동안 주정부 또는 중앙정부가 이를 국유화하지 않을 것, 세후 수익에 대해서도 철저히 보장할 것, 그리고 환경영향평가의 면제를 요구하였다.

하지만 막상 공사가 시작되자 많은 인도인들이 인도 내 댑홀 발전소 건설을 반대했다. 그 주된 이유는 주정부와 엔론이 비밀리에 협상을 하였다는 오해와 더불어 발전소 건설 관련자들에게 필요한 교육 및 프로젝트를 진행하기 위해 그 비용을 엔론이 지출하였으나 인도인들은 이를 집권당 인사(당시 의회민주당)들에게 제공하는 뇌물로 생각했다.

그 뒤 1995년 2월, 마하슈트라 주 의회 선거가 실시되었다. 엔론과의 계약 체결 당시, 마하슈트라주 정부는 의회민주당이 장악하고 있었다. 의회민주당은 인도 독립 이래 5년을 제외한 50년 동안 집권당으로서 인도를 이끌어왔으나 1980년대 후반 의회민주당은 부패하고 분열되기 시작하여 국민들로부터의 지지율이 점차 낮아지고 있었다. 다시 말하면, 이러한 상황 속에 인도 국민들은 집권 의회민주당이 외국계 기업으로부터 뇌물을 받고 비공개로 엔론과 부당한 계약을 체결했다고 착각한 것이었다.

선거 결과 의회민주당은 선거에서 패배하였고, 인도국민당과 시바세나당의 연합세력인 힌두연정이 집권하게 되었다. 이들은 의회민주당이 부패하면서 지지율이 높아지고 있었으며 힌두제일주의와 정치적 이념을 같이했다. 즉, 힌두 문화와 전통을 강조하면서 자국기업을 키우고 외국인투자를 제한하는 정책을 추구하였다. 정권을 장악한 후, 이들은 여러 의혹이 있는 엔론과의 계약을 재검토하기 위한 특별위원회를 구성하였다. 이 과정에서 미국과 영국 정부는 인도 주정부가 엔론과의 계약을 파기한다면 이러한 조처는 인도 경제성장에 치명적인 악영향을 줄 것이라며 경고했지만, 결국 인도 주정부는 댑홀 발전소 건설계약을 파기했다. 이에 엔론은 약 10억 달러의 투자손실을 입을 수밖에 없었다(훗날, 엔론은 주정부와 재협상을 하여 발전소 건설 승인을 얻어냄).

Question

1. 엔론사는 자사 리스크를 최소화하고자 계약체결 시 자사에 유리한 조항(대금의 미 달러 지불, 연방정부가 주정부의 대금지급을 보증, 20년간 운영권 보장 및 국유화 조치 불가 등)들을 다수 포함하여 특혜시비를 일으켰다. 만일 당신이 엔론의 최고 의사결정권자였다면, 계약 내 이러한 조항들의 삽입을 요구했겠는가? 만일 요구하지 않았을 것이라고 생각한다면, 자사의 위험을 어떠한 방법으로 줄이려고 했을 것으로 여겨지는가?
2. 만일 당신이 엔론의 최고 의사결정권자라고 가정한다면, 인도인들의 발전소 설립반대를 어떻게 극복했을 것으로 생각하는가?
3. 엔론의 인도시장 진출 실패의 가장 직접적 원인은 집권당 교체로 인한 정치적 위험증가인 것으로 보인다. 그렇다면 엔론 입장에서 당시 정치적 위험을 최소화하기 위한 어떠한 노력이 필요했다고 판단하는가?

사례 2-4 이라크와 현대건설: 전쟁으로 인한 정치적 위험

한국의 건설업체들은 1965년 태국 파타니-나라티왓 고속도로 공사를 시발점으로 동남아시아와 중동으로 진출해 막대한 외화를 벌어들였다. 특히 1970년대 중동 시장 진출은 막대한 오일 머니를 벌어들여 한국의 비약적인 경제성장에 크게 기여했다.

그 중 국내 대표적인 건설사인 현대건설은 태국 파타니-나라티왓 고속도로 공사로 국내 건설사의 해외진출의 시작을 알리며 적극적으로 해외발주 공사를 따왔고, 1975년에는 바레인 발전소 공사를 수주하면서 중동 시장에도 진출했다. 하지만 당시 이라크의 불안정한 정세를 우려해 이라크 진출에 신중했던 다른 국내 건설사들과는 달리, 1978년 현대건설은 이라크 알주베항 건설을 수주하면서 이라크에도 진출하게 된다.

현대건설이 진출하긴 했으나 예상대로 이라크의 상황은 여의치 않았다. 이웃국가인 이란과 지속적인 마찰을 빚어오던 이라크가 이란혁명(또는 호메이니 혁명)이 끝나자마자 전쟁을 일으킨 것이다. 1980년 이란·이라크 전쟁이 발발하자 현대건설은 이라크에 있는 건설노동자를 철수시켰다가 상황이 호전되면 다시 공사를 재개하는 등 간신히 건설을 이어갔다. 그리고 지속적으로 공사를 수주해 이라크에 송유관, 발전소를 비롯한 여러 인프라 구축에 참여했다.

전쟁 중에는 공사대금 회수가 어려웠다. 8년 만에 전쟁이 끝나자 현대건설은 미수채권의 50%만을 현금으로 회수했다. 나머지 50%는 받지 못한 채, 현대건설은 결국 1990년 이라크가 쿠웨이트를 점령함에 따라, 이라크에 대해 경제제재가 가해지고, 그로 인해 물자조달이 어려워지자 철수를 결정하게 된다.

현대건설의 악재는 이라크 철수에서 끝나지 않았다. 걸프전으로 인한 피해복구에 현대건설이 회수하지 못한 중장비들을 이라크 정부가 강제로 징발하였다. 징발된 중장비들은 당시 시가로 수백억 원 이상을 호가하는 현대건설의 중요한 자산이었다. 뿐만 아니라 이라크에 아직 남아 있는 현대건설 직원들이 반군에 억류되기도 하는 등 직원들의 생명이 위협받기도 했다.

더불어 큰 문제는 역시 미수채권이었다. 1991년 걸프전이 발발하면서 이라크에 경제제재가 가해지자 이라크 채권과 채무가 동결되었다. 그 당시 이라크에 진출했던 민간기업 중 현대건설의 이라크 미수금은 11억 400만 달러로 가장 많아, 두 번째로 미수금이 많은 삼성물산 미수금 규모(1억 5천만 달러)의 10배가 넘었다. 이것이 주 이유가 되어 현대건설은 만성적인 자금난에 시달려야 했다. 2000년에는 정부가 현대건설에 대한 워크아웃을 단행했다. 또 계열사가 보유한 현대자동차 주식을 매각해서 최종 부도를 막는 등 수차례 고비를 넘겼다.

미국으로부터 이라크 부채 탕감 압박을 받으면서도 미국에서 미수채권과 관련해 소송을 제기하고 미수채권 회수를 위한 채권국들 간의 모임을 만들어 대응하는 등 현대건설은 미수금 회수에 총력을 다했다. 싱가포르에서 열린 이라크 정부와의 사전협상 과정에서 전체 미수채권 규모가 최종 16억 5천만 달러로 확정된 가운데, 현대건설은 2005년 80%의 미수금을 탕감하고 20%의 원금과 그에 해당하는 이자 6억 8천만 달러를 받기로 합의했다. 현대건설은 이라크 철수를 결정하고 15년이나 지난 2006년이 되어서야 미수채권에 대한 첫 이자(당시 환율로 98억 원, 약 1,000만 달러)를 받을 수 있었다.

Question

1. 당시 이란과 이라크는 크게 대립하고 있었고 전쟁발생의 가능성이 존재했기 때문에 다른 기업들은 이라크 진출에 신중한 태도를 보였다. 그러나 현대건설은 전쟁의 위험성보다는 이라크의 석유자원이 가진 금전적 가치를 더욱 크게 보고 공격적으로 사업을 수주했다. 과연 이 의사결정이 옳았는지 그렇지 않은지 논하시오.
2. 또한 이란-이라크 전쟁이 발발한 후에도 지속적으로 계속 사업을 수주하는 등 현대건설은 철수 대신 잔류를 선택했다. 만약 여러분이 현대건설의 최고 의사결정권자였다면 어떤 판단을 했겠는가?
3. 만일 철수를 선택한다면, 전쟁으로 인해 발생한 매몰비용은 어떻게 하는 것이 바람직했겠는가?
4. 국제경영을 행함에 있어서 전쟁이라는 위험요인이 얼마나 중요한지, 그리고 왜 전쟁이나 내전발생 가능성을 고려해야 하는지 설명하시오.

사례 2-5 P&G의 사업방식을 통해 본 상이한 국가 비즈니스 시스템 극복방안

P&G는 1837년 비누, 양초제조회사로 시작하여 현재 180개국에서 총 300개 이상의 브랜드 제품을 판매하는 매출액 400억 달러가 넘는 거대 다국적기업으로 성장하였다. P&G는 1950년대 들어서면서 본격적으로 해외시장에 진출하기 시작하여 괄목할 만한 성과를 이루기까지 다양한 정치적 · 경제적 · 법률적 위험을 겪고 극복하였다. 본 사례에서는 그 중에서도 멕시코와 중국에서의 시장 진출을 중심으로 살펴보겠다.

먼저 사례가 살펴볼 당시 멕시코가 가지고 있던 가장 큰 위협요인은 현지국가가 지니는 상반된 정치체제와 제도였다. 72년간 통치해 왔던 제도혁명당은 사실상 전체주의적 단일정당으로 농지분배와 토지 · 자원 국유화를 통해 농민과 노동자, 기득권 권력층이 서로의 권익을 보호하며 정치체제를 지탱해 왔다. 뿐만 아니라 제도혁명당은 자국민의 이익을 우선시하고 외국기업에 대한 보호무역조치를 강화함으로써 다국적기업이 설 자리를 다지기가 어려웠다. 특히 1979년 3월에 공표된 '국내투자 육성과 외국인투자 규제법'은 모든 산업분야에서 외국인의 지분을 49%로 제한하고,[1] 일부 산업분야에서는 외국인투자를 아예 배제하는 등 외국자본에 대한 경계를 강화하는 행보를 보였다.

두 번째 위협요인은 멕시코의 경제위기였다. 멕시코의 지나친 계획경제 정책으로 인한 부작용과 정책실패는 1982년 모라토리엄을 선언하기까지 재정적자의 심화와 투자 및 생산의 위축을 가져왔다. 뿐만 아니라, 방만한 재정운영으로 인해 1978년 이후로는 연평균 물가상승률이 20%를 웃돌았으며, 이는 소비자의 실질 구매력과 화폐가치를 떨어뜨리는 결과를 낳았다.

세 번째 위협요인은 대외적인 요인으로 외부환경에 의한 위험이다. 멕시코는 석유산업에 대한 수출의존도가 과도한 상태(1981년 기준 72.5%)에서, 1981년 이후 석유가격의 하락으로 경상수지가 악화되었다. 이에 따라 막대한 자본이 유출되었으며 페소화의 가치는 지속적으로 폭락했다. 더불어 1982년 맞은 외채위기는 생

1) 저자 註 : 49% : 51% 규정이란 외국인의 지분을 49%로 제한함으로써 멕시코인들의 기업 소유와 경영을 강화한 규정을 말한다.

산활동에 필요한 자본의 고갈을 촉진했고, 멕시코 모라토리엄의 결정적 원인이 되었다.

마지막 위협요인으로는 멕시코 국민이 가지고 있는 반미감정이었다. 멕시코는 과거 미국에 영토의 절반을 빼앗긴 경험을 갖고 있어 국민정서상 반미감정이 강한 나라였으며, 이는 P&G의 멕시코 시장 진출에 심각한 장애요인이 될 수 있었다.

1982년 8월, 멕시코의 모라토리엄 선언이 국제금융시장에 던진 충격은 상당히 현저했다. 주요 은행들은 신규차관을 중단시켰고, 상업은행의 국유화 등으로 인해 많은 자본이 해외로 빠져나가 경제난을 더욱 가중시켰다. P&G그룹은 이러한 위기를 기회로 활용하였다. 외환위기 이후 등장한 살리나스 정부는 해외자본의 국내투자를 증진시키기 위해 1989년과 1993년 두 차례에 걸쳐 외국인투자법을 개정하였고, 국가 전력분야를 제외한 거의 전 부분에 대한 외국인투자를 허용하였으며, 내국민과의 차별을 폐지하였다. 뿐만 아니라, 무역자유화, 규제완화, 민영화 등으로 외국인투자를 점진적으로 늘려나가면서 미국과의 역내 자유무역협정(NAFTA) 체결에 능동적으로 임하였다. 이러한 멕시코의 다국적기업에 대한 당근정책은 국제기업들이 멕시코 정부와의 협상을 용이하게 하는 환경을 조성함으로써 정치적 위험의 상당부분을 제거할 수 있었다.

하지만 1980년대 멕시코의 경제 붕괴로 정부는 대외 부채 해결을 위해 국제통화기금(IMF)의 요구에 따라 수입허가를 대폭 줄였고, 이는 원자재 부족을 심화시켰다. 이는 원자재를 들여와 제품을 생산하는 P&G에게는 기업의 사활이 걸린 위기였다. 이에 대응하기 위해서 P&G는 엄청난 노력을 기울였다. 원자재 가격의 절감을 위해 현지 원자재를 사용할 수 있도록 제품 제조성분을 재조합하였고, 효율성이 떨어지는 공장을 폐쇄하였다. 떨어지는 페소화의 화폐가치 하락과 저렴한 노동력을 십분 이용하고자 저렴한 원자재 및 낮은 인건비를 제품제조에 투입하면서도 향상된 질의 제품을 생산하는 데 심혈을 기울였다. 이로 인해 여러 해 동안 투자비가 회수되지 않았지만 결과적으로 생산성을 향상하고 경쟁력 있는 제품군을 만들어낼 수 있었다.

또한 외환위기 당시 미국이 내놓은 베이커 플랜이나 브래디 플랜 등의 국제지원책을 통해 멕시코는 미국의 제2교역국이 되었는데, 이는 클린턴 대통령이 200억 달러 지원정책을 시행하고 국제지원 약속을 주도함으로써 반미감정 해소에도 기여함은 물론, 미국기업에 대한 긍정적 인식을 주었다는 점도 기회요인으로 작용하였다.

P&G는 사업방식에 있어 세계적으로 동일한 원칙과 규범을 따르고 있으며, 정치적 불법자금을 제공하는 등의 비윤리적이고 비도덕적인 행동을 하지 않는다고 말한다. 이러한 확고한 철학이 사실 P&G가 멕시코에서 살아남는 데는 장애물이었을지 모른다. 근본적인 정치적 위험을 해소하려면 정부관료, 지역단체 등과의 연대가 중요한데, 그 해결책을 제시하는 데 근본적인 한계점을 가질 수밖에 없었기 때문이다. P&G에게는 생산성 향상에 따른 판매량 증가가 최선의 선택이었다. 석유파동, 외환위기, 모라토리엄 등 멕시코의 수많은 경제위기를 관료들과의 타협과 결탁 없이 상품성과 가격으로 승부수를 던진 것이다. 낮은 수익성에도 불구하고 끊임없는 발전과 노력을 경주함으로써, 현재 멕시코 시장은 P&G에게 있어서 미국과 서부 유럽을 제외하고 가장 큰 해외시장이자 전 세계에서 가장 생산성과 효율성이 뛰어난 지역으로 거듭날 수 있었다.

두 번째로 중국시장에서의 모습을 살펴보자. 많은 중국인들은 P&G를 자국기업으로 오해하고 있다. 광고모델도 중국인만 기용하고, 중국에 딱 맞는 브랜드 네이밍을 통해 성공적인 현지화 전략을 펼치고 있다. 하지만 1988년 중국 진출을 시작한 이래로 많은 정치적·경제적·법률적 위험이 있었는데, 그 중에서도 가장 큰 위협요인은 사회주의 시장경제체제에서 오는 중국시장의 특수성이라 할 수 있다. 1978년 중국의 개혁·개방정책 선포 이후 중국은 계획경제에서 시장경제로 노선을 수정했지만, 아직도 실질적인 국가의 영향력, 지방정부와 국유기업의 지배력은 정부의 영향하에 놓여 있다고 해도 과언이 아니다. 민영화된 기업이라 하더라도, 실질적으로 지분의 상당수를 정부가 가지고 있는 경우가 많고, 이는 국가의 이해관계와 직접적으로 연결되기 때문에 진출하는 해외기업 입장에서는 상당히 조심스러울 수밖에 없다. 또한 시장의 주도권을 민간이 아닌 정부가 가지고 있기 때문에 시장진입 장벽이 높고, 국내 산업보호를 위한 죽(竹)의 장막이 자유로운 시장 활동을 방해한다. 이로 인해 촉발되었던 사건이 P&G의 고급화장품인 SK-Ⅱ 중금속 사건이다. 중국 당국이 자국 화장품시장 보호를 위해 SK-Ⅱ의 안전성에 의문을 제기했고 이로 인해 P&G는 고급화 이미지에 큰 타격을 입을 수밖에 없었다. 이렇듯 중국은 14억 인구의 성장잠재력이 큰 시장이기도 하지만, 정치적 · 경제적 위험이 상당한 시장이기도 하다.

두 번째 위협요인은 법률적 위험에 기인한다. 중국이 G2로 급부상하면서 미국과 경쟁적 관계 구도를 형성하며 통상분쟁이 심화되는 양상을 보이고 있다. 중국 정부 당국은 수입 시에 피해를 입었을 때 필요한 상계관세를 부과하기 위해 입법도 불사하지 않으며, 강력한 보복성 무역규제를 활용하고 있다. 뿐만 아니라, 덤핑, 보조금, 세이프가드 조치 등에 대해서도 중국 정부의 자의적인 해석에 따라 조사되기에 중국시장에 진출하는 기업의 입장에서는 큰 위협이 되고 있다. 특히 중국은 아직까지도 쿼터관세와 허가증관리를 시행하는 입장에서 수출입의 일정부분을 제한하고 있다.

세 번째 위협요인은 중국 정부의 인위적 환율조작이다. 중국 정부는 1993년 이중환율제와 1994년 관리변동환율제도를 활용하여 자국 환율의 평가절하를 도모하였으며, 태환성을 높이고 자국 상품의 비교우위를 높이는 등 중국 정부의 통제와 관리를 강화하는 면모를 보이기도 했다.

네 번째 위협요인으로는 중국 소비자들의 실질 구매력으로 경제적 요인과 관련된다. 중국 전체의 GDP는 높지만 1인당 GDP는 1만 달러 정도로 그 순위는 세계 90위에 불과하다. 또한 중국사회과학원의 발표에 따른 지니계수가 0.5이며, 10분위 분배율[2)]이 1995년 6배에서 2013년 현재 30배까지 예측될 정도로 불평등이 실로 엄청나다고 할 수 있다.

마지막 위협요인은 중국의 배타성이다. 아편전쟁 패배 이후 서구세력과 제국주의에 대한 반감으로 다국적기업에 대해 경계성향을 가지고 있어 이는 외국상품을 배척하려는 경향으로 나타나곤 한다. 이 역시 큰 위협요인으로 작용한다고 할 수 있다.

---

2) 저자 註 : 상위 10% 소득을 하위 10% 소득으로 나눈 것.

Question

1. 멕시코의 정치적·경제적 위협요인이 해외시장에서 사업을 운영함에 있어 P&G에게 어떠한 부정적 영향을 미쳤을 것으로 여겨지는가?
2. 해외시장에서 정치적 위험을 해소하기 위한 P&G의 방식, 즉 현지 정치관료와의 부정적 결탁을 도모하지 않는 사업철학이 해외 자회사의 수익극대화에 도움이 된다고 판단하는가? 여러분의 의견을 제시하시오.
3. 중국시장에서의 정치적·법률적 위험을 극복할 수 있는 방안은 무엇이 있을지 의견을 개진하시오.
4. 상기에 설명한 일련의 어려움에도 불구하고, 결과적으로 P&G의 중국시장 진출은 대단히 성공적이었다. 그 주요 이유가 어디에 있는지를 유추해 보고, 만약 여러분이 P&G의 최고 의사결정권자였다면 중국시장에서의 성공을 견인하기 위해 어떠한 전략을 폈을 것으로 여겨지는지 설명하시오.

사례 2-6 요즘 중국에서는…

국적을 망론하고 어느 기업에게 있어서든 중국은 무한한 가능성과 다양한 기회를 지니고 있는 땅이다. 일단 시장이 넓고 광활하며, 인구도 세계 최고 수준인 데다가, 이에 더불어 인건비가 저렴한 편이라 엄청난 잠재력을 갖고 있다. 무엇보다 한국의 입장에서는 매우 인접한 지리조건에다가, 이에 더하여 문화도 유사하여 이는 중국시장 진출을 모색하고 있는 국내기업들에게 유리한 조건으로 작용하고 있다. 대중(對中)교역의 비중 또한 급속히 증가하는 추세이다.

하지만 상기 언급한 장점들에도 불구하고, 요즘 중국시장은 투자에 대한 여러 위험으로 인하여 가능성의 땅이라는 장밋빛 이미지가 퇴색되고 있다. 특히 최근 중국에서 두드러지게 나타나고 있는 국제 분산투자에 따른 위험으로는 세금부과의 문제와 기술유출의 위험성을 들 수 있다. 중국에 진출한 외자기업들은 이러한 리스크들에 직면함에 따라 이미 사업을 철수하거나 축소하고 있으며, 아니면 현상유지에 급급한 기업들이 증가하고 있는 추세이다.

설명한 중국 리스크로 인해 누구보다도 한국기업들이 직격탄을 맞고 있으며,

같은 이유로 중국에 진출한 한국기업들은 중국 당국의 태도변화에 막대한 손실을 보고 있다. 투자유치단계에서는 다양한 지원책을 내놓으면서 기업들을 유혹하지만, 막상 기업이 공장을 짓고 운영을 위한 설비시스템이 갖춰지면 세금 등으로 외자기업들을 압박하고 있다.

그 중 가장 대표적인 것은 2008년 중국에서 제정된 반(反)독점법이다. 중국은 2008년 반독점법을 제정하여 독점협의를 통한 담합행위, 시장 지배적 지위의 남용행위, 기업결합, 행정권한의 남용 등을 금지하였다. 하지만 규정에 워낙 모호한 부분들이 많아 행정 당국의 자의적인 혹은 임의적인 해석의 가능성이 농후한 항목이 다수 존재한다. 특히 중국의 법은 신규 시장참여자 내지 향후 중국에 진출하고자 하는 잠재적 참여자들에 대해 기존의 기업들이 시장진입을 방해하는 행위를 금지하는 규정이 명시적으로 존재하지 않으며, 구체적인 법제도에서도 열거된 독점행위 이외의 구체적이고 명확한 조항이 없다. 이는 곧 행정 당국이 자국기업을 위해 시장에 부적절하게 개입하거나 임의적인 판단을 할 수 있음을 의미하고, 이러한 위험이 실제 실현되고 있다.

표 2-3 | 2013년 이후 중국 반독점법 조사현황 및 추징벌금

일시	대상 기업	벌금액(단위: 위안)
2013년 1월 4일	LG, 삼성, 치메이, 요우다 등 6개 액정패널 기업	3억 5,300만
2013년 3월 19일	마오타이, 우량예 등 바이주기업	4억 4,900만
2013년 8월 7일	바이오스타임, 애보트, 미드존슨, 다농, 폰테라 등 분유기업 6곳	6억 6,900만
2013년 8월 12일	라오펑샹, 야이, 청황, 텐바오롱펑 귀금속기업 5곳	1,009만
2014년 8월 20일	일본 자동차 부품기업 12곳	12억 3,500만
2014년 9월 2일	저장보험협회 등 회원사 23곳	1억 1,000만
2014년 9월 9일	지린야타이, 베이팡, 지등 등 시멘트기업 3곳	1억 1,439만

자료 : 아주경제

상기 표를 보면, 한국과 일본, 미국 등에 소재한 다국적기업에 부과한 벌금이 다수를 차지하고 있는 것을 알 수 있다. 특히 2014년 8월 20일에 부과된 12억 3,500만 위안은 원화로 환산하면, 약 2,200억 원에 이르는 어마어마한 금액이다. 다국적기업들은 중국 당국이 외자기업을 표적으로 삼아 중국기업들에게 눈에 보이지 않는 우대를 해주고 있다고 하소연하고 있다. 반면 중국 정부는 그에 대해 중국

그림 2-1 | 중국의 세무조사 후 추가징수세금 추이

내 자국기업에게도 반독점법 벌금을 물리고 있으며, 다국적기업만을 특별히 표적으로 삼은 바 없다며 이를 적극적으로 부인했다.

다국적기업에 대한 또 다른 압박 수단으로 활용되고 있는 것은 세무조사이다. 최근 중국의 경제성장이 둔화되면서, 중국 정부는 재정수입을 늘리기 위해 다국적기업에 대한 대대적인 세무조사에 나서고 있다. 위 그림에서 볼 수 있듯이 중국 당국이 2013년 8월부터 지난 1년간 외국기업들을 대상으로 세무조사를 벌임으로써 추가로 거둬들인 세금은 420억 위안으로서 원화로는 약 2,561억 원에 이른다. 2005년에는 불과 4억 위안에 그쳤던 추가 징수 세금은 2010년에 폭발적으로 증가해 매년 약 1.5~2배 정도의 증가세를 보이고 있다. 이는 가히 드라마틱하다고 할 만큼 빠른 속도로 시현해 왔던 경제성장률이 2010년 들어 급격하게 하향세를 타고 있는 중국의 경기둔화와도 깊은 연관이 있을 것으로 판단된다. 경기침체를 해소하기 위해서 필요한 재원을 다국적기업에게 부과한 세수로 마련하고 있는 것이다. 당연히 이러한 세무조사는 기업들에게 커다란 부담이 되고 있다.

이러한 리스크 속에서 SK와 한화는 영업수익을 창출할 수 있는 사업모델을 찾지 못하고 있으며, LG는 한때 중국시장에서 성공을 거두는 듯도 했으나, 에어컨과 휴대폰부문의 시장점유율이 1% 미만에 불과한 매우 미미한 성과를 시현하고 있고, 그나마 에어컨 시장에서는 이미 철수를 단행하였다. 이마트와 롯데마트와 같은 유통업은 더더욱 상황이 심각하여, 점포 수 자체도 형편없이 적을뿐더러, 적자가 나

는 매장도 많아 사실상 시장안착에 실패하였음을 알 수 있다.

기술유출의 리스크도 존재한다. 현재 중국시장에서 성공을 거두고 있는 현대자동차의 경우, 자신들의 핵심기술이 중국에 유출되어 골머리를 앓고 있다. 2007년에는 22조대의 자동차 제조 핵심기술이 중국에 유출될 뻔했고, 2014년 7월에는 이미 자동차 핵심기술이 중국에 유출되었음을 확인하고 검찰에서 이에 대한 수사를 진행하고 있다. 이러한 핵심기술들의 유출은 주로 중국과 연계된 하청기업에서 비롯되고 있으며, 그 결과 한국이 개발한 기술이 아무런 보상 없이 해외로 줄줄 새고 있는 것이다. 또한 2005년 쌍용자동차를 인수했던 상하이자동차는 투자도 전혀 하지 않은 채 쌍용자동차가 보유한 핵심기술을 가져간 후 매각하는 등 첨단제품에 대한 기술유출이 심각하게 발생하고 있음을 알 수 있다.

첨단제품뿐만 아니라, 식료품이나 과자와 같은 식음료업종에 있어서의 기술유출 역시 심각한 수준이다. 한국 제품이지만, 중국에서도 인기가 매우 높아 많은 양이 수출되고 있는 바나나우유나 초코파이도 중국기업이 이를 그대로 카피해서 시장점유율을 높이고 있다. 오리온 초코파이의 점유율이 아직은 매우 높은 상태지만, 중국기업이 생산하는 초코파이의 점유율도 16%를 차지하는 등 무서운 성장세를 기록하고 있는 실정이다. 중국기업의 제품이더라도 마치 한국산인 양 한국어로 '초코파이'라는 단어를 포장지에 삽입한다든지, 한류모델을 광고에 등장시켜 소비자를 현혹시키는 사례도 크게 늘고 있다. 그 결과 롯데 초코파이의 시장점유율은 불과 약 3~4%에 그치는 등 이제는 역으로 우리 시장에 대한 중국 제품의 잠식을 우려해야 하는 마당이다.

Question

1. 향후 중국시장에 대한 전망을 대기업과 중소기업의 관점에서 제시해 보시오.
2. 상기 사례에서 예컨대, 현대자동차는 중국 정부의 요청에 따라 현지기업과 합작기업 설립형태로 중국시장에 진출해 있다. 중국 정부가 현대자동차에게 합작기업 설립을 강제한 이유는 무엇이라고 여겨지는가?
3. 중국 정부가 최근 다국적기업에게 다양하게 제시 혹은 부과하고 있는 제재를 가급적 회피하기 위해서는 어떠한 전략적 접근법을 모색해야 한다고 생각하는가?

토의자료 2-1

美자본주의 상징 코카콜라-맥도날드, 볼리비아서 연내 철수

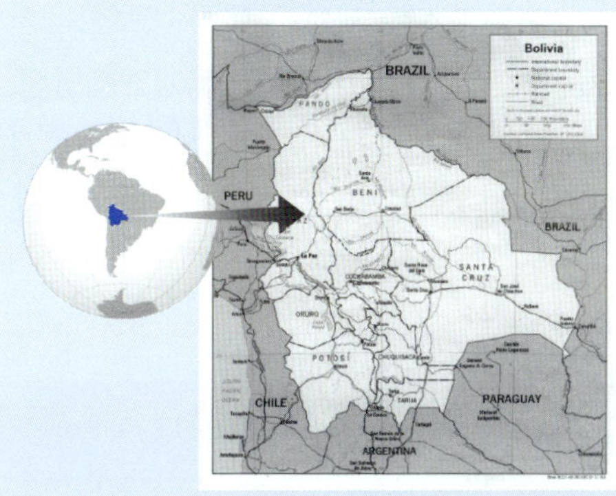

'미국식 자본주의'의 상징이자 세계 최대의 음료회사 및 패스트푸드 업체인 코카콜라와 맥도날드가 연말까지 볼리비아에서 철수할 것으로 알려졌다.

1일(이하 현지시간) 베네수엘라 국영 뉴스통신 AVN에 따르면 볼리비아 외교장관인 다비드 초케우안카는 남미권 위성방송 채널 텔레수르와의 회견에서 코카콜라가 오는 12월 21일까지만 영업활동을 할 것이라고 밝혔다. 그는 "12월 21일은 자본주의가 끝나고 공동체주의가 시작되는 날"이라며 코카콜라 추방에 의미를 부여했다.

이어 초케우안카 장관은 대신 볼리비아에선 앞으로 세계에서 가장 많이 판매되는 음료인 코카콜라가 '모코친체(mocochinche)'로 불리는 복숭아 음료로 대체될 것이라고 덧붙였다.

그동안 볼리비아 정부는 코카콜라 음료에 암을 유발하는 위험한 물질이 들어 있는 것으로 의심된다는 주장을 여러 차례 제기했다.

앞서 볼리비아 정부는 지난 2010년 초 코카잎을 원료로 한 에너지 음료 '코카코야(Coca Colla)'를 선보인 바 있다. '코카코야'는 에보 모랄레스 볼리비아 대통령의 정치적 근거지이기도 한 중부 코차밤바 주 차파레 지역의 민간 코카잎 재배업체에 의해 개발됐다. 모랄레스 대통령의 '코카코야' 개발 장려는 당초 미국식 자본주의의 상징인 코카콜라에 타격을 입히는 동시에 지역 코카 재배농들의 소득증대를 도모하기 위해서였다.

또한 볼리비아 정부는 맥도날드도 14년 만에 영업을 철수할 계획이라고 밝혔다. 이에 따라 볼리비아에서 운영되고 있는 매장 8곳 모두 올해 안에 문을 닫게 된다. 다만 맥도날드의 경우 영업실적 부진이 볼리비아 시장 철수의 주요 배경이 됐다. 볼리비아는 맥도날드가 영업실적 부진으로 철수하는 유일한 국가다. 이것으로 중남미에서 맥도날드 매장이 운영되지 않는 나라는 쿠바와 볼리비아 등 2개국으로 늘어나게 된다.

(자료 : 파이낸셜뉴스, 2012.8.2)

토의자료 2-2 동남아시아 변화의 핵 – 미얀마

최근 해외사업을 추진하는 업체들의 최고 관심 국가는 미얀마이다. 미얀마는 풍부한 천연자원과 6천만 명 이상의 인구로, 중국, 인도, 태국 등과 국경을 접하고 있으며, 말레카 해협의 초입에 위치하고 있는 지리적 요충국가다.

미얀마의 정치적 배경

미얀마는 1960년대 초까지 동남아 최강국의 자리를 차지하고 있었으나, 약 반세기 간에 이르는 장기 군부 독재로 인하여 경제적, 사회적, 정치적 불안정과 국제사회의 경제제재 등으로 국민들의 생활수준이 크게 낙후되었으며 1989년에는 세계 최빈국 국가에 이르렀다.

2011년 총선 이후 미얀마에 새로 들어선 민간정부는 대통령 중심제의 민주정부로, 과거 미얀마연방(The Union of Myanmar)에서 미얀마 연방공화국(The Republic of the Union of Myanmar)으로 국가 명칭을 바꾸어 민주국가임을 천명하였다.

민간정부 출범 후 군부가 장악하고 있던 3권인 입법, 사법, 행정이 22년 만에 분리되었으며 미얀마 대통령 떼인세인은 행정수도인 네피도에서 종족간의 화합과 단결, 국가경제발전, 해외투자유치, 법률 개정, 노동법 개정, 언론의 자율, 국민의 복지 등을 개선할 것이라고 발표하였다.

미얀마 양곤시내 전경

또한 미얀마에는 공식적으로 135개의 서로 다른 민족이 있는데 다양한 민족그룹이 자치권과 독립을 주장하며 무장투쟁을 해왔기 때문에 사회적 불안정이 지속되었다.

미얀마 군부정권은 1988년의 민주화 운동 이후로 무장투쟁을 해오던 민족그룹들과 휴전협정을 맺으며 민족그룹에 대해 어느 정도의 지역 자치권을 인정해 주고 있으나 버마족을 제외하고 가장 규모가 큰 카렌족과 샨족은 여전히 민족적인 갈등을 지속하고 있어 여전히 정세가 불안한 상태이다.

미얀마의 경제

미얀마는 2010년에는 신정부 출범과 천연가스 수출 등으로 경제성장률 5.3%를 시현했다.

또한 2007년부터 2010년간 수출이 연평균 13.1% 확대되어 외환보유고 증가에 따른 인플레이션이 2007년부터 2008년간 평균 28%의 높은 수치를 보이다가 2009년 주요 식료품 가격의 안정세에 힘입어 2010년에는 7%로 대폭 줄었다.

아울러 미얀마 재무부가 법인세 미납 시 기업에 대한 세무조사 강화 등 탈세방지대책을 강화하고 있음에도 불구하고 탈세가 성행하여 세수 기반이 취약하고 국방비 및 수도 정비사업 관련 지출 증가 등으로 재정적자를 기록하고 있다.

2007년부터 2010년간 GDP 대비 재정수지는 적자추세이며, 2010년은 적자 비중이 5.1%에 이르고 있다. 미얀마는 2011년 민정출범 이후 적극적인 정치경제 개혁조치를 도입하고 있으며, 이에 따라 대내외 경제환경이 급격히 변화하고 있다.

미얀마 양곤 거리 풍경

2011년 출범한 신정부는 정치범 석방, 언론과 집회에 대한 통제 완화, 아웅산 수지 여사와 야당 민주국민연맹(NLD)의 복권 등 정치적 자유화를 추진하여 미얀마에 대한 국제사회의 경제제재 완화 성취와 경제개방에 힘쓰고 있다.

또한 신정부는 경제개발에 대한 강한 의지를 표명하고 있으며, 외국인투자를 적극적으로 유치하기 위해 환율제도를 정비하고 최근 외국인투자법을 개정하였으며, 각국에 개발협력 지원을 전방위적으로 요청하고 있다.

서방 국가들의 미얀마에 대한 경제제재는 미얀마 경제발전에 대해 주요한 제약요인으로 작용해 왔으나 미얀마의 대외 정치기조가 변화하며 개혁개방을 추진하고 최근 새로운 투자처로 부상함에 따라 주요국의 대응이 제재완화로 귀결될 가능성이 커지고 있다.

경제제재 이후 미얀마의 대외경제협력은 중국을 비롯한 아시아 국가들에 집중되어 있는 상황이었으나 현재 미국과 유럽연합(European Union)은 제재 유예를 포함한 완화를 주장하고 있으며, 아시아 국가들은 전면적인 해제를 선언하였다.

(자료 : 기술사신문, 2014.2.18)

참고문헌

경향신문, 現代建設(현대건설), 이라크에 진출, 1978년 1월 27일자.

경향신문, 이라크 勤勞者(근로자) 全面(전면)철수령, 1980년 10월 2일자.

경향신문, 이라크進出(진출) 韓國(한국)건설업체 바스라戰鬪(전투) 불구 정상操業(조업), 1982년 7월 17일자.

경향신문, 현대・기아車 22조 날릴 뻔, 2007년 5월 10일자.

국민일보, 현대차・한국GM 핵심기술 中에 유출됐다, 2014년 9월 11일자.

김기홍(2013), 창조경제의 신산업 : 의료산업수출실태와 과제, 한국무역학회 춘계학술발표대회 및 정책세미나.

김보수(2011), 디지털시대의 의료산업 활성화 정책 방안 연구 : 병원경영지원회사와 영리법인을 중심으로, 디지털정책연구 9(4) : 41~50.

김원호(1997), IMF 구제금융 사례 연구 : 멕시코의 外換危機 사례 및 시사점, KIEP Working Paper 97-09.

김태만, 김창경, 박노종, 안승웅(2012), "쉽게 이해하는 중국 문화", 다락원.

김태완(2014), 글로벌 경제 - 중국이 세계시장이라고? 벼랑으로 떠밀린 한국기업, 중앙시사매거진 4월호.

남상욱(2011), "인도, 21세기 새로운 강자로 떠오르고 있다", 일빛출판사.

동아일보, 現代建設 이라크工事 再開, 1980년 10월 15일자.

동아일보, 現代建設 이라크 工事 어음 50%만 현금결제, 1988년 1월 23일자.

동아일보, 이라크 - 쿠웨이트 공사대금 8億달러 못 받을 듯, 1990년 8월 13일자.

동아일보, 이라크「現代(현대)」장비 모두 징발, 1992년 7월 20일자.

매일경제신문, 現代・南光土建공동 이라크 철도공사 受注, 1982년 7월 23일자.

매일경제신문, 이라크 7억불 공사 受注 現代建設 계약체결, 1985년 10월 31일자.

매일경제신문, 대규모 새 送油管 이라크 9월 개통, 1989년 7월 11일자.

매일경제신문, 現代建設 철수 결정, 1990년 8월 14일자.

박성철(2011), 한국자동차의 중국시장 진출에 관한 연구 - 현대자동차를 중심으로, 명지대학교 석사학위 청구논문.

박종돈(2006), "국제경영의 이해", 보명books.

변웅재(2014), "중국 법률 정책 동향과 그 시사점", 신한 FSB 연구소. [online] Available at http://www.kimchang.com/UserFiles/files/FSB%EC%8B%A0%ED%95%9C-%EC%A4%91%EA%B5%AD%EB%B2%95%EB%A5%A0%EC%A0%95%EC%B1%85%EB%8F%99%ED%96%A5%EA%B3%BC%EA%B7%B8%EC%8B%9C%EC%82%AC%EC%A0%90.pdf [접속일 : 2014년 2월 28일].

서민교, 박병일(2013), "글로벌경영", 서울경제경영출판사.

서울경제신문, [차이나리포트] 반독점법 칼날 이어 '세금전쟁' 중국기업 '나 떨고 있니', 2014년 10월 19일자.

심영섭(2008), 중국 반독점법 시행의 의의, KIET산업경제, 산업연구원.

아주경제신문, 중국 지난해부터 반독점법 벌금폭탄 5,000억 원… 반독점법 거세지나, 2014년 9월 11일자.

정윤, 이견직, 김소희(2013), 의료관광산업의 국제경쟁력 분석 연구 : 한국, 태국, 싱가포르, 말레이시아를 대상으로, 보건사회연구 33(3) : 302~326.

조선일보, 개성공단 20개 업체 철수 고심… 엑소더스 조짐? 7곳 사업포기, 3곳 매각계약, 2013년 11월 6일자.

파이낸셜 뉴스, 美자본주의 상징 코카콜라 - 맥도날드, 볼리비아서 연내 철수, 2012년 8월 2일자.

한겨레신문, 이라크 쿠르드반군 현대건설 5명 억류, 1991년 3월 26일자.

한겨레신문, 현대건설 심각한 자금난, 1992년 4월 22일자.

제 3 장 문화적 차이

[1] 이것만은 알아두자

문화의 정의

문화란 사회 환경을 구성하는 요소로서 학습된 인간행위의 사회적 규범과 독특하고 체계적인 생활방식으로, 국제경영환경을 결정짓는 중요한 요인이라고 정의할 수 있다. 문화는 선천적으로 타고나는 것이 아니라, 학습된 행위(learned behavior)이며, 따라서 습득할 수 있고, 이러한 학습과정을 통해 문화적 차이를 극복하고 타문화에 적응할 수 있게 된다.

문화의 구성요소

국제경영활동과 관련된 문화적 요소들은 매우 다양하며, 한 국가의 문화는 이러한 요소들이 종합적으로 반영되어 나타난다.

홉스테드 모형

홉스테드는 미국 IBM에 근무하는 40개국의 10만 명에 달하는 직원들을 대상으로 직무관련 가치성향을 실증 분석한 결과, 각국의 문화적 차이에 크게 다음의 네 가지 차원이 있다는 것을 발견하였다.

- 권력거리 : 권력거리는 사회 내에서 부와 권력이 불평등하게 배분되어 있다거나 혹은 편중되어 있을 경우 이를 어느 정도로 수용하는가를 나타낸다. 권력거리가 큰 문화의 조직구성원들은 조직 내에 존재하고 있는 부와 권력의 불평등에 대해 쉽게 용인하는 태도를 가진다. 반면에 권력거리가 작은 문화에서는 구성원들이 권력의 불평등을 해소하려고 노력한다.

그림 3-1 | 문화의 구성요소

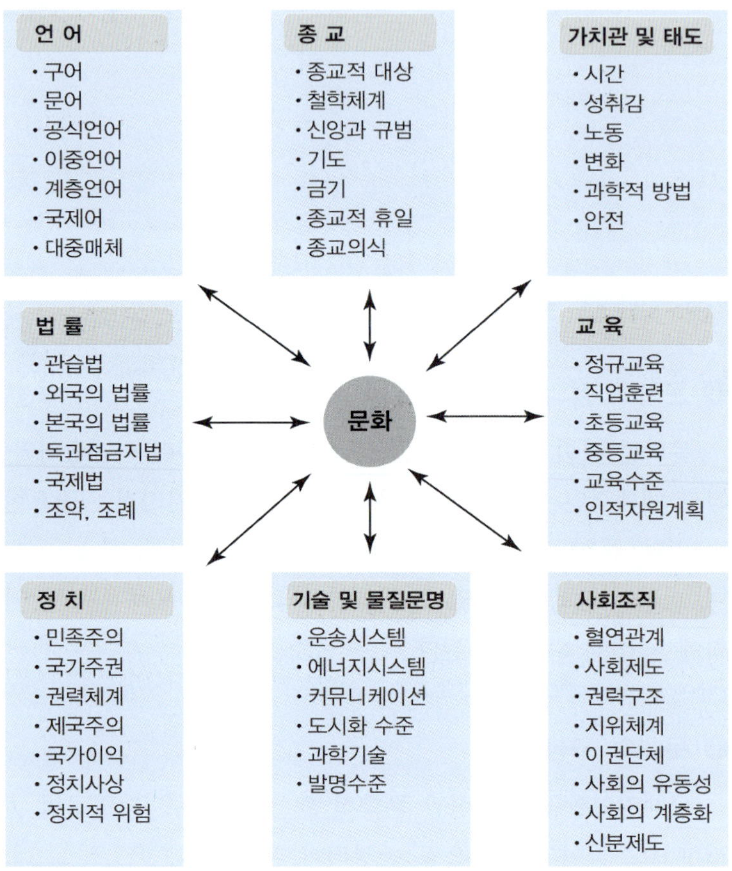

- 개인주의와 집단주의 성향(individualism vs. collectivism) : 이는 사람들이 얼마나 개인주의적이거나 집단주의적인 성향을 보이는가를 의미한다. 개인주의는 집단의 이익보다 개인에게 주어지는 시간적 자유나 자기 자신의 이익을 중요시하는 가치성향을 반영한다. 반면, 집단주의적 성향이 높은 사회에서는 구성원들이 자기 가족이나 종족에 대한 귀속감이 강하여 자기 자신의 이익보다도 집단의 이익을 더 중요시한다.
- 불확실성의 회피(uncertainty avoidance) : 이는 사람들이 모호한 상황이나 불확실성을 용인하는 정도를 나타낸다. 불확실성 회피성향이 높은 문화에 있는 사람들은 직업안정성이나 직급의 승진패턴에 대해서 상당히 높은 가치를 부여하며 관리자들이 아주 분명한 지시를 내려줄 것을 기대한다.

- 남성다움과 여성다움(masculinity vs. feminity) : 이는 사회나 조직구성원들이 남성과 여성의 사회적 역할을 얼마나 분명하게 구분하는지를 나타낸다. 남성적인 문화에서는 남녀 간의 역할분담이 이루어져 있고 성취감이나 자기주장, 물질적인 성공에 대해 강한 선호를 나타낸다. 반면에 여성중심적인 문화에서는 관계유지를 중요시하거나 구성원에 대해 배려하는 경향, 삶의 질을 강조하는 면이 강하게 나타난다.

[2] 문화적 차이로 인한 주요 사례

사례 3-1 베트남시장에서의 맥도날드

1954년 레이 크록(Ray Kroc)이 맥도날드 형제의 햄버거 가게를 처음 방문하고, 그 맛에 반한 그가 '맥도날드'라는 상호명을 사용하여, 1955년 미국 일리노이주에 첫 정식 프랜차이즈 매장을 오픈했던 것이 오늘날 맥도날드의 시작이 되었다. 맥도날드는 품질, 서비스, 청결, 가치(quality, service, cleanliness and value)를 중심으로 하는 기업정신을 바탕으로 빠르게 성장하였고, 2020년 기준으로 전 세계 점포 수 37,855개, 연 매출(annual revenue) 약 210억 7,000만 달러를 기록하며 전 세계 패스트푸드 체인(fast food chains) 순위 2위에 등극했다.

하지만 전 세계적으로 훌륭한 성과를 거두며 강력한 브랜드 이미지를 구축했음에도 불구하고 맥도날드는 유독 베트남시장에 진출한 이후 고전을 면치 못하고 있다. 맥도날드의 진출과정을 살펴보면, 10년 내 100개의 매장을 오픈하는 것을 목표로 베트남 현지 파트너(굿데이 호스피텔러티)와 제휴를 통해 2014년 호찌민에 진출했고, 1호점을 오픈한 첫날에만 5,000~6,000명의 고객이 줄을 설 만큼 맥도날드의 베트남 진출은 성공적으로 보였다. 그러나 2019년 기준 맥도날드의 베트남 매장 수는 17개인 반면, 경쟁기업인 롯데리아와 KFC의 매장 수는 각각 247개, 141개인 것을 고려해보면, 맥도날드의 베트남 내 시장점유율은 상대적으로 낮다고 판단된다.

그렇다면 맥도날드가 베트남시장에서 지속적으로 성장하는 데 어려움을 겪을 수

밖에 없었던 이유는 무엇일까? 그 답은 베트남 소비문화에 대한 낮은 이해도에 있다.

베트남의 멀티미디어 플랫폼 비엣세테라(Vietcetera)의 공동 창업자인 하오 짠(Hao Tran)은 "베트남 사람들은 먹고 싶은 것이 있으면 허름한 길거리 노점에 들어가서 빵이나 국수 등을 바로 주문해서 먹는 경향을 보인다"고 말했고, 음식 리서치 업체인 EC데이터는 베트남 소비자가 외식비용의 약 78%를 길거리와 전통시장에서 지불하는 것과 달리, 패스트푸드 구매비용의 비중은 약 1%에 지나지 않음을 밝힌 바 있다. 이들의 의견을 종합하면, 베트남 소비자는 저렴하고 다양한 음식을 판매하며 접근성이 높은 길거리 노점상에 대한 선호가 상당히 높고, 패스트푸드에 대한 지불의사가 높지 않다는 것을 알 수 있다.

표 3-1 | **2019년 베트남 외식업계 현황**

유형	매장수(개)	점유율(%)	매출액(억 달러)	점유율(%)
카페/바	30,770	9.5	39.9	16.0
고급 레스토랑	132,993	41.0	179.6	72.2
패스트푸드 등 레스토랑	10,151	3.0	7.6	3.0
길거리 노점식당	150,253	46.5	21.7	8.8
계	324,167	100	248.8	100

자료: 코트라.

맥도날드는 베트남시장에 진출한 이후 적극적으로 현지 소비자의 선호를 반영하기 위해 노력했다. 제품 측면에서는 돼지고기를 좋아하는 베트남 소비자의 특성을 반영하여 빅맥의 패티를 돼지고기로 바꾼 빅 포크 버거를 출시했고, 맥 카페에서는 베트남 전통 아이스커피인 카페핀(cafe phin)을 출시했다. 이에 더하여, 햄버거뿐만 아니라 베트남 현지 식문화를 반영한 새로운 메뉴도 다양하게 출시했다.

마케팅 측면에서 어린이날, 어머니날 등 베트남의 주요 공휴일에 메뉴 구입 시 장난감을 증정하거나, 자녀들이 부모님께 사랑을 표현하는 이벤트 및 교육프로그램을 진행했고, 베트남의 첫 번째 야구팀인 사이공 히트 클럽(Saigon Heat club)을 후원하는 등 베트남 사회에 자연스럽게 녹아들 수 있도록 많은 노력을 기울였다. 그럼에도 저렴하고 접근성이 높은 음식점을 선호하는 베트남 소비자들의 특성을 정밀하게 반영하지는 못했다.

롯데리아, KFC 등의 경쟁기업보다 상대적으로 베트남 진출이 늦었던 맥도날드는 호찌민 번화가에 매장을 입점시키는 데 어려움이 있었다. 이로 인해 고품질, 고가격 전략으로 중산층 이상의 소비자를 목표로 설정하는 전략을 채택하되, 호찌민 중심에서 벗어난 지역에 매장을 오픈했다.

제품의 가격 측면에서 맥도날드 세트메뉴의 평균 가격을 약 75,000동(약 4,000원)으로 설정하여 경쟁기업인 롯데리아(61,000동, 약 3,100원)와 KFC(62,000동, 약 3,150원)보다 상당히 높았던 바, 이는 베트남 쌀국수 가격의 약 4배에 달해 베트남 소비자들이 즐겨 찾기에는 부담스러웠다.

맥도날드가 베트남시장에서 높은 성과를 거두지 못한 이유를 정리하면, 첫째, 매장 입점 위치 문제로 인한 낮은 접근성, 둘째, 패스트푸드에 대해 소비자의 지불의사가 높지 않았음에도 경쟁기업 대비 높은 가격을 고집했던 전략이 주된 이유였던 것으로 판단된다. 따라서 향후 맥도날드가 베트남시장에서 지속적으로 성장을 시현하기 위해서는 제품과 마케팅뿐만 아니라 베트남 소비자들의 외식문화에 대한 이해를 높일 필요가 있다.

Question

1. 당신이 맥도날드의 최고경영자라면 맥도날드에서 철수할 것인가?
2. 맥도날드의 경쟁사인 롯데리아는 베트남시장에서 성공을 거둔 반면 맥도날드는 성공하지 못한 이유는 무엇이라고 생각하는가?
3. 맥도날드가 베트남시장에서 철수하지 않고 영업을 지속하기 위해서는 어떤 개선점이 필요하다고 생각하는가?

사례 3-2 한국에서의 월마트

1960년대 미국의 기존 유통분야 대기업들이 대도시에서 상호 과열된 출혈경쟁을 하고 있었을 때 월마트는 인구 5만 명 정도의 소규모 도시들을 중점적으로 공략했다. 그 결과, 출혈경쟁으로 경쟁사들이 경영난에 빠진 사이, 월마트는 점포 수를 확장하고 승승장구하며 꾸준한 성장세를 유지하여 미국시장을 석권할 수 있었다. 미국시장에서 점유율 1위를 기록한 후 점차 월마트는 세계 시장으로의 진출을 꾀하였다. 미국에서의 성공경험을 바탕으로 지금의 월마트는 전 세계 4,300개의 할인점을 보유하고 있는 대기업으로 성장해 있다. 월마트의 성공은 수치로 보면 매출액 측면과 재무적 측면에서 이미 1999년에 주가 시가총액이 세계 7위, 2,910억 달러에 달하였으며, 지속적인 성장을 바탕으로 2006년에는 순매출 3천억 달러를 넘어서고 있었고, 순수익만 1천억 달러를 상회하였다. 이러한 세계 시장에서의 확실한 성공을 근간으로 월마트는 한국시장으로의 진출을 모색하였는데, 1998년 네덜란드와 한국 간 합작형태로 설립된 종합 유통기업인 한국 마크로를 인수하면서 한국에서의 사업을 시작하였다. 이는 월마트가 중국에 이어서 시행했던 아시아에서의 두 번째 투자였다. 하지만 시작부터 부진한 시장점유율과 판매실적은 2006년 월마트로 하여금 결국 한국시장에서 철수하게 만들었다.

가장 큰 실패의 원인으로는 한국인들의 성향에 대한 이해부족을 꼽을 수 있다. 이해부족은 우선 매장구성의 문제로 드러났다. 미국에서 할인매장들은 보통 창고형으로 지어져 있다. 그러한 창고형의 넓은 매장에 미국의 할인매장들은 공산품을

▎철수하는 월마트

높게 쌓아놓고, 그 상태에서 소비자들은 제품을 선택한다. 하지만 한국의 소비자들은 높이 있는 물건을 올려다보며 고르는 것보다는 눈높이에 맞게 편안하게 진열된 제품을 고르는 것에 익숙해져 있었다. 이미 국내의 기업들은 한국인들의 평균키에 맞게 제품 선반 높이를 조정해 놓았기에 한국인들은 그것에 훨씬 편안함과 안정감을 느꼈을 것이기 때문이다. 이는 곧 월마트가 현지화에 실패했다는 말로도 해석이 가능할 것이다.

또 다른 월마트의 문제는 입지선정에서 야기되었다. 앞서 말했듯이, 미국에서의 월마트의 성공은 도심과는 멀리 떨어진 소도시를 중심으로 점유율을 늘려가는 전략에서 비롯되었다. 미국은 가족 단위의 주말쇼핑문화가 발달하여 일주일에 한 번씩 대형할인마트로 가서 일주일간 소비할 대량의 물건 및 식품을 사는 것이 다반사였다. 이러한 문화패턴은 월마트가 외곽지역에 입지를 선택하는 것을 가능하게 했으며, 비록 미국에서는 성공의 열쇠가 되었을지는 몰라도 한국에서는 그렇지 못하였다. 한국에서의 대형매장 내지 마트쇼핑은 대개 주부들의 몫이었고 필요한 식료품을 수시로 장을 보는 소비문화를 가지고 있었다. 따라서 동네에 위치한 시장이나 슈퍼에 걸어가는 것이 보통이었던 당시의 모습으로서는 외곽에 위치한 마트까지 차를 타고 간다는 것은 번거롭게 여겨졌다. 특히 전업주부가 아닌 직장생활을 하는 경우, 퇴근길 마트에 잠시 들러 장을 보려는 경우가 많았기에 우리나라 소비자들에게는 마트의 접근성이 매우 중요하게 작용했다.

소위 '월마트는 공산품'이라는 외국계 유통업체의 특징을 일컫는 말에서도 간접적으로 볼 수 있듯이, 월마트는 싱싱한 해산물을 취급하지 않았다. 모두 서구인들의 입맛에 맞게 표준화된 월마트는 냉동식품만 판매했다. 하지만 주부로 대변되는 우리나라 소비자들은 보통 마트에 갈 때 생선·정육·야채·과일 등 신선식품을 반드시 샀다. 월마트와 달리, 국내 대형마트는 이런 점을 놓치지 않고 신선식품에 공을 들였으며, 매일매일 살아 있는 생선을 팔았고, 소비자는 생선을 사고 싶을 때는 국내 대형마트에 갔다. 신선식품은 미끼상품이 됐다. 신선식품을 사러 국내 대형마트를 찾은 소비자는 다른 공산품까지 구매했기 때문이다. 또한 농수산물의 경우, 한국 소비자들은 우리 것이 최고라는 생각을 갖고 있어 외국계 기업보다는 한국의 업체를 통해 구입하는 것이 낫다는 생각이 만연해 있기도 하였다. 이러한 사소한 문화적 측면에 대한 간과로 인해 월마트는 한국의 여타 업체들과의 경쟁에서 우위를 점하지 못했던 것이다.

또한 문화적 요소들을 크게 고려하지 않은 월마트의 영업태도는 마케팅과 서비스에서도 여실히 드러났다. 미국에서는 최소한의 서비스를 제공해서 인건비와 운영비를 줄임으로써 많은 물건을 싼 가격에 제공하는 전략으로 월마트가 엄청난 성공을 거둔 듯하나, 하지만 한국의 소비자들은 미국의 소비자들과는 다른 문화적 성향을 지녔다. 국내 소비자들은 대형마트에서도 친절한 서비스를 받으면서 깨끗하고 편한 환경에서 장을 보기를 원했다. 이는 곧 대형마트라도 백화점처럼 제품이 진열되어 있는 것과 백화점 같은 직원의 서비스를 원했음을 뜻한다. 월마트는 결국 한국에서 사업 철수라는 철저한 실패를 맛보게 되었다.

Question

1. 월마트가 한국시장에 진출하면서 고려하지 못했던 문화적 요인들을 열거해 보시오.
2. 비슷한 영업방식을 고수하고 있는 코스트코는 한국시장에서 성공을 거둔 반면, 월마트는 실패할 수밖에 없는 이유를 제시해 보시오.
3. 만약 여러분이 월마트의 최고 의사결정권자라면 한국시장에서 철수했겠는가? 만약 그러지 않고 영업지속을 결정한다면, 한국시장에서의 문화적 차이를 극복하기 위한 방안은 무엇이 있었겠는가?

사례 3-3 홈디포(Home Depot)는 왜 중국에서는 남자들의 놀이터가 되지 못했나?

미국에서 사업이 안정되자, 홈디포(Home Depot)는 해외진출에 눈을 돌리기 시작했다. 처음으로 진출한 시장은 인근 캐나다로, 1994년에 Aikenhead's home improvement centers의 인수를 통해 시장진입을 하였다. 2001년에는 Total HOME의 인수를 통해서 멕시코까지 사업반경을 확장하였다. 그 후, 2006년에는 12개의 매장을 보유한 현지기업 The Home Way 인수를 통해 중국으로의 시장 진출을 모색하였다. 하지만 중국에서의 사업은 기대했던 것만큼 잘되지 않았다. 중국 사업을 운영하면서 최고경영진이 세 번이나 바뀔 정도로 불안한 경영을 유지하였으며, 영업 부진으로 2009~2011년 사이 다섯 개의 '빅박스(BigBox)' 매장을 폐쇄하였고, 2012년에 나머지 두 매장도 동시에 폐쇄하였다. 결국 2012년에는 완전히 폐점함으로써 중국시장에 진출한 지 6년 만에 시장을 철수하게 되었다.

북미와 중남미에서는 승승장구하던 기업이 유독 중국에서는 계속 부진한 성과를 내며 결국 철수했던 이유는 무엇이었을까? *Wall Street Journal*에 따르면, 미국에서 통용하던 '빅박스(BigBox)' 비즈니스 모델을 현지화하지 않고, 중국시장에 그대로 적용한 것이 가장 큰 문제였다고 지적하였다. 이는 결국 홈디포가 중국의 문화적 차이, 특히 1) 가치관과 태도, 2) 문화적 관습을 제대로 이해하지 못함으로써 발생한 일이라는 의미를 담고 있다. 가치관과 태도의 측면에서 살펴보면, 중국은 인건비가 저렴하기 때문에 'Do it Yourself(당신이 직접 하세요)'보다는 'Do it for Me(나를 위해서 해주세요)' 문화에 더 가깝다고 볼 수 있다. 중국인들은 소비자가 직접 수행하는 인테리어 작업을 노동으로 인식하여 이보다는 값싼 인력을 고용해서 작업을 하기 때문에 'Do it Yourself'를 요구하는 홈디포의 제품들이 크게 매력적이지 않았다. 또한 중국 소비자들은 건자재 및 주택용품을 구입할 때에는 제품의 폭이 다양하고 가격 비교를 빠르게 할 수 있는 대리점이 밀집된 판매환경에 익숙한데도 불구하고, 홈디포는 한 매장 안에서 이를 충족하기에는 제한적이었기 때문에 매력적인 쇼핑센터로 주목받지 못했다. 중국 소비자들은 주택과 관련된 작업을 할 때에는 배송과 설치, 사용, 애프터서비스(AS) 등이 한곳에서 제공되는 원스톱 서비스를 선호한다.

문화적 관습과 관련하여, 중국은 주택소유권이라는 개념이 생겨난 지 얼마 되지 않았다는 점을 꼽을 수 있다. 불과 15년 전만 해도 주택소유권은 존재하지 않았으며, 그 당시에는 한 가족, 많으면 3세대 가족이 한 공간에서 자고, 먹고, 일상활동을 함께 공유하였다. 그래서인지 부엌이라는 독립적인 공간을 필요로 하지 않는 경향이 있었다. 그 후 지난 15년간 주택소유권은 0%에서 70%까지 늘어났음에도, 많은 중국인은 주택 소유의 짧은 역사로 인해 아직 자신들이 거주하는 집을 어떻게 꾸며야 할지 모르는 경우가 많다. 이러한 상황에서, 자신이 모든 것을 다해야 하는 DIY 가구점이 들어오니 큰 메리트가 없었던 것이다. 게다가 개인 창고에 건축자재 및 홈 인테리어를 저장하는 것을 생활화하는 미국의 소비자와 달리 중국인은 대부분 아파트에 거주하기 때문에 개인의 건축자재 수요 역시 크지 않았다.

Question

1. 홈디포의 중국시장 진출은 바람직한 의사결정이었나? 만약 그렇지 않다면, 아시아에서 어느 국가가 홈디포 시장 진출의 더 나은 선택지가 되었어야 할 것으로 생각하는가?
2. 중국에서도 인건비가 점차 상승하여 향후에는 'Do it Yourself'의 문화가 증가할 것으로 예견된다. 그렇다면, 중국시장에서 영업을 지속했어야 하지 않을까? 철수하는 것이 일종의 손절매를 위해 바람직한 의사결정이었나?
3. 2번 질문과 관련하여, 만약 중국에서 영업을 지속했다면, 어떠한 전략을 통해 상황을 극복하는 것이 최선이었을 것으로 판단하는가?

사례 3-4 깐깐한 물. 웅진코웨이의 중국시장 진출 실패

1998년 국내에서 사업을 시작한 이래 깐깐한 물을 외치며 지금까지 정수기 시장의 압도적인 점유율을 보이고 있는 기업이 바로 웅진코웨이이다. 웅진코웨이는 현재 국내 정수기분야 판매량, 시장 점유율, 브랜드 파워에서 압도적인 1위를 차지하고 있다. 특히 웅진코웨이의 국내 정수기분야 시장점유율은 약 57%로 경쟁업체의 추종을 불허하고 있는데, 이렇듯 웅진코웨이가 국내 정수기분야에서 선두로 자리매김할 수 있었던 이유는 한국 소비자의 성향과 문화를 잘 이해했기 때문이었다.

한편, 전 세계적으로 웰빙과 건강에 대한 관심과 생각은 공통적인 사항이지만 국내 소비자는 특별히 건강에 관한 것이라면 돈을 아끼지 않는 성향을 가지고 있다. 이에 따라 웅진코웨이는 사업 초기부터 '깨끗한 물'이라는 인식을 국내 소비자에게 꾸준히 심어주는 마케팅 전략을 택했고, 이와 더불어 정기적으로 정수기의 전문 관리를 도와주는 코디 시스템, 당시로써는 획기적인 시스템인 '렌탈' 시스템 등을 도입했던 것이 웅진코웨이의 주요 성공 원인으로 꼽을 수 있다.

하지만 웅진코웨이 정수기의 중국 진출은 실패라고 해도 과언이 아닐 정도로 부진하며 최근 중국에서의 정수기 렌탈사업을 크게 축소하였다. 웅진코웨이는 2000년대 초반부터 중국 북경 등에 현지법인을 만드는 직접투자형태의 해외진입전략과 OEM(Original Equipment Manufacturing) 방식, 즉 가격경쟁력을 위해 주문자위탁생산 방식과 더불어 국내와 같이 렌탈 시스템의 사용, 전문 관리를 위한 코디 보유를 위한 자사대리점(Direct Agent) 방식의 수출형태 해외진입전략을 택하여 진입했다.

웅진코웨이가 택한 해외진입전략은 상당히 효율적인 전략인 것처럼 보였다. 첫째, OEM 방식을 선택함으로써 인건비 절감과 제조공장을 현지에 설립하지 않아도 된다는 점에서 상당한 리스크를 줄이면서 해외시장에 진입할 수 있었고, 둘째, 자사대리점 방식을 택함으로써 고객접촉, 시장조사, 가격결정 등의 직접적인 마케팅 활동이 가능하고 시장개입의 범위가 크게 확대된다는 장점을 살리는 진입전략을 택한 것이다.

하지만 웅진코웨이의 중국시장 진출의 실패 원인은 진입전략이 아닌, 문화적 차이에 대한 몰이해에 기인했다. 해외시장 선택 시에는 물론 고려해야 할 다양한 요소가 있다. 법률적인 문제로 그 시장에 진출하지 못한 경우가 아니라면 고려해야 할 다양한 요소 중에서도 가장 중요한 점은 그 나라의 문화와 환경, 소비자의 성향을 파악하는 것이다. 그럼에도 불구하고, 중국시장이 갖고 있는 문화를 제대로 파악하지 않은 채, 시장을 선택하고 진입함으로써 실패를 경험하였다. 웅진코웨이가 간과한 중국시장 내 문화는 우선 첫째, 중국 내의 정수기 보급률은 약 5% 정도에 불과하다는 점이다. 보급률이 5%라는 것을 보았을 때 아직 수요가 미미하고 경쟁자가 적은 도입기의 시장으로 보아 그만큼 충분한 잠재력이 있다는 것으로 보여질 수도 있지만, 다른 한편으로는 매우 낮은 보급률임을 감안했을 때 그만큼 중국은 정수기의 필요성을 느끼지 못한다는 것으로 볼 수 있다. 게다가 그나마 보급되어 있는 정수기 또한 현재 웅진코웨이의 신제품들과 달리 중국 소비자들은 물통을 갈아 끼우는 물통 정수기들에 익숙해 있었다.

둘째, 중국은 생수를 사먹는 문화가 자리 잡고 있다. 국내 또한 생수를 구입해서 마시는 가정이 다수 있지만, 반면 국내의 정수기 보급률이 약 54%일 정도로 정수기의 사용 역시 보편화되어 있다. 이와 달리 중국은 상기에 언급했듯 정수기의 보급률이 5% 정도에 불과하며 보급되어 있는 5% 또한 공공기관, 대기업 등으로 가정의 정수기 보급률은 아주 미미하다. 더불어 중국 생수의 가격은 평균 200원 정도(500ml 기준)로 국내에 비해 상당히 저렴한 편이어서, 대부분 중국시장 내 가정에서는 생수를 대량으로 사다 놓고 마시는 경우가 대부분이었다.

셋째, 중국은 렌탈문화 자체가 거의 존재하지 않는다. 국내시장의 경우 비데, 정수기 등 다양한 제품 심지어 자동차까지 렌탈로 많이 사용하나, 중국에서는 '물건을 빌려 쓴다'라는 개념이 거의 존재하지 않는 문화적 차이가 있음을 웅진코웨이는 인지하지 못함으로써 결국, 웅진코웨이는 제품의 필요성을 중국 소비자에게 인식시키는 데 실패하였다.

Question

1. 사례내용을 고려해 봤을 때, 결국 웅진코웨이의 중국시장 진출은 타당한 의사결정이었는가?
2. 1번 질문과 관련하여, 만약 적절한 시장선택이 아니었다면 어느 국가로의 진출이 더 바람직했겠는가? 만약 시장잠재력을 고려했을 때, 타당한 선택이라고 생각한다면 문화적 차이를 극복하기 위해 어떠한 전략을 구사해야 했겠는가?

3. 웅진코웨이가 국내에서 압도적인 시장점유율을 시현할 수 있었던 이유는 애초부터 깨끗한, 건강한, 깐깐한 물임을 강조한 마케팅으로 지속적인 브랜드와 제품의 인지도를 제고했기 때문이다. 하지만 앞서 언급했듯이, 웅진코웨이는 이와 달리 중국시장에서 소비자들에게 제품의 필요성을 설득하는 데 실패한 것으로 보인다. 그렇다면, 정수기라는 제품의 필요성을 알리기 위한 가장 효과적인 마케팅 전략은 무엇이라고 판단하는가?

사례 3–5 인도의 아침식사와 켈로그

켈로그는 식사대용 식품부문에서는 전 세계에서도 가히 손꼽히는 브랜드라고 일컬을 만하다. 즉, 켈로그는 전 세계 시리얼 시장에서 40%의 시장점유율을 차지하고 있었는데, 그럼에도 불구하고 이러한 강력한 브랜드파워를 가지고도 동사(同社)는 인도 진출에 실패하고 말았던 바 있다.

켈로그가 인도에 진출시도를 하게 된 배경 내지 환경을 살펴보면, 켈로그 브랜드는 1980년대에 전성기를 맞이하여 전 세계적으로 20여 개의 공장을 가동하고 동시에 연 매출 60억 달러를 시현하였다. 그러나 1990년대에 들어서면서 점차 타 브랜드들과의 경쟁이 격화되기 시작하였고, 그 결과 취할 수 있는 시장의 크기가 비교적 작아지자, 자연스럽게 새롭게 개척할 신규 진출시장을 탐색하게 되었다(미국이나 영국과 같은 서구 선진국 시장에서 시리얼 제품수요는 이미 포화상태에 이르러 더 이상 성장할 가능성이 없어 보였다. 실제로 최근 10년간 시리얼 제품의 시장규모는 정체되어 있었다). 인도는 이러한 상황에서 다음 목표로 선정하기에 좋은 시장이었다.

때마침 1994년 인도 내 국제 무역장벽이 상당 부분 경감하면서 켈로그는 자사에서 가장 유명한 브랜드인 '콘프레이크(Corn Flakes)'를 인도에 출시하기로 결정, 6,500만 달러라는 거대한 비용을 투자했다. 인도시장에 대한 켈로그의 대규모 투자는 인도 관료들에게도 환영받을 수밖에 없었고, 이에 당시 봄베이 주식시장 책임자였던 바지라트 머천트(Bahgirat B. Merchant) 등 인도 경제전문가들은 이 소식에 크게 기뻐하며, "켈로그가 인도에서 2%의 시장점유율만 달성한다고 해도 이는 곧 1,800만에 이르는 소비자들의 아침식사를 해결한다는 것을 뜻하며, 또한 이 규

모는 인도가 미국보다도 훨씬 더 거대한 시장임을 의미한다"라고 주장하였다. 하지만 인도에서의 아침은 주로 야채들로 이루어진 식단이 주를 이루었던 바, 이를 시리얼로 대체한다는 것은 인도인들에게 낯설게 느껴질 수밖에 없었다. 바꿔 말하면, 이는 켈로그가 인도 내에 처음으로 시리얼 시장을 창조해 간다는 것을 의미하기에, 곧 경쟁기업이 전혀 없다는 것을 상징하지만, 이는 동시에 기존에 존재하지 않던 새로운 개념을 새로이 소비자들에게 적용시켜 설득해야 한다는 것을 뜻하기도 했다.

우려에도 불구하고, 켈로그가 인도시장에 콘프레이크를 출시하자 초기 매출은 급격한 상승세를 보임에 따라, 인도시장에서 시리얼의 소비가 증가하고 켈로그는 시장에 무사히 안착하는 듯했으며, 이러한 추세는 켈로그 본사를 고무시키기에 충분했다. 하지만 상황은 이내 실망스러운 결과로 반전되었다. 최초 시장진입 시 발생했던 매출은 단지 새로운 제품에 대한 소비자들의 호기심에서 비롯된 일시적 구매였다는 사실을 알게 되는 데까지는 오랜 시간이 걸리지 않았다. 특히나 다른 시장 대비 상당히 가격탄력적인 문화적 특성을 보이는 인도시장에서 책정된 시리얼의 가격이 인도인들의 일반적인 아침식사 가격의 세 배가량이었다는 사실도 시리얼의 소비가 장기적으로 이어지지 못한 주요한 원인 중 하나로 볼 수 있다. 그럼에도 불구하고, 켈로그는 인도 소비자들이 느끼는 가격에 대한 부담을 이해하려는 추가적인 노력은 배제한 채, 자사의 다른 제품 브랜드들을 출시하여 이 상황을 타개해 보고자 했는데, Wheat Flakes, Frosties, Rice Flakes, Honey Crunch, All Bran, Special K, Chocos Chocolate Puffs 등이 바로 그것이었다. 그러나 출시된 이들 제품 중 그 어떤 것도 인도시장에서 별다른 인기를 끌지는 못하였다. 거기에 더하여, 켈로그의 제품을 인도의 환경에 맞게 변화시키려는 '인도화' 시도는 오히려 인도시장에서의 입지를 더욱 약화시켰는데, 망고, 코코넛, 장미 등을 섞어 개발한 퓨전 시리얼 '마짜(Mazza)'는 인도 소비자들에게 철저히 외면받음으로써 시장에서 참패하고 만다.

Question

1. 켈로그가 인도시장에서 범한 오류를 열거하고 해결방안을 설명하시오.
2. 인도 소비자들의 입맛과 문화적 특성을 고려한 퓨전 시리얼마저도 시장에서 실패하였는데, 그 원인이 어디에 있다고 여겨지는가?
3. 종합적으로 고려했을 때, 결국 인도시장은 켈로그의 입장에서 새롭게 개척할 신규 진출시장으로서 적합했는가? 그렇다고 생각한다면, 그 이유를 제시하고, 그렇지 않다고 답할 경우, 그 대안과 더불어 적절한 판단근거를 제시하시오.

토의자료 3-1

외국자본 한국 기업문화 대대적 변화 요구 … 효율 · 무한경쟁 강요 임직원들 죽을 맛

접대는 뇌물수수 행위다 = 외국자본 기업의 영업부서에서 일하는 K씨. 핸디캡이 싱글인 K씨는 '회사 돈'으로 '접대'하며 쌓은 골프 실력을 그대로 썩히고 있다. 접대비 결제가 까다로워지면서 더 이상 접대 명목으로 골프를 칠 수 없게 된 것. K씨는 "1만~2만 원도 정확하게 계산하는 기업문화가 무섭다"며 "팀장 선에서 결재하던 접대비를 이젠 임원이 결재한다"고 말했다.

볼보건설기계코리아(이하 볼보)의 에릭 닐슨 사장은 1만 원을 지출할 때도 지출내역을 꼼꼼히 따져 결재한다. 액수와 상관없이 한 달 이상 고민하는 경우도 있다. 물론 본인이 쓴 돈에 대해서도 1,000원 단위까지 재무담당 임원 앞으로 서류를 보내 결재를 받는다. 따라서 고급식당에서 저녁식사를 한 뒤 호화로운 요정이나 룸살롱으로 이어지던 접대문화는 옛날 얘기가 된 지 오래다.

외국자본 기업에선 연말연시나 명절 때 선물을 주고받는 행위도 사실상 금지돼 있는 경우가 많다. 또 접대를 받을 때도 윤리규정의 한도액을 넘어섰는지 걱정한다. 정치인에게 주는 기부금 한도를 정해놓고 있는 회사도 많다. 외국계 기업의 한 임원은 "경쟁업체는 돈을 펑펑 쓰는데 우리만 멍하니 있을 수는 없다"면서 "가끔씩 영수증을 쪼개 외국임원들을 속이는 편법을 사용하기도 한다"고 귀띔했다.

임원이 사원을 찾아온다 = 제롬 스톨르 노삼성자동차 사장은 직원들에게 문의할 일이 있으면 직접 해당 부서를 찾아온다. 부서를 찾아온 사장에게 서류를 내밀어 결재를 부탁하는 광경도 흔히 벌어진다. 담당자를 직접 찾아오는 것은 직원들의 소중한 시간을 약속 없이 빼앗을 수 없기 때문이라고. 외국자본 기업에선 사장이 사무실에 들어오면 전 직원이 벌떡 일어나는 모습은 볼 수 없다. 사장은 선 채로, 실무자는 앉은 채로 얘기한다.

미니스에 인수된 홍농종묘 직원들은 기안서를 '읽고 또 읽는' 버릇이 생겼다고 한다. 기안자가 모든 책임을 지는 시스템이기 때문이다. 경영권이 미국 코스코로 넘어간 프라이스클럽은 직원 선발권한이 사장에서 부서장인 매니저(과장급)에게로 넘어갔다. 부서장이 필요한 사람을 직접 뽑는 것이다. 한국바스프 관계자는 "실무자의 권한이 막강해진 게 가장 큰 변화"라며 "격식보다는 능률이 우선이라는 서구식 사고가 직원들에게 완전히 스며들었다"고 말했다.

외국자본 기업에선 밤늦게까지 사무실을 지키고 있는 '올빼미 사원'도 환영받지 못한다. 근무시간에 태만하게 일한 것으로 오해받을 수 있을 뿐이다. 휴가도 마찬가지. 휴가를 안 간다고 좋은 평가를 받는 게 아니다. 오히려 능력 없는 사람이란 소리를 듣는다.

(자료 : 주간동아, 382호)

토의자료 3-2

'미생' 등장 '꽌시'는 무슨 뜻?… "중국에서의 성공에 결정적인 '이것'"

'미생' 17회에 꽌시라는 말이 등장해 그 뜻에 관심이 모아졌다. 2014년 12월 12일 방송된 tvN 금토드라마 '미생'에서 오상식 차장(이성민)에게 2~3년 치 실적을 한 번에 채울 수 있는 태양열발전사업 아이템을 은밀히 제안하는 최영후 전무(이경영)의 모습이 그려졌다.

'꽌시'라는 단어는 최전무의 제안을 두고 고민하던 오상식이 김동식(김대명)과 천관웅(박해준)을 회의실로 불러 사업 얘기하는 과정에서 등장했다. 천관웅은 "받으라. 2~3년 치 실적이 된다. 이거 차면 줘도 못 먹는단 얘기 듣는다. 중국 사업에서는 꽌시가 관행인데 찜찜할 게 뭐 있냐"며 사업추진에 동의했다. 하지만 이에 오상식은 "이건 선이 아니다. 꽌시가 관행이라지만 정당하지 못한 경우도 있다. 더욱 꽌시를 이렇게 크게 했는데도 사업을 못 따면 진행하던 우리 팀이 덤탱이 쓸 수도 있다. 모든 건 포신이 이 사업을 따야 가능하다"고 목소리를 높였다.

중국의 꽌시(關係・관계)는 동양의 유가(儒家)의 인본주의에 바탕하고 있다. 중국의 오랜 역사 속에서 가족을 중심으로 집안의 대소사를 처리하고 극복하는 과정에서 상부상조하는 가운데 자연스럽게 생겨난 개념이 꽌시다. 여기서 관(關)의 의미는 문(門)을 뜻하며, "어떤 조직에 속하다"는 의미이다. 또한 관심(關心・염려해 주다), 관회(關懷・애정어린 관심), 관조(關照・돌보아 주다)의 뜻도 내포하고 있다. 시(系)는 "관계를 맺어 확장하다"는 의미와 부서 혹은 "관계를 유지하다" 라는 뜻으로도 쓰인다. 광의의 꽌시는 지속적으로 서로 도움을 주고받는 인간 사이의 모든 관계를 말한다. 꽌시는 부부간, 친척간, 친구간, 직장동료간, 사회생활 중에 만나는 사람 사이에도 존재한다. 꽌시는 우정과 달리 상호이익을 추구한다는 특징을 가지고 있다.

꽌시와 기업경영

중국에서 기업을 경영하는 과정 중 꽌시가 중요한 이유는 그것이 경영실적에 막대한 영향력을 행사하는 요인의 하나이기 때문이다. 중국기업과 외국인투자자 등 중국에서 활동하는 모든 비즈니스 관계자들은 꽌시를 피해 가기 어렵다. 인간관계는 모든 인간 세상에 존재한다. 꽌시가 중국에서 더욱 중요한 이유는 일상생활 곳곳에 존재하여 중요한 역할을 담당하기 때문이다. 간단히 말하면, 꽌시란 사람 사이의 관계를 활용하여 이익을 얻기 위해 인맥을 동원하는 것을 말한다.

이제 꽌시로만 기업경영을 하던 시기는 지났다. 이런 이야기를 하는 사람들은 너무 속도가 느린 사람이라는 생각이 든다. 이미 이런 말들은 2000년을 넘어서면서 사라진 개념이다. 꽌시로만 기업경영을 하려고 생각하는 사람은 이제 아무도 없다. 그런데 꽌시가 기업경영을 하는 데 중요한 요소가 될까? 그리고 꽌시를 무시하면 안 된다는 이야기가 들린다. 왜 그럴까?

해답은 간단하다. 중국 사업에서 꽌시는 거의 모든 영역에서 눈에 보이지 않는 룰로 작동되기 때문이다. 그리고 요즘같이 경쟁이 치열한 기업환경 하에서는 마지막 순간 2%가 성공과 실패를 결정한다. 2%가 부족하면 바로 고스톱에서 2등을 하는 것이나 마찬가지다. 대개의 조건이 똑같은데 마지막 순간에 승리를 맛보는 사람이나 기업은 평소에 견고한 꽌시를 닦아놓은 측이 되는 것이다.

특히 새로운 사업을 시작할 때 혹은 경쟁이 치열할 때 확고한 꽌시를 가진 사람은 바로 승자의 편에 설 가능성이 많다. 요즘 중국의 개별 기업이나 국영기업 및 기관에는 우리 돈으로 5천만 원 정도 이상의 프로젝트나 구매 등에는 일률적으로 공개입찰을 통하여 납품업체를 정한다.

일견 투명하게 진행되는 것 같지만 짜고 치는 경우가 적지 않다. 우리가 알지 못하는 다양한 낙찰 방식이 존재한다. 물밑으로 강력한 꽌시의 입김이 작동하는 것이다. 꽌시가 없으면 좀 불편한 정도가 아니라, 결정적 순간에 강력한 파워를 발휘하기도 하는 수단이다. 꽌시를 무시한 기업경영은 상당히 위험하다.

기업오너의 꽌시망

기업체의 꽌시 중에서 오너의 꽌시망이 가장 중요하다. 대개의 경우는 기업의 임원들도 나름대로 꽌시를 갖고 있겠지만 오너의 그것에 비하여 미약한 경우가 대부분이다. 물론 마당발을 가진 능력 있는 인재가 있을 수는 있다. 오너는 개인적으로 다양한 꽌시를 맺고 유지할 수 있는 정점에 있기 때문에 가장 유리한 위치에서 꽌시를 관리할 수가 있어 누구보다도 강력한 꽌시망을 가지고 있는 것이 보통이다.

기업경영에서 오너는 불확실한 환경에서 중대결정을 내려야 하는 경우가 허다하다. 오너의 의사결정은 자기가 가진 인맥과 개인의 경험 등이 바탕이 되어 내려지는 경우가 대부분이다. 특히 오너 등 최고위급 임원들은 외부나 내부의 공식적인 보고서보다도 개인적으로 얻은 비밀스러운 정보를 더욱 신뢰하는 경향이 강하다. 인맥은 외부에 있는 자원이지만 기업내부의 의사결정에 영향력을 미친다.

전환기 경제의 특징은 선진국처럼 모든 제도가 잘 짜여 있지 않다는 것이다. 제도와 법률이 제대로 되어 있지 않은 경우 국가나 정책을 집행하는 기관에서는 제도적 결함을 상쇄시켜줄 수 있는 그 무엇이 필요하다. 이 공간을 메워줄 수 있는 것이 꽌시이다. 자기가 신뢰하는 인맥을 통하여 불완전한 상태를 보완할 수 있다고 생각하는 것이다. 나중에 무슨 문제가 발생하더라도 상대방이 해결할 수 있는 능력을 갖춘 사람이라면 안심하고 인허가 혹은 특혜나 자원의 배분이 가능하다. 기업오너의 꽌시망은 제도적인 결함을 보충하면서 개인적으로 자기 기업의 발전을 꾀할 수 있어 기업발전에 결정적 역할을 담당하고 있는 것이다.

좋은 꽌시를 맺을 수 있는 전제조건

TV에 나오는 예쁜 여자 연예인에 대해 남자들은 대개 한 번쯤 저런 여자하고 사귀어 봤으면 하는 공상을 하기 마련이다. 그러나 그것은 몽상일 뿐 현실과는 거리가 멀다. 왜 그럴까? 그것은 자기가 유명연예인과 사귈 수 있는 자격요건을 갖추고 있지 못하기 때문이다. 자기가 유명한 사람이거나, 훌륭한 학벌을 가지고 있거나, 연예계에 믿을 만한 친구가 있어 소개를 받을 수 있거나, 재벌이거나 그 근방에 가 있어야 한다.

중국인과 좋은 꽌시를 맺는 일도 이것과 별반 다르지 않다. 중국인이 매력적이라고 생각할 만한 그 무엇을 가지고 있어야 한다. 자기의 주제가 조그마한데 큰 사람과 사귄다는 것은 상대가 동의하지도 않을뿐더러, 한두 번 만난다고 하여도 관계가 지속되기가 어렵다.

사람이란 참으로 영악한 동물이라서 앉아서 차 한 잔만 마셔보면 금방 상대방의 내공을 짐작할 수 있다. 사람을 평가하는데 나름대로 일가견을 가진 중국인이고 보면 금방 상대방의 몸무게를 짐작하고 계속 사귈 가치가 있는지를 속으로 계산한다. 어쩌면 외국인이기 때문에 일반 중국인에 비하여 쉽게 사귈 수 있는 기회를 가질 수 있는 장점도 있긴 하다.

(자료 : 아시아경제, 2014.12.13 및 아주경제, 2014.6.12)

참고문헌

BizVibe, Top 10 Largest Fast Food Chains in the World 2020, Top Fast Food Chains | Global Fast Food Industry Factsheet. [online] Available at https://blog.bizvibe.com/blog/largest-fast-food-chain [접속일: 2021년 9월 4일].

BizWorld, [HOT 마켓 트렌드] 국내 최초 드라이브 스루 도입 맥도날드, 올해 1분기에만 차량 1000만대 이용, 2020년 4월 14일자.

Jopson, B.(2012), Home Depot shuts big box stores in China, *Financial Times* 9/14/2012.

KITA(2020), 2020년 베트남 인프라 산업 현황 및 전망. [online] Available at https://www.kita.net/cmmrcInfo/rsrchReprt/ovseaMrktReprt/ovseaMrktReprtDetail.do?pageIndex=1&no=8412&classification=6 [접속일: 2021년 9월 5일].

Nickels, W. G.(2012), "Understanding Business", 생능.

Wang, H. H.(2011), Why Home Depot Struggles and IKEA Thrives in China?, *Forbes* 10/2/2011.

굿모닝베트남, 베트남이 2050년까지 세계 20위의 경제대국이 될 것이라는 꿈에 왜 웃는가?, 2021년 3월 9일자.

김동범(2020). 드라이브 스루의 서비스 품질이 만족과 행동의도에 미치는 영향: 패스트 푸드점을 중심으로, *Culinary Science & Hospitality Research*, 26(10), 15-26.

김주헌, 조정(2011), 중국 내 한국 식품기업의 사회적 책임 활동 및 브랜드 인지도가 소비자 구매의도에 미치는 영향에 대한 탐색적 연구, 중국과 중국학 14: 1-27.

뉴데일리경제, [인터뷰] 김동진 롯데리아 법인장 한국식 치밥… 베트남 입맛 사로잡은 비결, 2019년 8월 7일자.

마이클 솔로몬(김경자 옮김)(2009), "기업이 알아야 할 고객 니즈의 50가지 진실", 시그마북스.

매일경제, [Hello CEO] 초등생도 드나들게 가격 확 낮춰… 롯데리아, 베트남 1위 비결, 2019년 4월 5일자.

매일경제신문, 웅진코웨이 中서 정수기 렌탈사업 축소하는 이유가, 2012년 5월 2일자.

맥도날드, 브랜드 소개. [online] Available at https://www.mcdonalds.co.kr/kor/story/intro/brandhistory.do [접속일: 2021년 9월 4일].

브런치(2019), 베트남 패스트 푸드 시장의 승자는. [online] Available at https://brunch.co.kr/@inne79/124 [접속일: 2021년 9월 4일].

비즈니스플러스, [짜오!베트남] 맥도날드・버거킹… 베트남전 참패 이유는?, 2018년 9월 18일자.

서민교, 박병일(2013), "글로벌경영", 서울경제경영출판사.

아시아경제신문, '미생' 등장 '꽌시'는 무슨 뜻?… "중국에서의 성공에 결정적인 '이것'", 2014년 12월 13일자.

아시아경제신문, 英 테스코 미국서 철수결정, 팀 메이슨 물러나, 2012년 12월 6일자.

아주경제, [NNA] 하노이 1인당 GDP, 2045년에 3.6만달러 목표, 2021년 1월 28일자.

아주경제신문, [조평규 칼럼] 중국 '꽌시'의 진정한 의미, 2014년 6월 12일자.

주간동아(2003), '글로벌 스탠다드'로 다 바꿔!, 2003.5.1, 382호.

코트라(2014), 월마트(Wal Mart) 독일시장 철수와 시사점. [online] Available at http://www.globalwindow.org/gw/overmarket/GWOMAL020M.html?BBS_ID=10&MENU_CD=M10103&UPPER_MENU_CD=M10102&MENU_STEP=3&ARTICLE_ID=2004396 [접속일: 2014년 12월 11일].

코트라(2015), 베트남 패스트푸드시장, 어떻게 공략해야 하나. [online] Available at https://news.kotra.or.kr/user/globalAllBbs/kotranews/list/2/globalBbsDataAllView.do?dataIdx=144123&column=&search=&searchAreaCd=&searchNationCd=&searchTradeCd=&searchStartDate=&searchEndDate=&searchCategoryIdxs=&searchIndustryCateIdx=&page=1&row=0 [접속일: 2021년 9월 4일].

코트라(2021), 베트남 외식 소비자 특성으로 알아보는 현지 한식당 성공 전략. [online] Available at https://news.kotra.or.kr/user/globalBbs/kotranews/782/globalBbsDataView.do?setIdx=243&dataIdx=186691 [접속일: 2021년 9월 4일].

프라임경제, [꾸엔루 베트남] 베트남 진출 20년째 한류푸드의 중심 롯데리아, 2018년 6월 28일자.

해양수산해외산업정보포털(2021), 성장하는 베트남 시장, 변화하는 수산물 소비 트렌드. [online] Available at https://www.kmi.re.kr/globalnews/posts/view.do?rbsIdx=1&key=%EA%B3%A0%EA%B8%89&idx=21457 [접속일: 2021년 9월 5일].

헤럴드경제신문, 덴마크 축구팀 후원업체 유니폼서 自社로고 뺀다, 2006년 2월 17일자.

국제경영이론 제 4 장

[1] 이것만은 알아두자

내부화이론

시장이 완전하다고 가정할 때, 외국에 생산설비를 설치하거나 획득하는 비용과 상대적으로 상이한 문화적 배경 속에서 영업활동을 영위해야 한다는 점에서 직접투자는 흔히 수출이나 라이선싱보다 많은 비용을 수반하고 위험도가 높은 전략으로 여겨지곤 한다. 즉, 기업이 수출전략을 채택할 때, 직접투자로 인한 투자비용을 감수할 필요가 없어지며, 현지 판매대리점을 이용함으로써 문화적 차이에서 오는 위험도 회피할 수 있다. 또한 이와 마찬가지로 기업이 보유하고 있는 노하우를 라이선싱 하는 방법을 통해서도 직접투자로 인해 발생할 수 있는 비용과 위험의 회피가 가능하다. 그럼에도 불구하고 왜 많은 기업들은 수출이나 라이선싱 대신 직접투자를 선호하는 것일까?

그에 대한 해답은 시장이 완전하지 않다는 데 있다. 내부화이론의 요점은 직접투자를 통한 기업 활동이 언급한 불완전한 시장을 대체하거나 시장 확대를 가능하게 할 수 있다는 관점에서 출발한다. 즉, 내부화이론이란 다국적기업이 시장의 불완전성에 기초한 시장거래를 통해 기업 활동을 영위하는 대신, 기업 활동들을 다국적기업 내에 내부화하여 내부시장을 창출함으로써 시장을 확대하고 이익을 실현한다고 주장한다.

내부화이론은 우선 세 가지 단순한 가정으로부터 출발한다. 첫째, 기업은 불완전시장에서 수익을 극대화한다. 둘째, 중간재 시장이 불완전할 때, 내부시장 창조를 통한 불완전의 회피가 기업에게 인센티브를 준다. 셋째, 다국적기업은 국경을 초월한 시장의 내부화에 의해 탄생되며, 현재의 시장뿐만 아니라 향후 미래의 시장을 위해서도 시장의 내부화는 중요하게 요구된다.

표 4-1 | 내부화 결정에 영향을 미치는 네 가지 주요 요소

산업 특유 요소	제품의 성격과 외부시장의 구조
지역 특유 요소	시장과 관련된 지역의 지리적·사회적 특징
국가 특유 요소	당해 국가 간 정치적·재정적 관계
기업 특유 요소	내부시장을 관리할 경영능력

중간재 시장은 늘 효율적이지 못하고 불완전하기에 다국적기업은 이러한 불완전성을 회피하고자 중간재 시장을 내부화하게 된다. 중간재 시장의 내부화란 다국적기업이 생산에 필요한 원료조달을 원활히 하기 위하여 해외에 직접투자하거나, 또는 생산한 완제품 혹은 반제품을 판매하기 위하여 자회사를 해외에 설립하는 모든 형태를 포함한다. 중간재를 조달하기 위한 모든 형태의 직접투자가 이 범주에 속한다고 볼 수 있으며, 수직적 직접투자를 통해 다국적기업은 중간재를 저렴한 비용으로 장기적, 안정적으로 확보하게 됨에 따라 외부시장을 통하여 이를 조달하는 경우보다 훨씬 위험이 감소하게 된다.

이러한 내부화의 결정에는 <표 4-1>과 같이 네 가지 요소가 주요한 영향을 미치며, 이들 요소들과 밀접하게 관련하여 '각 단계별 생산을 서로 다른 국가들에 최적으로 입지시킬 때 다국적기업이 된다'라고 말하여진다. 수직적으로 통합된 기업의 입지전략은 주로 비교우위, 무역장벽 그리고 내부화에 대한 지역인센티브 등의 상호작용에 의해 결정된다. 또한 생산, 마케팅, 그리고 R&D의 통합을 수반하는 기업 입지전략의 배경에는 지식이 공익적(public goods) 성격을 가진다는 사실과, 기업 내부적으로 지식이 이전될 때 그 거래비용이 낮아진다는 사실에 바탕을 두고 있다.

일반적으로 수출과 라이선싱보다는 기업의 내부화된 생산 및 마케팅에 의해 기업특유적 요소들이 강화 내지 확대됨으로써 기업이 보유한 기술이나 지식이 보다 더 효율적으로 관리되는 것으로 알려져 있으며, 특히 다국적기업은 생산, 마케팅 그리고 R&D의 내부적 통합을 통해 여타 평균 기업보다 연구개발에 더 전념하는 경향을 보인다. 이와 관련하여 내부화이론은 연구집약적 기업이 높은 성장과 이익을 실현할 뿐만 아니라, 다른 기업보다 다국적기업으로 성장할 가능성이 높다고 예측하고 있다. 실제로, 많은 실증연구들은 R&D 집약도와 이익 간 관계를 조명함으로써 상기와 같은 내부화이론의 예측에 대한 검증을 시도하였으며, 대부분의 선행연구들은 R&D 집약 기업에서 시현하고 있는 우월한 기업성과를 확인하였다. 또한 이들 선행연구들은 다국적기업에서 일반적으로 강조되는 기술 활동들이 해외 R&D 투자로 이어짐을 확인하였으며, 이로 인해 다시 다국적기업의 생산성이 향상되어짐이 증명되었다.

이러한 기업 내부화의 원칙은 내부화의 비용이 이익을 초과하지 않는 선까지 지속적으로 내부화가 진행되어야 한다는 데 있으며, 따라서 각각의 기업 활동들의 입지는 당연히 그 비용을 최소화할 수 있는 지역에 위치하여야 할 것이다. 기업에게 비용을 초과하여 이익을 제공하는 배경이라고 할 수 있는 내부화의 동기는 적어도 다음과 같은 유형의 시장 불완전성과 관련이 있다.

① 미래시장의 부재
② 가격차별화가 불가능한 경우
③ 경쟁으로 인한 비용 및 사회적 불성실성의 증대
④ 판매자와 구매자 간의 상품에 대한 지식의 차이
⑤ 국제시장에 있어서의 정부의 간섭

즉, 기업 내부화는 상기에 언급된 다섯 가지 시장 불완전성을 극복할 수 있는 가장 효율적인 전략이 될 수 있다. 예를 들어, 자동차 엔진을 생산하는 특정 기업이 생산된 엔진을 시장에서 판매하는 경우, 엔진을 생산하는 기업과 그 엔진을 구매하여 완제품을 생산하는 기업 간에는 일정수준 협력과 조화가 필요하다. 이때 자동차 완제품을 생산하는 기업이 기업 내부적인 이유든, 전략적 판단에 근거하였든, 혹은 구입선을 전환하려는 의도였든 엔진의 구매량을 현격히 줄였다고 가정해보자. 이러한 불완전한 시장상황 하에서는 엔진 생산 기업의 이익은 보장받지 못할 것이다. 따라서 이와 같이 미래시장이 불안정한 경우 완제품 생산기업을 내부화함으로써 보다 더 안정적으로 제품을 판매할 수 있는 교두보가 확보될 수 있다.

결국 내부화이론은 기업은 시장 불완전성을 극복하기 위해 거래를 내부화하는데, 이와 같은 내부화가 국경을 넘어서 이루어질 때 해외직접투자가 발생하며 기업의 다국적화가 진행된다는 것이다.

절충이론

더닝(J. H. Dunning)은 기존의 이론들을 하나의 부분적 설명으로 파악하여 여러 이론들의 통합화를 통해 새로운 이론체계를 정립하려는 국제생산의 절충이론(the eclectic theory of international production)을 주장했다.

더닝은 특정 기업이 해외직접투자에 참가하기 위해서는 세 가지 특별한 조건들이 충족되어야 한다고 설명하고 있다. 해외직접투자를 통한 가치창조 활동을 위해 선행되는 세 가지 조건으로 절충이론에 의해 제시된 이들 요소들로는 (1) 소유특유우위(ownership-specific advantages, OSA) (2) 입지특유우위(location-specific advantages, LSA) 그리고 (3) 내부화우위(internalization advantages, IA)가 있다. 절충이론의 설명에 의하면, 이들 세 가지 특유적 우위요소를 특정 기업이 충분히 보유하고 있을 때 그 기업은 가치창조 활동을 해외에서 수행하려 한다고 설명한다.

여기서 소유특유우위는 독점적 우위이론의 기업특유우위에 그 이론적 근거를 두고 있고, 내부화우위는 내부화이론에 이론적 근거를 두고 있다. 따라서 더닝의 이론은 이들 두 가지 이론에다 입지특유우위를 추가로 도입하여 절충한 이론(eclectic theory)이라고 하겠으며, 이들 우위의 첫 글자를 따서 OLI패러다임이라고도 한다. 이들 세 가지 우위에 대한 예를 제시해 보면 <표 4-2>와 같다.

해외직접투자에 영향을 미치는 첫 번째 요소는 기업이 해외투자 유치국에서 경쟁기업에 대하여 지니고 있는 소유특유적 요소에 있어서의 우위를 꼽을 수 있다.

표 4-2 | 절충이론의 구조

경쟁우위요소	내 용
소유특유의 우위요소 (Ownership-specific advantage)	1) 기업특유의 지식기반 2) 경영능력, 마케팅능력, 재무적 능력 3) 수직적 통합능력(원자재와 시장에 대한 통제권) 4) 위험분산의 가능성
입지특유의 우위요소 (Location-specific advantage)	1) 국내시장의 규모와 경쟁구조 2) 국가의 요소부존량과 기술수준 3) 정부의 지원과 규제 4) 정치적 위험과 문화적 특성
내부화의 우위요소 (Internalization advantage)	1) 거래비용의 절감 2) 구매자에 대한 불확실성의 제거 3) 정부규제의 극복

자료 : 박기안, 김찬경(2001).

특정 기업이 그 기업의 경쟁기업보다 브랜드 네임, 특허 혹은 기술이나 마케팅 노하우와 같이 일정기간 배타적으로 사용할 수 있는 더 나은 무형자산을 소유하고 있을 때 '소유특유우위가 있다'라고 말한다. 이러한 무형자산들은 기술개발 및 기업 효율성 제고의 원천이 되며, 따라서 이들 요소들의 보유는 해외직접투자를 결정하는 데 영향을 미치는 경쟁력 확대의 기반이 된다. 특히, 더닝은 기업규모, 제품 혹은 서비스의 차별화 능력, 제품 혹은 서비스의 유연성, 기술집약도, 기업의 국제경험에 의해 소유특유우위가 생성된다고 주장한다.

두 번째 요소는 입지특유우위와 관련이 있다. 입지특유우위는 외국기업을 특정 국가로 유인할 수 있는 투자유치국 시장의 국가적 매력요소와 관련이 있다. 예를 들어, 높은 시장성장률, 큰 시장규모, 저렴한 인건비, 우수한 노동력, 원료나 에너지 등 투입요소의 우수한 가격과 품질, 사회간접자본의 발달 정도, 정부의 지원정책, 수송비 및 통신비용, 언어와 문화의 차이 등의 문화적 거리감, 연구개발이나 마케팅 면에서의 경제성 등이 입지특유우위를 결정하는 중요 요소에 포함된다. 이렇게 볼 때, 소유특유우위는 다국적기업의 해외진출을 작동시키는 푸쉬(push)적인 역할을 하고, 입지특유우위는 다국적기업을 특정 국가로 끌어들이는 풀(pull)적인 역할을 하는 셈이다.

절충이론의 마지막 요소는 내부화우위가 언급된다. 이는 쉽게 말해서, 하나의 다발처럼 단단히 묶여진 투자접근이 느슨한 접근보다 더 선호된다는 논리가 내부화우위이다. 즉, 이러한 설명이 가능한 이유는 제품 라이선싱, 자본대여 혹은 기술협력을 통해 기업이 보유한 우위적 요소를 매각 혹은 대여하는 것보다 이를 직접 활용함으로써 기업이 보다 더 많은 이윤을 창출할 수 있다는 사실에 근거하고 있다.

더닝에 의하면, 해외직접투자가 일어나려면 앞서 설명한 세 가지 요소를 동시에 충족시켜주어야 한다. 다시 말해 해외직접투자가 이루어지려면 외국기업으로서의 불리함을 극복하고도 현지에서 경쟁해 나갈 수 있는 기업특유의 독점적 우위가 있어야 함은 물론, 국내보다 외국이 생산입지상 우위에 있어야 하고, 또한 기업특유의 독점적 우위를 외국기업에게 라이선싱해 주는 것보다 내부거래를 통해 이전하는 것이 유리해야 하는 내부화의 우위가 있어야 한다는 것이다. 따라서 절충이론에 의하면, 기업특유의 독점적 우위를 외부시장을 통해 거래하는 것보다 내부화하는 것이 유리할 때 기업은 라이선싱 방식을 버리고 해외직접투자를 택할 것이고, 자본 · 기술 · 경영기법 등을 해외로 이전하여 현지의 생산요소와 결합하는 것이

표 4-3 | 우위요소와 해외진입방식

	소유특유우위	입지특유우위	내부화우위
수 출	O	X	X
라이선싱	O	O	X
해외직접투자	O	O	O

국내생산보다 유리할 때, 즉 입지특유우위가 있을 때 기업은 해외직접투자를 실행한다는 것이다.

이상에서 본 세 가지 우위요소와 해외진입방식 간의 관계를 표로 나타내면 <표 4-3>과 같다.

[2] 해외시장 진출 및 동기와 관련된 주요 사례

사례 4-1 간판가구업체인 보루네오의 해외진출 실패

1. 보루네오 소개

보루네오 가구는 목재수입업을 주요 사업으로 하여 설립된 보루네오 통상으로부터 출발했다. 창업자인 위상식 사장은 목재의 단순한 수입보다는 이의 가공판매를 통해 더 높은 부가가치를 창출할 수 있을 것이라고 판단하고, 1969년에 일본에서 기술과 설비를 들여와 가구의 직접생산에 들어갔다. 그 당시 한국의 가구산업은 장인이 수작업을 통해 전통적인 가구를 생산하는 것이 고작인 가내수공업 단계에 머물러 있었다. 보르네오 가구가 최초의 우리나라 가구 전문 생산업체였던 셈이다. 하지만 그 당시 전통가옥에서 생활해 온 우리나라 사람들에게는 현대적 스타일의 가구가 제대로 어필하지 못했으며, 따라서 판매부진 속에 재고만 누적되어 갔고, 1972년에는 외환은행의 법정관리를 받게 된다. 그러나 1970년대 중반 이후 급속한 경제성장으로 인하여 사무실 건물의 신축바람이 일고 전국에 대규모 아파트 단지가 조성되기 시작함에 따라 재기의 발판을 마련할 수 있었다. 사무실이 급속하게 증가하고 생활관습이 바뀜에 따라 현대적인 가구제품들은 불티나게 팔렸고 순식간에 시장점유율 1위의 자리를 시현하게 되었다.

2. 해외진출의 동기

1970년대 후반에 들어와 국내시장이 점점 포화상태에 이르자, 보루네오는 해외시장 개척의 필요성을 느끼기 시작했고, 1980년에 경영진은 자신의 고유상표로 해외시장 개척을 도모하기로 결심하게 된다.

보루네오 가구는 세계화를 추진함에 있어서 "우수한 품질과 디자인의 가구를 저렴한 가격으로 전 세계에 판매한다"라는 나름대로 일관된 전략적 방향과 비전을 가지고 있었다. 이러한 비전의 실현을 위해서는 기계화 및 자동화를 통한 대규모 생산체제가 필요했다. 그러나 가구는 각국의 문화적 특성을 반영하고 있기 때문에 대량생산을 통해 전 세계 시장을 석권한다는 것은 불가능한 것처럼 보였다. 이에 대해 경영진은 세계가 지구촌이라는 하나의 개념으로 좁혀지고 있다는 점에서 궁극적으로 가구 디자인은 결국 하나로 통합될 것이고, 더 좁게는 이탈리아식의 디자인이 세계를 지배하게 될 것이라는 확신을 가지고 있었다. 이러한 경영진의 믿음은 "대규모 시설을 가지고 롤스로이스 스타일의 가구를 만들 수는 없지만, 도요타처럼 세계 시장에 고품질의 세련된 제품을 대량생산, 판매할 수 있습니다"라는 창업자의 말에도 집약되어 있었다. 즉, 보루네오의 대량생산체제와 이탈리아식의 뛰어난 디자인 기술을 접목시킴으로써 새로운 경쟁력을 창출할 수 있다고 생각한 것이다.

3. 해외진출국 미국, 일본 시장분석

1) 미국

보루네오는 1985년 무렵, 홍콩 시장에서 큰 수익을 내면서 성공을 하게 된다. 이로 인한 자신감과 해외영업에 대한 축적된 노하우를 토대로 1981년부터 미국시장에 대한 본격적인 투자를 시작했다. 1981년 2월 LA에 현지 독립법인을 설립하여 시장탐색을 해오다가, 1989년 동부 지역으로 진출함으로써 미국 전역을 대상으로 한 직접판매체제를 갖추기 시작했다. 그러나 보루네오는 사업을 확장하면서 미국이 하나의 국가임에도 불구하고 각 주마다 서로 다른 문화적 전통과 풍습을 가지고 있음에 따라 상이한 접근방식이 필요하다는 예기치 못한 문제점에 부딪치게 되었다.

2) 일본

보루네오는 몇 년의 사전준비 기간을 거쳐서 1988년 일본시장 진입을 시도하게 된다. 이 당시 일본은 그 규모가 연간 17조 원에 이르는 매우 큰 가구시장으로서 장기적으로도 세계 최대 규모의 잠재력을 가지고 있었다. 반면, 노동집약적인 특성을 가진 일본의 가구산업은 인건비 증가 때문에 점차 경쟁력을 잃고 수백 개에 이르는 기업이 도산하는 현상을 보이고 있었다. 이에 보루네오 경영진은 지리적으로 우리나라와 가깝고 라이프스타일도 매우 유사하다는 것이 일본시장에서 이점으로 작용할 수 있다고 판단하였다.

특히 경영진은 판매 후 배송에 있어 장시간이 소요되는 일본 문화를 고려할 때 보루네오가 충분한 경쟁우위를 갖고 있을 것이라고 생각했다. 그리고 세계에서 가장 품질을 중시하는 시장이 일본 소비자들이라는 점에서 궁극적으로 이들이 보루네오의 품질을 인정해 줄 것이며, 생산비용뿐만 아니라 디자인 면에서도 일본 경쟁업체 대비 불리할 것이 없다고 판단했다.

그럼에도 불구하고 예상과 달리, 매출은 오히려 지속적으로 감소하였고, 품질의 우수성과 상대적으로 저렴한 가격에도 불구하고 일본인들은 쉽사리 보루네오 가구를 구입하려 하지 않았다. 아마도 그 이유는 보루네오를 대표할 만한 특별한 기술우위 분야가 없었고 일본인들이 당시 개도국인 한국에 대한 편견을 가지고 있었기 때문이다.

4. 보루네오의 해외진출 전략

보루네오의 해외진출 과정은 순수 글로벌 전략에 기초했다. 글로벌 전략이란, 전 세계를 대상으로 표준화된 제품을 비용 및 기술적 요소를 고려함에 있어 가장 유리한 지역에서 생산하여, 중앙에서 결정된 마케팅 방식으로 판매하는 것을 말한다. 즉, 보루네오는 요소비용에서 가장 유리한 특정 지역에서 표준화된 제품을 대량생산해서, 낮은 가격과 높은 품질로써 각국에 설립한 자회사를 통해 자신의 브랜드로 판매하는 방식을 취했다.

보루네오 가구는 뚜렷한 비전을 가지고 해외진출 전략을 수행했다. 세계가 하나의 지구촌으로 좁아지면서 궁극적으로 이탈리아식 디자인이 세계를 지배할 것이라는 확신을 가지고 '가구의 도요타'가 되겠다는 생각을 실현하고자 했다.

5. 보루네오 해외진출 실패 원인

(1) 전략의 실패

보루네오의 글로벌 전략은 자사의 제품을 저렴한 가격에 제공할 수 있다는 측면에서 비교우위를 가질 것으로 기대되었다. 하지만 기대와는 달리, 각국의 독특한 문화적 특성을 고려하지 못하고 표준화된 제품을 소비자들에게 제시했다는 사실이 무엇보다 문제가 되었다. 사무용 가구에서는 그런 경향이 비교적 적었지만, 가정용 가구에서는 해당 지역의 문화 및 풍습의 측면을 고려하지 않을 수 없었다. '우수한 품질과 디자인의 가구를 저렴한 가격으로 전 세계에 판매한다'는 기본전략은 수요 측면을 고려할 때 적절하지 못했으며, '우수한 품질'과 '저렴한 가격'의 서로 모순적인 전략은 가격, 품질 측면 모두에서 확실한 우위를 가지지 못하는 결과를 가져왔다.

(2) 해외시장 접근방식의 실패

보루네오는 순수 글로벌 전략에 가까운 국제화 전략에 입각해서 해외시장 진입을 시도하였다. 이때 선택한 방식이 현지 완전자회사 설립이었다. 완전자회사 설립에 의한 진입방식은 범세계적인 차원에서 전략적 통제를 일사불란하게 할 수 있다는 장점이 있지만, 모든 개발비와 위험을 자체 부담해야 한다는 단점이 있다.

(3) 수익성 없는 사업에 대한 투자

국내 및 홍콩에서의 성공은 주로 사무용 가구의 높은 판매 덕분이었다. 하지만 보루네오 가구의 경쟁력이 가정용 가구보다는 사무용 가구에 있다는 측면을 무시하고 수익성 없는 가정용 가구에 대한 투자는 재정상태를 악화시켰다.

(4) 국제경기 흐름에 대한 파악 실패

홍콩에서는 사무용 가구 수요가 증가하는 시점에 시장진입을 하여 이익을 얻었지만, 일본과 미국에서 보루네오의 경영진들은 정확한 국제경기의 흐름을 파악하지 못해서 시기에 적절하지 못한 투자로 회사를 어렵게 만들었다.

Question

1. 보루네오 가구의 해외시장 진출동기를 설명하시오.
2. 보루네오 가구가 미국 및 일본 시장에서 실패한 이유를 요약하시오.
3. 보루네오 가구가 성공적인 해외시장 진출을 이루기 위해서는 미국과 일본 각 시장에서 어떠한 상이한 전략으로 접근해야 했다고 판단하는가?
4. 미국과 일본 시장으로의 해외시장 진출결정이 바람직했는가? 답변에 대한 이유를 제시하시오.

사례 4-2 월트 디즈니의 유럽에서 깨진 꿈과 희망

1. 월트 디즈니 소개

월트 디즈니는 어린이의 꿈과 희망을 영상으로 재구성함으로써 세계 시장을 지배하고 있는 거대 글로벌 미디어 기업이다. 누구나 알고 있듯이, 어린이들에게 친밀한 이름으로 '디즈니'라고 불리기도 한다. 어린이를 대상으로 하는 콘텐츠와 캐릭터 시장은 어른들의 상품 구입이나 콘텐츠 소비와 밀접하게 연계된다. 월트 디즈니는 미키마우스라는 브랜드 하나로 세계 어린이 엔터테인먼트 시장을 지배하고 있다.

월트 디즈니의 정식 명칭은 '월트 디즈니 컴퍼니'이다. 글로벌 미디어 기업 중에서도 톱 기업에 포함될 정도로 다양한 사업분야를 보유하고 있다. 월트 디즈니는 만화영화 또는 일반영화 등을 제작할 뿐만 아니라 방송, 케이블, 캐릭터 상품 등 다양한 인접 분야에 사업영역을 갖고 있는 다각화된 기업이다.

디즈니랜드는 미국 캘리포니아주 남서부 애너하임에 있는 세계적인 유원지에 1955년 만화영화제작자 월트 디즈니가 설립하였다. 디즈니랜드의 바깥 둘레를 산타페 철도가 돌고, 유원지 안에는 1890년대의 미국 마을을 재현한 '메인 스트리트 USA'를 중심으로 '개척의 나라', '모험의 나라', '동화의 나라' 등의 7개 구역이 테마별로 배치되어 있다.

1971년 플로리다주 올랜도에 앞서 언급한 디즈니랜드의 100배가 넘는 넓은

부지를 이용, 디즈니월드를 개설하였고, 1983년에는 일본의 지바현 우라야스시에 '도쿄 디즈니랜드'를 개장했다. 또한 1992년에는 프랑스의 마른느라발레에 '디즈니랜드 파리'를 개장했다.

2. 월트 디즈니의 해외진출 동기 및 결정

디즈니사는 미국 내 디즈니랜드의 관객 입장으로 인한 수익이 어느 정도 한계에 다다르자 새로운 시장 개척의 필요성을 느끼게 되었다. 또한 테마파크를 건설함으로써 디즈니 캐릭터를 통한 디즈니사에 대한 자연스런 광고 및 이미지 제고를 할 수 있기에 이를 통해 디즈니의 주요 사업인 영화의 관객 동원 증가와 여기에 따른 부수사업의 확장도 이룰 수 있다고 생각했다.

디즈니사는 일본을 첫 번째 해외진출 지역으로 선택했다. 일본은 많은 인구와 높은 국민소득을 가진 나라였고, 무엇보다 일본의 젊은 세대들은 미국식 문화를 동경하여, 그것을 향유하고자 하는 욕구가 강했다. 미국의 문화를 대표하는 것 중의 하나인 디즈니랜드를 경험해 보고 싶어 하는 일본인들의 강한 욕구에 맞춰서 도쿄 디즈니랜드는 미국에 있는 두 디즈니랜드와 거의 똑같이 만들어졌고, 예상대로 이는 큰 성공을 이루게 된다.

이러한 성공을 근간으로 디즈니사는 네 번째 디즈니랜드의 건설지를 찾아보게 되고, 이때 선택된 지역이 바로 유럽이었다. 그 배경에는 유럽대륙에는 많은 인구가 살고 있고, 특히 서유럽은 전반적으로 생활수준이 높았으며, 또한 유럽은 디즈니 영화가 미국에서보다 오히려 더 흥행을 할 정도로 디즈니 캐릭터에 대해 호의적인 시장이었다는 점들이 작용하였다. 이는 곧 그만큼 서부 유럽인들은 디즈니 영화와 상품에 친숙해져 있음을 시사하기도 했다.

월트 디즈니가 유럽에 진출한다고 하자 프랑스와 스페인이 각각 디즈니랜드를 유치하기 위한 경쟁을 펼쳤다. 결과적으로 디즈니사는 프랑스를 나은 투자처로 결정하였는데, 그 이유는 우선 프랑스에 유로 디즈니랜드를 설립하는 것이 좀 더 많은 장점이 있다고 생각했기 때문이다. 구체적으로 프랑스가 유럽의 중심에 위치해 있고 자동차로 운전하여 2시간 이내 파리 인근에는 1억 7천만 명의 인구가 거주하고 있었다(이는 미국의 총 인구보다도 많은 수였기에, 디즈니 입장에서 충분한 동기부여를 가질만했다). 또한 3억 1천만 명은 항공기로 2시간 이내에 파리에 닿을 수 있었을 뿐만 아니라, 1994년으로 계획된 유로 터널 개시는 차로 불과 4시간 만에 영국으로부터 유로 디즈니랜드에 접근할 수 있게 만들었다. 따라서 파리와 같은 유럽의 중심에 디즈니랜드를 건설할 경우 유럽 각지에서 관광객을 기대할 수 있었다. 더불어 파리 시민들이 가지는 유로 디즈니랜드에 대한 생각도 호의적이었다. 비록 파리의 추운 날씨 때문에 다른 지역의 디즈니랜드보다 신경 써야 할 부분들이 많긴 했지만 공원 부지를 싸게 이용할 수 있고 대출이 용이했다는 점(당시 프랑스 정부는 4,800에이커의 땅을 에이커당 7,500달러의 낮은 가격으로 제공해 줄 뿐만 아니라 공원건설에 소요되는 총자금의 22%를 대여해 주겠다고 제안했다)도 프랑스를 선택하게 하는 데 긍정적인 요인으로 작용하였다.

3. 유로 디즈니의 경영

하지만 월트 디즈니가 파리 근교에 유로 디즈니랜드를 건설하는 것에 있어서 일부 사람들은 부정적인 견해를 가지고 있었다. 이러한 이유로 디즈니사는 유로 디즈니랜드를 미국 디즈니랜드와 비슷하게 지었지만, 한편 유럽인, 특히 프랑스인의 기호에 부응하기 위해서 여러 가지 변화도 도모했다. 그 예를 들면 첫째, 고상한 것을 좋아하는 프랑스인들의 입맛에 맞추기 위해 메인거리를 빅토리아풍으로 화려하게 꾸몄고, 건축의 세세한 부분도 신경을 썼다. 둘째, 유럽의 역사와 프랑스의 문화를 알리는 영화를 상영하는 극장을 짓기도 하고 피노키오가 이탈리아인, 신데렐라가 프랑스인, 피터 팬이 영국인이라는 점을 강조하면서 유럽인들의 거부감을 없애기 위해 노력하기도 했다. 셋째, 프랑스의 추운 겨울날씨를 대비하여 실내오락실을 늘리고, 야외에서 따뜻하게 쉴 수 있는 장소도 많이 만들었다.

직원들을 채용하는 데도 여러 가지 노력을 기울였다. 직원들은 반드시 프랑스어 외에 유럽언어 중 한 가지 이상을 더 구사할 줄 알아야 했으며, 해당 언어 국가의 핀을 꽂고 다니게끔 했다. 또한 음식 메뉴에 있어서도 변화를 주었다. 개장 초기에는 디즈니랜드의 가족적인 이미지를 유지시키기 위해서 공원 바깥에 있는 호텔과 레스토랑에서만 술을 팔았다. 하지만 영국과 독일에서 오는 방문객들이 프랑스에 오면 와인은 당연히 마셔야 한다는 생각을 가지고 있었으므로 개장 1년 후 유로 디즈니는 공원 내부의 레스토랑에서도 술을 판매하도록 허용했다. 하지만 유로 디즈니의 일련의 이러한 노력에도 불구하고 유로 디즈니는 기대했던 성과를 이루지 못하고 실패하게 된다.

4. 유로 디즈니의 (초기) 실패 원인

(1) 디즈니사의 지나치게 긍정적이고 낙관적인 태도

월트 디즈니사는 도쿄 디즈니랜드가 엄청난 성공을 이루자 유로 디즈니 또한 당연히 성공할 것이라고 생각했다. 이것이 재정적으로나 전략적인 실수를 하게 되는 도화선이 되었다. 예를 들어, 유로 디즈니를 직접 소유하고 경영할 뿐만 아니라 주변의 넓은 땅을 사들여서 대대적으로 개발하려고 했다. 이와 같은 디즈니사의 의사결정 배경에는 직접 소유를 하지 않고 일본 투자가들의 소유로 둠으로 해서 엄청난 수익에도 불구하고 약간의 로열티만을 받을 수밖에 없었던 도쿄 디즈니의 선례가 영향을 주었다.

(2) 미국과 프랑스 간 농산물 거래협상 분쟁

1992년 프랑스 농부들은 미국과 프랑스 사이에 있는 농산물교역협약이 불공정하다고 판단하여 이에 항거하기 위해 개장 첫날 트랙터를 몰고와서는 유로 디즈니 입구를 가로막았으며, 이는 고스란히 전 세계로 전파를 탔다. 이들은 유로 디즈니 자체에 불만을 가져 이와 같은 행동을 한 것은 아니었으나, 유로 디즈니를 미국의 상징으로 간주함으로써 이곳에 대한 부정적인 인식이 팽배해졌다.

(3) 비싼 가격과 환율 문제

유로 디즈니의 높은 이용료는 유럽 관광객들이 유로 디즈니 대신 오히려 멀리 위치한 미국 디즈니랜드를 선택하게 했다. 특히 유로 디즈니가 개장할 당시, 프랑스의 화폐인 프랑이 외환시장에서 강세를 띰에 따라 항공비, 숙박비를 포함한 패키지 상품을 이용할 경우 미국 디즈니랜드 상품이 인근 유로 디즈니를 여행하는 것보다 오히려 경제적으로 더 저렴했다.

(4) 문화적 차이

유로 디즈니는 대부분의 관광객이 금요일에 주로 많을 것이라고 판단하여, 인력도 그에 맞춰 준비했으나, 현실은 정반대로 금요일 대신 월요일에 붐볐다. 또한 유로 디즈니는 레스토랑에서 술을 취급하지 않았는데, 식사 시 와인과 맥주를 함께 마시는 식습관에 익숙한 프랑스인들은 이에 대해 매우 불편함을 느꼈으며, 프랑스를 방문하는 다른 유럽인들도 프랑스의 와인을 마시는 것이 관광의 일부라고 생각했다. 이 외에도 유로 디즈니는 유럽인들이 아침식사를 주로 거를 것으로 추측하였으나, 식사를 위해 대부분의 사람들이 레스토랑을 찾아옴에 따라 대기 줄은 그야말로 재앙에 가까웠다[당시 350좌석만 준비하고 있었으나, 실제로는 2,500여 명의 관광객이 한꺼번에 나타났다고 한다. 더불어, 간단한 프랑스식 크루아상과 커피 대신 전통적인 식사(베이컨과 달걀)를 원했다]. 그리고 미국인들은 놀이공원에서 놀면서 샌드위치나 핫도그 등으로 점심식사 한 끼를 때우는 것에 대해서 익숙했지만, 이와 달리 유럽인들은 편안한 자리에서 오랫동안 쉬면서 식사를 즐기고 싶어 했을 뿐만 아니라, 12시 30분에 한꺼번에 손님들이 몰려왔다. 유로 디즈니는 유럽인들의 소비자 기호를 제대로 파악하지 못하고 충분한 식사시설을 갖추지 않음으로써 손님들에게 큰 불편을 주었다. 이 외에도 미국의 디즈니랜드는 화려함과 웅장함의 요소를 중요시하는 반면, 유럽인들은 감성적인 측면을 중요시함에도 디즈니사는 이 또한 간과하였다.

(5) 인력관리

인력관리에도 문제가 있음이 드러났다. 유로 디즈니는 미국이나 일본에서 했던 대로 통일된 팀워크를 강조하는 인력관리 정책을 시행했으나, 채 9주도 지나지 않아 천여 명의 종업원들이 떠나버렸다(이는 총 종업원의 10%에 해당하는 수치였다). 예를 하나 들면, 디즈니는 종업원들이 콧수염이나 구레나룻, 꽁지머리 등 개성 있는 모습을 하지 못하도록 강제했는데, 이는 유럽인에게는 아주 친숙한 차림새였기에 관리자들과의 다툼이 자주 발생했다.

(6) 유럽의 경기침체

무엇보다도 가장 큰 문제는, 2001년 걸프전쟁의 영향으로 유럽의 경기침체가 시작되었다. 경기침체로 인해 가처분소득이 줄면서 유럽 사람들은 여가활동에 많은 돈을 소비하지 않게 되었다. 때문에 기대와는 달리, 관광객들은 그날 유로 디즈니를 방문했다가 당일에 돌아가버렸으며, 이로 인해 호텔은 빈방들로 가득했다.

Question

1. 디즈니사가 (날씨가 따뜻한) 스페인이나 여타 다른 유럽국가가 아닌 프랑스를 선택한 것은 과연 옳은 결정이었을까?
2. 환율문제나 유럽의 경제침체, 혹은 농산물 거래협상에 있어서의 분쟁은 디즈니사가 통제할 수 없는 환경적 변수였다. 그렇다면 유럽에서의 성공 가능성을 견인하기 위해, 그 외 이슈들에 있어서 디즈니사는 어떠한 전략과 변화를 취했어야 한다고 생각하는가?
3. 앞서 사례에 등장하는 사안들 외에, 디즈니사가 운영상 보완해야 할 점으로서 조언하고자 하는 바를 제시하시오.

사례 4-3 JYP, 미국서 망했다? 원더걸스의 미국시장 진출 실패

1. 미국투자 동기

JYP 엔터테인먼트(이하 JYP)는 미국 진출 이전에 이미 한국 음악시장을 넘어 아시아 음악시장에서 막대한 수익을 창출하고 있었으며 많은 연예인 사단을 거느리고 있던 국내 3대 메이저 기획사였다. 예컨대 대표적으로, JYP 소속의 원더걸스는 2007년부터 여러 곡을 연달아 히트시키면서 국내에서 정상에 올랐고, 한국에서의 활동과 더불어 태국과 중국에서도 인기를 얻으며 활동 범위를 넓혀갔다. 이에 JYP는 원더걸스를 세계적인 그룹으로 만들어보고자 하는 거대한 꿈을 품고 미국 진출을 결정한다.

아시아 시장에서의 성공에도 불구하고 JYP가 생소한 미국 진출을 결정했던 첫 번째 요인은 바로 경제적 이익 때문이었다. 한국 음악시장의 규모는 미국과 비교했을 때 6%에 지나지 않는 작은 시장이다. 그나마 음반시장의 규모는 2001년 이후로 해마다 줄고 있었다. 음반산업협회의 설명에 따르면, 당시 Top 100 음반 판매량이 급격히 감소하고 있었고 그 추세는 지금까지 이어지고 있다. 이러한 국내 상황은 국내 음반회사들이 내수시장에서만의 수익만으로 기업을 운영하기에는 어려운 점이 많다는 것을 의미했다. 또한 연예인의 육성에서 데뷔까지 드는 비용을 해당 기획사가 전부 부담하는 시스템을 가지고 있는 한국 엔터테인먼트산업의 특성상

수익을 극대화하는 것이 매우 중요했다(실제로 미국은 육성에서 데뷔까지의 비용을 스스로 부담하는 시스템이다). 막대한 비용을 들여서 관리하는 소속 가수로부터 최대한의 수익을 얻는 데 있어서 세계 최대 음악시장인 미국만큼 매력적인 시장은 없었다.

두 번째로는 그에 따른 부가적인 이익이다. 디지털기술의 발달로 음반이나 음원을 구매하지 않아도 노래를 들을 수 있게 됨에 따라 이젠 단순한 음반판매나 음원판매로 인한 매출보다는 공연이나 DVD, 광고 등으로 인한 매출 등 부가적인 가치창출이 중요하게 여겨지고 있었다. 특히 미국 대부분의 톱 가수가 이러한 방법으로 연간 1조 원의 수익을 올리는 것으로 보아, 미국 진출 성공 시 기대되는 부가적 이익을 무시할 수는 없었다.

세 번째는 기업 이미지이다. 그때 당시에는 아직 미국 음반시장에 도전해 성공한 국내 엔터테인먼트 기업이 없었다. 비록 미국 진출에는 고위험과 소요되는 비용도 많긴 하지만, 만약 성공 시 한국을 대표하는 기획사로 우뚝 서서 세계에 알려질 수 있다는 잠재적 기회도 상존한다는 점에서 이는 시도할 만한 충분한 가치가 있다고 JYP는 생각했다. 소속 그룹 원더걸스를 미국 음악시장에 전격 진출키로 JPY가 결정한 데는 일련의 이러한 이유들이 배경으로 작용하고 있었다.

2. 미국 진출

원더걸스는 원래 미국이 아닌 중국시장을 타깃으로 결성된 그룹이었다. 그런데 2008년 국내에서 연달아 히트를 치면서 미국시장으로부터 관심을 받게 되자 JYP는 원더걸스를 미국으로 진출시키기로 결정했다. 이후 JYP는 미국에 현지법인을 설립하는 해외직접투자 방식을 택했고, 미국 내 인기 밴드 '조나스 브라더스'의 오프닝 무대를 담당하여 서서히 이름을 알리는 마케팅 전략을 구사, 미국 진출을 시작했다. 그리곤 얼마 지나지 않아 한국 가수로는 최초로 Billboard Hot 100 차트에 76위로 이름을 올려 잠시나마 미국 진출이 성공하는 듯 보였다. 2010년에는 영어와 중국어에 능통한 멤버를 투입해 미국시장을 사로잡는 데에 열을 올렸다. 2011년 말에는 미국 진출을 확대하기 위해 자회사 'JYP Creative Incorporation'을 설립했다. 2012년에는 8세에서 14세 정도의 '로우틴(Lowteen)' 층을 목표고객으로 하여 영화를 만들어 방영했지만 별다른 반응을 불러일으키진 못했다.

3. 투자실패

한국거래소의 자료에 따르면, 미국 진출을 위해 2011년에 설립한 'JYP Creative, Inc.'와 2007년에 설립한 'JYP Entertainment Inc.' 두 기업 모두를 2012년 말 실적 악화를 이유로 청산하였다. 음반 및 음원제작과 매니지먼트가 주 사업인 'JYP Creative, Inc.'는 앞서 언급했듯이 2011년 11월에 JYP가 약 14억 원을 투자해 설립했다. 그러나 2011년 설립 첫 해에만 1억 원이 넘는 당기순손실이 발생했으며, 그 이듬해에는 당기순손실이 17억 원이 넘었는데 반해, 매출은 2억 원을 조금 웃도는 수준이었다. 'JYP Entertainment Inc.'는 JYP가 상장 전인 2007년에 45억 원을 투자해 설립했던 미국법인이다. 그러나 2009년에는 당기순손실 40억 원을 시현해 자본잠식상태에 빠졌고, 2010년 당기순손실은 36억, 2011년에는 당기순손실 27억 원을 기록함에 따라 심각한 실적악화가 계속되었다. 이러한 실적악화가 지속되자 JYP는 2013년 5월, 뉴욕에 있는 리코딩 스튜디오 건물을 매각하였다. 이는 끊임없이 이어지는 매출악화로 인해 회사 유지를 위한 고정비만 발생하자 더 이상은 추가적인 투자가 어렵다는 판단으로부터 나온 결정이었다.

4. 실패요인 분석

JYP가 미국에서 실패한 것은 미국 음악시장에 대한 이해가 제대로 이루어지지 않은 채 투자가 진행되었기 때문이다. 초기투자비용이 막대하니 바로 손익분기점을 넘지는 못하더라도, 기업에 과도한 타격을 주지 않을 만큼의 매출을 어떻게 창출할 것인지에 대해 현실적인 방법을 강구해야 했다. 그럼에도 불구하고 미국 음악시장의 구조를 고려하지 않은 채, 원더걸스가 미국에 진출하면서 잡은 타깃은 8세에서 14세의 '로우틴(Lowteen)'이었다. 비록 음반보다 음원의 비율이 훨씬 큰 한국시장에서는 10대가 음악시장 소비자의 25%를 차지하지만, 음반과 음원의 비율이 비슷한 미국시장에서는 20~30대의 시장점유율이 55%에 이른다. 한국과는 수익을 낼 수 있는 소비자층이 아예 다른 것이다. 미국 음악시장에서의 10대 파워는 한국보다 훨씬 약하다는 사실을 간과하고 진출 초기부터 로우틴 시장을 목표로 했기에 낮은 수익으로 이어질 수밖에 없었다. 즉, 이는 곧 애초에 막대한 비용을 투자해 놓고 수익성이 낮은 고객만을 목표로 함에 따라 JYP가 미국 진출에 실패하게 되는 주요한 하나의 요인이 되었다.

두 번째 이유 역시 미국 음악시장에 대한 불충분한 이해 때문에 초래되었다고 할 수 있는데, 바로 미국 매니지먼트사와의 전략적 제휴관계에 관한 것이다. 진출 초기에는 JYP가 CAA(Creative Artists Agency)라는 미국 메이저 매니지먼트사와 전략적 제휴를 통해 미국 진출을 시도하였으나, 곧이어 이를 해지하고 자체적으로 시장에 진입하고자 노력했다. 그러나 이러한 투자방식은 미국 음악시장과 매니지먼트사에 대한 불충분한 이해로부터 시작된 오류였다. 미국 음악시장에서는 소수의 대형 매니지먼트사가 전체 음악시장 내 80%에 이르는 점유율을 차지하고, 음반/음원의 유통과 배급뿐만 아니라 방송, 공연기획, 광고 등 여러 분야에 걸쳐 활동하고 있다. 때문에 매니지먼트사와의 전략적 제휴를 유지했더라면 다양한 매체를 통해 원더걸스의 이름을 보다 더 대중에게 노출시킬 수 있는 기회를 꾸준히 제공받을 수 있었을 것이다. 실제로 JYP는 CAA와의 전략적 제휴 기간 동안 미국 인기그룹 '조나스 브라더스'의 투어 공연에서 오프닝 무대를 장식하는 등의 방법으로 이름을 조금씩 알려나갔다. 그러나 그러한 대형 매니지먼트사의 지원 없이 규모도 작고 노하우도 없는 자회사만으로는 미국 음악시장에서 살아남기는 어려웠다. 음원 제작 능력뿐만 아니라 다양한 미디어를 통해서 원더걸스를 공격적으로 알릴 수 있는 자본과 시장점유가 필요했던 것이다. 만약 JYP 엔터테인먼트가 미국법인하에 자체적으로 활동하는 것을 조금만 더 미루고 CAA와의 전략적 제휴관계를 유지했더라면 아시안 가수가 미국시장에 대한 진입장벽을 허물고 대중적인 인기를 얻었을지도 모를 일이다.

Question

1. 한국의 기획사들은 향후 유럽이나 미국보다는 일본을 포함한 아시아 시장에서의 점유율 확대를 도모해야 한다고 생각하는가? 그렇지 않으면, 유럽이나 미국으로의 보다 더 공격적인 한류 확대를 모색해야 한다고 여겨지는가? 답변의 이유를 제시하시오.

2. 2012년 싸이의 '강남스타일'이 미국시장에서 공전의 히트를 친 바 있으나, 아시아에서와는 달리, 국내 아이돌그룹을 중심으로 한 한류 바람의 미국 상륙이 더딘 것이 사실이다. 향후 국내 엔터테인먼트 산업이 아시아를 넘어 북미로 확대되기 위한 조건은 무엇이라고 생각하는가?

3. JYP가 미국시장 진출을 다시 시도할 경우, 과거의 시행착오를 줄이기 위해서는 무엇보다도 어디에 신경을 써야 할 것으로 판단하는가? 더불어 JYP의 실패가 SM과

YG에 주는 시사점은 무엇인가?

4. JYP의 미국시장 진출을 국제경영이론을 토대로 설명해 보시오.

사례 4-4 ㈜평산(PSM, Inc.)의 독일 풍력부품업체 JAKE 인수

PSM (주)평산

㈜평산은 풍력발전, 플랜트산업, 조선업, 산업기계 등에 쓰이는 핵심 단조부품[1]을 생산하는 제조업체이다. ㈜평산은 1986년 세워진 기업으로 외환위기 직후 환율이 상승하면서 수출이 늘어나 기업의 규모가 확장되었다. 기계장치를 추가 설치해 가며 사업을 확장한 결과 2006년과 2007년에는 각각 무역의 날 수출 7,000만 달러 수출탑, 1억 달러 수출탑을 수상하기에 이르렀다. 2008년에는 독일의 풍력부품업체 JAKE(Jahnel-Kestermann Getriebswerke GmbH)를 1,600만 유로(약 257억 원)에 인수하였다. 그렇다면 ㈜평산은 왜 JAKE를 인수하였을까? 그 동기는 다음과 같다.

1. 풍력사업 진출

일단 JAKE라는 기업에 대해서 알아보자. JAKE는 기존에 ㈜평산이 부품을 공급하던 회사로서 이미 상호 비즈니스 관계가 있었던 기업이었다. 100년의 역사를 가진 JAKE는 당시 세계 7위권 풍력 기어박스 제조업체로 지속적인 R&D 및 이를 바탕으로 형성된 기술력을 토대로 세계적 풍력발전기 업체들에 부품을 납품하고 있었다. 이에 ㈜평산은 JAKE를 인수하여 친환경 대체에너지 산업인 풍력발전 사업을 본격적으로 시도하고자 하였다. ㈜평산은 JAKE 인수로 풍력발전부품의 핵심인 기어박스에 대한 기술력을 확보하여 기업 경쟁력을 제고하고자 하였다. 또한 JAKE의 기술력과 기존 ㈜평산이 갖고 있던 기술을 접목함으로써 높은 시너지 효과를 기대할 수 있을 것으로 예견하였다.

---

1) 저자 註: 단조제품은 쇠를 녹여 모양을 만드는 '주물'과는 달리 쇠를 압축하거나 때리는 방법으로 가공해 일정한 모양으로 만드는 방식이다. (자료: 네이버 지식백과)

표 4-4 | ㈜평산의 JAKE 인수 결과

	M&A 이전	M&A 이후 (풍력사업 본격 추진)
주요 생산품	타워플랜지와 베어링 등 단순 부품만 생산	타워플랜지, 베어링, 기어박스에 들어가는 증속기와 로터샤프트, 베어링 모듈 생산
특이점	–	풍력부품산업의 선두주자, 타워플랜지 부문 시장점유율 30%로 세계1위

2. 해외시장 진출을 통한 글로벌 경쟁력 확보

앞에서 이미 언급했듯이, JAKE는 세계적 풍력발전기 업체들에 부품을 납품하고 있었다. 그 업체들의 예로는, Vestas(2010년 기준 세계 시장점유율 14.8%, 1위, 덴마크), Suzlon Group(2010년 기준 세계 시장점유율 6.9%, 6위, 인도네시아) 등을 들 수 있다. ㈜평산이 JAKE를 인수함에 따라 글로벌 풍력업체들과의 견고한 협력관계를 형성하고 풍력분야 매출이 더욱 증가할 수 있는 기회를 갖게 되었다. 사실 글로벌 경쟁력을 확보하기 위한 전략은 JAKE 인수건만 있는 것은 아니었다. 이전에 중국 내수시장 선점을 목표로 2005년 중국 상해에 사무소를 설치하고, 2006년에는 중국 다롄에 평산중공유한회사를 설립하였다. 2006년 7,000만 달러 수출탑을 수상한 다음 해인 2007년 골드만삭스로부터 624억 원 규모의 전략적 투자유치에 성공한 바 있다. ㈜평산은 이 투자금을 활용하여 중국 다롄공장 준공에 성공하였다. 이렇듯 승승가도를 달리던 중에 JAKE 인수까지 성공한 것이었다. 그리고 이 모든 것은 ㈜평산의 글로벌 경쟁력을 확보하기 위한 원대한 전략이었다.

3. 수직적 M&A의 이점

㈜평산은 자사가 생산한 기어박스 핵심부품인 기어소재를 JAKE에 공급함으로써 부품의 수급불균형 해소를 통해 시장의 불안전성을 제거하고자 하였다. 그동안 외부 시장에서 이루어진 거래를 기업의 내부거래로 내부화시킴으로써 거래비용을 절감하고 구매처에 대한 불확실성을 제거할 수 있게 된 것이다. 무엇보다 수직적 M&A의 이점은 각각 다른 기업으로 존재하고 있을 때 보유하던 기술력이 합쳐져 더 발전된 형태로 확대·재생산이 가능하다는 점이다. 아이작 뉴턴은 이런 말을 했다. "내가 멀리 볼 수 있었던 것은 오직 거인의 어깨 위에 있었기 때문이다." 기술력도 이와 비슷한 맥락에서 이해할 수 있다. 두 기업이 결합함으로 인해 서로의

어깨 위에서 더 멀리 볼 수 있게 된 것이다.

하지만 결론적으로 ㈜평산의 JAKE 인수는 실패사례로 남게 되었다. 2010년 8월 31일 ㈜평산은 유동성 확보와 재무구조 개선을 위해 JAKE의 부채 1,030억 원을 승계하는 조건으로 현대중공업에 동 기업을 재매각하였으며, 이 처분금액은 지난 2010년 8월 31일 기준 1유로였다.

4. 실패요인 분석

(1) JAKE 및 ㈜평산의 지속적인 적자와 유동성 위기

표 4-5 | JAKE의 요약 재무정보

JAKE	자산 총계	부채 총계	매출액	당기순손익
2008.12.31 기준	EUR 68,295,849	EUR 67,319,761	EUR 36,601,937	EUR (9,452,118)
2009.12.31 기준	EUR 82,065,552	EUR 76,554,758	EUR 45,282,792	EUR (11,796,183)

자료 : 금융감독원 전자공시시스템

표 4-6 | ㈜평산의 현금흐름

(단위 : 원)

	2008.12.31 기준	2009.12.31 기준	2010.12.31 기준
영업활동으로 인한 현금흐름	(120,555,603,247)	85,494,642,664	(12,520,148,354)
투자활동으로 인한 현금흐름	(139,546,614,274)	11,730,896,121	(6,270,022,415)
재무활동으로 인한 현금흐름	268,909,263,417	(106,291,724,968)	16,575,746,005
현금의 증가(감소)	8,807,045,896	(9,066,186,183)	(2,214,424,764)

자료 : 금융감독원 전자공시시스템

표 4-7 | ㈜평산의 당기순손익

(단위 : 원)

	2006.12.31 기준	2007.12.31 기준	2008.12.31 기준	2009.12.31 기준	2010.12.31 기준
당기순이익(손실)	18,647,204,556	26,531,040,214	(40,972,462,112)	(149,008,783,767)	(141,703,827,180)

자료 : 금융감독원 전자공시시스템

앞의 표를 통해 알 수 있듯이, 사업을 지속적으로 확장하며 승승가도를 달리던 ㈜평산은 2008년 이후 지속적인 적자를 기록하게 된다. 이는 무리한 차입을 통해 생산설비를 증대했지만 이후 풍력발전 시장의 성장이 생각보다 지지부진한 것에 기인한다. 이와 더불어 중국산 제품의 저가 공세까지 더해져 상황은 점점 악화되었다. ㈜평산 입장에서 보면 설상가상으로 유동성 위기가 찾아왔으며, 종속회사인 JAKE의 지속적인 적자 역시 부담으로 작용하였고, 결국 JAKE를 재매각할 수밖에 없었다. 세계 풍력시장의 가능성을 보고 글로벌 경쟁력을 갖춘 기업으로 발돋움하기 위해 중국, 유럽시장 진출을 시도했지만, 풍력시장의 성장성 하락으로 그 꿈을 펼치지 못하게 되었다.

(2) 독일의 노동법 등 법률제도, 사회시스템 및 문화에 대한 몰이해

표 4-8 | ㈜평산 연결재무제표상 퇴직급여충당금과 급여

(단위 : 원)

	2007.12.31 기준	2008.12.31 기준	2009.12.31 기준
퇴직급여충당금	1,202,133,469	1,450,242,156	2,094,257,465
급 여	2,716,504,722	4,349,212,397	4,874,652,869

자료 : 금융감독원 전자공시시스템

㈜평산은 JAKE 인수 후 구조조정에 난항을 겪었다. ㈜평산은 2008년 이후 재무성과 측면에서 낙제점을 받고 있었지만, 기업의 좋지 않은 상황 속에서도 구조조정을 제대로 수행하지 못한 결과, 재무제표상 퇴직급여충당금과 급여는 줄어들지 않고 오히려 증가세를 보였다. 구조조정의 실패는 ㈜평산이 독일의 사회시스템과 법률제도가 대한민국과 상이한 것에 대해 간과했기 때문이다. 독일은 대한민국과는 다르게 노동자가 노동법에 의해 강력하게 보호받는다. 독일에서는 특정한 극단적인 사유를 제외하고는 고용주가 근로자를 해고할 수 없다. 독일 근로자들은 일정 근무기간을 넘기면 법적으로 해고 보호대상이 되기 때문이다. ㈜평산 입장에서 기업의 규모를 줄일 필요성을 느꼈을지라도 독일 내 종속회사의 인력규모를 줄이는 방법을 택하기에는 비용이 많이 소요될 수밖에 없는 구조였다.

그리고 안정적인 사회시스템하에서 독일 근로자들의 월 급여에는 사회보장 성격을 띠는 각종 사회보험료가 포함되어 있어 고용주 입장에서는 부담으로 작용할 수 있다. 더군다나 독일의 물가나 소득수준이 대한민국보다 높다는 점을 감안하면

㈜평산 입장에서 JAKE 내 근로자들의 임금수준은 더욱 높게 느껴졌을 것이다.

또한 ㈜평산이 JAKE를 운영하는 데 관리상의 어려움을 겪었다고 한다. 독일은 기업평가에 가족친화성을 따지는 경우가 있을 정도로 가족문화를 중시한다. 가정 못지않게 직장을 중시하는 대한민국의 사회분위기와는 사뭇 다르다. 실제로 2012년 기준 독일과 한국의 노동시간을 비교, 이를 연간으로 계산하면 775시간, 주당으로 따지면 16.2시간, 1일 노동시간으로 고려하면 3.2시간 독일 근로자들이 적게 일한다. 매일 독일 근로자들은 한국 근로자들보다 3시간 적게 일하고 그 시간에 가족과 시간을 보내고 있는 것이다. 그리고 독일 내 노동시장의 유연성과 한국에서의 노동시장 유연성의 개념은 다르다. 독일에서는 노동자가 자신의 노동시간을 유연하게 조절할 수 있다. 예를 들어, 육아휴직으로 단축근무를 하는 경우에 근로자들은 고용주에게 전자우편으로 통보만 하면 된다. 이러한 독일의 문화와 사회시스템을 고려하지 않고 일방적인 한국식 경영을 도입하면 종속회사 관리는 힘들어질 수밖에 없다.

결론적으로, ㈜평산은 JAKE 인수를 통해 기술력을 확보하고 세계 시장에서 글로벌 경쟁력을 갖추는 것과 동시에, 수직적 M&A를 통해 내부화의 장점을 살리고자 하였다. 하지만 글로벌 스케일의 생산력을 갖추기 위한 투자를 했음에도 불구하고, 세계 풍력발전 시장의 성장동력은 약해졌고, 가격경쟁력에서도 점차 밀리는 모습을 보여졌다. 그리고 독일의 문화적, 법적 제도에 대해 제대로 이해하지 못해 적합한 경영방식을 적용하지 못하였다. 그리하여 ㈜평산은 낮은 생산성과 적자, 유동성 위기 및 높은 부채비율을 감당하지 못하고 야심을 갖고 인수했던 JAKE를 국내 대기업에 재매각하게 되었다.

Question

1. ㈜평산의 JAKE 인수는 무모한 도전이었는가?
2. 만약 사례와 같은 결과를 예방하기 위해서는 ㈜평산이 어떠한 전략을 갖고 있었어야 한다고 여겨지는가? ㈜평산을 위해 여러분의 생각을 제시하시오.
3. ㈜평산의 JAKE 인수를 내부화이론을 중심으로 설명하시오.

사례 4-5 한미약품의 시장접근과 수요자 창출

Hanmi 한미약품

한미약품은 1966년 임성기 회장이 만든 임질과 매독 치료약을 전문적으로 취급하는 임성기약국에서 출발했다. 이후 임성기 설립자는 1973년 '고귀한 생명을 위해 더 좋은 약을 우리 손으로 만든다'는 비전 아래 한미약품공업을 설립했다. 한미약품은 신약개발이 고도의 기술력을 요구한다는 점에서, 당시 운영자금을 지속적으로 확보하기 위한 현실적인 방안으로, 신약보다는 복제약(Generic Drug)을 생산하는 데 집중하면서 제약사업을 시작했다.

임성기 설립자는 1984년 계열사인 한미정밀화학을, 1986년 한미약품 연구센터를 설립했고, 1988년에는 개량신약 개발을 위한 자금을 마련하기 위해 한미약품공업을 증권거래소에 상장했다. 1994년 한미약품공업은 고혈압 치료용 개량신약(아모디핀)을 성공적으로 개발하면서 국내에서 빠르게 성장했고, 2000년에는 세계 최초로 경구용 항암제(파클리탁셀)의 성공적인 개발을 바탕으로 해외시장에도 이름을 알리기 시작했다. 이후 2003년에 상호를 한미약품공업 주식회사에서 한미약품 주식회사로 변경하며 현재의 회사명을 갖게 되었다.

꾸준히 개발해온 신약을 판매하여 국내 의약품시장에서 빠르게 성장한 한미약품은 국제화에서도 발 빠른 성장을 도모했고, 국내 제약회사 중 최초로 중국시장에 진출하였다. 당시 중국은 세계의 공장에서 세계의 소비 대국으로 경제적 환경이 빠르게 변하고 있었던 바, 경제발전과 함께 건강에 대한 중국 국민들의 관심도 빠르게 높아지고 있었다. 하지만, 당시 중국 의약품시장의 성장은 중국 현지기업이 아니라 글로벌 제약회사가 주도하고 있었다. 왜냐하면 글로벌 제약회사에 비해 중국 의약품 기업의 산업 집중도가 낮고, 연구개발 투자가 적어서, 신약개발능력이 부족했고, 중국 제약기업의 비윤리적 행위로 인해 중국 내에 자국 제약업계를 비롯한 의료업계 전반에 대한 불신이 팽배해 있었기 때문이다. 예를 들어, 광견병 백신 시장점유율 2위를 차지하던 대형 제약사인 창춘창성(長生)이 제품 검사기록과 생산기록 데이터를 조작한 사실이 밝혀졌고, 유럽의약품안전청(European Medicines Agency)과 미국식품의약청(Food and Drug Administration)은 중국 제지앙 화하이(Zhejiang Huahai)의 고혈압약에서 발암물질을 발견했던 일이 있으며, 이에 해당 제품에 대해 수입 및 판매중지 조치를 내린 바 있다.

임성기 회장은 새로운 사업기회를 찾으며 1980년대부터 중국을 방문했는데, 어린이 전용 약이 개발되지 않아 어른 약을 쪼개어 먹는 아이들을 보며 중국에서 어린이 약을 판매하면 성공할 수 있을 것이라는 믿음을 갖게 됨과 동시에, 중국 소비시장의 잠재력을 확인했다.

북경한미약품의 중국시장 진출 전략은 이후 30년에 걸쳐 단계적으로 이루어지면서 성급하게 대규모 투자를 진행한 기업들과 차별점을 두었다. 중국으로 의약품을 수출하며 중국 내 한미약품 브랜드 인지도를 점차 높이면서 성장기반을 확보했고, 1996년 3월에 중국 합작법인 북경한미약품 유한공사를 설립하여 본격적으로 중국시장에 진출했다.

중국시장에 진출했던 시기에 어린이 전문 의약품이 부족했던 현실에 주목한 한미약품은 어린이용 유산균정장제(마미아이)를 출시했고, 이는 곧 중국시장에서 큰 성공을 거둘 수 있었다. 특히 마이아이의 성공요인으로 크게 세 가지를 들 수 있다. 첫째, 마이아이는 고급 어린이 의약품이라는 이미지를 강조하기 위해 제품가격을 높게 설정했다. 중국 현지 어린이 의약품 가격은 평균적으로 10위안, 글로벌 제약사의 어린이 의약품 가격은 평균적으로 20위안이었던 것에 비해, 한미약품의 마이아이는 55위안으로 가격을 책정했고, 이를 위해 자녀 양육에 관심이 많으며 구매력이 높은 계층을 타깃으로 설정하여, 신생아 수가 많고 가처분소득이 높은 지역을 중심으로 제품을 출시했다. 둘째, 한미약품은 짝퉁이 아닌 진짜 의약품을 판매한다는 사실을 홍보하기 위해 마이아이 출시 이후 2년 동안 150여 회의 세미나를 개최했고, 2014년에 중국유명상표(中國馳名商標)를 획득하며 제품 품질과 인지도에 관하여 중국 정부의 공식인증을 받았다. 당시 중국 현지에 약 17만 개의 의약품이 유통되고 있었는데, 중국유명상표를 획득한 제품은 20개에 불과했던 것을 고려하면, 중국유명상표 획득이 중국 소비자의 긍정적 인식 개선에 큰 영향을 미쳤을 것으로 추측된다. 셋째, 제품의 고유한 장점(inherent advantages)을 반복하여 전달하는 USP(Unique Selling Proposition) 전략으로 중국 소비자에게 제품의 강점을 효과적으로 전달했다.

이에 더하여, 북경한미약품은 경영이념인 인간존중과 가치창조를 바탕으로 중국시장에서 적극적인 기업의 사회적 책임(CSR: Corporate Social Responsibility) 활동을 시작했다. 사회적 책임 활동은 기업 이미지에 긍정적으로 작용하여 기업에 대

그림 4-1 | 2021년 국가별 제약시장 규모 전망

(단위 : 달러)

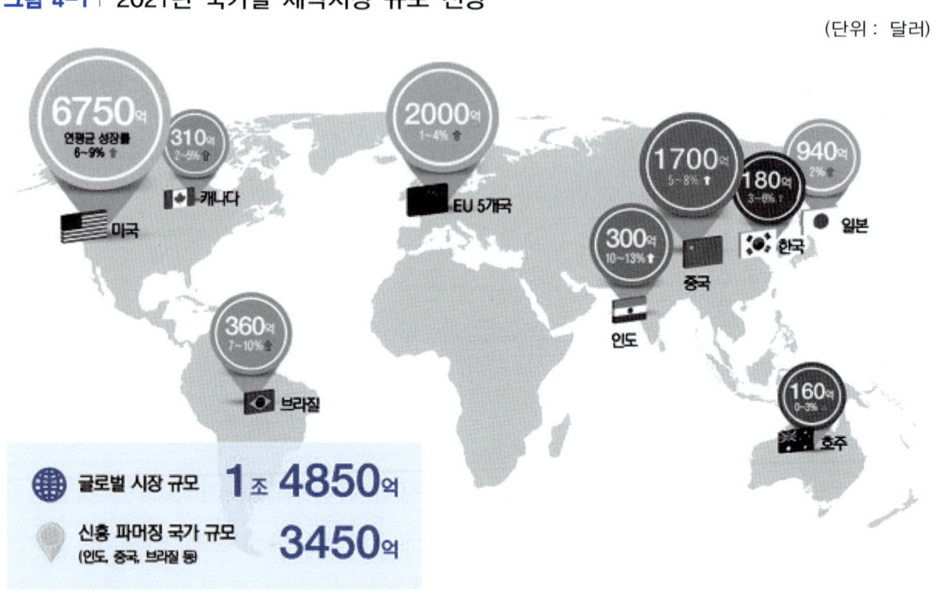

자료: 메디칼업저버.

한 소비자 인식 개선을 도모할 수 있다는 점에서 한미약품은 중국시장에서의 성장을 위해 사회적 책임 활동을 적극적으로 활용했다. 적극적인 사회적 책임 활동의 결과, 북경한미약품은 2015년에 중국의 사회적 책임 모범기업으로 선정되었고, 2017년에는 환영받는 사회책임기업상과 사회공익실천 우수상을 수상하며 중국 소비자들에게 사랑받는 제약기업으로 현지에 안정적으로 정착했다.

한편 현재 북경한미약품은 코로나19 사태의 영향으로 2020년 1분기부터 3분기까지 매 분기 역성장을 기록했다. 금융감독원 전자공시 시스템에 따르면, 북경한미약품의 2020년 1분기부터 3분기까지의 매출은 전년 동기보다 약 28.14% 감소한 1,341억 원으로 나타났고, 순이익도 1분기는 135억 원으로 23.3% 줄어들었으며, 2분기에는 111억 원의 순손실이 발생했다. 3분기에는 적자를 벗어나 순이익 30억 원을 시현했지만, 전년 동기 대비 순이익이 81% 감소했다.

그러나 중국, 브라질, 인도를 비롯한 신흥국의 제약시장은 선진국 대비 상당히 빠른 속도로 성장하고 있어, 향후 성장을 위해 다국적 제약기업들은 신흥국 시장을 적극적으로 공략해야 할 것으로 예측된다. 이에 더하여, 바이오의약품의 중요성이 앞으로의 제약시장에서 커질 것으로 예측된다. 2010년에는 의약품의 18%를 점유했던 바이오의약품이 활발하게 개발되면서 2016년에는 25%까지 점유율이 증가했고, 2022년에는 29%로 확대되며, 세계 100대 의약품의 절반이 바이오의약품이 될 것으로 전망된다. 따라서 2021년 현재는 코로나19 사태로 인해 한미약품의 중국 사업성과가 부정적이지만, 향후 제약시장에서 더욱 뛰어난 성과를 거두기 위해서는 중국을 비롯한 신흥국 제약시장에 대한 적극적 공략과 바이오의약품 개발이 중요할 것으로 판단된다.

Question

1. 한미약품이 국내 제약회사 중 최초로 중국시장에 진출할 수 있는 경쟁력을 갖출 수 있었던 배경은 무엇인가?
2. 한미약품의 중국시장 진출 배경과 진출방식의 타당성에 대해 논하시오.
3. 한미약품이 중국시장에서 높은 성과를 거둘 수 있었던 원인은 어디에 있다고 생각하는가?

사례 4-6 SKT, 해외에선 마이너스의 손?

현대 교통과 통신의 발달로 인해 가장 급격한 변화를 맞이하고 있는 산업으로 통신사를 빼놓을 수 없다. 2008년 전후로 스마트폰이 보급화되면서 사람들의 생활에 가히 혁명적인 첨단기술이 스며들어왔다. 특히 한국 내에 우수한 통신망 인프라가 구축된 것을 기반으로, 2017년에는 매출이 무려 17조 원에 달할 것으로 예상되고 있다. 하지만 이미 국내시장은 성장이 정체되어 가고 있다. 2010년 국내 인구수 대비 가입자 비중은 104%에 달하며, 따라서 이미 전체 인구수를 훌쩍 넘는 지표를 보인다. 국내 이동통신 가입자가 포화 상태로 접어들게 된 것이다. 이러한 내수시장의 동향으로, 국내 굴지의 3대 통신사들은 저마다 신성장동력을 찾기 위한 전략을 내세우고 있다.

국내 3대 통신사 중 부동의 시장점유율 1위를 지키고 있는 SK텔레콤은 2001년 베트남을 시작으로 해외법인 설립 등을 통해 신성장동력을 찾아 헤매고 있다. 하

그림 4-2 | 국내 이동통신 가입자 추이

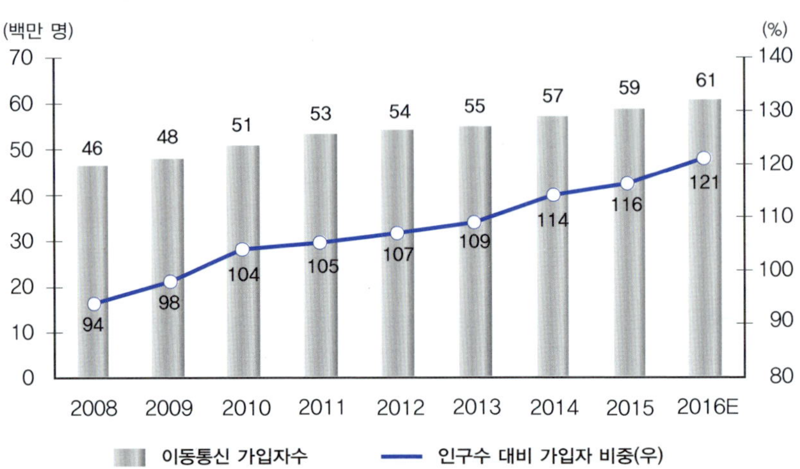

지만 좀처럼 해외시장에서의 성과가 개선되지 못하고 있다. 2001년 베트남에 진출한 S폰은 2009년, 8년 만에 철수했고, 2005년 미국에 알뜰폰 합작사를 설립하여 6천억 원을 투자했지만 역시 2008년 정리 후 2009년 경쟁사 버진모바일에 매각했다. 2008년 139억 원을 들여 인수한 중국 GPS 업체 역시 2015년 매각 후 철수하였다. 아직 철수하지 않은 해외 11개 자회사 모두 2015년 3분기를 기준으로 당기 누적 적자 규모는 871억 원에 달한다. 국내 통신료 수익을 해외 자회사 손실을 메우기 위해 낭비하고 있는 실정이다.

왜 이리도 부진한 걸까? 해외시장에 대한 이해가 부족하며 과감한 재정적인 투자가 뒷받침되지 못했기 때문이라고 전문가들은 말한다. 새로운 성장동력을 발굴하기 위한 진출이었지만, SKT는 내수시장에서의 안정적인 통신료 수입에 의존해 새로운 시장에 대한 간절함이 부족했다. 타깃시장 선정에 대한 당위성과 이에 대한 조사에 기반을 둔 전략이 수반되었어야 했다. SKT는 버라이즌, AT&T 등 이미 현지기업이 내수시장을 강력하게 지배하고 있는 미국과 같은 포화시장에 진출하며, 미개척 시장에는 무관심했다는 평가이다. 그마저도 주로 해외법인을 통해 현지 업체에 투자하는 형식으로 진출했는데, 이때 파트너 사(社)에 대한 충분한 분석이 없다 보니 파트너사의 부진이 연쇄적인 손실로 이어졌다는 것이다. 대신증권 기업분석부 팀장 김회재는 “진출 시장의 통신 네트워크에 대한 대비가 부족한 상태로 서비스만 개발하여 전달하는 데 급급했다”고 지적한다.

표 4-9 | SKT 해외 계열사 실적(2015년 1~3분기 누적기준)

SKT 해외 계열사	순손실
SKT 차이나홀딩스	126억 3,900만 원
SK 글로벌 헬스케어 비즈니스 그룹	12억 9,000만 원
SK플래닛 재팬	35억 700만 원
SK플래닛 글로벌	33억 4,300만 원
SKP 글로벌 홀딩스	134억 9,400만 원
SKT 아메리카	36억 200만 원
SKP 아메리카	1억 1,800만 원
YTK 인베스트먼트	31억 8,400만 원
아틀라스 인베스트먼트	23억 1,300만 원
숍킥 매니지먼트 컴퍼니	24억 3,500만 원
숍킥	411억 4,600만 원

Question

1. SKT는 주로 쟁쟁한 경쟁사들이 버티고 있는 선진국에 투자를 집중하여 더욱 큰 규모의 손실을 기록했다. 이에 반해, 예컨대 세계 통신산업의 선두주자 중 하나라고 불리는 영국의 보다폰은 과열한 경쟁을 피해 신흥국으로 진출해왔다. 지역에 따라 차별화된 서비스 전략을 내세워 세계 최대 규모의 통신사로 성장했다. 그런데 SKT는 신흥시장에서도 변변한 성과를 내지 못한바, 무엇이 문제였을까? 본문에서 제시한 문제 외에 어떤 실수가 실패를 낳았을지 고민해 보시오.
2. 특히 상기 문제에서 제시한 보다폰과 같이 신흥시장에서 성공 가능성을 높이기 위해서는 지역에 따라 어떤 차별화된 서비스 전략을 구사했어야 했다고 여겨지는가?
3. 절충이론의 관점에서 SKT의 해외시장 실패를 설명하시오.

사례 4-7 카페베네, 커피전문점 신화의 몰락

1. 카페베네의 중국 진출

카페베네는 지난 2008년 5월에 설립된 프랜차이즈 커피전문점으로 그동안 프랜차이즈 커피시장의 대부분을 점유하고 있던 스타벅스와 커피빈 등 외국계 커피브랜드에 도전장을 내밀며 시장에 진입한 국내 커피브랜드이다. 유럽풍의 고풍스러운 느낌과 더불어 편안한 분위기를 제공한다는 콘셉트를 가지고 공격적인 마케팅과 안정적인 재료유통망을 기반으로 런칭 2년 만에 매장 수를 395개까지 확장하면서 국내 커피시장의 상위주자로 발돋움한다.

이러한 국내에서의 성공을 기반으로 카페베네는 중국과 미국 등 해외로의 진출을 준비하였고, 2012년 4월 드디어 중국 북경에 3개 매장을 동시 오픈하며 중국시장으로의 진출을 도모하였다. 당시 카페베네의 사장 김선권 대표는 "3년 안에 1,500개의 매장을 열어, 스타벅스를 따라잡고 중국시장 1위로 올라서겠다"라는 포부를 밝히며 중국시장에서의 자신감을 보였다. 이런 자신감의 근거는 카페베네가 중국의 부동산금융그룹인 중기그룹과 합작형태로 중국시장에 진출함으로써 중국 내에서 매장 1,000개를 동시에 열 수 있는 규모인 3,000억 원 이상의 투자를 파트너사로부터 약속받았기 때문이었다.

처음엔 김선권 대표의 공격경영이 중국시장에서도 통하는 것 같았다. 중국 대도시를 중심으로 '가벼운 사치풍조'를 뜻하는 '경사주의' 열풍에 힘입어 카페베네의 매장 수는 2015년에는 583개로 증가하였으며, 성장률 역시 두 자릿수를 기록하는 등 승승장구하였다. 하지만 2015년 중순부터 문제가 발생하였는데 한국시장에서의 성공방식을 그대로 중국에 대입해 가맹점 가입 희망자에게 보너스를 지급하는 방법을 통해 빠르게 가맹점 수를 늘려 외형적 확장에만 집중한 것이 화근이었다. 중국의 거대한 영토를 고려하지 않은 무리한 가맹점 확장은 재료공급을 위한 유통경로가 제대로 확보되지 않은 상태로 진행되었으며, 이는 영업에 차질을 주어 많은 매장에 피해를 발생시켰다. 또한 이러한 무리한 외형 부풀리기 과정에서 합작파트너인 중기투자집단과 갈등 또한 심해져 2015년 하반기부터는 중국 측 인사들을 중심으로 회사가 운영되며 카페베네는 사실상 경영권에서 배제되는 모습을 보여줬다. 중국에서의 실패는 카페베네 기업 자체의 재무상태에까지 악영향을 미치기 시작하여 국내에서 잘나가던 카페베네의 근간까지 흔들기 시작하였다. 결국 2016년 기준 영업손실 134억 원, 당기순손실 336억 원을 기록하며 창립 9년 만에 완전자본잠식 상태로 빠지고 만다.

2. 중국시장 진출동기

카페베네가 처음 설립된 2008년도 국내 프랜차이즈 커피시장의 점유율을 살펴보면 스타벅스가 매출액과 매장 수 부분에서 압도적인 1위를 차지하고 있었고, 그 뒤를 이어 커피빈과 엔젤리너스가 위치하고 있었다. 2010년 상황을 다시 살펴보았을 때, 카페베네는 가맹점 확장에 집중하는 공격적인 영업전략을 통해 2008년 17개에 불과했던 매장을 630여 개까지 확장하는 데 성공하였으며, 연예기획사와의 제휴를 통한 스타마케팅을 이용하여 국내 커피시장 내에서의 입지를 다지기 위해 노력하였고, 결국 2010년 가맹점 수 1위를 달성하게 된다. 이에 카페베네는 가맹점의 확장을 통한 시장주도자적인 상황이 자신들의 경쟁우위를 대변한다고 판단, 새로운 시장 개척을 통한 사업 확장에 무리가 없을 것이라고 보고 해외진출을 결정하였다.

카페베네의 중국 진출 결정의 또 다른 이유는 빠른 속도로 성장하는 중국의 커피시장에 대한 선점욕심이 작용하였다. 중국의 개방개혁 이후 나타난 소비수준의 상승과 서구문화에 의한 영향은 중국인들의 소비와 생활패턴에 변화를 가져오기 시작했다. 그 중 전통적인 차(茶) 문화에서 벗어나 커피를 찾는 인구는 꾸준하게 증가하는 추세를 보이고 있었고, 이에 맞춰 해외 유명 커피 프랜차이징 업체들은 앞 다투어 중국시장으로 몰려갔다. 즉, 소비수준 향상, 식품기호의 변화, 그리고 외국계 커피전문점들의 진출이라는 요소들이 결합되어 중국의 커피시장은 빠른 속도로 성장하기 시작한다.

실제로 2003년 대비 2010년의 중국 커피시장의 판매액은 21% 이상 증가한 3억 달러 수준으로 10년 동안 가파른 성장을 보였음을 확인할 수 있다. 이러한 성장은 급속한 경제적 발전을 선도한 대도시를 중심으로 더 강하게 나타나고 있었으며, 특히 2선 도시의 발전이 가속화되는 시기였던 만큼 커피와 서양식 카페문화에 대한 수요는 지속적으로 증가할 것으로 기대되었기에 카페베네를 비롯한 국내 프랜차이즈 커피기업들에게 중국은 매력적인 시장으로 다가왔을 것이다.

3. 실패원인 분석

카페베네의 중국 진출 실패의 원인을 한국 카페베네와 중국 카페베네 두 법인을 분리해서 분석함으로써 찾을 수 있다. 먼저 한국 카페베네의 경우, 매장 수의 증가와 이에 따른 일시적인 기업이익의 증가를 경영의 성공지표로 과신하여 해석하고 서둘러 그 이후의 사업을 준비한 것이 가장 큰 실패의 원인이라고 할 수 있다. 과점적 경쟁이론에 따르면, 사업이 속한 시장 내에서 상위 3~4개 기업이 안정적으로 과점시장을 형성하였을 때, 그리고 과점시장 내에 위치한 기업들이 서로 비슷한 기업운영구조 안에서 서로에게 미치는 영향이 막대하지 않을 때, 기업은 해당 시장에서의 사업을 캐쉬 카우(Cash Cow)로 고려하고 새로운 사업에 진출할 발판을 마련하는 경향이 있다.

하지만 카페베네의 경우를 살펴보면, 2008년 오픈 이후 매장 수는 2년 내에 200개 이상 증가하여 가파른 성장률을 보여줬으나, 매출액 측면에서의 성장률은 미미했던바, 업계 내에서도 엔젤리너스와 함께 4위에 머무르는 수준이었다. 또한 2012년에 이르러서는 프랜차이즈 카페시장이 포화상태에까지 도달하여 지속적인 가맹점 증가와 매출증가에도 불구하고, 성장률과 순이익 증가는 제자리걸음을 하기 시작했다. 이를 타개하고자 행해진 카페베네의 해외진출은, 하지만 국내시장에서의 위기가 예상보다 빨리 찾아옴으로써, 불안한 국내 상황의 해결이 해외시장(중국과 미국) 성공의 열쇠가 되었다.

특히 카페베네 중국법인의 실패요인은 한국에서 실시했던 공격적인 마케팅을 통한 가맹점 확보를 기반으로 기업의 외형적 확대에 집중하는 전략을 중국시장에서도 특별한 현지화 과정을 거치지 않고 그대로 적용한 데 있었다. 가맹점 수의 증가로 인한 과도한 외형적 성장에 대한 집착과 이를 통한 일시적인 기업이익의 증가는 사실 장기적인 성공을 담보하지 않는다는 점에서 안정성 측면에서는 좋은 평가를 받지 못한다. 하지만 국내시장에서 시행했던 외형확대 전략에 대해 카페베네는 지나친 과신과 믿음을 가지고 있었던 듯하고, 그렇기에 시장선점을 위해 서둘러 진출한 중국시장에 대한 시장조사는 자연히 부족할 수밖에 없었으며, 이는 이내 가맹점 운영에 있어서 많은 문제를 노출했다. 또한 가맹점 수의 확장에만 집중한 나머지 커피전문점 운영에 있어 핵심이라고 할 수 있는 식재료 공급라인이 완전하게 갖춰지지 않은 상태로 운영되었던 것 역시 패착이었다. 더욱이 중국의 거대한 영토는 한국에서 실시하던 유통시스템과는 규모면에서 차이가 컸다. 따라서 이러한 유통라인에서의 문제로 인해 가맹점에 안정적인 식재료 공급을 할 수 없었고, 이 문제는 연쇄적으로 즉각적인 영업손실로 다가옴에 따라, 기업운영방식에 대한 중국 내 가맹 점주들의 불만이 증가하였다. 결론적으로, 카페베네의 중국시장 진출 실패의 가장 큰 원인은 국내에서 추구한 전략에 대한 지나친 낙관적 평가와 국내 기업운영방식을 현지화 없이 그대로 해외에서 적용하려고 한 시행착오에서 비롯되었다고 할 수 있다.

Question

1. 카페베네의 사례를 살펴볼 때, 프랜차이즈 업체들의 해외시장 진출을 위한 전제조건은 무엇이라고 생각하는가? 절충이론 관점에서 제시하시오.

2. 카페베네가 중국시장에서 선택한 합작기업 전략은 올바른 것이었는가? 진입전략 자체에 문제가 없었다고 생각한다면 그렇게 보는 이유를 설명하시오. 만약 합작기업 전략이 바람직하지 않았다고 여긴다면, 대안과 그 이유를 밝히시오.

3. 카페베네가 중국시장에서 실패한 주요 원인 중 하나는 중국 내 현지화 전략의 부재에 있었다고 볼 수 있다. 그렇다면, 글로벌전략을 추구하고 있는 스타벅스의 성공을 어떻게 설명할 것인가?

4. 유럽식 카페를 표방하고 있었음에도, 실제로는 뚜렷한 특성화된 이미지를 확보하지 못했던바, 카페베네의 포지셔닝 전략에 문제가 있었던 것은 아닌지 논의하시오.

토의자료 4-1 글로벌 기업 말레이시아로 몰린다

일본 대지진과 태국 홍수 등 잇단 천재지변에 따른 생산 차질에 시달린 글로벌 제조업체들이 자연재해로부터 상대적으로 안전한 말레이시아에서 생산시설을 속속 확대하고 있다. 특히 '말레이시아의 실리콘밸리'로 불리는 페낭섬은 하드디스크드라이브(HDD)부터 반도체에 이르는 글로벌 정보기술(IT) 업체들의 투자가 집중되며 경제에 활기가 더해지고 있다.

그림 4-3 | 말레이시아 외국인직접투자(FDI) 유입액

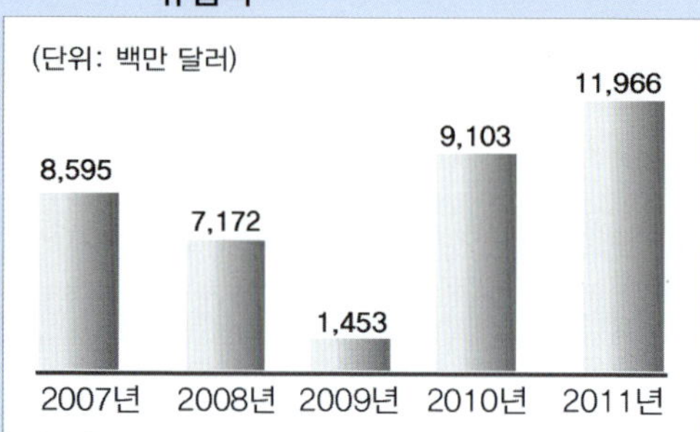

자료 : 유엔무역개발회의(UNCTAD)

일본 자동차업체인 혼다는 지난 19일 동남아시아 생산능력 증강의 일환으로 말레이시아 자동차 공장에 87억 엔을 투자, 제2라인을 신설하기로 했다고 발표했다. 13일에는 마쓰다가 말레이시아 현지그룹과 합작으로 현지 생산–판매회사를 연내 설립하기로 했다고 밝혔다.

일본기업들의 이 같은 움직임은 근래 들어 부쩍 말레이시아 내 생산거점을 확충하고 있는 글로벌 제조업체들과 맥락을 같이한다. 1·4분기 말레이시아에 대한 외국인직접투자(FDI) 규모는 75억 링깃(23억 7,000만 달러 상당)으로 지난해 같은 기간보다 15% 증가했다. 지난 한 해 동안 말레이시아에 유입된 FDI는 120억 달러 규모로 역대 최고치를 기록한 바 있다.

월스트리트저널(WSJ)은 지난해 일본을 덮친 대지진과 태국 홍수로 글로벌 제조업체들이 생산공장에 직접 피해를 보거나 부품공급에 차질을 빚으면서 동남아 지역에서 자연재해로부터 상대적으로 안전한 말레이시아가 생산거점으로 주목받고 있다고 최근 전했다.

WSJ에 따르면, 말레이시아는 물류 인프라와 값싸고 안정적인 전력공급능력이 갖춰진데다 환태평양지진대에서 벗어나 있어 일본이나 인도네시아 등과 달리 지진이나 화산활동의 염려를 덜 수 있다는 것이 커다란 장점으로 꼽힌다. 태국과 비교하면 대홍수 가능성도 상대적으로 덜한 편이다. 게다가 최근 전통적인 글로벌 생산공장 역할을 해온 중국과 태국의 임금이 가파르게 치솟는 점도 말레이시아 투자가 늘어나는 배경이라고 WSJ는 덧붙였다.

이에 따라 페낭을 중심으로 한 말레이시아에서 자동차 생산부터 반도체·HDD 등 글로벌 제조업체들의 생산시설이 빠르게 늘어나고 있다.

지난해 태국 홍수로 한동안 현지공장 문을 닫아야 했던 미국계 디스크드라이브 업체 웨스턴디지털은 올해 말레이시아에 새롭게 공장을 열 계획이다. 이 회사는 태국 의존도를 줄이기 위해 5년에 걸쳐 12억 달러를 투자할 방침이다.

세계 최대 반도체업체인 인텔과 오디오 제조업체인 보스, 전자장비업체인 내셔널인스트루먼츠 등도 말레이시아 투자를 늘리고 있다.

지난해 본토의 대지진과 태국 홍수 등 잇단 재해에 시달린 일본기업들도 말레이시아 진출에 적극적이다. 니혼게이자이신문에 따르면 혼다나 마쓰다 외에도 JX홀딩스 계열사인 동방티타늄이 오는 2016년 말레이사아에 500억 엔을 투입해 티탄 제련소를 세울 계획이며 일본전산도 말레이시아에 HDD 신 공장을 설립하기로 하는 등 투자확대가 잇따르고 있다. 일본은 지난해 말레이시아로 유입된 FDI의 30% 이상을 차지했다.

현지 제조업체인 글로브트로닉스 테크놀로지의 리헹혹 이사는 "자연재해와 부품 공급망 붕괴에 대해 많은 다국적기업들이 보다 나은 대응력을 갖춰나가고 있다"면서 "그들이 매력적인 장소로 주목하는 곳이 말레이시아"라고 강조했다.

(자료 : 서울경제신문, 2012.7.20)

토의자료 4-2 현대 · 기아차의 미국시장에 대한 직접투자

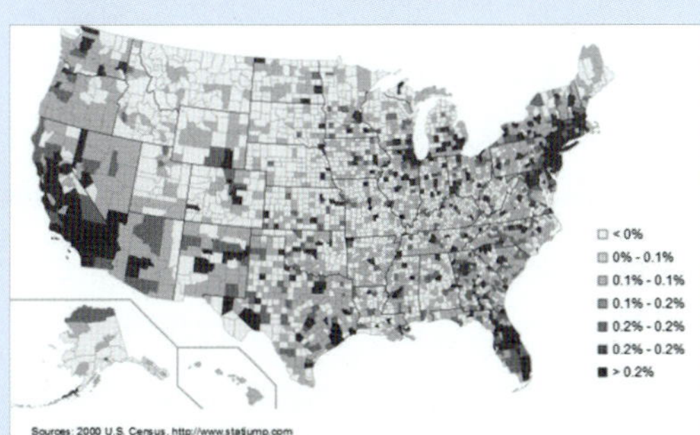

인수합병과 대형화를 통해 경쟁력을 확보한 세계 자동차업계는 수출 중심에서 해외 현지생산과 판매체제 중심으로 시장을 옮겨가고 있다. 국가 간 무역장벽이나 지역 블록화 등에 따른 수출 부담을 덜기 위해서다. 일본 도요타의 경우 북미, 남미, 유럽, 아시아 및 중동지역 등 전 세계 모든 지역에 생산거점을 두고 있다. 도요타뿐 아니라 일본 자동차 기업들은 70년대 수출, 80년대 북미 현지생산, 90년대 유럽 현지생산을 거쳐서 국제화를 단계적으로 실천해 왔다.

기업의 글로벌화 수준을 비교할 때, 해외 생산비중이 전체 생산에서 차지하는 비중과 지역별 판매 비중을 기준에 둔다. 2002년을 기준으로 GM의 경우, 해외 생산판매비중이 50%, 포드가 44%, 일본의 도요타는 32%에 이르고 있는 반면 현대 · 기아차는 미국에 건설 중인 생산공장을 비롯해 중국, 인도, 터키, 아시아지역에 생산거점을 마련하는 등 글로벌 생산기지 구축에 박차를 가하고 있다.

현대모터 앨라배마 공장(Hyundai Motor Manufacturing Alabama)

현대자동차가 앨라배마 현지공장 건설을 위해 첫 삽을 뜬 것은 지난해 4월 16일. 정몽구 회장이 경영을 맡은 1999년 이후 현대·기아차는 매년 내수와 수출에서 사상 최대의 실적을 기록하는 등 대내외적으로 해외투자 확대를 위한 기반을 갖췄다. 여기에 2010년 세계 5대 자동차메이커가 되기 위한 전략을 수립, 단일 규모로 세계 최대 시장인 미국에 현지공장을 건설하게 된 것이다.

현대모터 앨라배마 공장은 차체, 엔진, 프레스, 의장, 도장 등 차량제작에서 조립의 모든 과정은 물론 각종 시험 테스트를 독자적으로 수행하는 종합 자동차공장. 미국에 현지공장을 설립함으로써 현대자동차는 제품의 적기공급, 소비자 만족도 제고, 수출·물류관련 비용절감 등의 효과를 볼 것으로 내다보고 있다. 더욱이 환율 변화에 따라 수익성이 좌우되는 불확실성을 없애고 미국시장에 단단한 발판을 조성할 수 있는 일석이조의 효과도 기대된다. 고부가가치 차종인 싼타페와 EF쏘나타의 후속차종을 생산, 미국 현지시장에서의 판매는 물론 캐나다 등 북미 인근 국가로의 수출도 계획하고 있다.

(자료 : 월간 모터스라인, 2003.2)

미 앨라배마 주민, "현대·기아차 고마워요"

－현대·기아차 공장 설립으로 미 남동부지역 최저 실업률 기록

－전통산업 쇠퇴로 생기 잃을 뻔한 도시에 활력 불어넣어

美 현대·기아차 공장, 지역경제에 활력소 역할

○ 조지아주 경계를 마주보고 앨라배마주와 조지아주에 각각 설립해 지난해 생산에 돌입한 현대·기아차 공장, 경기불황으로 고실업으로 고통받는 지역사회에 고소득 일자리를 제공하고 한국문화를 이식하는 데 기여

○ 현대차 몽고메리 공장에는 현재 2,650명의 근로자가 고용되어 있으나, 몰려드는 수요를 맞추기 위해 평일과 주말 잔업근무가 계속되고, 기아차는 현대 산타페 생산지원을 위해 추가 공정을 설립하기로 결정함에 따라 1,000명의 근로자를 추가 고용계획

○ 현대차 몽고메리 공장에서 2010년 한 해 동안 30만 대의 자동차를 생산했으며, 그 중 대부분을 미국에 판매하고 현대·기아차 공장의 존재로 앨라배마주는 미 남동부지역에서 가장 낮은 실업률을 기록

지난해 세계 시장에서 현대·기아차 쾌속질주

○ 올해로 미국시장 진출 25주년을 맞는 현대·기아차, 경기불황기 미국인들의 소비성향이 저렴한 자동차를 선호하는 쪽으로 바뀌는 가운데 한국차의 품질이 대폭 개선됨에 따라 미 소비자들의 구매패턴과 맞아떨어져 시장점유율 대폭 상승

○ 2011년 1월 집계에 따르면, 미 시장에서의 현대차 판매는 전년 대비 22%, 기아차 판매는 25.6% 상승해 주요 자동차 기업 중 최고 신장률을 기록해, 5위 크라이슬러에 불과 5,000대 못 미치는 판매량을 기록했으며, 2010년 전 세계 판매량 Ford를 제치고 4위에 등극

현대·기아차 부품공급 위한 부품업체 진출도 러쉬

○ 현대·기아차 부품공급 위해 50개 이상의 자동차부품 기업들이 한국에서 몽고메리지역으로 공장을 이전해 일자리 창출 효과 배가됨.

○ 앨라배마에만 현대차 공장을 직접 또는 간접적으로 지원하는 공급업체가 138개 자리 잡고 있으며, 이들 부품업체는 현대뿐 아니라 혼다, 메르세데스, 도요타에도 부품을 조달하고 있음.

앨라배마, 조지아 주에 한국문화 확산

○ 몽고메리 시에 현대차 공장이 들어서기 전에 100명에 불과했던 한국인이 현재 3,000명 이상으로 증가하는 등 한국인 인구가 급격히 증가함에 따라 해당 지역에서 한국문화 확산

○ 과거 피자헛이 들어섰던 자리에 이제 한국 BBQ 식당이 자리 잡는 등, 한국 식당, 한국 교회, 한국 식료품점, 한국 미용실이 즐비해 있는 상태

지역주민들, 현대·기아차에 깊은 애정 드러내

○ 과거 앨라배마는 제재(mills)산업이 발달했으나 저렴한 인건비를 찾아 인도, 중국으로 떠나버려 쇠락의 길로 접어들 뻔한 상황에서 현대·기아차 공장이 들어섬에 따라 근로자들은 다른 어떤 직종보다 높은 급여와 우수한 복지혜택을 누림.

○ 현대차 미주법인 생산부사장인 Ashley Frye, 현대차 재킷을 입고 마을에 가면 현대차 입사에 관심 있는 사람들이 구름처럼 몰려들어 마치 "록스타"와 같은 기분을 들게 한다고 언급

○ 조지아주에 기아차 공장이 설립돼 인근도시가 활기를 찾음에 따라 '재킷을 기독교 대학'은 올해 2월 웨스트포인트 지역의 제재소가 들어섰던 건물을 개조해 캠퍼스를 이전하겠다는 계획을 발표

평가 및 시사점

○ 경기불황으로 인해 미국 실업률이 수년째 9%를 상회해 어려움을 겪는 상황에서 현대·기아차 공장 설립을 통해 지역사회의 일자리 창출과 경제발전에 기여함으로써 시장점유율 확대와 함께 해당 기업과 한국의 브랜드 이미지를 제고하는 모범적인 사례를 보임.

○ 일자리 창출을 통한 경제적 효과 외에도 지역사회에 기여할 수 있는 다양한 방안을 강구함으로써 지역주민이 해당 기업에 강한 애착을 갖게 해 지역 대표기업으로 자리매김할 수 있는 노력을 계속해야 할 것임.

(자료 : 뉴욕타임스, 워싱턴 포스트 등)

美 조지아 州정부 "기아차 조지아공장, 2029년까지 감세 혜택"

현대차 '벨로스터 C3' 공개. 28일(현지시간) 미국 로스앤젤레스 컨벤션센터에서 개막한 '2012 LA 오토쇼'에서 존 크라프칙 현대차 미국 판매법인 사장이 준중형 컨버터블(지붕개폐형) 모델인 '벨로스터 C3'를 선보이고 있다. 현대자동차 제공

현대자동차의 신형 컨버터블(지붕개폐형) 모델이 모습을 드러냈다. 현대차는 28일(현지시간) 미국 로스앤젤레스 컨벤션센터에서 개막한 '2012 LA 오토쇼'에서 준중형 3도어 컨버터블인 '벨로스터 C3'를 처음으로 공개했다.

현대차가 이날 선보인 벨로스터 C3는 준중형 고성능 해치백인 '벨로스터 터보'를 기반으로 자사의 미국 캘리포니아 디자인센터에서 디자인했다. 1.6L급 가솔린 직분사식(GDi) 터보 엔진으로 최고 204마력의 출력을 낸다.

이 차의 천장은 소형 컨버터블인 피아트 '500C'나 다임러 '스마트 카브리올레'처럼 천 소재의 지붕을 둘둘 말아 접는 '캔버스 톱' 형식으로 열린다. 그러나 단순히 개방감을 얻기 위해 지붕을 여는 일반 컨버터블과 달리, 이 차는 지붕을 앞과 뒤 두 방향으로 접을 수 있도록 설계해 활용도를 높였다. 운전자의 머리 위쪽부터 트렁크까지 이어진 천 지붕을 뒤쪽으로 열면 컨버터블이 되고, 앞쪽으로 연 뒤 뒷좌석을 접으면 자전거나 키가 큰 짐을 실을 수 있는 다목적 차량으로 변하는 설계다.

존 크라프칙 현대차 미국 판매법인 사장은 "벨로스터 C3는 다양한 생활방식을 가진 젊은 고객들을 위한 차"라며 "새로운 차량들을 통해 고객들의 다양한 요구를 충족할 것"이라고 말해 이 차의 실제 생산 가능성을 시사했다.

기아자동차는 스포츠유틸리티차량(SUV) '뉴 쏘렌토R'을 선보였다. 이 차는 미국 조지아공장에서 생산돼 내년 상반기 미국시장에 출시된다. 최근 조지아 주정부는 조지아공장에 내년부터 2029년까지 16년간 교육세 등 각종 세금을 감면해 주고, 연간 200만 달러의 현지 연수원 운영비를 부담하는 내용을 담은 '추가 투자 각서'를 기아차와 체결했다.

기아차는 지난해 현지에서 전년 대비 63% 증가한 27만 2,000여 대를 생산했으며, 직접 고용인력은 초기 1,200여 명에서 3,000여 명으로 늘어났다. 네이슨 딜 조지아 주지사는 "기아차가 미국에서 창출하는 경제적 파급효과는 일자리 10만 개를 넘는다"고 세제혜택을 제공하게 된 배경을 설명했다.

(자료 : 동아일보, 2012.11.30)

참고문헌

강태구(2002), “국제경영”, 박영사.

금융감독원(2014), 전자공시시스템. [online] Available at http://dart.fss.or.kr/ [접속일: 2014년 12월 10일].

네이버(2014), 해외직접투자의 성공과 실패사례. [online] Available at http://blog.naver.com/PostView.nhn?blogId=tbjm&logNo=120013233549 [접속일: 2014년 11월 3일].

네이버 지식백과(2014), ㈜평산. [online] Available at http://terms.naver.com/entry.nhn?docId=652472&cid=43167&categoryId=43167 [접속일: 2014년 12월 10일].

더팩트, R&D 투자 甲 한미약품, 신약개발 성과 가시화 눈앞, 2018년 10월 25일자.

동아일보, 美 조지아 州정부 “기아차 조지아공장, 2029년까지 감세 혜택”, 2012년 11월 30일자.

동아일보, 원더걸스 사태로 본 아이돌 가수 미국 진출의 실상, 2010년 3월 1일자.

디지털타임스, 글로벌? SKT, 해외 자회사 11곳 모두 적자, 2016년 3월 14일자.

매일경제신문, 가구업계 해외진출 주력, 1983년 1월 25일자.

매일경제신문, 대우차 인도법인 경매처리 결정, 2002년 11월 24일자.

매일경제신문, 대우차 인도법인 매각 추진, 2002년 5월 29일자.

머니투데이, [비즈니스 레슨] 유로디즈니의 실패, 2004년 4월 27일자.

머니투데이, GM, 대우차 인도법인 조립라인 인수, 2004년 3월 3일자.

메디칼업저버, 글로벌 의약품시장 1.5조달러 코앞… 위기와 기회는?, 2018년 1월 4일자.

박기안, 김찬경(2001), “국제경영론”, 무역경영사.

서민교, 박병일(2013), “글로벌경영”, 서울경제경영출판사.

서울경제신문, 글로벌기업 말레이시아로 몰린다, 2012년 7월 20일자.

석준희, 박상철, 배정호(2019), 한미약품의 다각적 중국시장 진출 전략, 국제경영리뷰, 23(1), 25–52.

연합인포맥스, SKT 글로벌사업 먹구름, 해외법인 모두 적자, 2015년 8월 24일자.

오세영(2001), “디즈니월드 성공에 감춰진 7가지 비밀”, 영언문화사.

의협신문, 고혈압약에 발암물질이? 중국발 발사르탄 사태, 2018년 12월 27일자.

장규수(2009), 한국 대중음악의 해외진출 사례와 전략 연구, 글로벌문화콘텐츠 2: 217~238.

조선비즈, 북경한미약품, 어린이정장제로 중국유명상표 획득, 2014년 4월 27일자.

조선비즈, 中 진출 성공모델 한미약품 중국법인, 코로나19에 사드 사태 이후 4년만에 역성장, 2020년 11월 28일자.

팍스넷뉴스, 폭풍전야 한미약품그룹, 지배구조는, 2020년 8월 10일자.

한겨레신문, 중국 영유아 시장에서 성공하는 방법, 2019년 9월 10일자.

한겨레신문, 5시 퇴근에 근무시간 맘대로…독일에선 현실이더라, 2014년 10월 28일자.

한국개발연구원(2010), 미래보다 바로 지금 즐기는 중국인들. [online] Available at https://eiec.kdi.re.kr/publish/naraView.do?cidx=7126 [접속일: 2021년 8월 14일].
한국경제신문, 대우자동차 인도현지법인 DMIL, 대출금 상환 못해 경매, 2002년 11월 24일자.
한국일보, [대우車] 해외법인 경영난 갈수록 심각, 2002년 5월 15일자.

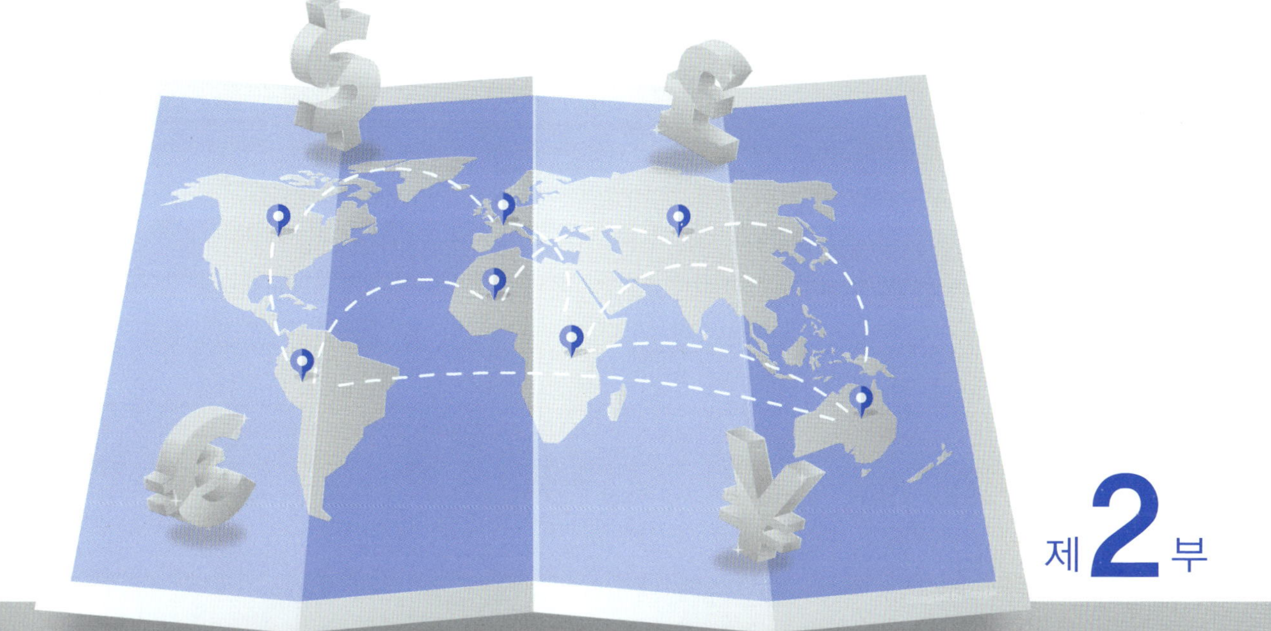

제 2 부

국제경영환경

국제경영은 여러 가지 요인들로 인해 자국에서 영업활동을 영위하는 것보다 훨씬 더 복잡하며 불가피하게 다양한 위험에 노출될 수밖에 없다. 언급한 주요 요인들로는, 각 국가가 취하는 지역경제통합체 설립의 증가, 보호무역주의적 환경, 통상정책 및 국제통상질서의 변화와 더불어 국제금융환경의 복잡성 등을 들 수 있으며, 더불어 국제교역과 투자에 현저한 영향을 미치는 각국 정부의 규제와 지원 역시 환경적 불확실성을 가중시킨다. 따라서 다국적기업 영업환경의 흐름과 변화, 그리고 다양한 진화패턴에 대한 이해가 선행되어야 하며, 제2부에서는 이를 종합적으로 국제경영환경으로 통합하여 각각의 주요 이슈들을 나누어 살펴보고자 한다.

지역경제통합 제 5 장

[1] 이것만은 알아두자

지역경제통합의 정의

경제통합(economic integration)이란 역내 인접 국가들이 무역 · 산업 · 재정 · 금융 · 통화 등에 관한 경제협정을 체결하여 하나의 새로운 광역경제권을 결성한 후 역내에 있어서의 상품 및 생산요소의 자유로운 이동을 보장하고 산업구조를 조정하며, 재정 · 금융 · 통화 면에서 상호 보조조치를 취하는 지역적 경제조직체를 의미한다.

경제통합의 종류

- **수평적 경제통합**(horizontal economic integration) : 유사한 경제력을 가지고 있는 국가 간 경제통합체를 결성할 때, 이를 수평적 경제통합이라고 한다. 상대적으로 다른 경제통합체 대비 역내국 간 경제발전단계가 비슷한 국가들 간의 조합으로 여겨지는 경제통합은 대표적으로 유럽연합(EU)과 아세안(ASEAN)을 꼽을 수 있다.
- **수직적 경제통합**(vertical economic integration) : 역내 회원국 간 경제발전단계와 경제력에 차이가 있어, 이들 국가들 간 상호 보완적 협력을 통해 상승효과를 기대하는 경제통합을 일컫는다. 즉, 경제발전단계가 늦은 국가는 풍부하고 값싼 노동력과 자원을, 반면 선진화된 산업국은 기술과 자본을 제공하여 공동의 목표를 추구한다. 흔히 북미자유무역지대(NAFTA)가 대표적인 예로 언급된다.

경제통합의 단계

(1) **자유무역지대**(free trade area) : 가맹국 간의 교역에 부과되는 관세나 비관세

장벽을 철폐하되 역외국에 대해서는 각국의 독자적인 관세정책을 실시하는 가장 초보적인 경제통합의 형태이다.

(2) **관세동맹**(customs union) : 관세동맹은 자유무역지대보다 한 걸음 더 발전된 경제통합의 형태로서 다수국이 관세에 관한 동맹을 체결하여 동맹국 간에는 관세를 감면 또는 폐지하고, 비동맹국에 대해서는 차별적인 공동 관세를 부과하는 경제통합체이다.

(3) **공동시장**(common market) : 관세동맹에서 더 발전된 형태로 역내국 간 상품의 자유이동을 보장할 뿐만 아니라 노동, 자본 등의 생산요소의 자유로운 이동을 보장하는 경제통합체이다.

(4) **경제연합**(economic union) : 경제연합이란 공동시장 형태에서 더욱 발전시킨 단계로서 다수의 국가가 산업·재정·금융·통화·무역·외환 등에 관한 경제협정을 체결하여 각 경제정책을 상호 조정하면서 공동보조를 취함은 물론, 공동의 통화, 세율의 조화 및 공동 재정정책을 펼치는 경제통합체를 말한다.

(5) **정치연합**(political union) : 정치연합이란 다수의 국가가 경제동맹에 관한 협정을 체결하여 가맹국에서 실시되고 있는 경제정책을 조정하는 데에만 그치지 않고 초국가적 기구의 설립을 통해 통합·조정함으로써 정치적인 통합까지 완결, 사실상 새로운 국가를 설립하는 것과 다름없는 하나의 조직체를 구성하는 경제통합체이다.

경제통합의 장단점

(1) **장점** : 역내 회원국 각자가 가장 효율적으로 생산할 수 있는 재화와 서비스에 특화, 역내국 간 보유하고 있는 자원의 가장 효과적인 배분이 가능, 역내 생산을 최적화, 역내 회원국 간 직접투자와 경제협력 활성화, 장기적으로는 회원국 상호 경제성장 견인, 역내국의 장기적 안정 도모.

(2) **단점** : 역내 혜택을 보는 집단과 동시에 경제적인 타격을 받는 집단이 혼재하게 되고, 경제통합을 계기로 특정 역내국에 대한 무역적자가 심화될 수 있으며, 인접국으로부터 과도한 투자가 이루어지는 경우 자칫 경제주권이 훼손될 수 있고, 국내 이슈의 통제가 어려워짐.

주요 경제통합체

(1) 유럽연합(EU) : EU는 출범 당시 6개국(유럽 석탄 · 철강공동체(ECSC))으로 시작하였다. 여러 차례 확대를 거듭한 뒤, 2000년 12월 EU정상회의에서 중 · 동부 유럽국가 12개국을 추가회원국(2004년부터 단계적으로 가입함)으로 받아들임으로써 총 27개 회원국에 4억 8,000만 명의 세계 최대 경제권으로 탄생하게 되었다. 특히 1979년에는 유럽공동체 국가 간의 안정적인 환율운용을 위한 독자적인 통화제도인 유럽통화제도(European Monetary System: EMS)가 출범하였으며(유로화 통용은 2002년부터), 종전과 달리 처음으로 직접 · 보통선거에 의해 선출된 의원으로 유럽의회가 구성되어 유럽연합 결성에 관한 문제를 다루어 1992년 말을 통합기한으로 정한 유럽단일의정서를 1987년 발효시켰다. 그 후 2013년 7월 1일에는 크로아티아를 28번째 회원국으로 받아들였다. 가장 최근에는 테리사 메이 영국 총리가 2017년 3월 리스본조약 제50조에 의거해 영국의 유럽연합 탈퇴인 브렉시트에 관한 협상을 시작하여 2020년 1월 영국은 EU를 탈퇴했다. 따라서 총 27개 국가가 EU의 회원국으로 남아 있고, 터키, 북마케도니아, 세르비아, 몬테네그로, 알바니아 등 5개국이 EU 가입 후보국으로 등록되어 있다. 현재 EU만이 경제연합 단계에 있는 것으로 고려된다.

(2) 미국 · 멕시코 · 캐나다 협정(USMCA) : USMCA는 미국 · 멕시코 · 캐나다 간 맺어진 자유무역협정으로 2020년 7월 정식으로 발효되었다. 1994년 1월에 발효되었던 NAFTA를 통하여 미국은 노동과 자본의 자유로운 이동, 역내 관세 및 수입제한 등을 단계적으로 낮추며 지역주의에 효과적으로 대응하고, 미국의 자본과 멕시코의 저렴한 노동력을 상호 보완적으로 결합함으로써 그동안 악화되었던 미국 상품의 국제경쟁력을 회복할 수 있을 것을 기대했지만, 2017년 8월 도널드 트럼프 미국 대통령은 NAFTA가 미국의 일자리를 빼앗는다며 역내 다른 회원국들과 재협상을 시작했다. 미국과 멕시코, 캐나다는 지속적인 협상 끝에 2018년 9월 새로운 무역협정인 USMCA에 대한 합의에 이르렀고, NAFTA는 발효 24년 만에 사라지게 되었다. USMCA의 주요한 개정 사항은 1) 자동차 원산지 규정 강화, 2) 노동 규정 강화, 3) 의약품 관련 규정 변화, 4) 비(非)시장국과의 FTA 조항 추가 등이 있다.

(3) 아세안(ASEAN) : 아세안은 1967년 8월 태국, 인도네시아, 필리핀, 말레이시

아, 싱가포르 5개국이 결성한 지역협력기구로 최초 출발하였으며, 이후 1984년의 브루나이에 이어 1995년 베트남이 정식으로 가입하고, 라오스, 미얀마, 캄보디아 등이 추가 회원국이 됨으로써 지금의 아세안은 총 10개국으로 늘어났다. 설립목적은 ① 동남아시아 역내 회원국 간 경제적 · 사회적 지역협력의 촉진, ② 외국으로부터의 간섭을 배제하고 역내 국가의 안정을 수호, ③ 경제 · 사회 · 기술 · 문화 각 분야에서의 상호원조, ④ 평화적이고 진보적인 생활수준의 향상 등이다.

(4) **메르코수르(Mercosur)** : 메르코수르는 1991년 아르헨티나, 브라질, 파라과이, 우루과이가 아순시온 조약을 맺고 설립한 지역경제통합체이다. 이 지역경제통합체의 목적은 상품, 인력, 통화의 자유로운 교역과 원활한 이동을 촉진하는 것이었다.

(5) **안데스공동시장** : 안데스공동시장은 라틴아메리카의 안데스 지역 국가들로 구성된 경제공동체이다. 안데스공동시장의 기본 내용은 역내 무역장벽을 철폐하는 것과 역외 국가에 대한 공동 관세율을 적용하는 것이다. 이외에 가입 국가 사이에 경쟁이 과열되지 않도록 산업을 계획적으로 분배하는 것과 외자를 도입할 때 공통된 정책을 취하는 것 등이 공동시장 내용에 포함된다.

(6) **아시아태평양경제협력체(APEC)** : APEC의 목표는 태평양연안 국가들의 경제적인 협력을 증진시키는 것으로써 지역 내에서의 상호의존성을 높이고 궁극적으로 자유무역지역을 형성하고자 노력하는 데 있으나, 태평양연안 국가들이라는 공통점을 제외하고는 역사 · 문화 · 경제발전단계 등이 모두 상이함에 따라 큰 진전은 이루지 못하고 있다.

[2] 지역경제통합과 관련된 주요 사례

사례 5-1 멕시코가 부과한 역외국에 대한 차별적 관세정책으로 인한 한국타이어의 고민

멕시코 정부는 자국 타이어시장에서 판매되는 타이어의 65%가 수입산(産)으로 채워지고, 타이어 수입량이 수출액의 2배 이상을 초과하자, 2004년 1월 1일부로 기존 부과되던 종가세 기준 일반 관세율을 종량세로 바꾸겠다고 발표했다. 즉, 특정 상품가격의 일정 비율을 과세하는 방식에서 상품가격에 관계없이 일정한 관세를 부과하는 방식으로 바꾼 것이다. 이에 따라 타이어업계에서는 "멕시코 관세당국의 수입관세가 종전 수입가의 23% 수준이었던 데 반해, 기준이 변경되면 최하 25%에서 최고 80%까지의 관세를 물게 되며, 이는 곧 이번 조치로 우리 제품에 적용되는 평균 관세율이 45%대에 이르게 됨을 의미함과 동시에, 이런 상황에서는 수출을 아예 하지 말라는 것과 다름없다"는 볼멘소리들이 쏟아져 나왔다. 더욱이 수정된 관세율이 멕시코와 자유무역협정(FTA)을 체결하지 않은 역외 국가들에게만 적용되는 것이기에 한국타이어의 머릿속은 더 복잡해졌다.

표 5-1 | 멕시코시장 내 승용차 타이어 수입액 및 점유율 추세

(단위 : 개, %)

구분		2000		2001		2002		2003(1~10월)	
국가	관세율	수입	점유율	수입	점유율	수입	점유율	수입	점유율
미국	0	5,271,873	64.9	7,192,484	63.0	6,790,268	54.6	5,147,352	51.8
한국	23	903,241	11.1	1,073,499	9.4	1,170,429	9.4	795,881	8.0
독일	0	216,677	2.7	225,849	2.0	342,848	2.8	497,921	5.0
프랑스	0	36,697	0.5	20,306	0.2	70,645	0.6	419,012	4.2
캐나다	0	404,531	5.0	791,884	6.9	1,015,639	8.2	393,252	4.0
일본	23	197,352	2.4	464,444	4.1	511,957	4.1	451,725	4.5
칠레	0	74,447	0.9	234,363	2.1	746,327	6.0	477,804	4.8
브라질	0	389,306	4.8	668,589	5.9	613,091	4.9	275,610	2.8

자료 : KOTRA.

주 : 2003년 말까지 적용된 관세율로서 미국, 독일, 프랑스, 캐나다, 칠레는 멕시코와의 FTA 체결로 무관세가 적용되었으며, 브라질과는 양국 간 통상협정에 의거 무관세 적용

당시 멕시코는 자국 타이어 산업에 막대한 피해를 주고 있는 중국산 타이어의 저가공세를 막기 위해서 언급한 상기 방침을 세운 것인데, 이것이 우리 타이어 기업에까지 불똥이 튄 것이다. 인구 1억 명에 세계 12위의 교역국이자 중남미 진출의 교두보였던 멕시코시장에서 우리 기업이 하루아침에 역외국이란 분류 아래 사업 자체가 위태로워진 것이다.

더욱더 큰 문제는 2004년 3월 12일 체결된 멕시코와 일본의 자유무역협정이었다. 그즈음 한국타이어의 주력 수출 품목은 17.5인치 이상의 트럭용 타이어와 17, 18, 19인치 승용차 타이어였는데, 이는 멕시코 자체적으로는 거의 생산되지 않는 품목이라서 가격경쟁력을 바탕으로 멕시코 시장점유율을 확대해 나갈 수 있었다. 하지만 2004년 1월 1일부터 적용된 멕시코 관세정책에서 그 적용이 FTA 미체결국으로 한정되는 바람에 한국타이어는 관세 폭탄을, 일본국적의 경쟁사는 해당 방침에 영향받지 않게 됨에서 더 나아가 향후 관세 인하 혜택도 누리게 되었다. 상황이 이렇게 되자 멕시코시장 내에서 일본기업과의 경쟁 자체가 어려워지는 것이 아닌가라는 우려까지 등장하였다.

실제로 멕시코 당국의 관세조치로 한국국적 타이어 기업의 2004년 對멕시코 타이어 수출은 전년 대비 67.7% 급감한 1,121만 달러에 그쳤으며(당시 멕시코에 수출한 국내기업은 한국타이어와 금호타이어 두 업체뿐이었다), 미국에 이어 2위 자리를 지키던 시장점유율은 속절없이 추락하여 2004년 11위까지 내려갔다.

표 5-2 | 2005년 멕시코시장 내 승용차용 교체용 타이어의 브랜드별 점유율(%)

브랜드	2005	브랜드	2005
Goodyear	20.0	Michelin	2.0
Firestone	16.0	Multi-Mile	2.0
Tornel	13.0	Yokohama	2.0
Euzkadi	11.5	Eldorado	1.5
Uniroyal	7.0	Kumho	1.5
BFGoodrich	6.0	Continental	1.0
Bridgestone	6.0	Dunlop	1.0
General	3.5	Pirelli	1.0
Hankook	2.0	Sigma	1.0

자료 : *Modern Tire Dealer*, 2006년 1월호

그림 5-1 | **무관세 협정 체결국가와 한국기업 간 시장점유율 변화추세**

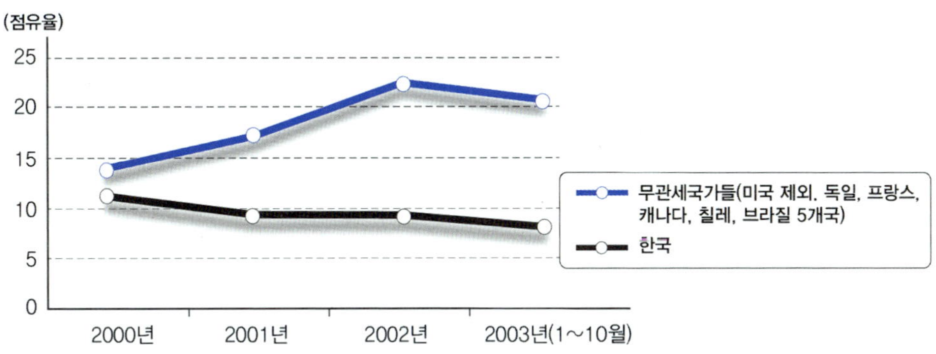

주 : 위 그래프는 〈표 5-1〉을 도식화한 것임.

1. 사례에서 살펴본 비즈니스 환경을 극복하기 위해서 한국타이어가 주안점을 두어야 할 것은 무엇이며, 향후 어떠한 노력을 해야 할 것으로 보는가?
2. 한국 정부가 우리 타이어업계를 도울 수 있는 방안은 무엇인가?
3. 멕시코시장으로의 생산설비이전(즉, 해외직접투자 실행)은 상기 위기를 극복할 수 있는 훌륭한 전략적 옵션이 될 수 있을 것으로 여겨지는가? 긍정적 혹은 부정적 판단의 이유와 근거를 제시하시오.

사례 5-2 멕시코에 시티그룹 태풍이 분다

1884년 영업을 개시한 멕시코의 바나멕스(Banamex) 은행은 자국 내 2,005개에 이르는 지점을 갖추고 있는 멕시코 최대 규모의 은행이다. 한편, NAFTA(북미자유무역협정) 규정에 따르면, 역내 회원국 간 외국자본에 의한 은행 소유를 허용하고 있다. 이러한 근거를 바탕으로 2001년에 미국의 시티그룹은 바나멕스 은행을 125억 달러에 인수하였다. 샌포드 웨일(Sanford Weill) 시티그룹 회장은 이 인수와 관련, "북미자유무역협정 체제 아래 미국과 멕시코의 경제통합 움직임이 가속화하고 있는 상황에서, 이번 결정은 매우 합리적"이라고 말했다. 하지만 이는 철저히 미국시장 중심으로서의 이야기이다. 시티그룹이 바나멕스 은행을 매입한 후 가장 처음으로 시도한 행보는 당시 있었던 지점들을 반으로 축소시켜 대대적인 인원 절감을 꾀한 것이었다.

당시 시티은행은 현금자동입출금기(ATM)를 처음 도입한 은행으로서 큰 각광을 받고 있었다. 현금자동입출금기는 무인시스템이기 때문에 비용절감에 지대한 효용을 보였다. 그러나 이로 인한 대대적인 인원감축으로 인해 멕시코의 경제는 크게 흔들렸다. 그 주된 이유는 멕시코 전 대통령이었던 까를로스 살리나스(Carlos Salinas de Gortari)가 말한 수혜대상이 될 것이라던 중산층들이 몰락했기 때문이었다. 물론 모든 중산층들이 바나멕스 은행에 근무한 것은 아니었기에 이는 분명 과장된 주장일 수 있다. 그러나 매각된 이후의 바나멕스에 대한 운영 행보를 본다면 상기 설명은 일견 충분히 납득할 만하다.

바나멕스는 멕시코 금융시장의 20% 이상을 장악하고 있었지만, 이들의 주요 고객은 주로 상류층 국민이었다. 따라서 그들은 상류층 고객을 위한 자산관리 및 수수료 수입 위주로 운영되었다. 또한 그들은 멕시코에 진출한 거대기업에게는 투자금액을 지원하였지만 멕시코 내 중소기업에는 투자를 거의 실행하지 않았다. 이로써 멕시코 금융시장의 95% 이상이 외국자본에 의해 장악당하였고 외국 벤처기업에게 놓칠 수 없는 기회의 땅으로 여겨졌던 멕시코가 정작 자국민들에게는 불모지로 여겨지게 되었다.

시티은행의 매입을 주시해야 하는 것은 위와 같이 눈에 두드러지는 이유뿐만이 아니다. 시티은행의 행보를 가장 견제하는 이유는 이들이 가진 풍부한 상품 종류와 투자기법 때문이다. 이해를 쉽게 하기 위해, 예를 들어 국내 시중은행과 시티은행의 상품 경쟁력을 비교해 보자. 국내 시중은행 한 곳을 찾아 금융자산 2억 원을 예치하고 투자할 만한 곳을 물어볼 경우, 영업점 직원이 소개할 만한 투자처는 대개 국·공채, 회사채, 주가지수 연계펀드 정기예금, 보험 등이 대부분이다. 그러나 시티은행에 의뢰할 경우, 미국에서 자격증을 취득한 투자 전문가가 미국·유럽·일본 등 선진국 시장은 물론, 중국·동남아시아·중남미·아프리카 등 전 세계 102개 국가에서 운영되는 100여 가지의 상품을 소개해 주며, 심지어 금을 비롯한 광물 혹은 농산물 등의 원자재와 같은 실물자산에 투자할 수 있는 방법에 이르기까지 다양한 종류의 상품을 소개해 준다. 더불어 시티은행은 끊임없이 첨단 금융상품을 개발하면서 세계 금융산업을 이끌고 있다. 시티은행은 투자신탁(뮤추얼펀드) 개념, PBG(Private Banking Group), ATM 서비스, 폰뱅킹 서비스를 처음 도입한 기업이다.

시티은행이 가진 또 하나의 강점은 업계 최고의 인재를 다수 보유하고 있다는 것이다. 기업의 경쟁력은 궁극적으로 임직원의 능력 차이로 판가름 난다. 시티은행은 미국 '톱10'에 속하는 경영대학원(MBA) 졸업자들을 차장급으로 입사시켜 최고의 금융 전문가로 양성한다. 시티은행의 인재 양성 프로그램은 소위 MAP(Management Associate Program)이라고 일컬어진다. 우수 인재를 조기에 선발해 12개월 동안 금융·기술·사업부문 첨단 지식과 실무를 함께 익히게 하고, 자국뿐만 아니라 외국 동료들과 공동작업을 수행하면서 세계 금융환경에 빠르게 적응하는 기회를 제공한다. 3개월 단위로 주요 부서를 세 군데 순환하면서 팀 단위로 프로젝트를 수행한다.

이렇듯 영업규모와 서비스 수준에서 엄청난 차이를 보이기 때문에 시티은행의 바나멕스 은행의 인수는 비단 멕시코 내 특정 한 은행만의 잠식을 의미하지 않으며, 이는 멕시코 금융시장의 총체적 잠식을 야기하는 계기가 되었던 것이다. 따라서 당시 금융산업 내 미리 갖춰놓은 경쟁력이 부재했던 멕시코의 경우, 외국자본에 의한 시장침식은 어쩌면 당연한 결과였으며, 이에 파생된 멕시코 국민의 경제침식 역시 불가피한 일이었다.

금융산업뿐만 아니라 NAFTA 체결 이후 멕시코에 개발된 신흥 산업지구인 산타페에는 다국적기업의 현지법인들이 빽빽하게 들어섰다. 멕시코의 수출은 4배로 증가하고 외국인직접투자는 2.5배 증가했다. 이는 멕시코 제조업 부문의 전문화와 경쟁을 촉진시켰고, 생산성과 효율성을 높이는 데 기여하였다.

반면, NAFTA의 체결 이후, 농업에 대한 정부의 보조금 지급 철폐와 맞물려서 멕시코의 농업은 큰 위기를 맞게 되었다. 예를 들어, '옥수수 수입과 생산자 가격 추이'를 살펴보면, 지역경제통합 설립 이후 주요 수입 농산물 중 하나인 옥수수의 가격과 이의 국내 생산자 가격 간 괴리가 심화되었으며, 이는 국내 생산자들의 작물이 가격경쟁력을 더 이상 유지하지 못함을 시사하고 있었다. 즉, 쉽게 말해서 이는 국내 농업생산자들의 몰락을 의미하였으며, 실제 NAFTA 발효와 더불어 멕시코 소규모 농가의 소득은 크게 악화되어 멕시코 전국에서 약 200만 명 이상의 많은 농민들은 수지타산이 맞지 않게 되자 농업을 포기하였다. 또한 내수시장에 의존하던 많은 중소기업들은 마구잡이로 들어온 외국 제품에 의해 무더기 파산 상태에 이르게 되었다.

Question

1. 위 사례를 살펴본 뒤, 선진국과 개발도상국 간 체결하는 수직적 경제통합이 바람직하다고 생각하는가? 아니면 그렇지 않은가? 바람직하다면 혹은 바람직하지 않다고 생각한다면, 견해에 대한 각각의 합리적인 이유를 제시하시오.
2. 개발도상국의 입장에서 수직적 경제통합 체결로 인한 혜택을 극대화시킬 수 있는 방안은 무엇이 있겠는가?
3. 2번 질문과 관련하여, 개발도상국의 입장에서 경제통합체 설립으로 인해 불가피하게 야기되는 불이익을 최소화할 수 있는 방안은 무엇이 있겠는가?
4. 경제통합으로 인해 발생한 사업기회를 극대화시킬 수 있는 기업전략을 미국과 멕시코 기업의 관점에서 각기 제시해 보시오.

사례 5-3 대우 일렉트로닉스, 페루를 품다

페루는 서비스업의 비중이 제조업에 비해 매우 높은 불균형적인 산업구조를 가지고 있다. 2009년 기준 서비스업은 그 비중이 71.7%에 달하는 반면, 제조업의 비중은 14.3%에 불과하다는 것이 이를 여실히 증명하고 있다. 페루의 가장 중요한 수출품목은 원자재와 농·목축 제품이다. 페루는 자원강국이기에 한국과의 교역 시 광물과 석유제품의 수출이 주를 이루고, 앞서 말했듯 제조업의 비중이 기형적으로 낮아 자동차, 합성수지, 철강판 등 제조업 제품에 있어서는 주로 수입에 의존하고 있는 상황이다. 한·페루 FTA는 이와 같은 입장에서 2009년 3월 협상이 시작된 지 2년 만인 2011년 3월 21일에 서명되었으며, 2011년 8월 1일 공식적으로 발효되었다. 서명 당시 각 나라의 상호 보완적인 산업구조 속에서 양국 모두 긍정적인 효과를 수혜할 것으로 전망되었다. 또한 한국은 중남미에서 가장 안정적인 성장세를 보이고 있는 페루와 자유무역협정을 체결함으로써 칠레에 이어 페루가 향후 중남미 시장 진출에 교두보 역할을 해줄 것으로 전망하였다.

한국은 기존 페루로 수출하던 상품에 대한 관세를 점진적으로 또는 즉시 철폐하게 됨에 따라 자연히 수출 수혜를 입게 될 전망이었다. 협정체결 이전 자동차의 경우에는 관세가 6%였는데, 협정발효 후 10년에 걸쳐 상기 품목에 대한 관세를 모

두 철폐하기로 합의함에 따라 수출이 대폭 적으로 증가할 것으로 예상되었다. 실제로 2012년 10월까지 집계된 신차 판매대수는 총 14만 8,000대로, 2011년 전체 판매대수인 14만 4,485대를 넘어서며 사상 최대치를 기록했다고 발표하였다. 텔레비전의 경우, FTA가 발효되는 즉시 무관세율 적용 품목이여서 2009년 당시 6%였던 관세가 바로 사라짐에 따라 즉각적으로 가격경쟁력이 확보되었다. 이로 인해 발효 1년 만에 약 268.4%의 수출 증가율 및 1억 4백만 달러의 수출을 시현하게 되었고, 페루시장의 점유율은 70%에 이르게 되었다.

FTA 혜택을 입는 공산품 수출의 대표적인 예를 대우 일렉트로닉스의 세탁기 사례에서도 찾을 수 있다. 세탁기 부문은 2009년 현재 13%의 관세가 부과되었으나, 4년에 걸쳐 점진적으로 관세가 인하됨으로써 지금까지 논의한 자유무역협정의 수혜를 입을 전망이었으며, 더불어 그 기간 페루의 중산층이 증가함에 힘입어 가전제품 수요가 확대되고, 두 가지 요인이 복합적으로 동반 작용함으로써 이는 대우 일렉트로닉스가 생산하는 세탁기에 대한 시장점유율 상승에 크게 기여하였다.

대우 일렉트로닉스에 대해 잠시 살펴보면, 동 기업은 1971년 내셔널의류로 출발하여, 1974년 대우전자로 상호명을 변경하였다. 이후 1996년에는 지역별 운영체제를 실현하여 중남미, 유럽, 그리고 아프리카 등 세계 곳곳에 거점본사를 설립하였다. 한국 최초로 VTR을 수출하는 등 1990년대에 전성기를 누렸지만, 1999년 대우그룹 해체와 함께 구조조정과 매각 절차를 거치면서 반도체, 오디오, 에어컨 사업을 정리하고, 냉장고, 세탁기, 주방기기만 생산하는 백색가전업체로 변신하였다. 동부그룹은 외환위기 이후 대우 일렉트로닉스를 인수하였는 바, 대우사의 해외 네트워크와 브랜드를 주목하였기 때문이었다. 해외 네트워크 중에서도 선진시장보다는 특히 신흥시장에서 강세를 보이는 대우 일렉트로닉스의 강점은, 당시 선진시장의 경기침체로 인해 어려움을 겪던 삼성, LG 등과 달리, 대우 일렉트로닉스의 해

표 5-3 | 대우 일렉트로닉스의 글로벌 마케팅 전략

지 역	전 략
한국	중소형 제품 및 틈새상품 출시 확대, 특판 및 빌트인 사업 확대
중남미 · 미국	중남미 현지 마케팅 강화를 통한 1위 달성, 북미 대형 거래처 및 판매망 확대
유럽 · 독립국가연합(CIS)	제품 출시 확대를 통한 CIS 및 동유럽 거래처 회복 · 강화
아시아	중국 · 인도 · 동남아 틈새시장 발굴, 지역 업체와 제휴를 통한 생산 · 판매망 구축
중동 · 아프리카	중동 전후 복구시장 개척, 남북 아프리카 전략 거래처 발굴 및 제휴

자료 : 대우 일렉트로닉스 홈페이지.

외 수출 증가를 안겨다 주었다. 또한 장기간의 구조조정과 매각 절차에도 불구하고, 기업이 보유하고 있던 핵심 기술력은 잃지 않았던바, 2012년 세계 최초로 개발한 벽걸이형 드럼세탁기를 그 예로 들 수 있다. 이에 따라 동부는 대우 일렉트로닉스의 부흥을 위해 1,500억 원을 투자하기로 하였으며, 대우 일렉트로닉스는 다시 한번 더 중흥기를 꿈꾸게 된다.

대우 일렉트로닉스는 대우전자가 1996년 실현했던 지역별 운영체제에 맞게 글로벌 전략을 수립하였는데 각각 해당 지역의 전략은 <표 5-3>에서 볼 수 있다. 표에서 대우 일렉트로닉스는 중남미 · 미주에서 현지 마케팅 강화를 통한 1위 달성 및 북미 대형 거래처, 판매망 확대를 목표로 세웠으며, 한국 · 페루 간의 FTA 체결이 이러한 전략을 달성하는 것에 상당한 도움을 주었다. 위 문장에 대한 근거는 코트라(KOTRA)에서 조사한 페루 현지 바이어 70개사를 대상으로 한 · 페루 간 FTA 체결 전 실시한 설문조사를 통해서도 알 수 있다. 당시 만약 한 · 페루 FTA가 발효되면 한국으로의 수입전환 의사를 밝힌 바이어가 총 응답 중 49개사로 약 70%에 달하였다. 한국으로부터 수입을 확대하기로 마음먹은 가장 큰 이유는 관세 철폐로 인한 가격인하를 꼽았다. 그 다음으로는 비관세장벽 철폐, FTA로 인한 한국제품의 인지도 상승 순으로 조사되었다. 더불어 FTA 체결 전 페루에서는 중국산 세탁기가 현지에서 가장 높은 점유율을 가지고 있었다. 시장점유율 1위의 가장 큰 이유는 중국과 페루의 FTA로 인해 중국산 세탁기가 무관세로 들어왔기 때문이었다. 그러한 시장 상황에서 한 · 페루 FTA가 체결된다면 중국과 거래하는 바이어의 79%가 한국으로의 거래전환 의사 및 거래전환에 대한 고민을 해보겠다고 답변하였다. 따라서 2011년에 체결된 FTA를 통해 대우 일렉트로닉스는 시장에서 보유해야 하는 가장 중요한 무기 중 하나라고 흔히 얘기되는 가격경쟁력을 확보할 수 있었으며, 이를 통해 페루시장 내 점유율이 가장 높았던 중국제품과 가격적인 측면에서 이전보다 대등한 입장에서 경쟁할 수 있게 되었다. 즉, 대우는 페루의 세탁기 시장에서 FTA가 안겨준 가격경쟁력이라는 무기와 함께 자사가 지향하고 있는 전략인 현지화 마케팅이라는 핵심 사업방향을 선택하여 페루시장을 공략하였다. 예를 들어, 대우는 소득은 높지 않지만 문화에 대한 자긍심이 타 국가에 비해 매우 높은 중남미 사람들의 성향을 고려해 페루 평원에 그려진 거대한 그림인 나스카 문양을 적용한 세탁기를 출시하였다. 그리고 이후에도 냉장고와 전자레인지에 지역의 특성과 문화를 담은 제품을 줄지어 출시하였다. 시장에서도 대우의 의도에 대해 좋은 반응을 보였고, 그 결과 대우 매출액은 2013년 2월 현재 작년 대비 60% 신장한 4,000만 달러를 기록하였다.

대우 일렉트로닉스는 향후 지속적으로 이와 같은 현지화 마케팅 전략을 구사함으로써 페루시장을 공략하고 점차 점유율을 늘려나갈 전망이다. 최근에는 이러한 국제시장의 판매망 확대와 TV사업 부활 등을 통해 글로벌 종합가전회사로 도약하기 위해 본사 사옥도 대치동 동부금융센터로 이전하였다. 앞으로 대우의 발전이 더욱 기대되는 상황이라고 볼 수 있다.

Question

1. 페루시장에서 시현한 대우 일렉트로닉스의 성공 이유는 무엇이라고 보는가?
2. 한 · 페루 FTA가 대우 일렉트로닉스의 시장 확대에 어떻게 기여했다고 판단하는가?
3. 만약 당신이 대우 일렉트로닉스의 최고 의사결정권자라면 향후 페루에서의 추가적인 이익실현을 위해 어떠한 전략을 사용할 것인지 구체적으로 제시하시오.

사례 5-4 칠레의 FTA와 이건산업의 기사회생

우리나라와 칠레가 협약한 FTA는 WTO를 중심으로 기초한 우리나라의 통상정책이 지역주의에도 적극적으로 대응하게 만들어준 최초의 FTA라고 할 수 있다. 2004년 4월 1일에 발효된 칠레와의 FTA를 통해 축적한 경험을 바탕으로 한국은 페루, 인도, 미국과 점진적으로 FTA를 체결할 수 있게 되었고, 또한 칠레와의 FTA는 한국의 중남미 진출 거점으로 요긴하게 활용되었다.

한-칠레의 교역은 상호보완적인 구조를 띠고 있어서, 한국은 경유, 승용차, 철강판 등을 수출하고, 칠레로부터 동괴, 동광을 비롯한 주요 원자재를 수입하고 있다. 칠레와 FTA를 체결한 뒤 7년간의 평가를 보고한 한국무역협회의 자료에 따르면, FTA 발효 전 대비 대부분의 한국산 품목들이 무관세로 칠레에 수출되고 있기에, 과거보다 가격경쟁력을 가지고 시장에서 활기를 띠고 있다. 우리나라 자동차의 칠레시장 점유율이 일본을 제치고 1위를 기록한 점과 각종 전자제품 부문에서 삼성과 LG의 판매실적이 두드러지는 것을 보면 이를 알 수 있다. 또한 우리나라도 광산물 및 철광석의 수입 증가가 두드러졌다. 그 결과 양국의 교역은 FTA 발효 전보다 약 4.6배 증가하는 성과를 갖게 되었다.

우리가 사례를 통해 살펴볼 이건산업은 1972년에 설립된 목재전문기업으로 합판사업, 주택자재사업을 영위하며, 목재자원의 안정적 확보를 위해 남태평양의 솔로몬군도에서 조림을 하고 있다. 이를 중심으로 1988년에는 국내 최초 시스템 창호 개발업체인 이건창호시스템을 설립하였고, 2005년에는 자원재활용, 자연친화적 물류포장재와 조경사업을 겸업하는 친환경기업인 이건환경을 설립하였다.

이건산업은 국내에서의 원목과 관련한 개발과 자원 확보가 상대적인 자원 강국(예를 들어, 인도네시아, 말레이시아, 브라질, 칠레)보다 어렵다는 것을 일찍이 인지하였다. 목재전문기업은 원재료 확보가 경쟁력에 큰 영향을 끼치므로 이건산업은 칠레에 '이건 라우타로'라는 칠레법인을 탄생시켰다. 칠레를 선택한 이유는, 해당 국가가 라디에타 소나무의 성공적인 조림국이었을 뿐만 아니라, 1973년 피노체트 정권의 집권 이후, 조림에 대해 파격적인 지원을 제공해 주었기 때문이다. 또한 '이건 라우타로'가 설립되는 시점인 1990년 중반에 칠레의 본격적인 원목생산이 이뤄지

기 시작했다. 초기에 설립된 '이건 라우타로' 현지법인의 역할은 베니어(원목을 4mm 정도로 얇게 썰어 만든 널)를 이건 본사에 공급하는 일이었다. 즉, 현지에서 제품을 생산하면 이를 한국으로 집중적으로 수출하는 일이었다.

그러나 한국이 1997년 말 IMF 외환위기를 겪게 된 뒤 국내 건설경기가 급격히 악화되었고, 이로 인해 베니어의 수요가 현저히 감소하였다. 지속적인 건설경기 악화는 이건산업 칠레법인의 대(對)한국 수출 또한 중단시켰다. 매출은 급감하기 시작했고 본사로부터의 지원도 자연히 감소하였다. 이는 칠레법인의 영업 중단 위기와 결국 폐쇄 여부까지 검토되는 실정에 이르게 만들었다. 이러한 상황에서 칠레-멕시코 간 FTA가 1998년에 체결되었는데, 이건산업은 이를 주목하고 기존 한국에 공급하던 베니어를 칠레와 FTA를 체결한 멕시코에 수출하게 된다.

칠레 현지생산을 통해 멕시코에 수출을 하다 보니 한국과의 교역에서 발생하던 관세장벽에 대한 고민을 덜었으며, 상대적으로 운반비 역시 한국으로 수출하던 것보다 경감되는 효과를 누렸다. 사실 이건산업의 주 수출품목인 합판은 원자재가격이 완판의 70~80% 이상 차지하기 때문에 관세 인하 혜택이 원가절감에 절대적으로 중요했다. 멕시코로의 수출을 통해 고비를 넘긴 이건산업은 한국에 공급을 중단하고도 FTA로 인해 현지에서 괜찮은 성과를 내자 아예 국내에서 인건비가 많이 드는 공정을 국내로부터 칠레로 전환하였다.

이와 같은 조치로 인해 이건산업은 저임금 노동혜택을 업고 가격경쟁력을 한층 더 확보하게 되어 매출은 2001년 기준 680만 달러에서 2008년 4,200만 달러까지 상승하게 된다. 또한 2002년 칠레가 EU 및 미국과 추가적인 FTA를 체결하자 유럽과 미국으로까지 수출을 확대하게 된다. 그리고 이는 유럽으로의 매출 비중을 종전 5%대에서 2008년 기준 40%까지 치솟게 했다.

Question

1. 칠레에서 합판을 생산하여 수출하는 것이 한국에서 이를 생산하여 수출하는 것보다 갖는 이점에는 무엇이 있는가? 최소 3가지 이상 제시하시오.
2. 칠레가 한국을 포함하여 다수의 국가와 적극적으로 자유무역협정을 체결하는 이유는 무엇이라고 여겨지는가?
3. 한국시장에서는 중국산 합판과의 경쟁이 치열할 것으로 예상된다. 중국산 대비, 칠레에서의 생산활동으로 인해 국내에서 누리게 되는 이건산업의 이점은 무엇이 있는가?

사례 5-5 한 · EU FTA 체결로 인한 수혜산업 : 글로벌 강소기업의 꿈

전형적인 국내 중소기업인 키스톤 지에스비(Keystonc Global Sourcing Business)는 2001년 자본금 6억 원으로 설립된 제조 및 무역업체이다. 키스톤 지에스비의 주요 생산품목은 자동차부품으로서 썬루프 부속품 등 주로 플라스틱 사출 자동차 부품을 공급한다. 중소기업의 특성상 동 기업의 매출액은 내수시장에서 90% 이상을 시현하고 있었으며, 2008년부터 미국을 시작으로 체코, 네덜란드로의 수출을 모색했으나 그 성과는 지극히 미미했다. 수출 증대를 위해 키스톤 지에스비는 다양한 박람회에 참가하여 제품의 우수성을 알리고, 해외 자동차업체에 제안서를 보내는 등 각고의 노력을 경주하였다. 그러나 제품의 좋은 품질 대비 높은 가격 때문에 수출의 길을 확대하기가 쉽지 않았다.

이러한 상황에서 한 · EU FTA가 전환점이 되었다. 특히 당시 한 · EU FTA의 대표적인 수혜산업의 하나로 고려되는 품목인 자동차와 자동차부품은 기존 유지되던 4.5% 관세가 철폐됨에 따라 주목을 받았음은 물론, 이로 인해 FTA 발효로 인한 자동차업계의 희망 역시 증가하였다. 키스톤 지에스비도 자사 제품의 수출가격을 낮추기 위해서 체결된 FTA의 혜택을 활용하고자 하였다. 특히나 유럽지역의 전체적인 시장규모는 미국의 뒤를 이어 2위를 차지하고 있었으며, 선루프 단일 품목만 보더라도 유럽은 놓칠 수 없는 거대시장이었다. 이를 구체적으로 살펴보면,

당시 국내에는 신차 등록 수가 110만 대이고 이에 수반된 선루프 장착률은 30%에 불과했다. 즉, 국내에서는 약 33만 대 정도의 부품수요가 있었다. 이와 달리 EU의 경우 신차 등록 수는 1,500만 대였으며 선루프 장착률도 50%를 웃돌아 750만 대의 부품수요가 형성되어 있었다. 국내 부품수요를 1로 봤을 때 EU에서의 부품수요 지수는 22.7에 달했다. 엄청난 수요와 FTA 발효로 인한 관세 인하는 일견 키스톤 지에스비에게 긍정적인 변화를 가져올 수 있을 것 같았지만, 규모가 작았던 중소기업에게 있어서 FTA 활용은 쉽게 이루어지지 않았다. 무엇보다도 복잡하고 어려운 용어와 절차로 인해 결국 키스톤 지에스비는 FTA를 활용하려고 계획했던 유럽으로의 시장 진출을 포기하고야 만다.

그러나 FTA 체결로 인한 이점을 포기했다고 해서 수출 자체마저 포기할 수는 없었다. 그러던 중 공정검사차 공장을 방문한 해외 바이어에게서 원가 3% 절감을 약속해 달라는 요구를 받게 되었으며, 이를 이행하지 않으면 수입선을 전환하겠다는 압박을 받게 되었다. 계약 해지의 위험에 놓였던 키스톤 지에스비는 이에 FTA로 인한 4.5% 관세 인하와 추가적인 부가세 인하를 강조하였고, 또한 8월 말까지 인증수출자로 지정받아 원산지증명서를 제공하겠다고 제안하였다. 바이어가 이에 동의함으로써 키스톤 지에스비는 불과 한 달간의 시간을 벌게 되었다.

이날 이후 '원산지인증수출자' 인증을 위한 전사적인 노력이 시작되었다. 그 노력의 첫 번째 시도는 원산지 관리 인력 전문가를 양성하는 것이었다. 처음 시행되는 제도였기 때문에 사내 · 외에 전문가가 부족한 것을 깨닫고, 자체적으로 직원의 10%(3명)를 원산지 관리 전담자로 지정하여 해당 제도에 관한 공부를 하도록 하였다. 또한 외부에서 실시하는 한 · EU FTA 원산지 실무과정을 수료하여 더욱 신속하게 이를 사내에 흡수하고자 노력하였다. 그리고 세관직원으로부터 일대일로 실무교육을 받음으로써 집중적인 전문가 양성에 힘썼다. 이 과정은 사장이 직접 나서서 그 경과를 확인하고 직원들을 독려하였다. 두 번째로는, 기존에 수출하던 제품의 HS품목분류 오류를 바로잡았다. 그동안 'Drive tube assembly(드라이브 튜브)'는 자동차부품임에도 불구하고, 세관에서는 전기제품으로 분류하여 수출되고 있었다. 그러나 세관 컨설팅을 실시하여 이를 바로잡아 자동차부품 안에 소요되는 품목으로 수정하여 '원산지인증수출자' 인증을 받기 위한 기초를 다잡았다. 세 번째로는, 납품업체에게 원재료 원산지확인서 발급을 설득하였다. 이에 세관직원의 원산지확인서 징구 지원과 납품업체의 이해와 배려로 원재료에 대한 이슈도 무사히 해결함으로써 수출품에 대한 원산지확인서 발급을 성공적으로 진행하게 되었다.

앞서 설명했듯이, 바이어의 계약 요구 수정에 따른 계약 해지 위험을 계기로 '원산지인증수출자'에 대한 노력이 시작되었고, 끝내 인증서 발급을 완료하고 극적으로 계약기간 하루 전에 인증서를 계약사에게 송부하였다. FTA를 활용한 그 첫 번째 성과로서, 키스톤 지에스비는 유럽 소재 기업 두 곳으로부터 총 8억 원에 이르는 추가 주문과 신규 거래처를 확보하게 되었다. 이뿐만 아니라 키스톤 지에스비가 누리게 된 FTA로 인한 수혜로는 다음과 같은 사항을 들 수 있다. 첫째, FTA-PASS로 행정절차가 간편해지면서 전산화된 관리 시스템을 구축하고 인력비용을 절감할 수 있었다. 둘째, 기존 제품의 가격에서 관세 4.5% 인하로 인해 발생한 비용절감과 기타 부가세 인하를 통하여 제품의 수출단가를 낮추고 이에 기술력을 더하여 값싼 다른 중국 제품과 견주어 경쟁우위를 확보할 수 있었다. 셋째, 한 · 미 FTA 발효와 더불어 상기 경험을 바탕으로 미국시장 공략을 가속화할 수 있었다. 넷째, 이러한 신규 거래처 확보에 따른 수출량 증가로 매출이 눈에 띄게 증대되었다. 즉, FTA의 수혜를 보지 못하던 2011년 수출액은 불과 1.2억 원에 지나지 않았던 것과 달리, 2012년 수출수주 금액은 30억 원이라는 놀라운 매출성장을 기록하였다. 이는 347%의 수출성장을 의미한다. 다섯째, 매출성장에 따른 더 많아진 자금 유입으로 인해 설비투자를 확대할 수 있었다. 설비를 확충함으로써 더 효율적이고 다량의 생산을 가능하게 하였다. 마지막으로는 FTA를 활용한 사업 확장과 매출증대가 인력을 추가로 고용할 수 있는 환경을 조성하였다. 이로 인해 2010년 고작 27명이던 종업원은 2013년 현재 55명으로 약 두 배 정도 직원 수가 증가하였다.

Question

1. 키스톤 지에스비가 한 · EU FTA를 활용하여 성장을 견인할 수 있었던 복합적인 이유들을 열거하시오.
2. 상기 사례에 견주어, 국내 중소기업이 FTA로 인한 효과를 수혜받기 위해서는 어떠한 노력을 해야 한다고 여겨지는가?
3. 유럽과 미국으로의 시장 확대를 위해 키스톤 지에스비가 향후 추가적으로 모색해야 할 노력으로는 무엇이 있겠는가?

사례 5-6 제약사들이 앓고 있다 : 이를 극복하고자 한 전략에 대해

한 · 미 FTA 협정문을 살펴보면, 제5장 5.2조에 "나. 적절한 규제당국이 안전하고 유효한 것으로 허가한 의약품 또는 의료기기에 대한 급여액을 그 당사국이 결정하는 경우, 그러한 결정이 경쟁적 시장도출 가격에 기초하도록 보장한다"라고 명시되어 있으며, 5.3조에는 "다. 의약품 또는 의료기기 가격산정과 급여에 대한 권고 또는 결정에서 원용된 모든 전문가 의견 또는 학술연구에 대한 인용을 포함하여 그러한 권고 또는 결정의 근거에 관한 의미 있고 상세한 서면 정보를 신청자에게 합리적이고 정하여진 기간 이내에 제공한다. 마. 권고 또는 결정에 의하여 직접적으로 영향을 받는 신청자의 요청에 따라 발동될 수 있는 독립적인 검토절차가 이용 가능하도록 한다"라고 명시되어 있다. 조항 중 '경쟁적 시장도출 가격'이라는 문구에서 시장을 미국 기준으로 바라볼 때, 자유무역협정 이전 미국시장 내 약가는 한국의 3배이므로 한국에서는 불가피하게 약제비의 상승으로 이어질 수 있다. 또한 5.3조에서 명시된 '독립적인 검토절차'라 함은 미국 제약회사가 한국시장에서 판매하지만 그에 대한 약가의 결정은 미국의 개입을 불러올 수 있다는 의미이다. 즉, 한국의 제약산업에 미국의 영향력이 적극적으로 반영되는 결과를 가져올 수 있다.

이 외에도 제18장에 등장하는 '지적재산권'에 관한 조항에서 또한 국내 제약산업에 부정적 영향을 미칠 수 있는 합의를 발견할 수 있다. 제18장에는 허가-특허 연계제도가 포함되어 있다. 이 제도는 식약청에 통보된 의약품의 특허에 대해 특허기간 중 복제의약품의 시판 허가를 신청한 자의 신원을 특허권자에게 통보하고, 특허권자의 동의 또는 묵인 없이는 후발 신청자의 제품판매가 불가능하도록 허가단계에서 제한하며, 특허분쟁 발생 시 해결될 때까지 또는 일정기간 동안 허가를 정지하는 것이 주요 내용이다.

이는 지적재산권을 가진 원제작자에게는 호혜적인 조항이나, 이를 국내 제약산업에 대입해 보면 막대한 피해를 예상할 수 있다. 의약품은 일반매약(一般賣藥)과 치료용 의약품으로 나뉜다. 치료용 의약품은 다시 제네릭 의약품과 상품명 의약품으로 구분된다. 이 중 한국 제약업계는 '제네릭 의약품'을 통해 많은 매출을 올리고 있다. 제네릭 의약품이란, 오리지널 약품의 특허가 만료된 후 이를 복제하여 판매하는 약품을 지칭한다. 즉, 신약을 만들기 위해서는 막대한 비용과 시간이 투입되어야 하지만, 그것을 뒷받침해 주기 위한 비용과 인력이 모자라는 한국 제약업계에서는 주로 외국의 특허가 만료된 특허약을 복제해 판매하여 매출을 올리고 있었다. 그러나 위 조항이 발효될 경우, 복제된 약을 팔기 위해서는 특허권자에게 이를 사전에 통보하여야 하며, 특허권자가 소송을 걸 경우 즉시 복제약품의 제조, 출시, 판매를 중단당할 수 있다. 따라서 특허가 만료되는 기점부터 바로 판매가 가능한 현재 상황과는 달리, 앞으로는 보다 절차가 복잡해지고, 신약 품목 허가 이후 더 오랜 시간 이후부터 상업적 이용이 가능해지기 때문에 그동안 특허약의 처방이 늘어나고 그에 따른 국내사의 매출악화로 이어질 수 있다. 이 조항은 아직은 발효되지 아니하여 상기 언급한 조항의 영향력이 있지는 아니하다. 하지만 연구개발에 취약한 구조를 가진 한국 제약산업의 특성상 연구개발을 확충할 수 있는 상위 제약업체들을 제외하고 나머지 중소제약업체는 상당한 피해를 입을 수밖에 없을 것으로 예견된다.

FTA 발효 이후 국내 제약업계는 전체적으로 25.7% 적자가 증가하였으며, 경쟁력 있는 다국적 제약회사와 미국 제약회사의 진출로 인해 국내 제약업체들의 입지가 갈수록 좁아지고 있다. 이에 따라 국내 제약업체는 연구개발 활동을 강화하려는 노력을 보이고 있지만, 필요한 자본이 충분히 뒷받침되지 않아 더욱 어려운 상황에 직면해 있다. 더욱이 이에 더하여 향후 허가－특허 연계제도가 시행될 시에는 더 큰 피해가 예상된다. 약업신문에 보도된 관련 자료를 살펴보더라도, 한·미 FTA 발효 이후 보건산업 분야 중 의약품 부문에서 수출은 경미하게 증가한 데 반해, 수입은 급격하게 늘어났음을 알 수 있다. 특히, FTA 체결 이후 상위 제약사들의 매출이익 또한 마이너스 성장을 보이고 있다.

이러한 제약회사의 위기 속에서 자멸을 막기 위한 다양한 노력들이 포착되고 있다. 그 한 예로, 한독약품에서 사명을 변경한 한독을 살펴보기로 하자. 한독은 2012년 매출액 3천 146억 원을 시현하여 매출순위 11위를 기록한 국내 상위 제약회사이다. 그러나 이는 2011년과 비교했을 때 하락한 매출수치이며, 이를 개선하고 수익 극대화를 추진하고자 최근 사업다각화를 결정하였다. 그 일환으로 사명을 언급했듯이 한독약품에서 의료기기, 의료용도 식품, 유전체 검사 등 다양한 사업을 진행하는 토탈헬스케어 기업을 염원하며 '한독'으로 변경하였다. 이는 의약품에만 의존하던 기존 매출구조에서 벗어나 건강에 관심이 많은 사람들을 상대로 의료기

기와 건강기능식품 등으로 매출을 확대시키려는 의도가 담겨 있다.

한독은 이에 더하여, 세계 9위 제약회사인 이스라엘 기반의 '테바'와 합작회사를 설립하였다. 테바는 제네릭 의약품 부문 세계 1위 기업으로서 글로벌 마케팅 능력과 우수한 개발능력을 가지고 있었다. 이에 한독은 한국의 장수 제약회사로서 국내 영업을 주로 담당하여 업무의 분배를 통한 가치창출을 목표로 하고 있으며, 설립한 합작회사의 공식명칭을 '한독테바'로 정하고, 2013년 10월 17일 공식 출범하였다.

Question

1. 한·미 FTA 체결로 인하여 가속화된 한국 제약업계의 불황을 사업다각화와 합작회사 출자를 통하여 극복하려고 한 한독의 움직임을 어떻게 평가하는지 견해를 밝히시오.
2. '한독테바'의 설립은 테바의 경우 신약 개발능력에 경쟁력을 갖고 있고, 한독은 국내에서 영업력을 확보하고 있다는 점에서, 두 기업의 상호 보완적 장점을 결합했다고 볼 수 있다. 하지만 이는 역설적으로 새로운 신약의 개발에 주안점을 두지 않겠다는 뜻으로도 볼 수 있는 바, 장기적인 관점에서 전략적으로 바람직한 의사결정이었는지 평가하시오.
3. FTA 체결은 협정 당사국 내부적으로 이익을 보는 집단과 손실을 보는 집단이 함께 발생할 수밖에 없다. 후자를 고려했을 때, 자유무역협정 체결 확대가 바람직한지 논하시오.

사례 5-7 멕시코의 NAFTA 가입 20년, 멕시코에게 남겨진 것은 무엇인가?

1993년 미국, 캐나다, 멕시코가 북미자유무역협정(NAFTA)을 체결한 이후로 20년 이상이 지났다. 멕시코와 미국 간의 FTA(Free Trade Agreement)는 지난 20년 동안 지속적으로 논란이 되어 왔고, 특히 국내에서는 지난 2012년 한미 FTA 체결을 앞두고, NAFTA의 결과에 대한 논쟁이 뜨거웠다.

NAFTA는 국제적인 영향력을 키워가는 유럽연합에 대응하고자 미국의 주도하에 추진되었다. 멕시코의 입장에서는 미국기업들의 투자를 유치함으로써 자국 경제의 활성화를 기대할 수 있었고, 섬유산업을 포함하여 경쟁력 있는 제조업 품목을 관세장벽 없이 미국에 수출함으로써 경상수지의 개선을 도모할 수 있었다. 또한 1980년대 중반부터 추진되어온 경제자유화를 확고히 하기 위한 기회로 여겨졌다. 부분적으로 NAFTA는 멕시코 경제에 긍정적인 영향을 미친 것으로 파악된다. 실질 GDP가 상승했으며, GDP에서 무역이 차지하는 비중이 크게 증가했다. 매해 평균 120억 달러의 신규 외국인투자가 유치되었고, 많은 노동자들이 미국기업에 취업해 일함으로써 고용이 개선되었다. 또한 미국기업을 통해 멕시코 기업들이 선진기술을 전해받을 수 있었으며, 이를 통해 다수의 자국기업들이 국제 시장에서 경쟁력을 갖춘 업체로 성장할 수 있었다.

하지만 이 과정에서 멕시코의 경제기반은 되돌릴 수 없을 정도로 취약해졌다. 특히 노동자, 농업인, 소상공인들과 같이 멕시코 경제의 기본을 형성하는 다수의 국민이 FTA의 직격탄을 맞았다. 실제로 NAFTA 체결 이후 미국과 멕시코 간의 무역거래는 3.5배 증가하였으나, 이 거래의 실질적 수혜자는 일부 대기업들뿐이었다. 대부분의 중소기업들은 막대한 자본을 앞세운 미국의 다국적기업들에 의해 아예 시장 내 입지를 상실하거나 미국기업에 의해 시장지배율이 심각하게 잠식되었다. 경제성장률 또한 매년 2% 내외의 미미한 성과를 시현하였는데, 이는 외국인투자자들이 멕시코 시장에 진입한 후, 구조조정을 통해 멕시코인들의 일자리를 빼앗았으며, 기업을 인수합병한 후 되파는 형식의 일시적 이익만을 노린 기업사냥을 일삼았기 때문이다. 농업의 경우, 값싼 미국의 농산물 앞에서 제대로 보호받지 못한 멕시코산(産) 농산물은 더 이상 오를 수 있는 식탁이 없었다. 이로 인해 멕시코 내

500만 명 이상의 농민이 자신들의 소중한 터전을 잃었으며, 주식인 옥수수가 싼 가격에 대량으로 수입됨에 따라 식량주권도 빼앗기게 되었다. 이렇게 일자리를 빼앗긴 많은 상공인, 농업인들은 하는 수 없이 일자리를 찾기 위해 수도권으로 몰려와 저임금노동자가 되거나 멕시코를 떠나게 되었다.

NAFTA를 통해 가장 두드러진 산업 내 변화는 '마킬라도라'라고 불리는 외국인투자자유지역의 성장이다. NAFTA 이후 수많은 마킬라도라가 형성되었으며, 값싼 노동력을 이용하기 위해 이곳에 많은 미국의 제조업 공장들이 들어섰다. 이로 인해 가공무역이 늘어나고 고용률이 증가했으나, 임금인상에 비해 가파르게 상승한 인플레이션으로 인해 노동자들의 삶은 더욱 피폐해져만 갔다. 오히려 노동자들은 적은 임금을 받으면서도 외국인 기업주들의 부당한 고용행위, 인종차별 등을 견뎌야 했고, 많은 노동자들이 이를 견디지 못하고 새로운 삶을 찾기 위해 멕시코를 떠나 국경을 넘는 과정에서 매해 200명 이상이 목숨을 잃는 상황이 되풀이되고 있다. 최근에는 대부분의 공장이 더욱 값싼 노동력을 찾아 중국 등의 아시아 국가로 이전하면서 그나마 남아 있던 마킬라도라마저 사라져가고 있다. 결국 NAFTA를 통해 멕시코에 진출한 외국인투자자들은 멕시코 국민들의 삶과 경제를 피폐하게 만들어놓은 채 또 다른 이익을 찾아 떠나가고 있는 실정이다.

더욱 심각한 문제는 외국계 대기업들이 멕시코 내 의료, 금융을 포함한 공공서비스분야를 잠식하고 있다는 점이다. 공공서비스의 경우, 다른 산업보다도 국민들에게 직접적으로 미치는 영향이 지대하며, 대부분 독점적인 형태를 띠고 있어서 기업에 대한 의존도가 매우 큰 영역이다. 본래 멕시코의 의료와 공공서비스는 FTA의 대상이 아니었지만, 외국인의 투자를 자유롭게 허용함에 따라 사회 경제 모든 부문에 외국자본이 침투하게 되었다. 멕시코의 금융은 이미 시티은행, BBVA, HSBC에 의해 인수합병됨으로써, 해외자본에 의해 독립성을 상실한 지 오래다. 의료기관의 경우에도, 국가에서 공공의료를 지원하기는 해도, 그 범위가 지극히 한정적이고 서비스의 질이 낮음으로 인해 실제 공공의료서비스의 혜택을 입을 수 있는 국민은 그리 많지 않다. 그에 비하여 비용은 비싸지만 공공의료 대비 현저히 좋은 서비스를 갖추고 있는 외국계 사립병원들이 중산층 이상의 고소득자들에게 각광받고 있다. 이를 바탕으로 수도권을 중심으로 한 지역에 외국계 의료기관이 점점 늘어나고 있는 추세이다. 마지막으로 통신산업은 '텔멕스'가 멕시코 내 유선전화의 90%, 무선전화의 78%를 점유하고 있다. 또한 공공서비스임에도 불구하고 매우 높은 요금을 부과함으로써 멕시코 국민들의 주머니를 착취하고 있다. 결국 20년간의 FTA를 통해 멕시코는 더 이상 자체적으로 경제를 꾸려나갈 수 없을 정도로 경제 주권에 상처를 입었으며, 이젠 다국적기업의 도움 없이 경제를 움직일 수 있을지조차 의문스럽게 되었다.

이러한 문제의 원인이 직접적으로 NAFTA에 있는가에 대해서는 아직도 논쟁이 끊이지 않고 있다. 문제의 원인이 NAFTA에 있지 않다고 주장하는 사람들은 현재 멕시코의 경제 문제에 대한 원인을 멕시코 산업 자체의 경쟁력 한계, 정부의 무능한 정책, 전통적인 농업구조 및 산업구조적 문제에서 찾는다. 이들의 주장은 일부 틀린 말이 아니다. 하지만 중요한 사실은 이러한 문제점들(즉, NAFTA 체결로 인한 멕시코 경제의 피해)이 예견되고 있는 상황에서도, 협정체결 당시 이들에 대한 고려가 전혀 이루어지지 않았다는 점을 지적할 수 있다. NAFTA의 경우 EU와는 다르게 수직적인 경제통합의 형태를 지닌다. 즉, 회원국 간 확연한 경제력의 차이가 존재하고 있기에 각국 간 비교우위가 있는 분야를 상호 활용하고 서로 보완함으로써 상승효과(synergy effect)를 도모하는 특징을 갖는다. 이 때문에 멕시코는 미국에 값싼 노동력과 자원을, 미국과 캐나다는 멕시코에 자본과 기술을 제공해 왔던 것이다. 하지만 이러한 수직적 경제통합의 이면에는 상대적으로 경제력이 강한 역내 선진국이 개발도상국을 경제적으로 종속시킬 수 있는 가능성을 배제할 수 없다. 현재의 NAFTA 협약하에서는 미국의 자본과 기술에 대응하여 멕시코가 자국의 산업을 제대로 보호하기는 쉽지 않아 보인다. 가장 대표적인 예로 '투자자-국가 간 소송제도인 ISD'를 들 수 있다. ISD로 인해 멕시코 정부는 그간 5회 이상 미국기업에 패소하였고, 이로 인해 미국기업에게 지불한 총 배상금 규모가 1억 9천만 달러에 달한다.

Question

1. 수직적 경제통합의 단점을 분석하시오.
2. 이러한 단점에도 불구하고 지역경제통합체 결성으로 인한 이익을 얻기 위해서는 개발도상국 소재 기업들이 어떠한 전략적 대응을 하여야 할 것인지 논하시오.
3. 상기 지적한 단점이 예견됨에도, 개발도상국 정부들이 수직적 경제통합체를 결성하는 이유가 무엇이라고 판단되는가?

4. 개발도상국 정부의 관점에서 자국 산업의 피해를 최소화하기 위한 잠재적 정책수단들을 나열하고, 그 특징들을 설명하시오.

사례 5-8 수평적 경제통합체 결성: 과연 경제적 변방국에게도 정답일까?

유럽연합은 현재 회원국 간 통화동맹 단계로까지 발전하였는바, 아이러니하게도 지역경제통합의 발전이 세계 경제의 안정성을 위협하고 유럽발 금융위기를 야기했다고 봐도 무방하리라 판단된다. 통화동맹이란 국가주권의 상징이라고 할 수 있는 각국 통화의 발권 및 통화정책을 포기하는 내용이 포함되어 있기에 경제통합의 여러 유형들 중에서 상당히 높은 발전단계를 일컬으며, 정치통합이라는 지역경제통합의 최종단계로 진입하기 위한 준비단계로 고려된다. 이러한 통화동맹은 기본적으로 경제동맹국들의 환율이 비동맹국가의 통화에 대해서는 같이 변동하지만, 동맹 내에서는 서로 변하지 않고 고정되어 있어야 하며, 동맹 내에서 화폐가 완전한 태환성(convertibility)을 가져야 한다는 두 가지 특징을 기본적으로 갖추고 있어야 한다. 특히 태환성의 경우 관세동맹에서는 무역과 관련된 거래에서 꼭 요구되는 요인이고, 공동시장에서는 자본시장 통합을 위해 반드시 필요한 요인이다.

만일 이 두 가지 특징이 갖추어졌다면 추가적으로 아래의 두 가지 사항도 부합되어져야 한다. 첫째, 고정환율을 지속적으로 유지하기 위해서는 그 지역의 통화정책이 적절하게 시행되어야 하기 때문에 통화정책의 기본적 수단들이 공동체 차원에서 집행되어야 하고, 회원국들에게 자율권이 부여되어서는 안 된다. 둘째, 환율정책과 여타 세계(역외국)와의 무역수지에 대한 관리책임도 공동체에 맡겨져야 하며, 공동체 통화당국이 외환준비금의 공동 관리를 감독하여야 한다. 이러한 조건들이 모두 지켜졌을 때 우리는 그것을 완전한 통화동맹이라고 말한다.

통화동맹을 통해 발생하는 여러 가지 경제적인 이익을 자세히 살펴보면 첫째, 여러 나라에서 사업을 하는 다국적기업들이나 투자자들이 환율변동에서 오는 위험을 회피할 수 있다. 둘째, 통화동맹을 통해 금융시장의 통합을 한 단계 높은 수준으로 끌어올림으로써 과거에 얻지 못하였던 이익을 얻을 수 있다. 셋째, 한 나라의 화폐를 다른 나라의 화폐로 교환하는 데 따르는 거래비용(transaction cost)을 줄일 수 있다는 것이다. 만일 기업이 여러 국가를 상대로 무역을 할 경우 거래대금을 지불할 때마다 나라별로 해당 통화로 바꾸어 지불해야 하는데, 이때 환전 시마다 거래비용이 발생한다. 그러나 통화동맹을 맺은 회원국 간에는 단일통화를 사용함으로써 이러한 거래비용을 대폭 줄일 수 있게 된다. 넷째, 통화동맹국들이 외화를 공동으로 관리하게 되면 외환준비금을 관리할 때도 비용을 줄일 수 있으며, 또한 외환준비금을 각 국가가 별도로 관리할 때 필요한 행정비용과 행정인력도 줄일 수 있다. 마지막으로, 이러한 통화동맹을 통해 동맹체의 인플레이션 관리정책에 신뢰도를 높일 수 있다.

한편, 통화동맹의 가장 큰 치명적 약점은 관세동맹이나 공동시장에 있어 내부균형과 외부균형을 동시에 성취하려면 환율이 가변적으로 움직여야 하는데, 통화동맹의 경우 환율을 고정시켜야 하기 때문에 이 두 균형을 동시에 일치시킬 수 없다는 것이다. 따라서 환율이 영구히 고정되어 있으면 환율이 국제수지의 자동조정기능을 상실하게 되어 다른 방법을 통해 국제수지를 조정하여야 한다. 그러나 국제수지 적자를 강력한 긴축재정 · 금융정책을 통하여 개선하려면 국내경제에 경기후퇴와 실업증가를 초래해 내부균형목표를 포기해야 한다.

이러한 통화동맹의 문제점이 여실히 드러났던 상황이 유럽연합 내 그리스의 재정위기 사태이다. 유럽연합의 경제통화동맹은 단일 통화를 사용함으로써 한 국가에 초점을 두고 금리를 변경하는 것이 불가능해지자 상대적으로 역내 변방국은 속수무책으로 금융위기에 시달리는 결과를 낳았다. 그리스 등 남유럽 국가들은 금융위기 이전부터 방만한 재정운용과 국가 채무 누적으로 재정부실이 심화되었고, 여기에 더하여 재정수지 악화로 인한 추가 채권 발행이 재정위기를 가중시켰다. 더욱이 금융위기 대응과정에서 정부지출이 확대되어 재정이 더욱 악화되는 악순환이 반복되는데, 즉 자본 확충, 자산매입, 채무보증 등 구제금융을 실시하는 과정에서 정부지출이 확대되어 재정이 불건전해지자 그리스는 디폴트 선언 직전까지 이르게 되었다. 하지만 그리스의 디폴트 선언은 세계경제 전체에 미치는 파급효과가 클 것으로 예견됨에 따라 세계 각국 및 프랑스와 독일의 적극적인 지원으로 기사회생하였지만, 지역경제통합체 내에 엄청난 비용을 초래하였다.

유럽의 재정상황을 타파하기 위한 해결 방안으로는 과도한 긴축만으로는 유럽경제의 위기가 해결될 수 없으며, 기존 정책을 성장촉진책으로 보완해 나가야 한다. 성장촉진책이 필요한 이유는 노동시장의 잠재력을 유지하기 위해서이다. 유럽의 실업률은 10%가 넘고 청년실업률은 그 두 배인 20% 수준이다. 나아가 실업이 장기화, 구조화되고 있는데, 특히 청년실업이 장기화되면 경제에 희망과 동력이 상실되고 이것은 다시 경제성장과 국가재정 및 국가경쟁력을 약화시키는 악순환의 고리에 빠지게 된다. 따라서 향후 재정긴축의 속도를 조금 늦추고 성장촉진책을 보완해서, 노동시장의 충격을 완화하고 미래의 성장잠재력을 유지해야 하리라고 여겨진다.

Question

1. EU와 같은 수평적 경제통합의 장단점을 논하시오.
2. 수평적 경제통합의 결성이 역내 상대적 변방국에 어떠한 혜택과 불이익을 가져다줄 것으로 예견되는지 설명하시오.
3. 수평적 경제통합의 결성이 소비자들에게는 이익인가? 당신의 의견을 뒷받침할 수 있는 논리를 제시하시오.
4. EU시장을 새로이 진입하고자 하는 역외 다국적기업에게 있어서 동 경제통합체 결성이 갖는 시사점은 무엇인가?

토의자료 5-1 [알아봅시다] 역내포괄적경제동반자협정(RCEP)

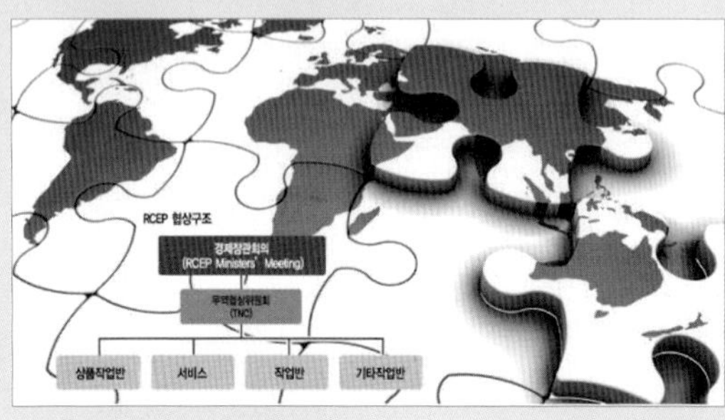

최근 교역시장 확대와 지역경제통합 흐름에 맞춰 아시아지역에서는 역내포괄적경제동반자협정(RCEP · Regional Comprehensive Economic Partnership)에 대한 논의가 활발히 진행되고 있다. RCEP은 동남아시아국가연합(ASEAN) 10개국과 한국 · 중국 · 일본 · 호주 · 뉴질랜드 · 인도 등 총 16개국이 참여, 아시아태평양 지역경제통합 논의체이다. ASEAN 10개국은 필리핀, 말레이시아, 싱가포르, 인도네시아, 태국, 브루나이, 베트남, 라오스, 미얀마, 캄보디아 등이다.

그동안 세계무역기구(WTO · World Trade Organization) 주관으로 이루어져 온 다자간(다국가간) 무역협상은 지지부진해진 상태이다. 지난 2001년 11월 14일 카타르 도하 각료회의에서 합의된 제4차 다자간 무역협상 '도하개발아젠더(DDA · Doha Development Agenda)'가 제대로 진척되지 않고 있다. 이에 2000년대 이후에는 한-미, 한-유럽연합(EU) 등 양자 간 자유무역협정(FTA)이 급증하고 있는 추세이다. 그러나 최근에는 이러한 개별적 협상을 넘어 지역 차원의 경제통합 논의가 전 세계적으로 활성화되고 있다.

우리나라가 속한 아시아에서도 지역 내 경제통합 논의가 본격화되고 있다. 그 중 대표적인 것들이 미국이 주도하는 환태평양경제동반자협정(TPP · Trans-Pacific Partnership), 중국 주도의 중화권 FTA(홍콩 · 마카오 · 대만) 및 한 · 중 · 일 FTA 등이라 할 수 있다. 이에 ASEAN이 발족한 것이 바로 RCEP으로 동아시아 경제통합에서의 미국과 중국 간 주도권 경쟁에 대응하고 주도권을 유지하겠다는 목표이다. 보다 신속한 추진을 위해 ASEAN과 이미 FTA를 체결한 한국 · 중국 · 일본 · 호주 · 뉴질랜드 · 인도 등을 대상국으로 삼고 있다.

ASEAN은 지난 2011년 11월 ASEAN 정상회담 시 RCEP 작업계획(프레임워크)을 제시하고 이듬해인 2012년 11월 동아시아 정상회의를 계기로 16개 협상참여국 간 RCEP 협상 개시를 선언하면서 협상이 진행 중이다. 지난해 5월 브루나이에서 1차 공식협상이 진행된 데 이어 9월과 올 1월 각각 호주 브리즈번과 말레이시아 쿠알라룸푸르에서 각각 2 · 3차 협상이 진행되면서 논의도 활기를 띠고 있다. 오는 2015년 타결, 2016년 협정 서명을 목표로 하고 있는 RCEP은 4월 중국에서 4차 협상을 개최할 예정으로 올 한 해만도 총 4차례 협상이 진행될 예정이다.

그동안 FTA를 통해 교역대상과 규모를 넓혀 온 우리나라에게도 RCEP이나 TPP와 같은 지역 경제통합 논의는 안정적인 교역 및 투자기반 구축 측면에서 매우 중요하다. 특히 제조업 중심으로 수출 위주의 경제구조를 가지고 있는 우리로서는 무역이 차지하는 비중과 중요성은 두말할 필요가 없다. RCEP의 경우, 참여국에 우리의 제1·2·3위 교역 대상국인 중국·ASEAN·일본이 모두 포함돼 있고 RCEP 체결 국가 간 교역비중이 전체의 47.15%(2012년 기준)에 달한다는 점에서 그 중요성이 더 크다고 할 수 있다.

또한 지역경제통합에 따른 효용이 극대화된다는 점에서 FTA에 비해 장점도 뚜렷하다. 역내 국가 간 통일된 원산지 기준 적용 등을 통해 양자 간 FTA 체결 시 발생 가능한 '스파게티 볼' 효과 발생을 최소화할 수 있다. 스파게티 볼 효과는 여러 나라와 동시에 FTA를 체결하면 각 나라마다 다른 원산지규정 적용, 통관절차, 표준 등을 확인하는 데 시간과 인력이 더 들어 거래비용 절감이 당초 기대효과보다 반감되는 현상을 말한다. 대상국별 또는 지역별로 다른 규정이 적용돼 서로 얽히고설키는 부작용이 발생하게 되는데 이 같은 현상이 마치 스파게티 접시 속 국수가닥과 닮았다는 뜻으로 표현된다.

정부에서는 RCEP을 통한 동아시아 공동체 추진에 주도적으로 참여하겠다는 방침이다. 역내 국가 간 경쟁구도, 정치적 대립의 완화·해결 방안으로 RCEP을 활용하겠다는 것으로 초기 단계부터 RCEP 협상에 참여해 향후 동아시아 공동체 추진에 비중 및 역할 증대를 모색하고 있다. 또 상품·서비스·투자 및 여타 규범 분야를 망라하는 포괄적이며 높은 수준의 경제통합체가 될 수 있도록 하는 한편 이미 체결한 ASEAN과의 FTA, 인도와의 포괄적경제동반자협정(CEPA·Comprehensive Economic Partnership Agreement) 개선 작업을 통해 추가 시장개방 확보에 적극 나설 계획이다. 아울러 RCEP 경제규모의 70% 이상을 차지하는 한·중·일 FTA를 활용, RCEP에서 주도권을 확보해 나가는 한편 호주와 뉴질랜드 등 RCEP 참여국 간 진행 중인 FTA와 유기적으로 연계해 효과를 극대화한다는 목표이다.

(자료 : 디지털타임스, 2014.3.3)

토의자료 5-2 정부 "TPP(환태평양경제동반자협정) 참여 미루면 日에 밀린다" 동참 결정

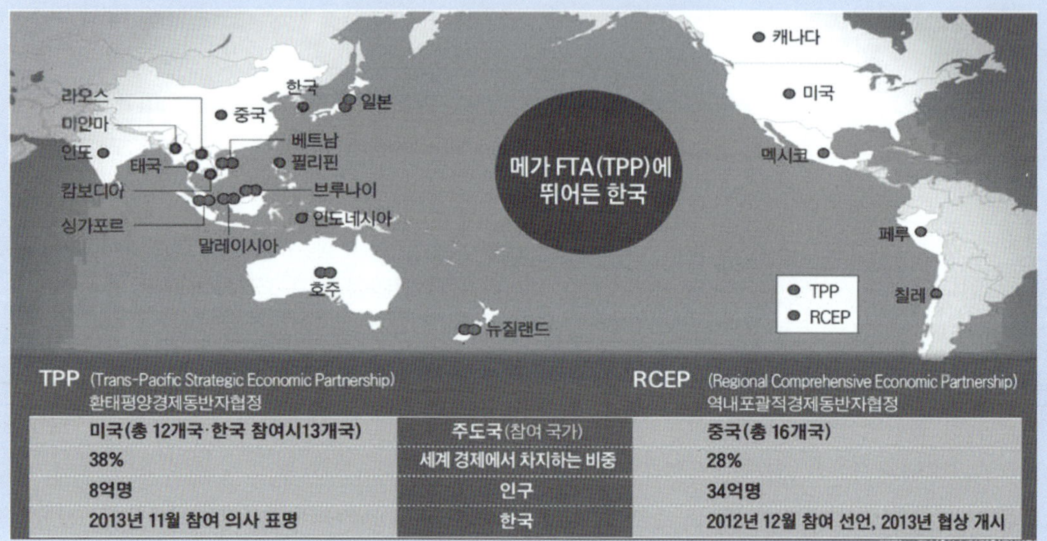

TPP (Trans-Pacific Strategic Economic Partnership) 환태평양경제동반자협정		RCEP (Regional Comprehensive Economic Partnership) 역내포괄적경제동반자협정
미국(총 12개국·한국 참여시13개국)	주도국(참여 국가)	중국(총 16개국)
38%	세계 경제에서 차지하는 비중	28%
8억명	인구	34억명
2013년 11월 참여 의사 표명	한국	2012년 12월 참여 선언, 2013년 협상 개시

정부가 환태평양경제동반자협정(Trans-Pacific Partnership · TPP)에 공식적으로 관심을 표명한 것은 미국이 아시아 · 태평양을 무대로 짜고 있는 무역질서에 동참하겠다는 뜻으로 풀이된다. TPP는 관세 철폐뿐만 아니라 지식재산권 · 환경 · 노동 등 '경제 규범'을 다룬다. TPP에 참여하고 있는 일본과의 무역경쟁에서 한국이 뒤처질 수 없다는 계산도 깔렸다.

높은 수준의 경제공동체

현재 TPP 협상에 참여하고 있는 12개국은 무역 규모 면에서 유럽연합(EU)에 육박하는 거대 경제블록이다. 기존 지역경제통합은 관세 인하 품목 수가 90% 수준에 머물렀지만 TPP는 93~95%까지 높을 것이란 관측이 나오고 있다.

한국이 TPP에 참여할 경우 우리 기업이 12개국에 수출할 때 통일된 원산지 규정으로 관세혜택을 받을 수 있다. 한국은 이미 미국 · EU 등과 자유무역협정(FTA)을 체결했지만, FTA마다 다른 규정에 맞추느라 기업 입장에서 이익보다 비용이 더 크다는 지적이 있었다. 이화여대 법학전문대학원 최원목 교수는 "여러 나라에 수출을 하는 우리 기업들이 이 과실을 따먹을 수 있는 게 가장 큰 소득"이라고 설명했다.

TPP 참가 도미노 나타날 수도

수전 라이스 미국 백악관 국가안보보좌관은 지난 20일 미국 조지타운대 연설에서 "TPP 협상 타결은 (아시아) 지역에서 가장 중요한 목표"라며 "TPP를 통해 세워진 원칙은 미래 통상협정의 기준이 될 것"이라고 말했다. 라이스 보좌관은 또 "미국은 TPP에 참여해 이익을 나누고자 하는 모든 국가를 환영한다"며 "중국도 포함된다"고 밝혔다.

한국이 최종적으로 참여를 결정할 경우 TPP는 명실상부한 아·태 경제통합체의 틀을 갖추게 된다. 한국은 지난해 미국의 7위 무역 상대국으로 아시아에서 중국(2위), 일본(4위) 다음이다. 제임스 김 아산정책연구원 연구위원은 "TPP를 아시아 외교의 성과물로 만들려는 미국 정부에 힘을 실어주는 효과가 있을 것"이라고 말했다.

중국 주도의 역내포괄적경제동반자협정(RCEP)과 TPP가 팽팽하게 힘겨루기를 하던 상황에서, 미국 주도의 경제블록으로 무게 추를 옮기는 효과도 있다. 우리나라의 TPP 참여를 계기로 필리핀·태국·인도네시아 등 RCEP 참가국과 대만 등 주요 아시아 국가가 추가로 TPP에 참여하는 '도미노 현상'이 일어날 가능성도 있다.

TPP를 '대중(對中) 포위 전략'으로 봤던 중국은 시진핑(習近平) 체제 출범 이후 경계를 풀고 수차례 관심을 표명해 왔다. 이런 분위기가 한국의 결정에도 영향을 미쳤을 것이라는 게 전문가들의 분석이다. 서강대 국제대학원 허윤 교수는 "올 초만 해도 중국은 한국이 TPP에 관심을 보이는 데 대해 상당히 적대적이고 민감한 반응을 보였다"며 "그러나 일본의 가세로 TPP 협상속도가 빨라진 데다 시간이 흐를수록 한국도 정치적 관점에서 결국 참가할 수밖에 없을 것이라고 인정하는 분위기가 있다"고 말했다.

하지만 중국의 TPP 합류는 당분간 어려울 전망이다. 서울의 외교소식통은 "중국도 시장 접근성 면에서 TPP의 필요성을 알지만 규범 측면에서 부담을 느끼고 있다"며 "위협이라기보다 계륵(鷄肋)으로 보고 있다"고 말했다.

김영귀 대외경제정책연구원 지역통상팀장은 "한국이 미국 주도의 TPP에 참여함에 따라 중국이 현재 진행중인 한·중 FTA 협상에 속도를 낼 가능성이 크다"고 말했다.

(자료 : 조선일보, 2013.11.30)

토의자료 5-3 APEC 정상회의 폐막… "아 · 태 경제 완전 통합 열망"

인도네시아 발리에서 열린 아시아태평양경제협력체(APEC) 정상회의가 8일 아 · 태 지역 경제의 완전한 통합을 희망한다는 선언문을 채택하고 폐막했다.

APEC 정상들은 선언문에서 "APEC 21개국은 아시아태평양 경제가 완벽하고 완전한 연결과 통합을 이루기를 열망한다"고 밝혔다. 아시아태평양 지역의 포괄적 통합은 역내 국가 간 기반시설 네트워크와 인적 교류 등 다양한 분야의 연결을 포함하는 개념으로 APEC 순회의장국으로 회의를 개최한 인도네시아가 제안했다. 그러나 최종 선언문에는 앞서 APEC 각료회의가 채택한 초안에서 통합 목표를 2030년으로 규정됐던 내용은 포함되지 않았다.

APEC 정상들은 또 APEC 각료들에게 '보호무역조치 동결(standstill commitment)' 기한을 2016년까지 1년 연장할 것을 권고하고 12월 발리에서 열리는 제9차 세계무역기구(WTO) 각료회의의 성공을 위해 노력할 것을 다짐했다. 이들은 또 별도의 성명에서 150여 개국이 참가하는 무역자유화 협의인 도하 라운드가 '교착상태에 빠졌다'는 데 인식을 같이하고 WTO와 다자간 무역시스템에 대한 지지를 거듭 밝혔다. 도하 라운드는 2001년 더 자유로운 무역체계 구축 등을 목표로 시작됐으나 농업 부문 보조금, 지적재산권, 최빈개발도상국 지원 등에 대한 이견으로 2008년 이후 교착상태에 빠졌다.

수실로 밤방 유도요노 인도네시아 대통령은 폐막 성명에서 "이번 회의는 '매우 생산적'이었고 회원국들이 여러 전략적 관점에 동의했다"며 "이런 합의와 약속을 토대로 APEC이 세계경제에서 중요한 역할을 계속할 것임을 보여줘야 한다"고 강조했다.

(자료 : 연합뉴스, 2013.10.8)

참고문헌

기획재정부, 반덤핑관세 제도. [online] Available at http://www.mosf.go.kr/_bbs/dictionaryRss.jsp?boardType&hdnBulletRunno=null&cvbnPath&sub_category&hdnFlag&cat&hdnDiv&tag=60&actionType=view&runno=5848&search_chk&tag=60 [접속일: 2014년 3월 3일].

김세원(2004), "EU경제학", 박영사.

디지털타임스, [알아봅시다] 역내포괄적경제동반자협정(RCEP), 2014년 3월 3일자.

문병기, 이혜연, 박세진(2013), 태평양동맹의 유망시장 페루, FTA 발효 2년 성과 확대 가능한가?, Institute for International Trade, 12(46): 1~62.

배성호(2012), 통상법 · 제도: NAFTA의 ISD 분쟁 사례를 통한 한미 FTA의 ISD 시사점 및 대응방안, 통상정보연구, 14(2), pp.369-387.

서민교, 박병일(2013), "글로벌경영", 서울경제경영출판사.

송송이(2010), "한-페루 FTA 타결의 의의 및 기대효과", 한국무역협회.

송송이(2011), "한-칠레 FTA 7년의 평가", 한국무역협회.

약업신문, 한미 FTA 체결 이후 의약품 분야 적자 25.7% 증가, 2013년 10월 29일자.

연합뉴스, APEC 정상회의 폐막…"아 · 태 경제 완전 통합 열망", 2013년 10월 8일자.

이건산업㈜(2008), "FTA와 두 번의 기회", 한국무역협회.

이경희(2001), "지역무역 협정(RTA)의 국제적 동향과 시사점", 대외경제정책연구원.

이재기(2002), "국제지역학의 이해", 두남.

이창수 외(2006), "NAFTA 이후 멕시코 경제의 변화와 시사점", 대외경제정책연구원.

장광호(2006), "글로벌 경제론", 지식의 숲.

정종운(2004), 경제질서정책의 관점에서 본 지역경제통합, 경상논총, 22(3), pp.1-23.

정홍열(2009), "경제통합론", 해남.

조선일보, 정부 "TPP(환태평양경제동반자협정) 참여 미루면 日에 밀린다" 동참 결정, 2013년 11월 30일자.

KOTRA(2004), "일본-멕시코 FTA 체결 후 한국의 對멕시코 주요 수출상품별 영향분석", KOTRA.

한국무역협회(2011), "한-페루 FTA 수출유망상품 및 진출방안", *Global Business Report*, 11-008.

한국무역협회(2014), 위기를 넘어 성공으로, 글로벌 강소기업의 꿈!. [online] Available at http://okfta.kita.net/ftaUse.do?method=successSample [접속일: 2014년 3월 18일].

국제통상환경

제 **6** 장

[1] 이것만은 알아두자

기본적인 국제무역이론

- **절대우위론** : 각국이 생산에 있어서의 절대적인 우위를 가진 제품의 생산에 특화하고 이러한 재화를 다른 나라에서 특화되어 생산된 제품과 교환함으로써 전체적인 부의 증대가 가능하다고 보는 고전이론.
- **비교우위론** : 다른 국가의 생산 대비 절대우위에 있는 재화가 존재하지 않더라도 상대적으로 효율성이 높은 재화의 생산에 전문화하고 이를 다른 국가와 무역을 함으로써 두 국가 모두에게 이익이 발생한다고 설명하는 이론.
- **헥셔-오린이론** : 노동과 자본에 있어서 그 부존자원의 양은 국가마다 서로 다르며, 특정 생산요소를 더 풍부하게 보유하고 있을 경우, 그 국가에서는 그 생산요소의 가격이 다른 나라에 비해 훨씬 싸다. 따라서 각국은 그 나라에 상대적으로 풍부하게 존재하는 생산요소를 보다 집약적으로 투입하여 생산한 재화에 비교우위를 창출할 수 있게 되며, 따라서 그 비교우위를 갖는 재화의 생산에 특화함으로써 생산성을 향상시킬 수 있다.

무역규제의 이유

1) 정부는 자국의 산업을 보호하기 위해 무역규제를 실행한다.
2) 정치적인 이유의 보복, 앙갚음 등을 위해 보호무역주의적인 정책이 펼쳐지기도 한다.
3) 자국민들의 보건과 건강보호를 위해 일부 무역규제가 시행되기도 한다.
4) 흔하지는 않지만, 상대국 국민의 인권보호를 위해 간혹 무역규제를 실행하는 경우도 발생한다.

무역규제의 정책적 수단

1) **관세** : 관세는 수입상품에 부과되는 일종의 세금으로서 국제무역을 규제하고자 할 때 사용해 왔던 가장 오래된 형태의 정책수단이다.
2) **보조금** : 보조금은 정부가 자국의 생산업자에게 제공하는 일방적인 특혜로 각국 농업부문에서 흔히 발견된다.
3) **수입할당**(quota) : 자국으로 수입되는 재화의 양을 제한하는 규제방법을 일컫는다.
4) **현지화비율규정**(local content regulation) : 해외생산 시 재화의 일정 비율을 현지에서 생산되는 부품 혹은 원자재로 사용할 것을 강제하는 규정을 일컫는다.
5) **행정절차에 의한 규제**(administrative trade policies) : 수입상품이 자국에 들어오는 것을 어렵게 하기 위해 행정적으로 만들어놓은 사실상의 무역장벽이다.
6) **환율조작** : 정부가 정상적인 시장가격보다 낮은 고환율정책을 채택할 경우 이는 수출가격을 낮추는 반면, 수입가격을 높이는 효과가 있음으로써 최근에는 일종의 보호무역 정책의 중요한 도구로 간주되고 있다.

[2] 국제통상환경과 관련된 주요 사례

사례 6-1 철강분야에서의 미 · 중 무역마찰

세계화가 진행되면서 국가 간 거리가 점진적으로 가까워지고 있다. 세계화라는 개념은 1980년대 중반 하버드 대학의 포터(Michael E. Porter) 교수가 미국산업의 경쟁력에 대한 대통령자문위원회 보고서에 소개하면서 주목받기 시작했다. 세계화 개념이 정착되는 초기 단계에 국제통화기금(IMF)은 세계화를 재화와 서비스, 기술, 금융자본이 국경을 넘어 거래되는 양이 증가하는 것으로 정의했지만, 오늘날에는 더욱 포괄적인 의미에서 '국가 간 교통, 통신, 정보기술의 발달을 바탕으로 국가 및 지역 간 존재하는 상품, 자본, 서비스, 정보, 노동 등에 대한 인위적 장벽이 제거되어 전 세계가 상호 의존성이 높아지며 하나로 통합되는 현상'으로 보고 있다. 따라서 한 국가에서 발생한 특정 사건 혹은 국가 간 관계는 당사자뿐만 아니라 전 세계 국가에 영향을 미치게 된다.

국제통상환경과 관련된 대표적 이슈에는 2017년에 발생하여 현시점인 2021년까지 진행 중인 미·중 무역마찰이 있다. 미·중 무역마찰의 중요한 배경에는 지속적으로 증가해온 미국의 무역적자 규모를 원인으로 들 수 있다. 1990년 미국의 무역적자는 약 1천억 달러를 기록했지만, 2017년에는 무역적자의 규모가 약 7,960억 달러에 이르게 된다. 미국과 중국 간 상품교역은 1990년 약 200억 달러에서 2017년에는 6,360억 달러를 기록하면서 30배 이상 증가하였고, 미국의 전체 무역적자에서 대(對)중국 무역적자의 비중은 약 47.1%로 상당히 높은 비율을 차지했다. 이러한 상황 속에서 2017년 8월 14일, 미국의 도널드 트럼프(Donald Trump) 대통령은 미 무역대표부(USTR)의 대표인 로버트 라이트하이저(Robert Lighthizer)에게 무역법 302조에 따라 대중 무역제재 실행 여부를 결정하도록 지시했다. 4일 후인 8월 18일, 미 무역대표부가 교역 상대국의 부당한 행동에 대한 조사와 보복을 가능하게 하는 미국 무역법 301조에 따라, 중국의 기술이전과 지식재산권에 관련된 행동으로 인한 미국의 피해를 조사하기 시작하면서 미·중 무역마찰이 본격화된다.

그리고 미국의 도널드 트럼프 대통령은 2018년 3월, 무역확장법 232조에 근거하여 전 세계 수입 철강제품과 알루미늄제품에 각각 25%, 10%의 관세를 부과하기로 결정했다. 무역확장법 232조는 미국의 안보를 위협할 가능성이 있는 수입품에 대해 대통령이 직접 관세를 부과할 수 있도록 한 조항인데, 1995년 WTO가 발족하면서 사실상 사문화된 조항이었다. 하지만 트럼프 대통령은 미국 근로자와 미국산 철강을 위해 싸우겠다는 명분을 내걸고 2017년 4월 상무부에 무역확장법 232조 부활을 지시하는 행정각서에 서명하였다. 2017년 기준, 대미 철강 수출량이 365만 톤에 이름으로써 세계 3위를 기록한 한국에게 있어서 미국의 철강제에 대해 부과하는 추가 관세는 큰 피해로 이어질 가능성이 있었다.

한국은 한미자유무역협정(FTA)과 연계하여 철강 관세 조치 유예 7개국 중에서 최초로 철강에 대한 25% 추가 관세 면제를 받았지만, 미국은 한국의 대미 철강 수출량을 2015~2017년 한국의 대미 철강 평균 수출량의 70%로 제한하는 수출 쿼터제를 실시했고, 품목별 수입 규제는 오히려 강화되면서 한국의 철강산업도 미·중 무역마찰의 타격을 받게 되었다. 예를 들어, 미국제무역위원회(USITC)는 한국 등 6개국의 냉간 압연 강관이 미국 철강업계에게 피해를 주고 있으니 최대

209.06%의 관세를 부과하기로 했고, 국내 기업 중에는 상신산업과 율촌의 제품에 대해 48%의 반덤핑 관세가 부과되었다. 한국의 대표적 철강기업인 포스코는 열연과 냉연제품에 대한 60%대 관세율로 인해 제품의 가격경쟁력을 상실하게 되면서, 2018년 열연 · 냉연 쿼터를 자진 반납하고 미국에 열연 · 냉연 제품을 수출하지 않는 것으로 결정했다. 이에 더하여, 세계 경제성장 전망이 낮아지고 철강 수요가 둔화되었지만, 철강산업의 특성상 생산능력에는 큰 변동이 없기 때문에 전 세계적으로 철강 공급과잉 문제가 발생하면서 글로벌 철강산업의 상황은 더욱 악화되었다. 2018년 전 세계 철강 수요는 16억 5,790만 톤이었는데, 생산능력은 이보다 5억 7,620만 톤이나 초과하는 것으로 나타났고, 이는 2017년 한국의 철강 수출량인 340만 톤의 약 19배에 해당하는 수치이다. 글로벌 철강 공급과잉과 미 · 중 무역마찰로 인해 글로벌 철강기업은 위기를 맞이했다. 미 · 중 무역마찰로 인해 철강 산업에 고율관세가 부과된 2018년 이후의 영업이익률 변화에서 주목할 점은 세계 주요 철강사의 영업이익률이 전체적으로 감소하는 추세지만, 포스코의 영업이익률 감소 정도가 가장 완만하여 상대적으로 안정적인 실적을 기록했고, 2019년 1분기부터 주요 철강사 중 영업이익률 1위를 달성했다는 것이다.

포스코의 안정적인 성과의 배경에는 포스코의 뛰어난 기술력과 생산력, 그리고

그림 6-1 | **세계 주요 철강사 영업이익률 추이**

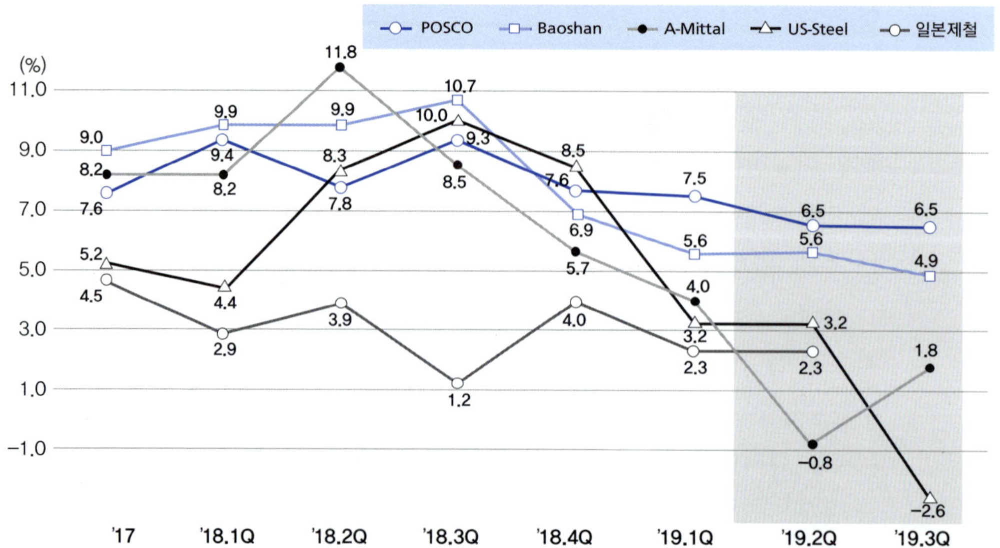

자료 : 포스코 뉴스룸.

위기 대응능력이 있는 것으로 보인다. 포스코는 2020년 조강생산량 기준으로 세계 최대인 단일 제철소 1, 2위를 모두 보유하고 있다(광양제철소 약 1,970만 톤, 포항제철소 약 1,622만 톤). 포스코는 규모의 경제효과를 누리며 생산 효율성을 확보하면서, AI용광로를 중심으로 하는 제철소의 스마트화, 포스코 Hyper NO, Poss470FC 등의 WTP(World Top Premium) 제품과 같이 뛰어난 핵심역량을 보유하고 있다.

포스코는 2014년부터 차별화를 위해 WTP제품에 적극적으로 투자했다. 포스코 Hyper NO는 기존의 전기강판보다 에너지 손실이 30% 낮고, 특수코팅으로 에너지 효율성은 10% 높은 제품으로, 초극박 생산이 가능하다. Poss470FC는 세계 최초로 상용화된 고내식 고전도 스테인리스 제품으로 코팅이 없더라도 높은 내식성과 전도성을 강점으로 갖는다. WTP제품은 생산을 위해 고도의 기술력이 요구되고, 시황에 관계없이 일반강에 비해 안정적인 영업이익을 획득할 수 있는 장점이 있는 제품이다. 포스코의 철강 판매량 중 WTP의 판매비중은 2019년 기준으로 약 29.7%를 기록했다. AI 기술이 적용된 포스코의 포항제철소 2고로는 용선 1톤당 연료투입량 4kg 감소, 하루 생산하는 쇳물의 양은 240톤 증가했다. 이는 연간 중형 승용차 8만 5,000대를 추가적으로 생산할 수 있는 규모이다. 이에 더해, 포스코는 전사적 원가혁신 활동인 Cost Innovation 2020(CI2020)을 지속적으로 추진하며 목표로 했던 연간 2,300억 원의 원가절감을 3분기 만에 달성했다. 이는 직원 복리후생비용은 감축하지 않으면서 실질적으로 원가절감을 이뤄냈다는 점에서 더더욱 의미 있는 성과였다. 이러한 노력으로 글로벌 철강기업의 영업이익률이 요동치는 상황에서도 포스코의 영업이익률은 비교적 완만한 그래프를 유지할 수 있었다.

Question

1. 미국의 철강에 대한 고율관세 부과를 시작으로 무역분쟁이 시작됐는데, 그렇다면 미국이 철강에 고율관세를 부과한 배경은 무엇인가?

2. 포스코는 어떤 전략을 통해 경쟁기업보다 안정적이고 뛰어난 성과를 거둘 수 있었는가?

3. 국제통상환경과 기업운영은 밀접한 관계가 있다. 향후 국제통상환경에서 기업이 주목할 핵심적인 변화는 파리협정(Paris Agreement) 목표를 달성하기 위한 탄소중립(carbon neutral)이다. 포스코는 탄소중립을 위해 어떤 변화를 시도할 수 있을 것으로 예측되는가?

사례 6-2 한국 전자업체들에 대한 미국의 반덤핑관세

반덤핑관세란 외국의 물품이 정상가격(수출국 국내시장가격) 이하로 판매됨으로써 국내 산업이 실질적으로 피해를 받거나 받을 우려가 있거나, 국내 산업의 발전을 지연시킬 때 관세를 부과할 수 있도록 하는 일종의 무역구제제도이다. 반덤핑 여부를 조사하여 반덤핑 판정이 내려지면 정상가격과 덤핑가격의 차액 범위에서 반덤핑관세를 부과함으로써 공정한 가격경쟁이 이루어지도록 하는 것이다. 덤핑판정의 주요 기준은 수입물품에 덤핑행위가 존재하는지, 해당 물품의 수입으로 국내 산업에 피해가 야기됐는지, 덤핑행위와 국내 산업의 피해에 인과관계가 존재하는지 여부 등이다.

1904년 캐나다에서 미국산 철도레일의 수입급증을 막고 자국 제조업자들을 보호하기 위하여 세계 최초로 반덤핑관세 제도를 도입하였다. 우리나라는 1963년 부당염가판매방지관세제도를 기원으로 하며 1986년에 처음으로 입법되었다. 반덤핑 제도의 법적 근거는 관세 및 무역에 관한 일반협정(GATT 1994), WTO 반덤핑협정(GATT 1994 제6조의 이행에 관한 협정) 등에서 규정하고 있으며, 우리나라에서는 관세법(기획재정부)과 불공정무역행위조사 및 산업피해구제에 관한 법률(산업통상자원부)에서 규정하고 있다. 덤핑수입으로 국내 산업이 손해를 입을 경우, 수입국 정부가 취할 수 있는 반덤핑조치로는 수량제한, 가격약속, 수출중지 등이 있다. 수량제한은 수입물량을 일정 부분으로 제한하는 것이며, 가격약속은 공급자와 수입국 정부 간에 국내 산업의 피해를 보전할 수 있는 수준까지 덤핑물품의 수출가격을 인상하는 것이며, 수출중지는 덤핑수출을 중지하는 것이다. 우리나라의 경우 가격약속과 수출중지제도를 운영하고 있으며, 수량제한제도는 운영하지 않고 있다.

미국의 경우에는 반덤핑법을 담당하는 기관이 상무부[1)]와 국제무역위원회(ITC)[2)]이다. 덤핑으로 인해 피해를 본 회사는 자국 내 관할 민사법원에 소송을 제기하여 반덤핑 제소를 하는 것으로 시작되며, 덤핑으로 인한 피해가 확실하다는 판결이

1) 저자 註 : 미국의 경제자원에 대한 개발을 담당하고, 미국의 대외무역정책을 수립하며, 상무 및 공업 분야의 여러 업무를 총괄한다.

2) 저자 註 : 대외무역이 국내의 생산, 고용, 소비에 미치는 영향에 관한 모든 요인을 조사하는 미국 대통령 직속의 준사법적 독립기관으로, USTR(미국통상대표부)와 함께 국제통상 문제를 담당하는 중요한 기구이다.

나오는 경우, 피고는 원고에게 피해액의 최대 3배까지 보상해야 한다.

한편, 월풀(Whirlpool)은 미국 내 백색가전 시장에서 삼성전자나 LG전자와 같은 한국산 제품으로 인해 제대로 점유율을 확보하지 못하게 되자, 2011년 3월 31일 한국산 냉장고에 대한 반덤핑 제소를 하였다. 이에 같은 해 4월 19일에는 미국 상무부에서 냉장고 시장에 대한 조사를 시작하였고, 6개월 후인 10월 27일에는 반덤핑 예비판정을 내렸으며, 이때 삼성전자는 32.5~36.65%를, LG전자는 4.09~16.44%의 덤핑률을 판정받게 되었다. 그리고 이어서 동년 12월 30일, 월풀은 한국산 세탁기에 대한 반덤핑 제소를 하였다. 다음 해인 2012년 1월 19일, 미국 상무부에서는 세탁기에 대한 조사개시 여부를 발표하였고, 한 달 뒤인 2월 15일에는 미국 국제무역위원회에서 세탁기 산업피해 예비판정을 내렸다.

같은 2012년 12월 20일, 미국 상무부에서는 동부대우전자, LG전자, 삼성전자에 의해 한국과 멕시코에서 생산된 세탁기가 정부 보조금과 덤핑을 통해 미국시장에서 저가에 판매되고 있다는 최종 판결을 하였으며, 다음 해인 2013년 1월 23일에는 국제무역위원회가 삼성전자 · LG전자 등 한국 전자업체가 수출하는 세탁기에 대해 반덤핑 · 상계관세를 부과키로 최종 결정하기에 이른다. 반면, 냉장고의 경우 2012년 4월 국제무역위원회에서 자국 내 산업에 대한 피해가 없다고 판정함에 따라 조사를 종결하였다.

국제무역위원회의 결정으로 삼성전자는 11.14%, LG전자는 13.02%, 동부대우전자는 154.71%의 관세를 각각 물게 됐다. 동부대우전자의 관세율이 유난히 높은 이유는 수출물량이 많지 않아 현지 당국의 조사 요청에 응하지 않았기 때문이라는 설명이다. 가전 사업 영업이익률이 3~4% 안팎 수준인 점을 감안하면 국내 업체들은 엄청난 타격을 받는 셈이다. 참고로 LG전자와 삼성전자는 2011년 기준으로 각각 20.7%와 17.4%의 점유율로 미국 세탁기 시장에서 1, 2위를 차지했다.

삼성, LG, 동부대우 3사는 이번 판정에 불복하여 미국 정부를 미국 국제무역법원(CIT)에 제소한 상태이며, 한국 정부 역시 같은 해 8월, 미국의 조치가 WTO 협정에 위배된다고 판단하고 WTO의 분쟁해결 절차에 회부하였고 아직 결과가 나오지 않은 상태이다. 우리 정부는 미국 정부가 세탁기 덤핑 마진을 산정할 때 '제로잉(Zeroing)'을 적용한 것은 WTO 협정을 위반한 것으로 판단하고 있다. 제로잉은 제품별 덤핑률을 모두 합산하는 게 아니라 마이너스 마진이 나온 제품은 마진을 '0'으로 계산하는 것을 일컫는다. 이렇게 되면 실제보다 덤핑 마진이 높게 나올 수밖에 없다. 미국 상무부는 수출업체가 특정 구매자, 특정 시기, 특정 지역에만 집중적으로 덤핑하는 '표적 덤핑'을 한 것으로 판단되면 관행적으로 제로잉을 적용해 해당 업체에 더 많은 불이익을 주고 있다. 제로잉 기준을 사용하는 나라는 미국이 유일하다.

Question

1. 삼성, LG, 동부대우 등 한국기업들이 덤핑이라는 오해를 받을 만큼 미국시장에 저가로 제품을 공급한 구체적인 이유는 무엇이라고 판단하는가?
2. 과연 상기 상황에서 한국기업들의 승소 가능성은 어느 정도라고 예견하는가?
3. 문제를 해결하기 위해서는 한국기업과 정부가 어떠한 대책을 세워야 하겠는가?

사례 6-3 자동차산업의 기술적 무역장벽: ISO 26262－자동차 기능 안전성 국제표준

1. 개념과 도입 배경

ISO 26262는 '기능안전(Functional Satety) 국제표준'으로서, 차량용 전장부품시스템에 적용되는 기준이다. 이 기준에서는 전장부품의 설계에서부터 폐기에 이르는 전 과정이 안전하게 이루어졌다는 것을 증명하는 과정이 요구된다. BMW · 벤츠 · 폭스바겐이 속해 있는 독일자동차공업협회(VDA)에서 주도적으로 도입하여, 국제표준화기구(ISO)에서 채택된 후 2011년 11월 15일에 공표되었다.

과거 자동차에 대한 안전을 말할 때는 기계공학적 관점을 중심으로 설명이 이루어졌다. 하지만 이러한 경향은 자동차의 급격한 전장화와 함께 바뀌기 시작했다. 자동차가 기술적으로 선진화 · 고도화되어감에 따라, 자동차 설계부터 사용에 이르기까지 전반적인 영역에서 전자부품의 사용 비중이 크게 증가했고, 이 때문에 전자부품의 오류는 자동차 사고와 밀접한 연관을 갖게 되었으며, 따라서 전자부품의 오류 가능성을 현저하게 줄이는 것이 당면한 문제로 떠오르게 되었다. 오늘날에 이르러서는 안전 개념에 대한 패러다임 자체가 변하면서 전장부품 중심의 설명이 요구되고 있다.

자동차 안전 개념의 패러다임이 변화하기 시작한 데에는 2009년 미국에서 있었던 '도요타 리콜사태'가 주요 원인이 되었다. 2009년 8월 '렉서스 ES350'에 타고 있던 일가족 4명이 죽는 사고가 발생하고, 원인을 조사하는 과정에서 가속페달이 문제라는 것이 발견되었다. 이에 대한 정밀조사가 이루어지면서, 문제가 발견되는 결함 부위와 대상 차종이 점차 늘어나, 도요타는 전 세계에서 리콜 및 수리 대상으로 지목된 자동차가 천만 대를 넘는 상황에 직면하게 되었다. 선진화된 기술력을 자랑하던 도요타가 대규모의 리콜사태를 맞게 된 것은 도요타가 앞서 나가는 자동차 기술을 설계단계에서부터 제대로 반영하는 데에 실패했기 때문이다. 자동차 기술은 갈수록 복잡해지고, 특히 고급차종이나 친환경자동차의 경우 급속도로 전자화가 진행되고 있다. 때문에 설계단계에서부터 이러한 복잡성과 전자성을 반영할 수 있는 매우 정교한 제품설계가 요구되는데, 이를 제대로 충족시키지 못한 것이다.

이렇게 자동차 기술이 복잡해지고 전자화되는 상황에 맞춰 전 세계의 자동차업계들이 준수해야 할 새로운 표준이 필요해졌고, 그런 시대적 요구에 발맞춰 독일 업체들을 필두로 한 선발 자동차업계들이 앞장서서 제작한 새로운 국제표준이 ISO 26262이다.

2. ISO 26262가 불러온 자동차업계의 변화

도입 초기에는 ISO 26262가 사실상 독일이나 미국 등의 자동차 선진기업들을 위한 무역장벽이라는 목소리가 컸다. 이미 기술적으로 앞서 있는 자동차 기업을 후발주자들이 추격하기란 결코 쉬운 일이 아니기 때문이다. 결과적으로 이러한 효과의 발생이 예견되었기 때문에, 우리나라 자동차업체들을 비롯해 기술적으로 비교적 뒤처져 있는 기업들과의 격차를 더 벌릴 수 있도록 '국제표준'의 형태로 비관세장벽을 만들었다는 뜻이다.

실제로 ISO 26262는 기술적 무역장벽의 성격을 지니고 있다고 볼 수 있다. 글로벌 주요 완성차 업체와 부품업체들은 새로운 국제표준 대응에 기민하게 움직이고 있다. 이미 독일의 폭스바겐과 같은 해외 완성차 업체들은 부품에 대해 ISO 26262의 준수 여부를 확인하고 이에 따라 입찰 기회를 제한하고 있다. 폭스바겐을 비롯해 BMW, 벤츠, 아우디, GM, 도요타, 닛산 등이 부분 또는 전면 ISO 26262를 도입한 상태이며, 이 같은 추세는 여타 자동차 제조업체로 곧 확대될 전망이다. 부품업체도 이 같은 추세를 맞추기 위해 노력하고 있다. 완성차 업체들이 부품업체에게도 ISO 26262 준수를 요구하고 있고, 이에 발맞춰 보쉬, 콘티넨탈, TRW 등 대형 부품업체들은 관련 기술을 연구개발하고 도입하고 있다. 이러한 변화를 따라잡기 위해 후발업체들은 새로운 표준을 맞추기 위해 추가적인 연구개발을 위한 비용과 기간이 필요하게 되었다.

3. 국내 자동차업계의 미흡한 대응

우리나라 자동차업계는 ISO 26262가 자동차산업 전반에 몰고 올 파장에 대해 선제적으로 대응해 내지 못했다. ISO에서 ISO 26262가 공표된 것은 2011년인데, 국내기업들이 이에 본격적으로 대응하기 시작한 것은 2년이나 지난 2013년에 이르러서였다. 그 사이에 폭스바겐과 같은 세계 유수의 완성차 업체들이 ISO 26262를 충족한 부품에 대해서만 입찰 기회를 부여하기 시작하면서, 미처 새로운 표준에 대해 준비를 해놓지 못한 국내 부품업체의 수출이 중단된 것이다. 국내 중소부품업체들은 뒤늦게나마 새로운 국제표준에 부응하기 위한 연구개발을 시작했지만 전문 인력과 자금의 부족으로 인해 여전히 대응에 어려움을 겪고 있다. ISO 26262의 엄격한 기준과 규제 때문에, 이를 충족시키기 위한 연구개발에는 통상적인 연구개발 과정에 소요되던 것에 비해 2~4배의 시간과 비용이 요구되는 것으로 알려져 있다.

국내 자동차산업의 특성상 이러한 업계 표준의 변화에 대응하고 새로운 프로세스를 정착시키는 데는 현대자동차그룹의 역할이 지대하다. 하지만 현대차가 국제표준에 대한 선제적인 대응에 소극적인 모습을 보임에 따라 국내 자동차업계 전반의 대응이 전반적으로 뒤처지고 있고, 현대·기아차를 비롯한 완성차 기업은 물론, 부품 협력사까지 새로운 국제표준이 이미 도입된 후에야 비로소 뒤늦게 본격적인 대응을 마련하고 있는 실정이다. 이미 ISO 26262가 도입된 지 2년이 지난 후인 2013년까지도 현대차는 전장부품 기능안전 표준에 대한 명확한 자체 기준을 제시하지 못하고 있었고, 이에 협력사들 역시 곤란을 겪을 수밖에 없었다.

4. 향후 계획

2013년 6월, 국내 자동차 관련 유관 연구기관인 자동차부품연구원·한국산업기술시험원·한국전자통신연구원이 모여 국내 자동차 부품 중소기업들이 새로운 국제표준에 대응할 수 있도록 지원하기 위해, 협업 시스템을 구축하기로 합의했다.

ISO 26262에 체계적으로 대응할 수 있도록 각 연구원의 강점을 살린 체계적인 지원 시스템을 만들 계획에 있다. 2014년 3월, 현대차는 2015년 말부터 신차 개발 전 과정에 걸쳐 ISO 26262를 도입한다고 발표했다. 하지만 이 계획이 순조롭게 이루어진다 하더라도 업계 선발주자들과 비교했을 때 이미 최대 4년 정도 늦은 출발이기 때문에 난관이 예상된다.

Question

1. 세계 시장의 선발 글로벌 자동차업체들이 ISO 26262의 공표 이전부터 이에 선제적으로 대응하려는 움직임을 보인 반면, 현대·기아차 및 국내 부품업체들의 대응은 경쟁사 대비 미진한 상황이다. 이로 인해 겪게 될 국내 수출기업들의 불이익을 선진국 및 개발도상국 시장으로 구분하여 분석하시오.
2. 이를 극복하기 위해 향후 현대·기아차 및 현대모비스·만도·LG전자 등과 같은 국내 대형 부품업체들이 어떠한 대응을 해야 할 것으로 관측되는가?
3. 국내 수출기업들을 돕기 위한 정부의 정책들로는 무엇이 있겠는가?

사례 6-4 세이프가드 협정과 한·중 마늘 분쟁

1. 세이프가드 협정

세이프가드(safeguard)는 긴급수입제한조치로서 외국제품의 수입이 급증하여 국내 산업에 심각한 피해를 입힐 우려가 있을 때 조사를 통해 수입 수량을 제한하거나 관세율을 인상하는 등의 구제조치를 취하는 것이다. 즉, 특정 물품의 수입이 급격하게 증가해서 수입국의 전반적인 경제 환경이나 국내 경쟁 산업에 피해를 줄 것이 예견될 때 WTO세이프가드협정에 의거하여 실시하는 WTO 회원국의 대응조치라 할 수 있다. 세이프가드는 수입을 일시적으로 한정지어 손실을 입은 국내 경쟁 산업에게 조정기회를 제공함으로써 해당 산업의 경쟁력을 증진시키고 자원의 효율적 이동을 향상시키는데 그 의미가 있다고 볼 수 있다. 국제무역에 대한 장벽이 낮아짐에 따라 서로 다른 체제 간 무역으로 발생할 수 있는 급격한 변화를 방지하는 조치를 사용함으로써 특정 산업이 입을 수 있는 피해를 보호하고 경쟁력 있는 타국의 산업에 적응할 수 있는 시간을 부여하고자 하는 것이다.

세이프가드는 특정 상품이 경쟁적인 상품을 생산하는 국내의 산업에 심각한 피해를 초래하거나 그러한 우려가 발생할 정도로 과도한 물량이 수입되고 있다고 판단될 때 발동 가능하다. 세이프가드 조치는 제정된 조사절차에 따라 조사당국이 조사를 거쳐 특정 물품의 수입이 국내 생산에 비해 급격히 증가함으로써 동종물품 또는 직접 경쟁관계에 있는 국내의 산업에 피해를 주거나 그러한 우려가 있다고 판단하는 경우 원산국에 관계없이 무차별적으로 적용하도록 발동요건과 적용원칙을 정하였다.

세이프가드는 모든 수출국에 대해 공평하게 적용되는 것이 원칙이다. 그러나 특정 회원국으로부터의 수입이 불균등한 비율로 증가했고, 사유가 정당화되고 조건이 공평하다는 것이 증명되는 경우 긴급수입제한조치위원회 아래 특정 수출국에 대해 쿼터 할당 기준으로부터의 일탈이 가능함이 규정되어 있다. 수량제한의 경우에는 과거 3년 동안의 평균 수입량 이하로는 불가능하며, 쿼터 할당 시 관련국과 합의를 우선으로 하고, 합의가 이루어지지 않는 경우 과거 수입 비율에 따라 국별로 쿼터를 배분할 수 있다. 세이프가드의 적용기간은 원칙적으로 4년을 초과할 수 없다. 또한 WTO 협정 발효 이후에 취해진 세이프가드 대상이었던 상품의 수입에 대하여는 2년간 이를 재적용하지 못한다.

세이프가드 적용 제안 또는 조치연장을 희망하는 회원국은 그 조치에 의해 영향을 받게 되는 수출회원국과 보상의 방법에 대하여 협의를 거쳐야 하며, 이에 대한 합의가 이루어지지 않을 경우 영향을 받는 수출회원국은 특정 기간 이내에 세이프가드를 적용한 회원국의 무역에 대하여 의무의 적용을 정지할 수 있게 된다. 즉, 세이프가드를 발동 또는 연장하는 국가는 관련 회원국과 보상에 대하여 협의할 수 있으며, 협의 개시로부터 90일 이내에 합의를 하지 못한 경우 영향을 받는 수출국은 일정 기간의 경과 후에 발동국에 동등한 양허와 기타 의무의 적용을 정지할 수 있게 된다.

회원국은 조사결정과 피해의 판정, 세이프가드 적용 및 연장 결정시에는 긴급수입제한조치위원회에 통보하여야 하고 아울러 이에 대한 정보를 제공하여야 한다. 그리고 회원국은 관련 수출국가에 정보제공, 의견교환, 쌍방 협의를 할 수 있는 기회를 제공하여야 한다.

2. 한 · 중 마늘 세이프가드 분쟁

우리나라의 통상교섭체제와 통상문제에 대한 우리의 인식이 갖고 있는 여러 가지 문제점들이 뚜렷이 드러난 사례가 있으니, 이는 중국산 마늘에 대한 세이프가드 연장 조치 불가 파문과 관련된 이른바 한 · 중 마늘 분쟁이다. WTO체제가 출범한 이후 한국과 중국 간 마늘가격의 현저한 차이로 인해 높은 관세율에도 불구하고 신선/냉장 및 건조마늘의 수입은 계속적으로 증가해 왔고, 특히 냉동마늘과 초산조제마늘의 경우 1996년 대비 1999년 냉동마늘은 9배, 초산조제마늘은 4배가량 증가하여 전체 마늘 수입은 총 5배 이상 증가하였다. 이와 같은 마늘수입의 급증 때문에 수입마늘의 국내 점유율은 1996년 3.3%에서 1999년 12.2%로 엄청나게 증가하게 된다. 중국산 마늘의 수입급증으로 인하여 국내의 마늘생산 농가가 피해를 입게 됨에 따라 이들을 대표한 농협중앙회가 1999년 9월 무역위원회에 산업피해 조사를 신청했으며, 무역위원회는 중국산 수입마늘에 대한 피해조사를 착수하여 1999년 10월 잠정긴급관세의 부과를 건의하여 그 다음 달 18일에 200일 동안 냉동마늘과 초산조제마늘에 대하여 수입관세를 30%에서 315%로 인상하는 잠정긴급관세를 부과하기로 결정하였다.

무역위원회의 피해조사 결과 구제조치가 지연될 경우에는 국내 마늘생산농가에 회복할 수 없는 어려움이 초래될 수 있다는 판정에 근거하여 잠정긴급수입제한조치를 취할 때 중국 정부에게 이 사실을 통보하였으며, 2000년 1월 12일 개최된 공청회 내용과 최종 판정사항도 통보되었다. 우리 정부가 중국산 마늘의 수입증가로 인하여 산업피해의 긍정판정을 내린 이후 중국 정부가 구제조치를 위하여 협상을 요청함에 따라 서울과 북경에서 협상이 각각 개최되었다. 우리 정부는 중국산 농산물의 시장접근에 도움을 주기 위해 옥수수, 참깨 등의 수입확대와 현행 조정관세가 부과되는 품목에 대한 관세의 인하방안을 제시하였으나 우리의 제안을 중국 정부가 거절함으로써 협상이 결렬되었다.

우리나라는 2000년 5월 WTO에 세이프가드조치의 발동을 통보하고, 6월에 중국산 냉동마늘과 초산조제마늘에 대하여 3년간 긴급관세를 연장하는 조치를 취하였다. 이에 대하여 중국 정부는 한국의 마늘에 대한 긴급관세의 부과를 보호무역조치라고 간주하고 보복조치로서 한국이 수출하고 있는 휴대폰과 폴리에틸렌에 대해 수입금지 조치를 내렸다. 당시 중국산 마늘의 수입액은 898만 달러인데 비해 핸드폰 및 폴리에틸렌에 대한 수출총액은 5억 달러에 이르고 있었다. 이에 따라 한국과 중국의 양국대표가 무역 분쟁을 해결하기 위하여 3차 협상을 벌인 결과, 중국이 한국산 휴대폰 및 폴리에틸렌의 수입중단조치를 해제하는 대신, 한국은 중국에서 수입되는 냉동마늘과 초산조제마늘을 매년 2만여 톤씩 수입하는 관세율쿼터(TQR)를 실시하며, 저율의 기본관세 50%로 수입 가능한 최소시장접근(MMA)물량 1,895톤을 중국산 마늘로 도입한다는 합의에 도달하였다.

이 같은 합의에 따라 일단락된 듯했던 한·중 마늘 분쟁은 2001년 4월 6일 한중 실무협상에서 중국 정부가 보복조치를 재개할 것을 경고하면서 재연된다. 중국 정부는 한국이 2000년에 32,000천 톤을 수입해 주기로 약속하고 실제론 22,000천 톤밖에 수입하지 않았기에 이는 협정 위반이라고 주장하였다. 이에 대해 한국 측은 2000년도 예정된 수입물량이 미소진된 이유는 도입기간이 4개월 정도(2000년 8월 2일부터 발효)였기 때문이라고 설명했다. 하지만 한국은 2000년 4월 21일 북경에서 열린 한·중 통상장관회담에서 미소진 물량(약 1만 톤)을 2001년 8월 31일까지 전량 수입하고 2001년, 2002년 쿼터물량 수입도 보장하겠다고 약속했다. 중국 측 주장에 일방적으로 굴복한 통상협상이라는 국내적 비난이 있었지만 한·중 마늘 협상은 종결된 듯했다.

그런데 2002년 6월 28일 농협중앙회가 마늘 세이프가드를 2006년 말까지 4년 연장해 줄 것을 무역위원회에 요청하면서 파문이 다시 확산되었다. 하지만 무역위원회가 연장을 위해 필요한 심의를 시작할 즈음, 한·중 마늘협상의 부속서에 2003년 1월부터 마늘 수입을 자유화한다는 합의조항이 들어 있음이 알려졌고, 이로 인해 세이프가드 조치의 연장이 불가능하게 되었다.

이러한 사실을 알게 된 마늘 재배농가들은 강력하게 반발하였으며, 정부의 통상협상과 관련된 비판들이 언론을 통해 보도되기 시작하였다. 이러한 마늘 파문이 확대되자 정부는 2003년부터 5년간 1조 8,000억 원을 투입하는 '마늘산업종합대책'을 내놓았고, 무역위원회는 농협의 마늘 세이프가드 연장 요구를 한·중 마늘 협정과 마늘산업 구조조정정책 실시를 이유로 기각하였다.

1. 당시 한국 정부의 대처는 적절했는가? 만일 그렇지 않았다고 판단한다면, 그 이유는 무엇인가?

2. 1번 질문과 관련하여, 한국 정부가 취했어야 할 대안을 제시해 보시오.

3. 중국과의 자유무역협정 체결을 고려할 경우 국내 농가에 미치는 지대한 파급효과와 심각한 피해가 우려된다. 이에 대한 대응방안으로서 정부는 어떠한 방향의 정책전략을 마련해야 한다고 판단하는가? 의견을 제시하시오.

사례 6-5 중국의 온라인게임시장, 포기해야 할까?

국내 온라인게임업체들은 자국 시장을 보호할 목적으로 중국 정부에 의해 설치된 비관세장벽으로 인하여 중국시장 진출에 많은 어려움을 겪고 있다. 중국 온라인게임시장은 2007년 17억 달러에서 2008년 25억 달러로 47% 이상 급증하였고, 현재까지도 연간 20% 이상을 웃도는 신장률을 기록하며 가파른 성장을 이어가고 있다. 하지만 중국은 아직도 인터넷 보급률이 상대적으로 낮은 수준이기에 앞으로도 지속적으로 인터넷 보급률이 높아질 것으로 예상되는바, 이로 인해 온라인게임 이용자 수도 증가함으로써 게임시장의 규모는 계속 성장할 것으로 보인다.

이러한 시장의 규모와 성장세를 기회삼아 다수의 국내 온라인게임업체들이 2001년 이후부터 중국으로 진출하였고, 비교적 중국 정부가 관심을 갖지 않았던 초기에는 많은 성공을 거두는 듯했다. 그 대표적인 예로 엔씨소프트의 리니지와 넥슨의 카트라이더를 들 수 있다. 엔씨소프트는 2002년 대만의 감마니아 디지털 엔터테인먼트사와 라이선싱 계약을 체결하여 '천단'이라는 이름으로 중국 온라인게임시장에 진출하였다. 리니지는 출시 후 폭발적인 인기를 얻었고, 이를 바탕으로 엔씨소프트는 중화권 진출의 발판을 마련하였다. 엔씨소프트는 중국에서 정보력과 자금력을 동시에 갖춘 중화권 최대 온라인 미디어인 시나닷컴과 상해에 합작법인 엔씨시나를 설립하여 중국에서 리니지 I, II를 한때 모두 성공시켰다(<사례 8-1> 참조). 넥슨의 카트라이더 또한 다양한 제휴협력을 통해서 마케팅을 실시하여 2006년 누적 회원 수 1억 2,000만 명을 돌파하며 성공적인 중국시장 진출을 달성하였다.

이러한 게임시장의 성장과 해외기업의 성공은 중국 정부가 온라인게임산업에 비로소 눈을 돌리게 하는 데 일조하였다. 2002년 이전까지 중국은 게임산업에 많은 관심을 두지 않았으며, 관련 법규도 미비했다. 하지만 해외기업들의 눈부신 성

과로 인해 온라인게임시장이 급격하게 성장하기 시작했고, 이에 중국 정부는 온라인게임을 국가차원의 신성장동력 산업으로 인정하고 적극 장려, 육성하기 시작했다. 중국 정부의 여러 부처들－신문출판총서, 문화부, 여타 중앙부처－은 여러 가지 정책적 수단들을 사용하여 비관세장벽을 쌓아올려 우선 해외기업의 진입을 막고 자국기업이 성장할 수 있는 환경을 조성하기 위한 노력을 개시하였다.

먼저, 중국은 게임산업을 외국인직접투자 금지업종에 포함시키며 해외기업 및 외국산 게임이 중국시장으로 직접 진출하는 것을 원천적으로 봉쇄하였다. 중국은 본래 외상투자산업지도목록을 작성하여 발표함으로써 해외투자를 장려하기도 하고 제한하기도 한다. 외상투자산업지도목록에는 장려업종, 제한업종, 그리고 금지업종이 기술되어 있으며, 금지업종으로 구분될 시 외국자본의 투자는 아예 불가능해진다. 제한업종의 경우에는 중국 투자자의 지분통제 등의 출자제한 또는 투자허가 단계에서의 까다로운 심사 등의 요건이 부여된다. 중국 정부는 게임산업을 금지업종으로 분류하여, 해외기업이 중국시장에 진출하려면 라이선싱 계약이나 중국기업과의 합작회사 형태로서만 진출을 가능하게 했다.

나아가 중국 정부는 온라인게임을 서비스하기 위해 필요한 많은 허가증을 자국기업에 한해서만 발급받을 수 있도록 하였다. 설령 법적으로는 외국기업에게도 취득이 허용된 허가증일지라도 실질적으로는 관례상 중국 정부로부터 이를 취득하기가 매우 어려웠다. 이러한 허가증에는 전신업무경영허가증[ICP(Internet Contents Provider) 허가증이라고도 함], 인터넷문화경영허가증 및 판호를 들 수 있다.

영리성을 목적으로 인터넷 정보서비스를 이용하는 기업은 중국 정부 내 통신관리국을 통하여 전신업무경영허가증을 반드시 취득하여야 한다. 전신업무경영허가증의 발급조건은 다음과 같다. 첫째, 외국투자비율이 50%를 초과해서는 안 된다.

둘째, 자본금은 최소 1,000만 위안 이상이어야 한다. 셋째, 부가통신업에 대한 실적을 증명할 수 있어야 한다. 한편 인터넷문화경영허가증이란, 인터넷문화기업의 관리를 위하여 중국 인민정부의 문화행정부서에 의해 발급되는 허가증이다. 즉, 중국 문화부는 인터넷문화경영허가증을 통하여 인터넷문화 활동에 대한 관리감독을 시작하였다. 발급조건은 다음과 같다. 첫째, 중국기업이거나, 중국기업과의 합작기업만이 취득 가능하다. 둘째, 관리인력이 8명 이상이어야 한다. 셋째, 1,000만 위안 이상의 자본금이 있어야 한다.

마지막으로 신문출판총서에서 온라인게임 내용의 심의 후 받는 허가번호의 일종인 판호 역시 발급받는 절차와 조건이 매우 까다롭다. 발급절차는 다음과 같다. 첫째, 중국의 판권보호센터에서 지적재산권 상표가 중국기업의 이름으로 올라와 있는지 확인한다. 둘째, 신문출판총서에 판호를 신청한다. 셋째, 신문출판총서에서 게임내용을 심의하여 판호를 발급한다. 절차는 단순해 보이지만 해외기업에게는 매우 까다로운 잣대를 들이대고 있어서 이 또한 실질적으로는 해외기업들이 이를 취득하는 것을 매우 어렵게 만들어놓았다. 예컨대, 판권보호센터에 해외기업이 제출하는 서류의 양은 중국기업이 제출해야 하는 서류의 양의 2배를 넘어선다. 게다가 해외기업의 경우 판호를 발급받기 위해 소요되는 기간이 너무나 길어서, 허가증 발급에만 1년 이상의 기간이 소요된 경우도 있었다. 또한 해외 콘텐츠에 대한 내용 심의도 매우 까다롭다. 자국기업의 콘텐츠 심의는 거의 형식적인 수준인 데 반하여, 해외제품에 대한 심의는 2중의 심사를 거치며 매우 까다롭게 검토를 한다.

이렇듯 중국의 규제강도가 심해짐에 따라 중국에 진출한 국내 산업들은 직・간접적으로 큰 타격을 받았다. 중국의 지속적인 규제강화와 까다로운 절차들 때문에 현지 경영에 많은 제약이 생겨났고, 불리한 조건 속에서 중국기업과의 경쟁에서 패배하며 시장에서 지속적으로 밀려나게 되었다. 라이선싱 계약으로 인한 기술유출 또한 경쟁을 어렵게 하였다. 현지 경영에 대한 통제력 약화와 기술유출은 초기의 성공에도 불구하고 국내 업체들이 중국시장에서 안정적인 성공을 이어가는 데 어려움으로 작용하였다. 그 구체적인 예시로 지금부터 NHN의 중국 진출 사례와 엑토즈소프트의 '미르의 전설 시리즈' 사례를 살펴보고자 한다.

1. NHN의 중국 진출 사례

NHN은 2004년 1,200억 원 이상을 투입하여 중국 온라인 기업 해홍과 합작법인 '아워게임'을 설립하여 중국시장 진출을 시작하였다. 하지만 2010년 10월 NHN은 아워게임 보유지분을 매각한다는 발표를 하며 중국 진출의 실패를 알렸다. 아워게임은 설립 당시 1억 5천만 명이 넘는 회원 수와 75만 명이 넘는 동시접속자 수를 보유하고 있었다. 아워게임의 기존 회원 수를 바탕으로 NHN은 국내 온라인게임을 넓은 중국시장에 발 빠르게 보급할 수 있다는 판단 아래 중국 진출에 대한 과감한 투자를 시행하였다.

하지만 중국 정부의 해외기업 진입규제가 지속적으로 강화됨에 따라서 경영을 하는 데 많은 어려움을 겪게 되었다. 아워게임이 까다롭고 복잡한 규제에 발이 묶여 시장의 변화에 민첩하게 대응하지 못하고 새로운 게임을 출시하는 데 어려움을 겪는 동안, 중국 정부의 전폭적인 지지를 받고 있던 상해샨다네트워크발전유한공사(이하 '샨다')와 텐센트 등의 중국기업들은 한국산 게임을 재빠르게 수입하여 엄청난 인기를 불러 모았음은 물론, 이로 인해 시장을 선점할 수 있었다.

엎친 데 덮친 격으로, 또한 아워게임은 중국 정부로부터 회사의 주력사업분야인 웹보드게임에 대한 견제를 받게 된다. 중국 정부는 사행성 게임관련 문제로 웹보드게임에 대한 규제를 강화하기 시작했고, 아워게임은 이로 인하여 큰 타격을 입게 되었다. 더불어, 중국은 해외 온라인게임업체가 중국기업과의 라이선싱 계약이나 합작회사를 설립하는 형태로만 자국 게임시장에 진출할 수 있게 하여 자국의 게임산업을 육성하려고 하였는데, 이러한 라이선싱 계약은 NHN에게 여러 가지 불리한 요소로 작용되었다. 우선, 주지하고 있듯이 라이선싱을 통한 수익은 직접투자를 통한 수익보다 훨씬 낮다. 중국은 시장 내 수익의 대부분을 중국기업이 차지할 수 있게 도움으로써 자국기업의 성장을 촉진하고자 하였다. 또 다른 라이선싱의 단점은, 계약 시 상당한 수준의 기술이 라이선시에게 이전된다는 사실이다. 결국 라이선싱 계약을 통하여 중국은 한국과의 기술격차를 좁히는 기회로 삼았다.

NHN은 결국 지속적으로 강화되는 중국 정부의 온라인게임산업에 대한 보호규제의 장벽에 가로막힌 채 이를 극복하지 못하고 중국 진출에 실패를 하게 되었다.

2. 엑토즈소프트의 중국 진출 사례

엑토즈소프트(이하 '엑토즈')의 '미르의 전설'은 해외기업에 대한 중국 정부의 규제사항 중 하나인 라이선싱 계약의 한계점으로 인하여 중국 진출이 좌절된 사례이다. 엑토즈는 중국의 온라인 퍼블리셔 업체인 샨다와의 라이선싱 계약을 통하여 중국시장에 대한 진출을 시도한다. '미르의 전설2'는 샨다라는 업체를 통하여 중국에서 2001년 11월 상용화되었고, 상용화가 시작됨과 동시에 선풍적인 인기를 끌며 불과 상용화 4일 만에 동시접속자 수가 5만을 넘어섰으며, 8개월 만에 동시접속자 수가 40만 명을 돌파하였다. 엑토즈는 '미르의 전설2'의 성공으로 인하여 중국의 대표적인 온라인 퍼블리셔로 자리매김하게 되었다.

하지만 엑토즈와 샨다 간에 분쟁이 발생함으로써 이 성공은 그리 오래 지속되지 못했다. 분쟁의 쟁점은 엑토즈에 대한 샨다의 로열티 지급이 연체되기 시작하면서 비롯되었다. 샨다는 2001년 12월부터 2002년 7월까지 번번이 로열티 지급기한을 넘기기 시작했다. 엑토즈는 약속된 기안 안에 로열티를 지불하지 않는 샨다로 인하여 2002년 7월 9일 샨다에게 라이선싱 계약중지에 관한 최후통첩을 발송한다. 이에 샨다는 한발 물러선 입장을 취하며 두 기업은 보충계약서까지 작성하게 되지만 이것으로 문제가 해결되지는 않았다.

보충계약서가 작성되었음에도 불구하고, 샨다는 "중국 내 '미르의 전설2' 불법서버 문제로 인하여 이용자 수가 절반으로 감소하는 피해를 입었음에도 액토즈소프트가 이에 대해 아무런 대응을 안했다"고 주장하고, 이로 인한 물리적 손해배상을 요구하며 2002년 7월 이후 로열티 지급을 거부하였다. 한편 이러한 샨다의 주장에 대해서 액토즈소프트는 "자사(自社)가 중국에서 사법권을 가지고 불법 서버를 단속할 방법은 현실적으로 없다"면서 "그래서 액토즈소프트는 샨다에 불법 서버 단속에 관한 권한을 위임했었다"고 밝혔다. 당시 샨다가 미지급한 로열티는 약 1천 2백만 달러에 달했다. 결국 두 기업은 절충점을 찾지 못하고 라이선싱 계약을 해지하고 만다.

하지만 문제는 여기서 그치지 않았다. 이후 샨다가 출시한 '전기 세계'가 또다시 두 기업 간 분쟁의 불씨로 작용하였다. 즉, 엑토즈는 샨다의 '전기 세계'가 미르시리즈를 불법복제한 게임이라고 주장하였고, 게임캐릭터, 게임 시스템, 그리고 게임 진행방식 등 많은 부분이 미르시리즈와 유사하다고 강변하였다. 물론 샨다는 엑토즈의 이러한 주장을 부인하였다.

엑토즈와 샨다의 사례는 라이선싱 계약의 허점들을 여실히 보여주었다고 할 수 있다. 라이선싱 계약은 직접투자에 비해서 현지 시장과 라이선시에 대한 통제력이 낮으며, 앞서 살펴본 통제력 약화의 부작용들로 인한 서버 문제, 로열티지급 문제와 불법복제 문제가 겹치면서 엑토즈는 이중, 삼중고의 어려움을 겪었다. 중국 정부가 무역규제들을 통해서 바라던 효과들이 이런 것이 아니었을까 추측해 본다.

Question

1. 해외기업에 대해 강요되는 현지 정부의 자국 산업 내 진입규제는 바람직한가?
2. 바람직하다고 생각할 경우, 해외기업에 대한 불공정 시비가 야기될 수 있으며, 바람직하지 않다고 생각할 경우, 자국 내 산업과 자국기업을 제대로 보호할 수 없을 것이다. 여기에 대한 의견을 제시하시오.
3. 중국의 인터넷 사용증가와 PC보급률의 지속적인 성장을 고려할 때, 한국 내 온라인게임업체의 입장에서 중국시장은 포기할 수 없는 거대마켓이다. 중국시장으로의 원만한 시장진입과 성공을 위해 온라인게임업체들에게 해주고 싶은 조언은 무엇인가?

사례 6-6 중국, 한국산 금호 P&B 화학의 아세톤에 반덤핑관세 부과

금호 P&B 화학은 1976년 4월에 금호화학주식회사로 설립되어, 1998년 3월 금호 P&B 화학으로 상호를 변경하였다. 이후 일본 이데미쯔 화학의 첨단기술과 미국 UOP사의 최신 기술을 도입하여 BPA, 페놀/아세톤 공장을 국제적 규모로 완공하였고, 수요증가에 적극적으로 대응하며 국제경쟁력을 높여나갔다. 금호 P&B 화학은 국내 유일의 페놀과 아세톤 생산업체로 출발하여 BPA, MIBK, 에폭시 수지에 이르기까지 제품 생산의 수직계열화 체계를 이룩했다. 또한 설립 이래로 페놀, BPA 사업의 선구자로서 국내 석유화학산업의 발전에 기여해 왔을 뿐 아니라, 건축, 조선, 자동차, 전기전자, IT 등 산업 전반에 걸친 핵심소재를 생산하는 소재 기업으로서 국민생활 수준의 향상에 이바지해 왔다. 세계 유수의 화학업체들과의 기술 제휴 및 합작을 통해 첨단기술을 도입하고, 계속적인 증설로 해당 분야에서 가격경쟁력

을 갖추기 위한 노력을 경주하였으며, 공장자동화와 품질관리 혁신을 통해 원가를 절감하고 품질을 높이기 위해 지금도 배전의 노력을 기울이고 있다. 금호 P&B 화학은 이러한 발전을 바탕으로 뛰어난 제품경쟁력을 갖추어 세계 여러 국가에 성공적인 수출을 시현하였다. 그러던 중 중국 정부로부터 아세톤 반덤핑 조치를 받게 되었는데, 우리는 이 사례에 대해 좀 더 면밀히 살펴보고자 한다.

2007년 1월 9일, 중국석유화학 외 3개 업체(중국석화북경연화석유화공주식유한회사, 중국석유천연가스주식유한회사, 중국하얼빈석화유한회사)는 한국과 일본, 싱가포르, 대만의 기업들을 상대로 그들 기업들이 수출하는 아세톤에 대해 반덤핑 협의를 제기하였으며, 이에 따라 중국 상무부가 2007년 3월 9일자로 관련 조사를 개시하였다. 상무부는 2005년 10월 1일부터 2006년 9월 30일까지를 덤핑 조사기간으로, 2003년 1월 1일부터 2006년 9월 30일까지를 산업피해 조사기간으로 정하여 조사를 시행하였고, 그 결과 일본과 한국, 싱가포르, 대만산 수입 아세톤에 덤핑이 존재하여 중국의 아세톤 산업이 실질적인 손해를 입었으며, 덤핑과 실질적인 손해에 인과관계가 성립함을 주장하였다.

이러한 조사결과에 따라 2008년 6월 8일, 중국 상무부는 일본 업체에 대해 7.2~12.1%, 싱가포르 업체에게 6.7%, 대만 업체에게는 6.2~6.5%에 이르는 반덤핑관세를, 반면 한국의 금호 P&B 화학에 8.9%, LG화학에 5%의 반덤핑관세를 5년간 부과하겠다는 최종 판정을 내렸다. 금호 P&B 화학은 이에 불복하여 2009년 9월 10일 상무부에 반덤핑 및 반덤핑세율 재심을 신청하였다. 상무부는 금호 P&B 화학이 제출한 반덤핑세율 인하에 대한 요구가 '반덤핑조례' 제49조 규정 및 '덤핑 및 덤핑세율 재심잠정규칙(傾銷及傾銷幅度期中複審暫行規則)'의 조건에 부합한다고 판단, 재심에 착수하였다. 그 과정에서 조사기관은 회사의 전체적인 상황과 더불어 상품의 한국 내 판매상황과 수출 판매상황, 그리고 원가 및 관련 비용에 대해 전반적으로 조사하고 검토를 수행하였다. 이를 바탕으로 한 중간 재심 결과, 다행스럽게도 금호 P&B 화학의 반덤핑관세는 8.9%에서 4.3%로 하향 조정되었으며, 새로 조정된 관세율은 2010년 9월 10일부터 적용되었다. 이후에 WTO(세계무역기구)의

표 6-1 | 중국의 주요국별 아세톤(HS Code 29141100) 수입현황

(단위 : 백만 달러)

순위	국가명	2009년		2010.1~7월	
		금액	증가율	금액	증가율
1	대만	93	9.5%	92	78.8%
2	미국	34	-49.7%	77	386.9%
3	태국	56	5,885.1%	54	91.3%
4	벨기에	31	-9.5%	44	164.3%
5	일본	54	19.6%	35	12.7%
6	독일	6	48.2%	18	200.5%
7	한국	35	-32.3%	14	-30.9%

자료 : 한국무역협회

규정에 따라 2013년 6월 7일, 일몰재심이 개시되었다. 2014년 5월 20일, 중국 상무부는 조사기간 중에 한국산 아세톤의 중국 수출에 있어 덤핑이 존재하였으며, 한국산 아세톤의 전체 수출 중 중국수출 비중이 증가하였고, 더불어 반덤핑관세를 부과하지 않고 있는 미국, 벨기에, 태국산 수출가격 역시 높지 않음을 인정하나, 유독 한국산 아세톤이 중국 국내 산업에서 부당한 영향력을 미치고 있다고 주장하는 일몰재심 조사결과를 공개하였다.

한편 금호 P&B 화학은 중국의 반덤핑 제소에 대응하기 위해서 컨설팅 회계법인과 계약하고 대응에 필요한 팀을 구성하여 답변서를 제출했다. 특히 기획, 수출, 내수, 원가, 회계, 전산 팀별로 전문가를 모아 팀을 구성함으로써 정확하게 작성된 답변서를 제출하고 합리적으로 제소에 대응하기 위해 노력했다. 더불어 상기에 언급했듯이, 8.9%의 세율이 부과된 예비 판정에 대해 이의를 제기하여 재심을 이루어냈고, 그 결과 4.3%로 관세를 하향 조정시킬 수 있었다. 이는 최종적으로 7.2%와 12.1%의 세율을 판정받은 일본, 6.7%의 세율을 판정받은 싱가포르, 6.2%와 6.5%의 세율을 판정받은 대만에 비하면 감내할 수 있는 수준이었지만, 그럼에도 반덤핑관세를 부과받은 2008년부터 중국의 한국산 아세톤 수입은 지속적으로 감소하여 수입증가율이 2008년과 2009년 각각 전년 대비 47.7%와 32.3% 감소하였다. 이어진 2010년 상반기에도 중국의 한국산 아세톤 수입은 전년 동기 대비 30.9% 하락하는 등 감소세가 지속되어 금호 P&B 화학은 중국으로의 아세톤 수출에 있어 큰 피해를 입었다. 중국의 한국산 아세톤 수입이 하락하며 감소세가 지속되었다는 점은 금호 P&B 화학과 국내 수출기업에게 있어서는 예기치 않은 부정적인 결과가 아닐 수 없었다. 더욱이 반덤핑 제소 결과로 관세가 부과된 이후인 2009년과 2010년 상반기에 중국의 아세톤 수입증가율이 감소한 국가는 오직 한국밖에 없었다는 점을 고려했을 때, 반덤핑관세 부과로 인해 직접적으로 겪게 된 부정적 영향의 크기를 짐작할 수 있다.

본 제소에 대응하던 당시에는 중국에서 한국을 대상으로 반덤핑 조사를 실시했던 사례가 많지 않았으며, 따라서 중국의 반덤핑 조사방식에 대한 정보를 찾는 것 또한 쉽지 않았다. 이러한 이유로 금호 P&B 화학은 제소 대응에 더욱 큰 어려움을 겪기도 했다. 때문에 실질적 손해인 수출급감으로 인한 피해는 물론이고, 제소기간 동안 초래된 경제적 손해와 더불어 이로 인해 초래된 인력 및 시간낭비 또한 결코 무시할 수 없는 손실이 아닐 수 없었다. 즉, 반덤핑 제소의 입안, 조사, 심사 및 판정에는 1년, 심지어는 더 오랜 장시간이 소요된다는 점에서, 수반된 컨설팅 및 변호사 비용, 자료수집 비용 등을 고려할 때 이를 미처 선제적으로 적절히 대처하지 못한 금호 P&B 화학의 입장에서는 큰 아쉬움이 남는다.

Question

1. 미국과 벨기에, 태국산 아세톤은 수출가격이 비교적 낮았음에도 불구하고 반덤핑관세를 부과받지 않았던 바, 무엇으로 인해 이러한 차이가 발생했다고 여겨지는가?
2. 그렇다면, 덤핑판정을 피하기 위한 적절하고 합리적인 가격전략을 제시해 보시오.
3. 반덤핑 제소에 당면하였을 때 바람직한 사후적 대응전략을 설명하시오.

사례 6-7 중국 정부의 영화 콘텐츠산업 규제

13억에 이르는 인구를 바탕으로 중국이 세계의 거대시장으로 부상함으로써 중국은 세계 각국의 대외통상에도 많은 영향을 주고 있다. 중국의 해외투자정책은 WTO 가입을 계기로 국제규범에 맞지 않는 외국인투자 유치 법률 및 제도를 시장경제체제에 부합하도록 정비하였다. 합자기업법, 단독투자기업법, 합작기업법을 포함하는 외국인투자법 개정을 통해 현지화비율규정(local content regulations)과 관

▎영화 매드맥스(MAD MAX)

련된 규제 등 외국계 투자기업의 불만사항이었던 각종 의무사항을 개선 혹은 폐지하였다.

그러나 2000년대 중반, 자국 현지기업 및 기업 브랜드의 소멸, 외국인직접투자에 대한 재평가, 외국자본의 시장 잠식 등을 우려하는 국민들의 여론이 거세지자 외국인직접투자에 대한 특혜정책을 폐지할 뿐만 아니라 이에 대한 통제를 강화하는 방향으로 선회하게 된다. 결국 2007년 외자기업의 관리감독을 강화하는 '신노동계약법', '반독점법'과 외자기업의 세제우대를 폐지하는 '기업소득세법'이 제정되었다. 중국의 투자환경은 이 같은 차이나 리스크(China Risk)에 따라서 급속도로 악화되었다.

특히 2000년대 중반 이후 중국의 투자환경이 악화하고 있는 가장 큰 이유는 중국 정부가 외국자본에 대한 우대를 대폭 하향 조정하면서 자국 산업 보호 및 육성에 본격적으로 나서고 있기 때문이다. 이는 외국자본에 의한 독과점과 통화팽창, 투자과열 같은 경제적 부작용 속출에 따른 우려와 중국의 독자적인 기술 역량을 토대로 한 자주 브랜드 육성이 늦춰지고 있는 것에 대한 위기감의 발로라고 여겨진다. 중국 정부의 국무원 산하 싱크탱크(Think Tank)인 연구발전중심은 "외자가 중국에서 강력해지는 것은 중국의 경제 안보에 엄청난 위협이며 외자에 대한 특혜를 폐지하고 외자에 대한 관념을 바꿔야 한다"고 공공연히 주장했다. 중국 정부는 자국 산업의 보호 및 육성과 외국자본에 대한 경계라는 기본 정책의 틀 속에서 최근 노골적으로 외국자본에 대한 규제와 관리감독을 강화하고 있는바, 이러한 변화를 뚜렷이 확인할 수 있는 분야가 바로 영화산업이다.

중국이 2001년 WTO에 정식으로 가입함과 동시에 국제간의 문화경쟁이 치열해짐에 따라 문화산업에 대한 전략적 중요성이 차츰 정부 인사들에게 인식되기 시작했다. 그에 따라 중국 정부는 문화산업의 조속한 발전과 문화체제 개혁을 위한 정책들을 집중적으로 만들어냈다. 중국은 국가신문출판관전총국에서 영화 관련 심의를 진행하는데, 동 기관의 허가를 받은 작품에 한해서만 수입이 가능하다. 중국의 영화수입 방식은 매단제와 분장제로 나뉜다. 매단제는 중국시장에서의 판권을 사

그림 6-2 | 2007~2012년 중국 국산영화와 수입영화의 시장점유율

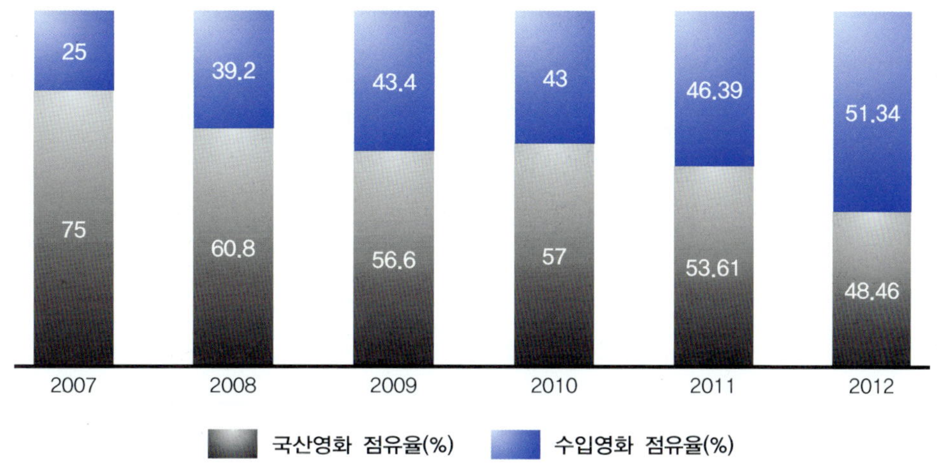

자료 : 인홍(2013). 글로벌 배경하에서 중국 영화산업 발전 추세. 아시아리뷰, 3(1), 31-52.

들이기 위해서 일정한 가격을 지불하는 형식이며, 분장제는 영화의 흥행 수입에 따라 추후 일정 비율을 나누어 갖는 방식이다. 중국은 분장제의 경우 수입편수를 20편으로 제한했었다. 반면 매단제에 의한 쿼터는 약 30편으로, 결국 1년에 총 50편 가량의 해외영화만이 중국 내 극장에서 공식적인 상영이 가능하다. 그러나 2012년 2월 분장제 수입영화의 허용 편수를 34편으로 상향 조정한 바 있다.

수입 불허와 관련하여, 이를 판단하는 10가지 수입금지 규정이 있지만 범위와 내용이 모호한바 정부의 자의적인 판단이 수입규제 여부를 판단하는 데 크게 영향을 미치고 있는 상황이다. 이러한 수입영화 정책의 불확실성에 대해 중국 정부는 WTO체제에 호응하며 수입쿼터를 완화하기로 약속했지만, 실제로는 소폭 완화하는 데 그쳤다. 영화산업을 포함하는 중국 문화산업의 시장구조는 사회주의적 경제와 시장경제가 혼합되어 있기 때문에 매우 복잡하며, 중국 정부 정책상 금지업종, 제한업종, 외국인직접투자 장려업종 등 여러 규칙을 이용해서 중국 문화콘텐츠 산업을 보호하기 때문에 다국적기업들이 중국시장에 진출할 때 직면하는 제한요인과 어려움이 적지 않다. 즉, 중국의 문화산업정책이 다국적기업들의 진입과 활동의 범위를 상당히 제한하고 있다. 특히 중국 영화산업에 있어서 할리우드 영화의 수입량 증가와 수입영화의 시장점유율 증가는 자극이 되는 동시에 중국 영화의 경쟁력을 위협하는 요소로 작용하고 있다.

• 워너 브라더스로 대표되는 영화 업체들에 대한 규제

그림 6-3 | 2007~2012년 중국의 영화관 입장 관객 수 증가 추세

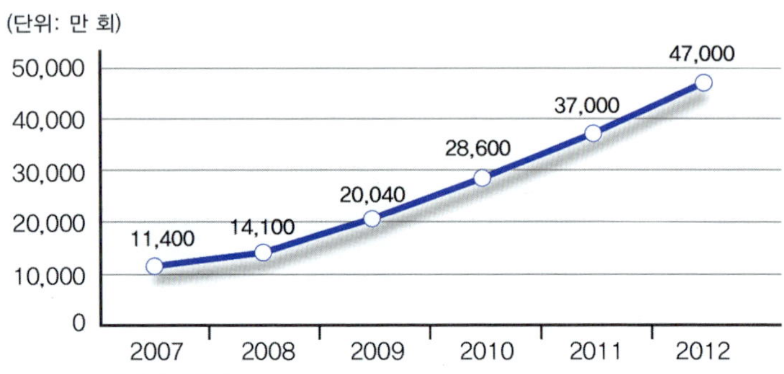

자료 : 인홍(2013). 글로벌 배경하에서 중국 영화산업 발전 추세. 아시아리뷰. 3(1). 31-52.

북미 및 유럽 각국의 영화시장이 상승과 하강을 반복하면서 전 세계 관객 수입이 평균 7% 정도 성장하던 때, 중국 영화시장은 엄청난 고속 성장을 거듭했다. 위의 그림을 살펴보면, 중국 영화시장의 한 해 총 관객 수와 관객 수입 규모는 10년 연속 30% 이상 급속 성장했으며, 2012년에는 170억 위안이 넘는 관객 수입을 거두면서 중국은 세계에서 두 번째로 큰 영화시장으로 부상하였음을 알 수 있다.

또한 아래의 표에서 보듯이, 2015년 기준 중국 내 총 영화 관람객 수는 12.6억 명으로 전년 대비 51.8%나 폭증하였다. 뿐만 아니라 중국 소비자들은 수입영화에 대해 높은 선호도를 가지고 있는데, 42%의 중국 소비자는 수입영화와 자국영화에 대한 선호도 차이가 거의 없는 것으로 나타난바, 이는 수입영화에 대한 소비자의 거부감이 없음을 시사한다고 볼 수 있다.

표 6-2 | 중국의 총 영화 관객 수 추이(2011~2015년)

(단위 : 억 명)

구분	2011	2012	2013	2014	2015
관객 수	3.5	4.6	6.1	8.3	12.6
증가율(%)	46	34	33	36	51.8

자료 : 중국 Ent Group의 중국 영화산업 보고.

이러한 상황을 고려할 때, 중국시장으로의 영화 수출 실패는 배급사에게는 잠재적인 손실을 의미한다. 최근 이러한 잠재적 손실을 맛본 대표적인 영화 배급사로 워너 브라더스(Warner Brothers)를 들 수 있다. 워너 브라더스는 '매드맥스 : 분노의 도로(Mad Max: Fury Road)'와 배트맨 시리즈인 '다크나이트(The Dark Night)'를 중국에서 상영하려고 했지만 상영금지 처분을 받음으로써 직·간접인 손실을 시현했다. 한편 2015년에 공개된 영화 '매드맥스 : 분노의 도로'는 미국 영화전문 잡지 '인디와이어'가 뽑은 그 해 상반기 최고의 영화에 선정됐을 뿐만 아니라, 한국 내에서도 관객 수 약 380만 명을 동원한 흥행작이었다[이 영화는 '전미비평가위원회(National Board of Review)'에 의해서도 2015년 최고의 영화에 선정된 바 있다].

그러나 '매드맥스 : 분노의 도로'는 무정부 상태와 폭동 상황이 직접적으로 묘사됨에 따라 중국 정부로부터는 상영금지 처분을 받았다. '매드맥스 : 분노의 도로'의 총 제작비는 1억 5,000만 달러로 마케팅 비용까지 감안할 시 매출이 제작비의 2배에 이르러야 손익분기점을 넘길 수 있었으나, 여러 나라 비평가들과 관객들의 큰 호평에도 불구하고 중국 개봉이 무산되는 바람에 손익분기점을 넘기는 데 실패하고 말았다.

또 다른 워너 브라더스의 영화로 배트맨 시리즈 중 하나, 즉 2008년 개봉한 '다크나이트' 역시 영화 속에서 홍콩이 돈 세탁을 위한 공간으로 설정됐다는 이유로 중국 정부로부터 상영금지 조치를 당한 바 있다('다크나이트'는 제작비 1억 8,500만 달러를 들여 약 10억 달러의 수익을 올린 전 세계 대표 흥행작으로 꼽힌다. 국내에서도 약 480만 명의 관객을 성공적으로 동원했다). 아이러니하게도 정작 논란이 된 배경인 홍콩에서는 정상적으로 개봉되었지만, 중국 영화 심의기관은 "다크나이트는 중국 문화 민감도에 어긋난다"는 명분을 내걸어 상영 허가를 내주지 않았다.

상기에 설명한 두 차례 상영금지 처분을 의식해서인지 '그래비티(Gravity)'를 배급하면서 워너 브라더스는 중국이 인공위성을 폭파시키는 기존 시나리오를 러시아가 폭파시키는 설정으로 변경하고, 중국 항공우주기술의 우수함이 돋보이는 장면을 일부러 삽입하였다. 중국 정부는 이에 대한 보답으로 이례적으로 '그래비티'의 개봉 일자를 앞당겨 상영시켜 주었고, 그 결과 동 영화는 이전 결과와는 달리 성공적으로 중국에서만 7,000만 달러의 수익을 거두게 된다.

워너 브라더스의 두 편의 상영금지 작품, 그리고 시나리오를 수정함으로써 비로소 상영을 성공적으로 마칠 수 있었던 작품을 생각해 봄으로써, 해외영화에 대해 중국 정부가 얼마나 민감하게 반응하고 있으며, 동시에 중국에서의 개봉이 해외 배급사의 손익에 얼마나 중요한 요소로 작용하는지를 이해할 수 있다. 워너 브라더스에 의해 예시된 영화 외에도 앞서 지적한 바와 같이 중국은 미국 블록버스터 영화에 대해 수입쿼터를 적용하여 한 해 34편(2012년 기준)으로 그 수를 제한하는바, 이로 인해 수많은 영화들이 까다로운 규제와 검열에 의해서 상영금지 혹은 상영제한 조치를 당하고 있다. 그 대표적인 예로 월트 디즈니 픽처스(Walt Disney Studios Pictures)의 '캐리비안의 해적 : 망자의 함(Pirates of the Caribbean: Dead Man's Chest)', '캐리비안의 해적 : 세상의 끝에서(Pirates of the Caribbean: At World's End)', 컬럼비아 픽처스(Columbia Pictures Industries, Inc.)의 '캡틴 필립스(Captain Phillips)', '다빈치 코드(The Da Vinci Code)', '고스트 버스터즈(Ghostbusters)', '맨인블랙3(Men In Black 3)', '007 스카이폴(SKYFALL)', '픽셀(Pixels)', 파라마운트 픽처스(Paramount Pictures Corporation)의 '노아(Noah)', '미션 임파서블3(Mission: Impossible III)', '브로크백 마운틴(Brokeback Mountain)', 그리고 20세기 폭스(20th Century Fox Film Corporation)의 '데드풀(Deadpool)', '아바타 3D(Avatar, 3D)', '엑스맨 : 아포칼립스(X-Men: Apocalypse)' 등을 들 수 있다.

Question

1. 중국시장 내에는 정치적, 정책적, 제도적 위험요인들이 늘 상존해 있다고 여겨진다. 그렇다면 영화를 포함, 국내 문화 콘텐츠산업이 중국시장에 진출 시 잠재적인 차이나 리스크에 대한 효과적인 위기관리 방안을 고민해 보시오.
2. '워너 브라더스로 대표되는 영화업체들에 대한 규제'를 통해 미루어 짐작컨대, 진출유형의 관점에서 '수출형'이 바람직한가, 아니면 보다 나은 다른 대안이 존재하는가? 견해에 대한 이유를 피력하시오.
3. 최악의 경우, 중국이 아닌 대체시장으로서 어느 나라를 최선으로 고려할 수 있으며, 그렇게 생각하는 이유는 무엇인가?

토의자료 6-1 "개도국의 살길은 보호무역에 있다"

1980년대 영국이 신자유주의를 받아들였을 때, 마거릿 대처 전 총리는 "대안이 없다"고 했다. 그러나 〈사다리 걷어차기〉, 〈나쁜 사마리아인들〉 등의 저서를 통해 신자유주의의 문제점을 지속적으로 비판해 온 장하준 케임브리지대 교수는 "대처는 틀렸다"고 한다. 그는 아일린 그레이블 덴버대 교수와 함께 쓴 책에서 개발도상국들이 신자유주의를 극복하고 경제발전을 이룰 수 있는 구체적인 정책 대안을 제시하고 있다.

저자는 먼저 오늘날 부유한 국가들과 성공한 개발도상국들이 자유시장원리를 실천해 경제발전을 이뤘다는 등의 신자유주의의 주장을 '신화'에 불과한 것이라며 조목조목 그 허구성을 지적한다. 가령 개도국의 주식, 채권, 파생상품 등에 대한 외국인투자는 90년대 이후 급증했는데 신자유주의는 이 포트폴리오 투자가 개도국에 가장 유리한 외국자금이라고 주장한다.

그러나 포트폴리오 투자는 높은 수익률을 추구, 투기사업에 자금이 몰릴 가능성이 크기 때문에 환율 급변, 금융 불안 등을 초래해 문제가 크다는 게 그들의 지적이다. 말레이시아는 1998년 아시아 금융위기 당시 국제통화기금(IMF) 등의 비난과 자본이탈 위협에도 불구하고 외국자본의 유출입을 엄격히 통제했다.

자국통화에 대한 외국인의 접근을 제한하고, 비거주자는 말레이시아 주식을 1년 안에 매도할 수 없었다. 말레이시아의 경제와 주식시장은 다른 아시아 국가들에 비해 신속하게 회복됐고, 고용과 임금도 그런대로 유지될 수 있었다.

자유무역은 개도국에 결코 좋은 정책이 아니며, 각국의 사정에 맞춰 보호무역정책을 실시해야 한다는 것이 그들의 일관된 주장이다. 그러나 신자유주의자들처럼 모든 개도국에 일괄적으로 적용할 수 있는 단일 모델 대신 국가 규모와 산업생산능력을 고려해 관세나 수입할당, 보조금 등 보호장벽의 구체적 형태를 결정할 것을 제안하고 있다.

신자유주의 외에 대안이 아주 많다는 그들의 지적은 외환위기 당시 무분별한 개방으로 국부에 상당한 손실을 초래한 정치인들과 정책 당국자들이 곱씹어야 할 대목이다.

(자료 : 한국일보, 2008.7.19)

토의자료 6-2 美, 中타이어 관세부과… 국내 업체에 불똥

미국 행정부가 중국산 저가 타이어에 반덤핑 관세를 부과하겠다고 결정함에 따라 중국 내 생산시설을 보유한 국내 타이어 업체에도 불똥이 튀었다.

14일 유가증권시장에서 한국타이어와 넥센타이어가 전 거래일 종가에서 각각 8.80%, 3.40% 하락했다. 이들 업체는 중국 내에 타이어 생산시설을 갖고 있어 중국산 타이어에 대한 미국의 반덤핑 부과 조치로 중국산 제품의 미국 수출에 타격을 입을 것이란 우려 때문에 약세를 보이는 것으로 풀이된다.

버락 오바마 미 대통령은 중국산 타이어 수입을 제한하기 위해 승용차와 경트럭용 중국산 타이어에 대해 3년간 추가관세를 부과하기로 했다고 백악관이 지난 12일 밝혔다.

첫해에는 기존 관세에 35%, 2년째에는 30%, 그리고 3년째에는 25%의 추가관세가 부과된다. 현재 타이어 수입관세는 4%이다.

증시 전문가들은 이번 반덤핑관세 부과로 중국 내 국내 업체 공장에서 미국 수출분의 가동 차질을 예상했다.

대우증권 박영호 애널리스트는 "한국타이어 중국 공장의 미국 수출생산 물량은 중국 내 총 생산량의 17.8%선인 500만본"이라며 "이를 한국 본사의 유럽 및 기타지역 수출물량으로 교환 생산하는 조정을 단행하기로 했으나 물리적으로 단기간에 완료되기 어려워 당분간 중국 공장의 가동 차질에 따른 부정적인 영향은 불가피할 것"이라고 전망했다.

하지만 중국 내 미국 수출물량이 글로벌 생산량에서 차지하는 비중은 한 자릿수대로 작아 그 영향은 제한적이며 또 국내 업체가 어떻게 대응하는가에 따라 기회요인이 될 수도 있다고 지적했다.

중국산 타이어에 대해 고율의 관세부과로 중국 제품이 가격경쟁력을 상실함에 따라 국내 업체가 그만큼 미국시장에서 점유율을 올릴 가능성이 커졌다는 판단에서다.

IBK투자증권 고태봉 애널리스트는 "이번 반덤핑 조치로 상대적 가격경쟁력이 생긴 한국산 타이어는 미국 내 경쟁력이 상승할 수 있다는 점에서 긍정적"이라며 "중국산 타이어의 가격 상승은 미국 내 타이어 가격의 상승을 유발하고, 이는 한국산 타이어의 가격상승 여건을 조성해줄 뿐 아니라 가격경쟁력에서도 유리한 환경을 제공할 것이기 때문"이라고 설명했다.

(자료 : 한국일보, 2009.9.14)

토의자료 6-3 러시아 154번째 'WTO 회원국' 됐다

세계무역기구(WTO) 가입을 둘러싼 격렬한 찬반 논쟁 끝에 결국 러시아 국가두마(하원)가 10일 WTO 가입 비준안을 통과시켰다.

지난해 12월 18년간의 협상 끝에 WTO로부터 154번째 회원국 자격을 획득한 이후 8개월 만이다. WTO 가입을 위한 가장 어려운 절차였던 하원 비준이 이뤄짐에 따라 WTO 가입 의정서는 앞으로 연방위원회(상원) 통과, 블라디미르 푸틴 대통령의 서명을 거쳐 30일 후에 공식 발효되게 됐다. 이로써 러시아는 2001년 중국 이후 WTO에 가입한 가장 경제규모가 큰 국가가 됐다.

리아노보스티, AFP 통신 등에 따르면 국가두마는 이날 총회에서 찬성 238표, 반대 208표, 기권 1표로 WTO 가입 의정서 비준안을 통과시켰다. 이날 표결에서 여당 통합 러시아당 의원들만 찬성표를 던졌고 공산당·중도좌파인 정의 러시아당·극우민족주의 성향의 자유민주당 등 야당 의원들은 일제히 반대표를 행사했다. 앞서 야당 의원들은 헌법재판소에 WTO 가입 의정서의 위헌 여부를 가려 달라는 소원을 제기했으나 헌재는 합헌 판정을 내렸다.

야당 측은 러시아가 아직 WTO에 가입할 준비가 돼 있지 않다며 결과적으로 다국적기업과 재벌들만 이익을 보고 대다수 국민은 손해를 입을 것이라고 주장하고 있다. 공산당 원내 부대표 세르게이 레슐스키는 이날 "무기, 석유, 가스 등을 제외하면 러시아 상품에 대한 외국 수요가 거의 없는 상태에서 WTO 가입은 러시아를 국제적 소비자로 전락시킬 것"이라고 반발했다. 그는 WTO 가입에 앞서 최소한 "자본 국외유출 차단, 외국자본 투자제한, 세제 관련 법 정비, 부패 척결 등이 선행돼야 한다"고 역설했다.

반면 러시아 정부와 여당 측은 WTO 가입으로 기업들은 새로운 가능성을 얻고, 소비자들은 다양한 상품과 서비스를 상대적으로 싼 가격에 제공받을 것으로 보고 있다. 또 외국기업과의 경쟁을 유발함으로써 산업과 경제가 한 단계 질적 도약을 할 것으로 기대하고 있다.

WTO 가입에 따라 러시아의 상품, 서비스 분야의 문호 개방이 크게 확대된다. 러시아는 WTO 가입 조건으로 현행 평균 10.3%인 수입 관세를 7.2%까지 낮추기로 했다. 농산품 관세는 현행 15.6%에서 11.3%로, 공산품 관세는 현행 9.4%에서 6.4%로 떨어진다. 관세을 인하고 외국의 대(對)러 수출상품가격은 상대적으로 낮아지게 됐고, 소비자들은 다양한 외국의 값싸고 질 좋은 상품들을 선택할 수 있게 됐다. 서비스 부문의 경우, 통신·보험·은행·운송·유통 등 11개 부문의 하위 155개 중 116개 부문에서 진출 제한이 폐지나 규제완화 조치가 취해진다. 이와 함께 자국 산업 보호를 위해 지급되던 보조금도 폐지되거나 대폭 축소된다.

세계은행은 WTO 가입으로 러시아 경제규모가 3년 내 약 3.3% 정도 커지고, 10년 내 11% 정도 확대될 것으로 예상하고 있다. 또 조만간 이뤄질 경제협력개발기구(OECD) 가입과 함께 각종 규제완화, 법치 강화, 투명성 제고 등이 진행돼 비즈니스 환경이 개선되면서 외국과의 교역이 확대되고 외국인투자도 활성화될 것으로 전망되고 있다.

(자료 : 문화일보, 2012.7.11)

참고문헌

KDI 경제정보센터, 경제개념. [online] Available at https://eiec.kdi.re.kr/material/conceptList.do?depth01=00002000010000100011&idx=155 [접속일: 2021년 8월 4일].

게임조선, "액토즈 '샨다 억지에 대꾸 안하겠다'", 2003년 8월 5일자.

그린피스(2021), 10분만에 읽는 '파리기후변화협정' A to Z. [online] Available at https://www.greenpeace.org/korea/update/17235/blog-ce-paris-climate-agreement-a-to-z/ [접속일: 2021년 7월 29일].

기획재정부, 반덤핑관세 제도. [online] Available at http://www.mosf.go.kr/_bbs/dictionaryRss.jsp?boardType&hdnBulletRunno=null&cvbnPath&sub_category&hdnFlag&cat&hdnDiv&tag=60&actionType=view&runno=5848&search_chk&tag=60 [접속일: 2014년 3월 3일].

김동명, 이유빈, 김언군, 양나(2013), 한국영화의 대중국 진출방안에 관한 연구, 문화산업연구, 13(4), 21-31.

김수동, 고준성, 유정근, 김바우, 김종탁(2012), 미국과 EU의 반덤핑 조치 효과분석과 우리 기업의 대응사례 연구, 산업연구원 연구보고서 2012-631.

김혜윤(2013), 코트라 해외시장정보. [online] Available at http://www.globalwindow.org/gw/overmarket/GWOMAL020M.html?&BBS_ID=10&MENU_CD=M10106&UPPER_MENU_CD=M10102&MENU_STEP=3&ARTICLE_ID=5006338&ARTICLE_SE=20303&MODE=L [접속일: 2014년 6월 19일].

뉴스핌, 포스코, 글로벌 주요 철강사 중 영업이익률 1위, 2019년 9월 5일자.

뉴시안, 철강・석유업계, 탄소배출 저감・회수 기술 개발에 박차, 2021년 8월 18일자.

매일경제, 美철강 고율관세는 강력한 로비 때문?, 2019년 2월 14일자.

머니투데이방송, 친환경 체질로 변신한 포스코… 포트폴리오도 다각화, 2021년 8월 19일자.

문화일보, 딥러닝 기술 녹인 AI 용광로… 쇳물생산 年 8만5000톤 늘렸다, 2020년 10월 29일자.

문화일보, 러시아 154번째 'WTO 회원국' 됐다, 2012년 7월 11일자.

서민교, 박병일(2013), "글로벌경영", 서울경제경영출판사.

서울경제, 포스코, 프리미엄 이노빌트로 경쟁력 유지, 2020년 2월 26일자.

아시아경제, 포스코, 열연 등 쿼터 자진 반납하는 복잡한 속사정, 2018년 6월 27일자.

안덕근(2006), WTO 세이프가드 제도 분쟁사례 연구, 법무부.

연합뉴스, 美, 한국산 철강 관세폭탄 면제 확정…관세유예국 중 유일(종합), 2018년 5월 1일자.

연합뉴스, 미국・EU, 항공사 보조금 WTO판결 해석 충돌, 2012년 3월 13일자.

오병범(2005), EU・미국 간 항공기 보조금 관련 분쟁의 현황과 전망, 대외경제정책연구원.

외교부(2014), 외국의 수입규제조사 동향. [online] Available at http://news.mofa.go.kr/enewspaper/mainview.php?mvid=1825 [접속일: 2015년 4월 10일].

외교부, 기후변화협상. [online] Available at https://www.mofa.go.kr/www/wpge/m_20150/contents.do [접속일: 2021년 8월 29일].

이지석(2012), 중국시장에서 FDI 협상력 불안정성의 결정요인 분석, 관세학회지, 13(1), 251-265.

인홍(2013), 글로벌 배경하에서 중국 영화산업 발전 추세, 아시아리뷰, 3(1), 31-52.

전자신문, 자부연 등 3개 연구원, 차 부품 중기 국제표준 대응 체계 마련, 2013년 6월 10일자.

전자신문, 현대차, '맏형 노릇 못한다' 국제표준 대응 못해 국내 산업 전체 파급, 2013년 11월 27일자.

조선비즈, 풀리지 않는 글로벌 철강 공급 과잉…韓 수출량 19배 남아돈다, 2019년 3월 31일자.

중앙일보, [이번 주 경제 용어] 무역확장법 232조, 2018년 2월 19일자.

중앙일보, [트럼프가 철강 관세부터 올린 이유는?] 기술 따라잡지 못하니 가격 흔드는 전략, 2018년 5월 13일자.

중앙일보, 미국・중국은 왜 싸운거야… Q&A로 본 미중 무역합의, 2019년 12월 15일자.

철강금속신문, 포스코, WTP 철강재 앞세워 수익성 잡는다, 2020년 2월 4일자.

코트라(2017), 트럼프 대통령의 보호무역수단, 美 무역법 301조. [online] Available at https://news.kotra.or.kr/user/globalAllBbs/kotranews/list/2/globalBbsDataAllView.do?dataIdx=160621&column=&search=&searchAreaCd=&searchNationCd=&searchTradeCd=&searchStartDate=&searchEndDate=&searchCategoryIdxs=&searchIndustryCateIdx=&page=2&row=80 [접속일: 2021년 8월 15일].

포스코 뉴스룸(2020), 2019년 포스코 경영실적 분석해보니… 어려웠지만 자리지켰다. [online] Available at https://newsroom.posco.com/kr/2019%EB%85%84-%ED%8F%AC%EC%8A%A4%EC%BD%94-%EA%B2%BD%EC%98%81%EC%8B%A4%EC%A0%81-%EB%B6%84%EC%84%9D%ED%95%B4%EB%B3%B4%EB%8B%88/ [접속일: 2021년 8월 5일].

포스코 뉴스룸(2020), 전기차와 수소차에도 포스코가 있네? [online] Available at https://newsroom.posco.com/kr/%EC%A0%84%EA%B8%B0%EC%B0%A8%EC%99%80-%EC%88%98%EC%86%8C%EC%B0%A8%EC%97%90%EB%8F%84-%ED%8F%AC%EC%8A%A4%EC%BD%94%EA%B0%80-%EC%9E%88%EB%84%A4/ [접속일: 2021년 7월 19일].

포스코 뉴스룸, POSCO Fact Sheet. [online] Available at https://newsroom.posco.com/kr/fact-sheet/ [접속일: 2021년 8월 21일].

한경닷컴, 美, 한국 냉간압연강관에 48% 관세, 2018년 5월 26일자.

한경닷컴, 포스코의 사활 건 혁신…세계 최초 AI 용광로 결실, 2021년 2월 9일자.

한국경제매거진, [경제부처 24시] '세탁기 반덤핑'에 정부・업계 동시 반격, 제926호(2013년 8월 26일).

한국경제신문, "중국 마늘 세이프가드 연장 않겠다" 합의 불구. 정부, 공개 안해 '파문', 2002년 7월 16일자.

한국경제신문, 이번엔 '마늘분쟁 트라우마' 벗나, 2014년 6월 8일자.

한국무역협회(2010), 中, 한국산 아세톤 반덤핑세율 4.3%로 낮춰. [online] Available at http://tradedoctor.kotra.or.kr/bp/cn/gw/BPCNGW021M.html?BBS_ID=10&ARTICLE_ID=2124911&MENU_CD=M00001&UPPER_MENU_CD=M00002&MENU_CD2=M00006 [접속일: 2015년 4월 10일].

한국일보, 개도국의 살길은 보호무역에 있다, 2008년 7월 19일자.

한국일보, 美 中타이어 관세부과… 국내 업체에 불똥, 2009년 9월 14일자.

한국일보, 포스코, 제철소 심장 용광로도 바꾼다, 2021년 8월 2일자.

국제금융환경 제 7 장

[1] 이것만은 알아두자

국제통화제도(환율)

- **고정환율제도(fixed exchange rate)** : 정부가 각각의 통화에 대한 환율을 일정 수준으로 고정시키고 이를 유지하는 제도를 일컫는다. 고정환율제도는 환율이 안정적으로 유지되기에 정부의 통화정책이 예측 가능하고, 따라서 경제활동의 안정성이 보장되어 대외거래를 촉진시키는 장점이 있으나, 환율 변동에 의한 국제수지의 조정이 불가능함에 따라 대외부문의 충격이 급작스런 물가불안 등 국내경제를 불안정하게 하는 단점도 있다.

- **페그제(pegged exchange rate)** : 자국의 통화가치를 특정 기준통화, 예컨대 미국 달러화나 유럽연합의 유로화 가치와 일정하게 묶어놓음으로써 고정시키는 환율제도를 말한다. 이 제도하에서는 페그제를 시행하는 국가의 통화와 연계되는 기준통화 간에는 환율이 변하지 않지만, 그 기준통화와 다른 기타 통화 간의 환율은 변동하기에 간접적인 변동환율제라 할 수 있다. 페그제는 기준통화로 사용하는 기축통화와의 환율 변동에 대한 불확실성이 제거되기에 무역과 다국적기업에 의한 직접투자가 활성화되고, 고정된 환율로 인해 물가가 안정되는 장점이 있으나, 통화가치가 자국의 경제력을 제대로 반영하지 못하는 상황이 발생하면 국제 환투기 세력의 표적이 돼 엄청난 손실을 입을 수 있는 단점이 상존한다.

- **자유변동환율제도(floating exchange rate)** : 자국통화의 상대적인 가치를 외환시장에서의 수요와 공급에 의해 결정하는 환율제도를 말한다. 즉, 자유변동환율제도는 정부의 구조적인 외환시장 개입이나 정책적 제한 없이 환율이 외환

시장에서 자유롭게 혹은 독립적으로 결정되는 체제를 의미한다. 이 자유변동환율제도는 이론적으로는 다른 국가와의 교역에 의한 무역불균형이 발생할 경우 환율이 스스로 균형점을 찾아 수렴하고, 환율의 실세를 반영하여 융통성 있게 변동하는 장점이 있으나, 환율이 지나치게 변동하는 경우 경제에 심각한 부담을 주는 동시에 환투기의 가능성이 있을 때에는 안정성을 잃게 되는 단점이 있다.

- **관리변동환율제도(managed floating exchange rate 혹은 dirty floating exchange rate)**: 외환시장의 수요와 공급 상황에 따라 변동되도록 하되 중앙은행이 적정하다고 판단하는 수준, 즉 특정 중요한 기준통화 대비 자국의 통화가치가 단기적으로 지나치게 급격히 변동(평가절상 또는 평가절하)되지 않도록 외환시장에 개입하여 환율수준을 관리함으로써 환율을 안정시키는 제도를 말한다. 이는 고정환율제도와 자유변동환율제도의 장점을 살린 중간 형태라고 할 수 있으며, 완전히 시장 자율에 맡기게 될 경우 환투기에 의해 외환시장이 불안해지는 것을 감소시키는 데 그 목적이 있다.

국제통화시스템의 변천과정

- **금본위제도(Gold Standard System)**: 금본위제도의 기원은 중세 상업주의 무역에 그 뿌리를 두고 있으며, 각국의 통화가치가 일정량의 금에 고정되고 금을 기준으로 가격이 정해져 있던 통화시스템을 뜻한다. 금본위제도는 1819년 영국 중앙은행이 금을 보유하고 그것을 파운드로 바꿔주는 제도를 실시하면서 최초로 시작되었으나 이후 전 세계 대부분의 주요 교역국들은 금본위제도를 국제결제시스템으로 채택하게 되었다. 이 제도는 금의 제도적 효율성을 지속적으로 제고하고 안정성을 유지함으로써 세계경제 발전에 크게 공헌하였으나 1차 세계대전 발발과 더불어 각국이 전쟁비용 마련을 위해 통화를 증발하고 이로 인해 과도한 인플레이션이 발생하면서 금본위제 유지에 대한 회의적 시각이 대두되었다. 이러한 상황에서, 1933년 미국은 금 1온스당 20.67달러였던 통화의 가치를 1온스당 35달러로 자국통화에 대한 평가절하 조치를 단행하였고, 이는 다른 선진국들의 자국통화에 대한 경쟁적인 평가절하를 야기하는 도화선이 됨으로써 결국 금본위제도는 붕괴되었다.

- **브래튼우즈 체제(Bretton Woods System)** : 브래튼우즈 체제는 각국의 평가절하 경쟁으로 국제경제 및 통화제도가 파탄됐던 사실을 반성하고, 협정에 따라 통화가치 안정, 무역 진흥을 도모하며, 국제통화기금(IMF)과 국제부흥개발은행(IBRD)을 설립함으로써 개발도상국을 지원하는 것을 주요한 목표로 하였다. 이 시스템의 주요 특징은 미국의 달러화를 기축통화로 하여 금과의 일정 교환비율(금 1온스당 35달러)로 고정시키고, 달러 가치를 금에 맞춰 태환할 수 있도록 하였으며, 다른 통화의 환율은 달러화에 고정시킨 고정환율제도였다. 즉, 브래튼우즈 체제가 원만히 유지되어 국제통화시스템으로 작동하기 위해서는 금으로 태환할 수 있는 유일한 기축통화인 달러화의 안정이 필수적인 전제조건이었다. 그러나 미국이 베트남 전쟁에 깊숙이 관여함에 따라 막대한 전쟁비용을 지출하게 되자 부족한 전비조달을 위해 달러화를 지나치게 많이 발행하게 되었다. 언급한 달러화의 과도한 발권은 미국 경제의 심각한 인플레이션을 야기하였으며 이는 다시 달러화 가치의 급락으로 이어지게 되었다. 이 체제가 안정적으로 유지되기 위한 중요한 전제조건인 달러화 가치의 유지가 지속되지 못하고 폭락하자 세계 금융시장에 큰 혼란이 발생하였으며, 더욱이 미국의 국제수지가 지속적인 적자를 시현함에 따라 달러화의 가치하락을 가속시켰다. 국제 통화시스템의 불안이 증폭되고 상황이 악화되자 프랑스를 포함한 일부 국가들이 금태환을 요구하였고, 급기야 1971년 8월 닉슨 대통령이 달러화의 금태환 중지선언을 함으로써 브래튼우즈 체제는 막을 내리게 되었다.
- **킹스턴 체제(Kingston System)** : 앞서 설명했듯이, 미국이 무역수지 적자누증으로부터 달러화를 방어하기 위하여 달러화의 금태환 중지조치를 발표함으로써 브레튼우즈 체제는 붕괴되었으며, 과도적으로 1971년 12월 스미소니안(Smithsonian) 체제가 성립되었다. 그러나 이 체제도 1973년 초에 달러화의 제2차 평가절하로 무너졌으며, 이후 국제통화체제는 혼미를 거듭하다가 1976년 1월 자메이카의 수도인 킹스턴에서 열린 제5차 국제통화기금 잠정위원회에서 킹스턴 체제(Kingston System)라고 불리는 신 국제통화체제를 탄생시켰다.

  이 합의의 주요 내용은 첫째, 고정환율제와 함께 변동환율제를 병행하여 유지시키되 주요 선진국들은 변동환율제를 사용하기로 하였다. 둘째, 국제통화기금 신용의 확대 및 이용조건을 완화키로 하였다. 셋째, 국제통화기금의 주

보유자산을 SDR(특별인출권: 금과 달러의 뒤를 잇는 가상의 국제준비통화. 국제통화기금에 출자금을 낸 가맹국은 금이나 달러로 환산해서 일정액의 SDR을 출연하고, 국제수지 악화 등으로 경제가 어려워지면 SDR을 배분받아 사용한다)로 한다. 넷째, 금의 지위를 변경시켜 일반상품과 마찬가지로 시장에서 매매가 되도록 하였다. 이로써 금환본위제도와 고정환율제도를 근간으로 30여 년간 유지되었던 브래튼우즈 체제 대신 대부분의 국가가 변동환율제를 사용하는 킹스턴 체제가 출범하게 되었다.

[2] 국제금융환경과 관련된 주요 사례

사례 7-1 러시아시장에서의 LS네트웍스

LS네트웍스는 의류, 신발류, 등산·운동경기 용품 등의 제조 및 유통, 그리고 판매를 목적으로 1949년 설립된 국제화학㈜에 뿌리를 두고 있다. LS네트웍스는 스포츠브랜드 프로스펙스(Prospecs)를 보유하고 있으며, 국내 스포츠 브랜드 중 인지도와 역사 면에서 독보적인 기업으로 손꼽힌다. LS네트웍스는 2007년 LS그룹의 E1에 인수되어 지금의 LS네트웍스라는 상호를 가지게 되었다. 현재 LS네트웍스는 LS산전, LS전선, LS-Nikko동제련, 가온전선, E1, LS엠트론, 예스코 등의 자회사를 중심으로 한 LS그룹 내 소비재부분의 핵심 기업 중 하나로 자리잡았다.

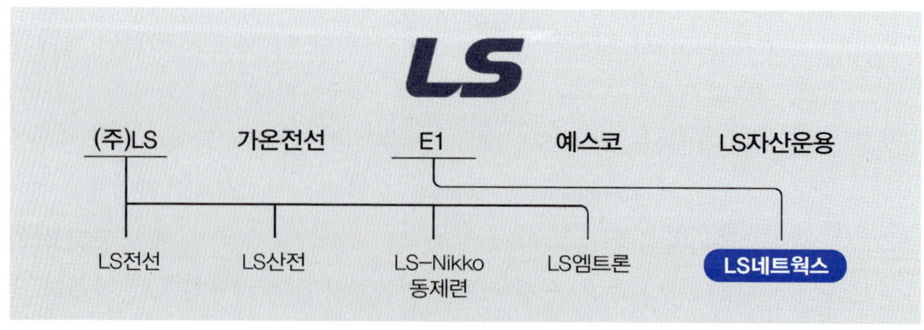

2010년 LS네트웍스는 기존의 인프라 구축이 잘 되어 있지 않은 러시아 및 카자흐스탄, 우즈베키스탄 등의 중앙아시아 국가에 눈길을 돌렸다. 이는 인프라 구축이 미흡한 국가에서 LS네트웍스가 할 수 있는 사업이 많다고 판단했기 때문이었다. LS네트웍스의 러시아 사업은 2011년 모스크바 및 블라디보스톡 지사를 설립하면서 본격적으로 시작되었다. LS네트웍스는 해외 현지 유통망을 확보하는 것을 목표로 극동러시아에서 글로벌 상사 사업을 추진했다. 글로벌 상사 사업을 통한 인프라 구축이 추후 이루어질 브랜드 유통 사업에 큰 힘이 될 것이라고 여겼던 것이 그 배경으로 작용했다. 당시 연해주는 2012 APEC 개최를 위한 인프라 공사가 한창 이루어지고 있었다. 연해주에서 진행하는 많은 프로젝트에는 이미 파트너가 정해져 있었지만, LS네트웍스는 현지와의 소통을 통해 자사의 니즈(needs)를 어필하기보단 연해주 지역의 니즈를 파악하였다. 또한 대형 사업에 욕심을 내기보단 사업 규모를 불문하고 기본에 충실하여 사업을 이어 나갔다. 이와 같은 경험은 추후 LS네트웍스가 지방정부 등 지역사회에서 신임을 얻고 러시아 지역 전문 종합상사로 성장하는 데 큰 도움이 됐다.

그러나 얼마 지나지 않아 미국의 셰일오일 생산량이 급격한 증가세를 보였고, 원유공급량이 늘어 국제유가가 폭락했다. 2013년까지 배럴당 100달러 이상이었던 국제 유가는 2014년 배럴당 40달러까지 떨어졌다. 당시 러시아 경제는 원유나 천연가스 등 자원판매에 굉장히 의존하고 있었다. 원유와 가스수출은 전체 수출의 약 70%를 차지했으며, 중앙정부 수익의 약 50%는 자원 판매수입에서 나왔다. 따라서 국제유가의 하락은 러시아 경제에 큰 타격을 입혔다. 그에 따라 루블화의 환율도 급격히 평가절하되어 러시아 금융위기가 시작되었다. 국제 유가 폭락으로 인해 러시아 경제는 이미 상당한 타격을 입었지만, 우크라이나 사태(크림반도를 둘러싼 러시아와 우크라이나의 분쟁) 이후 러시아에 대한 서방국가들의 경제제재까지 이어지면서 러시아 경제는 전체적으로 위기를 맞았다. 이에 러시아 정부는 인플레이션과 대외 자금유출 방지를 위해 몇 차례의 기준금리를 인상하는 금융정책을 펼치고, 기업과 금융기관에 보조금과 유동성 지급을 통한 내수시장 활성화로 경제 위기에 대처했다. 하지만 뚜렷한 효과는 얻지 못한 채 러시아 금융위기는 더욱 심각해졌다. 당시 러시아로 진출한 국내외 많은 기업들 또한 러시아 경제 불황으로 인한 활발하지 않은 수주를 걱정했다. LS네트웍스 역시 예외는 아니었다.

하지만 2014년 LS네트웍스는 금융위기 상황에서도 독일과 일본 등의 7개 업체와의 경쟁에서 승리하여 러시아 극동지역의 유즈노사할린스크 국제공항 현대화 프로젝트 용역 수주에 성공하였다. 먼저 지방정부와의 소규모 프로젝트를 성공시키며 지방정부의 신임을 얻었고, 상향식 접근 방식으로 사업의 규모와 범위를 서서히 넓혀나갔다. 이어 1억 달러 규모의 국제공항터미널 설계 시공 프로젝트를 수행했고, 동시에 6,000만 달러 규모의 '폐기물 선별 처리장'으로 사업을 더욱 확장시켰다. 이렇게 LS네트웍스는 러시아의 금융위기 상황 속에서 러시아 중앙정부와 극동지역 주정부 차원에서 진행하던 여러 인프라 프로젝트를 맡게 되면서 지역 전문 종합상사로 등극했다.

LS네트웍스가 러시아 금융위기 속에서도 성공적으로 사업을 진행할 수 있었던 이유에는 유연한 위기대응 방식과 위기관리 시스템이 있다. 러시아 경제가 악화되자 예정되어 있던 1억 달러 규모의 프로젝트 추진 여부가 기로에 놓였다. LS네트웍스는 한국수출입은행으로부터 해당 프로젝트의 비용 40%를 차관 받아 프로젝트를 살려냈다. 그 덕에 러시아 정부의 신뢰도를 확보했다. 또한 LS네트웍스는 러시아산 수산물과 곡물을 제3국에 수출할 때, 러시아 내 수출입대금을 모두 루블화로 결제하여 리스크를 줄이고, 환헤지 효과를 얻는 등 루블화 환율 변동을 전략적으로 활용했다. 이러한 방법을 사용한 덕에 LS네트웍스는 2014년 러시아 금융위기를 상대적으로 적은 충격을 겪으며 견딜 수 있었다. 그러나 여전히 러시아 금융위기의 충격은 분명 존재했다. 러시아의 루블 환율이 평가절하되기 전 LS네트웍스의 2013년 매출액은 6,955억 원이었으며, 영업이익은 36억 원, 순이익은 −126억 원을 기록했고, 2014년에는 매출액 8,457억 원과 영업이익 111억 원, 순이익 −182억 원을 시현했다. 하지만 2015년에는 매출액이 6,912억 원, 영업이익은 −663억 원, 순이익은 −974억 원으로 급격히 감소하였다. 특히 브랜드 부문에서는 231억 원의 영업적자를 기록했다. 이에 더해 LS네트웍스가 2008년 이베스트투자증권을 인수하기 위해 G&A사모투자전문회사(PEF)에 재무적 투자자(FI)를 끌어 들였던 바, 이 때문에 이들(즉, 이베스트투자증권의 재무적 투자자들)과 2013년에 계약한 3,282억 원 규모의 지분옵션 계약이 남아 있었다. 투자자는 계약 체결 이후 2년이 지나면 풋옵션을 행사하고, LS네트웍스는 해당 금액을 지불해야 했다. LS네트웍스는 LS용산타워를 담보로 2,000억 원을 조달하여 풋옵션을 상환했고, 3대 신용평가사와 나이스신용평가, 그리고 한국신용평가는 일제히 LS네트웍스의 신용등급을 하향 조정했다.

그림 7-1 | LS네트웍스 2013~2015년 실적 추이

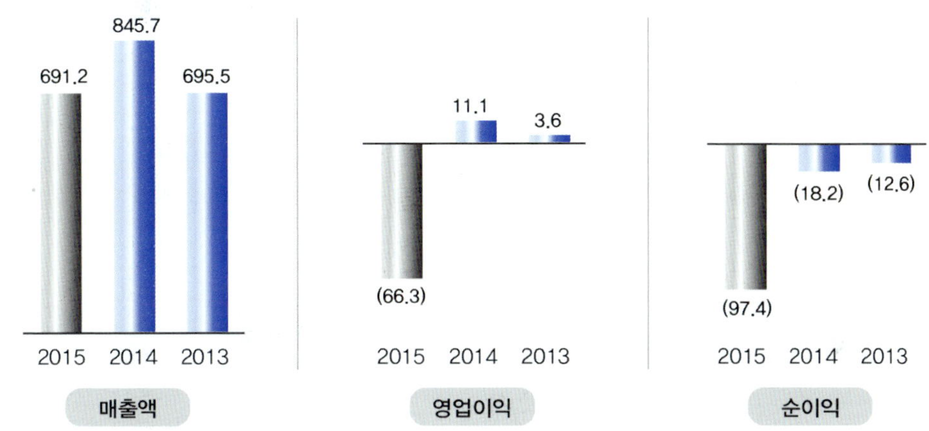

자료 : LS Networks Annual Report.

향후 LS네트웍스의 전망도 밝지는 않을 것으로 보인다. 2016년 LS네트웍스는 실적개선을 도모하고자 사업구조개선을 통해 선택과 집중의 사업구조 변화를 모색했다. 직소싱 확대를 통한 원가절감, 물류시설 재정비, 브랜드 방향성 재정비 등 사업구조 경쟁력 강화를 바탕으로 시장의 니즈를 충족시키는 상품 기획 및 유통을 계획했고, 2018년 '프로스펙스 오리지널' 라인을 출시하여 브랜드 확장성을 꾀했다.

덕분에 2017년과 2018년에는 흑자전환에 성공했으나, 2019년 유통부문과 브랜드부문의 매출 부진과 글로벌 상사사업의 매출채권에 대한 대손충당금 설정 등으로 인해 영업손실 285억 원, 당기순손실 46억 원을 기록했다. 이에 한국신용평가는 LS네트웍스의 신용등급 전망을 '안정적'에서 '부정적'으로 하향 조정했다.

2020년에는 오리지널 로고의 브랜드 통합작업을 진행하고 마케팅 활동을 강화하는 등 브랜드파워 향상에 노력을 기울였고, 글로벌 상사 사업 분야에도 주력했다. 수출입, 수입유통, 삼국 간 무역 등 사업 기능을 다원화하여 기존 사업과 시너지효과를 낼 수 있는 제품, 플랜트 등을 수출하고, 기계 및 설비, 원자재 수입을 적극적으로 추진하며 역량을 강화하고 있다.

그러나 코로나19 사태가 아웃도어 시장을 비롯한 국내외 경기에 악영향을 미치며 기업환경이 악화되었다. 이러한 실적 부진 상황이 지속된다면 신용도 관리에도 부담을 줄 것으로 예상된다. 나이스신용평가는 코로나19 사태로 인한 영업실적 및 사업안정성의 저하 전망 등을 고려하여, 신용등급을 비롯해 영업실적 및 매출의

변동 등을 모니터링할 계획이라고 밝혔다. 어려운 상황 속에서 LS네트웍스가 반등을 꾀할 수 있을지 주목된다.

Question

1. 코로나19 사태는 향후 극복과정에서 LS네스웍스에게 환율변동으로 인한 위험을 가져올 위험이 있는가? 있다면 이를 관리하기 위해 LS네트웍스가 어떤 행동을 해야 하는가?
2. 러시아와 같은 개발도상국은 늘 경제적, 정치적으로 불확실성이 높기 때문에, 2014년 LS네트웍스가 러시아 금융위기 시 겪은 것처럼 환율변동으로 인한 위험상황을 재차 경험할 가능성을 배제할 수 없다. 그러나 동시에 개발도상국에는 많은 기회가 열려 있는 것도 사실이다. 그렇다면, 결국 개발도상국에 진출하는 것이 바람직한가? 여러분의 견해를 밝히시오.

사례 7-2 아베노믹스: 일본 경제의 구세주?

아베노믹스(Abenomics)는 일본의 수상인 아베 신조(安倍晋三)와 경제를 뜻하는 economics의 조합으로 만들어진 신조어이다. 이는 일본의 잃어버린 20년을 되찾기 위한 움직임으로 크게 '정부 지출의 증가', '규제완화 및 철폐', '무제한적 양적 완화'라는 세 가지 정책으로 정리될 수 있다. 아베 내각은 이를 통해 일본 경제를 장기침체에서 탈피시키려는 목적을 가지고 있다. 보다 쉽게 말해서, 일본의 화폐인 엔화를 보다 많이 발행하여 시장에 대량으로 유통시킴으로써 유동성을 공급하고, 더불어 화폐가 가지고 있는 가치를 여타 화폐에 비해 상대적으로 낮춰, 수출 시 다른 나라의 제품 대비 가격경쟁력 증진과 시장점유율 확대를 도모하려는 전략인 것이다.

우선 아베노믹스가 산업에 미친 영향을 알아보기 전에 경제지표로 나타난 것을 보자면, 엔화는 2013년 11월 1일(100엔당 1달러 수준) 현재와 2012년 11월 1일(100엔당 1.25달러 수준), 즉 1년간 시차를 두고 비교했을 때, 시장에서 20%가량 낮은 가격에 거래되고 있고, 실업률의 감소(4.0% → 3.7%)로 보았을 때도 경제지표상의 결과

그림 7-2 | 아베노믹스 및 주가 추이

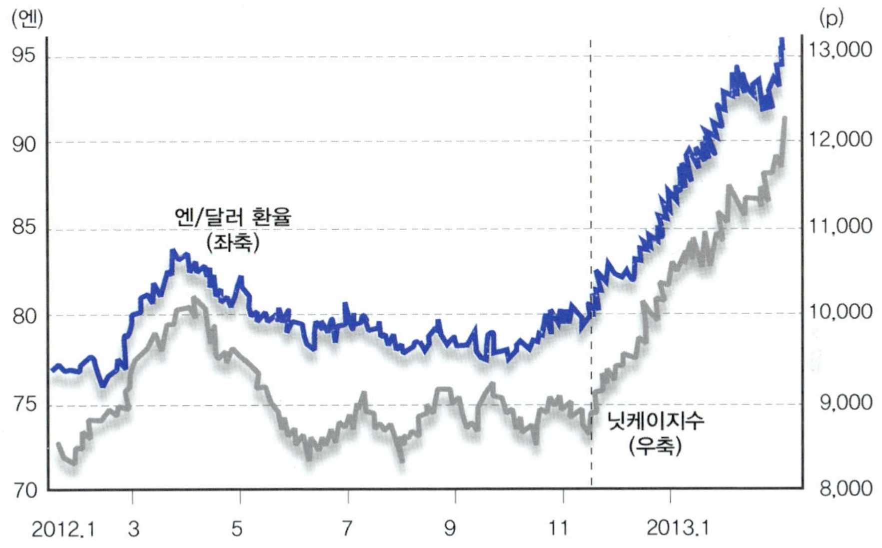

자료 : Thomson Reuters, Data Stream.

그림 7-3 | 최근 일본의 GDP 성장률

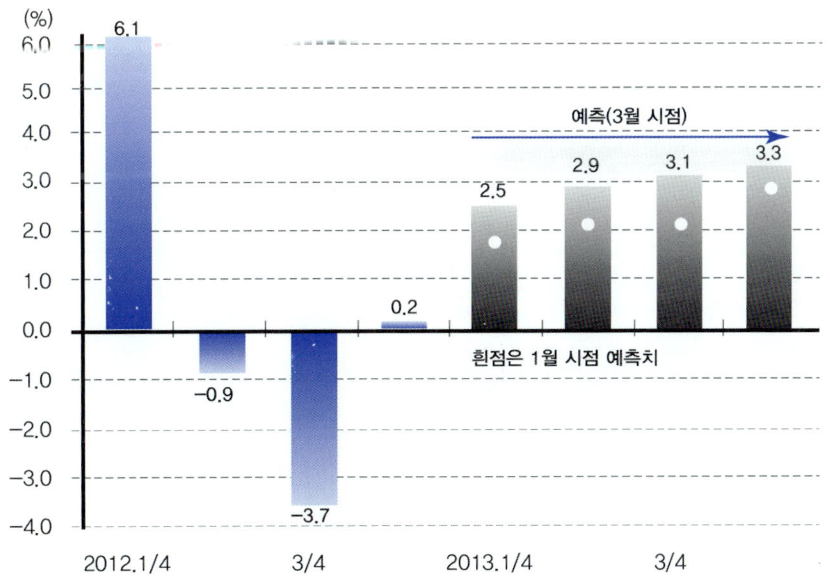

자료 : JCER(2013.3.7). "ESPフォーキャスト調査".

는 어느 정도 의도한 대로 이어지고 있다고 할 수 있다(<그림 7-2>, <그림 7-3> 참조).

아베노믹스는 지금도 진행형인 정책이기에 확실하게 이에 대해 성공, 실패를 논하기 힘든 것이 사실이다. 아베노믹스 실행 초반에는 비교적 낙관적인 보고서들이 많았고, 국민들의 지지도 높았던 반면, 근래에는 통화가치 하락과 인플레이션으로 인한 금리상승이 국채가격 하락으로 이어져 정부부채를 증가시킬 것이라는 부정적인 의견 또한 팽배해 전문가들조차도 그 실효성에 의견일치를 보지 못하고 있다. 하지만 가장 최근 현대경제연구소의 보고에 따르면, 아베노믹스가 일본의 경제회복에 두드러진 기여를 하고 있다고 밝히고 있다. 수출은 7개월 연속 증가를 보이고 있고, 특히 최근 3개월간은 두 자리의 증가율을 보였다고 한다. 그리고 앞서 우려를 나타냈던 금리와 물가도 상당부분 안정화되어 우려할 정도는 아니라고 전했다(<표 7-1>, <표 7-2> 참조).

표 7-1 | 엔/달러 아베노믹스(환율) 1엔 상승 시 경상이익 증가

업 종	업체명	증가액(억엔)
자동차	도요타	350
	혼다	140
전기전자	파나소닉	25
	샤프	7
	캐논	92
기계	미쓰비시	45
	가와사키	38
	코마츠	70
화학	스미토모	25

자료 : "円90円台, 對ウォン半年て円安: 日本勢の競爭力"(2013. 1.21), 「日經産業新聞」.

표 7-2 | 미국시장 내 한일 간 산업별 비교우위지수 비교

구 분		철강	철강제품	기계	IT	자동차	조선	정밀기기
2008	한국	2.10	2.48	1.31	2.41	2.31	15.98	1.28
	일본	0.58	0.85	1.74	1.22	4.07	1.87	1.81
	격차(한국-일본)	1.52	1.63	-0.43	1.19	-1.76	14.11	-0.53
2011	한국	2.18	2.79	1.35	1.99	2.65	24.09	0.65
	일본	0.98	1.26	1.83	1.01	3.57	1.63	1.94
	격차(한국-일본)	1.2	1.53	-0.48	0.98	-0.92	22.46	-1.29
2012	한국	2.22	2.82	1.31	1.42	2.61	39.98	0.64
	일본	0.96	1.21	1.71	1.00	3.38	1.19	1.72
	격차(한국-일본)	1.26	1.61	-0.40	0.42	-0.77	38.79	-1.08
2013	한국	1.96	2.61	1.31	1.59	2.66	16.24	0.62
	일본	1.05	1.13	1.68	0.95	3.39	0.98	1.67
	격차(한국-일본)	**0.91**	**1.47**	**-0.37**	0.63	**-0.73**	15.27	**-1.05**

주: 1. 2013년은 7월까지 값
2. 진한 파란색은 비교우위 약화를, 회색은 비교열위 지속 품목을 나타냄.

표 7-3 | 한국 vs. 일본 대표주 주가 등락률

업 종	종 목	등락률
전기전자	삼성전자	−19.05
	도시바	19.29
자동차	현대차	1.14
	도요타	54.56
철강	포스코	−5.44
	신일본제철	38.57
화학	LG화학	−12.88
	신에쓰화학	19.50
건설	현대건설	−18.86
	JCC	26.68
음식료	오리온	−15.38
	아지노모토	14.96
통신	SK텔레콤	38.03
	소프트뱅크	90.76

기간 : 2012.12.28~2013.8.12.
자료 : 한국거래소

또한 <표 7-3>과 <그림 7-4>에서 보는 바와 같이, 아베노믹스로 인해 일본 경제가 산업 전반에 걸쳐 호조를 나타내고 있음을 알 수 있다. 우리나라와 직접적인 경쟁을 하는 분야에서도 한국기업에 전반적으로 악영향을 준 것으로 나타나고 있다.

앞선 여러 자료에서 확인되듯이, 엔저 정책의 아베노믹스는 한국 경제에 다소 부정적인 영향을 주었다. 국제시장에서 아베노믹스로 인한 한국 제품들의 가격경쟁력 하락은 뚜렷했으며, 2013년 1월~8월까지의 대일 교역 적자가 전년 동기 대비 3억 달러나 증가하였다. 또한 상대적으로 물가가 싸졌다고 느끼는 한국인들의 일본 여행 증가로 인해 누적 관광수지 손실 규모 역시 약 12억 달러에 달했다. 그 외에 국내 주식시장 내 일본의 자금이 본국으로의 회귀가 가속화되었으며, EU시장 내 IT산업의 경쟁에서 일본과의 격차는 더욱 벌어졌다.

다음 도요타 자동차의 예를 살펴보자. 도요타 자동차는 아베노믹스의 수혜를

그림 7-4 | 현대기아차 및 도요타 분기 EBITDA 마진 추이

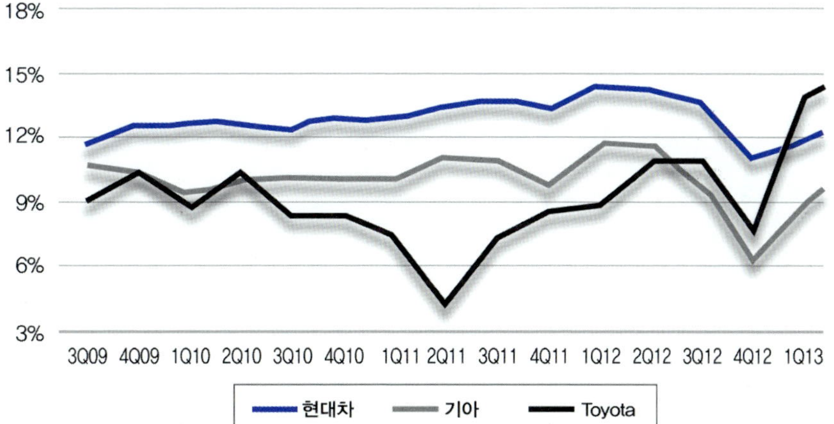

그림 7-5 | 2008년 금융위기 이후 가장 많은 이익을 시현하고 있는 도요타 자동차

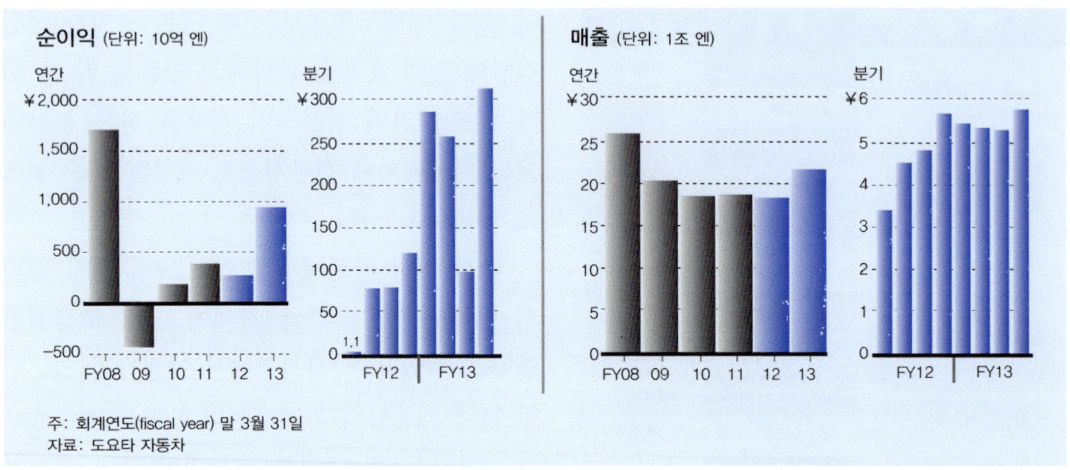

주: 회계연도(fiscal year) 말 3월 31일
자료: 도요타 자동차

가장 많이 본 기업 중의 하나로 흔히 일컬어진다. 2013년 1월부터 9월까지 도요타 자동차의 자동차 판매대수는 2.8%의 증가율을 보이며, 전 세계적으로 약 7,412,000대를 판매하여 7,250,000대를 판매한 GM사를 누르고 자동차 판매 1위를 달성했다. 특히 2013년 9개월 간 미국에서 12%의 성장률을 보이며 15분기 만에 GM을 누르는 쾌거를 달성했다. 이는 2011년 동일본 대지진으로 인해 GM, 폭스바겐에 이어 시장점유율 3위로 떨어진 이후 약 2년 만에 다시 1위를 탈환한 것을 의미하고, 또한 아베노믹스 경제정책의 긍정적 효과가 가장 잘 나타난 예시라고 할 수 있다.

Question

1. 단기적으로는 일견 아베노믹스가 일본 경제에 긍정적인 결과를 가져오고 있는 것으로 보인다. 그렇다면 이의 장기적인 영향에 대해서는 어떻게 예견하는가?
2. 아베노믹스로 인해 수혜를 보고 있는 일본 기업의 예에는 도요타 자동차 외에도 어떤 기업들이 있을 것으로 판단하는가?
3. 국제시장에서 일본 및 한국산 제품들은 대개 경쟁관계에 있다. 그렇다면, 아베노믹스에 대처하기 위해 한국 정부 및 기업은 어떠한 대처전략을 모색해야 한다고 보는가?

사례 7-3 환율 하락, 대한항공에게 약인가? 독인가?

여행사나 항공사와 같은 여행업종은 환율의 영향을 크게 받는다. 여행업종은 주로 해외와 유기적으로 관련된 산업이기 때문에 타국 통화와의 교환비율인 환율이 수익에 중요한 요소를 차지한다. 여행업종 중 항공사 '대한항공'의 사례를 살펴봄으로써 환율이 항공사를 비롯한 여행업종에 어떠한 영향을 미치고 그 파급력이 얼마나 큰지 알아보고자 한다.

최근 들어 환율 하락이 계속되고 있다. 한국은행에서 발표한 '금리 및 환율 동향'에 따르면, 미국달러는 2011년 말에는 1,151.8원이었지만 점차 낮아져 2012년 말에는 1,070.6원이었고 2013년 11월 1일 기준 원/달러 환율은 1,060.7원까지 하락했다. 원/엔 환율 역시 지속적으로 하락하는 추세이다. 원/100엔의 환율은 2011년 말 1,481.41원에서 2012년 말 1,238.26원으로, 그리고 2013년 11월 1일에는 다시 1,083.01원으로 하락했다.

이렇듯 원화 강세 흐름이 지속되면 항공사는 두 가지 상반된 측면의 상황에 놓이게 된다. 원화가 강세이면 한국으로 여행을 오는 외국인 관광객 수는 감소하는 반면, 해외로 여행을 가는 한국인 관광객 수는 증가하게 된다.

먼저 국내를 방문하는 외국인 여행객 수 감소의 예를 들면 다음과 같다. '엔저현상'으로 인해 한국을 방문하는 일본인 관광객 수가 수개월째 계속 줄어들고 있음을 볼 수 있다. 다음 <그림 7-6>은 한국관광공사에서 발표한 2012년 7월부터 11월까지의 방한 일본인 관광객 수의 추이이며, <그림 7-7>은 한국문화관광연구원에서 발표한 2012년 7월부터 2013년 3월까지의 방한 일본인 관광객 수의 추이이다. 두 그림을 통해 모두 알 수 있듯이, 환율의 영향을 받아 2012년부터 2013년 사이 한국을 방문하는 일본 관광객 수가 꾸준히 줄고 있다.

엔저 현상(즉, 엔화 대비 원화의 강세)의 영향으로 대한항공의 2012년 영업이익은 3,224억 원이었는데, 이는 2011년 대비 약 30% 감소한 수치이다. 또한 2012년 4분기에는 약 176억 원의 영업손실을 기록하였다. 한국관광공사에 따르면, 한국을 방문한 일본인 관광객 수는 매월 전년 대비 두 자릿수 이상의 감소율을 보이며 급감했다고 한다. 대한항공 전체 노선의 20%가량을 차지하는 일본노선 탑승률 역시 8%가량 하락했다. 이와 반대로, 원화 강세는 국내 여행객의 해외여행 수요를 증가

그림 7-6 | 일본인 관광객의 수

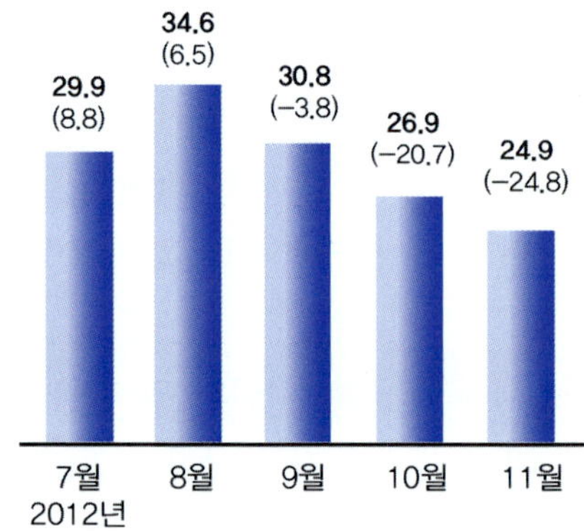

자료 : 한국관광공사

그림 7-7 | 일본인 관광객 수의 추이

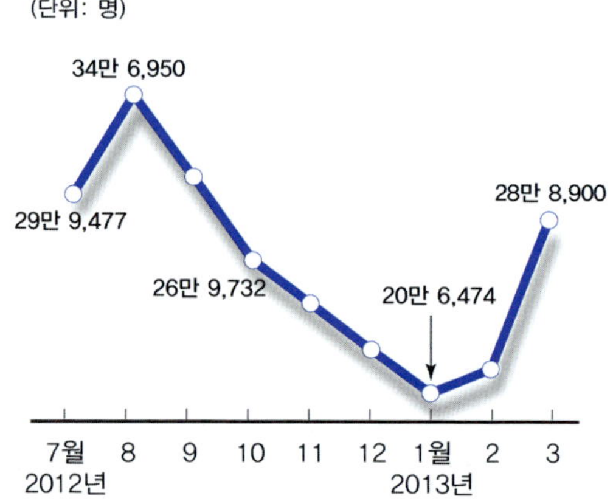

자료 : 한국문화관광연구원 관광지식정보시스템

시키기도 한다. 동양증권에 따르면, 원/달러 환율이 10원 하락하면 내국인 출국자 증가에 따라 145억 원의 영업이익이 발생하며, 달러 매출과 비용의 차이에서 131억 원의 영업이익이 증가한다고 한다. 이와 같이 환율 하락은 항공사에게 외국인 관광객 수의 감소와 내국인 관광객 수 증가라는 양날의 검이 될 수 있다. 또한 환율 하락으로 인해 항공유 및 항공기 리스 비용절감 효과를 얻을 수 있다. 대한항공 측에 따르면 원/달러 환율이 10원만 올라가도 약 600억 원 이상의 경제적 손실이 발생하지만, 그 반대의 경우 약 200억 원의 영업이익이 증가하는 효과를 얻는다고 한다.

Question

1. 환율이 하락하는 경우, 대한항공의 입장에서 이는 사업운영에 도움을 줄 것으로 예견되는가? 아니면, 이익을 감소시킬 것으로 추측되는가?
2. 환율 하락이 사업운영에 도움을 줄 것으로 대답한 경우, 다음 설명을 살펴보시오.

   앞서 살펴보았듯이, 약 2년간 엔저 현상이 계속되자 방한 일본인 관광객 수가 꾸준히 줄어들었음을 알 수 있다. 이는 원화의 가치가 높아짐에 따라 한국으로의 여행비용이 증가하는 등의 경제적 부담이 따르기 때문이다. 따라서 대한항공과 같은 항공업은 물론, 다른 관광산업까지 전반적으로 일본인 소비자가 감소했다.

이와 같은 추가적인 설명에도 불구하고 환율 하락은 대한항공의 이익 시현에 도움이 된다고 생각하는가?

3. 환율 하락이 이익을 감소시킨다고 대답한 경우, 다음 설명을 살펴보시오.

환율이 하락하면 일반적으로 해외로 출국하는 국내 관광객 수가 증가한다. 또한 원화 가치 상승에 따른 환율 하락은 항공사에게 비용절감 효과를 가져다준다. 대한항공은 항공기에 사용되는 항공유를 전량 달러로 결제하기 때문에 환율이 내려가면 그만큼 비용이 절감되기 때문이다. 또한 항공기 리스비용에 대한 달러 결제액의 규모 역시 줄여주기 때문에 항공사 측에는 큰 이익이 될 수 있다.

이와 같은 설명에도 불구하고 환율 하락은 여전히 항공사의 이익을 감소시킨다고 생각하는가?

4. 대한항공은 부채비율이 2013년 2분기까지 1000%를 넘었으며, 그 규모가 아시아나 대비 8배에 이른다고 한다. 외화부채가 많다는 것은 원/달러 환율 변동 리스크에 더 많이 노출되고, 환율이 상승할수록 더 많은 결제대금을 지급해야 한다는 것을 의미한다. 만약 당신이 대한항공의 최고 의사결정권자라면, 환율 상승으로 인한 리스크를 줄이기 위해 어떠한 전략을 구사할 것으로 여겨지는가?

사례 7-4 LG전자 인도네시아 법인의 외환위기 악몽

1990년 진출 초기부터 LG전자의 인도네시아 현지법인(LGEIN)은 몇 가지 심각한 어려움에 봉착하였다. 우선, 당시 LG전자가 갖고 있던 브랜드 이미지가 현지에서 경쟁사 대비 널리 알려져 있지 않았으며, 영업에 절대적으로 필요한 적절한 서비스 채널도 존재하지 않았다. 무엇보다 판매 가능한 모델 수 자체가 적었음은 물론, 현지 딜러가 LG의 품질을 신뢰하지 않는 상태였으며, 이러한 일련의 이유로 현지 유통망 진입에 어려움을 겪고 있었다.

LG전자는 이러한 상황을 가전딜러를 적극 공략함으로써 극복하려 하였다. LG전자의 구체적인 극복방안은 이러하였다. 첫째, 구매력의 70%를 차지하는 자바 섬의 딜러들에게 영업력을 집중하였다. 둘째, 자카르타 물량의 50%를 움직이는 글로독(Glodok) 지구를 선택하고 집중하여 이곳을 파고들었다. 마지막으로, 발로 직접 뛰면서 딜러와 접촉하고 이들과 우호적인 관계를 형성하려고 노력하였다. 인도네

시아 유통구조의 특징, 즉 도매업자, 중간 거래자, 소매업자가 혼재되어 있어 이들이 유통시장을 장악하고 있다는 점을 고려했을 때, 유통망 개척을 위해 딜러들을 집중 공략하는 것이 최선의 전략으로 판단했던 것이다. 그 후 LGEIN은 고객과의 신뢰를 구축하기 위해 고객의 불평이나 요구사항을 적시에 처리할 수 있도록 24시간 서비스체제를 구축하고, 전국적으로 서비스센터를 확대함으로써 서비스체제도 정비하였다. 이로써 딜러와 소비자와의 신뢰를 구축한 LGEIN은 진출한 지 6년 만인 1996년에는 TV 가전시장 점유율 1위를 달성하게 되었다.

인도네시아의 경제는 1997년 외환위기가 발생하기 전인 1996년까지 약 30년간 연평균 6.8%의 고도성장을 유지하였으나, 1997년 7월 이후의 경제위기는 인도네시아에게 악몽으로 들어가는 전환점의 길목이 되었다. 1997년 7월 2일 태국 바트화 급락으로 주변국 통화가치의 동반하락 현상이 표출되기 시작하자 인도네시아 루피아화의 환율도 1997년 8월 14일 자유변동환율제를 채택한 이후 불안이 지속되었다. 달러 대비 1997년 6월 이전 2,450Rp이었던 루피아화는 1997년 말 5,500Rp, 1998년 15,000Rp까지 급속도로 평가절하되었다. 이로 인해 루피아화 소득자들의 실질 구매력은 1/3 이상 감소하게 되었고, 물가는 급등하였으며, 많은 기업들이 도산하여 경제는 붕괴되었다. 또한 실업자는 계속 증가하였고, 경상수지 적자는 확대되었으며, 은행은 기능을 상실하였다. 1998년 GDP는 전년 대비 13.68%나 감소함으로써 1인당 GDP 역시 1996년 1,184달러에서 605달러로 하락하였으며, 지난 수년간 매년 6~8%를 유지하던 물가상승률은 1998년에는 기록적인 77.63%까지 치솟았다. 1998년 8월의 은행이자율은 70%에 이르러 기업에게나 개인채무자에게나 가히 살인적인 상황이었다.

정치적인 측면에서는 1967년부터 1997년까지 수하르토가 5년 임기의 6차 연임으로 30년간 집권을 하였는데, 이 독재적인 장기통치도 경제에 악영향을 끼쳤다. 그 후 수하르토가 퇴진함에 따라 인도네시아 정부는 국제통화기금 등과의 적극적인 협의를 통해 경제난국을 헤쳐나가려고 노력하였다. 그 결과 루피아가 달러 대비 6,600Rp 정도로 어느 정도 안정되면서 인플레이션율도 상당폭 완화되었고, 은

표 7-4 | 인도네시아의 연도별 주요 경제지표(1999년 10월 말 기준)

구 분	1994	1995	1996	1997	1998	1999
1인당 GDP(US$)	920	1,023	1,128	1,088	514.8	682.2
GDP 성장률(%)	7.5	8.1	7.8	4.7	−13.68	0.23
물가상승률(%)	9.2	8.6	6.5	11.1	77.63	2.01
경상수지(US$ 10억)	13.2	14.7	16.2	17.2	14.5	16.7
외환보유고(US$ 10억)	965	1,050	1,079	1,374	1,380	1,420

자료 : 수출입은행

행이자율도 점진적으로 인하되어 1998년 8월 70%에 이르렀던 은행이자율은 1998년 12월에는 35%로 개선되었다.

그즈음 LGEIN의 매출액은 1996년에 1억 2,938만 4천 달러였지만 외환위기가 발생한 1997년 7월을 지나면서 매출액이 1억 3,113만 4천 달러로 그 상승세가 주춤하더니 급기야 1998년도의 매출액은 2,758만 9천 달러로 급감하였다. 경상이익의 규모도 1996년도와 1997년도에 각각 152만 5,550만 달러로 상승하고 있던 상황에서 외환위기를 맞으면서 10만 9천 달러로 크게 감소하였다. 또한 공장의 TV, 냉장고 생산량도 외환위기를 겪고 있는 동안 급격한 감소를 경험하였다. 1996년도와 1997년도 현지법인에서 생산한 두 제품의 생산량은 각각 462,808대에서 495,439대로, 119,160대에서 154,586대로 증가하였다. 그러나 이와 달리 1998년도에는 각각 112,997대, 62,282대로 현저히 줄었다. 인도네시아의 시장상황 자체도 좋지 않았다. 인도네시아의 연간 TV 시장규모는 1997년도 185만 대였던 것이 1998년도에는 55만 대로 줄어 70%나 감소하였고, 냉장고의 시장규모도 1997년도에 90만 대이었던 것이 1998년도에는 35만 대로 줄어 61% 감소하였다. 또한 시중의 자금경색 현상은 더욱 심화되었고, 앞서 언급했듯 이자율은 수직상승하였다. 이런 상황에서 엎친 데 덮친 격으로 LGEIN의 1998년도 누적 환차손이 4,000만 달러에 이르며 경영상황은 악화일로를 치달았다. 이뿐만 아니라 외환위기는 파트너 기업인 애스트라(Astra)가 지분을 포기하게 되는 결과를 야기하였고, 이는 애스트라가 가지고 있던 유통망을 잃게 되는 것을 의미하는 것이었기에 LGEIN의 입장에서는 큰 손실이 아닐 수 없었다. 게다가 1992년 이후 1997년까지 연평균 65%의 성장률을 기록할 만큼 공격적인 경영을 하고 있었던 LGEIN은 시장점유율을 더욱 확대하기 위해 거액의 부채를 끌어왔던 상태였기에 재무구조가 매우 취약하다는 약점도 가지고 있었다. 이로 인해 1997년 외환위기 사태가 발발하자 상기 설명한 4,000만 달러라는 거액의 환차손을 보게 되었던 것이다. 또한 가격과 TOP(terms of payment : 대금지급기간)에 있어서 유통업체에게 과도한 인센티브를 주었기 때문에 법인의 수익이 그리 높지 않았다. 즉, 시장점유율 확보라는 법인 제1의 목표를 달성하기 위해 저가로 우선 제품을 유통업자에게 제공하고 TOP을 최대한 길게 해주었으며, 이것은 거액의 환차손을 보게 하는 또 다른 결정적인 원인이 되었다.

상황이 이러하자 LGEIN은 외환위기를 타개하기 위한 일련의 전략적 움직임을 취하기 시작하였다. 그 첫 번째 조치로, 무리한 확장경영으로 인해 발생한 비용을 구조조정을 통해 절감하고자 하였다. 이를 위해 인원, 생산라인, 제품, 딜러 및 지점에 걸친 대대적인 구조조정을 단행했다. 인원에 있어서는 필요인원의 85%만 운영하고 나머지는 외주를 주는 방식으로 기업 운영을 수정하였다. 즉, TV공장라인을 2개에서 1개로 줄였고, RAC 라인은 폐쇄하였으며, 스피커라인은 외주를 주었다. 공장의 총 라인수를 5개에서 2개로 줄였고, 공장인원은 1997년 말 대비 40%를 감축하였다. 또한 자바 외에 소재한 지점의 기능을 축소하고, 인원을 50% 감축하였다. 그리고 그동안 LGEIN의 강점이었던 서비스를 활용하여 애스트라의 공백을 보완하기 위해 기존 서비스 조직을 유지하되 조직의 운영효율을 제고하기로 결정하였다. 그 일환으로 인원을 34% 감축하여 1997년 말 252명이던 본사인원이 1998년 3월 162명으로 감소하였다. 그 다음 조치로, 월매출 10M Rp 이하의 딜러 거래선은 정리하였다. 이 과정에서 브랜드의 신뢰도가 손상되는 것을 방지하기 위해 일시 거래중단이 아닌 점진적 거래축소를 시행함으로써 딜러들의 불만을 최대한 방지하였으며, 객관적인 점수산정표를 통해 합계 35점 이상은 거래를 지속하고 이하 점수를 득한 딜러만 거래를 중단하는 기준을 세워 상권 잠재력, 자금력, 판매력을 감안하여 공정하게 딜러를 선별하였다. 마지막으로, 한계제품을 정리하고 저수익성 모델을 축소하며, 모델을 단순화하기 위해 저품질 위주로 생산모델을 50%가량 정리하였다. 따라서 제품 수는 10개에서 5개로 줄였고, 모델 수 역시 TV는 33개에서 17개로, 냉장고는 30개에서 15개로 축소시켰다.

둘째, 매출채권 관리에 대한 개혁을 단행하였다. 현금거래가 아니면 물품을 넘기지 않았고, 외상기간을 최대 30일로 계약할 경우에만 물품을 제공하였다. 이로 인해 궁극적으로 빚을 줄여 나갈 수 있었으며, 자금유동성을 확보할 수 있을 것이라 생각하고 유통상을 대상으로 외상기간을 지킬 시 보상을 해주되, 그렇지 않을 경우에는 엄격한 벌을 주어 매출채권 관리를 안정적으로 정착하고자 하였다.

셋째, 환차손에 대처할 수 있는 능력을 키우고 이에 수반된 적절한 전략을 세우고자 하였다. 우선, 본사와의 D/A(Documents against Acceptance, 수출입 당사자의 매매계약에 근거하여 작성된 서류를 은행을 통하여 추심하는 방법으로 수출입대금의 결제가 이루어지는 거래를 말함)기간을 달리 운용하여 환위험에의 노출을 줄여 나가려고 노력하였다. 즉, 외환위기 때는 본사와의 D/A기간을 연장할 수 있도록 요청하여 그 기간 동안 자유로이 사금을 운용할 수 있게 하였으며, 어느 정도 인도네시아 환율이 안정화되고 LGEIN의 재무구조가 나아졌을 때인 1999년 본사와의 D/A기간을 360일에서 120일로 단축하여 현금흐름을 개선하였을 뿐만 아니라 환노출 기간을 줄여 나갔다. 또한 1997년까지 인도네시아 내수 중심이었던 사업구조에서 점차 수출을 증대함으로써 내수와 수출을 균형적으로 추진하였다. 그리고 수출 시 결제통화를 변경하였다. 이를테면 TVCR과 관련한 거래에서 부품을 매입할 때는 유로화로 결제하였고 매출할 때는 미 달러화로 조정하였다. 기존 한국에서 수입하던 부품을 현지에서 조달해서 사용하였으며, 1998년 루피아화의 평가절하와 미 달러화의 절상으로 부품·자재의 수입비용이 많이 소요되자 현지업체의 원가를 분석하여 원재료 수입분에 대해서는 미 달러화에 연동하였고, 간접비용은 루피아화로 계산하여 자재대금을 지급하였다.

넷째, 환사태가 안정되어 가고 주변 여건이 어느 정도 안정될 때를 대비한 수익극내와선닥을 썼다. 이를 위해 고급제품을 지속적으로 출시하여 제품 리더십을 확보하고자 하였으며, 판매가를 지속적으로 인상하여 LG 브랜드 이미지를 고급화로 포지셔닝하는 전략을 선택하였다. 판매가격을 계속적으로 인상하는 이유는 시장 전체를 볼 때 소폭으로 인상을 지속할 시 추가인상 예상에 따른 가수요가 발생할 것이고, 딜러도 큰 폭의 마진 획득 기회가 생길 것이라고 예상하여 이를 잘 수용할 것이라고 예상했기 때문이다. 이를 통해 인도네시아시장의 유통채널이 High-End로 변화되는 상황에서 적은 비용으로 새로운 유통채널 구축이 가능하였으며, 유통채널의 구조조정을 통하여 손상될지 모르는 브랜드 이미지를 언급한 전략을 통해 재구축할 수 있었다.

이러한 일련의 위기극복 노력의 결과, LGEIN의 매출액은 1998년 2,785만 9천 달러에서 1999년 6,348만 5천 달러로 증가하였다. 그리고 환차손도 1998년 1,304만 4천 달러였던 것이 1999년에는 오히려 822만 8천 달러의 환차익으로 전환되었다. 재고일수와 채권일수도 각각 75일과 30일이었던 것이 53일과 23일로 줄었다. 그리고 가격 포지션은 TV, 냉장고 모두 상위권에 위치하여 LG브랜드에 대한 고품질 이미지 달성에 성공하였다.

Question

1. 환위험 노출에 대한 LGEIN의 대처전략을 종합적으로 평가하시오.
2. 만약 당신이 최고경영자였다면, 상기 사례에 언급된 전략 외에 어떤 대응을 했을 것으로 여겨지는가?
3. 인도네시아의 입장에서 고정환율제도가 유리하다고 판단하는가, 아니면 변동환율제도가 바람직하다고 생각하는가?
4. 3번 문제와 관련하여, 각각의 환율제도별로 LGEIN이 취해야 할 대응 내지 헷징방법을 분석하시오.

사례 7-5 글로벌 금융위기에 따른 KB국민은행의 해외투자 실패

최근에 이르러서야 일부 은행들이 소매금융을 목적으로 동남아시아와 중국을 기점 삼아 해외 지점들의 수를 점차 확대하고 있는 단계에 불과한만큼, 삼성이나 현대와 같은 제조기업과는 달리, 우리나라 금융산업은 아직은 국제화되었다고 얘기하기에 다소 무리가 있을 것으로 여겨진다. 하지만 그보다도 이전, 즉 아직 금융업계가 세계 시장에서 걸음마 단계의 초보 수준이었던 2008년, KB국민은행은 카자흐스탄으로의 진출을 도모하게 된다. 당시 카자흐스탄은 1991년 12월 구소련으로부터 독립한 후 1992년 말까지 총 204개의 은행이 설립되어 운영되고 있었다. 그러나 1990년대 중반 이후 정부가 은행업에 대한 구조조정을 강행함에 따라 시중은행 수가 급격히 감소하였으며, 그 후속조치로 1993년에 개정된 은행법에 의해 카자흐스탄의 은행은 1개의 중앙은행과 그 외 다수의 시중은행으로 재편되었고, 다음 해인 1994년에는 금융시장에 대한 효율적인 관리감독을 위해 금융감독청을 설립하였다. 그리고 2005년에는 WTO 가입을 목적으로 금융기관에 대한 외국인투자 규제를 대폭 완화하여 외국계 은행의 카자흐스탄 은행산업 진출을 촉진시켰다. 이에 옛 구소련의 영향을 받고 있었던 동유럽 국가들 외에도 지리적으로도 인접하고, 상호 유사한 종교를 공유하고 있으며, 우호적인 경제 및 정치관계를 유지하고 있던 아랍권 국가들 역시 카자흐스탄 은행 진출에 관심을 가지게 되었다.

이와 같이 독립 이후 점차 선진 금융제도를 도입하고 해외 외국계 금융기관의 투자유치를 위해 애썼던 카자흐스탄 정부의 의지에 힘입어 KB국민은행은 2008년 센터크레딧은행 지분 41.9%를 9,392억 원에 사들여 2대 주주가 됨으로써 카자흐스탄 은행산업에 처음 발을 딛게 된다. 1998년에 설립된 센터크레딧은행은 2007년 기준으로 총자산이 7조 6천억 원에 이름에 따라 그 자산 규모가 카자흐스탄 내 6위에 해당하는 중견 상업은행이었다. 이 은행은 전국에 205개의 지점을 보유하고 있었으며, 85만 명에 육박하는 소매고객을 유치하고 있었다. 당시 센터크레딧은행은 개인금융과 소매금융에 특화되어 있었으므로 이 또한 KB국민은행의 영업전략과도 잘 부합하고 있었다. KB국민은행은 이렇게 카자흐스탄으로 진출함으로써 인수된 센터크레딧은행을 중앙아시아와 동유럽으로 나아가는 교두보로 삼고자 했다.

하지만 이내 문제가 불거졌다. 당시 카자흐스탄 내 은행들은 경제호황을 바탕으로 모기지대출과 기업대출 등에 혈안이 되어 있었다. 즉, 경제호황과 정부의 투자증대를 믿고 국내 부동산을 담보로 엄청난 대출을 시행하였으나, 실상 여신의 리스크를 줄이고자 받아두었던 대출의 담보인 부동산에는 상당한 거품이 내재되어 있었다. 또한 2003~2007년도에 유지되고 있던 글로벌 저금리 기조를 이용, 엄청난 해외자본을 차입하고 있는 상태였으며, 그 규모는 전체 은행차입의 50%에 육박하고 있었다.

그러던 중 2008년 갑자기 미국 발 금융위기가 도래하자 카자흐스탄 은행산업은 직격탄을 맞게 된다. 먼저 지난 8년 동안 10배 가까이 뛰었던 부동산 가격은 거품이 꺼지고 30% 이상 폭락하였고, 은행들의 담보였던 부동산 가격이 폭락하자 대출자산에 대한 안정성이 급격히 나빠졌으며, 신용대출로 부동산을 샀던 사람들은 보유자산의 가치하락으로 인해 상환능력을 상실해버렸다. 이로 인해 은행은 부실여신의 비중이 급격히 증가하는 등 유동성 위기에 직면하게 된다. 이 당시의 상황을 조금 더 구체적인 수치로 살펴보면, 은행산업의 총여신에서 부실여신의 비중이 2008년 말에는 8.1%에 불과하였으나, 불과 6개월 뒤인 2009년 6월에는 자그마치 30.8%에 이르게 된다.

표 7-5 | 채무불이행 은행의 채무재조정 현황

은행명	채무불이행 발생 시기	채무재조정 진행상황
알리안스은행 (Alliance Bank)	2009년 3월	2010년 3월 협상 완료 (46억 달러)
비티에이은행 (BTA Bank)	2009년 4월	2010년 10월 협상 완료 (167억 달러)
아스타나 파이낸스 (Astana Finance)	2009년 5월	협상 진행중
테미르은행 (Temir Bank)	2009년 11월	2010년 6월 협상 완료 (14억 달러)

자료 : 카자흐스탄 금융감독청

이뿐만이 아니었다. 이러한 악재들이 겹치면서 은행들이 경제개발과 자본 수요에 의해 해외 각 국가에서 빌려온 자본들을 갚을 여력이 되지 않았다. 결국 2009년 상반기에는 주요 은행들에 대한 달러화와 유로화 표시 채무에 대해 지불유예 및 채무재조정을 단행하였으나, 그럼에도 불구하고 2009년 상반기 4개 시중은행은 채무불이행을 선언하는 사태를 맞게 되었다.

다행히 KB국민은행이 인수한 센터크레딧은행은 디폴트 상태는 피할 수 있었다. 그러나 센터크레딧은행 역시 해외채무이행에 대한 엄청난 압박과 그 외 국내 부실여신, 대출담보 가격 하락, 자산건전성 하락 등 각종 악재가 겹침으로써 주가는 곤두박질쳤으며, 여타 다른 카자흐스탄 내 은행들과 마찬가지로 엄청난 타격을 입게 되었다. 결국 KB국민은행은 1조 원에 육박하는 자금을 투입하여 얻은 주식 지분이 장부가격 기준으로 6년 만에 680억 원이 됨으로써 주가가 거의 14분의 1 토막이 나고 말았다. 엎친 데 덮친 격으로, 카자흐스탄 제품의 국제 가격경쟁력을 견인하고, 이를 통해 자국의 수출규모를 확대하여 경제위기를 탈피해 보고자 했던 카자흐스탄 정부가 텡게화(카자흐스탄 화폐)를 20%나 평가절하하자 KB국민은행의 투자손실은 눈덩이처럼 확대되었다.

1. 아래 알마티의 한 금융계 인사의 말을 살펴보자.

"카자흐스탄 사람들은 은행에 예금을 잘 하지 않는다. 이 때문에 은행들은 국외에서 돈을 빌려 국내에서 돈을 대출해주는 식으로 영업을 해왔다."

상기의 설명은 곧, 해외차입에 크게 의존해온 카자흐스탄 은행들은 사례에서와 같이 국제적인 금융위기가 도래할 경우 자금 확보에 있어서의 어려움을 피할 수 없다는 것을 암시한다. 그렇다면, 중앙아시아 및 동유럽으로의 시장 진출 교두보로서 카자흐스탄을 선택했던 KB국민은행의 결정은 타당했다고 여겨지는가?

2. "자원 부국인 카자흐스탄의 잠재력을 고려할 때 센터크레딧은행에 대한 인수는 장기적으로 KB국민은행의 성장잠재력도 높이게 될 것"이라는 지적에 대해서는 어떻게 생각하는가?
3. 향후 카자흐스탄에서의 투자성공을 견인하기 위해 KB국민은행에게 어떠한 조언을 제시해주고자 하는가? 당신의 전략방안을 밝히시오.

사례 7-6 인도의 환율위기… 현대자동차에 대한 영향은?

현대자동차(Hyundai Motor Company)는 1967년 12월 29일 설립된 현대자동차그룹 계열의 상용차 생산 및 판매업체이다. 2013년 기준으로 세계에서 8번째로 큰 자동차 생산기업이며, 시가총액 기준으로 코스피 2위의 거대 대기업이다. 인도, 중국, 터키, 미국, 러시아, 체코 등 각지에 해외공장과 연구시설을 두고 전 세계 190여 개국에 수출하고 있으며 승용차 외에도 트럭, 버스 등 각종 차량을 제작, 판매한다. 주요 사업은 자동차의 제조 및 판매, 차량정비 등이다.

1997년 말 인도시장에 진출한 현대자동차는 진출 2년 만에 인도 내 소형차부문 시장점유율 2위를 차지하는 등, 인도에서 확고한 기반을 구축한 것으로 평가받고 있었다. 현대자동차의 이러한 성장 및 성공 요인은 우선 인도시장에 대한 철저한 조사는 물론, 인도 내의 다른 경쟁사의 인도 진출과정에 대한 정밀한 분석과 인도 환경(인도 소비자들은 대단히 가격탄력적이어서 대체로 낮은 가격을 선호, 도로 상황의 어려움, 더운 날씨 등)을 고려한 모델 개발과 진출 초기의 효과적인 광고전략 및 철저한 A/S체제의 구축 등이 기본적인 성공요인으로써 작용했던 것으로 평가받고 있었다. 특히 당시 인도에 진출하여 자동차를 생산하고 있는 세계 각국의 주요 자동차 메이커들이 아직 이익을 시현하지 못하고 있는 상황에서 현대자동차의 성공적인 투자성과와 영업이익 등은 타 경쟁사들의 벤치마킹 대상이 되고 있었다.

한편 언급한 요소들 외에 현대자동차의 가장 주요한 성공요인 중 하나는 '소형차' 부문을 공략했다는 점이었다. 처음에는 소형과 중형의 중간형태, 즉 준중형차의 범주에 포함되는 '액센트'를 필두로 하여 시장에 진입하려 하였으나, 현지 시장조사 결과를 근거로 이보다는 소형차인 '상트로'(한국 브랜드명 '아토스')를 주력모델로 출시했던 것이 적중하였고, 경쟁사인 마루티 스즈키의 '마루티 800'보다 차체 크기나 디자인 면에서 우수하다고 평가되어 소비욕구 수준이 높아진 인도 소비자들에게 매력적으로 다가갔다.

그러나 인도 경기에 '빨간불'이 들어오면서 현대자동차뿐만 아니라 인도 현지에 진출한 한국기업들 대부분이 매우 힘든 경영환경에 처하게 되었다. 그 이유는 다름 아닌 급락한 인도 루피화 때문이었다. 통상 현지 매출은 주로 현지통화로 이뤄진다는 점에서 이러한 급격한 환율 변화는 현지 진출 기업들에 악재가 될 수밖에 없다. 우선 루피화 가치하락은 한국 내 본사에서 인도지역으로 수출하는 부품 및 중요 원자재의 단가를 상승시킴으로써 실적 감소를 피할 수 없었고, 같은 이유로 수익성은 크게 훼손되었다.

이에 대한 조치로 현대자동차는 인도시장에서 판매하는 자동차 가격을 최대 43만 원가량까지 인상하는 조치를 단행했다. 하지만 루피화 가치의 급락은 환율차이의 문제로 끝난 것만이 아니었다. 인도의 국영정유사들이 루피화 가치하락으로 인한 손실을 만회하기 위해 ℓ당 휘발유 가격을 인상하기 시작하였고, 게다가 경제위기에 대한 우려가 지속돼 인도 국민들의 구매력이 감소하기 시작하면서 소비자들의 신차에 대한 수요까지 뚝 끊기게 되어 영업에 호혜적이지 않은 상황이 꼬리에 꼬리를 물고 발생하였다. 뿐만 아니라 경제적 어려움에 직면한 인도 정부가 자동차 구입을 위한 은행대출비용을 올리는 등 여러 까다로운 조치를 취하는 바람에 현대자동차의 인도 내 자동차 구매력은 그만큼 더 떨어질 수밖에 없었다. 이러한 일련의 상황이 발생하면서, 인도 내 자동차 판매량은 진출한 지 약 15년 만에 처음으로 감소세로 돌아서게 되었다. 실제로 2013년 1월~8월 현대자동차의 인도시장 판매량은 총 25만 2,000여 대로 이전 해 같은 기간보다 4.4%나 줄었다. 결국 현대자동차 인도법인은 세계 각지에서 운영되는 여러 현지법인 가운데에서도 최하위의 수익성을 시현하게 되었으며, 수익성을 나타내는 평균판매단가(ASP)는 평균 774만 원으로 그 전년 동기 대비 7.3% 하락하는 결과를 가져왔다. 이는 다른 해외법인은 모두 오른 반면, 유독 인도법인만 떨어진 영업실적이었다.

Question

1. 해외 투자 후 현지국의 화폐가 평가절하되었을 시 발생할 수 있는 가능한 피해를 예견해 본다면 어떠한 것들이 있겠는가?
2. 반면, 평가절하 시 투자기업의 이익은?
3. 상기 사례에서 현대자동차에 권유하고 싶은 해결방안 내지 전략을 제시해 보시오.

토의자료 7-1 국제금융의 '미래' 두 통화에 달렸다

중국 위안화가 널뛰면 세계경제에 부정적 영향을 끼친다. 환율에 따른 불확실성이 커져서다. 러시아 루블화의 약세가 계속되면 국제금융시장에 먹구름이 낀다. 우크라이나 지역 분쟁이 해결되지 않았다는 증거여서다. 두 통화의 환율 추이를 살펴보면 세계경제의 미래를 엿볼 수 있다.

"주식시장에 중소형주가 강세를 나타내고 있다는 점은 좋은 징조다. 수출 대기업 중심의 우리 경제구조가 체질적으로 달라지고 있다는 의미라서다. 하지만 대외적인 리스크로 인해 안전자산 선호현상이 강해지면 중소형주 투자심리도 위축될 수 있다." 박소연 한국투자증권 연구원의 경고다. 근거는 최근 불거진 중국의 위안화 약세와 우크라이나를 둘러싼 크림반도 사태다.

먼저 중국은 3월 15일 위안화 환율 일일 변동폭을 1%에서 2%로 확대했고, 17일부터 적용하고 있다. 기존보다 2배(아래 위 각 2배로 이론적으로는 4배)로 위안화 환율이 널뛴다는 얘기다. 당연히 위안화 가치가 떨어질 수밖에 없다. 문제는 위안화 약세가 가속화될 경우 국내 주식시장은 물론 기업들까지 타격을 입을 수 있다는 거다.

국제결제은행(BIS) 데이터에 따르면 글로벌 금융권의 중국 익스포저(중국에 연관된 모든 거래금액)는 2008년 1,000억 달러에서 지난해 3분기에 8,000억 달러로 급증했다. 중국 위안화에 투자한 자본들이 8배나 늘어났다는 거다. 단기투기자금이 대거 빠져나간다면 유동성에 심각한 문제가 생길 수 있다.

박소연 연구원은 "유동성에 문제가 생기면 외부자금에 의존하던 한계기업(재무구조가 탄탄하지 않은 기업)은 환위험에 노출될 수 있고, 위안화를 중심으로 생겨난 파생상품도 줄줄이 타격을 입을 수 있다"고 지적했다. 중국과의 통화스와프(일정 시점에 약정된 환율에 따라 해당 통화를 상호 교환하는 외환거래)를 통해 국내기업의 환위험을 관리해야 한다는 주장이 나오는 이유다.

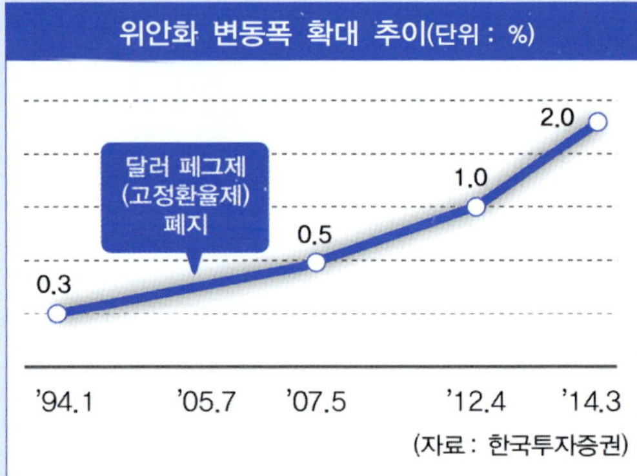

러시아의 미 국채 재수탁 의혹

- 글로벌 중앙은행의 총 미국 국채=**2013**년 말 약 **5조 7,900억** 달러
- 러시아가 **1,386억** 달러(약 **2.4%**)를 보유
- 최근 FRB 미 국채잔고 **1,045억** 달러(약 **110조 원**) 감소
- 글로벌 채권시장에는 미 국채가 나오지 않았음.
  ➔ 러시아가 벨기에 등 중립국으로 미 채권 재수탁 가능성
  ➔ 러시아의 크림반도 점유 후 서방국의 제재 先 방어 전략

또 다른 문제로 지적되는 러시아 리스크는 크림반도 사태의 장기화다. 박 연구원에 따르면 올해 3월 초 미국 연방준비제도이사회(FRB)가 맡아 보관하고 있던 미국 국채잔고가 일주일 만에 1,045억 달러(약 110조 원) 줄어들었다. 그런데 감소한 미국 국채가 채권시장에 나오지 않았다는 거다. 박 연구원은 "채권시장 관계자들은 서방국의 경제제재를 우려한 러시아가 벨기에 등 중립국으로 미국 채권을 옮겨 재수탁한 게 아니냐고 추측하고 있다"고 지적했다.

이게 사실이라면 러시아가 서방의 경제제재를 각오하고 있다는 의미다. 물론 군사적 충돌 위험은 사라졌고, 러시아의 크림반도 합병작업은 착착 진행 중이다. 하지만 극단적인 시나리오를 배제하더라도 사태 해결에 오래 걸린다면 국제금융시장에 부정적인 영향을 끼칠 거라는 게 박 연구원의 주장이다. 박 연구원은 "러시아 루블화의 환율추이를 보면 사태를 어느 정도 예측할 수 있을 것"이라고 말했다. 루블화 환율은 2008년 글로벌 금융위기 당시보다 더 나쁜 상황(약세)이다. 강세 반전이 확인돼야 금융시장의 위험자산 선호심리가 살아나는 거다.

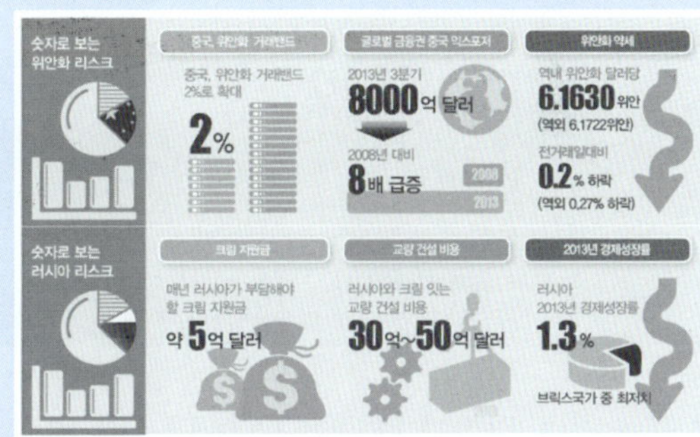

(자료 : CBS 시사경제지 ScooP, 2014.3.24)

토의자료 7-2 '기축통화 야심' 中의 만만디

최근 몇 달간 중국에선 글로벌 금융시장이 주목할 만한 몇 가지 '사건'이 연이어 발생했다. 작년 10월 중국 정부는 홍콩과만 맺고 있던 '위안화적격 외국인기관투자자가(RQFII)' 협정을 영국, 싱가포르와도 체결했다. 지난 1월엔 독일 벤츠가 외국기업으로는 처음으로 중국 본토에서 위안화 표시 채권(판다본드)을 발행한다고 밝혔다. 또 중국 중앙은행인 인민은행은 지난 15일 미국 달러화 대비 위안화 환율의 하루 변동 폭을 1%에서 2%로 확대한다고 발표했다.

얼핏 별 연관성이 없어 보이는 세 사건은 한 가지 공통점이 있다. 모두 중국 정부가 야심차게 추진하고 있는 '위안화 국제화'에 필수불가결한 조치다. 위안화가 미국 달러화와 더불어 글로벌 '빅2 통화'로 부상하면 국제 금융질서도 새롭게 재편될 수밖에 없다.

▶ 기축통화 꿈꾸는 위안화

위안화 국제화란 위안화가 세계 경제에서 지급결제 수단과 가치저장 수단 등으로 널리 사

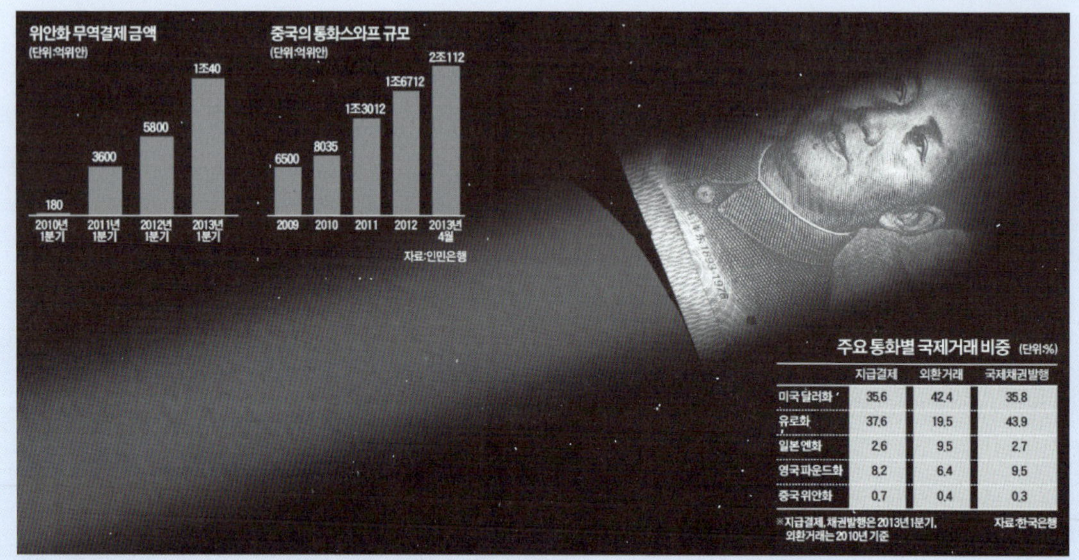

주요 통화별 국제거래 비중 (단위:%)

	지급결제	외환거래	국제채권발행
미국달러화	35.6	42.4	35.8
유로화	37.6	19.5	43.9
일본엔화	2.6	9.5	2.7
영국파운드화	8.2	6.4	9.5
중국위안화	0.7	0.4	0.3

※지급결제, 채권발행은 2013년 1분기, 외환거래는 2010년 기준

자료:한국은행

용되는 것을 뜻한다. 중국은 2009년 3월 열린 '양회(兩會 · 전국인민대표대회와 중국인민정치협상회의)'에서 국제사회에서 위안화의 위상을 격상시키기 위해 위안화 국제화를 추진하겠다고 선언했다. 위안화 국제화가 이뤄지면 △무역거래 비용 감소 △환리스크 축소 △시뇨리지(화폐주조 차익) 확대 △자금조달 효율성 증대 등이 가능해 중국의 국익에도 적잖은 도움이 될 것이란 판단도 작용했다.

이후 중국 정부는 위안화 국제화를 위한 로드맵을 차근차근 실행에 옮겼다. 우선 그해 7월에는 중국기업들에 위안화 무역 결제를 허용했다. 일단 무역거래에서 위안화를 많이 사용하게 하자는 취지였다.

또 중국 본토 주식 · 채권시장에 대한 외국인 기관투자가들의 투자 한도를 매년 단계적으로 확대했다. 2010년 8월에는 홍콩에 위안화와 미국 달러화 간 역외 외환시장을 개설했고, 세계 각국과 통화스와프 협정도 체결했다.

부쩍 높아진 위안화 위상

중국 정부가 위안화 국제화를 추진한 지 올해로 약 5년이 지났다. 이 기간 위안화의 위상이 꽤 높아졌다는 평가가 나온다. 우선 중국의 위안화 무역 결제액은 2010년 1분기 180억 위안에서 작년 1분기 1조 40억 위안으로 급증했다. 같은 기간 중국의 수출입에서 위안화 결제가 차지하는 비중도 0.4%에서 16.4%로 대폭 늘어났다.

또 전 세계 무역 및 직접투자 결제에서 위안화 결제가 차지하는 비중은 2012년 1월 0.25%에서 작년 3월에는 0.74%로 상승했다. 위안화를 통한 결제가 빈번해지면서 외환시장의 거래액도 동반 급증했다. 세계 외환시장에서 하루 평균 위안화 거래액은 2007년 1억 달러에서 2010년에는 171억 달러로 불어났다.

가치저장 수단으로서의 위안화의 위상도 높아졌다. 홍콩의 위안화 예금잔액은 작년 3월 말 6,680억 위안으로 2009년 말 대비 10배로 늘었다. 전문가들은 그러나 아직은 위안화가 글로벌 통화로 부상했다고 보기엔 역부족이란 평가를 내리고 있다. 국제통화기금(IMF)은 최근 '외환보유 통화로서의 사용도', '자본·무역거래 사용도', '자본거래 개방성' 등을 포함한 8가지 지표를 사용해 세계 주요 통화의 국제화 정도를 평가했는데, 여기서 위안화는 미국 달러화, 유로화, 일본 엔화, 영국 파운드화 등에 비해 크게 뒤처진다는 평가를 받았다.

IMF는 특히 위안화의 국제화를 가로막는 주요인으로 중국 본토 주식 및 채권시장의 대외 개방도가 여전히 낮은 점을 꼽았다. 해당 통화 표시 금융자산(중국 본토 주식 및 채권)에 대한 투자가 지금처럼 제약돼 있으면 그 통화가 국제화돼 있다고 보기 힘들다는 것이다.

엇갈리는 기축통화 속도 전망

시진핑 시대 개막 이후 중국은 경제구조 개혁을 전면에 내세웠다. 경제 전 부문에서 시장이 '결정적 역할'을 하도록 하겠다는 것이 큰 방향이다. 이를 위해 중국 정부는 은행의 예·대금리 자유화, 주식 및 채권시장의 대외 개방 확대 등을 단계적으로 추진해 나간다는 방침이다. 중국 정부의 이런 움직임은 위안화 국제화를 가속화하는 기폭제가 될 것으로 전문가들은 보고 있다. 이윤석 금융연구원 연구위원은 "중국 정부가 추진 중인 금융시장의 개혁·개방이 성공할 경우 위안화는 현재의 중화경제권 지역통화에서 주요 국제통화로 발전할 것"이라고 내다봤다.

중국 내 금융 전문가들은 보다 구체적이고 낙관적인 청사진을 제시하고 있다. 리다오쿠이 전 인민은행 화폐정책위원은 "2020년이면 위안화가 주요국 외환보유액의 최대 21.5%를 차지해 미국 달러화, 유로화에 이어 제3의 준비통화가 될 것"이라고 예상했다. 위안화 국제화가 생각보다 더디게 진행될 것이란 의견도 만만치 않다. 은성수 기획재정부 국제경제관리관은 "미국 달러화와 영국 파운드화가 기축통화가 될 수 있었던 데는 '항공모함(정치적·군사적 패권)'이 중요한 역할을 했다"며 "그런 패권을 중국이 가져야만 위안화도 국제통화가 될 수 있다"고 말했다.

(자료 : 한국경제, 2014.3.28)

토의자료 7-3 줄줄이 추진되는 통화스와프 왜?… "달러의존도를 낮춰라"

정부가 최근 세계 각국과 통화스와프 계약을 잇달아 체결하면서 외환정책에 변화가 감지되고 있다. 그간 외환시장 안정을 위해서 외환보유고를 무조건 많이 쌓는 것이 해결책이었다면 앞으로는 국제 금융협력을 강화해 달러의존도를 낮추겠다는 것이다. 각국과의 통화스와프는 국제공조 강화의 한 방안이다. 정부는 이달 들어서만 UAE, 인도네시아, 말레이시아 등 3곳과 통화스와프를 체결키로 했다고 발표했다. 호주와도 실무선에서 논의가 시작된 것으로 전해졌다.

우리나라가 처음 통화스와프를 체결한 것은 지난 2008년 글로벌 금융위기 당시다. 긴급한 외화유동성 확보 차원이었다. 이제는 목적이 완전히 달라졌다. 교역량이 많은 국가들과 자국 통화로 스와프를 체결해 달러의존도를 낮추는 것이 가장 중요한 목적이다. 경상수지 흑자로 외환보유액 규모가 이제는 너무 많은 게 아니냐는 지적이 나올 상황인만큼 대외안전성 강화는 부수적인 효과일 뿐이다.

기재부 관계자는 "그간 국제 통화시스템에서 달러의존도가 지나치게 컸던만큼 달러 비중을 낮추는 것은 장기 과제로 계속 제시되어 왔다"며 "특히 아시아 국가들과의 통화스와프 체결은 지역경제 안정 차원에서도 긍정적인 역할을 할 것"이라고 설명했다. 전민규 한국투자증권 연구위원은 "몇 번의 위기를 거치면서 우리를 포함한 아시아 국가들의 경우 외환보유고를 많이 쌓아놔야 한다는 일종의 강박관념이 생겼지만 경상수지 흑자가 언제까지 이어질지 담보할 수 없고 비용 측면에서도 비효율적"이라며 "통화스와프 등으로 달러 비중을 낮추는 것이 외환시장 안정성을 확보하는 데는 훨씬 효과적일 것"이라고 설명했다.

현재 우리나라 수입결제에서 달러화 의존도는 지난 3분기 83.7%다. 올 1분기 85.0%에서 낮아지고 있지만 여전히 높은 수준이며, 원화 비중은 3.5%에 불과하다. 수입이 절대적이었던 원자재 결제에 원화가 사용된다면 달러화 의존도는 크게 낮아질 수 있다. 수출 역시 달러화의 결제 비중이 86%에 달하며, 원화는 1.9%를 기록했다.

당초 올해 계획했던 통화스와프 체결은 어느 정도 마무리됐다. 정부는 시범적으로 운영해 본 뒤 통화스와프를 확대해 나갈지 여부를 결정할 방침이다. 통화스와프 체결이 외환시장에 미치는 영향은 당장은 없지만 중장기적으로는 원화 약세를 방어하는 효과를 낼 것으로 보인다. 전 연구위원은 "통화스와프 체결에 따른 직접적인 영향은 미미하지만 장기적으로는 원화 변동성을 축소해 외환시장을 안정시키는 역할을 할 것"이라고 분석했다.

(자료 : 헤럴드경제, 2013.10.24)

참고문헌

CBS 시사경제지 ScooP, 국제금융의 '미래' 두 통화에 달렸다, 2014년 3월 24일자.

DooSan Power Vina(2016), LS네트웍스 경험으로 본 러시아 비즈니스 성공법. [online] Available at http://www.kimswed.com/Info02/9621 [접속일: 2021년 7월 29일].

Hill, C. W. L.(2011), "*International Business: Competing in the global marketplace*", McGraw-Hill Irwin.

LS네트웍스(2011), "2011 LS Networks Annual Report", LS네트웍스.

LS네트웍스(2013), "2013 LS Networks Annual Report", LS네트웍스.

LS네트웍스(2014), "2014 LS Networks Annual Report", LS네트웍스.

LS네트웍스(2015), "2015 LS Networks Annual Report", LS네트웍스.

김정희(2003), 국내기업의 환리스크 관리 사례에 관한 연구, 동국대학교 경영대학원 석사학위 청구논문.

더벨, 좌초 위기 LS네트웍스, 구자용이 살렸다, 2017년 2월 14일자.

매일경제, 아르헨티나 예비 선거 결과에 금융시장 패닉, 2019년 8월 13일자.

머니투데이방송, LS네트웍스, LS용산타워 담보로 이베스트증권 풋옵션 상환, 2015년 7월 23일자.

박지원(2016), 러시아 경제위기와 정부의 대응정책: 2008년과 2014년 경제위기의 비교분석, 러시아연구, 26(1), 1-28.

블로터앤미디어, 이랜드서 빼앗은 LS네트웍스… E1의 짐만 된 사연, 2020년 11월 2일자.

삼성경제연구소(2013), SERI 경제포커스: 아베노믹스, 일본경제 부활의 신호탄인가?, 제412호.

서민교, 박병일(2013), "글로벌경영", 서울경제경영출판사.

서울경제, 프로스펙스 재고 부담↑… LS네트웍스 신용등급 빨간불, 2020년 5월 22일자.

세계일보, KB국민은행 '9000억원' 손실… 카자흐은행 투자했다가, 2014년 2월 21일자.

아시아경제, LS네트웍스, 러시아 국제공항 현대화 프로젝트 수주, 2014년 6월 18일자.

아시아경제, 심기일전 문성준 LS네트웍스 대표… 프로스펙스 살려라, 2018년 3월 13일자.

오센, 국가부도의 날 김혜수 vs 조우진이 복원한 1997년 IMF위기(종합)[Oh!커피한 잔], 2018년 11월 20일자.

외교부(2020), [아르헨티나] 다국적기업 철수 동향. [online] Available at https://energia.mofa.go.kr/?4bm73o3w2eHaviUk7d6NyoQyi4iOSyZZqstDtBgxP7wnF9CS4fkLCxVFGKbxAznvyyyAY1QsOVVIl%2BgO0tEWzckt69k9viFsRXYiWaKJPjQ%3D [접속일: 2021년 8월 12일].

이장로(2000), "해외 경영 성공 노하우: 한국이 낳은 글로벌 기업 엘지 전자", 무역경영사.

장세진(2004), "한국기업의 글로벌경영 사례집", 박영사.

전용욱, 김주헌, 윤동진(2008), "국제경영", 문영사.

정치화, 이영섭(2011), "외환시장의 이론과 실무", 율곡출판사.

조선비즈, 지역별 전략으로 연 매출 2000억원… 시베리아 녹인 한국 상품들, 2016년 11월 9일자.

조선일보, 원유 매장량 1위 베네수엘라… 외국기업 내쫓고 석유산업 국유화, 경쟁력 잃어, 2019년 3월 30일자.

주간현대, LS그룹, 잇단 악재에 흔들리는 내막, 2015년 7월 6일자.

초이스경제, LS네트웍스, 러시아·CIS지역 진출 가시적 성과, 2014년 6월 19일자.

파이낸셜뉴스, 한신평 "LS네트웍스, 신용등급 전망 부정적으로 하향 조정", 2020년 5월 23일자.

한국경제신문, '기축통화 야심' 中의 만만디, 2014년 3월 28일자.

한국미디어네트워크, LS네트웍스 신용등급전망 빨간불에 이베스트證 매각설, 2020년 5월 27일자.

한국산업은행(2013), 카자흐스탄의 은행 구조조정 추진과 전망, 산은조사월보, 제687호.

헤럴드경제, 줄줄이 추진되는 통화스와프 왜?… "달러의존도를 낮춰라", 2013년 10월 24일자.

현대경제연구원(2013), 경제주평: 아베노믹스, 일본경제 살리고 있다!·아베노믹스 평가와 전망, 13-45 통권 562호.

현대경제연구원(2013), 경제주평: 엔화 가치 급락과 한국경제에 미치는 영향, 13-23 통권 240호.

제 8 장 해외투자에 대한 정부의 규제와 지원

[1] 이것만은 알아두자

외국인직접투자에 대한 다양한 시각

외국인직접투자에 대한 시각은 이에 대해 적대적인 '비우호적 사회주의 시각'과 철저히 자유주의적 경제원칙에 충실하고자 하는 '자유시장경제적 시각', 그리고 그 사이의 절충적 시각을 갖고 있는 '실용적 국가주의' 등 세 가지 관점으로 정리된다. 따라서 '비우호적 사회주의 시각'은 해외에서 유입되는 외국인직접투자를 반대하고 거부하며, 이와 달리 '자유시장경제적 시각'은 직접투자가 경제성장으로 가는 지름길로 판단하여 절대적인 지지를 보내는 반면, 두 시각의 절충적 견해를 갖고 있는 '실용적 국가주의'는 외국인직접투자가 장점뿐만 아니라 단점도 있음을 인정함으로써 보다 바람직한 방향으로의 공헌을 모색한다.

표 8-1 | 외국인직접투자에 대한 다양한 시각

이데올로기	특 징	정책제안
비우호적 사회주의	–막시즘(Marxism)에 기반 –다국적기업을 제국주의의 연장선상에서 이해	–외국인직접투자 금지 –외국인 소유 기업의 국유화
자유시장 경제적 시각	–고전 경제학에 기반 –생산자원을 가장 효율적으로 분배하는 집단으로 다국적기업을 이해	–외국인직접투자에 대한 문호개방
실용적 국가주의	–외국인직접투자가 이익과 동시에 비용을 수반한다고 이해	–외국인직접투자의 비용이 이익을 초과할 경우 제한 –외국인직접투자가 국가경제에 기여할 수 있다고 여겨지는 경우, 공격적으로 유치

외국인직접투자와 현지국 경제

표 8-2 | 외국인직접투자로 발생하는 이익에 대한 요점정리

외국인직접투자의 이익	특 징
자원이전 효과	–다국적기업의 자본, 기술, 경영지식을 이전하는 효과 발생
고용창출 효과	–직접효과 : 다국적기업 자회사의 국내 근로자 신규 채용 –간접효과 : 다국적기업 자회사와 관련된 협력기업의 고용기회 확대 혹은 자회사에 고용된 근로자의 소비로 인한 기업의 고용 확대
수지개선 효과	–기존 수입의 대체와 수출 증대로 경상수지 개선
경제성장 효과	–다국적기업의 시장진입에 따른 경쟁증가로 국내기업의 투자증진, 가격 하락, 소비자 후생 증가 –현지국의 산업혁신을 유도함으로써 경제성장을 견인

표 8-3 | 외국인직접투자의 역효과에 대한 요점정리

외국인직접투자의 역효과	특 징
시장경쟁의 역효과	–경쟁에서 낙오된 국내기업의 시장퇴출과 이로 인한 다국적기업의 시장 독점화 –다국적기업에 의한 동일산업 내 경쟁기업들의 추가 인수와 이들 기업 간 합병으로 인해 발생하는 시장의 경쟁효과 감소
국제수지의 역효과	–다국적기업에 의해 실현된 수익의 본국 송금으로 인한 자본수지 악화 –다국적기업이 필요부품을 본국으로부터 수입하는 경우 경상수지 악화
경제의 자율성 상실	–과도한 외국인직접투자가 행해지는 경우 경제주권 훼손에 대한 가능성 존재

해외직접투자와 투자국 경제

표 8-4 | 투자국의 이익과 비용

투자국의 이익	투자국의 비용
–현지국에서 발생한 이익의 본국 송금으로 인한 자본수지의 확대 –자본설비, 중간재, 보완재를 현지 자회사에 수출하는 경우 경상수지 확대와 이로 인한 고용 증대 –현지 시장정보, 경영 노하우, 선진기술의 습득	–투자국 경상수지의 악화 –생산설비 이전으로 인한 고용악화와 산업공동화

현지국 정부의 해외투자 유입규제 및 지원

표 8-5 | 현지국의 해외투자에 대한 유인 및 규제

투자유인 정부정책의 예시	
1. 세제상의 지원	• 조세감면 • 조세이연(tax deferral) • 특별감가상각제도
2. 보조금제도	• 공장부지, 도로 및 공공시설의 무상제공 • 원료 및 부품수입에 대한 관세의 감면 • 저리의 장단기 금융 제공 • R&D 및 수출활동 등에 대한 특별보조금 지급
3. 투자환경의 개선	• 생산제품의 판로보장 • 경쟁제품의 수입제한 • 국제분쟁해결 절차의 명시 • 투자안전보장협정의 체결

투자규제 정부정책의 예시	
1. 사전적 투자심사제도	• 외국인투자에 대한 사전심사제도 운용 • 외국인투자 금지업종 • 외국인투자에 관한 소유권 제한
2. 외국인투자기업의 자율적 의사결정에 대한 규제	• R&D 및 기술이전의무 • 부품국산화의무 • 내국인고용의무 • 국내금융의 제한 • 이자 및 배당소득의 송금제한 • 이전가격의 통제
3. 기타	• 국유화, 수용화, 몰수화

투자국 정부의 해외투자 지원 및 규제

표 8-6 | 투자국의 해외투자에 대한 지원 및 규제

지원정책	규제정책
–정보 및 기술지원 –금융 및 세제지원 –정치적 압력 행사 –해외투자보험제도를 통해 정치적 위험을 담보	–경상수지 적자에 대한 우려로 자본유출 제한 –자국에 투자 시 세제지원 –정치적 이유에서 특정국에 대한 투자금지

[2] 해외투자에 대한 정부의 규제 및 지원과 관련된 주요 사례

사례 8-1 황금알을 잡아라? : 엔씨소프트의 중국 진출

리니지라는 초대형 게임을 개발한 엔씨소프트는 한국 내에서 2000년 동시접속자 수 10만 명을 넘어섰고, 그해 결산결과 매출액 582억, 당기순이익 242억 원을 시현하였다. 또한 2001년에는 매출액이 1,247억 원으로 급증함으로써 국내 소프트웨어 업체 최초로 매출 1,000억 원대의 돌파를 달성한 기업으로 유명하다. 하지만 엔씨소프트의 성공에 자극받은 수많은 기업들이 우후죽순처럼 시장에 진입하면서 엔씨소프트는 점차 어려움을 겪게 된다. 대표적으로 넥슨이 바람의 나라, 어둠의 전설, 크레이지 아케이드 등의 게임을 제공하며 엔씨소프트의 자리를 위협했다. 이러한 위기를 해결하기 위해 엔씨소프트는 인터넷 사용자 수가 상하이를 중심으로 빠르게 증가하기 시작한 중국으로의 시장 진출을 모색하기로 결심한다. 아래 표처럼 중국의 인터넷 사용자 수는 1998년 117만 명에서 2002년 4,580만 명으로 40배 이상 증가했고, PC 보급률 역시 1997년 0.6%에서 2001년 19.3%로 폭발적으로 늘어났다. 중국은 한국보다 수십 배 많은 인구를 보유하고 있고, 인터넷 붐이 일어나기 시작함에 따라 초기 확장을 잘하여 일정 정도의 시장점유율을 확보해 놓는다면 이들을 단단한 마니아층으로 유도할 수 있을 것으로 내다봤다. 이를 토대로 엔씨소프트는 중국기업인 시나와 중국 내 리니지의 운영을 위한 합작법인인 엔씨시나(NC-Sina)를 설립하기에 이른다(<사례 6-5> 참조).

하지만 리니지를 필두로 진출한 엔씨소프트의 당시 중국 매출은 초라했다. 유례없는 히트를 친 한국과는 달리, 중국 첫 출시 이후 얼마 지나지 않아 관련 아이템 판매는 지속적으로 감소했고, 월정액 이용자의 이탈속도 또한 가속화됐다.

표 8-7 | 중국의 인터넷 사용자

(단위 : 만 명)

구 분	1998	1999	2000	2001	2002
사용자 수	117.5	400	1,690	2,650	4,580
증가율	–	240	322	56.8	72.8

자료 : 한국소프트웨어진흥원

당시 중국은 같은 중화권인 홍콩이나 대만과 다르게 정부의 규제가 상당히 심한 편이었다. 온라인게임산업의 경우도 예외가 아니었으며, 정부의 규제에 따라 중국시장에 진출한 외국계 온라인게임업체들의 생존이 좌지우지될 정도의 영향력을 가지고 있었다. 엔씨소프트가 잘못 이해하고 있던 바는 중국에 PC방이 급속도로 증가하면서 한국에서처럼 어디서나 게임을 즐길 수 있다고 생각한 것이었다. 하지만 당시 PC방은 인터넷 검색을 위한 공간으로 허가된 업소였고 휴일을 제외한 평일에 18세 이하의 미성년자는 PC방 출입이 금지되었다. 언제 어디서나 학교나 학원이 끝나면 PC방에서 자유롭게 게임을 즐길 수 있는 한국 내 문화와는 확연하게 달랐던 것이다.

그 후 중국 문화부가 PC방 관련 규정을 완화해 부모와 동행하는 경우 16세 이하 청소년도 PC방 출입을 허용하였으나, 여전히 PC방에 머물 수 있는 시간은 오전 8시에서 오후 8시로 제한되었으며, 3시간 이상 인터넷 게임을 이용하지 못하도록 제재하였다. 당시 우리나라에서는 여느 청소년이나 10,000원만 있으면 밤 10시 이전까지 게임 시간제한 없이 누구든 이를 즐길 수 있었다. 엔씨소프트는 단순히 인터넷 사용자의 증가 수만이 아닌 실질적인 게임의 이용자인 중국 청소년들의 게임 환경에 대해서도 자세히 분석했었어야 한다. 정부가 그토록 PC방을 단속한 이유는 중국 당국이 PC방을 청소년의 탈선 장소로 간주하고 있었기 때문이었다.

그러다 2002년 6월 24일에 발생한 PC방 화재는 중국 정책결정자들로 하여금 PC방에 대한 대대적 영업금지 조치를 초래했다. 이는 곧 온라인게임시장의 축소를 의미하는 중요한 사건이었다. 이제 막 중국시장에 진입한 리니지로서는 초기 시장 점유율을 장악하지 못한 채 영업에 커다란 제약을 받음으로써 심각한 타격을 입게 되었다.

당시 중국 내 가정집에서는 PC가 보급되었어도 인터넷을 이용한 게임의 이용자 수는 극히 적었다. 그 이유는 우리가 2000년 초반, 나우누리, 천리안, 메가포스 등을 이용해 전화접속을 통한 인터넷을 이용했던 것을 상기해 보면 그 이유를 짐작할 수 있을 것이다. 즉, 한국이 과거 그러했던 것처럼 중국도 가정에서는 전화접속을 통해 인터넷을 이용하고 있었다. 더욱이 전화접속을 통한 비용이 중국에서는 상당히 높았으며, 따라서 PC방에서의 영업이 제한받자 리니지 게임의 이용자 수가 급격히 떨어지는 것은 당연한 일이었다(대용량의 리니지를 하기 위해서는 초고속 인터넷이 필요했다).

한편 게임 이용자가 크게 늘어나고 온라인게임 속 아이템을 현금으로 거래하기 시작하면서 사기나 폭행 등의 사건사고가 끊임없이 발생하였으며, 따라서 이러한 역기능을 최소화하고, 또한 외국 게임업체의 시장 진출을 제한하기 위한 목적으로 중국 정부에서는 온라인 등급제를 실시하였는데, 이 역시 리니지의 발전에 중대한 규제로 작용하였다.

Question

1. 엔씨소프트의 중국 진출은 옳은 결정이었는가? 답변에 대한 이유를 구체적으로 제시하시오.
2. 만약 엔씨소프트가 중국이 아닌 같은 중화권인 대만이나 홍콩에 진출했다면 어떠했겠는가? 더불어 대만이나 홍콩 대신 중국을 최초 시장 진출 대상으로 결정한 이유를 설명하시오.
3. 위 상황에서 엔씨소프트가 어려움을 극복할 수 있는 전략으로 고려할 수 있는 방안들을 제시해 보라.

사례 8-2 다우코닝은 왜 전라북도에 투자하지 않았을까?

DOW CORNING

다우코닝(Dow Corning)사는 미국의 미시건주에 뿌리를 둔 세계적인 실리콘 분야 다국적기업이다. 우리는 본 사례를 통해 미국 다우코닝사로부터의 투자유치 실패 사례를 살펴보고자 한다. 다우코닝사는 1996년 3월 주한미상공회의소의 투자유치 설명회에 참가하여 전라북도의 투자유치노력에 감명을 받고 아시아프로젝트의 최종 후보지로 중국, 말레이시아, 한국을 선정했다. 아시아 투자규모는 28억 달러였으며, 만일 동 투자를 전라북도에서 유치하는 데 성공할 경우, 연간 26억 3,000달러의 수출 및 3억 달러의 수입대체 효과를 가져올 수 있을 것으로 전망되었다. 또한 7,200명에 이르는 고용이 창출될 것이라고 예견되었으며, 더불어 세계적인 실리콘 제조기술을 배울 수 있는 기회로 작용할 수 있었다.

전라북도는 당해 예산에 50억 원의 외국인 전용공단 조성비를 확보하고, 투자유

치를 위해 아시아지역 부사장, 사장단, 입지선정팀 등과의 협의와 방문을 11차례나 시행하였다. 당시 다우코닝사는 6가지 요구사항을 제시했다: (1) 2003년까지 60만 평의 공장부지 조성, (2) 부지사용은 연간 임대료 100만 달러에 99년간 임대, (3) 4만 톤급 전용부두 및 항만 배후부지 5만 평 사용, (4) 메탄올, 금속규소 등 수입원자재 관세면제, 보세공장 지정, (5) 전기료 인하, LNG 사용, 공업용수, 한전의 스팀 사용, (6) 항만에서 공장까지 파이프라인 건설 허용.

하지만 전라북도에는 다우코닝사가 원하는 부지도 조성되어 있지 않았으며, 새만금이 방조제로 막혀 있지도 않은 여건상의 문제도 있었고, 그리고 정부의 여러 투자 지원제도와 시스템 부족으로 인해 여러 부분에서 문제가 발생하기 시작하였다. 전라북도는 유치에 따른 효과를 강조하며 다우코닝사의 요구사항을 정부에 적극적으로 제시하고, 관계부처 예컨대, 통상산업부, 재정경제원, 농림수산부, 건설교통부 등과 총 22회에 이르는 협의를 진행하였으나, 관련부처는 신속한 합의점을 도출하지 못하였다. 그로 인해 다우코닝사의 요구시한을 넘겨 대통령선거 다음날인 1997년 12월 19일이 되어서야 중앙관계부처 간 합의를 도출해 내기에 이른다. 그러나 전기료 인하와 관세면제 이외의 모든 요구조건을 허락한다는 내용을 다우코닝사에게 통보하고, 대통령 당선자까지 다우코닝사의 회장에게 직접 전화하였으나, 급기야 1999년 2월 2일 투자유치계획은 취소되어졌고, 다우코닝사는 말레이시아에서 아시아프로젝트를 추진하기로 최종 결정한다.

다우코닝사의 유치 실패에 대한 요인은 다음과 같은 원인들이 고려되어진다. 먼저 한국의 열악한 투자여건을 들 수 있을 것이다. 한국은 당시 중국이나 말레이시아 등의 경쟁국가들 대비 2~3배 높은 공장부지 가격(평당 30만 원), 물류비, 에너지가격, 임금 등에 있어서 고비용의 구조를 가지고 있었다. 또한 법인세 역시 28%가 부과됨으로써 상당히 높은 편이었으며, 관세도 8~10% 수준으로 상당했고, 영어를 쓰지 않는 생활권이라는 약점이 있었다. 이에 더하여, 한국은 당시 제대로 된 외국인투자유치법이 제정되지 않았을 뿐만 아니라, 외국인투자유치에 대한 마인드가 부족했다. 이로 인해 관련부서 간의 소통이 원활하지 못했고, 담당공무원이 자주 교체되어 결정사항이 지연되었으며, 부처 간 협의사항을 중간에서 조정할 컨트

롤타워가 부재했다. 마지막으로, 외국인투자를 지원하던 곳이 재정경제원(국제투자과)과 통상산업부(국제기업과)로 이원화되어 있어서 근본적으로 원스톱 서비스가 이루어질 수 없었다. 다우코닝사로부터의 외국인투자유치 실패가 그 원인은 당연히 아니겠으나, 곧이어 한국은 외화부족을 겪음으로 해서 1997년 유사 이래 경험하지 못했던 심각한 경제위기에 직면하게 된다.

Question

1. 전라북도가 다우코닝으로부터 직접투자를 유치하고자 했던 이유는 무엇인가?
2. 당시 한국이 말레이시아보다 열악했던 투자여건으로는 무엇이 있었을 것으로 여겨지는가?
3. 상기 사례에 비추어, 외국인직접투자의 유치를 촉진하기 위해서 갖춰야 하는 정부의 지원으로는 무엇이 있을 것으로 판단되는가?

사례 8-3 앨라배마의 현대자동차

"땅도 세금도 공짜" 파격 인센티브

"현대자동차는 오늘부터 우리 가족이 됐습니다. 앨라배마는 온 가족이 새 신부(新婦)를 맞는 기분으로 현대차를 환영합니다." "미국에 있는 친구들에게 전화를 걸어 모두 현대차를 사라고 하겠습니다."

지난달 16일 미국 남동부 앨라배마주(州) 몽고메리시(市)에서 열린 현대차 공장 기공식에서 단 시글먼 주지사는 어린아이처럼 기뻐했다. 현대는 왜 앨라배마로 갔을까? 켄터키 등 6~7개 주들과 경합을 벌인 앨라배마주가 현대차 공장을 유치하는 데 성공한 비결은 상상을 초월하는 파격적인 인센티브를 제시했기 때문이다.

- **치열했던 유치경쟁** = 앨라배마주가 현대차에 관심을 가진 것은 지난해 9월부터였다. 켄터키 · 테네시 · 조지아 등 6~7개 주의 주지사들이 현대차 공장을 유치하기 위해 서울을 다녀왔다는 소식이 전해진 후 뒤늦게 유치경쟁에 뛰어들었다.

앨라배마주가 이처럼 파격적인 인센티브를 제공하면서 현대차 유치에 나선 것은 주의 경제력을 키우고 주민 소득을 높이기 위해서다. 농업이 주된 산업인 앨라배마주 주민의 1인당 소득은 미국의 50개 주 가운데 최하위권에 머물고 있다. 단 시글먼 주지사는 "현대차 공장을 설립하면 2005년까지 6,000개의 새로운 일자리가 생기고 앨라배마주가 얻는 경제적인 효과는 약 2억 8,000만 달러에 이른다"고 설명했다.1)

1. 현대자동차 투자유치의 성공요인

1) 파격적인 재정적 투자유인

- **공장부지의 무료 제공** : 미국 앨라배마주 몽고메리시에 위치한 시가 3,750만 달러에 달하는 공장부지 210만 평을 1달러에 소유권을 현대자동차에 이전하였다. 무상으로 제공하지 않고 1달러에 판매한 것은 무상증여세를 회피하기 위한 몽고메리시의 배려였다.

- **인프라 제공** : 고속도로에서 공장부지까지 놓여 있던 협소한 기존 도로를 4차선으로 확장하였고 도로명도 "현대대로"로 바꾸었다. 농지를 공장부지로 변경하면서 새롭게 공장 안까지 철도를 연장했고, 상/하수도, 가스, 전기, 전화, IT 시설 등 각종 인프라를 주 정부 비용으로 설치하여 주었다. 공장의 안전과 치안을 위해 공장 인근에는 새롭게 소방서와 경찰서를 개설하였다. 이러한 인프라 제공에 총 4,720만 달러가 소요되었다.

- **직업훈련 실시** : 주 정부는 현대자동차의 요구에 맞추어 직업훈련시설을 건립하여 자동차 생산시설에서 일할 종업원을 선발하는 일과 이들에게 직업훈련을 실시하는 일을 맡았다. 이를 위해 총 6,180만 달러의 예산이 배정되었다.

- **광고 지원** : 주 정부는 2년간 신문과 TV에 게재하는 현대차 광고를 지원하는 데 총 1,000만 달러를 제공하기로 하였다.

- **세금감면** : 주 정부와 시는 자동차를 대량생산하는 시점부터 20년간 법인세와 지방세를 감면해 주기로 하였고 공장 전체를 보세지역으로 지정하여 관세를 감면해 주었다. 또한 각종 인허가 비용과 기업지역세를 면제해 주기로 하였다.

---

1) 자료 : 조선일보, 2002년 5월 7일자 기사.

이로부터 발생하는 총 감면액은 9,350만 달러에 달하는 것으로 추정되었다. 이에 따라 현대자동차 미국 생산법인이 받은 인센티브 총액은 약 2억 5,000만 달러에 달하는 것으로 평가되었다.

2) 행정적 투자유인

- **몽고메리시에 현대가족 지원부서 신설** : 몽고메리시는 현대차 파견 직원을 위해서 '현대가족지원부서'를 신설하였다. 이 부서의 직원들은 아예 현대자동차에 상주하면서 현대차 직원 가족의 애로사항을 즉석에서 해결해 준다. 예컨대, 주택 구입부터 전기, 가스, 물 상하수도, 쓰레기 수거 등 공공시설 신청을 대행해주고, 자녀들이 스쿨버스를 타는 것까지 도와준다.
- **토지소유권 이전을 위한 행정 편의 제공** : 주 정부는 원래 외국인에게 토지소유권 이전을 금지하고 있던 주 헌법을 개정해 부지를 마련해 주었다. 농지였던 토지를 공업용지로 바꾸어 주었고, 몽고메리시 외곽에 있던 부지 중 일부를 시로 편입시켰고, 지번도 현대차의 울산공장과 같은 700번지로 바꾸었다. 한국 본사와 미국 자회사 간의 우편물 소통을 원활하게 하기 위한 배려이다.
- **노조활동의 제한** : 외국기업을 유치하기 위해 주 정부가 노조활동을 자제시키고 있다. 현대자동차 앨라배마 공장에도 노조 설립을 당분간 금지하였다. 현대차가 미국공장설립 계획을 발표한 것은 2002년, 현대차는 당시 미국 내 자동차 판매 상위 10대 메이커 중 유일하게 현지공장이 없었다. 한 해 1,500만 대가 팔리는 세계 최대의 시장에서 현지공장 없이는 현대차가 사활을 걸고 추진 중인 '글로벌 5' 진입이 불가능했다. 현대차가 미국에 현지공장을 건설한 이유이다. 앨라배마주의 몽고메리시를 선택한 것은 재정적, 행정적인 측면에서의 파격적인 투자유인이 큰 역할을 하였다. 현대자동차의 공장부지 210만 평은 당초 6명이 공유하고 있던 목장이었다. 현대자동차가 10억 달러를 투자하는 대신 각종 인센티브로 돌려받은 금액은 약 2억 5,000만 달러가 넘는다. 주 정부는 2억 5,000만 달러 상당의 투자유인을 제공하지만 현대자동차 공장이 확장될 경우 5,000여 개의 일자리와 함께 연간 2억 달러가량의 경제효과가 발생한다. 현대자동차와 동반 진출하는 200여 개의 부품업체가 3,000여 개의 일자리를 추가로 만들게 되는 것이다. 몽고메리시의 이와 같은 투자유인은 현대자

동차에게만 제공된 것은 아니다. 앨라배마주는 독일의 메르세데스-벤츠와 일본의 혼다 공장을 유치하면서 일자리 창출 규모에 따라 각각 2억 5,000만 달러와 1억 5,800만 달러를 인센티브로 제공하였다.

Question

1. 앨라배마주가 현대자동차의 투자를 유치하기 위해 많은 지원과 노력을 아끼지 않았던 이유는 무엇인가? 현대자동차를 유치함으로써 앨라배마주가 얻게 되는 경제적인 이익은 무엇인가?
2. 반면 현대자동차가 미국으로의 투자를 결정했던 이유는 무엇이라고 여겨지는가?
3. 현대자동차가 캐나다나 멕시코 대신 미국을 투자처로 결정한 이유는 무엇이라고 판단하는가?
4. 앨라배마주의 입장에서, 현대자동차가 앨라배마주에 투자함으로써 겪게 되는 잠재적 문제 혹은 비용은 무엇인가?

사례 8-4 러시아의 폐차세(Utilization fee) 도입과 고급차 세금법 개정안

2012년 6월, 러시아 의회는 러시아 시장으로 수입되는 모든 중고차와 신차에 대해 폐차세를 부과하는 법안을 발의했다. 러시아는 2012년 WTO에 가입함에 따라 평균 관세율을 인하해야 했다. 따라서 자국의 산업을 보호하는 데 큰 힘이 되었던 평균 관세율이 향후 꾸준히 하락할 예정이었기 때문에 자국기업의 생존권 보호를 위해 일부 산업에 대해서는 특별한 보호정책을 펼치고 있다. 그 중 대표적인 것이 자동차산업이다.

러시아 국민들은 자국의 자동차 브랜드보다 일반적으로 해외 브랜드를 선호하는 경향을 보인다. 최근 러시아의 경기침체로 인해 러시아 내 자동차 판매실적이 전체적으로 부진하지만, 그럼에도 불구하고 2013년 러시아 승용차 신차 판매량을 살펴보면, 러시아 현지생산 외국 브랜드의 신차 판매량은 오히려 전년 대비 약 8% 가량 증가하였다. 반면 러시아 브랜드와 수입 브랜드 자동차는 약 15% 이상 매출이 하락하였다. 판매와 관련된 절대 수치만 보더라도, 현지생산 외국 브랜드 차량

판매 대수는 1,200대를 훌쩍 뛰어넘고 있으나, 이와 달리 러시아 국내 브랜드 차량과 수입된 외국 브랜드 차량 판매 대수는 고작 약 500대에 그치고 있다. 즉, 해당 판매기록만 보더라도 러시아 국민들이 자국산 자동차보다 대체로 자국에서 생산된 외국산 자동차를 더 많이 선호한다는 사실을 알 수 있다. 하지만 해외 수입차량과 현지생산 외국 브랜드 차량의 판매수도 상당한 차이를 보이고 있는데, 이는 폐차세의 발의와 관련이 깊다.

앞서 언급했던 것처럼, 러시아는 자국의 자동차산업을 보호하기 위해 애쓰고 있으며, 그 중 하나가 폐차세의 도입이다. 이는 러시아로 들어오는 모든 수입차에 대해 폐차 처리에 발생하는 비용을 사전에 걷겠다는 의지인 바, 환경분담금의 성격을 띠고 있었다. 한편, 2012년 동 법령을 제정하면서 현지에서 생산되는 차량(외국 브랜드 포함)에 대해서는 폐차세를 면제하고, 수입차량에 한해서만 이를 부과하였다. 그러자 EU를 포함한 다수의 국가에서 폐차세 부과가 불공정하다는 불평과 압력이 쇄도하였다. 이에 러시아 정부는 법령 시행 약 1년이 경과한 지난 2013년 4월, 자국 내에서 생산된 해외 브랜드 차량에 대해서도 수입제품보다는 다소 낮으나 예외 없이 폐차세를 부과하는 방향으로 법령을 수정하였다. 러시아에서 판매되는 차량의 약 3분의 1 정도가 수입차량이고, 그 외에도 다국적기업에 의한 현지생산이 상당한 규모로 이루어지고 있었기에, 러시아 정부는 폐차세 도입으로 인해 약 3배가량 세수가 증대될 것으로 판단하였다. 즉, 이는 곧 그만큼 러시아 시장으로 차량을 수출하거나 직접투자를 통해 현지생산을 수행하고 있는 다국적기업의 입장에서는 부담해야 하는 운영비용이 커진다는 것을 의미했다.

또한 러시아 정부는 폐차세 제정과 더불어 2013년에는 고급차량을 소유한 소유자에게도 무거운 세금을 부과하는 개정안을 의회에서 통과시켰다. 이 법에 의하면, 300만 루블 이상의 차량을 가지고 있는 경우 한 해 세금을 1.5배 인상하고, 500만 루블 이상의 차량을 소유한 국민의 세금은 2배 인상하며, 1,000만 루블 이상의 차량에 대해서는 3배 인상된 세금을 부과한다는 것이었다. 표면적으로는 러시아 국민들의 과소비를 제한하기 위해서라는 명분을 내걸었으나, 실상 그 이면에는 고가의 '해외' 브랜드 차량 소비를 줄이고자 하는 목적이 내재되어 있었다. 실제로 세금인상법에 해당하는 자동차 목록을 살펴보면 모두 해외 브랜드 일색이었으며, 이에는 'Aston Martin, Audi, Bently, BMW, Bugatti, Cadillac, Ferrari, Hyundai, Infiniti, Jaguar, Lamborghini, Land Rover, Lexus, Maserati, Mercedes-Benz, Nissan,

Porshe, Rolls-Royce, Toyota, Volkswagen' 등이 포함되었다.

폐차세와 고급 승용차에 대한 세금 인상 개정법으로 인해 여러 기업이 피해를 입거나 곤란해 하고 있다. 이로 인해, 예컨대 르노 자동차는 러시아 현지 생산공장(AutoBAZ, ZiLa, Autoframos)에서 이루어지던 자사 차량의 조립라인을 축소함으로써 러시아 정부의 규제로 인해 발생한 위협을 최소화하는 노력을 기울이고 있다. 또한 신차 판매량이 전반적인 경기침체의 영향을 받아 하락하였다고 여겨지지만, 매출감소에는 폐차세도 한몫한 것으로 전문가들은 판단하고 있다.

더불어, 한국에서 러시아로 중고차를 수출하는 기업들도 상당한 피해를 입고 있다. 인천 율도와 송도의 중고차수출단지는 중소 규모의 중고차 수출업체가 모여서 운영되고 있는 곳으로, 국내 중고차 수출의 80%를 차지하고 있으며, 중고차 수출업체 대표들이 '율도 중고차수출단지 협의회'를 결성하여 조직의 효율적, 효과적 운영을 위해 힘쓰고 있다. 하지만 최근 산업단지의 중고차 수출량이 러시아의 폐차세 도입으로 인해 급격하게 줄어들고 있으며, 전년도 대비 약 25%나 감소하였다. 특히 러시아는 길에서 한국어가 적힌 버스를 흔히 볼 수 있을 정도로 한국산 중고 버스를 수입하여 시내버스로 사용하는 경우가 많은데, 중고 버스의 수출량도 마찬가지로 전년 대비 57% 이상 감소했다.

Question

1. 러시아시장으로 자동차를 수출하고자 하는 한국기업의 입장에서 정부규제를 극복할 수 있는 방안으로는 무엇이 예견되는가?
2. 폐차세 도입과 자동차세 인상을 통해 자국 자동차 생산업체를 보호하려는 러시아 정부의 노력은 기업의 경쟁력 강화에 도움이 된다고 생각하는가? 그렇게 생각하는 이유를 밝히시오.
3. 자국 자동차 생산기업의 경쟁력을 강화하기 위해서 러시아 정부는 장기적으로 어떠한 정책을 펴야 한다고 생각하는가?

사례 8-5 'Google'의 중국시장 철수

구글은 인터넷 검색, 광고 서비스 등을 제공하는 세계 최대의 IT기업으로서 현재 미국 내 인터넷 검색시장의 2/3, 반면 전 세계 시장에서는 70%에 이르는 점유율을 차지하고 있다.

이러한 구글이 새로운 시장개척이라는 주요한 진출동기를 배경으로 2005년 중국에 연구개발센터를 설립하겠다는 발표를 시작점으로 하여, 이듬해인 2006년 'Google.cn'을 개설하고 본격적으로 중국시장에 뛰어들었다. 당시 중국 정부는 자국 IT산업의 발전과 체제유지를 위한 내부 보안강화를 목적으로 외국기업의 인터넷사업을 규제하고 있는 상태였는데, 구글도 예외는 아니어서 정치적 검색검열 수용을 시장 진출의 조건으로 강요받았다.

구글 입장에서 이는 '정보접근권에 있어서의 평등'이라는 설립취지에 위배됨에도 불구하고, 13억 명의 거대한 잠재적 이용자를 가진 중국시장을 포기할 수 없었기에 중국 정부의 이 같은 요구를 수용하였으며, 이로 인해 '구글 차이나'에서는 정치적으로 민감한 이슈에 대해서는 검열기준에 따라 검색결과가 필터링되어 제공되었다. 즉, 만약 구글 차이나에서 천안문이라는 단어를 검색하면 '천안문 사태'에 관한 검색결과는 나오지 않고, 천안문을 구경하는 관광객과 같은 정치적 이슈와 관련이 없는 결과만이 검색되었다.

구글의 이러한 결정에 대해 자국인 미국 내에서조차 많은 비판의견이 있었지만, 2007년 중국 최대의 이동통신기업인 '차이나모바일'과의 제휴를 통해 모바일 검색엔진 시장으로까지 사업을 확대하는 등 구글은 중국시장에서의 투자를 공격적으로 이어나갔다.

그러나 중국 내 점유율을 확대하려는 애초의 바람과는 달리 검열 수용에 대한 정치적 논란과 중국 정부의 지원을 받는 '바이두'의 성장은 구글에게 치명적이었다. 바이두는 2000년 중국의 실리콘벨리라 불리우는 중관촌(中關村)의 자그마한 기업에서 출발하여 공격적인 M&A와 연구개발투자를 통해 2013년 기준 자산 총액 709억 위안(한화 약 10조 원), 매출액 319억 위안을 기록한 초거대기업으로 성장하였고, 중국시장 내 구글의 가장 큰 경쟁자로 자리매김하였다.

특히 바이두는 초기에 다른 영역으로의 무리한 사업확장보다는 검색엔진 시장

에 집중하였는데, 이러한 바이두의 사업 전략으로 인해 구글은 주력인 검색엔진 시장에서 세계 시장점유율 70%를 차지한 것과는 달리, 중국 내에서의 점유율은 1위 바이두에 밀려 30%에 그치는 등 기대에 못 미치는 성과를 시현하게 되었다.

이러한 상황에서 2009년 중국 정부는 구글을 통해 중국 내에 포르노 등의 위해(危害) 콘텐츠가 배포되고 있다고 주장하면서 관영 CCTV 등의 미디어를 통해 구글을 강력히 비판하는 한편 수천 개에 달하는 해외 웹사이트들에 대한 접근을 차단하였다.

중국 정부의 이 같은 조치는 표면적으로는 포르노 사이트 접속에 대한 제재의 일환이라는 주장이었지만, 사이트 폐쇄 조치가 자국 내 기업을 제외하고 취해진 것을 봤을 때 실제로는 중국 내에서 구글의 시장점유율 확대를 방지하고, 중국의 '그린댐(유해사이트 차단 프로그램) 프로그램 의무 설치'에 반발하는 외국기업들에게 경고를 주기 위한 목적이었다는 시각이 지배적이었다.

이와 더불어 2010년에는 구글이 중국시장으로부터의 철수를 결정하는 중요한 계기가 되었던 'G-mail' 해킹 사건이 발생하였다. 'G-mail' 해킹 사건은 미국 고위 관료, 중국 정치활동가, 여러 여타 아시아 국가의 관료, 군 관계자, 언론인 등의 이메일 계정이 해킹당한 사건으로, 당시 이는 중국 해커에 의한 소행으로 추정되고 있었다.

해킹 사건 이후 구글은 공식 블로그를 통해서 "중국 인권운동가들의 G-mail 계정에 대한 불법 접근과 조직적인 사이버 테러가 감행되어 계정정보를 빼갔으며, 중국 인권 보호를 옹호하는 10여 개의 미국, 중국, 유럽 G-mail 사용자 계정에 대한 해킹 시도가 있었다고 밝혔다." 더욱이 이와 같은 해킹 시도와 중국 정부의 검열행위가 계속될 경우 현지 사업을 철수할 수도 있다고 강력하게 반발하였다.

이러한 구글의 발표는 미·중 양국 정부 간의 대립으로까지 이어졌으며, 급기야 힐러리 클린턴 미 국무장관은 중국 정부에게 이에 대한 투명한 수사를 촉구하는 한편, 그녀는 인터넷을 통제하고 있는 중국을 강한 어조로 비판하였다.

이에 맞서 중국 또한 외교부 대변인을 통해 중국 정부는 어떠한 형태의 인터넷

표 8-8 | 중국 인터넷검색 점유율 변화

	바이두	구글
구글의 서버 이전 직전	58.4%	35.6%
2014년	78%	10.9%

해킹이나 국민의 사생활을 침해하는 행위를 하지 않았으며, 해킹 사건에 중국 정부가 연루되었다는 구글 측 주장은 근거 없는 것이라고 반박하였고, 만일 구글이 중국시장에서 영업활동을 하고자 한다면 중국 법을 충실히 지킬 것을 촉구하였다.

더 이상 검열을 받아들일 수 없다는 구글과 중국 내에서 사업을 영위하려면 자국 법을 따르라고 주장하는 중국 정부의 대립은 점차 격화되어갔고, 상황이 악화되자 결국 구글은 2010년 3월 중국시장 철수를 결정, 중국에서 서비스하던 '구글차이나'의 도메인을 홍콩으로 옮겨 서비스를 이어갔다.

구글이 서비스를 홍콩으로 옮긴 이후에도 다수의 중국인들이 우회 서비스를 통하여 구글 검색을 이용하는 등 구글이 중국시장으로 다시 진출할 것인지에 대한 이슈가 계속되었지만, 중국 내 1위 검색엔진으로 자리 잡은 '바이두'의 존재와 계속되는 중국의 해킹 문제로 인해 이러한 움직임은 아직은 없는 상황이다.

Question

1. 근본적으로 구글의 중국시장 철수는 옳은 결정이었는가? 답변에 대한 이유를 밝히시오.
2. 인터넷 시장에 대해 행해진 중국 정부의 규제는 구글의 시장철수 결정에 어떠한 영향을 미쳤다고 생각하는가?
3. 향후 구글은 중국시장에 재진출해야 한다고 보는가? 답변에 대한 구체적인 이유를 설명하시오.
4. 재진출 시 중국 정부의 규제를 회피하기 위해서는 어떠한 전략이 필요하다고 여겨지는가?

토의자료 8-1 "급속한 해외생산 확대, 한국경제 잠재력 잠식"

국내기업의 해외현지생산이 빠르게 확대되면서 향후 국내경제에 악영향을 줄 수 있다는 분석이 나왔다.

19일 한국은행 산업분석팀 이은석 과장 등이 발표한 보고서에 따르면 2006년 이후 국내 제조업의 해외직접투자가 크게 늘고 해외현지생산의 비중이 상승하면서 이 같은 추세를 보이고 있다고 밝혔다.

실제로 우리나라 제조업체의 해외현지생산 비중을 살펴보면 2005년 6.7%에서 2010년 중에는 16.7%로 2배 이상 높아진 것으로 추정된다. 일본의 경우 해외현지생산비중이 10%포인트 정도 높아지는 데 약 10년 이상 소요된 것에 반해 우리나라는 그 절반인 5년 정도가 소요돼 그 속도가 훨씬 빠르다는 분석이다.

때문에 이 같은 생산비중의 확대는 필연적으로 생산자재와 인력의 현지화를 불러와 특히 수출과 고용에서 국내 유발효과를 잠식한다는 지적이다.

이와 관련 이은석 과장은 기업의 해외현지법인이 빠르게 적응하면서 생산에 필요한 원부자재의 국내조달 비중보다 현지조달 비중이 높아질 것으로 전망하고 있다.

현재까지는 해외현지법인이 국내기업과의 수직적 교역을 통해 해외현지생산에 의한 수출유발액이 수입 유발액을 상회하지만 갈수록 국내기업에 대한 의존도가 줄어들고 있어 해외현지생산 확대에 따른 수출증대효과가 약화될 것이라는 주장이다.

국내투자와 고용과 관련해서도 대기업의 경우 해외현지생산 확대가 국내투자 및 고용을 줄이는 방향으로 작용하지 않았으나 중소기업의 국내투자 및 고용에는 부정적 영향을 준 것으로 판단됐다.

실제로 DID(Difference-in-Differences)모형을 추정, 국내기업과 해외현지생산 기업을 비교한 결과 해외현지생산 중소기업의 유형자산 및 종사자 수 수준이 국내 중소기업에 비해 각각 18.7% 및 9.3% 낮은 것으로 분석됐다.

패널분석모형을 이용한 투자 및 고용 행태식의 추정에서도 해외현지생산 중소기업의 유형자산 및 종사자 수 증가율이 각각 2.4%포인트 및 1.6%포인트 낮은 것으로 나타났다. 때문에 이은석 과장은 제조업체의 해외현지생산 확대가 중소기업의 국내투자 및 고용에 부정적 영향 등이 나타나고 있다는 점을 주목해 향후 해외현지생산 확대가 국내 제조업 기반 및 성장 잠재력 약화로 이어지지 않도록 정책적 대응이 필요하다고 조언했다.

(자료 : 이투데이, 2012.7.19)

토의자료 8-2 한국 U턴 기업에 파격적 지원

'국내투자 활성화방안'… 산업단지 우선 입주·각종 세제 혜택. 단계적 이전·부분 복귀기업까지 대상 확대

해외에 나갔다가 돌아오는 국내 U턴 투자기업에게 각종 세제 등 혜택이 대폭 늘어나고 지원 대상도 확대된다.

정부는 26일 청와대에서 이명박 대통령 주재로 열린 비상경제대책회의에서 이 같은 내용을 골자로 하는 '국내투자 활성화방안'을 확정했다.

이번 투자 활성화방안의 핵심은 U턴 기업에 대한 정부지원의 대폭 확대다. FTA 체결국 수출 시 관세혜택을 노리고 한국 복귀를 추진하는 기업을 발 벗고 유치하기로 했다. 이는 국내 기업의 해외투자가 2000년 52억 달러 수준에서 2006년 117억 달러, 2011년엔 256억 달러로 늘어나는 등 갈수록 해외로 설비투자가 빠져나가면서 국내 제조업 공동화와 고용감소 문제가 심각하기 때문이다.

이에 따라 정부지원을 받을 수 있는 U턴 기업 대상을 정부는 단계적 국내 이전, 부분 복귀하는 기업으로까지 확대키로 했다. 이전에는 현지에서 완전히 철수해야 정부지원을 받을 수 있었다. 정부는 해외 설비투자에 나섰던 240여 기업 가운데 약 12~13%가 국내 U턴 투자를 고려하고 있는 것으로 조사됐다고 설명했다.

U턴 기업은 산업단지 입주 우선권과 전용 용지, 수출신용 보증한도·보증료 우대 등의 혜택을 받는다. 현지 생산관리 인력을 계속 활용할 경우 재고용 인력에 대한 비자를 내국인 고용의 10~20% 안에서 발급해 준다. 특히 비수도권으로 돌아오는 U턴 기업에는 더 파격적 지원을 제공한다. 생산설비 국내 도입 시 관세, 소득세, 법인세를 감면해 준다. 소득세·법인세 감면 일몰시한은 올해에서 2015년으로 연장된다. 현지시설 폐쇄·양도 유예기간은 2년에서 4년으로 늘어난다. 수도권 지방이전 기업에 준해 산업단지 분양·임대료를 감면하고 설비투자에 대해 최대 15%를 보조한다. 신규 고용인력 1명당 월 60만 원까지 교육훈련보조금도 지급한다.

내국인 U턴 투자 외에 외국인투자를 유치하기 위한 방안도 마련됐다. 우선 경제자유구역에 들어서는 외국병원과 복합리조트(외국인 전용 카지노가 포함된 복합 여가시설)에 대해 사전 심사제를 도입한다. 그간 우리 정부는 시설공사가 끝난 후에 사업허가를 내줬는데, 이것이 국제규범에 맞지 않고, 이 때문에 투자를 꺼리는 현상이 있었다고 정부는 설명했다. 이에 따라 시설투자 사전에 정부가 외국인투자자의 재무 건전성, 투자내역 등을 검토해 사전에 허가를 내줘 외국인투자를 더 끌어들일 것이라고 지경부는 설명했다. 현재 양해각서를 체결하고 추진 중에 있는 복합리조트 건설 사업은 모 일본기업의 인천 경제자유구역 투자사업 등 3개로 투자규모는 총 8조 원 정도다. 사전심사제 도입으로 투자유치 가능성이 높아질 것으로 정부는 보고 있다.

대규모 리조트 투자가 주로 카지노 투자로 몰리는 것 아니냐는 우려에 대해 홍석우 장관은 "전체 호텔, 엔터테인먼트 시설 등 리조트 시설이 98%이고, 외국인 전용 카지노는 2%에 불과하다"며 "나머지 시설투자계획 없이 카지노만 들어와선 허가가 나지 않는다"고 말했다.

정부는 또 급증하는 일본기업 투자를 유치하기 위해 국내 대기업에 부품소재를 주로 납품하는 100대 일본기업을 타깃으로 국내 부품소재전용공단을 추가로 지정키로 했다. 또 스마트·클라우드 IT기업 유치를 위해 외국인투자지역 내 조세감면 대상 서비스업의 범위를 시스템통합, 정보서비스업 등으로 확대키로 했다.

이와 함께 전기차 보급과 충전 인프라 확산을 위해 주유소에 전기차 충전과 주차시설 설치를 허용하고, 중소 클라우드 서비스 업체가 안전하게 서비스를 제공하고 이용자를 보호할 수 있도록 클라우드 컴퓨팅 임치기관이 이중화 서비스를 제공하는 임치제도를 도입키로 했다. 또 풍력발전 확산 저해요소인 소음을 줄이기 위해 저주파 소음 관리지침을 마련했다. 이밖에 중소·중견 도시광산기업(전자제품 등 폐기물에서 금속을 추출해 내는 기업)의 희소금속 회수설비 증설기준을 기존 설비용량의 30%에서 50%로 상향키로 했다.

정부는 이번 투자 활성화방안이 계획대로 추진될 경우 연말까지 국내 설비투자는 당초 전망치보다 4조 5,000억 원 늘어난 137조 원(전년 대비 1.3%↑), R&D 투자는 2,400억 원이 늘어난 41조 원(8.5%↑)이 될 것으로 예상했다. 잠재성장률도 0.22%포인트 올라갈 것으로 기대했다.

[자료 : 디지털타임스, 2012.4.26, http://m.zum.com/news/economy/2291946(접속일 : 2015년 1월 13일)]

참고문헌

디지털타임스, 한국 U턴 기업에 파격적 지원, 2012년 4월 26일자. [online] Available at http://m.zum.com/news/economy/2291946 [접속일: 2015년 1월 13일].

새전북신문, 다우코닝에서 페더럴까지, 2009년 9월 23일자.

서민교, 박병일(2013), "글로벌경영", 서울경제경영출판사.

아시아경제신문, 구글 '중국 철수' 초강수… 현실화 될까, 2010년 1월 14일자.

이투데이, 급속한 해외생산 확대, 한국경제 잠재력 잠식, 2012년 7월 19일자.

정정은(2007), "우리나라 외국인직접투자 유치 촉진을 위한 개선 방안에 관한 연구", 서울시립대학교 석사학위 청구논문.

조선일보, "땅도 세금도 공짜" 파격 인센티브, 2002년 5월 7일자.

한국경제신문, 美-中, 인터넷 검열 놓고 대립각… IT기업들은 '눈치보기', 2010년 1월 25일자.
한국경제신문, 홍콩으로 철수한 中 구글… 중국 정부의 통제에서 벗어날까, 2010년 3월 26일자.
한국소프트웨어진흥원(2002), 온라인게임시장 조사보고서, 한국소프트웨어진흥원.

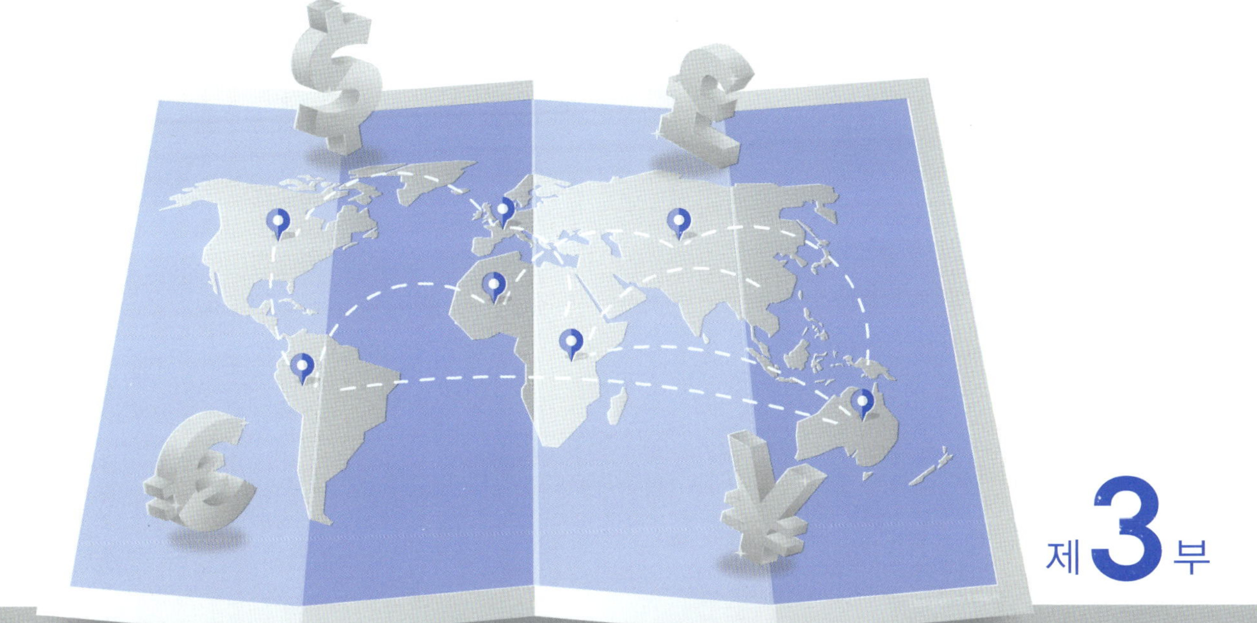

제 **3** 부

국제경영전략

이질적인 통상 및 투자 환경에서 비롯된 사업기회를 활용하여 기업의 목표를 달성하기 위한 기업의 국제경영전략을 살펴본다. 이를 위해 가장 먼저 해외시장진입전략을 살펴본 후, 전략적 제휴전략, 인수 및 합병전략을 차례로 살펴본다. 마지막으로, 국가 간의 자원과 활동을 어떻게 배치하고 이들을 효과적으로 조정할 것인가를 설명하는 글로벌전략을 논의한다.

해외시장 선택과 진입전략

제 9 장

[1] 이것만은 알아두자

해외시장 선택

그림 9-1 | 해외시장 선택 및 진입결정과정

기업 내부적 평가

1. 해외시장 진출의 주된 목표는 무엇인가?
2. 장단기적으로 어떠한 글로벌전략을 추구할 것인가?
3. 해외시장 진출이 기업의 글로벌 전략에서 어떤 의미를 가질 것인가?
4. 경쟁적인 측면에서 기업의 강점과 취약점은 무엇인가?
5. 보유하고 있는 자본적, 인적, 기술적 자원의 수준은 어떠한가?
6. 해외시장에 대한 경험은 어느 정도 축적이 되어 있는가?

해외시장의 평가

환경적 요소

1. 정부 정책상의 투명성 및 안정성
2. 무역 투자에 대한 규제 및 법률
3. 주요 거시경제지표 : 경제성장률, 1인당 GNP, 소득분포 등
4. 산업하부구조(Industrial infrastructure) 상태
5. 교육 및 기술 수준

시장잠재력 및 매력도(Market potential and attractiveness)

1. 시장의 크기 : 현재 및 잠재 수요, 수요 증가 추이
2. 해당 산업 경쟁상태 : 경쟁기업 수, 경쟁 정도
3. 제품시장 환경의 유사성
4. 표적시장의 특성

진입시장 결정

진입 시기 및 진입 규모 결정

시장진입전략 결정(제반 경영전략 개발 및 시장진입)

해외시장 진입전략

표 9-1 | 해외시장 진출의 제 방법

수 출	계약형태의 진입방식	직접투자에 의한 진입방식
1. 간접수출 2. 직접수출	1. 라이선싱 2. 프랜차이징 3. 계약생산 4. 경영관리계약 5. 턴키프로젝트	1. 그린필드형 투자 1) 완전자회사 설립 2) 국제합작기업 설립 2. 브라운필드형 투자 1) 국제합병 2) 국제인수

해외시장 진출전략별 장단점

• 수출

－장점 : 생산설비 건설이 불필요, 투자위험이 동반되지 않음.

－단점 : 저비용 현지 생산업체와의 경쟁, 수송비용 발생, 관세 및 비관세장벽, 간접수출의 경우 통제가 어려움.

• 라이선싱

－장점 : 생산설비가 불필요하기에 비용과 위험 감소, 미지의 시장 혹은 정치경제적으로 불확실한 시장에 진출 시 적합, 투자제한 장벽의 회피가능.

－단점 : 라이선시가 미래의 경쟁자로 부상 가능, 통제가 어려움, 이익의 한계.

• 합작기업

－장점 : 현지 파트너의 지식습득, 파트너와 위험과 비용 공유, 현지정부의 법규준수.

－단점 : 지식 및 기술이전, 잠재적 경쟁자 양산, 공동소유가 갈등을 양산.

• 인수합병

－장점 : 빠른 시장진입, 전략적 자산의 손쉬운 취득, 피인수기업과 보완적 관계일 때 시너지 기대 가능.

－단점 : 조직 갈등과 통합의 어려움, 과다지불의 가능성 상존.

• 완전자회사

－장점 : 경쟁기업에 기술이 노출될 위험이 없음, 영업활동의 통제, 갈등의 염려가 없고 이익 공유가 필요하지 않음.

－단점 : 고비용과 고위험.

해외직접투자(FDI) vs. 라이선싱

그림 9-2 | 해외직접투자 및 라이선싱을 위한 환경

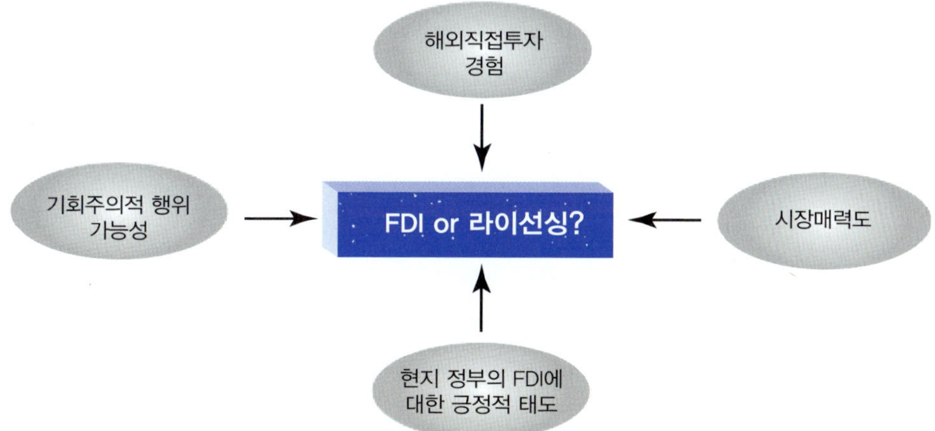

* 각 네 가지 요소가 크거나 긍정적일 때 해외직접투자가 적절하다.

완전자회사 vs. 해외합작기업

그림 9-3 | 완전자회사와 국제합작기업의 설립환경

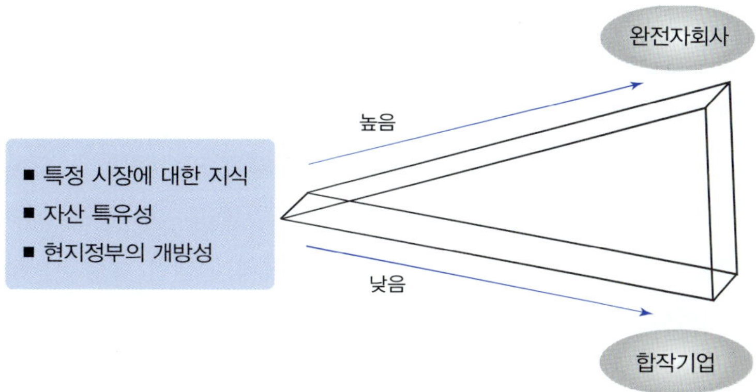

[2] 해외시장 선택 및 진입전략과 관련된 주요 사례

사례 9-1 롯데백화점의 해외진출

롯데쇼핑주식회사는 2013년 현재, 해외진출 지점을 포함하여 백화점 37개점, 아울렛 8개점, 롯데마트 245개점 등을 보유함으로써 국내 유통업계에서 초강세를 보이고 있는 유통산업 선발주자 중 대표적 기업이다. 그 중 백화점만 살펴보더라도, 매출 2조 140억 원을 시현하며 압도적인 격차로 국내시장 내 마켓리더의 자리를 지키고 있다. 또한 다우존스 지속가능경영지수(DJSI) 월드부문에 5년 연속 편입되었으며, 이 중 유통부문에서 4년 연속 세계 1위(Industry Group Leader)에 올랐다. 2013년 미국 경제전문지 포브스가 선정한 '글로벌 2000대 기업'에서 백화점부문 세계 3위를 차지하여 글로벌 백화점으로서의 위상을 다시금 보여주었다.

하지만 '글로벌 2000대 기업'이라는 타이틀과 DJSI 유통부문 4년 연속 1위에 올랐음에도 불구하고, 롯데백화점 또한 해외시장 진출에서 실패를 경험하였다. 2000년대에 접어들어, 승승장구하던 롯데백화점은 국내시장에서의 성공 노하우와 브랜드 파워를 바탕으로 백화점 업계 최초로 VRICs(베트남, 러시아, 인도네시아, 중국) 시장에 진출을 시도하였다. 첫 시작은 2007년 모스크바점이었고, 이어서 2008년에는 중국 베이징점을 출점하였으며, 그 뒤 지속적으로 펼친 해외시장 진출노력으로 인해 현재 해외에서 6개점의 백화점을 운영하고 있다. 그러나 현재 운영되고 있는 해외 점포들이 모두 성공을 거두지는 못하였다. 2007년 러시아 모스크바와 2008년 중국 베이징으로 진출한 두 점포는 시장에 안착하지 못하고 결국 철수함으로써 막대한 손실을 입는 등 크게 실패하였다고 비판을 받고 있다. 심지어 롯데쇼핑 스스로도 모스크바점과 중국 베이징점에 대해서는 얘기를 입에 담는 것조차 꺼려할 정도라고 한다.

당시 롯데쇼핑이 러시아와 중국에 해외 점포 설립을 시도하고 진출했던 이유는 경쟁이 포화된 국내 유통시장에서 눈을 돌려 신시장을 개척하기 위해, 그리고 VRICs 시장의 잠재성장력과 해외기업 진입에 대한 해당 시장의 우호적인 환경 때문이었다.

우선 모스크바점의 경우, 해외직접투자를 통한 완전자회사의 형태로 진입하였

표 9-2 | 롯데백화점 모스크바점 국내 업체 퇴점 현황

업체명	현황
빈폴	퇴점
맨스타	퇴점
통키드	퇴점
루이카또즈	퇴점
제이에스티나	퇴점
에버젬	퇴점
장수돌침대	퇴점
만수무강돌침대	퇴점
쿠쿠	퇴점
바다원	퇴점
러브캣	퇴점
아모레퍼시픽 라네즈	퇴점
압소바	퇴점
프리미에쥬르	퇴점
빈치스벤치	퇴점
우단모피	입점
무냐무냐	입점
LG생건 후	입점
이솝	브랜드 없어짐
모크베이비	부도

는데, 100% 롯데그룹이 백화점 설립에 출자함으로써 이는 국내기업으로는 최초로 해외에 단독으로 운영하는 점포를 낸 것이었다. 내부 입점에 대해서는 임대나 수수료 매장으로 운영하고 점차 직영화해 나갈 계획이었다. 관계자들은 러시아와 롯데기업이 한·러 수교 이전부터(1988년 서울올림픽) 호혜적 관계를 유지해 온 신뢰가 있었다는 점이 러시아 진출에 주요 역할을 했다고 말한다. 거기다 러시아 정부가 롯데백화점에게 직접 토지를 불하해 주어 보다 효과적이고 유리한 입지선정을 할 수 있었다. 당시 모스크바에서 가장 요지라고 꼽히는 '신 아르바뜨거리'에 입점을 한 롯데플라자에 대해 관계자는 이미 반은 성공했다라고 말할 정도였다. 게다가 '우리가 최고다'라는 자부심을 가졌던 롯데는 한류의 붐에 편승하여, 한국형 백화점으로 승부를 걸겠다는 포부를 가지고 있었다. 한국형 MD, 상품, 마케팅, 서비스를 조합하여 한국형 유통에 러시아의 현지 문화를 덧입히겠다는 계획이었다. 이에 따라 많은 한국 브랜드의 입점을 꾀하였고 국내 최고 유통업체라는 명성에 어울리는 그들의 노하우와 경영전략으로 승부를 걸었다. 이는 승승장구하던 롯데쇼핑이기에 가능한 자신감이었다.

하지만 그 결과는 참담했다. 꿈의 입지라고 불렸던 유리한 입지조건이 무색할 정도로 백화점 내부에서는 고객의 그림자조차 찾아보기 힘들었다. 또한 롯데백화점 실패의 다른 예로, 2011년 자료에 따르면 지분평가금액은 최초 지분취득금액보다 560억 원 이상의 손실을 보았다고 한다. 2013년 1분기에만 롯데유럽홀딩스(러시아 사업체들의 지주회사 격으로 100% 롯데그룹 출자 기업)에서 발생한 순손실은 405억원대인 것으로 확인된다. 2011년의 상황을 보면, 전체 입점 브랜드의 약 20%(26개점)가 한국 브랜드였고, 한국 브랜드를 포함하여 모스크바점에 입점한 브랜드들은 업체당 월 1,000만 원도 안 되는 매출을 기록하였다. 총 26개 한국 브랜드가 올리는 매출이 2억 원 안팎으로, 이는 국내 롯데백화점 입점업체당 한 달 매출이 2억 원 정도라는 사실과 꽤 대조되는 모습이다. 또한 층별 2~3층은 평균 30~40명의 고객이, 4~5층은 평균 15~20명 정도만 방문하고 있어 기존 롯데백화점의 명성이 무색할 지경이었다. 앞서 잠시 언급했던 것과 같이, 롯데쇼핑 측에 모스크바점의 매출 정보나 실적에 대해 문의하면 이를 떳떳하게 공개하지 못하고, "현지 마케팅 팀이 비협조적이어서 자료를 넘기지 않아 현재로선 알 수가 없다", "자세한 사항은 아직 확인 중이다"라는 두루뭉술한 대답만 내놓을 뿐, 모스크바점에 대한 확실한 발언은 삼가는 모습을 보였다. 그 정도로 상황이 최악이었다는 것이다. 현지에서는 개점 초기에 '슈퍼마켓'보다도 못하다고 악평을 받기까지 했다. 상황이 이렇다 보니, 러시아에서 인정을 받고 있는 삼성전자와 LG전자의 입점 유치도 실패했을 정도로 입점 실적이 좋지 않았으며, 향후 모스크바점의 성장을 기대하고 롯데백화점에 입점했던 국내기업들도 결국에는 씁쓸한 실패를 맛보고 대부분 퇴점하고 말았다. 롯데백화점의 이런 부진 속에서도 인근 주변의 기존 백화점들에는 고객들의 발걸음이 끊이지 않았다는 점 또한 롯데쇼핑의 해외진입전략이 실패로 끝났음을 보여주는 단적인 증거이다.

그럼에도 불구하고 롯데쇼핑은 러시아 현지 백화점 M&A(인수합병)에 적극 나서기로 했다. 복잡한 현지사정 때문에 기존 '신규 출점' 전략으로 러시아 시장을 파고들기엔 간단치 않다는 판단에 따른 것이다. 유통업계의 설명에 따르면, 롯데백화점은 최근 러시아 진출전략을 수정해 현지 백화점과 쇼핑몰을 M&A하는 방향으로 선회했다. 롯데백화점 관계자는 "백화점 입장에서 그룹의 '비전 2018' 달성을 위해서는 글로벌 출점에 속도를 붙이는 게 불가피하다"라며 "그동안 해외 점포에서 겪어온 시행착오를 바탕으로 기존 신규 점포 전략을 바꿔 러시아에서 백화점 M&A에 나설 계획"이라고 말했다. 롯데백화점은 모스크바와 상트페테르부르크 등지에서 적당한 인수대상을 물색하고 있다. 백화점뿐만 아니라 집객효과가 큰 복합쇼핑몰 등도 인수검토 대상에 포함된 것으로 전해졌다.

중국 베이징점의 경우를 살펴보면, 모스크바점과는 다른 진입전략유형을 보인다. 베이징점의 정식 명칭은 '러톈인타이백화점(인타이롯데백화점)'으로 중국의 기업인 인타이 그룹과 50 : 50의 합작기업 형식으로 설립되었다. 롯데쇼핑은 국제합작기업을 택하면서 중국 내 최초 한국 백화점 입점이라는 사실에 따르는 잠재적 위험성을 줄이고, 중국시장에 대한 소비자 기호와 법규 등 유익한 시장정보를 얻을 수 있으리라 믿었을 것이고, 또한 이러한 합작기업 진입방식을 택한 것 자체가 중국 땅에 한국의 백화점이 설 수 있는 데 더욱 수월하게끔 도움을 주었다고 본다. 또한 시기적으로 베이징 올림픽이 열리기 전에 완공하는 것이 목표였기 때문에, 올림픽으로 인한 고객들의 증가, 매출증가 등의 이득을 보는 것도 롯데쇼핑의 목표였다. 실제로 2008년 8월 1일, 베이징 올림픽을 일주일가량 남기고 오픈한 롯데백화점 베이징점은 속된말로 '오픈효과'와 함께 올림픽 반짝 특수를 보긴 하였다. 롯데백화점 베이징점은 중국의 심장이라고도 할 수 있는 수도 '베이징'의 쇼핑거리라 불리는 '왕푸징 보행자 거리' 끝에 자리를 잡았다. 러시아 모스크바점과 마찬가지로, 롯데쇼핑은 국내 유통업계에서 독보적인 위치를 점하고 있기 때문에, 그들의 노하우와 강력한 브랜드 파워를 바탕으로 한국에서의 성공을 그대로 중국에 덧입히고 싶어했다. 이의 일환으로 국내에서 인기가 많은 A급 브랜드 다수(약 30개의 브랜드)를 중국에서도 성공시키기 위해 동반 진출하였다.

이러한 롯데쇼핑의 끊임없는 해외진출에 대한 욕구에도 불구하고, 러시아 모스크바점과 마찬가지로 베이징점도 다시 한 번 실패를 맛보았다. 첫 해에만 172억 원이라는 적지 않은 적자를 시작으로 2009년에는 345억 원, 2010년에는 336억 원, 2011년에는 281억 원의 적자를 내고 말았다. 매년 적자를 본 것이다. 누적 적자만 1,134억 원에 달한다. 2012년 관련 기사에 따르면, 롯데백화점 베이징점의 풍경이 묘사되어 있는데, "…베이징의 쇼핑 중심가인 왕푸징(王府井)대로에 있는 롯데백화점 베이징점인 러톈인타이백화점(樂天銀泰百貨) … 손님은 손에 꼽을 필요조차 없었다. 일요일 오후 쇼핑시간이라고 믿기 힘들 정도로 한산 … 손님보다 직원이 더 많았다 … 백화점의 얼굴격인 1층 출입문 바로 앞은 내부 수리 중이었다"라고 묘사되어 있다. 즉, 백화점이라 하면 고객들의 수요를 통해 이익이 창출되는 구조이지만, 기사를 통해 고객의 외면을 받는 최악의 상황을 겪고 있는 모습을 확인할 수 있다. 이와 대비되어 같은 시각에 경쟁자들의 모습을 묘사한 기사에 따르면, 도로 건너편 '왕푸징 보행자 거리'의 경쟁 백화점들은 쇼핑객들로 북적댔다고 한다. 왕푸징백화점과 홍콩 부동산기업인 쑨훙카이그룹이 투자한 신둥안광창은 손님들로 넘쳐나는 모습을 보였다. 지하철 왕푸징 역 옆의 둥팡신톈디 복합쇼핑몰도 만원의 모습을 보였다고 한다. 다음의 <표 9-3>은 롯데백화점 중국 베이징점의 실적을 명확히 보여주고 있다.

롯데그룹은 중국 베이징점을 설립하기 위해 103억 원을 출자했지만, 2008년 86억 원의 자본을 소진한 데 이어 2009년 1분기에 이미 출자한 103억 원 전액이 잠

표 9-3 | 인타이롯데백화점 손실 및 롯데쇼핑 지분법 손실 현황

(단위 : 억 원)

	2008	2009	2010	2011	2012	2013/1H	합계
인타이롯데 당기순손실	−172	−346	−336	−281	−290	약 −194	**−1,619**
롯데쇼핑 지분법 손실(50%)	−86	−172	−168	−141	−145	−97	**−809**

식당한 상태였다. 경영악화와 매년 거듭되는 적자가 누적되면서 영업현금 창출이 안 되자 운영자금을 외부에서 조달해 운영하였다. 중국에 최초로 국내 백화점을 진출시킨 것이기 때문에 그에 따른 문제점들이 잇따르는 것은 어떻게 보면 당연한 일이었지만, 회복되지 않는 부진 속에서 결국 롯데그룹으로서도 지속하기 힘든 사업이자 실패한 해외진출이었다고 판단을 내리게 되었다.

2012년 6월, 롯데쇼핑은 결국 중국시장에서의 실패를 인정하고 사업철수를 결정하고, 합작기업 파트너인 인타이 그룹과 매각과 관련한 지분처리에 대해서 협상을 벌이기로 한다. 2013년 최근 기사에 따르면, 이 역시 원만한 해결을 보지 못하고 차입금 공방을 벌인 끝에 롯데쇼핑이 결국 백기를 들었다고 한다. 이로 인해 400억 원대 차입금을 롯데쇼핑이 고스란히 부담하는 것으로 협상이 마무리되면서 거액의 손실금만 남게 됐다.

구체적인 과정을 살펴보면 다음과 같다. 롯데쇼핑은 백화점에 대한 원매자를 찾기가 사실상 불가능하다는 판단에 따라 50% 지분을 보유한 합작파트너인 인타이 그룹과 지분매각협상을 벌였다. 협상과정에서 400억 원대 차입금 책임공방으로 매각작업은 지지부진 미뤄졌다. 롯데쇼핑은 자본잠식에 빠져 지분가치를 상실한 인타이롯데의 경영권을 무상으로 넘기겠다는 입장이었다. 하지만 인타이 그룹은 롯데쇼핑이 지급보증한 인타이롯데의 400억 원대 차입금마저 갚으라고 맞섰다. 결국 롯데쇼핑은 2013년 2분기 인타이롯데에 418억 원의 자금을 지원하며 차입금마저 고스란히 짊어지게 됐다. 더불어 기존 매각 입장을 철회하고 인타이롯데를 '청산'하는 쪽으로 방향을 돌렸다. 롯데쇼핑 관계자는 "차입금 상환을 완료하면서 인타이롯데 법인의 청산 작업이 본격적으로 시작됐다"며 "이제 남은 것은 중국 정부의 인허가 등 제반 사항뿐"이라고 밝혔다. 올해 안에 청산을 완료한다는 계획이지만 중국 정부의 허가에 따라 일정이 다소 지연될 수도 있다는 설명이다. 중국 진출

5년 만에 손에 쥔 첫 성적표는 '1,300억 원대 손실'이다.

Question

1. 롯데쇼핑이 러시아에 최초 완전자회사 형태의 진출전략을 시도했던 이유는 무엇이었는가? 완전자회사 전략의 실패 이후, 인수합병 전략으로 전환한 이유는 무엇이라고 판단하는가?
2. 중국시장에 진출하면서 합작기업 전략을 사용한 것은 바람직했는가?
3. 만약 바람직했다면, 그럼에도 불구하고 실패했던 이유는 무엇인가? 만약 바람직하지 않았다고 생각한다면, 올바른 진입전략은 무엇이었겠는가?
4. 만약 당신이 최고 의사결정권자라면 중국시장에서 철수하겠는가? 그러한 의사결정의 이유는 무엇인가?

사례 9-2 세상의 모든 토이저러스의 장난감이 롯데마트에

롯데마트에 갈 때마다 토이저러스 매장을 보게 되는데, 토이저러스는 롯데의 브랜드일까? 사실 토이저러스는 미국에 본사를 두고 있는 세계 최대의 장난감, 유아용품 전문 소매업체이다. 이 기업은 1948년 찰스 라저러스(Charles Lazarus)에 의해 설립되었고, 30여 년의 충분한 기간을 통하여 축적된 기술과 다양한 종류의 제품을 바탕으로 1984년 해외로의 진출을 시작했다. 1984년 캐나다, 싱가포르에 점포를 출점하였고, 1985년 영국, 1986년 홍콩 등에 진출하면서 지속적으로 해외 점포 수를 늘려 현재는 세계 36개국에 1,515개에 이르는 매장을 운영하고 있다. 2013년 회계연도 기준 매출 135억 달러, 순이익 3,800만 달러로 미국 내 이 부문에서 월마트 다음으로 매출액 2위를 차지하는 기업이다. 2007년 12월, 토이저러스는 롯데쇼핑과의 라이선싱을 계약을 통하여 한국시장에 진출하게 되는데, 그렇다면 토이저러스의 한국 진출 필요성은 무엇이었으며, 토이저러스를 사로잡은 한국시장의 매력은 무엇이었는지 살펴보자.

미국에서 2003년 월마트가 본격적으로 장난감 분야로 진출하기 이전까지는 토이저러스가 미국의 대표적인 장난감 제조 및 소매 업체였다. 그러나 미국 내 매출

1위의 대형마트로서 식품, 생활용품뿐만 아니라 가전제품, 옷, 서적, 음반 등 거의 전 부문을 판매했던 월마트가 본격적으로 장난감 분야로 진출을 하면서 토이저러스는 시련을 겪게 된다. 이에 따라 장난감 분야에서만은 부동의 세계 매출액 1위를 차지하던 토이저러스의 판매실적이 감소하기 시작했으며, 가랑비에 옷 젖듯 시작된 몰락은 2005년 최악의 경영위기로 터졌다. 고객이 줄고 매출이 감소하자 미국 내 100여 개 매장이 문을 닫았고, 직원 수천 명이 일자리를 잃었다. 엎친 데 덮친 격으로 전 대표 존 에일러(John Eyler)의 무리한 체인 리모델링으로 인하여 부채의 양이 급증하면서, 콜버트 크래비스 로버츠(KKK)그룹과 브레인 캐피털, 보나스 부동산 신탁으로 구성된 컨소시엄에 66억 달러에 매각되고 만다. 2006년 새로 부임한 경영진은 내수시장이 큰 위기에 봉착했으며, 따라서 이를 극복하기 위해 토이저러스는 미국을 넘어선 새로운 시장으로의 진출이 필요하다는 데 의견을 같이했다. 또한 이미 진출한 해외시장은 충분한 수익을 거두는 성숙기 시장이었기 때문에 성장잠재력이 있는 새로운 해외시장이 필요했다. 그리하여 한국시장 진출을 결정한다.

토이저러스는 이미 일본, 홍콩 등의 아시아 국가에 진출한 경험에서 강점이 있었고, 자사의 18,000여 개의 다양한 경쟁력 있는 제품은 까다로운 한국 소비자의 취향을 맞추기에 충분하다고 판단했다. 또한 한국시장 진출 경험이, 성장이 예측되는 아시아권 국가(중국, 인도 등) 시장을 개척할 때 도움이 될 것이라고 생각했다. 수많은 아시아권 국가 중에서도 한국을 선택한 이유는 한국은 세계에서 교육열이 가장 높은 나라이기 때문에 교육적이고 안전한 장난감을 구입하는 데 관심이 많고, 한국 국민의 소득수준이 높아지면서 보다 더 질 좋은 제품을 구입하려는 욕구가 증가하는 상태였기 때문이었다. 또한 한국 장난감 업계는 한국기업들에 의해 독점되거나 과점된 상태가 아니었기 때문에 토이저러스가 진입하는 데 장벽이 없을 것이라고 예상했다.

2007년 당시, 토이저러스의 한국 라이선싱 상대인 롯데쇼핑은 롯데백화점과 롯데마트의 완구코너를 지속적으로 없애오고 있었다. 즉, 완구코너는 수익성이 없지만 모든 제품이 구비된 상점이라는 구색을 맞추기 위해 입점해 있었다. 때문에 롯데쇼핑은 구색을 맞추기 위한 코너가 아닌 수익성을 내는 코너로서 완구 코너를 새로이 단장할 필요가 있었다. 하지만 한국 완구 제조업체 중에서는 롯데점포 안에 입점시켜 브랜드 네임을 활용할 만한 인지도나 규모를 갖춘 기업이 존재하지 않았으므로, 롯데쇼핑 역시 자연스럽게 해외 유명 완구업체로 눈을 돌리게 되었고, 토이저러스와 롯데쇼핑 양측의 필요가 맞아 라이선싱을 체결하는 계기가 된다.

2007년 12월, 토이저러스는 600만 달러에 (더 이상의 수수료 추가 없음) 자사의 브랜드 상표 사용 권리를 롯데쇼핑에 넘기면서 20년의 장기계약을 체결한다. 이에 따라 롯데쇼핑은 토이저러스의 완구제품을 자사의 매장에서 독점적으로 판매할 수 있게 된다. 또한 롯데마트 역시 토이저러스 브랜드를 이용해 매출을 극대화하기 위해 롯데마트 내에서는 기존 완구점을 리뉴얼하여 약 700평의 소규모 매장인 토이박스로 개점하고, 롯데마트와 분리된 1,500평가량의 완구 전문 매장은 토이저러스로 나누어 개점한다.

토이저러스는 단순히 롯데쇼핑에 상표의 독점적 사용 권리만을 부여한 것이 아니라, 2년간 미국과 일본 토이저러스의 MD 전문가를 한국 토이저러스 매장에 파견하여 매장 디자인과 고객 관리 등에 대한 교육을 실시하였다. 뿐만 아니라 토이저러스는 한국시장에 진출할 때 카테고리 킬러 사업 형태로 진출하는데, 이는 특화된 전문 매장을 갖추고 이를 집중적으로 판매하는 소매 형태를 일컫는다. 동시에 토이저러스는 유아 및 아동 완구, 교육용 완구, 성인 완구 등 약 8,000여 개의 품목을 한국시장에 판매한다. 미국에서 파견된 MD 전문가들은 롯데마트를 방문하는 고객들 대부분이 가족 단위로 아이들을 데리고 쇼핑을 하러 온다는 소비자 행동을 분석하여 테마파크형 문화공간으로 꾸몄다. 뿐만 아니라 한국 부모들이 교육열이 높다는 점을 인식하고 매장 제품의 27%를 교육용 제품으로 진열했다. 이에 따라 롯데마트 매장 내에서 토이저러스는 한국인 소비자의 눈을 끄는 코너로 탈바꿈하였다.

1. 토이저러스가 한국시장에 진출하면서 라이선싱 전략을 선택한 이유는 무엇인가? 토이저러스의 선택은 과연 최선이었는가?

2. 만약 다른 전략을 사용한다면 대안으로 고려할 수 있는 옵션에는 무엇이 있겠는가?
3. 라이선싱 계약이 종료된 이후, 당신이 만약 토이저러스의 최고 의사결정권자라면 어떠한 전략으로 수정하겠는가?
4. 향후 중국, 인도 등으로 진출 시 어떠한 진입전략을 사용할 것으로 예견되는가?

사례 9-3 까르푸, 중국에서 통한 이유는?

1959년에 설립된 까르푸(Carrefour)는 프랑스에 소재한 세계 2위, 유럽 1위의 프랜차이즈 대형 할인매장이다. 슈퍼마켓, 하이퍼마켓, 편의점 등의 다양한 유통형태를 가진 그룹으로 전 세계 30여 개국 9,900여 개의 지점을 갖춘 거대 다국적기업이다. 까르푸는 1959년 1호점을 시작으로 1960년대에는 스페인 등의 유럽시장, 1970년대에는 아르헨티나, 브라질 등의 남미시상을 거쳐 1989년 대만에 매장을 개점함으로써 아시아 시장으로 진출하였다. 까르푸는 주요 거점지역에 입지를 하며 면밀한 사전조사를 통한 현지화로 자국 내에서의 성공뿐만 아니라 이와 더불어 유럽시장과 남미시장 등 전 세계에 걸쳐 안정적인 성장을 이루었다. 게다가 1990년대에는 아시아 시장을 공략하기 위해 시야를 넓히던 중 개혁개방 이후 급속한 발전을 이룩하고 있는 중국시장으로 눈을 돌리게 되었다. 중국은 과거 계획경제에서 시장경제체제로 변화하는 과정 중 자국의 물자유통구조를 개혁하려 했다. 이는 개혁개방 이전 국영상업기업(國營商業企業)을 중심으로 종적, 횡적으로 나누어져 수많은 단계를 거치는 유통구조를 가졌던 중국은 1978년부터 점진적으로 유통관련 부서 개설 등 유통구조의 개혁을 진행하였다. 또한 1995년 WTO 옵저버 지위 획득과 함께 유통산업에서 합작기업 형태의 외자기업의 진출이 가능해졌고 이러한 기회를 통해 까르푸는 중국 진출의 기회를 모색하게 되었다.

<표 9-4>에서 보는 것과 같이 중국의 당시 소비시장규모는 13억에 육박하는 인구의 증가, 총 GDP와 1인당 GDP의 상승 및 소매판매 총액 증가 등으로 인해 지속적으로 구매력이 증가하고 있었다. 이와 더불어 급속한 경제성장률을 기록하며 해

표 9-4 | 중국 소비시장규모 평가지표 및 엥겔지수

평가항목		1995	1998	2000	2001
인구(백만 명)		1,211	1,248	1,258	1,276
GDP(억 元)		57,333	79,553	89,404	95,800
1인당 GDP(元)		4,757	6,392	7,096	7,517
소매판매총액(억 元)		20,620	29,153	34,153	37,568
엥겔지수 (1978=100)	도시	49.9	–	39.2	37.9
	농촌	58.6	–	49.1	47.1

외기업에게 있어서 중국은 미래 제2의 내수시장으로 불리며 빠른 성장세를 보이고 있었다. 또한 표의 하단부에 보이는 엥겔지수(가계 전체 소득에서 식비가 차지하는 비율)가 도시와 농촌 모두 지속적으로 감소하는 것을 볼 수 있는데, 이는 단순히 중국 경제의 성장이 가계소득의 상승만을 불러온 것이 아니라 이와 더불어 기본 욕구를 넘어 보다 더 나은 고급구매를 추구하고자 하는 성향이 드러난 것으로 볼 수 있다. 또한 소득수준의 상승으로 인한 중산층의 증가는 소비시장의 규모를 더욱 키워주는 요소로 작용하였다.

중국의 개혁개방 이전 유통구조는 공유체제하의 하달식 분배체계로 사실상 유통의 의미가 부재하였다. 하지만 시장경제체제로의 전환으로 인해 많은 단계를 거쳐 보급되었던 유통구조의 상황을 탈피해 생산자와 소비자 간의 간극을 좁히는 구조로 변화되었다. 또한 과거 국영상업기업의 독점적 유통구조와 주로 백화점 위주의 소비패턴을 보이던 것에서 외자기업의 진출과 유통개혁을 통해 창고형, 슈퍼마켓형, 하이퍼마켓형 등의 다양한 형태의 유통체인구조가 등장하였다. 이러한 상황은 다양한 유통구조를 운영해 본 경험이 없는 국영기업에 비해 자국 시장의 성공을 바탕으로 전 세계적인 유통체계를 갖추고 있던 까르푸에게는 상대적으로 큰 이점으로 받아들여질 수 있었다. 또한 1992년부터 1999년까지 이어진 유통업의 외자기업 개방정책과 2000년대 초반까지 이어진 유통업 진흥의 국가정책들은 까르푸에게 있어서 진출의 기회이자 위협으로 작용하였다.

중국은 점진적 개혁을 추구하였기 때문에 주로 일정 지역에 개혁모델을 활용하여 경제개발을 진행하였다. 따라서 이러한 경제성장은 주로 동부 연안을 중심으로 하는 도시들을 기점으로 발전하기 시작하였다. 동부 연안에 모여 있는 도시들은 주로 개혁개방 이후 선별적으로 발전해 온 대도시들로서 구매력을 갖춘 소비자들이 다수 포진해 있었다. 따라서 거대한 중국의 영토를 모두 타깃으로 하는 것이 아니라 이들을 먼저 분석하여 공략함으로써 차후에 중국 전역으로 사업을 확장하는 발판으로 삼을 수 있었다. 더구나 상대적으로 먼저 개방되어 발전해 있는 동부 연안을 우선적으로 선점함으로써 항만, 도로 등의 유통인프라가 구축되어 있는 지역의 이점을 누릴 수 있었다.

까르푸의 중국시장 진입전략은 크게 주요 도시 입점과 현지화라고 할 수 있다. 까르푸는 1995년 중국의 수도인 베이징에 1호점을 낸 후 주요 거점 도시가 밀집해 있는 동부 연안권을 중심으로 사업을 확장하는 전략을 펼쳤다. 상하이, 선전, 톈진 등의 대도시를 중심으로 매장을 확대하여 2000년에는 24개, 2011년에는 203개로 고도의 성장세를 보이며 시장점유율을 늘려 나갔다. 이러한 까르푸의 거점 도시 입점 전략은 소득수준이 높은 대도시가 동부 연안에 집중해 있는 중국의 특수한 상황과 기본적인 입지선정 전략을 충실히 따른 것이라고 할 수 있다. 또한 이러한 동부 연안의 도시들은 기본적으로 교통 인프라가 잘 구축되어 있어 고객들의 접근 편의성과 물자유통에 있어 비용을 줄일 수 있다는 장점이 있었다. 그러나 기본적으로 중심지역에 입점하는 방법은 높은 고정비(예를 들어, 비싼 부동산 임대료—중국의 경우 토지의 사용권과 건물을 지을 수 있는 권리를 모두 구매해야 하며 임대의 경우에도 이 두 가지 모두가 포함된 가격으로 임대가 되고 있다)의 위험을 떠안아야 하는 문제도 동시에 가지고 있었다. 결국 까르푸는 이러한 부분을 공격적인 확장전략을 통해 시장점유율을 확보함으로써 상쇄 및 극복하는 전략을 선택하였다.

일반적으로 브랜드 가치가 높은 기업이 해외시장을 공략할 때 사용하는 방법으로는 현지화와 표준화가 존재한다. 선진국 시장에 진출하는 경우 현지화를 통해 자연스럽게 그들의 소비 형태에 스며듦과 동시에 다양한 욕구를 충족시켜 줄 수 있다. 반면에 개발도상국 시장으로의 진출에 있어서는 표준화를 통한 경험효과로 인한 핵심역량의 활용 및 이전 전략을 사용한다. 하지만 까르푸는 이 당시 중국은 분명한 개도국의 특성을 가지고 있고, 또한 유통산업에 있어서의 충분한 경험을 축적하고 있었음에도 불구하고, 적극적인 현지화 전략을 선택하였다. 초기 진입부터 현지인을 고용하여 현지 중간관리층에게 다양한 권한을 부여함으로써 진입장벽을 낮추고 시장변화에 유연하게 대처할 수 있도록 하였다. 특히 과거 국영상업기업과 자국기업의 유통구조에 익숙한 중국인들의 상황을 고려하여 현지 인력으로 구성한 지점장에게 일부 제품의 구입 및 진열, 판촉 등과 같은 부분을 부여함으로써 까르푸가 보유하고 있지 못한 열위를 보완하려고 노력하였다. 중국 남부 연안 지역에 초기 진입 시 남부지역 소비자들이 신선한 재료를 선호한다는 성향을 파악하여 활어를 판매하는 데 어항을 사용하였고, 해당 지역 매장에 자라, 뱀, 훈제 돼지와 같은 지역선호 식품들을 판매했던 것이 현지화를 위한 또 다른 예라고 할 수 있다.

Question

1. 거점 도시 입점과 현지화로 요약할 수 있는 까르푸의 진입전략을 평가하시오. 만약 현지화가 아닌 표준화 전략을 사용했더라면 더 큰 성공을 거둘 수 있지 않았을까?
2. 외자기업으로서 경쟁기업보다 빠르게 해외시장에 진출하면 필연적으로 더 많은 위험과 외국인비용을 치를 수밖에 없다. 만약 그렇다면, 경쟁기업의 진입과 이로 인한 시행착오를 지켜본 후 중국시장에 진출했다면, 보다 더 용이하게 시장에 안착할 수 있지 않았을까?
3. 까르푸는 한국에서 실패한 대표적 슈퍼마켓으로 흔히 언급된다. 이러한 인식을 바탕으로 한국과 중국에서 보여준 까르푸의 진입전략을 각기 비교 분석하시오.

사례 9-4 지점을 폐쇄하고 있는 한국시티은행, 지점만 사라질까? 은행도 사라질까?

한국시티은행은 1981년 9월 17일 한미금융으로 시작해 1983년 한미은행으로 상호가 변경된 뒤, 2004년에 미국 시티그룹에 의해 인수된 상업은행이다. 모기업인 시티은행은 1812년 6월 16일 뉴욕시티뱅크로 설립되어, 1897년에는 미국 은행 가운데 최초로 해외업무를 시작한 다국적 은행으로 기록되어 있다. 1921년부터 본격적인 해외영업을 시작하였고, 1930년에는 해외 23개국에 100개의 지점을 개설했다. 시티그룹은 시티은행의 모기업이며, 자산규모 기준 미국에서 세 번째 규모의 대형 은행이자, 2016년에는 포춘 500대 기업 중 29위를 기록한 기업이다. 시티그룹의 한미은행 인수는 단기차익 실현이 아니라 장기적인 영업을 위해 외국계 대형은행이 국내은행을 인수한 첫 사례로 주목을 받기도 했다.

2017년 현재, 한국시티은행은 디지털 실험을 수단으로 오프라인 업무를 대폭적으로 줄이고 파격적인 구조조정을 단행했다. 디지털 실험이란 소매영업점을 80%가량 축소하는 대신 자산관리와 여신에 특화된 점포로 대형화하고, 스마트 존을 통해 일반 소매고객들은 비대면 채널로 유도하는 것을 의미한다. 이에 따라 전 직원의 60%가 비대면 채널로 부서를 이동하게 되었고, 126개의 소매영업 점포 중 101개의 점포, 즉 80%에 이르는 점포를 폐쇄했다. 한편, 예를 들어 2016년 말 문을 연 '청담센터'는 자산관리에 특화된 점포로서, 기존 창구 직원들은 모두 사라지고, 스마트 존에서 고객의 금융활동을 돕는 '유니버설 뱅커'라는 새로운 직종의 직원들로만 배치되어 있다.

이러한 변화에 대해 사측과 노측이 바라보는 시각은 매우 상이하다. 시티은행 측에서는 이러한 변화가 구조조정을 유발하지는 않을 것이고, 오히려 유연한 근무제도를 확립함은 물론, 직원과 고객의 삶의 질을 한 단계 업그레이드시킬 것으로 보고 있다. 반면, 노조 측에서는 실질적인 구조조정은 아니더라도 직원들의 직무를 임의로 변경했다는 점에서 자발적인 구조조정이 유도될 것으로 예측하고 있다.

비록 이번 시티은행발 디지털금융이 시티은행에 긍정적으로 영향을 미칠지, 아니면 부정적으로 작용할지는 아직 미정이지만, 2017년 현재 한국시티은행이 실적 악화, 노조와의 갈등 그리고 고객 정보유출 등 악재를 거듭하고 있는 것은 사실이다. 한국시티은행은 2016년 순이익 2,121억 원을 시현했는데, 이는 2015년 대비 6%가량 감소한 기록이다. 비록 2015년 순이익이 2014년 대비 90% 넘게 증가하긴 했지만, 인건비 등의 비용 감소가 이익 시현의 주원인이라는 점을 감안하면 실적 악화라는 비난을 피해갈 수 없을 듯하다. 또한 점포 수를 줄이는 것이 구조조정과는 직접적인 관련이 없다 하더라도 노조 측에서는 직원들이 거주지에서 먼 원거리 지점에 재배치되거나 갑작스런 업무변화에 적응하는 것이 힘들 것이라고 주장하고 있다. 이러한 의견 차이로 인해 노조는 폐점이 예정된 영업점 앞에서 1인 시위를 이어가고 있다. 최근에는 정보유출사고에 뒤늦게 대응해 해외계좌에서 고객 모르게 돈이 빠져나간 사고도 겪었다. 금융감독원은 고객의 카드거래를 정지하고 카드 재발급 및 비밀번호 변경을 지시하였지만, 한국시티은행은 카드거래는 정지하지 않고 카드 재발급 및 비밀번호 변경만 안내하였기 때문에 이에 대한 징계 가능성마저 남아 있다.

한편, 점포 수 축소로 인한 노사갈등은 이전에도 존재했다. 2014년 한국시티은행은 경영상의 이유로 대대적인 점포 축소와 인력구조조정을 통해 몸집 줄이기에 돌입했고, 노조는 자산을 줄여 자본을 빼돌리려 한다며 반발했다. 당시 한국시티은행에서는 56개 점포에 대해 통폐합을 결정했고, 650여 명의 직원들을 구조조정할 계획을 확정했었다. 그 당시 전체 직원 수가 4,240명이라는 것을 감안하면 약 15%의 직원들을 구조조정하는 대규모 인원감축이라는 것을 알 수 있다. 당기순이익은 2011년 4,567억 원에서 2012년 2,385억 원, 2013년 2,191억 원으로 급감했다. 그러면 2004년 한국시장에서 엄청난 변화와 혁신을 몰고 올 것으로 기대됐던 시티은행이 진출 10년 만인 2014년에 구조조정 및 순이익 감소라는 영업부진을 겪게 된 원인을 알아보기로 하자.

한국시티은행이 부진한 원인은 실로 다양하다. 그 중에서 가장 뚜렷하게 실적악화에 기여한 원인은 잘못된 경영진의 판단을 꼽을 수 있다. 한국시장에 적합한 영업전략이나 조직을 갖추지 못했고, 이는 곧 현지화의 실패로 이어졌다. 2004년 수신(예수금) 및 여신(대출) 점유율 5~6%를 보이던 한국시티은행은 10년이 지난 2014년에는 오히려 점유율이 반토막이 났으며, 이에 각 영역별 3.91%, 3.18%에 불과한 미미한 존재감을 보이고 있다. 자산규모에 있어서 여타 시중은행이 이를 약 66.6% 늘린 데 반해, 시티은행은 2004년 44조 원에서 10년간 불과 약 24.9%만 커져 55조 원이 되었다. 순익에 있어서 여타 시중은행은 36%만 감소한 데 비해 시티은행은 70%나 줄었다. 잘못된 경영판단으로 인한 불안정한 수익구조와 자산규모의 감소가 결국 구조조정으로 이어지게 된 것이다.

동일한 연장선에서 한국시티은행의 또 다른 실패 원인은 호황기에 규모를 키우지 않고 오히려 뒷걸음질을 쳤다는 점을 꼽을 수 있다. 이로 인해 애매한 사이즈의 은행으로 남게 되었고, 규모의 경제를 향유할 수 없게 되었다. 2004년부터 2008년까지 다른 시중은행들은 많은 성장을 성취한 데 반해, 한국시티은행은 상대적으로 천천히 성장하면서 다른 시중은행과의 경쟁에서 점차 밀리게 되었다. 예를 들어, 2005~2008년 시중은행들은 연평균 10%의 성장률로 여신을 증가시켜 규모를 키운 반면, 한국시티은행은 시티그룹이 인수한 2004년 이후 여신 성장속도를 줄였고,

같은 기간 평균 4.3%의 마이너스 성장을 보였다. 2008년 글로벌 금융위기 이후에는 시장이 포화상태에 이르면서 한국시티은행이 진출할 수 있는 영역이 극히 제한됐다. 그 당시 부동산 경기가 활황이었기 때문에 기업대출이 많이 늘어나고 있던 시기였는데 시티은행은 기업여신에 관심을 쏟지 않고 소매금융 쪽으로만 신경을 쓰면서 수익성이 크게 악화되는 구조가 되었다.

핵심고객인 대기업을 놓치면서 국내시장에서 기반을 확립하는 데 실패했다. 외화대출 경쟁력을 잃은 것과 더불어 규모가 작기 때문에 대기업에서 요구하는 대출 규모를 감당할 수 없게 되었다. 외국계 은행들은 초기 외화대출을 통해 대기업 거래를 늘렸지만 여타 경쟁 시중은행들의 역량이 향상되면서 외화대출에 있어서 누리던 이점마저 사라졌다. 한국시티은행의 외화대출금 규모는 인수 이전인 2001~2004년에는 26~86%로 크게 성장했지만, 인수 직후인 2005년에는 전년 대비 20% 감소했다. 외화대출 경쟁력이 사라짐과 동시에 한국시티은행은 대기업 영업에 무기력해졌다. 2005년 7.4%였던 한국시티은행의 대기업 대출 비중은 2014년 1분기에는 8.6% 수준에서 멈추었으나, 반면 이와 달리 2005년 5.8%였던 다른 시중은행의 대기업 대출 비중은 2014년 1분기에 12.3%까지 늘면서 확연하게 그 격차가 벌어지기 시작했다.

한국시티은행은 기업여신보다는 가계대출에만 집중했고, 충성고객 없이 금리조건으로만 고객을 유인했다. 꾸준한 관계형성과 관리를 필요로 하는 기업금융 영업이 버거웠기 때문이라고 볼 수 있다. 2005년 시중은행의 가계대출 비중은 58.8%였고, 한국시티은행의 가계대출 비중도 58.0%로 비슷했다. 하지만 한국시티은행의 가계대출 비중은 그 이후 꾸준히 높아져 2011년부터는 항상 60%를 상회하는 수준을 유지했다. 손쉽게 영업을 했기 때문에 그만큼 고객들의 이탈도 용이했다. 가계대출은 은행 간 경쟁이 매우 심하고, 저금리 상황에서는 마진압박이 심하기 때문에 이익을 시현하기가 더더욱 어려웠다. 또한 충성고객이 적기 때문에 가계여신을 유치하려면 금리를 더 깎아 주는 방법밖에 없었고, 이는 은행의 영업력 신장에 부정적인 영향을 끼쳤다.

한국시티은행이 시티그룹에 인수되기 전, 한미은행은 중소기업 대출 분야에서 강점을 보이고 있었다. 또한 1998년 한미은행에 인수된 경기은행은 지역영업을 기반으로 하고 있었는데, 새롭게 탄생한 한국시티은행은 이러한 장점을 살리지 못하고 글로벌 시티(Citi)의 기준을 강요했다. 한국시티은행은 부실징후가 한 차례라도 포착되면, 시티그룹의 신용정책을 그대로 적용하여 가차 없이 등급을 강등시켰다. 기업 규모, 거래기간, 미래가치 등은 전혀 고려하지 않았다. 한국시티은행은 신용관리 규율 또한 매우 엄격하여 부실징후가 나타나면 재무정보에 반영되기도 전에 미리 건전성을 재분류했다. 부채비율, 이자보상배율 등 리스크 관리를 위한 내부기준을 정해 일시적으로라도 기준에 미달하면 내부등급을 낮춘다. 이러한 엄격한 기준은 건전성 관리 측면에서는 잘하는 것이라 볼 수 있지만, 고객충성도를 심각하게 떨어뜨리는 지대한 역할을 했다. 안정적인 기업도 잠시 어려운 시기를 겪을 수 있는데, 기계적인 기준에 따라 건전성을 재분류함에 따라 대기업은 고사하고 중소기업도 이를 버티기 어려웠다. 그 결과 다른 시중은행은 2014년 중소기업 대출비중을 35% 수준으로 유지할 수 있었으나, 한국시티은행의 비중은 20%대로 주저앉았다.

Question

1. 이미 사례에서 언급하였듯이, 시티은행은 2004년 3조 2천억 원을 투입하여 한미은행을 인수함으로써 한국의 은행을 인수한 첫 번째 외국은행이 되었다. 첫 번째 외국은행이라는 말은 곧 달리 말하면, 그만큼 시티은행이 한국의 은행산업에 대한 충분한 정보를 축적하지 못했을 수 있다는 것을 간접적으로 시사하며, 그렇다면 인수를 통해 한미은행을 완전자회사화(化)한 시티은행의 진출전략이 올바르지 못했을 수도 있음을 암시한다. 이에 대한 본인의 견해를 밝히시오
2. 유능한 인적자원을 보유하고 있음에도 불구하고, 시티은행의 영업활동이 일본 등 유독 동아시아에서 부진한 바, 그 원인이 어디에 있다고 여겨지는가?
3. 2번 질문에 대해 제시한 여러분의 답변을 근간으로 하여, 향후 한국에서의 성과를 견인하기 위해서는 시티은행이 어떠한 전략을 펴야 할 것으로 생각하는지 종합적으로 설명하시오.

토의자료 9-1 한국기업의 해외진출동기

한국기업들은 어떤 동기로 해외에 진출할까? 무역협회에서 조사한 바에 따르면 한국기업의 해외투자 목적은 '저렴한 노동력'보다는 '시장의 성장성'을 중요시하는 것으로 나타났다. 즉, '시장의 성장성'이라는 답변이 가장 높게 나왔고 그 다음으로 '저렴한 노동력', '시장의 규모'가 차지하였다.

그림 9-4 | 주요국별 유망 투자지역 선택이유 (응답비율, %)

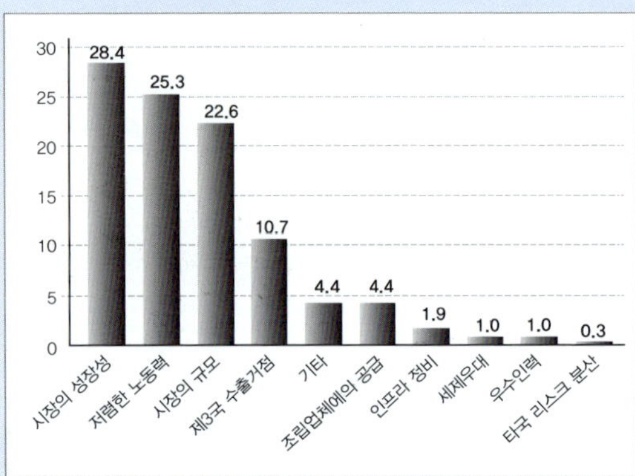

투자동기를 기업규모별로 살펴보면 대기업, 중소기업 모두 '시장의 성장성'을 1순위로 꼽았으나, 2순위에 있어선 대기업은 '시장의 규모', 중소기업은 '저렴한 노동력'을 꼽았다. 대기업의 경우 시장의 성장성, 시장의 규모, 저렴한 노동력 순으로 나타났다. 반면, 중소기업은 시장의 성장성, 저렴한 노동력, 시장의 규모의 순으로 나타났다.

표 9-5 | 기업규모별 해외투자 이유(응답비율, %)

대기업			중소기업		
순위	투자이유	응답비율	순위	투자이유	응답비율
1	시장의 성장성	27.5	1	시장의 성장성	28.6
2	시장의 규모	26.1	2	저렴한 노동력	27.3
3	저렴한 노동력	19.0	3	시장의 규모	21.5
4	제3국 수출거점	16.2	4	제3국 수출거점	8.9
5	조립업체에의 공급	4.9	5	기타	5.1
6	기타	2.1	6	조립업체에의 공급	4.3
7	우수인력	1.4	7	인프라 정비	2.2
8	타국 리스크 분산	1.4	8	세제우대	1.1
9	인프라 정비	0.7	9	우수인력	0.9
10	세제우대	0.7	10	타국 리스크 분산	0.0

지역별로 해외투자동기를 보면 해외법인이 가장 많이 진출한 상위 4개 지역을 대상으로 해당 지역별 투자 이유를 살펴보았다. 중국은 저렴한 노동력, 시장의 성장성 순으로, 베트남은 시장의 성장성, 저렴한 노동력 순으로 나타났다. 반면, 미국과 서유럽은 공히 '시장의 규모', '시장의 성장성' 순으로 조사되었다(〈표 9-6〉 참조).

(자료 : 박의범 · 권종욱 · 오대혁, 「글로벌경영 CASE 100」, 도서출판 청람, 2011년)

표 9-6 | 지역별 해외투자 이유(응답비율, %)

	1위	응답비율	2위	응답비율	3위	응답비율
중 국	저렴한 노동력	33.7	시장의 성장성	28.7	시장의 규모	21.5
베트남	시장의 성장성	39.1	저렴한 노동력	37.0	제3국 수출거점	6.5
미 국	시장의 규모	51.5	시장의 성장성	20.6	제3국 수출거점	11.8
서유럽	시장의 규모	37.5	시장의 성장성	33.3	제3국 수출거점	16.7

토의자료 9-2

中 스타벅스, 직영체제로 제2의 도약 준비 : 기존의 라이선스경영 지분인수 통해 직영체제로

직영체제로 중국 진출전략 재정비

- 스타벅스가 중국 진출 8년 만인 2006년 그동안의 라이선스 경영에서 탈피, 직영체제로 전환을 시도하면서 전면적인 진출전략 재편을 꾀하고 있음.
  - 1999년 베이징에 1호점을 내며 중국에 첫 발을 디딘 스타벅스는 베이징메이따(美大)(베이징, 톈진 중심), 타이완 통이(統一)그룹(상하이 중심), 홍콩맥심(광동)에 각각 라이선스 경영권을 부여하는 방식으로 중국에 진출함.
  - 2006년 스타벅스는 상하이통이(統一)스타벅스의 지분율을 50%까지 사들였으며, 광동맥심스타벅스(홍콩맥심과의 합자회사)의 스타벅스 지분율을 기존의 5%에서 51%까지 끌어올림. 마지막으로 2006년 10월 베이징메이따(美大)의 지분 90%를 인수하는 데 성공하면서 본격적인 직영체제 전환 기반을 마련함.

- 스타벅스 중화지역 왕진룽(王金龍) 총재는 “2008년은 스타벅스에게 매우 중요한 시기이기 때문에 2007년까지 중국 전략의 전면적인 재배치를 완료할 것”이라고 밝힌 바 있음.
  - 일간지인 21세기경제보도(21世紀經濟報道)가 입수한 자료에 따르면, 스타벅스는 2008년 이전에 베이징, 톈진, 션양, 다롄, 칭다오 5곳에만 50～150개에 이르는 점포를 신설할 계획임.
  - 이를 위해 중국을 화북, 화동, 화남 3개 지역으로 나누던 것을 화북지역은 북방과 동북지역으로 세분화하고, 화남지역도 남방지역과 서남지역으로 세분화함.
  - 순조롭게 진행되면 화북지역에만 2007년 1년 동안 신설 점포 수가 스타벅스가 7년간 중국에서 개설한 총점포 수와 비슷하게 됨.

- 이를 위해 스타벅스에서는 엄청난 자금을 들이고 있는데, 내부관계자의 말에 따르면, 새롭게 개설된 점포의 설비와 인테리어만 해도 한 점포당 원가가 베이징메이따 경영 때의 100만 위안에서 200만 위안으로 증가할 것이라고 함. 물론 이 금액에는 점포입지선정, 임대비용, 인건비가 포함되지 않은 것임.

초기 라이선스경영에서 직영체제로

- 전 세계 9,000여 개 커피점을 경영하고 있는 스타벅스는 나라마다 상이한 경영방식(독자, 합자, 합작, 라이선스 등)을 채택

하고 있음.

－독자경영은 스타벅스가 100% 지분을 보유하는 것으로 영국, 태국 등지에서 이러한 방식을 사용하고 있으며, 합자방식은 스타벅스가 50% 지분을 가지는 것으로 일본 등지에서 이 방식을 채택하고 있음. 타이완, 홍콩, 상하이 등지에서는 스타벅스가 지분의 5%만 보유하는 방식을, 필리핀, 싱가포르, 말레이시아, 북경 등지에서는 라이선스 경영방식으로 지분 보유 전혀 없이 경영하는 방식을 채택함.

• 1999년 스타벅스가 중국시장에 진출하면서 채택한 방식은 극소수지분 보유 및 라이선스방식으로 베이징, 상하이, 광동지역의 경영권을 베이징메이따, 상하이통이, 광동 맥심에 부여했음. 스타벅스는 주로 이들로부터 브랜드가맹비, 광고비 등을 수취하는 방식으로 최대 이윤은 20%에 불과한 상황이었음. 문제는 홍콩 스타벅스 분점이 개장 첫 달부터 이윤을 내는 등 전 세계에서 가장 빠른 이윤성장세를 보이고, 상하이, 선전 등지의 단일점포 이윤도 상당히 크게 나타나면서 중국시장의 중요성을 깨닫게 된 것임.

－자료에 따르면, 2001년 상하이 스타벅스의 수익은 6,000만 위안, 2002년에는 1억 위안을 초과함. 요식업 특히 커피음료점의 총이익률은 보통 약 50%, 순이윤 20~30% 정도이므로 상하이 스타벅스의 경우, 2년 내 3,200만 위안 이상의 이윤을 획득했다고 추측해 볼 수 있음. 이는 세계 어느 나라에서도 찾아보기 힘든 사례로, 다른 나라에서는 일반적으로 몇 년을 투자해야 겨우 이윤을 보게 되는 것이 다반사임. 그러나 막대한 이윤창출에도 불구하고 지분을 5%밖에 보유하지 않았던 스타벅스 본사는 이윤의 5%인 160만 위안 정도밖에 회수할 수 없었음.

• 이렇게 되자 스타벅스는 지분확보의 중요성을 깨닫고 2005년 4월 칭다오에 스타벅스 독자회사를 설립했고, 10월에는 다롄에 독자 분점을 개설함. 2003년에는 상하이통이의 스타벅스 지분율을 50%까지 끌어올렸으며, 이어 홍콩 합자회사인 맥심스타벅스의 지분율을 원래 5%에서 51%로 끌어올림. 베이징, 천진지역에 60개 점포를 보유하고 있는 베이징메이따는 스타벅스 본사의 최후 인수대상으로 이 인수는 2006년 말 마무리됨. 스타벅스 아태지역 부총재는 스타벅스가 경영전략을 점차 바꿔 향후 5년 내 중국 투자를 완전히 직영으로 바꿀 것이라고 밝힘.

• 스타벅스가 라이선스 방식에서 직영체제로 경영방식을 전환하게 된 주요 이유 중 하나는 스타벅스 신임총재의 등극을 들 수 있음. 팍슨그룹(Parkson) 국제 부총재를 역임했던 그는 피자헛이 중국에 진출한 초기 10년간 특허경영방식을 채택했다가 심각한 손실을 보자, 1997년 중국 모든 회사 지

분을 회수해 기존의 특허경영점을 모두 직영점으로 바꾸었고, 일거에 손실을 만회하는 성과를 거두게 됨. 이는 스타벅스의 향후 노선이 어떻게 될지 짐작할 수 있는 대목임. 물론 중국의 전면적인 소매시장 개방도 스타벅스 직영체제 개편에 기본 틀을 제공한 중요 요인 중 하나임.

• 이들 세 기업의 지분을 인수하기 전에는 베이징, 상하이, 홍콩이 각각 상호 독립적인 업체로 스타벅스 본부는 지도권만 행사할 수 있었음.
– 예를 들어, 점포입지선정은 각각 결정했으며 본사는 참고의견만 제시함. 점포 디자인 및 인테리어도 각자 설계한 건축도면을 미국 본사에 보내면 보충 설계 후 일부 제공되는 전문자재배송 외에는 스스로 해결함. VI(VISUAL IDENTITY) 시스템도 본사에서 영문 자료를 제공 후 각자가 번역했으며, 물류와 구매도 각자가 독립 결정했음. 음료 개시 속도나 품질도 모두 달랐으며, 부가서비스도 달라 브랜드의 전체 관리에 심각한 영향을 미침.
– 스타벅스 본사는 이러한 독립경영방식이 더 이상 통제가 불가하다는 것을 깨달았으며, 심지어 이러한 국면이 스타벅스의 중국지역 발전 속도에 영향을 미쳤다고 분석하기도 함.

1선 도시에서 2선 도시로 확장

• 2006년 10월 1일 현재 스타벅스의 전 세계 점포 수는 1만 2,440개, 그 중 미국에는 8,800개가 개설돼 있음. 7년 전 베이징에 1호를 개점한 후 상하이, 광동 등 1급 도시를 중심으로 급격히 확대, 현재는 총 19개 도시 190개 점포가 개설됨. 주목할 만한 점은 2005년 중반부터는 1급 도시를 벗어나 칭다오, 다롄, 선양, 청두, 총칭 등 2급 도시에 각각 직영점을 개설하기 시작, 2006년 8월 현재 직영점은 30여 개로 늘어남.

• 스타벅스는 향후 2만 개의 점포를 신규 개설할 예정이며, 그 중 절반이 아시아 태평양지역에, 그리고 중국의 점포 수는 190개에서 500개 이상으로 늘릴 계획임.

2단계 도약 위한 재정비 한창

• 중국이 지분 전면 인수 후 스타벅스는 중국의 전반적인 관리시스템에 대한 조정 작업을 하고 있음. 국내 모든 관리인들이 재훈련을 받도록 하고 있으며, 구체적인 기업경영관리, 투자계획, 점포입지선정, 점포설계 및 인테리어, 설비구매, 브랜드 확장, 운영관리 등이 중국 스타벅스 본부의 엄격한 통제를 받게 됨.

• 스타벅스는 각 점포에 통일된 VI(VISUAL IDENTITY, 기업로고) 시스템에 따라 시정을 요구하고 있으며, 제품품질감시를 강화하기 위해 각 점포에서는 생산설비를 전면 교체 또는 업그레이드 하도록 요구하고 있음. 케이크 공급업체도 재심사를 받아야 하

며, 현재까지 알려진 바에 따르면, 화북지역의 기존 공급상이 광동의 유명한 케이크 공급상으로 바뀌었으며 이외에도 점포 설계인테리어도 엄격하게 통제할 예정임.

• 하드웨어와 소프트웨어 모두 전 세계 통일 표준화함과 동시에 스톡옵션제를 추진 중임.
- 이 계획에 따르면, 회사 고위관리직이든 일반직원이든 심지어 겸직직원(단기 학생 아르바이트 제외)이라도 작년 4월 1일 전 스타벅스에서 근무하고 매주 스타벅스 근무시간이 20시간을 초과하는 전일 또는 반일 직원에 대해 스톡옵션을 부여함.
- 올해 이 복지혜택을 누릴 직원은 연봉의 14%에 이르는 스톡옵션을 얻게 되며, 스톡옵션을 받은 직원은 1년 후부터 25%의 판매권을 보유함. 현재까지는 중화지역 일부 관리자만 이 혜택을 받고 있으며, 부문 주관, 점장 등 중급관리자에게는 아직 분배되지 않았음. 중급 및 보통직원은 올 하반기부터 분배될 예정임.

(자료 : 코트라, 경제동향)

참고문헌

김익주(2004), "중국시장 마케팅 - 전략과 사례", 박영사.

더 벨, 롯데쇼핑, 인타이롯데 청산 '1300억 손실'. [online] Available at http://www.thebell.co.kr/front/free/contents/article_view.asp?key=201309160100024660001368 [접속일 : 2014년 3월 30일].

더 벨, 하영구의 한국씨티는 왜 실패했나. [online] Available at http://www.thebell.co.kr/front/free/contents/news/article_view.asp?key=201407020100002710000175 [접속일 : 2017년 9월 9일].

더 벨, 한국씨티의 '잃어버린 10년'. [online] Available at http://www.thebell.co.kr/front/free/contents/news/article_view.asp?key=201407010100002520000167 [접속일 : 2017년 9월 9일].

더 벨, 호황기에 뒷걸음질… 성장 놓친 한국씨티. [online] Available at http://www.thebell.co.kr/front/free/contents/news/article_view.asp?key=201407020100003260000207 [접속일 : 2017년 9월 9일].

더 벨, 한국씨티, 핵심고객 '대기업' 놓쳤다. [online] Available at http://www.thebell.co.kr/front/free/contents/news/article_view.asp?key=201407030100005430000330 [접속일 : 2017년 9월 9일].

더 벨, 한미은행 전통 포기한 한국씨티… 가계대출 집중 독 됐다. [online] Available at http://

www.thebell.co.kr/front/free/contents/news/article_view.asp?key=20140704010000 7910000492 [접속일: 2017년 9월 9일].

더 벨, 한국씨티, 현지화 포기… "여신정책 한국기업에 안맞아". [online] Available at http://www.thebell.co.kr/front/free/contents/news/article_view.asp?key=20140704010000 9470000584 [접속일: 2017년 9월 9일].

박의범, 권종욱, 오대혁(2011), "글로벌경영 CASE 100", 도서출판 청람.

박정동, 김경희(2003), "거대한 소비시장 중국", book&book.

반병길(1995), "국경 없는 무한경쟁시대의 마케팅 관리", 박영사.

비즈니스 포스트, 박진회, 한국씨티은행 연임가도에 악재 투성이, 2017년 4월 14일자.

서민교, 박병일(2013), "글로벌경영", 서울경제경영출판사.

이투데이, 급속한 해외생산 확대, 한국경제 잠재력 잠식, 2012년 7월 19일자.

이한구(2011), 불황기 투자확대를 통해 성장한 기업 연구: 동원그룹 사례, 경영사학, 59: 55~72.

중앙일보, 롯데쇼핑, 러시아서 현지 백화점 M&A 나선다, 2012년 4월 10일자.

조선일보, 토이저러스 매출 돌풍 배경은?, 2008년 4월 1일자.

코트라(2007), 경제동향: 中 스타벅스, 직영체제로 제2의 도약 준비. [online] Available at http://tradedoctor.kotra.or.kr/bp/cn/gw/BPCNGW041M.html?BBS_ID=10&ARTICLE_ID=2033744&ARTICLE_SE=20301&MENU_CD=M00085&UPPER_MENU_CD=M00002&MENU_CD2=M00025&SCH_NATION_CD=101046&SCH_VALUE= [접속일: 2015년 1월 13일].

토마토 뉴스, 씨티은행 구조조정 마찰 '점입가경'… 노조 쟁의행위 태세. [online] Available at http://www.newstomato.com/ReadNews.aspx?no=746736 [접속일: 2017년 9월 9일].

파이낸셜 뉴스, "올 것이 왔다"… 씨티은행發 디지털 실험에 은행권 '긴장', 2017년 4월 16일자.

프라임경제, 롯데百, '모스크바 얘기' 꺼리는 이유, 2009년 12월 31일자.

전략적 제휴전략 제10장

[1] 이것만은 알아두자

전략적 제휴의 개념

일반적으로 전략적 제휴(strategic alliances)는 '경쟁관계에 있는 기업이 일부 사업 또는 기능별 활동부문에서 경쟁기업과 일시적인 협조관계를 갖는 것'을 의미한다. 즉, 상호 협의된 일부 부문에서는 협력을, 그 이외의 분야에서는 경쟁을 전개하는 것이다. 이러한 점에서 협력(cooperation)과 경쟁(competition)의 합성어인 코피티션(coopetition)이라는 용어가 전략적 제휴를 적절히 표현하는 용어라고 볼 수 있다.

전략적 제휴의 유형

그림 10-1 | 전략적 제휴의 유형

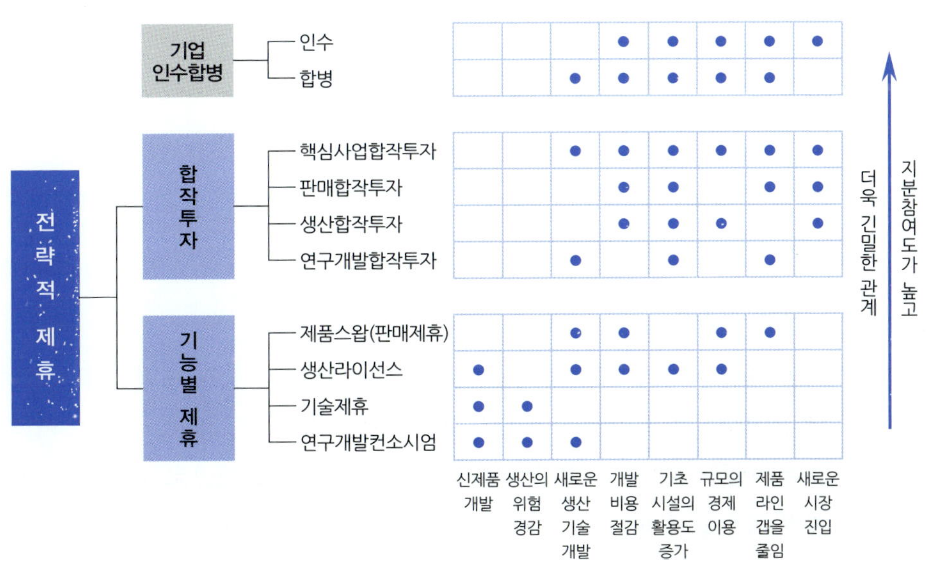

전략적 제휴의 동기

최근 전략적 제휴가 크게 증가하는 이유는 ① 세계적으로 동질화된 소비자들의 기호, ② 기술의 급속한 확산, ③ 지역경제통합 등 보호무역주의 심화, ④ 제품수명주기의 단축, ⑤ 막대한 기술개발비용 등을 들 수 있다. 즉, 전 세계 시장이 하나의 시장으로 통합하여 국경의 의미가 없어진 치열한 글로벌경쟁하에서 기업들은 기업 혼자의 힘만 가지고 전 세계를 상대로 한 기업 활동을 벌이기는 쉽지 않으므로 다른 기업들과 협력관계를 맺어 그 기업들의 경영자원을 최대한 활용하여 국제경쟁력을 확보하기 위해 전략적 제휴를 하게 되었다.

국제합작기업의 파트너 선정기준

일반적으로 국제합작기업의 기존 연구와 이론들에 의하면, 보완성(complementarity), 양립성(comparability) 그리고 호혜성(reciprocity) 등 세 가지 조건이 합작기업 설립에 있어서 파트너 선정의 가장 중요한 기준으로 제시되고 있다.

(1) 보완성

국제합작기업 설립에 있어서 보완성이라는 조건은 제휴를 통해서 자사가 가지고 있는 약점은 상쇄시키고, 반면 강점은 더욱 강화하는 것이 필요하다는 점에서, 기업 간 서로 보완적 자원을 제공하고 기업특유적 정보와 지식의 공유라는 동기를 충족시킬 수 있는 적절한 파트너를 찾아야 함을 의미한다. 이와 같은 설명이 가능한 배경은 기업 간 협력관계가 전통적으로 독특한 지식과 자원을 파트너십 안으로 가져옴으로써 각 기업이 가지고 있는 우위적 요소를 활용하는 전략이었다는 사실에 바탕을 두고 있다. 따라서 이러한 관점에서, 기업 간 협력관계를 구축하는 가장 보편적 동기는 "보완적 자산의 상호 공유를 통한 이윤의 극대화"라고 주장될 수 있다.

(2) 양립성

국제합작기업으로부터 기대될 수 있는 혜택은 상호 협력을 통한 효율성 향상으로 요약될 수 있다. 즉, 비용감소와 이익증대로 대표될 수 있는 기업의 기본적 목표는 이를 달성하기 위한 조직의 효율성 증대 노력으로 이어지고, 이는 기업 간 협력체제를 구성하게끔 하는 중요한 이유와 원천이 된다. 따라서 그러한 조직의 효율성 증진을 위해서는 보완적 자원뿐만 아니라 서로 융화할 수 있는 기업 특징을 공유하고 있는 협력 파트너를 찾는 것이 매우 중요한 문제라고 할 수 있을 것이다. 이를 달리 말하면, 양립성은 기업 간 내부적인 특징들에서 기인한 독특한 요소들, 예컨대 기업전략, 기업문화, 경영관리시스템의 측면에서 서로 모순되거나 이해가 상충되지 않고 서로 유사성을 가져야 한다는 것이다. 가령 합작기업에 임하는 기업들의 전략이나 기업문화 등이 서로 모순되거나 상반되면 이를 적절하게 조화시키는 것이 어렵게 될 것이고, 따라서 그 제휴는 파트너 간 많은 갈등을 야기할 것이기에 합작기업 설립을 통한 지속적인 경쟁력 우위의 확보는 실패할 가능성이 높아진다.

(3) 호혜성

호혜성이라는 조건은 적대감이나, 감독 혹은 지배라는 용어로 표현되기보다는 합작기업 파트너 간 상호 신뢰, 협력, 그리고 조정 등을 강조한다. 이와 같은 설명은 호혜성이 합작기업에 참여하고 있는 기업 간 조화로운 활동을 통하여 공동으로 추구하고자 하는 이익이나 결과를 함께 성취하고자 하는 바람에서 기인하고 있음을 나타낸다. 따라서 합작기업의 설립은 기업 간 협력적 관계가 아니고서는 획득되기 어려운 다양한 전략적 필요나 사회적 기회, 그리고 호혜적 혜택에 의해 촉진되는 조직으로 이해될 수 있다. 오늘날 협력적 관계는 바라던 결과에 이를 수 있게끔 돕는 보다 빠르고 보다 적절한 첩경을 의미하며, 그로 인해 기업은 보다 더 큰 환경에 자신을 위치시킬 수 있게 된다. 특히 기업 간 협력은 기업이 불확실성에 더 효율적으로 적응할 수 있도록 돕는다는 점에서 불확실한 환경하에서 더욱 가치를 발하며, 환경변화를 공동감시함으로써 더 많은 영업기회를 창조한다.

[2] 전략적 제휴전략과 관련된 주요 사례

사례 10-1 제네시스 프라다(GENESIS PRADA) – 현대차와 프라다의 콜라보(Collaboration)

• **현대 제네시스(Hyundai Genesis)** : 제네시스는 2003년부터 BH라는 프로젝트명으로 개발에 착수한 현대자동차의 대형 세단이며, 대형차로서는 현대자동차가 처음으로 독자 개발한 모델이다. 모델명 '제네시스'는 영어로 기원, 창세기라는 뜻으로, 현대자동차에게 제네시스는 과거 저렴한 저가 자동차를 만드는 대표적인 메이커라는 인식을 벗게 해줄 고급 세단의 새로운 출발선이었다. 당초 현대차는 도요타의 '렉서스'나 닛산의 '인피니티', 혼다의 '아큐라'와 같이 별도의 독자적인 프리미엄 브랜드로서 제네시스를 런칭하는 방안을 검토해 왔다. 양산차로는 대형 소비시장을, 프리미엄 모델로는 미국과 유럽 등 입맛 까다로운 고객들을 공략해 브랜드 이미지를 극대화하겠다는 전략이었다. 그러나 프리미엄 브랜드를 도입하기 위한 막대한 초기 투자비용의 문제로 인해 현대차는 제네시스의 독립 브랜드화를 포기하고 기존의 현대차 브랜드로 출시하기로 결정한다.

제네시스는 2008년 1월 북미시장에 첫선을 보이며 6월에 정식 출시되었고, 상대적으로 저렴한 가격대와 우수한 성능을 무기로 해외에서 호평을 받으며 선전했다. 특히 현대 제네시스는 '2009 북미 국제오토쇼'(디트로이트 모터쇼)에서 국내 자동차로는 최초로 '북미 올해의 차(The North American Car of the Year)'에 선정됐으며, 이는 아시아 업체의 대형차로서도 첫 수상이었다. 제네시스는 현대차의 첫 번째 글로벌 럭셔리 세단으로 엔트리급[1] 럭셔리 시장에서의 포지셔닝에는 어느 정도 성공했다는 평을 받으며 국내시장에서도 대기업 임원들의 업무차량을 중심으로 빠르게 점유율을 높여나갔다.

• **프라다(PRADA)** : 프라다(PRADA)는 최고급 가죽과 독창적 디자인을 바탕으로 1913년 마리오 프라다가 이탈리아 밀라노에 설립한 가죽제품 전문 매장으로, 특히 의류, 가죽 액세서리, 신발, 가방 등을 제조·판매하는 명품 브랜드이다. 이후 1970

---

1) 저자 註 : 명품에 진입하는 첫 단계.

년 창업자인 마리오 프라다의 손녀 미우치아 프라다가 당시 20대의 나이로 가업을 물려받으면서 글로벌 패션기업으로 도약하게 된다. 1990년대 들어 매출이 급신장하자 프라다는 기존의 가죽제품 이외에 새로운 의류 및 구두 제품들을 내놓기 시작했다. 1993년엔 젊은 고객층을 겨냥한 패션 브랜드 '미우미우', 1997년엔 빨간색 줄무늬 로고로 유명해진 '프라다 스포츠 라인'을 런칭해 새로운 스타일의 패션을 선보이며 세계적인 브랜드로 발돋움했다.

오랜 역사를 지닌 프라다는 고도로 숙련된 장인기술을 대량생산라인으로 결합한 사업모델을 성공적으로 이끌면서 적극적으로 비즈니스 영역을 확장시켜 왔는데, 특히 각 분야에서 체계적인 생산시스템을 갖춘 업체와 협업을 맺어 발전해 왔다. 프라다는 2002년부터 2013년까지 글로벌 브랜드 컨설팅사인 인터브랜드(Interbrand)의 '글로벌 100대 브랜드'에 선정된 바 있으며, 2013년 기준 그 브랜드 가치가 10조 원에 달하는 것으로 평가되고 있다.

프라다는 글로벌 럭셔리 업계에서 현대예술과 패션의 크로스오버를 추구하는 대표적 기업으로, 단순히 패션의 영역에 머물지 않고 부단히 혁신을 꾀하는 기업으로 유명하기도 하다. 럭셔리 업계는 늘 신선한 프라다의 예술적 시도에 촉각을 곤두세우고 있다.

2008년 11월, 현대자동차는 세계적 명품 브랜드인 프라다(PRADA)와 '제네시스 스페셜 에디션' 차량 모델을 공동 개발한다고 발표하였다. 현대차와 프라다는 약 4개월간 현대차 남양연구소와 이탈리아 밀라노의 프라다 디자인센터에서 긴밀한 협조를 통해 디자인 변경 작업을 진행했고, 2009년 3월에 처음 이미지를 대중에게 공개했다. 그리고 그해 4월에 개최된 서울 모터쇼에서 쇼카의 형태로 첫 모습을 선보였으며, 제네시스 프라다는 명품 브랜드의 협업으로 주목받아 이름만으로도 명품의 하이 퀄리티를 예상시키며 소비자들의 관심과 기대를 불러일으켰다. 이후 2년에 걸친 양산 개발과정을 통해 2011년 5월 17일에 현대차의 성능과 프라다의 디자인이 반영된 제네시스 프라다가 처음 출시와 더불어 본격적인 판매를 시작했다. 현대차는 제네시스 프라다만이 가지는 프리미엄과 희소성을 극대화하기 위해 주문생산방식을 택했으며, 2011년과 2012년에 각 600대씩 국내에서는 총 1,200대만을 한정판매할 계획을 세웠다. 출시 당시 제네시스 프라다의 판매가격은 7,900만 원이었다.

제네시스 프라다는 명품 패션 브랜드 '프라다'와 현대자동차의 합작으로 프라다가 직접 디자인한 19인치 알로이 휠과 프라다 고유의 '사피아노 패턴' 가죽을 적용하여 고급스러움을 강조했다. 또한 자동차 엔진의 아카데미상으로 불리는 '워즈오토 10대 최고 엔진'을 3년 연속 수상한 타우 엔진이 탑재되었고, 8.2㎞/l~9.3㎞/l의 연비와 5,000cc의 높은 배기량을 자랑했다.

그러나 2011년 11월까지 판매량이 300여 대에 그침에 따라, 명품이란 타이틀이 무색할 정도로 낮은 판매량을 기록하며 사실상 '실패한 모델'이라는 평가를 받았다. 외신매체인 로이터는 '제네시스 프라다'를 "소비자를 끌어들이는 데 실패한 작품"이라는 가혹한 평을 내렸으며, 제네시스 프라다 1호차의 주인공이던 배우 차인표 씨마저 7개월 만에 차량을 중고차 매물로 내놔 현대차로선 자존심에 큰 상처를 입었다.

애초 현대자동차는 프라다라는 명품 브랜드와 제휴를 체결함으로써 전략상품을 기획·판촉하는 데 도움을 받고, 특히 현대자동차가 생산한 제네시스에 세계적인 명품 브랜드의 이미지를 입힘으로써 저가 메이커의 이미지를 벗고 시장에서의 입지를 강화함은 물론, 프리미엄 브랜드로 거듭나고자 했다. 한편, 프라다는 현대자동차와의 제휴를 통해 혁신적인 프로젝트를 통한 새로운 융합을 시도하며 자체 브랜드를 홍보하고자 했고, 자동차가 팔릴 때마다 현대차로부터 일정액의 로열티를 지급받게 되어 있었다.

제네시스 프라다는 판매 초기 7,900만 원의 높은 가격에도 불구하고, 23일(근무일 기준) 만에 250대의 계약이 이뤄지며 성공하는 듯 했지만, 이후 2011년 11월 말 기준 300여 대의 저조한 실적을 기록한 것으로 확인됐다. 앞서 언급했듯 제네시스 프라다는 판매대수를 한정하고 판매한 모델이었기에 출시 당시 딜리버리(운송) 전용 화물차와 쇼룸(서울 청남 '비욘드 뮤지엄')을 마련하는 등 이례적으로 대대적인 마케팅을 펼쳤지만, 당초 목표 대수에 한참 못 미치는 결과를 내면서 사실상 시장에서 참패한 모델이 됐다. 게다가 제네시스 프라다는 출시 한 달도 안 돼 중고차가 나돌기 시작하면서 '명품'이라는 자존심에도 심각한 타격을 입었다.

"현대차의 대중적인 브랜드 이미지－독자적인 고급브랜드 도입 필요"

그렇다면 제네시스 프라다는 왜 실패한 것일까? 제네시스 프라다의 가장 큰 실패 원인은 브랜드 이미지였다. 대부분의 소비자는 제품을 살 때 해당 브랜드의 가치를 고려해 최종 구매를 결정한다. 그런데 '현대차'나 '제네시스'는 고객들에게 명품이라는 인식을 주기에는 기존의 기업(브랜드) 이미지가 너무나 대중적이었다. 국내시장에서 현대차의 시장점유율은 45%의 수준으로, 국내시장에서 차량 2대 중 1대는 현대차였기에 희소성이 생명인 명품과는 거리가 멀었다. 또한 한 이탈리아 명품업체 임원의 말에 의하면, "명품이라는 것은 단순히 제품이 럭셔리하고 비싼 것이 아니라 브랜드 자체의 역사와 전통을 가지고 있어야 하는데 현대차는 그런 면에서 약하다"라고 지적했다. 만약 현대차의 제네시스가 아닌 '메르세데스벤츠 프라다' 혹은 'BMW7 프라다'였으면 상황은 달라졌을 것이라는 것이다.

일본의 도요타가 별도의 고급차 브랜드인 '렉서스'를 만든 것도 사실 이 때문이었다. '도요타' 브랜드는 중저가의 대량생산 차량이라는 이미지가 고정돼 있어 차를 아무리 고급스럽게 만들어도 소비자들이 이를 '명품'이라고 생각하지 않았다. 동일한 연장선상에서 닛산의 인피니티, 혼다의 아큐라 등의 탄생배경을 생각한다면 틀리지 않을 것으로 여겨진다.

결국 오랫동안 대중적인 브랜드 이미지를 쌓아온 현대차라는 브랜드 안에서 상품에 프리미엄 가치를 부여하기에는 아직 무리였다는 평가가 지배적이다. 이에 따라 현대차가 국내는 물론 해외시장에서 고급차라는 인식을 강화하기 위해서는 독자적인 고급차 브랜드를 고려할 필요가 있다.

메르세데스벤츠 코리아 관계자는 "로열티를 지불해 가면서 마케팅만으로 명품 이미지를 만들어가겠다는 노력보다는 소비자들이 스스로 자부심을 느낄 수 있는 프리미엄 브랜드 개발에 투자하는 것이 바람직하다"고 강조했다.

"현대차, 명품 마케팅 경험 부족－가격경쟁력 떨어져"

현대차가 고급차를 판매하는 데 필요한 마케팅과 영업 노하우가 부족한 점도 실패의 주요한 원인이었다. 제네시스 프라다는 VIP고객을 대상으로 하는 럭셔리 잡지나 백화점 멤버십 잡지 등에 대대적인 광고를 진행했다. 또한 프라다에서 직접 디자인에 참여한 쇼룸 '비욘드 뮤지엄'을 전시관 내에 운영하고, 고품격 문화 공연 초청, 전국 주요 고객을 대상으로 한 시승 서비스, 멤버십 서비스, 유동지역 차량 전시 등으로 차별화된 VIP 마케팅 활동을 펼쳤다.

하지만, 예컨대 독일계 고급 수입차와 비교했을 때 고급차로 도약하기에는 부족했다. 구매자들에게 명품이라는 자부심을 느끼게 해야 하는데, 제네시스 프라다의 경우 제품 기획과 실제 마케팅 활동 사이에 큰 격차가 있었다. 한 수입차 업체 관계자는 "만약 VIP고객이 자신의 개성을 표출하기 위해 고급차를 구매할 의향이 있었다면 제네시스 프라다가 아닌 벤츠(E클래스)나 BMW(5시리즈), 아우디(A6)를 샀을 것"이라고 말했다. 다양한 고가상품의 마케팅 전략을 모방했지만, '제네시스 프라다'는 애초에 일명 '청담동 마케팅'을 펼치기에는 무리수였다는 지적을 받고 있으며, 국산 브랜드 모델의 무리한 명품화 마케팅의 한계를 보였다고 평가된다.

이외에 현대차 스타 마케팅의 1호차 고객 선정도 문제가 됐다. 1호차 마케팅·홍보모델을 활용한 스타 마케팅은 대중에게 잘 알려진 유명인을 홍보대사로 임명, 브랜드 이미지를 제고하려는 전략이다. 자동차업계에서는 신차가 출시되면 1호차를 유명인사에게 제공하여 신차의 이미지와 콘셉트를 소비자들에게 효과적으로 어필하고 큰 홍보비용 없이 강력한 홍보효과를 얻을 수 있다. 그러나 제네시스 프라다의 경우 1호차 주인공이었던 탤런트가 채 1년도 안 되어 이를 중고차 시장에 매물로 내놓았다고 알려지면서 제품이미지에 상처를 입었다. 이후 교육업체에 기부했던 것으로 밝혀지긴 했지만, 마케팅에는 부정적으로 작용했던 것으로 관측된다.

또한 고가의 가격 책정도 주요 실패 원인으로 보인다. 제네시스 프라다는 일반 제네시스의 최상위 모델(6,290만 원)보다 1,610만 원이 더 비싼 가격으로, 이는 출시 때부터 7,900만 원이라는 가격이 너무 비싸다는 지적을 받아왔다. 일반 제네시스보다 성능을 높이고 사양을 고급화하긴 했지만, 기존 최고급형보다 1,610만 원이나 비싼 가격을 상쇄할 만큼의 가치는 제공하지 못했다. 게다가 국내시장에서 소비자들에게 인기 있는 일부 수입브랜드와 비교할 때, 가격차이가 거의 없거나 오히려 비쌌으며, 또한 수입차의 경우 판매과정에서 일정금액 할인도 가능하다는 점을 생각해 봤을 때, 고급차 구입을 고민하는 소비자 입장에서 갑자기 등장한 제네시스 프라다는 가격경쟁력에서도 뒤처졌다.

비싼 수리비도 문제였다. 제네시스 프라다 모델은 부품비용이 비싼 것은 아니지만 현대차가 프라다와 공동 개발한 특수 컬러 페인트가 원인이 됐다. 제네시스 프라다의 도장에 쓰이는 페인트는 프라다 측과 공동 개발한 특수 컬러(검정·파랑·갈색) 제품으로 공급이 부족해 도장(塗裝) 비용이 비싸고, 도장작업에 걸리는 기간도 긴 것으로 나타났다. 제네시스 프라다 고객의 경우 작은 흠집 등 전체 도색이 필요 없는 경우에도 비싼 값에 수리를 맡길 수밖에 없는 상황이었다.

"명품의 특별함, 희소성 없어 – 제품 차별력 미비"

"명품이라면 남들에게 보여줘야 할 게 있어야죠. 제네시스 프라다는 보여줄 게 있나요?" 한 소비자의 위와 같은 지적은, 제네시스 프라다의 외형을 차별화한다고 해서 차의 성능이나 브랜드 이미지가 명품으로 바뀌는 것은 아니며, 기술력으로 해외 명품 자동차를 따라잡으려는 노력이 필요하다는 사실을 적시하고 있다. 제네시스 프라다 모델은 일반 제네시스와 비교해 배기량만 3.8L(리터)에서 5.0L로 올렸을 뿐 대부분의 차량부품은 동일하다. 이미 널리 알려진 제네시스 차량과 외관이 똑같고 차량을 직접 운전해 보지 않으면 배기량이 높아진 것 역시 알 수 없어 현대차 이미지가 프라다의 이미지를 압도했다는 평가다. 즉, 제네시스 프라다는 현대 로고만 없을 뿐 차량 자체가 현대차라는 이미지를 표출하고 있어 소비자들에게 프라다라는 명품의 '뭔가 다르다'는 느낌을 주지 못했다는 것이다. 사람들이 명품을 사는 이유는 대부분 자신의 가치를 명품을 통해 표출하려는 욕구가 크다. 그런데 제네시스 프라다의 경우 외관이나 스타일 등 기존 제네시스와 비교해 소비자에게 더 높은 가격을 지불하게 할 만한 특별함이 없었다.

'제네시스 프라다'는 가격경쟁력 또는 명품 브랜드와의 전략적 제휴를 통한 희소성 등이 매우 낮았고, 가격도 턱없이 비싸 소비자의 구매욕을 자극하지 못했다. 이러한 한정판 제품의 희소가치 결여는 판매의 실패 원인이 되었다. 자동차시장의 경우, 이미 여러 종류의 수입차 브랜드가 진출해 있고, 고객 선택의 폭이 넓기 때문에 파격적인 인상을 주지 않는 이상 제네시스 프라다와 같은 차가 큰 인기를 끌기가 쉽지 않다. 현대자동차는 프라다와의 제휴를 통한 디자인과 성능에 있어서의 차별화를 노렸지만, 명품 자동차라는 인식을 얻는 데 실패했고 이로 인해 이미 형성되어 있는 명품 승용차 시장을 뚫지 못했다.

Question

1. 결과적으로 '제네시스 프라다'가 성공하기 위해서는 현대자동차가 어떤 전략을 구사하고 시장에서 대응해야 했을 것으로 판단하는가? 만약 현대자동차가 또 다른 명품 브랜드와의 제휴를 모색한다면, 어떤 조언을 제공해주고자 하는가?
2. 한 기관의 조사에 의하면, 우리나라 사람들이 가장 선호하는 브랜드는 구찌와 샤넬이라고 한다. 그렇다면, 혹시 제휴대상 선정에 문제가 있었던 것은 아닐까?
3. 내수가 아닌 해외시장을 목표로 했다면 혹시 결과가 달라지지 않았을까? 견해를 밝히시오.

사례 10-2 라면의 본고장, 일본에서도 위풍당당 농심

NONGSHIM

1981년 농심이 일본에 진출한 이후, 라면 종주국인 일본에서 꾸준한 매출을 올리고 있다. 라면 종주국인 일본의 라면시장에 대해 알아보도록 하자. 인스턴트 라면은 1958년 일본에서 최초 탄생했다. 인스턴트 라면은 현재 세계에서 연간 550억 봉지가 소비되고 있는데, 그 가운데 일본에서만 세계 소비량의 약 10%인 52억 7천만 봉지가 소비되고 있다. 이 중 컵라면이 33억 개로 인스턴트 라면 가운데 약 63%의 비중을 차지하고 있다. 한편 일본은 인스턴트 라면뿐만 아니라 라면시장 자체가 상당히 커서 손으로 직접 면을 뽑아 만들어 파는 라면가게에 대한 소비층 역시 넓다. 이로 인해 일본 라면은 워낙 종류가 다양하고, 양념, 국물 재료에서부터 지역에 따라 대표되는 라면의 종류에 이르기까지 그 수가 많으며, 이러한 이유로 일본이 세계 라면시장의 중심이라 할 수 있다.

일본은 인구가 많고 소득수준이 높아 시장 규모가 크기 때문에, 일본에서 판매

되는 모든 제품들의 브랜드 수가 다양한 편이다. 그 중에서도 일본의 라면 브랜드 개수는 전국적인 브랜드와 지역적인 브랜드를 모두 합하여 500여 개에 이른다. 라면 업계 선두주자의 위치에 있는 브랜드는 닛신쇼꾸힌(日清食品), 동양수산(東洋水産), 산요식품(サンヨー食品), 명성식품(明星食品), 에스쿠, 하우스식품(ハウス食品) 등이 있다.

일본은 라면 브랜드가 워낙 많아 기업들은 자사의 브랜드를 소비자에게 각인시키기 위해서 홍보와 광고에 많은 비용을 들인다. 광고에 있어서는 대부분의 회사들이 전형적인 TV 광고를 중심으로 홍보를 하고 있다. 닛신쇼꾸힌의 경우 지난해에 사용한 약 155억 엔(약 1,100억 원)의 광고비 가운데 전체 광고비의 80%를 TV와 라디오의 전파매체에 사용하였으며(그 가운데서도 90%의 비용이 TV 광고에 사용), 그 나머지가 제작비 및 인쇄광고비였다. 라면의 브랜드 개수가 많고 라면 기업들 간에 광고, 홍보경쟁이 치열하다 보니 인기제품이라고 하더라도 수명주기는 짧은 편이고, 한 제품 브랜드의 인기가 오래가기 힘든 경우가 대부분이다.

닛신쇼꾸힌, 동양수산, 산요식품, 명성식품, 에스쿠 등 대형 메이커들이 52억 봉지의 라면시장을 두고 치열한 경쟁을 벌이고 있는 라면의 종주국 일본. 1년간 약 350종의 신제품이 쏟아져 나오는 일본의 치열한 라면시장에 외국산 라면이 정착하기란 쉬운 일이 아니다. 이렇게 업체 간 경쟁이 치열한 일본의 라면시장에서 어느 정도 성공을 거둔다면 다른 나라에서 라면으로 성공할 가능성도 높아질 것이다.

농심은 1981년 동경 사무소를 개설하여 처음으로 일본에 라면을 수출하였다. 수출물량이 점차 늘어나면서 농심은 시장을 더 확대하고자 하였다. 하지만 기존 일본의 수입대행업체를 통해 수출하는 방식으로는 시장점유율 증대에 한계가 있다고 생각하였다. 농심은 일본 진출을 위한 다른 방안으로 일본 내 법인 설립, 일본 기업과의 업무제휴, 일본 기업에 생산 및 판매 위탁의 3가지 방안들을 놓고 고민하였다. 그러던 중 일본에 법인을 설립하는 경우는 해외 경험 진출이 적어 리스크가 크다고 판단하였고, 생산 및 판매 위탁의 경우에는 전국적인 유통망을 확보하는 데 어려움이 따른다고 생각하여, 일본 기업과의 업무제휴를 선택하였다. 그 후속조치로 2000년 5월 농심은 인스턴트 라면사업에 관심을 갖고 있던 가토기치사와 전략적 제휴를 맺게 된다. 두 기업은 시장에서의 위상과 경영스타일 등에서 유사한 점이 많았다. 한국의 라면시장과 일본의 냉동면시장에서 정상을 유지하고 있다는 점과 오너체제로 탄탄한 재무기반을 갖추고 있는 점, 그리고 두 회사 모두 한 우물만 파온 전문기업으로 강력한 경쟁력을 확보하고 있었다. 중국을 생산 가공의 거점으로 활용하고 있는 것도 똑같았다. 그 당시 가토기치는 중국에 11개의 공장을 가동 중이었고 농심은 2개의 공장을 갖고 있었다. 하지만 라면으로 한정하면 상황이 그렇지 않았다. 가토기치는 라면을 생산하지 않고 있었고, 반면 농심은 매운 맛 라면에서 독보적인 기술과 노하우를 확보하고 있었다. 가토기치는 농심과의 전략적 제휴를 통해 라면 생산기술과 노하우를 축적할 수 있을 것을 기대한 것뿐만 아니라 기존에 가지고 있던 전국적인 유통망을 통해서 당장 매출도 올릴 수 있다고 생각하였다. 또한 설비투자 부담이 따르는 직접생산 대신 총판체제로 라면을 팔 수 있다면 가격경쟁력을 갖추기 쉽다는 점도 농심을 파트너로 선정하게 된 배경의 하나였다. 한편 농심의 신라면은 가토기치와 업무제휴를 하기 전인 1999년도에 약 6억 엔어치가 팔린 것으로 추정되고 있었다. 농심은 가토기치의 전국적인 유통망을 활용, 판매에 나설 경우 판매액을 5배 정도 늘릴 수 있을 것으로 판단했다. 가토기치사와의 전략적 제휴 체결을 통해 이 기업의 일본 내 전국적 네트워크를 활용할 수 있게 됨에 따라, 농심은 당시 도쿄 중심이었던 판매망을 전국적으로 확대하게 된다.

그러나 전략적 제휴의 성과는 기대에 크게 미치지 못하였다. 본래 가토기치사는 냉동식품 부문에서의 네트워크가 강한 데 비해 가공식품은 약한 편이었고, 판매에 있어서도 자연스레 자사 제품에 우선순위를 두게 되어서 제휴 다음 해에는 첫 해와 비교하여 농심의 판매실적이 절반 수준으로 크게 감소하였다.

이 일로 인해 농심은 전략적 제휴를 재검토하게 되었고, 결국 자기 제품은 스스로 판매하지 않으면 안 된다는 생각 끝에 2002년 자본금 100% 출자의 판매법인인 농심 재팬을 설립하게 된다. 이때 오사카지사도 같이 설립되었다. 농심은 가토기치사의 전국적인 유통망을 활용했던 경험을 바탕으로 독자적으로 라면 판매를 실행하였다. 또한 농심은 일본 최대의 편의점인 세븐 일레븐을 포함, 대형 슈퍼마켓에도 신라면을 납품하기 시작하였다.

1. 일본시장에서 농심이 선택한 전략적 제휴 전략은 타당했는가? 만약 타당했다면, 그럼에도 불구하고 성과가 좋지 못했던 이유가 무엇이라고 생각하는가? 만약 타당하지 않았다면, 전략적 제휴 대신 어떤 전략을 사용해야 했다고 판단하는가?
2. 농심의 파트너 선정은 적절했는가? 그렇지 못했다면, 당시 어떠한 특징을 갖는 파트너를 선택했어야만 했다고 여겨지는가?
3. 이제 농심의 일본 내 전략은 전략적 제휴에서 완전자회사 설립으로 전환되었다. 향후 농심의 성과는 어떻게 변화할 것으로 예견되는가? 또한 그 판단의 근거는 무엇인가?

사례 10-3 유럽인과 미국인 결혼의 파경 –푸조 시트로엥과 GM의 전략적 제휴

1. 기업 개요 : PSA 푸조 시트로엥(Peugeot Citroën Automobiles)

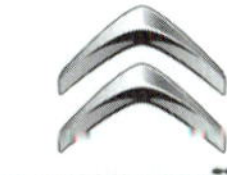

PSA 푸조 시트로엥(Peugeot Citroën Automobiles)은 푸조(Peugeot SA)가 시트로엥(Citroën)을 합병해 만든 지주회사이다. 시트로엥은 프랑스 자동차 제조업체로서 1919년 설립되어 프랑스를 대표하는 자동차 브랜드로 성장해 왔다. 하지만 1974년 석유파동을 겪으면서 심각한 재정난에 처하게 되었고, 결국 1976년 프랑스 자동차 생산기업인 푸조에 의해 인수되면서 지금의 형태로 존재하게 되었다.

반면 푸조의 역사는 17세기로 거슬러 올라간다. 제조업뿐 아니라 자전거, 철사 바퀴 등 다양한 사업을 영위해 나갔던 당시 푸조의 경영자는 독일의 다임러(Gottlieb Daimler)를 만난 후 본격적으로 자동차 사업에 뛰어들었다. 1896년 엔진을 자체 제작하기 전까지는 다임러에 전적으로 의존하여 사업을 추진해 왔지만, 이를 개발한 이후에는 자체적으로 자동차를 생산할 수 있게 되었고, 이에 힘입어 오토모빌 푸조(Automobile Peugeot)를 설립했다. 한때 제1차 세계대전을 겪으면서 군수물자를 제조하기도 하였으나, 전쟁 후 자동차 부문 사업에 박차를 가하였다. 이러한 발전을 통해 시트로엥을 인수할 수 있었으며, 마침내 푸조-시트로엥 그룹으로 확대된 것이다. 이후 크라이슬러가 유럽에서 벌이고 있던 사업을 인수하고, 1984년에는 중국과의 합작기업을 설립하면서 사업규모를 확장해 나갔지만, 1990년대 북미시장에서의 사업 실패로 인해 타격을 입기도 했다. 그럼에도 불구하고 푸조는 자사 모델들의 지속적인 제품개발 성공과 함께 디자인, 성능 등의 호의적인 평가에 힘입어 1998년부터 2002년까지 55.1%의 성장이라는 놀라운 성과를 시현한다. 결국 이런 성장세에 힘입어 2002년 "유럽 베스트 셀링카"에 선정됨으로써 브랜드의 위상을 한층 강화시켰다.

PSA 푸조 시트로엥의 핵심 경영전략은 크게 2가지로 나눌 수 있다. 디젤엔진과 친환경사업이 바로 그것이다. 푸조는 2000년대 초반부터 연료 소비를 최소화시킬 수 있는 디젤엔진 개발에 정성을 기울여왔고, 그 결과 2012년에는 '디젤 미세먼지 필터(DPF: Diesel Particular Filter)'의 개발을 통해 디젤엔진의 성능을 한층 높여줄 수 있는 기반을 마련하게 되었다. DPF는 배기가스 저감장치로서 말 그대로 디젤엔진에서 나오는 수많은 미세먼지와 배기가스의 양을 줄이는 역할을 한다. 이로 인해 효율적인 연료 소비가 가능하게 되고, 자동적으로 친환경 자동차의 역할을 수행하도록 만든다. 또한 HDi 엔진을 개발하여 친환경 자동차 사업에 박차를 가하였다. HDi 엔진은 전기모터로 움직이며, 미세한 먼지나 오염된 가스들을 제거함으로써 이산화탄소 배출량을 제로에 가깝게 만드는 디젤엔진이다. DPF에 이은 HDi 엔진의 개발이라는 기술혁신이 바탕이 되어 PSA 푸조 시트로엥은 2000년대 중반 4년 연속 최저 이산화탄소 배출 자동차 기업에 선정되기도 하였다.

이렇듯 PSA 푸조 시트로엥은 뛰어난 연비를 자랑하는 디젤엔진에서 강점을 보이고 있으며, 최근 휘발유와 전기를 결합한 하이브리드 시스템 개발에 힘쓰면서 또 한 번의 비상을 노리고 있다.

2. 전략적 제휴 과정

미국 경제성장의 원동력이었던 자동차시장의 빅3(GM, Ford, 다임러크라이슬러)가 위기를 맞았다. 대형 M&A와 자본 제휴를 통해 성장을 추구해 왔지만, 규모의 경제를 바탕으로 한 대형차의 생산과 고효율의 연비를 등한시함에 따라 고객 니즈를 제대로 충족시키지 못하면서 시장에서 고전을 면치 못하고 있다. 이 흐름은 유럽 자동차시장에서도 나타났다. 자동차 내수 성장의 한계와 과잉생산으로 인한 수익률의 감소로 인해 기업들은 타 기업과의 협력 및 전략적 제휴를 생존방안으로 삼았다. 전략적 제휴는 퇴거가 용이하고 비용분산을 통해 상호 간의 기술이나 보완적 능력을 확보할 수 있다는 점과 리스크가 높은 M&A보다는 위험성이 적다는 점이 기업들에게는 매력적인 요인으로 다가왔다. 이러한 배경하에 PSA 푸조 시트로엥 역시 유럽 경제위기의 여파로 인한 경영난을 타개하기 위해 GM과 손을 잡았다.

제너럴 모터스(GM)는 1908년에 설립되어 전 세계 50여 개국에 생산시설과 부품공장 등을 설립하였고, 190여 개국에 달하는 시장을 보유하고 있는, 세계 자동차산업에서 막대한 영향력을 행사해 온 기업이다. 미국 자동차산업의 강호 GM과 프랑스 자동차산업의 대표주자인 푸조의 전략적 제휴는 당시 전문가들이 보기에 세계 최고의 연합이라 할만 했다. 한편 두 기업의 전략적 제휴 목적은 공동 개발 및 생산과 더불어 유상증자, 공장 폐쇄, 구조조정, 물류서비스에 이르는 전 과정의 비용절감을 통한 글로벌 경쟁력을 공고히 함에 있었다. 언급한 목적의 달성을 위해 두 기업은 불필요한 공장을 폐쇄했으며, 구조조정을 통해 생산설비 및 인건비 등에 대한 비용절감 방안을 마련했다(이 절감비용은 총 20억 달러에 달했다). 또한 GM과 PSA는 합동구매벤처를 설립하여, 사용되고 있는 각종 부품과 서비스 및 기술을 공동구매할 계획을 세우고 있었다. 특히 GM은 고전을 면치 못하고 있는 브랜드 '오펠'의 새로운 수익을 창출하고, PSA는 부채 부담 감소를 통해 폭스바겐이나 르노-닛산과의 경쟁에서 승리할 수 있는 방안을 찾고자 했다. GM과 PSA의 전략적 제휴를 좀 더 계량적으로 살펴보면, PSA와 GM은 전략적 제휴를 맺고 양측 동맹을 강화하기 위해 GM이 PSA 측 지분 7%를 인수하기로 했다. 또 PSA는 10억 유로(13억 4,000만 달러)어치 유상증자를 실시하고 이 증자과정에 GM과 지분 30%로 최대주주 지위를 가진 푸조 일가가 참여하기로 했다.

두 기업의 제휴 도중 이슈화된 사건이 있었는데, 바로 PSA가 1978년부터 유지했던 대(對)이란 자동차 수출을 중단했다는 것이다. PSA는 이러한 수출 중단이 GM과의 제휴 이전부터 예정되어 있었다고 주장했지만, PSA의 이란 자동차 수출 규모가 동사 자동차 부문 매출의 2%나 차지하고 있었으며, 이 분야를 담당하는 350명이라는 적지 않은 종업원 수를 고려했을 때, 갑작스런 이란 자동차 수출의 중단원인은 당시 GM이 PSA의 지분 7%를 보유함에 따라 미국 정부의 압력이 작용했을 것으로 관측되고 있었다.

결국 PSA와 GM의 전략적 제휴는 채 1년을 넘기지 못하고 파경을 맞았다. 다방면에서 협력을 추진함으로써 이를 통한 비용절감을 성취하고자 했던 두 기업의 꿈은 유럽 재정위기로 인한 유럽시장에서의 자동차 판매급감으로 PSA가 사업실패를 경험하면서 주가가 급락하고, 현금 유동성이 떨어지자 프랑스 정부가 나서서 PSA에 60억 유로를 지급보증한 이후 경영에 참견했던 것이 직접적인 원인으로 제기된다. 프랑스 정부 측 인사 1명이 PSA의 이사회에 포함되면서 프랑스 정부의 압력이 두 기업의 제휴관계에 찬물을 끼얹었다. 프랑스 정부의 주요 요구사항은 자국 내 고용유지를 위해 감원계획을 축소하여 추가 감원을 하지 말라는 것이었다. 본래 GM과 PSA의 제휴 목적이 공장 폐쇄와 구조조정을 통한 생산설비 및 인건비 등에 대한 비용절감과 합리화였음을 고려한다면, GM의 입장에서 프랑스 정부의 요구사항은 제휴 파기의 충분한 동기부여로 작용했다.

또 다른 요인으로 복잡한 시장 환경으로 인한 이해관계의 차이 발생을 들 수 있다. 1992년 PSA 푸조 시트로엥은 중국시장에 진출하여 둥펑과 손을 잡고 합작기업을 설립하였다. 하지만 두 기업 간의 지속적인 투자가 오히려 두 기업 간 전략적 제휴관계에는 독이 됐다. GM은 중국시장 진출에 호의적인 입장이 아니었기에, PSA의 중국 진출은 7% 상당의 보유주식 매각에 대한 도화선이 되었다. 결국 PSA는 2014년 초 GM과의 제휴관계를 완전히 정리하고 중국의 둥펑에게 최대주주 자리를 내줌으로써 새로이 중국기업과 손을 잡게 되었다.

Question

1. PSA와 GM 간 전략적 제휴의 실패요인은 무엇인가?
2. PSA의 중국 진출은 바람직했는가?
3. 중국의 둥펑이 PSA의 최대주주가 됨으로써 향후 어떠한 변화들이 일어날 것으로 예견되는가?

사례 10-4 볼보와 르노의 전략적 상용차 제휴

1990년 각기 스웨덴 및 프랑스의 주요한 자동차 생산기업이었던 볼보와 르노는 순환출자 전략, 공동생산 및 공동연구개발을 목적으로 전략적 제휴전략을 체결하였다. 이들 두 기업은 이미 20년 전 과거에도 파트너십을 행하였던 경험이 있었으며, 1980년에는 볼보에 르노가 지분투자를 했던 전례도 있었다. 하지만 두 기업은 보다 더 광범위한 범위의 동맹관계를 유지하기 위해 1989년 협의를 시작하여 1990년 전략적 제휴전략의 수립을 최종 타결하였다. 당시 볼보는 북미시장에서의 가파른 성장세로 재정적으로 건실한 기업이라는 평가를 받고 있었으며, 르노 또한 1980년대 중반 겪었던 재정위기를 Clio, Espace 그리고 Renault 25와 같은 차종을 개발함으로써 이를 극복한 상태였다.

이토록 나름대로 시장에서 경쟁력을 확보하고 있던 볼보와 르노가 그럼에도 불구하고 상호 전략적 제휴 체결을 위한 협의에 돌입하게 된 계기로는 다음의 세 가지 이유가 있었다. 첫째, 잠재된 시너지 효과를 불러오는 것이었다. 당시 두 기업은 상호 전략적 제휴를 체결함으로써 스웨덴 통화인 코로나(SEK)로 평가 시 1991년과 2000년 사이 잠재적으로 140억 코로나의 시너지 효과를 시현할 수 있을 것으로 평가하였다. 둘째, 세계화가 급속도로 진행됨에 따라 세계 시장에서 당시 자동차 제조기업 간 인수합병은 물론이고 전략적 제휴전략이 이미 폭넓게 진행되고 있었다. 이에 르노와 볼보 역시 그들의 동맹을 1980년대보다 더욱 확고하게 강화함으로써 튼튼한 전략적인 협력관계 구축이 경쟁을 극복하기 위한 필수요소라고 판단했던 것이다. 셋째, 두 기업은 다방면에서 서로 보완적인 관계에 있었기에 전략적 제휴

표 10-1 | 볼보와 르노의 비교

구 분	볼 보	르 노
본사국	스웨덴	프랑스
언어	스웨덴어	프랑스어
핵심적 가치관	안전성, 공학기술	스타일링, 원가관리
경영구조	분권화	집중화
시장 시발점	스칸디나비아, 북미, 아시아	유럽 대륙

자료 : Bruner and Spekman(1998).

전략을 체결해 양사가 더 넓은 스펙트럼 속에서 기업 활동을 영위할 수 있을 것이라 믿었다.

그렇다면 두 기업 간 전략적 제휴전략의 특징을 구체적으로 살펴보자.

- **상당한 규모의 순환출자(cross-share holdings)** : 두 기업은 서로 상대방 모기업의 주식을 상당량 보유함으로써 각기 파트너 기업의 이사회에 참석할 권리를 갖고, 이를 통해 양사의 자동차산업을 혼합시켜 주는 전략적 의도를 내포하고 있있다. 이사회에 참석함으로 인해 양사는 서로 감시하는 기능도 담보할 수 있었으며, 선의의 경쟁을 근간으로 더 많은 이윤을 창출할 수 있을 것이라 판단했다.

- **평등성** : 두 기업은 시장에서의 상호 경쟁력을 평등하게 보았기에 심지어 협력본부조차도 파리와 예테보리 두 군데에 설치하였으며, 그들이 협의를 진행할 때의 공식 언어로 영어를 채택하여 서로가 평등한 관계임을 강조하였다.

- **광범위한 의미의 동맹** : 21개에 이르는 위원회를 설치하여 각 조직에 대한 이해의 폭을 넓히고, 상호 상대방 파트너기업이 처한 상황을 보다 더 잘 파악하려고 노력하였다. 전략적 제휴관계에 있어서 통상적으로는 운영위원회만을 설치하는 것이 일반적이었으나, 이렇듯 많은 위원회를 조직한 것은 이례적인 일이었으며, 이는 양사가 얼마나 제휴관계의 유지와 확대에 노력하고 있었음을 단적으로 보여주는 증거라고 할 수 있었다.

- **각 브랜드의 독립성 유지** : 브랜드의 이름을 독립적으로 유지하며 딜러(판매 및 유통)를 통합하지 않고 고유한 상태로 각기 두었다. 그 대신 이를 보완코자 두 기업은 운영관리 면에서의 협력을 추구하였는데, 따라서 구매, 제조 그리고 연

구개발에 있어서의 협력을 확대 및 강화하였다.

1991년 2월 당시 볼보그룹의 CEO인 페어 길렌하마르(Pehr Gyllenhammar)는 르노와 볼보의 파트너십이 소유주의 관계가 아닌 협력의 관계임을 재차 강조한 바 있었으며, 이러한 의식을 바탕으로 두 기업은 1991년부터 1993년까지 건강한 동맹관계를 유지했었다. 그 예로, 두 기업은 합작투자를 통해 프랑스에 버스를 공동 공급하기도 했고, 의사소통의 문제를 해결하기 위해 르노의 근로자들이 영어를 배워가며 이를 극복 해나갔다(스웨덴에서는 영어가 제2의 공용 언어처럼 사용된다). 하지만 시간이 지날수록 의사소통에서 비롯되어 발생하는 갈등이 불거지기도 하였으며 운영상의 문제로 두 기업 간의 마찰이 빈번하게 일어나기도 했다. 이 밖에도 여러 문화적 갈등도 많았지만 이러한 일련의 문제들이 파국으로 치닫게 된 결정적인 계기는 P4 프로젝트와 트럭 생산 문제에서 기인하였다.

- **P4 프로젝트** : 고급라인의 신형 자동차 모델을 개발하기 위해 볼보와 르노의 기술자 300여 명 정도가 새로운 프로젝트를 시작하였다. 르노 기업은 디자인과 비용절감 기술에, 이와 달리 볼보는 엔진기술과 안전성에 강점을 보유하고 있었기에 두 기업은 이 프로젝트를 통해 그들의 장점을 접목시키고자 했다. 하지만 문제는, 일본 자동차 제조사들은 이미 생산원가절감 및 신속한 신차출시를 시현하고 있었다는 점에서, 볼보가 엔진성능을 보다 강화시키기 위해 많은 자본을 투자하고 싶어하는 것을 르노는 상당히 부담스러워했다. 또한 르노는 동 프로젝트를 통해 전륜구동의 자동차를 구현하기를 바랐지만, 볼보는 당시 벤츠의 S클래스 모델이나 BMW의 5시리즈 혹은 7시리즈와 같이 후륜구동이기를 원했다. 결론적으로, 기업이 보유하고 있는 서로의 핵심적 가치관이 양사의 시너지 효과를 발휘하는 데 도움이 되기보다는 갈등을 야기한 사건이 된 것이다.
- **트럭 생산** : 트럭 구매자들에게는 당연히 볼보 트럭이 성능이 좋다는 이미지가 있었기에 르노가 생산한 트럭보다 비싸게 팔렸으며 이에 수반된 인지도 역시 나았다(당시 볼보의 대형 트럭 인지도는 세계 2위였다). 따라서 볼보의 입장에서는 그들이 대형 트럭 판매에 집중하고, 반면 르노는 중소형 트럭에 판매를 집중하기를 바랐지만, 르노의 생각은 달랐다. 즉, 르노는 자국의 시장에서만큼은 르노의 대형 트럭도 잘 팔린다고 주장하며 결국 동일한 트럭 시장을 양분하게 되었다. 이에 두 기업의 협력관계는 의미가 점차 퇴색되어갔다.

두 기업은 이러한 갈등들을 협의를 통해 풀고자 노력을 경주하였으나, 애초 양사가 최초 전략적 제휴관계를 맺으면서 강조했던 "평등성", 즉 특정 사안에 대한 거부권을 행사할 수 있는 권리를 두 기업이 정확히 50대 50으로 가지기로 했던 것이 역설적으로 문제해결의 장애요인으로 작용하였다. 더군다나 P4 프로젝트나 트럭 생산과 같은 문제들은 양사 모두에게 아주 중요한 핵심역량이었기에 양보는 있을 수 없었다. 특히 르노는 프랑스 국영기업이었기에 노동자들의 실업 가능성에 매우 예민했다. 길렌하마르(볼보의 CEO)와 루이스 슈바이처(르노의 CEO)는 난관에 봉착한 상황을 타개하고자 1993년 9월 두 기업 간 합병을 전향적으로 모색했지만, 이마저도 그해 12월 볼보의 내부 이견으로 인해 진행되던 합병절차도 철회되고 말았다. 이로 인해 두 기업 공히 브랜드 이미지는 타격을 받게 되었고, 길렌하마르 볼보 회장이 교체되는 후폭풍을 피할 수 없었다. 이에 순환출자를 통해 보유하고 있던 서로의 주식 또한 청산하기에 이르렀는데, 상호 교환되는 주식의 차액인 약 10억 프랑(당시 프랑스 화폐)을 볼보가 르노에 지불하기로 합의함으로써 전략적 제휴관계를 청산했다.

Question

1. 글로벌 경쟁을 이겨내기 위한 수단으로서의 전략적 제휴전략의 중요성을 설명하시오.
2. 전략적 제휴가 유지되기 위한 중요한 조건들을 열거하시오.
3. 상기 2번 질문에 대한 답변을 근거로, 볼보–르노 간 전략적 제휴를 유지하기 위해서는 두 기업이 어떠한 노력을 했어야 한다고 생각하는지 여러분의 견해를 피력하시오.

사례 10-5 폭스바겐과 스즈키 자동차 간 파트너십의 몰락

폭스바겐(Volkswagen)은 독일의 대표적인 자동차 생산기업으로서, 아우디, 스코다, 벤틀리, 람보르기니 등 다양한 브랜드를 보유하고 있다. 전략적 제휴 파트너를 모색하던 2009년 당시 세계 자동차업계에서 3위를 차지하고 있던 폭스바겐은 축적된 경쟁력에도 불구하고, 소형차 라인의 영업이 상대적으로 부진한 탓에 기업 내부적으로 고민이 있었다. 그 과정에서 소형차 생산에 특화되어 저비용 생산의 달성은 물론, 인도와 같은 신흥국 내에서의 약진을 시현하고 있던 스즈키(Suzuki Motors)와의 기술협력에 관심을 갖고 그들과의 전략적 제휴 체결 가능성을 모색하였다.

반면, 스즈키는 오토바이와 같은 이륜차와 소형차를 주력으로 생산하는 일본 기업으로서, 특히 소형차 부문에서 세계적으로 경쟁력을 지니고 있는 기업이었다. 인도시장을 비롯한 신흥국에서 비약적인 성장을 이루어내었으나 기술력이나 사업 기반이 타 자동차 생산기업보다 부족했던 스즈키는 폭스바겐이 가지고 있던 하이브리드 및 전기자동차 기술, 자금력, 그리고 세계 시장에 대한 접근성을 확대시키고자 전략적 제휴를 체결하게 되었다.

우선 두 기업의 자동차 판매대수를 합산할 경우 세계 1위인 도요타(Toyota)의 아성을 넘어설 정도에 이르렀기에 전략적 제휴가 체결되기 전부터 두 기업의 파트너십은 많은 주목을 받았으며, 이를 배경으로 2009년 12월, 스즈키와 폭스바겐은 전략적 제휴를 체결한다. 양 사는 다양한 전략적 제휴 유형 중 상대 기업의 주식취득을 근간으로 자본참여를 통한 제휴를 맺게 된다. 이에 따라 폭스바겐은 스즈키 지분의 19.9%를 취득해서 최대주주가 되었고, 스즈키도 폭스바겐 주식의 1.5%를 보유하게 된다. 이들은 전기자동차 및 하이브리드 기술 등 다양한 분야에 있어서의 공동 연구와 기술개발을 추진하였다.

상호 보완성 측면에서 바라봤을 때, 폭스바겐과 스즈키는 각자가 원하는 보완적 경쟁력을 지닌 훌륭한 조합이었음에도 불

구하고, 두 기업의 전략적 제휴는 결과적으로 구체적인 성과물 없이 20개월 만에 중단되고 만다. 그 이유는 무엇이었을까? 우선, 두 기업 간 원활한 의사소통이 이루어지지 않았다. 단적인 예로서, 스즈키는 제휴체결 이후에도 피아트(Fiat)로부터 디젤엔진을 구매하였다. 이에 스즈키자동차의 스즈키 회장은 독일 디젤엔진과의 호환성 문제로 인해 일부 모델에서는 어쩔 수 없이 피아트의 1.6L 디젤엔진을 사용할 수밖에 없다는 사실을 폭스바겐 CEO인 마틴 빈터콘(Martin Winterkorn)에게 전달하였으며, 이후 공식적인 문서로도 이 사실을 확인하였다고 밝혔다. 그러나 폭스바겐 측에서는 피아트 디젤엔진 구매는 계약위반사항이라며 강력한 항의를 제기하였다. 그런데 기업의 최고 의사결정권자인 CEO 사이의 커뮤니케이션에서 오해가 있었음에도 양 사는 이러한 의견마찰을 조정하기 위한 노력이 상호 부족했다. 기업목표와 문화가 다른 두 조직이었기에 소통을 최우선시하여 관계를 키워나갔어야 했지만 이 부분에서 소홀했던 것이다.

이에 더하여 두 회사 간 믿음도 부족했었던 듯하다. 스즈키는 자사에 대한 폭스바겐의 경영권 행사에 대해 우려를 갖고 있었고, 폭스바겐은 그 부분에 있어서 스즈키의 걱정을 덜어주지 못했다. 한 예로, 폭스바겐이 그들의 연차보고서에서 스즈키를 협력사(Associate)라고 표기한 사안에서도 마찰이 불거졌다. 협력사라는 표현은 경영 전반적인 부분에서 상당한 영향을 미칠 수 있다는 사실을 의미한다. 처음 전략적 제휴를 시작할 때부터 스즈키는 폭스바겐의 12번째 브랜드가 되지 않겠다며 독립적인 경영에 대해 일관적인 입장을 유지해 왔기에 이를 언짢게 생각할 수밖에 없었다. 폭스바겐은 이에 대해 스즈키 측에 충분한 설명을 제공하지 못함에 따라 두 기업의 관계에 있어서 불신이 양산되었다. 이러한 불신은 이뿐만 아니라 기술교환 분야에서도 나타났다. 스즈키는 계약서에 언급된 것처럼 상당한 수준의 상호 기술교환을 기대하고 있었으나, 폭스바겐 측에서 적극적으로 기술을 교환하고 공유할 의지를 보여주지 않자 계속해서 불만이 쌓여갔다.

전략적 제휴를 통해 서로 보완적인 경쟁력도 확보할 수 있었고, 지역 시장의 중복도 적었기에 상대적으로 그만큼 성공 확률도 높았으나, 또 하나의 문제는 기업문화가 현저하게 달랐다는 점에서 찾을 수 있었다. 폭스바겐의 CEO는 스즈키의 느린 의사결정구조에 대해서 지적하면서 늘 분통을 터뜨렸다.

이러한 일련의 부정적인 일들이 부상하자, 자본제휴를 맺은 지 2년도 채 되지 않은 2011년 9월 스즈키 자동차의 스즈키 회장은 전략적 제휴를 중단하겠다고 일방적으로 발표한다. 그는 기술교환에 있어서도 협력이 계약대로 이루어지지 않았을 뿐만 아니라, 최대주주 입장을 이용하려는 폭스바겐에 의해 지나친 경영간섭과 과도한 지배력 행사가 자행되고 있음을 주장하면서 폭스바겐이 보유하고 있던 스즈키 지분을 매매할 것을 요구하지만, 폭스바겐은 법적으로 그러할 의무가 없다며 맞섰다. 이에 따라 스즈키는 런던에 위치한 국제상업회의소의 국제중재재판소에 폭스바겐을 제소하였다.

Question

1. 폭스바겐과 스즈키 간 전략적 제휴가 장기적으로 유지되지 못했던 근본적인 이유는 어디에서 찾을 수 있다고 여겨지는가?
2. 폭스바겐 입장에서 동 제휴를 종결하는 게 타당하다고 판단되는가?
3. 만약 여러분이 폭스바겐의 최고 의사결정권자였다면, 제휴 체결 이후 사례에 기술된 내용과 달리 어떠한 대응과 접근법을 사용했을 것으로 생각하는가? 스즈키의 제휴종결 발표 이전과 이후로 구분하여 설명하시오.

사례 10-6 소니－샤프, 전자업계 전설 간 제휴의 전몰

2008년 소니는 삼성과 합작기업 방식으로 진행하고 있었던 전략적 제휴를 종결하고, 샤프와 LCD부문에서 또 다른 합작기업을 설립하여 제휴를 추진한다고 선언했다. 2004년 소니와 삼성의 합작기업 설립 당시 이후 LCD TV부문 1위를 달리던 샤프를 제치고 2위로 올라선 소니가, 이제는 삼성의 1위 자리를 탈환하기 위해 샤프와 손을 잡기로 했던 것이다. 정확한 정보 전달을 위해 관련 기사를 발췌하면 다음과 같다.

> 2008년 8월 26일 소니와 니혼게이자이신문 등에 따르면, 소니는 샤프가 오사카(大阪) 부 사카이(堺) 시에 건설 중인 10세대 LCD 생산공장에 1,000억 엔(약 8,800억 원) 이상을 투자하는 방식으로 소니-샤프의 공동생산체제를 구축하기로 했다. 합작법인은 내년 9월 설립될 예정이며 샤프가 전체 지분의 66%, 소니가 34%를 보유하게 된다.

하지만 소니의 야심찬 계획에도 불구하고, 2012년에 이르러 소니는 TV사업에 대한 구조조정의 일환으로 샤프와의 제휴관계를 청산한다고 밝혔다. 마켓워치 등 주요 외신에 따르면, 소니는 2012년 3월 샤프의 사카이 공장에 대한 추가 투자를 하지 않을 것이며, 소니가 보유한 사카이 공장의 지분 7.04%를 오는 9월까지 매각할 것이라고 밝혔다. 반면 샤프는 사카이 공장의 지분 46%를 대만 기업 혼하이 정밀에게 넘긴 뒤 이 기업과 제휴관계를 맺기로 결정하였다. 결국 2010년부터 소니의 주도로 추진된 샤프와의 인연은 불과 2년에 걸친 동거와 작별로 종결되었다. 그렇다면 이 2년 동안 두 기업 간에는 무슨 일이 있었으며, 왜 합작법인이 실패로 끝나게 되었는지를 알아보기 위해, 우선 소니와 샤프가 손을 잡게 된 배경부터 살펴보자.

앞서 설명했듯이, 2008년 이전에는 소니와 삼성전자가 합작관계를 유지하고 있었다. 2008년 당시 LCD TV산업은 최고의 호황기였다. 제휴를 맺기 전 10세대 액정표시장치(LCD) 점유 부문에서 삼성이 1위, 소니는 2위를 시현하고 있었고, 소니는 삼성을 제치기 위한 보다 치밀한 계획을 세웠다. 그 당시 소니와 삼성은 두 기업 모두 LCD TV를 만드는 데 필요한 패널을 제대로 공급받는 데 애로를 겪던 상황이었다. 당시를 보다 정확히 설명하기 위해 관련 논문을 아래에 옮겨보았다.

> 2008년 당시 삼성전자는 연간 2,170만 대의 TV를 만드는데, 이 가운데 자체적으로 조달하는 패널이 820만 대, 37.8%밖에 안 된다. 나머지는 CMO(30.0%)와 AUO(20.7%), CPT(2.3%) 등 대만 회사들에서 들여온다. 소니 역시 1,920만 대 가운데 삼성전자에서 1,130만대, 58.9%를 조달하고 나머지는 이들 회사에서 들여온다.

따라서 소니는 삼성 대비 경쟁우위를 확보하기 위해 TV에 들어갈 패널을 안정적으로 공급받길 원했으며, 샤프와의 제휴를 통해 이 문제를 해결할 수 있을 것이라고 판단했다. 이것이 소니가 샤프와 전략적 제휴를 실시한 이유였다. 이와 달리 샤프는 2008년 리먼 사태의 영향으로 재정구조가 불안정해졌다. 당연히 시장에서의 입지는 줄어들 수밖에 없었고, 힘든 경영환경에서 소니의 제휴 제안은 거절할 수 없는 유혹이었다. 소니는 무려 1조 엔을 투자해 일본 오사카부 사카이시에 LCD 공장을 건설했으며, 샤프는 공장 설립에 소요될 막대한 비용을 일부만 부담하면 되었기에 이러한 상황을 배경으로 양 사의 밀월이 시작되었다. 요약하면, 소니는 TV에 들어갈 패널을 안정적으로 샤프로부터 공급받길 원했고, 샤프는 재정상태를 개선시키기 위한 목적으로 전략적 제휴를 시행하였다고 볼 수 있다.

하지만 두 기업의 제휴는 초반부터 행보가 그다지 좋지 못했다. 두 기업의 관계가 틀어지기 시작한 데는 아이러니하게도 사카이 공장을 가동한 이후 TV시장이 급반등했다는 사실에서 비롯되었다. 공장 가동을 시작할 즈음 일본 정부에서는 에너지 효율이 높은 전자제품을 사면 일정 금액을 적립하는 '에코머니 포인트' 제도를 실시하기 시작했고, 또한 디지털 방송 시대로 전환되면서 TV수요가 급증했다. 이로 인해 TV의 패널 수요량이 늘어났지만, 문제는 패널의 공급량이 이를 따라가지 못했다. 현지 언론에 따르면, 사카이 공장의 생산성이 상당히 낮은 수준이었기 때문에 소니가 사카이 공장으로부터 공급받는 물량은 수요에 미치지 못했고, 이 때문에 소니는 원활한 생산을 진행할 수가 없었다. 소니는 사카이 공장에 패널을 계속 주문했지만 샤프는 애초에 공급해야 할 수량을 맞추지 못했으며, 이에 대해 소니는 점차 불만을 품게 되었다. 결국 소니는 초기에 약속했던 합작기업에 대한 투자지분 확대를 1년 후로 미루겠다는 폭탄선언을 하게 되었던바, 계약대로라면 소니는 2009년 4월에 합작사에 대한 투자를 추가하기로 했지만, 소니의 수뇌부는 투자의 필요성에 대한 강한 의구심을 갖게 되었다. 추가 투자를 하면 사카이 공장에서 생산한 패널을 더 많이 구매해야 하는데 미뤘던 1년이 막상 지나고 보니, 공급량이 부족했던 초기와는 달리, 다른 패널 제조업체와의 계약을 통해 공급량 문제를 해결할 수 있었을 뿐더러, 특히 사카이 공장에서 공급받는 것보다 외부 구입을 통해 오히려 더 저렴하게 구매를 할 수 있었다.

소니는 연이은 7년 동안 TV사업에서 적자를 시현하고 있는 상황에서 공급처 개선을 위해 제휴를 추진하였으나, 이 제휴로 인해 손실만 가중되는 현상이 지속되었다. 엎친 데 덮친 격으로, TV시장이 다시 침체기로 빠지면서 자연스럽게 사카이 공장은 수요가 너무 많아서 제 기능을 하지 못했던 지난해와 달리, 이제는 거꾸로 재고가 쌓여 가는 골칫거리로 전락했다. 결국 샤프는 사카이 공장 생산시설의 절반만 가동하기로 하였고, 연쇄적으로 샤프까지 <그림 10-2>에서 확인할 수 있듯이 창사 이후 최악의 실적을 기록했다.

자연스럽게 소니와 샤프의 밀월은 더 이상 진전되기 어려웠던바, 소니는 투자를 중단하고, 샤프는 LCD 패널 분야 제휴를 위해 669억 엔 규모의 주식 1억 2천 100만 주를 발행해 혼하이 측에 넘겨주기에 이른다. 이로써 혼하이는 샤프의 주식 약 10%를 보유하면서 최대주주 자리에 오르게 됐으며, 샤프의 사카이 공장 지분

그림 10-2 | 창사 이후 최악의 한 해를 보낸 SHARP

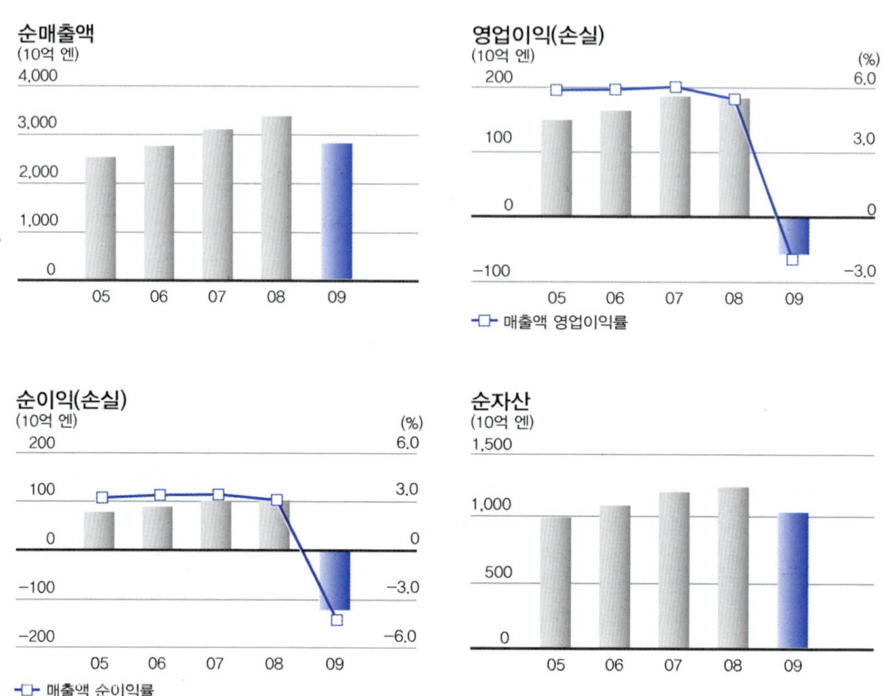

자료 : Sharp Annual Report 2009.

92.96% 중 절반인 46.48%를 660억 엔에 매입하면서 두 기업 소니-샤프의 제휴관계는 청산되었다.

Question

1. 사례를 읽고, 소니-샤프 간 제휴를 맺은 동기를 설명하시오.
2. 1번 질문의 연장에서 고려할 때, 소니가 샤프와의 제휴를 청산한 것이 올바른 결정이었는지에 대한 의견을 제시하고, 그 이유를 설명하시오.
3. 삼성에 대항하기 위한 소니의 제휴파트너로서 애초 샤프가 적절했는지를 논하고, 만일 다른 제휴 대안을 해외기업에서 찾는다면 어떤 기업이 보다 더 적합했을 것으로 생각하는지 밝히시오.
4. 3번 질문에 대한 의견을 제시함에 있어 합리적인 근거를 제시하시오.

토의자료 10-1 "경영난 샤프, 삼성전자와 자본 제휴"

경영난에 빠진 일본 전자업체 샤프가 삼성전자와 자본·업무제휴를 할 예정이라고 일본 언론들이 6일 일제히 보도했다.

샤프 관계자에 따르면, 샤프는 대만 훙하이(鴻海)정밀공업과의 출자교섭이 진전을 보이지 않자, 전자업계 최대 라이벌인 삼성전자로부터 100억 엔(1천167억 원) 규모의 출자를 받기로 하고 최종 조율 중이다. 샤프는 이르면 이달 중에 제3자 배정 유상증자 형식으로 지분 3%를 삼성전자에 넘길 예정이다.

니혼게이자이신문은 삼성전자가 그룹 계열사 지분을 포함할 경우 샤프의 제5위 주주로 부상하며, 금융기관을 제외할 경우 최상위 주주가 된다고 보도했다. 이 신문은 또 "한일 전자 대기업이 자본제휴를 하는 것은 이번이 처음"이라며 "이번 제휴는 (한일 전자업체 간) 장기간 라이벌 관계를 넘어서는 것으로 새로운 재편의 계기가 될 가능성도 있다"고 의미를 부여했다.

샤프는 이번 제휴를 계기로 평판 디스플레이용 32인치 액정(LCD)의 삼성전자 공급량을 늘리고, 스마트폰이나 태블릿용 중소형 액정도 삼성전자에 우선 공급하는 업무제휴를 맺는 방안도 검토 중이다. 샤프는 이르면 6일 이 같은 내용을 공식 발표한다.

샤프는 삼성과의 제휴로 악화된 재무기반을 개선할 뿐만 아니라 액정공장 가동률을 높일 수 있다고 기대하고 있다. 샤프는 미에(三重)현 가메야마(龜山) 제1공장을 미국 애플사 전용으로 운영해왔지만, 애플이 아이폰 5용 액정 주문량을 줄인 탓에 공장 가동률이 50% 이하로 떨어졌다. 샤프가 자본제휴를 계기로 삼성전자에 액정 공급을 늘릴 경우 애플이 반발할 가능성도 있다고 니혼게이자이신문은 추측했다.

삼성은 이번 투자로 가격이 하락하는 액정 패널을 신규 투자 없이 안정적으로 조달할 수 있게 됐다.

샤프는 작년 3월 훙하이로부터 669억 엔 규모(지분의 9.9%)의 출자를 받기로 일단 합의했지만 구체적인 출자조건 등을 놓고 협상이 교착상태에 빠지자 교섭을 일단 중단하기로 했다. 훙하이의 출자기한은 26일이다.

샤프는 지난해 12월 미국 통신기술 대기업인 퀄컴에서도 최대 약 100억 엔의 투자를 받고, 차세대 디스플레이를 공동 개발하기로 합의했다.

샤프는 액정이나 태양전지 등의 판매부진으로 2012회계연도(2012년 4월~2013년 3월)에 4천500억 엔의 적자를 낼 전망이다. 2년 연속으로 거액 적자를 내는 셈이다. 정리해고 등으로 작년 10~12월 5분기 만에 영업 흑자를 냈지만, 자기자본비율이 9.9%로 떨어진 상태여서 자본 증강이 급선무다.

(자료 : 연합뉴스, 2013.3.6)

토의자료 10-2 "삼성과 도시바 제휴… 반도체 재편 예고"

[앵커멘트]

세계 제2위와 3위의 반도체 생산업체인 한국의 삼성전자와 일본의 도시바가 제휴하기로 했다고 일본 언론이 보도했습니다. 세계 반도체 업계의 지각변동이 예상됩니다. 도쿄에서 김상우 특파원이 전합니다.

[리포트]

휴대전화나 가전제품 등에서 사용되는 반도체 시스템인 LSI, 즉 대규모 집적회로 분야에서 한국의 삼성전자와 일본의 도시바가 제휴하기로 했다고 일본의 니혼게이자이신문이 보도했습니다.

니혼게이자이는 거액의 설비투자가 필요한 첨단 반도체의 경우, 도시바는 내년도부터 설계만을 직접 담당하고, 생산은 삼성에 위탁하는 내용의 기본안에 양 사가 1년 이상 협상 끝에 합의했다고 전했습니다.

첨단 반도체의 경우, 회로의 미세화로 새 제조장치를 만들기 위해서는 3,000억 엔, 우리 돈 약 4조 2,000억 원 규모의 투자가 필요합니다. 도시바의 경우, 지난 2008년 세계 금융위기 이후 그 다음 해 결산에서 반도체 사업에서만 2,800억 엔, 우리 돈 약 4조 원의 영업 적자를 기록했습니다.

도시바 측은 삼성전자의 회로의 미세화와 소비전력 억제 기술, 그리고 고성능의 반도체를 싸게 대량으로 생산할 수 있는 점을 높이 평가했습니다.

도시바는 거액의 LSI 사업 투자 부담에서 벗어남으로써 대신 이미지 등의 보존에 사용하는 낸드형 플래시 메모리에 집중 투자하기로 했다고 이 신문은 전했습니다.

세계 반도체 매출액 기준 2위와 3위 양 사의 제휴는 투자경쟁을 피하기 위한 것으로 앞으로 미국의 인텔과 삼성 등의 거대 메이커를 중심으로 국제적인 분업이 가속화될 가능성이 한층 높아졌습니다.

(자료 : YTN, 2010.12.24)

토의자료 10-3 일본기업 "엔고 피하자" 부품 현지조달 확 늘려

사면초가에 빠진 일본기업들이 가격경쟁력 확보를 위해 글로벌전략을 재편하고 있다. 엔고를 피해 신흥국으로 조립공장을 옮기는 데서 나아가 이제는 부품을 현지에서 직접 조달하고 글로벌제휴를 강화해 비용절감에 박차를 가하고 있다.

16일 니혼게이자이신문은 닛산자동차의 일부 해외공장이 엔진을 제외한 현지 부품조달 비중을 100%로 확대할 계획을 세우고 있다고 전했다. 과거 엔고에 따른 수출경쟁력 약화로 멕시코·러시아·중국 등지로 조립공장을 옮긴 닛산은 현지 생산량이 증가하자 부품조달에 따른 운송비 절감 등을 위해 부품 현지화에 속도를 낼 계획이다. 현재 일부 공장은 엔진 외의 부품 가운데 90%를 현지에서 조달하고 있지만 이를 100%로 확대하겠다는 것이다.

닛산은 또 프랑스 르노와의 연대를 대폭 강화해 현재 7% 수준인 부품공유 비중을 50% 이상으로 확대한다는 계획을 세웠다. 자체적으로 새롭게 부품을 생산하는 것보다 공통된 부품을 동종업체와 함께 생산해 생산비를 한 푼이라도 아끼겠다는 것이다. 닛산은 현지 부품조달 확대와 르노와의 제휴 강화를 통해 내년까지 총 생산비용의 15%를 절감하겠다는 계획을 세웠다.

이 밖에 닛산은 지난 10일부터 한국산 부품을 싣고 일본으로 들어오는 트레일러에 한국과 일본의 번호판을 동시에 달아 별도의 절차 없이 부품을 곧장 공장으로 운송하고 있다. 이에 따라 재고보관 일수를 기존의 25일에서 3일로 줄여 물류비용을 대폭 절감할 것으로 기대하고 있다.

중공업 업체인 히타치조선도 현지에서 부품을 직접 조달하거나 한 푼이라도 싼 부품을 물색하는 등 가격경쟁력을 확보하기 위해 해외활동을 적극적으로 늘리고 있다. 니혼게이자이에 따르면, 히타치조선은 인도에서 화학공장용 압력용기를 생산하는 데 드는 모든 부품의 조달을 현지기업인 ISGEC에 일임할 계획이다. 또 KOTRA와 제휴해 값싼 부품을 일본 국내로 들여오는 방안을 강구하고 있다. 이를 통해 전체 부품의 해외조달 비중을 지난해 20%에서 오는 2016년까지 50% 이상으로 확대할 계획이다.

이처럼 제조업체들이 부품을 현지에서 조달하는 움직임을 확대하면서 이들 기업에 원자재나 부품을 공급하는 협력업체들의 해외진출도 속도를 내고 있다. 일본 굴지의 철강회사인 신일철스미토모는 내년부터 멕시코·태국·브라질 등 신흥국에서 자동차용 강판을 생산해 현지 일본차 조립공장에 공급하기로 했다. 이 회사는 지금까지 일본과 미국·유럽 등 선진국에서만 강판을 생산해 수출했지만 최근 주요 고객사인 일본 자동차업체들이 신흥국에 공장을 속속 세우자 이 같은 결정을 내린 것으로 전해졌다.

(자료 : 서울경제신문, 2012.10.16)

참고문헌

Bruner, R. and Spekman, R.(1998), The dark side of alliances: Lessons from Volvo–Renault, *European Management Journal*, 16(2): 136~150.

Sharp(2010), "Annual Report 2009." [online] Available at http://www.sharp-world.com/corporate/ir/library/annual/pdf/annual_2009.pdf [접속일: 2017년 9월 9일].

YTN, "삼성과 도시바 제휴… 반도체 재편 예고." [online] Available at http://ytn.co.kr/_ln/0104_201012240659338705 [접속일: 2015년 1월 13일].

김은국, 전수영(2011), "승승장구 농심 위풍당당 삼양", 머니플러스.

동아일보, 소니, 샤프와 패널 공동생산 합의… 삼성과 사실상 결별, 2008년 2월 6일자.

매일경제신문, 볼보 르노사 제휴 청산, 1994년 2월 18일자.

매일경제신문, [명품족보]④ 나는 '프라다를 입는다', 2012년 3월 26일자.

머니투데이, 김동진 부회장 "제네시스 '현대 브랜드'로", 2007년 6월 24일자.

머니투데이, 폭스바겐, 印서 스즈키와 공동생산 추진, 2009년 12월 13일자.

머니투데이, GM–푸조·시트로엥 '전략적 제휴' 효과는…, 2012년 2월 23일자.

서민교, 박병일(2013), "글로벌경영", 서울경제경영출판사.

서울경제신문, 일본기업 "엔고 피하자" 부품 현지조달 확 늘려, 2012년 10월 16일자.

아시아경제신문, 日스즈키–獨폭스바겐 "네 탓이오" 감정싸움 격화, 2011년 9월 24일자.

연합뉴스, "경영난 샤프, 삼성전자와 자본 제휴", 2013년 3월 6일자.

오토헤럴드, 벨로스터·제네시스 프라다 한정판 굴욕 왜?, 2011년 12월 26일자.

이정환닷컴, "특검 때문에 소니가 떠났다는 새빨간 거짓말." [online] Available at http://www.leejeonghwan.com/media/archives/000644.mtml [접속일: 2017년 9월 9일].

조선일보, 제네시스 프라다, 주문 안하면 생산 안한다?, 2011년 5월 17일자.

조선비즈, '제네시스 프라다' 판매저조… 비싼 가격·수리비가 원인, 2011년 12월 7일자.

조선비즈, 소니 "샤프와 합작 LCD공장 지분 매각할 것", 2012년 3월 28일자.

조선비즈, 佛 푸조, 정부지원 받기로… 재기 몸부림, 2012년 10월 25일자.

조선비즈, 프랑스의 상징 푸조, 중국 회사로 넘어가나?, 2014년 1월 22일자.

파이낸셜뉴스, 폭스바겐, 日 스즈키에 하이브리드카 기술 제공, 2010년 1월 13일자.

제 11 장 해외인수합병전략

[1] 이것만은 알아두자

해외인수합병의 개념

M&A는 둘 이상의 기업이 하나로 통합되어 단일 기업이 되는 합병(merger)과 한 기업이 다른 기업의 주식 또는 자산을 취득하여 경영권을 획득하는 인수(acquisition)가 결합된 개념으로서 외부적인 경영자원을 활용하여 기업의 성장을 도모하는 기업경영전략상 가장 적극적인 투자방법 중의 하나이다. 합병과 인수는 합병이 두 회사가 통합하여 하나의 회사로 변신하는 것에 비해, 인수는 피인수기업을 그대로 존속시키면서 경영권을 행사하는 방법이라는 점에서 차이가 있다.

해외인수합병의 유형

- 수평적 M&A(horizontal M&A) : 서로 경쟁관계에 있는 기업 간에 이루어지는 것으로 생산설비의 효율적 활용, 규모의 경제 실현으로 인한 생산비용 감소, 중복투자 배제 등의 경제적 효과를 가져올 수 있다.
- 수직적 M&A(vertical M&A) : 원자재 또는 제품의 생산과 판매관계에 있는 기업 간에 이루어지는 것으로 생산의 효율화, 원자재의 수급불균형 해소, 유통경로의 단축, 재고관리비 절감 등의 경영효율화를 위해 시행된다.
- 복합적 M&A(conglomerate M&A) : 전혀 다른 산업에 속한 기업, 즉 전략적 연계성이 별로 없는 기업을 인수하는 것으로 최근에 다른 유형에 비해 그 사례가 많지 않다.
- 기타 : M&A는 인수기업과 피인수기업의 합의에 의해 인수가 이루어지는 우호적 M&A(friendly M&A)와 피인수기업의 의사에 반해 강제적으로 기업을 인

수해버리는 적대적 M&A(hostile M&A)로도 구분할 수 있다.

해외인수합병의 동기

첫째, 해외기업 인수를 통해 해외시장에 신속하게 진출할 수 있다.

둘째, 선진국의 무역장벽 극복 및 해외유통망 극대를 통한 해외시장 확보를 위해 해외기업 인수를 하게 된다.

셋째, 선진 기술 취득 및 습득을 위하여 해외기업 인수를 하게 된다.

넷째, 사업영역의 확대를 도모하고 지역적으로 영업을 다변화하기 위해 해외기업 인수를 한다.

다섯째, 원자재의 안정적 공급 및 저렴한 노동력의 확보를 위해 해외기업 인수를 하게 된다.

[2] 해외인수합병전략과 관련된 주요 사례

사례 11-1 해외인수합병전략을 통한 브랜드가치 변화와 성장 : 레노보의 IBM 인수

IBM 노트북에 대해서는 많은 학생들이 알고 있을 것이다. 하지만 이 제품들의 제조와 판매를 담당하는 레노보(Lenovo)라는 기업에 대해서는 모르고 있는 이도 있으리라 판단된다. 레노보는 1988년 홍콩에서 창립된 중국 최대 규모의 PC기업이다. 그렇다면 레노보라는 기업은 어떻게 하여 현재와 같이 IBM의 로고와 Thinkpad라는 이름을 가진 제품을 생산할 수 있게 되었을까?

IBM은 1981년에 IBM PC를 출시하며 세계 컴퓨터 업계를 선도하였다. 그러나 1980년대 중반 이후 거대해진 기업은 급변하는 세계 시장에 적절하게 대응하지 못함으로써 경영 악화와 생산성 하락을 초래하였고, 이로 인해 1990년대 초반 심각한 경영난을 겪게 되었다. 하지만 이후 1993년 루이스 거스너가 CEO가 되면서 기업 개선에 착수하였으며, 구조조정을 통해 주력 사업군을 서비스업으로 전환하기 시작하였다. 기존의 하드웨어 사업 비중을 크게 낮추고, 기업 전략수립 컨설팅과

업무 프로세스 개선, IT 솔루션 개발 및 구축 등으로 주력 사업을 전환하는 데 성공하였다. IBM은 기존의 PC사업부를 중국의 레노보에 매각하고, PwC 컨설팅 사업 부문을 인수하여 오늘날에는 세계에서 손꼽히는 컨설팅 회사의 하나로 탈바꿈하였다.

중국 최대의 PC기업이었던 레노보는 2000년도 중국 내 PC시장의 포화상태와, 제한적인 투자로 투자자들을 만족시키지 못하는 점, 브랜드 인지도와 경험, 기술 등의 부족으로 기업경영에 어려움을 겪고 있었다. 하지만 2000년대 초반 당시 중국의 풍부한 자금력과 해외직접투자의 증가, 그에 따른 외환보유고의 증가, 외국인 투자의 지속적인 증가와 무역 수지의 증가, 해외 신인도의 상승과 부채 상환능력 향상, 세계경제 시장의 영향력 향상 등의 플러스 요인을 등에 업고 IBM의 PC사업부를 2005년도에 인수하였다. 이 인수합병을 통해 레노보는 일약 당시 세계 PC업계 3위에 오르게 되었고, IBM의 기술력과 브랜드 가치를 더한 Thinkpad 제품군의 생산과 판매를 통해 세계적인 PC와 노트북 브랜드로 탈바꿈하게 되었다. 현재 레노보는 태블릿 제품군에서의 성장과 스마트폰 시장에도 뛰어들 준비를 하고 있는 글로벌 PC기업이 되었다.

레노보의 사례는 해외인수합병을 통한 해외시장 개척 및 브랜드 인지도 향상의 측면에서 성공적인 사례라고 할 수 있다. PC업계의 선도기업이었던 IBM의 기술력과 이미지를 고스란히 흡수하면서 고급지식과 노동력 또한 확보하게 되었다. 기존 중국이라는 국가 브랜드와 고정관념에도 긍정적인 효과를 가져왔으며 회사의 인지도 구축 및 고객충성도도 크게 향상시키게 되었다.

레노보의 사례에서 특이한 점은 인수합병 뒤에도 기존 IBM 브랜드를 꽤 오랜 기간 유지했다는 점인데, 한국에서도 데스크톱이나 노트북을 판매할 때 Thinkpad 제품이 인지도를 얻기 전까지는 IBM의 브랜드로 제품판매를 하였다. 이러한 전략을 한국뿐만 아니라 전 세계적으로 실시하면서 IBM의 브랜드 파워를 활용, 레노보를 세계적으로 알리는 효과를 가져왔고, 기존보다 4배 정도 커진 매출액을 달성하게 되었다. 이러한 경험을 통해 기술력을 넘어 브랜드 가치의 중요성을 깨닫고 글로벌 경험을 쌓을 수 있게 되었다. 그리고 어느 정도 시장에서 인지도를 얻은 뒤에는 당당하게 레노보라는 브랜드를 내세우는 전략을 사용하였다.

레노보는 현재 모바일 사업에도 적극적으로 뛰어들고 있다. 레노보의 지역별 매출 비중은 2013년 전반기 기준, 중국이 43%, 북미는 15%, 신흥시장이 22%, 아시아 태평양과 라틴 아메리카 지역이 각각 20%를 차지하고 있다. 상품별 매출은 노트북이 53%, 데스크톱이 31%로서 컴퓨터 비중이 84%로 아직은 절대적이다. 그러나 2012년에 비해서는 그 비중이 6% 감소하였으며, 그 대신 모바일 사업이 2012년 5%에서 9%로 증가함으로써 회사의 전략대로 컴퓨터 비중이 줄어들고, 대신 스마트폰의 비중이 증가하였다. 2013년 2분기 기준, 레노보는 1,130만 대에 이르는 스마트폰을 출하하여 세계 시장에서 4.7%의 점유율을 시현하였으며, 삼성, 애플, LG, ZTE에 이은 세계 5위의 시장점유율을 기록하고 있다. 이러한 가운데 추가적으로 스마트폰 기업인 캐나다의 RIM을 인수하는 데 뛰어들려는 움직임을 보이고 있다.

Question

1. 결과적으로 레노보는 IBM의 PC사업을 인수하면서 성공하였다. 그렇다면 역으로, IBM의 사업매각은 합리적인 결정이 아니었을까? 이를 논하시오.
2. 여러 가지 다양한 전략적 옵션 중 레노보가 해외인수합병전략을 사용한 이유는 무엇이었을까?
3. 레노보가 IBM을 인수하면서 누리게 된 이익은 무엇이었을까? 반면, 잠재적인 손실은 무엇이겠는가?

사례 11-2 미국계 하만 인수, 삼성에게 독인가? 약인가?

삼성전자는 1969년 삼성전자공업주식회사로 출범한 한국의 대표적인 전자 · 전기제품 및 반도체통신기기 제조업체이다. 삼성전자는 1991년 휴대전화를 개발하고, 1992년 64M D램 반도체 개발에 성공한 이후 지속적으로 성장을 구가하였다. 2010년대에는 세계 최대 전자회사 중 하나로 등극하여, 현재까지 엄청난 매출과 시장 영향력을 자랑하고 있다.

삼성전자는 휴대폰과 반도체 사업에서 큰 도약에 성공했지만, 사업구조가 이 두 사업에 지나치게 편중되어 있었다. 2010년 중반에 이르러 삼성전자는 메모리 반도체 사업에 편중된 사업구조를 탈피하고자 고심했다. 또한 삼성전자의 외국인 주주들은 과도한 내부 현금 보유규모를 지적하며 투자를 확대하거나 배당을 늘리는 등 주주가치를 제고하기 위해 노력해야 한다고 주장했다.

이에 이재용 부회장은 2014년 경영 전면에 나서 전장사업을 차세대 먹거리 사업으로 점찍었고, 2015년 12월 전장사업팀을 꾸려 이의 육성에 박차를 가했다. 2016년에는 미국의 오디오 및 자동차 전자장비 전문기업 하만(Harman)을 인수했다. 인수 총액은 약 80억 달러(9조 3,000억 원)로, 한국기업의 해외기업 M&A 역사상 최대 규모였다. 하만은 연평균 9%의 고속성장을 보이는 커넥티드카용 전장사업 분야의 글로벌 선두 기업으로, 인수 직전 1년 매출이 70억 달러, 영업이익이 7억 달러에 달하는 거대 기업이었다. 특히 커넥티드카와 카오디오 사업은 자동차 전장업계에서 시장점유율 41%를 차지하며, 강력한 경쟁력을 인정받고 있었다. 더불어 고객군도 다양하여 양산차에서부터 슈퍼카에 이르기까지 수많은 자동차 기업에 카오디오를 납품하고 있었다. 이에 더하여 전문 오디오브랜드인 JBL, 하만카돈(Harman Kardon), AKG, 마크레빈슨(Mark Levinson) 등을 소유하고 있었으며, 카오디오 사업부문으로 바우어앤윌킨스(B&W)와 뱅앤올룹슨(B&O)도 보유하고 있는 등 오디오산업에서 큰 영향력을 지닌 기업이었다.

삼성의 하만 인수를 두고 이병태 카이스트 교수는 "앞으로 커넥티드카나 자율주행차는 계속 성장할 시장"이라며 "구글도 여기에 진출하고 있는데 삼성전자가 하만 인수를 통해 이 시장에 뛰어드는 것은 당연한 수순"이라고 평가했다. 업계에

서는 하만 인수가 삼성전자 주주들의 불만을 잠재우고 삼성의 투자 방향성을 확실히 보여주었다고 평가했다. 업계 1위를 거머쥔 업체를 인수하여 실패의 부담을 줄이고 시간을 절약하겠다는 삼성의 전략은 직접 연구개발을 통해 사업을 추진하던 경쟁기업 LG전자와 비교되는 부분이 있었다.

하만 인수를 통해 삼성전자는 전장사업에 진입할 수 있게 되었다. 전장사업은 1차 협력사부터 말단 협력사까지 복잡한 유통망과 이해관계가 얽혀 있는 구조로, 신규 사업자의 진입이 어려운 분야로 평가받아왔다. 그러나 삼성전자는 하만을 인수하여 자연스레 시장에 진입할 수 있게 된 것이다.

인수 후 삼성전자는 삼성의 각종 제품에 하만의 음향기술과 브랜드를 적용하는 등, 삼성의 사업에 하만을 적극 이용할 계획을 수립했다. 삼성의 5G, OLED, AI, 음성인식 등의 기술과 그간 축적한 소비자들에 대한 이해를 하만의 전장사업 노하우와 결합하여 새로운 시너지효과를 창출하겠다는 것이다.

첫 성과는 2019년 2월에 나타났다. 삼성전자가 차량용 반도체 '엑시노스 오토 V9'을 독일 자동차 기업인 아우디에 공급한 것이다. 그 외에도 스마트폰 가전 등 다양한 부문에서 두 기업은 다양한 시너지효과를 창출했다. 삼성전자는 자사 기기에 하만이 보유한 음향기술을 적극적으로 활용하면서, 최근 중요성이 강조되어온 멀티미디어 성능을 대폭 끌어올렸다. 또한 스마트폰 갤럭시와 무선이어폰 갤럭시 버즈에 하만이 소유한 AKG의 음향기술을 적용했으며, 삼성 패밀리 허브 냉장고에도 AKG 스피커를 탑재하였다.

그러나 삼성전자의 하만 인수에는 아쉬움도 따른다. 우선 하만 인수에도 불구하고 삼성전자는 자동차 부품 공급망 진입에 성공하지 못했다. 물론 하만의 경우 기존 공급망을 유지하고 있다. 그러나 정작 삼성은 아직도 신생업체 수준에서 벗어나 자동차 부품 공급망에 성공적으로 안착하지 못하고 있다. 2021년 5월까지 아우디에 차량용 반도체를 공급한 것을 제외하고 전장산업 분야에서 뚜렷한 실적을 내지 못한 상황이다. 아우디 반도체 공급을 기점으로 지속적인 실적을 만들어내지는 못한 것이다. 이를 두고 전문가들은 자동차 부품 산업은 안전과 밀접한 관련이 있어 높은 수준의 내구성과 안전성이 담보되어야 하기 때문에, 단 몇 년간의 기술개발로는 고기술 시장에서 높은 신뢰를 형성하기 어렵다는 평가를 내리고 있다. 신규 사업 분야인 전장산업의 특징에 대한 이해가 부족했던 점도 사업 부진의 원인으로 꼽힌다. 자동차용 반도체는 완성차 업체가 요구하는 성능과 기능을 반영해 맞춤형으로 부품을 공급해야 하는데, 삼성전자는 소품종 대량생산에 익숙해 이에 충분히 대응하지 못했다.

하만 인수 후 약 5년이 지난 2021년 삼성전자는 기대했던 성과에 부응하지 못한다는 평가를 받고 있다. 연구・개발을 담당한 삼성전자의 전장사업팀과 제품생산 및 판매를 담당한 자회사 하만의 시너지가 예상보다 크지 않았다는 것이 업계의 분석이다. 2017년부터 2019년까지는 매출 10조 원을 달성하는 등 성장을 보였다. 삼성전자라는 세계 최고 수준의 기업의 일원이라는 점이 상승효과를 낸 셈이다.

그러나 하만의 신규 고객사 확보가 더디어지고, 삼성전자가 하만을 통해 진출하고자 하는 첨단운전자보조시스템 반도체 등 첨단 분야는 이미 공급망 안에 들어가 있는 회사들이 많아 신규 진입에 어려움을 겪었다. 이에 대해서는 전장사업 중심의 하만이 주행보조시스템과 같은 첨단 분야에선 떨어진다는 분석도 있다. 심지어 완성차 업체들은 해당 기술의 내재화를 추진하고 있는 상황이다.

2020년이 되자, 코로나19 사태의 여파까지 겹쳐 매출은 9조 1,800억 원, 영업이익은 600억 원으로, 2019년 대비 매출은 9%, 영업이익은 무려 81%나 감소했다. 심지어 1분기와 2분기에는 각각 1,900억 원, 900억 원의 영업손실까지 기록하게 되며 하만은 삼성전자의 '아픈 손가락'으로 전락했다. 삼성전자에 인수되기 전 하만의 매출이 약 8조 원, 영업이익은 약 6,800억 원을 기록했던 것을 고려해볼 때 다소 아쉬운 실적이다.

이에 삼성전자는 전장사업 재정비를 추진하는 중이다. 전장사업팀장에 이승욱 사업지원TF 부사장을 선임하고, 하만 전장 부문장에는 글로벌 1위 자동차 부품업체인 독일 보쉬의 CEO를 역임한 크리스천 소봇카를 선임했다. 수장을 교체하고 조직을 통합하여 효율성과 사업 집중력을 높이고자 한 것이다.

표 11-1 | 삼성전자 부문별 실적 추이

(단위 : 억 원)

부문		구분	2017년		2018년		2019년		2020년	
			금액	비중	금액	비중	금액	비중	금액	비중
CE (TV, 냉장고 등)		매출액	451,089	18.8%	426,498	17.5%	453,228	19.7%	481,733	20.3%
		영업이익	16,533	3.1%	19,073	3.2%	25,090	9.0%	35,615	9.9%
IM (스마트폰, 컴퓨터 등)		매출액	1,066,683	44.5%	1,006,777	41.3%	1,072,662	46.6%	995,875	42.1%
		영업이익	118,273	22.0%	101,720	17.3%	92,725	33.4%	114,727	31.9%
DS (반도체, 디스플레이 등)		매출액	1,081,674	45.1%	1,185,656	48.6%	955,180	41.5%	1,030,361	43.5%
		영업이익	403,279	75.2%	465,164	79.0%	155,817	56.1%	211,202	58.7%
Harman 부문 (디지털 콕핏, 스피커 등)		매출액	71,026	3.0%	88,437	3.6%	100,771	4.4%	91,837	3.9%
		영업이익	574	0.1%	1,617	0.3%	3,223	1.2%	555	0.2%
	디지털	시장점유율	25.4%		18.8%		24.8%		27.5%	
	콕핏	생산실적	4,221		3,906		6,459		6,116	

자료 : 인베스트조선.

삼성전자가 전장사업에서의 성공을 위해 하만을 인수했던 선례와 같이 대형 M&A에 참여할 가능성도 제기되고 있다. 삼성전자 전장사업의 약한 고리는 반도체 설계기술로 꼽히기 때문에, NXP 등 차량용 반도체 설계 기업들이 잠재 인수대상 기업으로 꾸준히 거론되고 있다. 또한 2016년 하만 인수 이후 삼성전자가 대형 M&A를 추진하지 않았다는 점과 현재 삼성전자의 현금 보유액이 막대한 점, 최근 삼성전자가 "3년 내 의미 있는 M&A에 나서겠다"고 예고한 점 등도 삼성전자가 전장사업에서 추가적인 M&A를 추진할 것이라는 관측에 힘을 실어주고 있다. 앞으로 M&A를 통한 삼성전자의 다음 움직임이 기대된다.

Question

1. 삼성전자의 하만 인수는 실패였을까?
2. 삼성전자가 하만 인수효과를 극대화하기 위해 앞으로 어떤 전략을 구사해야 한다고 여겨지는가?
3. 삼성이 전장사업에서의 성공을 위해 하만의 사례와 같은 대형 M&A를 시도하는 것만이 방법은 아닐 수 있다. 자체적인 R&D를 통해 기술개발에 더욱 매진할 수도 있고,

다양한 방식으로 다른 기업과 파트너십을 맺어 돌파구를 찾을 수도 있을 것이다. M&A와 비교했을 때 이러한 방식이 갖는 장점과 단점은 무엇이라고 생각하는가?

사례 11-3 다임러와 크라이슬러 간 천상의 결혼은 왜 결국 파경을 맞았을까?

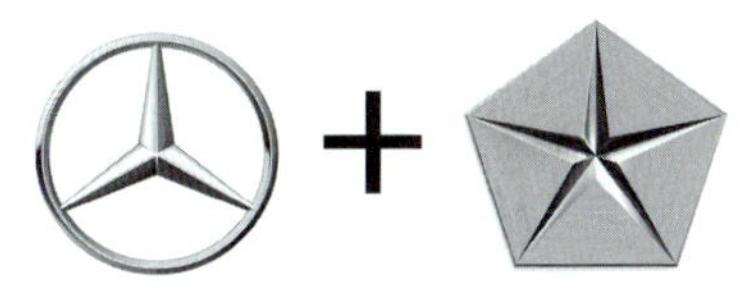

다임러-벤츠와 크라이슬러의 인수합병은 해외인수합병의 대표적인 실패 사례로 꼽힌다. 1998년 독일의 자동차업체인 다임러-벤츠와 미국의 자동차업체인 크라이슬러는 오랜 시간의 협상 끝에 전액 주식교환방식을 통해 다임러-벤츠가 크라이슬러를 360억 달러에 인수하였다. 다임러-벤츠는 당시 자동차 공급이 과잉된 시장에서 경쟁업체들이 M&A를 통해 브랜드를 확장함에 따라 사업포트폴리오를 확대하고, 남미, 아시아를 포함한 세계 시장으로 진출하기 위해 크라이슬러와의 인수합병을 결정하였다. 인수합병 이후에 다임러 크라이슬러는 한때 1,545억 달러의 매출액을 기록하면서 세계 3위로 올라섰고, 생산 대수로는 세계 5위 업체로 당시 402만 대를 생산하는 등 두 기업 간 인수합병이 성공하는 듯 보였지만, 결국 불과 인수합병이 이루어진 약 10년 뒤인 2007년에 다임러가 크라이슬러를 다시 투자원금의 5분의 1인 74억 달러에 매각하면서 이 둘의 인수합병은 실패로 종료되었다.

다임러와 크라이슬러의 인수합병이 실패로 끝난 이유를 살펴보기 이전에 다임러-벤츠에 대해서 살펴볼 필요가 있다. 다임러-벤츠는 원래는 다임러와 벤츠가 각각 다른 기업이었지만 다임러와 크라이슬러가 인수합병한 것과 같이 1926년 다임러와 벤츠가 합병하면서 설립되었다. 다임러-벤츠는 독일의 자동차 및 자동차부품 제조회사로, 대표적인 브랜드로는 '메르세데스-벤츠'라는 고급 자동차 브랜드를 가지고 있다. 1970년대부터 미국, 남미, 남아프리카 등지로 생산거점을 확대하고, 1980년대에는 독일뿐 아니라 해외에서도 '메르세데스-벤츠'에 대한 수요가 늘어나면서 당시 독일에서 매출액이 가장 많은 자동차 회사가 되었다. 다임러 벤츠는 '메르세데스-벤츠'로 프리미엄 브랜드라는 이미지를 구축할 수 있었다. 최근 다임러는 2012년 기준 약 1,140억 유로 규모의 매출을 기록했고, 2012년 한 해 약 220만 대를 판매하는 세계적인 기업으로 자리 잡았다.

크라이슬러는 1925년 설립된 미국의 자동차 제조업체이다. 1920년대 닷지브라더스를 인수하면서 제너럴모터스와 포드자동차 다음으로 미국 자동차업계의 3위를 차지하기도 했다. 1950년대부터 1960년대 세계의 여러 자동차 회사들을 인수하였지만 해외전략이 실패하면서 1979년 프랑스의 푸조에게 모두 매각하게 되었다. 1990년대에 크라이슬러는 중산층을 위한 자동차를 제작함으로써 대중적인 이미지를 가지고 있었다. 주로 트럭, 밴, 대형 세단을 제작하였고, 업계에서 높은 수익률을 보였으며, 1997년 크라이슬러는 미국시장 내에서 23%의 시장점유율을 가진 업체로 입지를 다졌다. 그 이후 몇 번의 도산위기가 있었지만 재건되었고, 1998년 다임러-벤츠와 인수합병하게 되었다. 하지만 앞서 언급했듯이, 다임러와 크라이슬러의 인수합병은 결국 2007년 다임러가 크라이슬러를 매각하면서 둘의 관계는 완전히 정리되었다. 이후 2010년 크라이슬러는 파산보호 절차를 거쳐 이탈리아의 피아트 계열에 편입되어 크라이슬러 그룹 LLC로 변모되었다.

다임러-벤츠와 크라이슬러 간 인수합병의 실패요인을 세 가지로 나누어 볼 수 있는데, 먼저 첫 번째 요인으로는 기업의 문화적 차이를 들 수 있다. 독일기업인 다임러-벤츠와 미국기업인 크라이슬러는 상호 이질적인 조직문화를 융합하는 데 실패하였다. 다임러-벤츠는 수직적인 조직문화를 가지고 있었고, 관료적인 절차와 독일 특유의 서열 중심의 기업문화를 가지고 있었다. 이러한 조직문화를 반영하듯, 다임러는 최고경영층이 수직적으로 승인하고 지시한 사안은 그대로 사업운영에 반영되곤 하였지만, 반면 크라이슬러는 유연성과 성과 중심적으로 대표되는 전형적인 미국식 조직문화를 가지고 있는 기업이었다. 크라이슬러에서는 수평적으로 최고경영층이나 중간관리자가 직접 엔지니어나 전문가와 대화를 통해 업무를 유연하게 진행하곤 하였다. 물론 다임러와 크라이슬러는 문화적 차이를 극복하고자 워크숍을 여는 등의 노력을 행하였지만, 이를 통해 근본적인 두 기업문화의 차이를 채우기에는 역부족이었다. 다임러의 직원들은 세계적으로 인정받는 벤츠에 대한 자부심으로 크라이슬러와 생산라인을 공유하기를 원치 않았다. 심지어 다임러의 일부 경영진조차 크라이슬러에 의해 생산된 차는 절대 타지 않겠다며 공개적으로 크라이슬러를 경멸하는 태도를 보이기도 하였다. 이러한 기업문화의 충돌로 인해 다임러와 크라이슬러 간 인수합병을 기반으로 한 기업가치 창출에 실패하였고,

결국 크라이슬러를 재매각하게 되었다.

두 번째 실패요인으로는 인수합병으로 인한 시너지 효과를 과대평가했기 때문이다. 다임러-벤츠와 크라이슬러가 인수합병할 때 기대했던 바는 고급 이미지의 메르세데스-벤츠와 대중적인 이미지의 크라이슬러 간 결합의 시너지 효과와 더불어, 벤츠의 튼튼한 제조기술과 크라이슬러의 대량생산능력 결합의 시너지 효과였다. 당시 다임러와 크라이슬러는 부품과 기술의 교환, 그리고 구매망과 유통망을 공유해 1999년에는 14억 달러의 성과향상을 얻을 수 있을 것이라고 예상했었다. 하지만 이러한 기대는 과대평가된 것이었다. 정교한 기술과 최고의 품질을 추구하는 다임러와 가격 대비 효율성을 추구하는 크라이슬러는 정반대의 플랫폼과 특성을 가지고 있었다. 고급스럽고 세련된 이미지의 메르세데스-벤츠와 그보다 저렴하고 대중적인 이미지의 크라이슬러의 결합은 본질적으로 다른 두 브랜드의 단순 융합에 지나지 않았다. 미국 소비자들은 메르세데스-벤츠의 품질과 이미지에 대해 신뢰를 하고 있었지만 그 신뢰로 크라이슬러를 구매하지는 않았다. 또한 위에서 언급했듯이, 다임러는 크라이슬러와 생산라인을 공유하기를 원치 않았기에 부품과 기술교환에 따른 긍정적인 효과 역시 얻을 수 없었다. 두 브랜드의 본질적인 차이와 고정관념으로 인해 구매망과 유통망 또한 통합되지 않고 따로 운영되어 그에 따른 효과도 내지 못했다. 이러한 일련의 부작용으로 말미암아 두 회사가 인수합병할 당시 기대했던 사항은 하나도 제대로 이루지 못한 채 결국 그 당시 크라이슬러의 회장이 호언장담했던 세계 최대 자동차기업이 될 것이라는 장밋빛 꿈도 실현되지 못하였다.

마지막으로 다임러와 크라이슬러의 인수합병이 실패로 끝나게 된 이유는 단순한 병존전략을 사용했기 때문이다. 다임러와 크라이슬러는 두 곳의 본사와 각각의 CEO 아래 두 경영구조를 유지하는 대등한 합병전략을 사용했다. 존 맥더피 와튼스쿨 교수에 따르면, 다임러와 크라이슬러는 양 사의 역량을 한데 묶으려 하지 않고 서로 간섭하지 않는다는 원칙을 세웠다고 한다. 단순히 유럽과 미국이라는 지리적 구분과 고급차의 메르세데스-벤츠와 대중적인 차의 크라이슬러, 이 두 브랜드의 시장 구분을 통해 단순한 발전만을 강조했다. 그 당시 다임러 CEO였던 위르겐 슈렘프(Jürgen Schremp)는 "크라이슬러는 과거부터 잘해왔기 때문에 두 회사를 충돌시킬 필요 없이 과거에 하던 대로 계속하면 된다"고 생각했다고 한다. 전혀 다른 비즈니스 전통을 가진 지역에 근간을 두고 있는 이 둘을 통합하려는 많은 노력 없이 단순히 결합하는 것은 인수합병 실패의 주요한 원인이 되었다. 당시 슈투트가르트 본사의 다임러 임직원들과 디트로이트의 크라이슬러 직원들이 서로를 별개의 기업 사람들처럼 얘기했다는 평가는 이들이 얼마나 조직통합에 실패했는지를 단적으로 보여주는 예라고 할 수 있겠다. 또한 이러한 대등한 합병전략을 구사함에 따라 구조조정을 통한 조직효율화 달성이라는 명제를 간과하였으며, 이로 인해 점점 더 심해지는 원가절감 경쟁에서 경쟁력을 잃고 말았다. 또한 앞서 말했듯이 생산라인, 유통망, 구매망 등 규모의 경제가 실현될 수 있는 부분에서도 제대로 된 통합을 이루지 못했기 때문에 여기서도 비용을 절감하지 못했다.

Question

1. 상기 사례를 비추어 보건대, 조직문화가 판이하게 다른 두 기업 간 인수합병의 성공 가능성이 작은 이유를 설명하시오.
2. 상호 보완적인 인수합병이 서로의 단점을 채워주지 못한 채 제대로 된 시너지 효과를 낼 수 없었던 이유는 무엇이었겠는가?
3. 대등한 합병 내지 병존전략의 장단점을 분석하시오.

사례 11-4 상하이자동차는 쌍용자동차를 왜 포기했을까?

상하이자동차는 중국의 3대 자동차 생산기업 중 하나이다. 1964년부터 상하이자동차산업은 중국 개혁개방 20년 동안 자신보다 강한 기업과 제휴를 추구하는 전략을 펴서 빠르게 성장하여 왔다. 독일의 폭스바겐, 미국의 GM 등 글로벌 기업과 전략적인 제휴를 체결함으로써 다년간 중국 내 자동차시장에서 우위를 점한 상하이자동차는 78.2만 대의 자동차 생산량과 117억 달러의 판매량, 총자산 120억 달러 규모로, 2003년에는 글로벌 500대 기업에 중국자동차 생산기업으로는 최초로 진입하는 데 성공하였다.

자동차산업이 점차 범세계적으로 확대되고, 세계적인 자동차 브랜드들이 중국 내수시장에 공격적으로 진출하는 등 경쟁이 더욱 치열해지는 새로운 상황을 맞이

하여, 상하이 그룹은 지속적으로 인수합병전략을 강화하였다. 이 시기 한국 내 자동차 생산기업들의 상황을 살펴보면, 국내외 자동차 경쟁이 치열해짐에 따라 한국 내 자동차 생산기업들은 큰 어려움에 봉착하고 있었다. 또한 외환위기와 같은 한국 경제의 치명적 위기가 불어닥침에 따라 자동차산업에 대한 대대적인 구조조정이 이루어졌다. 현대자동차가 기아자동차를 인수하고, 미국 GM이 대우자동차를 인수하는 등의 변화 속에서 상하이자동차는 중국 정부의 막대한 지원 아래 한국의 쌍용자동차를 인수했다. 당시 쌍용자동차는 대형승용차, 사륜구동차, RV 전문 메이커로 자리 잡았으나 1999년 대우자동차가 몰락하면서 2000년 4월엔 대우그룹에서 분리되어 채권단의 관리를 받는 처지였다. 채권단의 관리를 받았던 2001년부터 2004년까지 당기순이익이 흑자를 기록하기도 하며 잠시 좋은 경영성과를 보이기도 했지만, 이러한 경영성과에도 불구하고 쌍용자동차는 연간 20만 대 정도의 생산능력과 이에 미치지 못하는 판매실적을 기록하고 있었기에 규모의 경제를 실현하기엔 무리가 있었다. 게다가 국내시장에 대한 의존도가 매우 높아 내수시장이 침체될 경우 기업 전체가 흔들릴 위험도 안고 있었다. 그렇기에 이에 대처하기 위한 새로운 전략적 방안이 필요한 상황이었다.

반면, 중국은 새롭게 부상하고 있는 자동차 생산국이었고, 또한 13억 인구를 가진 소비시장 대국으로서 쌍용자동차는 상하이자동차와의 결합을 통해 새롭게 발전할 수 있는 기회를 모색하게 되었다. 한편, 상하이자동차 그룹은 쌍용자동차의 주주권을 인수합병하여 경영권을 확보함으로써 자동차의 핵심기술인 엔진, 변속기 등 기술 및 개발능력을 학습하고자 했다. 인수합병의 이면에는 이를 통해 자동차 설비 보수와 부속품 등을 생산하면서 축적된 경험과 중국 내에 퍼져 있는 정비 유통망을 바탕으로 선진 자동차 생산기술 습득이라는 동기를 가지고 있었다.

앞서 잠시 언급했듯이, 상하이자동차와 쌍용자동차의 인수합병은 일반적으로 가장 많이 사용되는 주식매수를 통한 경영권 확보방식으로 진행되었다. 주주권 인수합병의 과정은 복잡하지만 법률적인 절차는 매우 간단한 편이다. 법률적으로 최대주주가 되고 난 후 이사와 감사진의 선출권이 보장된다. 주주권 인수가 완료되고 나면 목표기업은 중국기업의 해외 자회사로서 존재하며 동시에 독립적인 법적 지위가 보장된다. 당시 쌍용자동차 인수는 중국 완성자동차업계로서는 최초의 해외인수합병이었다. 상하이자동차는 2004년 10월 28일 쌍용자동차 채권단이 보유하고 있는 지분 48.9%를 주당 1만 원에 인수했으며 그에 따른 총 인수합병 금액은 약 5억 달러였다. 2005년 1월 27일에는 상하이자동차가 쌍용자동차의 지분 51.16%를 보유한 대주주가 되었다.

상하이자동차는 쌍용자동차와의 해외인수합병을 통해 자동차의 핵심기술 부문에 있어서 전략적 자산을 보유하게 되었다. 또한 상하이자동차는 이를 기반으로 쌍용자동차가 가지고 있는 유통망과 한국 내 RV, SUV 시장에서 상위 브랜드 가치를 이용함으로써 향후 진입 시 추가적인 유통망 구축비용과 광고비용을 절감하고, 국내시장 진입 소요시간을 크게 단축할 수 있게 되리라 기대했다. 이에 대한 관련 조치로서 상하이자동차는 인수 직후 공동대표이사를 파견하는 등 이사회 6인 가운데 3명을, 그리고 재무 · 구매 · 연구개발 등 핵심부서에 상하이자동차 직원들을 임원으로 파견하는 등 경영권을 완전히 장악하였다. 이로 인해 국내에서는 상하이자동차로의 핵심기술 유출과 국내 투자지출 부진에 대한 우려의 목소리가 높았다.

두 기업 간 인수합병은 우려가 현실이 되면서 실패의 길로 들어서게 되었다. 즉, 2005년 11월에 불과 임기를 4개월여밖에 남겨두고 있지 않았던 소진관 대표이사를 전격 경질하면서 핵심기술 유출의혹과 이에 따른 설비투자 불이행을 둘러싼 의혹이 제기되었다. 또한 상하이자동차가 투자계획 지연과 연구개발을 등한시한 결과 쌍용자동차는 인수 이후 전반적인 경영성과를 나타내는 총자산순이익률이 크게 악화되었다. 결국 이러한 경영성과의 악화로 인해 상하이자동차는 경영권 포기를 선언하고 쌍용자동차는 2009년부터 법정관리 수순을 밟게 된다.

이렇게 인수합병이 기대했던 성과를 달성하지 못한 이유로는 브랜드 명성에만 집착한 인수, 상황예측능력 부족, 현지융합력 부족, 장기계획 부재 등을 지적할 수 있다. 하지만 그 중에서도 가장 문제가 되었던 것은 조직문화가 통합되지 못했다는 부분이었다. 한 컨설팅 회사의 해외인수합병 실패에 대한 조사에 따르면, 전 세계적인 기업에 대한 M&A 사례연구 결과 직간접적인 실패요인의 약 80% 정도가 기업 인수합병 이후의 문화적 통합 실패에 기인한다는 것이 밝혀졌다. 즉, 현지화를 강조하고, 기업 간 문화적 융합을 우선적으로 고려하며, 현지 사정을 충분히 파악해야 하는 것이 인수합병 성공과 실패를 가르는 매우 중요한 요인이라는 지적이었다. 중국기업과 해외기업은 발전 패턴, 조직유형, 경영 분위기, 가치관 등의 핵심 문화에 있어서 많은 차이점을 보이게 되는데, 만약 인수합병 후 양 사의 기업문화가 훌륭히 융합되지 않으면 비록 경영규모는 커지고 기술적으로도 선도적인 위치를 점하고 있다고 할지라도, 기업은 정상적으로 기능하지 못하게 된다.

쌍용자동차의 사례에서도 마찬가지다. 상하이자동차와 쌍용자동차 인수합병에서 인수기업과 피인수기업의 문화적 융합이 전혀 없었다는 것이 가장 큰 실패요인으로 작용하였다. 2005년 3월 상하이자동차는 한국문화를 전혀 이해하지 못하는 일부 고위관리와 글로벌 경험이 부족한 신입직원들을 쌍용자동차에 파견한 결과, 경력을 중시하는 한국 관리진들의 불만을 초래했다. 이러한 상황에서 상하이자동차는 쌍용에게 강력한 통제를 행사했는데, 이러한 상황이 쌍용자동차의 직원인사 변동 및 파업으로 이어진 것이다. 또한 위에서 살펴보았듯이, 상하이자동차가 계속적으로 인수 당시 약속했던 투자계획을 지연시키고 신차개발 등 연구개발을 간과했던 것이 2006년 노사갈등의 핵심쟁점이 되었고, 이러한 갈등은 상하이자동차와 쌍용자동차 간 성과 향상 실패에 큰 영향을 미쳤다.

Question

1. 만약 당신이 한 기업의 최고 의사결정권자이고 해외의 특정 기업을 인수합병한다고 가정할 때, 인수합병 후 피인수기업에 우선적으로 행할 조치들을 열거하고 이를 설명하시오.
2. 상하이자동차가 쌍용자동차를 인수한 이유는 자동차 생산기술의 습득이라는 동기가 주효하게 작용하였다. 학습이라는 관점에서 볼 때 해외인수합병전략이 매력적인

이유를 설명하시오.

3. 상하이자동차가 쌍용자동차를 인수합병한 후 결국 실패할 수밖에 없었던 다양한 이유 중 하나는 두 기업 간 문화적 차이에 기인한다. 그렇다면, 문화적 차이가 인수합병 실패에 영향을 미치는 까닭은 무엇이겠는가?

4. 만약 당신이 상하이자동차의 최고 의사결정권자라면 쌍용자동차의 경영권을 포기하고 철수하겠는가? 만약 그렇다면, 경영권 포기가 왜 최선인지, 만약 그렇지 않다면, 어떠한 전략을 구사했을 것인지 제시하시오.

사례 11-5 미국시장에서의 비비고

CJ제일제당은 1953년에 설립된 제일제당공업 주식회사를 모태로 하여 2007년 CJ주식회사로부터 분할된 식품, 생명공학 기업이다. CJ제일제당은 설립 초기 설탕과 밀가루 등을 제조하였으나, 지금은 설탕, 밀가루뿐만 아니라 식용유, 조미료, 가공식품, 신선식품까지 생산하는 식품사업과, 사료, 의약품 아미노산 등을 생산하는 생명공학사업을 진행 중이다. 2020년에는 '비비고 만두'로 미국시장 매출 4,200억 원, 국내 식품업계 최초 단일 품목 매출 1조 원을 돌파한 바 있다. CJ제일제당이 이와 같은 성공을 이룰 수 있었던 요인은 비비고 만두라는 제품 자체의 우수성이 주효했지만, CJ제일제당의 공격적인 인수합병전략 또한 중요하게 작용했다.

2000년대 초중반 한국은 지속적인 출생률 감소를 겪어왔다. 또한 점차 고령화 사회에 진입하며 임신가능 여성 인구는 사상 처음으로 감소세를 보였다. 특히 CJ 주력 제품인 가공식품의 주요 소비층인 10~30대 인구가 지속적으로 감소할 것으로 전망되었다. 냉동식품이 약세를 보였던 배경에는 시장 자체의 문제도 있었다. 한국의 소비자들은 냉동식품이 건강에 좋지 않고, 재료와 제조과정을 신뢰할 수 없다는 인식을 가지고 있었으며, 신선식품을 선호하는 경향 또한 강했다. 설상가상으로 2004년에는 쓰레기만두 파동사건까지 겹쳐 냉동식품에 대한 소비자들의 인식은 더욱 악화되었다.

CJ제일제당은 이러한 국내시장에서의 성장한계를 극복하고자 2005년에 애니천

을, 2006년에는 옴니푸드를 인수하면서 본격적으로 미국시장에 진출했다. 미국에서 꾸준히 인지도를 높여가던 CJ제일제당은 2013년에 비비고 왕교자를 출시하여 소비자들로부터 폭발적인 반응을 이끌어냈으며, 드디어 2016년에는 미국시장에서 25년간 만두시장 점유율 1위를 유지하던 링링을 제치고 시장을 선도하는 제1의 사업자가 되었다.

2017년 CJ 이재현 회장은 2020년까지 매출 100조 원과 영업이익 10조 원 달성을 목표로 하는 그레이트 CJ와, 2030년까지 3개 분야 사업에서 전 세계 1위의 사업자가 되는 월드 베스트 CJ라는 경영비전을 발표했다. 그러나 비비고 만두의 꾸준한 성장에도 불구하고, 비비고 만두의 미국 전체 매출은 1,000억 원 수준으로 그레이트 CJ, 월드 베스트 CJ라는 경영비전의 목표치에는 부합하지 못했다.

따라서 역설적으로 미국 만두시장의 중요성은 더욱 강조되었다. 특히 2017년 기준 미국은 세계에서 가장 큰 규모를 자랑하는 냉동식품 시장이었고, 미국에서의 성공은 장기적인 관점에서 캐나다, 멕시코 등 타국으로의 시장 확장도 기대할 수 있다는 가능성으로 이어졌다. 2014년부터 2017년까지의 미국 냉동식품 전체 시장의 연평균누적성장률(CAGR)은 1.6%에 그쳤지만, 아시안 냉동식품 시장의 CAGR은 5.3%를 기록했다. 미국에는 만두와 같이 보다 건강한 식품을 선호하는 시장의 트렌드도 형성되어 있었다.

그러나 CJ제일제당의 비비고에는 개선점이 많았다. 유통 측면에서 CJ는 코스트코에 과하게 의존하고 있었으며(약 30%), 생산의 측면에서도 생산기지가 캘리포니아, 뉴욕 등에 위치한 5개의 공장에 불과해 미국 전역을 담당하는 데도 한계가 있었다. 더불어 가공식품 매출의 절반을 해외에서 창출하겠다는 CJ제일제당의 목표에도 불구하고, 2018년 가공식품 매출에서 해외시장이 차지하는 비율은 13%에 불과했다.

이때 쉬완스 컴퍼니(이하 쉬완스)는 CJ제일제당에게 매력적인 기업이었다. 쉬완스는 1952년 미국 미네소타에서 설립된 냉동식품 전문 기업으로, 미국 전역에 17개의 생산공장과 물류센터 10개, 연구개발 기지 5개, 배송차량 4,500여 대, 식품매장 3만 점 등의 대규모 경영자원을 보유하고 있었다. 제품 또한 냉동 피자, 디저트, 스프링롤, 군만두 등 다양하게 구성하고 있었다. 이에 CJ제일제당은 특수목적법인

그림 11-1 | CJ제일제당의 쉬완스 컴퍼니 인수구조

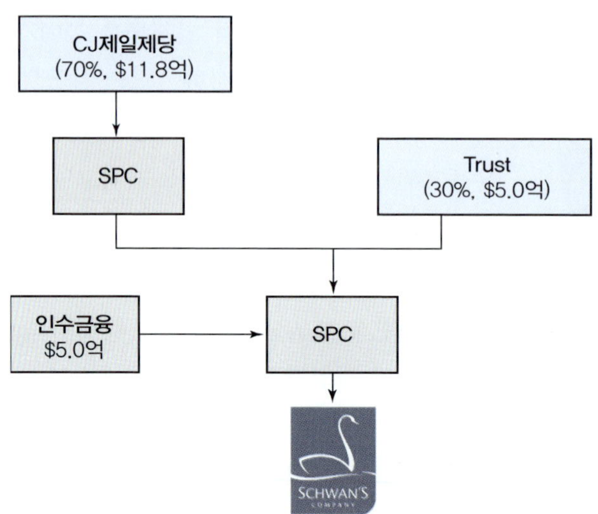

자료 : KB증권.

(SPC)을 통해 쉬완스 지분의 80%를 인수하고, 쉬완스의 기존 대주주가 나머지 20%를 재투자하는 방식으로 쉬완스와 주식매매계약(SPA)을 체결했다. 그러나 이후 CJ제일제당의 재무 부담을 낮추기 위해 CJ제일제당의 지분율을 70%로 낮추고, 쉬완스 대주주의 지분율을 30%로 상향 조정했다. 결과적으로 쉬완스 대주주가 재투자하는 금액은 약 5,600억 원이 되었고, CJ제일제당은 약 1조 8,000억 원을 지불하게 되었다. 필요한 자금조달을 위해 CJ제일제당은 8,000억 원 상당의 가용현금을 이용했으며, 미즈호은행 뉴욕지점에서 인수금융 약 5,600억 원을 대출하고, 공모 회사채를 발행하여 약 5,000억 원을 추가적으로 조달하는 방법을 사용했다. 인수 후, 쉬완스 인수대금으로 인한 재무적 압박을 줄이고자, CJ제일제당은 글로벌 사모펀드인 베인캐피털(Bain Capital)로부터 약 3,800억 원의 투자를 유치하였고, 쉬완스 지분의 19%를 베인캐피털에게 인도하였다. 이로 인해 최종적으로 쉬완스의 지분은 CJ제일제당이 51%를, 기존 쉬완스 대주주들이 30%를, 베인캐피털이 19%를 차지하게 되었다.

이렇듯 인수과정에서 재무안정성 확보에 만전을 기했음에도 불구하고, 2조 원에 달하는 규모의 M&A는 CJ그룹의 재무구조에 상당한 압력으로 작용하였다. 2019년 3분기 기준으로 CJ제일제당의 차입금은 약 9조 5,000억 원으로, 7조 원 수

준이었던 2018년 말보다 20%나 증가하였고, 부채비율은 200%에 육박했다. 신용평가사는 CJ의 신용등급 전망을 긍정에서 부정적 대상으로 바꾸어 강등을 경고하기도 했다. 이에 CJ는 비상경영을 선포한 후 서울 가양동/구로공장 부지, 필동 인재원 등을 매각하고, 2020년 신규 임원 수를 절반 정도로 줄이며 인사교체를 감행하는 등의 기업 안정화 조치를 취했다. 일각에서는 CJ제일제당이 승자의 저주에 빠진 것이 아니냐는 우려가 제기되기도 했지만, 이는 쉬완스 컴퍼니의 매출이 급성장하며 해결되었다.

CJ제일제당의 쉬완스 인수효과는 굉장했다. 쉬완스 컴퍼니 인수를 통해 CJ제일제당은 쉬완스 컴퍼니의 B2C, B2B 유통망을 흡수할 수 있었다. 덕분에 식료품점 3만여 점과 대형마트, 편의점, 시스코(Sysco), US푸드(US Foods) 등의 유통망을 가지게 되었으며, 유치원부터 대학교에도 제품을 공급할 수 있게 되었다. 그 결과 2017년 세계 만두 5위 기업이었던 CJ제일제당은 2018년에 3위로 올라섰으며, CJ제일제당의 2019년 1분기 전체 매출은 전년대비 15%가 증가하여 최초로 5조 원을 돌파했다. 비비고 만두의 2019년 미국 매출은 전년대비 약 50% 성장한 3,630억 원으로 3,160억 원인 국내 매출을 초과하게 되었다. 2020년에는 CJ제일제당과 쉬완스 컴퍼니 두 기업의 시너지 효과 덕분에 쉬완스 컴퍼니가 미국 아시안푸드 시장점유율 24.3%를 기록하며, 아지노모토를 제치고 시장점유율 1위를 달성하였다.

CJ제일제당은 코로나19 시기에도 지속적으로 성장하였는데, 이는 코로나19 사태의 여파로 소비자들의 냉동식품 구매량이 증가했기 때문이다. 이때 CJ제일제당은 쉬완스 컴퍼니 인수를 통해 획득한 미국 전역의 B2C, B2B 유통망을 적극 이용했다. 이에 2020년 비비고 만두의 미국 매출은 약 6,700억 원을, 국내매출을 합친 전체 매출은 1조 원을 달성할 수 있었다.

Question

1. CJ제일제당이 쉬완스 컴퍼니를 인수하는 전략과 직접 미국시장에서 유통망을 개척하고 생산, 물류시설을 건설하는 전략을 비교하면 각각 어떤 장단점을 가진다고 여겨지는가?
2. CJ제일제당이 향후 쉬완스 컴퍼니와의 시너지효과를 극대화하기 위해서는 어떤 노력을 기울여야 한다고 생각되는가?

3. CJ제일제당이 앞으로도 지금과 같은 M&A를 통한 확장전략을 구사하는 것은 바람직한가?

사례 11-6 다음(Daum), 해외시장 공략 참담한 실패, 왜?

피인수기업인 라이코스는 1995년 검색서비스를 기반으로 설립된 기업으로서 온라인 검색서비스와 다양한 유료 서비스 부문에서 강점을 가졌던 인터넷 사이트였다. 라이코스 사이트가 오픈될 당시 미국 인터넷 포털시장에는 이미 최초 퍼스트무버(first-mover)로 시장에 진입하여 선점 효과를 톡톡히 누리고 있던 야후가 있었으나, 라이코스의 등장은 검색서비스 부문에 있어 야후의 가장 강력한 경쟁자로 떠올랐다. 야후보다 반년 정도 서비스를 늦게 시작하였으나 단순한 디렉토리 방법으로 검색엔진을 제공하던 야후와는 다르게 뛰어난 검색엔진 기술을 바탕으로 한 걸음 더 나아간 서비스를 제공했던 기업으로 흔히 평가되었다. 특히 라이코스의 여러 서비스 중 Lycos, Hotbot 등의 검색서비스, Tripod, Angelfire 등의 홈페이지 및 블로그 서비스, 금융정보 전문 사이트인 Quote.com, 뉴스 서비스인 Wired News, 데이팅 서비스인 Matchmaker는 크게 인기를 끌었다.

인수기업인 다음커뮤니케이션(이하 '다음')은 무료 메일 서비스인 '한메일'을 제공함으로써 국내시장에서 공존의 히트를 치고, 커뮤니티 서비스인 일명 '다음카페'를 통해 고객들에게 크게 어필하는 등 기존에 존재하지 않았던 획기적인 서비스를 보여줌으로써 인터넷 포털업계 1위를 시현하고 있던 국내 대표 인터넷기업이었다. 국내 부동의 1위라는 타이틀을 얻게 된 다음(Daum)은 2003년부터 게임, 온라인 자동차보험, 온라인 여행, 취업알선 등 공격적인 자회사 설립을 기반으로 기존 재벌들이 해오던 방식인 문어발식 사업 확대를 시작했다.

그러던 중 2004년 8월, 다음 이재웅 사장은 라이코스를 1,112억 원(약 9,500만 달러)에 인수한다는 발표를 하였는데, 그 당시 많은 사람들은 이 예상치 못한 발표에 적잖은 놀라움을 표현하기도 했다. 사실 다음은 2004년 초부터 사장과 CFO가

직접 미국을 방문하는 등 상당 기간 공을 들여 라이코스를 인수하기 위한 협상을 준비하였다. 미국 라이코스를 인수하려던 2004년 당시 미국 인터넷 포털시장에서는 이미 검색엔진 서비스 부문에 있어 야후가 부동의 1위를 차지하며 확고하게 시장을 점령한 상태였으며, 따라서 라이코스가 설 자리는 사실상 없던 상황이었다. 실적은 저조했고, 브랜드 인지도는 훨씬 더 추락하고 있었다. 한편, 이재웅 사장은 "미국시장보다는 중국이 훨씬 더 매력적인 시장"이라며 진출 우선순위에 있어서도 "미국은 중국, 일본, 동남아 다음으로나 생각해 볼 시장"이라며 인수합병 협상 사실 자체를 부인하거나, 혹은 인수합병 자금을 마련하기 위해 국내에서 900억 원 규모의 회사채를 발행하였음에도 불구하고 기업 내 시설 확충을 위한 회사채 발행이라고 둘러댈 정도로 협상은 비밀스럽게 진행되었다.

다음은 라이코스와의 인수합병에 대해 사뭇 여론의 시선을 신경 쓰기는 하였으나, 그럼에도 라이코스의 인수를 통해 그간 자신들이 쌓아 올린 비즈니스 노하우와 라이코스가 보유한 글로벌 네트워크 기술을 접목하여 글로벌 기업으로 도약하겠다는 포부가 있었다. 즉, 다음은 기존 그들이 한국에서 제공했던 카페 및 블로그 등 성공한 인터넷 서비스 아이템을 라이코스의 브랜드 이미지와 연계하여 활용함으로써 미국시장에서 트렌드로 부상하고 있던 홈페이지나 블로그 시장을 겨냥하고자 하였다. 또한 국내 인터넷 포털업계 중 가장 먼저 미국시장에 진입하여 선점효과를 누리겠다는 생각 역시 가지고 있었다. 라이코스의 이미지와 실적이 추락하고는 있었으나, 그럼에도 불구하고 다음이 미국에 새로이 신규 기업을 설립하여 진출하는 것보다는 기존에 존재하고 있던 라이코스의 이미지가 미국인에게 훨씬 더 친근하게 다가갈 것이라고 계산하였다. 더불어 그 당시 다음이 새로운 수익사업으로 지목하여 전력을 쏟고 있던 디지털 TV사업을 미국이라는 큰 시장에서 진행하기 위해 셋톱박스에 들어갈 콘텐츠를 확보하려고 하고자 하는 의도도 있었다.

하지만 원대한 꿈을 가지고 시도한 라이코스에 대한 인수합병은 다음에게 큰 시련을 안겨주었다. 다음은 라이코스를 인수한 뒤 자사의 소셜서비스인 '다음 플래닛' 등을 미국 라이코스에 적용하는 등 새로운 '미국형 포털'을 개발하기 위해 힘썼다. 그러나 다음의 노력은 경쟁사들의 서비스, 콘텐츠의 질을 뛰어넘지 못하고 결국 시장에서 표류하게 됐다. 내로라하는 미국 포털들이 그들의 명성과는 달리 인터넷 문화의 차이 등으로 인해 한국에서 맥을 못 추는 것처럼, 한국에서 성공한 서비스가 반드시 해외에서 성공한다는 보장은 없었다. 그렇지 않아도 불안했던 다음의 시장입지는 인수합병 이후 더욱 더 내리막길을 걷게 된다. 다음이 자사의 검증되었다고 한 수익모델을 라이코스에 적용하여 시너지 효과를 도모한 사례는 극히 드물뿐더러, 다음과 라이코스는 애초부터 별도의 노선으로 운영되었다. 인수이후 미국 라이코스는 지속된 적자로 4,500만 달러의 손실을 시현함으로써 다음의 손해는 날로 커졌고, 라이코스 인수자금을 회사채 발행으로 조달하였기 때문에 다음에 대한 신용도는 심각히 악화되었다. 이로 인해 다음은 인수 후 3년 만에 적자로 돌아서 당기순손실을 기록하는 등 부진을 면치 못하게 되었다(그해 매출은 1,874억 원으로 전년도에 비해 32.5% 늘어난 1,874억 원을 시현했지만, 그럼에도 184억여 원의 당기순손실을 기록하였고, 전년도 순이익 252억 원에서 적자로 전환되었다). 이에 증권가에서는 다음의 라이코스 매각 필요성이 공공연히 회자되었다. 이어지는 일련의 적자로 인해 다음은 2009년 사업구조조정 등을 통해 해외사업부문 비용 손실을 줄이기 위해 힘썼고, 그 결과 3분기에는 비록 미미하지만 12억 원의 흑자를 달성하기도 했다. 그러나 이러한 흑자규모는 지금껏 다음이 투자했던 금액을 고려할 때 기대에 모자라도 한참 모자란 매출액이었다.

이를 반영하듯 한때 1조 원을 훌쩍 넘었던 다음의 시가총액은 3,700억 원대로 급락하게 되었고, 40%를 웃돌던 다음의 외국인 지분율은 13%로 떨어지게 되었다.

결국 다음은 2005년부터 라이코스 내 사업부를 정리하기 시작했다. 남녀 만남 서비스인 Matchmaker를 55만 달러에 팔았고, 금융솔루션 서비스인 Quote.com도 3,000만 달러에 매각하였다. 뉴스사이트 Wired News도 2,500만 달러에 처분하였다. 마지막으로 2010년 8월 16일, 다음은 라이코스의 웹 사이트를 비롯해 Lycos 검색, Angelfire, Tripod 등 미국 라이코스의 남은 모든 소유권을 미국 IT 서비스업체인 와이브랜트(Ybrant Media Acquisition Inc.)에 3,600만 달러(약 426억 원)에 매각하면서 미국 진출을 접게 된다.

Question

1. 다음의 미국시장 진출이 실패로 귀결될 수밖에 없었던 이유가 무엇이라고 생각하는가?
2. 한국과 미국 간 인터넷 시장에 존재하는 문화적 차이에는 예를 들어 어떤 것들을 꼽을 수 있는가?

3. 다음은 실적이 저조하고 주가가 하락하고 있던 라이코스를 보며, 이를 매수할 수 있는 가장 좋은 기회라고 여겼던 것 같다. 그렇다면 라이코스의 실적을 반등시켜 견인하기 위해 다음은 어떠한 전략과 조치들을 취해야 했었다고 판단하는가?

사례 11-7 설상가상 HP, Autonomy '먹튀' 논란

HP사는 미국에 소재한 세계적인 컴퓨터 및 부품제조업체로 유명하다. 하지만 HP사는 자사의 PC산업 부문이 전체 매출액의 1/3을 차지함에도 불구하고 이윤율은 제일 낮으며, 또한 그나마 이윤율이 점차 하락세를 보이자 PC산업의 한계를 직감, 이에 따른 타개책으로 영국의 Autonomy사 인수를 고려하게 된다. Autonomy사는 영국에서 기업용 검색엔진부문의 선두기업으로 약 2만여 개사(社)의 클라이언트를 보유하고 있는 비교적 건실한 회사로 알려져 있었다. 특히 빅 데이터 관리 및 정보분석, 정보의 통합적인 접근처리 등에 있어서 기술경쟁력을 가지고 있기로 잘 알려진 소프트웨어 회사이다. HP사는 Autonomy사를 인수함으로써 정보관리 시장과 분석소프트웨어 시장에서 보다 더 역량을 확보하고, Autonomy사의 기술을 바탕으로 자신들의 클라이언트들에게 빅 데이터를 잘 관리할 수 있는 시스템을 제공하기를 기대하였다. HP사는 Autonomy사를 통하여 새로운 성장기회를 가질 수 있기를 희망하였고, 인수제의를 한 지 2달 만인 2011년 11월에 110억 달러를 들여 Autonomy사를 인수하게 된다.

그러나 인수 후 경영성과는 기대와는 달리 형편없었다. 인수를 한 지 1년 만인 2012년에 소프트웨어 사업부문에서의 매출은 전년 3분기 대비 4% 감소한 1,204억 달러였고, 순손실 68억 5천만 달러의 적자를 시현하였다. 4분기에는 경영성과가 더 악화되었다. 매출이 전년 4분기 대비 7% 감소한 300억 달러에 머물렀으며, 순손실로 69억 달러를 기록하였다. 이로 인해 HP사의 주가는 11.71달러로 폭락했고, 이는 지난 10년간 HP사의 가장 낮은 주가로 기록되었다. 이에 HP사의 임원들은 주주들로부터 소송을 당하는 불명예를 안기도 했다.

Autonomy의 설립자 Mike Lynch와 HP 최고경영자 Meg Whitman

HP사는 이러한 성과 악화, 주가폭락의 주된 원인이 과거 인수과정에서 Autonomy사가 재정 상황과 매출 등에 있어서 분식을 저질렀고, 이러한 분식회계 때문에 88억 달러에 이르는 자산의 감액손실을 인식하게 되었다고 발표했다. HP사의 최고경영자인 맥 휘트먼(Meg Whitman)은 Autonomy사의 창업자이자 최고경영자였던 마이크 린치(Mike Lynch)를 강하게 비판했으나, 린치는 HP의 분식회계 주장에 대해 일축하며 이에 대해 전면적으로 반박했다. 린치는 실제로 HP사와 Autonomy사 사이에서 인수가 이루어지기 전 자료에서 자사 가치를 35억 달러로 평가·보고했다고 말했다. 즉, 린치의 주장은 HP사가 Autonomy사를 인수함으로 인하여 설령 손실을 보았다고 해도 짧은 기간 내에 35억 달러로 가치평가된 Autonomy사의 기존 가치보다 더 많은 88억 달러에 이르는 손해를 단기간에 입기는 쉽지 않다는 주장이었다. 게다가 인수 당시 딜로이트, KPMG 등 유명 회계법인이 실사를 맡았으므로 그러한 거액의 분식회계 자체가 불가능했을 뿐더러, 만일 행해졌다고 하더라도 이를 적발하지 못했을 가능성이 현실적으로 낮다고 주장했다. 또한 린치는 일부 수치적 차이는 미국과 영국의 회계규정의 다름에 기인한 것이라고 말하며 자신의 결백을 주장하기도 했다. 이에 대해 세간에서는 Autonomy가 고의로 분식회계를 저질렀다는 HP 주장에 대해 많은 진실논란이 오갔다. HP는 이 사건을 미국증권거래위원회와 영국 중대사기조사국에 조사를 의뢰하였으며, 양 사 간의 법적 공방은 4년이 지난 2015년까지도 계속되고 있다(2014년 HP사는 Autonomy사의 전 CFO인 후사인과 전 CEO인 린치를 법적으로 고소하였으나, 2015년 1월 영국의 수사당국은 '증거 불충분'으로 조사를 끝냄으로써 사실상 Autonomy 측의 손을 들어줬다). 공은 이제 미 수사당국에게로 넘어갔지만, 앞서 Autonomy 측의 주장처럼 미국, 영국은 소프트웨어 판매량을 회계상 각각 국제회계기준(IFRS)과 일반회계기준(GAAP)으로 다르게 잡아 미 당국도 쉽게 결정을 내리지는 못할 것이라고 포브스는 내다봤다.

그렇다면 왜 이런 일이 발생한 것일까? HP사가 애초 Autonomy사를 인수하겠다고 발표하였을 때, 외신들은 HP와의 통합을 통해 Autonomy의 기술이 한 단계

더 도약할 것을 기대했으며, 두 기업의 인수를 통해 정보관리 시장에서 새로운 시너지를 발생시킬 것이라는 낙관적인 전망을 내놓았었다. 그러나 인수의향을 보인지 불과 단 2달 만에 Autonomy사를 인수함에 따라, 과도하게 신속한 인수합병이 사후적으로 회계부정사건으로까지 번지는 개연성을 낳게 되었다고 보여진다. 회계부정사건의 진실여부는 제쳐두더라도, 기업을 인수하는 과정에서 회사 자체적인 분석팀을 구성하여 피인수기업 재무제표의 실재성에 대한 합리적인 실사를 진행했어야 했으나 이러한 과정이 제대로 이루어지지 않았고, 짧은 기간 동안 제3자인 회계법인에 의해 이루어진 자료에만 지나치게 의존함으로써 인수의 실패는 어쩌면 예견된 불행이었을지도 모를 일이다.

같은 관점에서, 피인수기업을 인수할 때 가장 중요한 대목 중 하나는 인수기업이 피인수기업의 가치를 어떻게 평가하고, 그에 따른 인수대가로 얼마나 지급하는가이다. 이는 인수의 성공과 실패를 측정할 때 인수대금 대비 이익지표를 활용하기도 하기에 더욱 중요하기도 하다. HP사가 Autonomy사를 인수할 당시 110억 달러를 지급하였는데, 이는 Autonomy사의 가치에 비해 너무 높은 인수가격이라는 평이 많았다. 거기에 더하여, Autonomy사는 소프트웨어회사로서 무형의 인적자산과 노하우, 브랜드 가치, 영업력 등이 회사의 주된 자산이다. 이러한 무형의 자산은 정확한 가치측정이 어렵고, 합리적 측정을 위해서는 많은 시간과 비용이 소모된다. 그럼에도 불구하고 HP사는 인수에 있어서 가장 중요한 피인수기업의 정확한 가치측정을 도외시함으로써, 사후적으로 손실을 줄일 수 있는 여지가 있었음에도 불구하고 많은 적자를 기록하게 된 것이라고 볼 수 있다.

이뿐만 아니라 당초 인수 시에 HP사의 CEO 맥 휘트먼은 Autonomy사가 기존에 가지고 있던 업무스타일에 간섭하지 않기로 약속을 했었다. 그러나 그 약속은 제대로 지켜지지 않았으며, 오히려 본사의 간섭과 통제는 더 심해졌다. 그로 인해 합병 이후 Autonomy 직원 중 4분의 1이 자의반 타의반으로 회사를 떠나고야 말았다. 회사를 떠난 한 직원은 “HP사가 Autonomy사를 인수한 뒤 끊임없는 회의와 서류작성 등으로 질식할 것 같았다. 이는 마치 물고문을 받는(being water-boarded) 느낌이었다”고 언급한 바 있다. 또한 린치는 인수 이후에도 임원으로 남아 계속 일을 했으나 실적이 기대에 미치지 못하자 사임압력을 받기 시작했고, 결국은 린치도 HP사를 떠나게 되었다. HP 대변인은 “Autonomy는 큰 잠재력과 가능성을 가지고 있는 기업이다. 하지만 기대하고 약속한 실적을 내기 위해선 린치와는 다른 리더십이 필요하다"며 린치가 회사를 떠나게 된 배경을 설명했다. 그러나 이런 HP사의 발언에 대해 기존 Autonomy 직원들은 HP사의 관료주의가 실패의 가장 큰 원인이라고 지적하기도 했다. 이렇듯 최고경영자의 신뢰성 없는 약속과 서로 다른 기업문화와의 조화 실패, 인사정책의 실패는 궁극적으로 인수합병의 실패를 낳게 했던 주요한 요인이라고 할 수 있다.

Question

1. 흔히 인수합병의 최종 귀착지(final destination)는 실패라고 한다. 이에 대해 여러분의 생각은 어떠한가?
2. 만약 이러한 운명을 맞지 않기 위해서 인수기업이 유념해야 할 사항들은 무엇인가?
3. 2번 답변에 근거하여, HP사는 어떠한 실수를 범했다고 판단하는가?

사례 11-8 다이이치산쿄의 란박시 인수에 대한 처방은?

다이이치산쿄는 2008년 란박시를 인수할 당시 매출액이 약 82억 달러였으며, 순이익으로 9억 달러가량을 시현하는 일본 내 3대 제약회사로 손꼽히는 거대기업이었다. 또한 란박시 역시 인도에서는 최대 제약업체로, 제네릭(복제의약품) 제조회사로는 세계 10대 기업으로 손꼽히는 제조사였다. 2007/08회계연도의 매출액은 약 16억 달러였으며, 순이익은 1억 8,000만 달러를 기록하고 있었다. 란박시는 미국시장에서도 확고한 입지를 축적하고 있었으며, 2012년까지 미국 복제의약품 시장에서 5위에 오르는 것을 목표로 하고 있었다.

당시 일본 제약업계는 특허권 문제나 내수시장의 침체로 어려움을 겪는 상황이었고, 인도의 제약시장은 무서운 속도로 성장하며 세간의 주목을 끌고 있었다. 특히 특허 의약품 부문에서 경쟁력을 가지고 있던 다이이치산쿄의 입장에서는 특허가 만료된 오리지널 의약품을 카피하여 제조하는 제네릭 의약품 쪽에서 경쟁력을 갖춘 인도기업은 매우 매력적인 인수대상이었으며, 그 중에서도 업계 선두를 달리고 있는 란박시는 탐이 날 수밖에 없는 기업이었다. 더욱이 초고령화 사회에 진입

한 일본은 늘어나는 의료비에 부담을 느끼고, 값싼 제네릭 약품의 비중을 늘려야 한다는 정부 시책이 나오고 있었다. 이에 신약개발에는 취약했던 란박시에 눈길을 돌림으로써 신흥시장 진출과 제네릭 약품과 관련된 자원을 획득하고자 하는 두 마리의 토끼를 잡고자 란박시에 손을 내밀게 되었다. 란박시 또한 병원사업이나 헬스케어 등 제약 이외의 부문에도 관심을 가지고 있던 터라 제약사업의 파트너가 필요한 상황이었다.

2008년 6월, 다이이치산쿄는 란박시의 최대주주인 싱 형제의 보유 지분 38.4%를 매입하고, 주식공개매수(TOB)를 통해 란박시 전체 지분의 63.4% 정도를 총 50억 달러에 취득하였다. 이로써 란박시의 경영권을 장악하게 되자 다이이치산쿄는 2015년까지 매출액 150억 달러를 시현하겠다는 야심찬 목표를 발표하였으며, 선진국 시장뿐만 아니라 향후에는 신흥국 시장과 후발 의약품까지 접수하겠다는 포부를 밝혔다.

당시 제약업계는 이 M&A로 다이이치산쿄가 강력한 경쟁우위를 획득하게 될 것이라 예상하였다. 기존의 신약개발에 더하여 란박시의 제네릭 약품 개발 기술까지 획득하게 됨으로써 시너지 효과를 창출할 것이라는 예상이 지배적이었다. 또한 새롭게 떠오르는 인도시장에 먼저 진출하면서, 이후에 진입할 경쟁업체 대비 선발 진입자 이점을 누리게 될 것이며, 세계 제약시장도 이에 맞추어 변화를 겪을 거라는 전망들이 이어져 나왔다.

하지만 반년 만에 상황전개는 급변하고 있었다. 매수한 지 반년도 지나지 않아 다이이치산쿄는 주가가 66%나 폭락하고 그해 결산에서 약 35억 달러로 평가되는 막대한 손실을 입었다. 2009년 3월 결산에서도 손실은 지속되어 약 21억 달러의 최종적자를 기록하였다. 그 후로도 란박시의 당기순손실은 이어졌고, 2014년 3월 결산에서 다이이치산쿄의 매출은 엔저와 일본 내 의약품 판매 호조에 힘입어 전기 대비 11.2% 증가한 약 100억 달러를 기록했지만, 란박시가 발목을 붙잡음으로써 최종 이익규모는 전기보다도 오히려 2.4% 감소한 6억 달러가량에 그쳐야 했다. 이에 다이이치산쿄는 약 6년 만에 결국 애물단지로 전락하고만 란박시를 매각하기로 결정했다. 란박시를 건네받을 회사는 인도의 제약회사인 선 파마수티컬 인더스트리즈(Sun Pharmaceuticals Industries)로, 거래는 란박시 1주에 선 파마수티컬 인더스트리즈의 주식 0.8의 비율로 주식을 교환하는 방식(약 40억 달러 규모)으로 합의되었다. 다이이치산쿄는 이번 매각 자체만으로도 약 10억 달러의 손실을 입었으며, 매수 후의 하락한 주가평가액 및 인도 공장의 품질문제로 미국 정부에 낸 벌금 등을 합하면 총 45억 달러가량의 손실을 입었을 것으로 계산된다.

사실 다이이치산쿄의 실패는 초기부터 이미 그 모습을 조금씩 드러내고 있었다. 매수한 지 얼마 지나지 않아 란박시의 주가가 폭락한 것이었다. 2013년 9월, 다이이치산쿄로서는 생각지도 못한 사태가 일어났다. 미국 식품의약국(FDA)이 란박시의 인도 제2공장의 품질관리체제와 생산체제 등을 지적하며 미국으로의 수출을 금지한 것이다. 매출액의 30%가량을 차지하던 주요 시장 중 하나가 일시적으로 사라지며 손익이 적자로 전환되었다. 이에 따라 란박시의 주가는 폭락하였고, 그 여파는 당연히 다이이치산쿄에게까지 미쳤다.

하지만 이 사건은 시발점 내지 빙산의 일각에 지나지 않았다. 이후에도 새로운 공장에서 제네릭 약품을 생산하여 수출하였지만, 번번이 위반사항이 적발되어 2014년 1월까지 총 4번의 수출금지 조치를 받았다. 주가에의 영향도 컸을 테지만, 미국 정부에 내야 했던 과징금도 적지 않았다. 그 중 2013년에 지급한 벌금은 무려 5억 달러로, 이는 다이이치산쿄의 손익에 많은 영향을 미쳤을 뿐만 아니라 이로 인해 개발한 신약 역시 주요 수출국이었던 미국으로의 판매가 어려워져 영업에 난항을 겪을 수밖에 없었다.

여러 차례에 걸쳐 제기된 란박시 의약제품에 대한 품질 및 유해성 논란, 결과 조작 및 허위자료 제출 등은 시장에서 란박시의 신뢰를 하락시켰다. 다이이치산쿄가 란박시를 인수할 당시 계획에는 미국에도 란박시 공장을 건설하여 제네릭 약품을 생산하고 미국 내에 이를 판매할 계획이 포함되어 있었으나, 잦은 품질관리 문제의 적발과 수입금지 조치로 다이이치산쿄는 인수 당시에는 예상치 못한 차질들을 겪어야 했다.

정보의 비대칭성은 어느 관계에서든 존재할 수 있다. 란박시의 품질관리가 철저하지 못하다는 것을 알고 인수를 했다면 이 역시도 문제지만, 인수 후 처음 란박시의 제품에 대한 문제가 최초 불거져 나왔을 때에 보여준 다이이치산쿄의 대처는 바람직하지 못했다. '사후약방문'이라고는 하지만, '소 잃고 외양간 고치기'로 보기에도 그땐 아직 남은 소가 많이 있었다. 하지만 유해성 논란이나 품질관리에 있어서 이슈화가 되었음에도 불구하고 근본적 사안은 해결하지 않은 채 공장만 바꾸어 끊임없이 수출을 시도했으며, 미국 식품의약국의 기준이 더 까다로워졌음에도 결과를 허위로 조작하여 제출한 것은 그나마 남아 있던 소마저 도망가게 하는 어리석은 짓이었다. 제네릭 약품은 소위 말하는 '짝퉁' 약품이라는 오명을 가지고도 있고, 오리지널이 아니기에 은연중에 불안감을 가지는 사람들도 있으며, 따라서 유해성 논란이나 품질 논란이 일어난다면 오리지널 약품보다 더 치명타가 될 수 있다는 점을 다이이치산쿄는 간과했다.

이 외에도 매수 당시의 금액이 너무 높았던 것도 인수합병 이후 성공에 이르지 못한 하나의 원인으로 꼽을 수 있다. 란박시 주식의 60% 정도를 매수하는 데 50억 달러를 투자하는 건 지나친 지출이 아닌가라는 우려의 목소리는 인수 당시부터 존재했었다. 이에 다이이치산쿄는 장기적인 관점에서 고려한 것이며 앞으로 성장할 신흥국의 가능성을 생각한다면 충분히 가치 있는 투자라는 의견으로 비판들을 일축했다. 그러나 불과 반년도 지나지 않아 기업가치는 70% 가까이 떨어졌고, 기업실사에서도 보지 못하고 놓친 부분이 있었을 것이라는 지적도 나왔다. 일반적으로 기업을 매수할 때에는 손실이 발생할 경우의 보전을 계약사항에 포함하지만, 다이이치산쿄는 예기치 못한 상황에 대한 조항을 계약에 넣지 않았다고 한다. 그래서 다이이치산쿄는 예견하지 못한 손실이 발생하는 사태 속에서도 아무런 손을 쓸 수 없었을 것이고, 이미 발생한 손실을 속수무책으로 감내할 수밖에 없었다.

Question

1. 혁신적인 신약개발에 강점을 갖고 있는 기업이 복제약 생산기업을 인수한 것은 올바른 의사결정이었나?

2. 인수기업의 입장에서 오버 페이먼트(over-payment)의 가능성을 조금이라도 줄일 수 있는 방안을 제시해 보시오.

3. 다이이치산쿄가 란박시를 인수한 동기는 무엇이며, 신흥시장에서 성공 가능성을 견인하기 위해서는 어떠한 조치들을 취했어야 했다고 여겨지는가?

토의자료 11-1 中, 글로벌 M&A시장에서 달라졌다… CNOOC 넥센 인수의 의미

사진은 중국해양석유총공사(CNOOC)가 24일(현지시간) 151억 달러에 인수 합의한 캐나다 석유업체 넥센의 캐나다 앨버타 오일샌드전. 앨버타/AP뉴시스

중국 최대 석유·천연가스 개발업체인 국영 중국해양석유총공사(CNOOC)의 캐나다 석유기업 넥센 인수는 그동안 정치적 압력과 경험 부족으로 실패를 맛봤던 중국기업들의 '와신상담'을 단적으로 보여줬다는 평가가 나오고 있다.

24일 파이낸셜타임스(FT)는 "주식회사 중국이 글로벌 기업 인수합병(M&A) 시장에서 어느 수준까지 이르렀는지 잘 보여주는 사례"라고 평가했다.

CNOOC의 북미지역 대형 M&A는 이번이 처음 시도가 아니다. 지난 2005년 CNOOC는 미국 석유화학기업 유노칼(Unocal)을 185억 달러에 인수하려 했지만 '에너지 안보' 논리를 내세운 미국 정치권의 반대에 밀려 무산됐던 적이 있다.

당시와 달리 이번 넥센을 151억 달러(부채 등을 포함하면 182억 달러)에 인수하기로 한 것은 상대적으로 전망이 밝은 편이다. 당국의 최종 승인이 떨어지면 이는 중국기업으로는 사상 최대 규모의 해외 M&A다.

CNOOC 말고도 중국 국영기업들은 최근 해외 M&A시장에서 적극적인 모습을 보이고 있다. 유로존 부채위기 등으로 글로벌 경제성장세가 둔화되면서 서방 기업들을 인수할 기회가 많아졌기 때문이지만, 특히 중국기업들은 그동안 겪은 숱한 실패를 교훈 삼아 예전보다 훨씬 더 전략적인 접근방식을 구사하고 있다는 평가다.

하지만 넥센 인수만 해도 여전히 넘어야 할 벽이 높다. 당장 캐나다 정부가 인수를 승인해야 하는데, 넥센은 캐나다 최대 에너지기업이다. 또 미국에서는 관련 사안을 관장하는 대내투자위원회(CFIUS)를 거쳐야 하고, 영국 당국의 사업적격자 승인도 얻어야 한다. 넥센이 멕시코만과 북해 지역에 시추시설을 보유하고 있기 때문이다.

이 때문에 CNOOC의 넥센 인수는 지금부터가 시작이며 상당한 시간이 걸릴 것이라는 전망도 나오고 있다. 그러나 관계자들에 따르면 이번 인수는 앞으로 예상되는 각 감독당국과의 협의를 최대한 염두에 두고 진행된 것으로 알려졌다. 일부 실무자들은 "지금까지 이토록 복잡한 접근은 본 적이 없었다"라고 전했고, CNOOC 측 관계자도 "지난 유노칼 인수 실패에서 얻은 교훈을 반영했다"고 말했다.

업계 관계자들도 이번에는 미국 정치권의 강력한 반대는 없을 것으로 전망하고 있다. 앞서 CNOOC가 체사피크에너지의 지분을 사들이며 셰일가스 사업에 투자했을 때도 미국 정치권의 거부는 없었다. M&A전문 로펌 스케이든압스의 이반 슐래거 변호사는 "이번 넥센 인수 건은 우호적 M&A를 꺼려고 했던 유노칼 인수와 근본적으로 다르다"고 말했다. 당시 유노칼 인수는 미국 셰브론텍사코가 먼저 인수하려 했던 것에 CNOOC가 뒤늦게 끼어들면서 곱게 봐줄 수 없다는 분위기였고, 미·중 간의 정치이슈로까지 비화될 빌미를 제공했던 측면이 있었다.

최근 국제유가가 약세를 이어가면서 전 세계 자원기업들도 자금 확보에 골머리를 앓고 있다. 한편 중국은 급속한 경제성장으로 에너지 수요도 폭발적으로 늘면서 CNOOC, 중국석유(페트로차이나), 시노펙(중국석유화공), 시노켐(중국중화집단) 등 국영기업들의 해외 인수를 적극 장려해 왔다. 시장에서 상대적으로 저평가됐다고 판단하고 있는 중국기업들은 충분한 해외진출 동기와 자금 '실탄'을 갖고 있다.

CNOOC는 이전부터 넥센과 상당한 유대관계를 구축했다. 지난해에는 넥센과 손잡고 멕시코만 심해유정 개발에 뛰어들었고, 파산보호를 신청한 옵티캐나다의 오일샌드 지분을 21억 달러에 인수하며 '백기사'로 나서기도 했다. 이외에도 시노펙이 2010년에 코노코필립스의 신크루드캐나다 지분을 약 47억 달러에 매입하며 오일샌드 확보전에 가세했고, 페트로차이나도 2009년 17억 달러를 들여 아타바스카오일샌드로부터 2개 개발프로젝트 지분 60%를 인수하기도 했다.

그러나 유노칼처럼 실패한 경험 때문에 지금까지 중국 에너지기업들은 해외 상장기업들의 지분 대부분을 획득해 경영권까지 가져오기보다는 소규모 지분만 얻는 경향이 있었다. 하지만 넥센 인수가 성공적으로 마무리되면 이는 바뀔 수 있다. 때문에 CNOOC의 이번 넥센 인수는 중국 해외자원시장 확대의 전환점은 물론 괄목상대한 중국의 글로벌 M&A시장 능력을 증명하는 계기가 될 것으로 보인다.

(자료 : 아시아경제, 2012.7.24)

토의자료 11-2 재계는 떨고, 시장은 반기고

"국내기업들은 '알짜' 그룹이 외국자본에 통째로 흔들리는 것을 보면서 경영권 안정에만 집착하게 될 것이고, 이에 따라 결과적으로 경영활동이 크게 위축되는 등 경제에 악영향을 끼칠 것이다." (전경련 관계자)

"크레스트시큐러티스(이하 '크레스트')가 SK㈜의 1대 주주가 된 것은 SK㈜의 지배구조를 개선할 수 있는 좋은 기회다." (새턴투자자문 김석한 사장)

외국계 펀드인 크레스트가 장내 매수를 통해 SK㈜의 최대주주로 등장한 것을 두고 재계와 시장 관계자들은 극명하게 엇갈린 반응을 보이고 있다. 재계에서는 외국자본이 국내의 '알짜' 그룹을 노린 것 아니냐면서 외국자본에 대한 극도의 반감을 드러냈다. 총수 일가가 수십 년에 걸쳐 피땀 흘려 일궈온 자산 규모 47조 원의 재계 서열 3위 그룹을 단돈 1,700여억 원을 투자해 통째로 집어삼키는 것은 '있을 수 없는 일'이라는 것.

잘 알려진 대로 SK㈜는 SK그룹의 지주회사 역할을 하고 있다. 2012년 말 현재 그룹의 '알짜'인 SK텔레콤 지분 19.8%를 보유하고 있는 것을 비롯해 SK글로벌 37.9%, SK해운 47.8%, SK엔론 50%, SKC 47.7%, SK제약 20%, SK전력 100% 등 SK의 주력 계열사들을 지배하고 있기 때문이다. SK㈜만 삼키면 거의 모든 SK 계열사를 손쉽게 장악할 수 있다는 얘기다.

경영 위축 경제 악영향 vs. 대주주가 무슨 상관

삼성경제연구소 김경원 금융실장(상무)은 "크레스트의 SK㈜ M&A 시도를 계기로 외국계 펀드의 경영권 위협 앞에 어느 기업도 안전하지 않다는 인식이 퍼지면서 기업들이 앞으로 절대 투자하지 않을 것"이라고 우려했다. 유휴자금이 있더라도 이를 투자하기보다는 사내에 쌓아두고 혹시 있을지 모를 경영권 공격에 대비할 것이라는 얘기다.

다행히 SK 측은 크레스트의 SK㈜ 경영권 위협에는 대응할 수 있다. 동일 외국인의 지분이 전체의 10% 이상인 회사는 외국인투자촉진법상 외국인투자기업으로 분류돼 공정거래법상 출자총액 제한 대상에서 예외로 인정하는 조항에 따라 SK 측의 지분 7.64%가 의결권 제한 대상에서 풀리기 때문. 이에 따라 SK 측은 SK㈜에 대해 총 17.46%의 의결권을 자유롭게 행사할 수 있어 크레스트의 지분(14.99%)보다는 높아졌다.

(자료 : 주간동아, 382호)

토의자료 11-3 중국 · 인도, 선진기업 인수해 선진국 잡는다

'쩌우추취(走出去 · 해외로 달려 나가자)!'

요즘 중국기업들의 구호다. 중국은 현재 1조 4,000억 달러가 넘는 막대한 외환보유액을 앞세워 산업영토 확장에 본격적으로 나서고 있다. 박승록 한국경제연구원 연구위원에 따르면, 중국기업의 국외기업 인수합병(M&A) 건수가 2002년 이전에는 불과 20여 개 이하였지만, 2003년 67건, 2004년 129건, 2005년 77건, 2006년 80건으로 기록된다. 2004년을 정점으로 내리막길을 걷는 것처럼 보이나, 거래액은 불과 지난해를 기점으로 144억 달러로 급성장했다. 불과 2~3년 전 이 크기는 20억 달러 선에 불과했다는 점에서 놀라운 성장세다.

인도 역시 기세가 만만치 않다. 임정성 포스코경영연구소 수석연구원은 "국외 M&A는 2003년부터 업종을 불문하고 급증하기 시작했으며, 1억 달러 이상 거래규모를 기록하는 사건도 속출하고 있다"고 말했다. 대기업들 이외에 중규모 기업들도 뛰어들어 지난해부터는 외국기업들에 의한 인도기업 M&A보다 인도기업들에 의한 외국기업 M&A가 2배 정도로 커졌다는 설명이다.

중국과 인도는 흔히 우리나라 1970~80년대와 비교되는 개발도상국이다. 불과 10여 년 전만 봐도 우리나라 기업은 해외기업 공세를 막기 위한 활동에 주력했지 직접 진출할 생각은 상상도 못했다. 국외기업 M&A에 대해선 우리보다 훨씬 앞선 상황을 어떻게 설명할 수 있을까.

그림 11-2 | 중국기업들의 국외 M&A 건수 및 금액

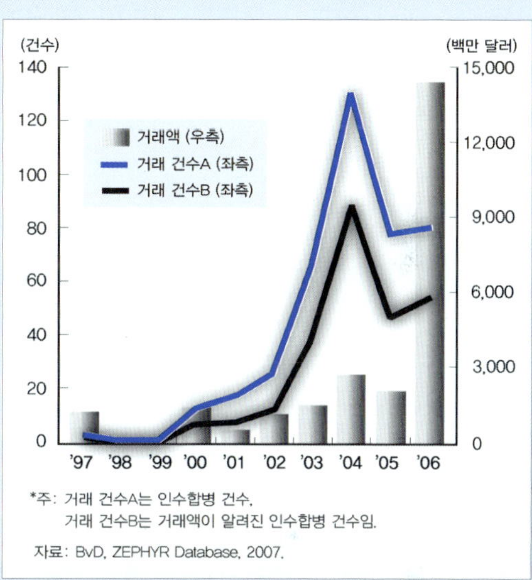

*주: 거래 건수A는 인수합병 건수.
거래 건수B는 거래액이 알려진 인수합병 건수임.

자료: BvD, ZEPHYR Database, 2007.

중국 국외 M&A 거래액 상위 기업
(단위 : 백만 달러)

기업명	총거래건수	거래액
중국석유화공공사	6	3,547
중국은행	2	3,245
중국국제신탁공사	1	1,910
중국건설은행	1	1,248
청콩인프라스트럭처	1	1,248

자료 : 한국경제연구원, ZEPHYR Database.

사실 중국과 인도 각각 속사정은 다르다. 계획경제 아래 있는 중국은 공기업 중심으로 국가의 지나치게 높은 외환보유고를 효율적으로 활용하기 위해 정부가 지원한 부분이 크다. 반면, 한때 규제왕국이라는 뜻으로 '라이선스 라지(License Raj)'로 불렸던 인도에는 복잡한 국내 규제를 피해 국외에서 신성장동력을 찾는 기업이 많다.

하지만 미국 월가 리서치 기관인 게이브칼연구소의 한국계 임원 피터 김 이사는 "어떤 배경이든 중국이나 인도기업 모두 글로벌 M&A가 빠른 시간 안에 기업을 키울 수 있는 효율적인 방법임을 우리보다 먼저 자각했다는 사실은 분명하다"고 평했다. 이들은 공통적으로 덩치가 큰 기업에 대한 인수를 통해 규모의 경제 및 세계적 지위 확보를 추진하는 한편, 상대적으로 작은 크기 기업을 전략적으로 인수해 특정 시장 진입 또는 기술력, 브랜드, 경영노하우 등의 습득을 노리고 있다. 해외 M&A를 통해 규모의 경제 효과를 노린 기업은 철강업계에서 많이 발견할 수 있다.

규모 확대 · 기술습득이 주목적

현재 세계 철강업계 선두인 '아르셀로미탈'이 대표 사례다. 락시미 미탈 회장은 그야말로 자기 손으로 용광로 한 개 만들지 않고 M&A를 통해 불과 16년 만에 세계 최대의 철강회사를 일궈냈다. 그는 "공장을 세워서 회사를 키우기에는 인생이 너무 짧다"는 소신 아래 2000년대부터 20회가 넘는 M&A를 성공시키며, 지난해 기준 매출액 885억 7,600만 달러, 순이익 79억 7,300만 달러에 달하는 글로벌 회사를 만들어냈다. 재무담당 책임자(CFO)인 아디티야 미탈이 "아르셀로미탈은 더 이상 인도기업이 아니다"라고 선언한 바 있지만, 미탈 회장의 'M&A를 통한 성장전략'은 인도 철강업계에 큰 영향을 미치고 있다. 미탈 · 타타 · 루이아(에싸르그룹) · 진달 · 부샤 등은 모두 전통적인 상인 가문들인데, 다른 가문들도 이런 미탈의 전략을 모방하면서 쫓아가고 있다. 올해 초 세계 56위였던 인도의 민영 철강업체 타타스틸의 경우, 올 들어 영국의 코러스그룹을 인수하면서 단숨에 세계 5위 철강업체로 도약했다.

국외기업 M&A는 기업 규모를 빠른 시간에 키울 수 있는 수단이 될 뿐 아니라 열악한 기술력을 단숨에 끌어올리는 역할도 한다. 대표적으로 2005년 중국 레노버의 IBM PC사업부 인수 사건을 들 수 있다. 이 일은 전 세계에서 화제를 불러일으켰다.

북미지역의 대다수 소비자들은 중국제품이라면 싸구려 이미지를 떠올리면서도 레노버 제품만은 고급 브랜드로 인식하고 있다. 레노버 입장에서는 기존 선도기업의 기술력을 고스란히 가져가면서도 중국산에 대한 고정관념을 깨는 데도 유리한 셈이다.

중국기업 샨다는 '미르의 전설'이 대박을 터뜨리자 액토즈소프트를 인수해버렸다. 이 게임의 중국 내 판권을 2001년에 사갔던 샨다는 계약 당시 중소기업이었지만, 서비스가 대박을 터뜨리면서 나스닥 상장기업이 됐다. 이후 2004년 12월 액토즈소프트의 경영권을 사들여 단기간에 게임개발능력을 갖춘 게임시장 강자로 부상했다. 샨다는 최근 또다시 엔씨소프트 중국법인 엔씨차이나의 지분 30%를 인수한다고 밝혀 업계를 긴장시키고 있다.

김세중 신영증권 투자분석부장은 "중국의 국외기업 인수는 첨단기술 획득을 통한 선진국 진입을 가속화하기 위한 수단"이라고 설명했다.

중국 BOE그룹이 2003년 하이닉스의 LCD 분야 자회사인 하이디스를 4,000억 원에 인수했고, 상하이자동차가 2004년 쌍용자동차를 5,900억 원에 사들였던 것도 이런 차원이란 게 그의 의견이다.

▍락시미 미탈 회장(사진)은 2000년 이후 20건이 넘는 M&A로만 세계 최대 철강회사를 일궜다.

에너지원 확보 움직임 치열

중국과 인도의 국외기업 M&A의 마지막 움직임은 에너지원 확보. 한창 중화학공업 분야를 발전시키고 있는 중국과 인도는 에너지원을 원활히 얻기 위한 에너지 관련 기업 M&A에 열성적으로 나서고 있다. 중국 국무원은 올해 초 쿠웨이트·카타르·노르웨이 등 32개국에 대한 투자 및 관련기업 M&A 계획을 밝혔을 정도다.

육정근 상하이에셋플러스 이사는 "2000년 이후 지난해까지 성사된 자원 확보 관련 국외기업 M&A 건수는 40건에 달한다"고 말했다. 자원 확보를 위한 글로벌 M&A 중심에 선 기업들은 페트로차이나, 중궈알루미늄 등이 꼽힌다. 페트로차이나는 지난 8월 41억 달러를 투입해 카자흐스탄의 대표 석유회사인 KMG를 인수하겠다고 발표했고 현재 그 과정을 진행 중이다. 중궈알루미늄 역시 비슷한 시기 페루 구리회사 지분 91%를 인수했다. 페루 구리 회사는 페루의 토로모초 동광 개발권을 가진 곳으로 중궈알루미늄은 이 회사 인수를 통해 향후 22년간 연평균 27만 5,000톤의 동과 5,200톤의 몰리브덴을 생산하게 됐다.

인도기업의 주요 해외기업 M&A 사례
(단위 : 백만 달러)

발표일	인수자	인수대상	인수규모
2006.10	타타철강	코러스그룹 (영국)	12,982
2007. 2	힌달코	노벨리스 (캐나다)	5,731
2006. 1	오일&내추럴가스	바신유전 (브라질)	1,400
2007. 2	수즐론에너지	RE파워 (독일)	1,328
2006.11	UB그룹	화이트앤맥케이 (영국)	887
2007. 1	이빈원양	시베스트ASA (노르웨이)	784

자료 : Dealogic.

중국 국부펀드 움직임에 전 세계 긴장

이런 중국과 인도의 국외기업 M&A는 아직 걸음마 단계인 한국에도 위협이 될 수 있다. 피터 김 이사는 "아시아가 세계화의 중요한 부분을 차지하는만큼 아시아지역 기업들 경쟁이 훨씬 더 심화될 것"이라면서 "중국이나 인도기업들이 M&A를 통해 급속도로 산업 및 경영 기술을 습득해 간다면 한국이 뒤처지는 것은 시간문제"라고 말했다.

브라이언 구 JP모건 아시아 M&A 담당 전무

는 "특히 중국기업들은 정부 지원 아래 점점 더 큰 규모의 다국적기업들을 노리고 있어 전 세계를 긴장시킬 정도"라고 평했다. 중국 국부펀드인 중국투자공사(CIC)가 지난 6월 세계 최대 사모펀드인 블랙스톤에 30억 달러를 투자한 사건은 그 신호탄이란 설명이다.

(자료 : 매경이코노미, 제1434호, 2007.12.12)

참고문헌

AFFI(2020), "Frozen Food Sales Amid COVID-19", AFFI.

Das, T. K. and Teng, B. S.(2001), Trust, control, and risk in strategic alliances: An integrated framework, *Organization Studies*, 22(2), 251-283.

Parkhe, A.(1998), Building trust in international alliances, *Journal of World Business*, 33(4), 417-437.

UPI뉴스, 분기 매출 5조 돌파 CJ제일제당, 영업익은 뚝, 2019년 5월 13일자.

김혁황, 박철형, 성한경, 현혜정(2008), "국경간 M&A를 통한 한국기업의 해외진출전략 연구", 대외경제정책연구원.

네이버지식백과(2014), IBM의 역사. [online] Available at http://terms.naver.com/entry.nhn?docId=1691830&cid=3619&categoryId=4116 [접속일: 2014년 4월 21일].

뉴시스, CJ 만두, 제2 초코파이 만들 것, 2016년 12월 28일자.

더벨, CJ제일제당, 쉬완스 인수로 역대급 크로스보더 성사, 2019년 4월 1일자.

더벨, CJ제일제당이 설계한 거래 구조는, 2018년 11월 16일자.

동아비즈니스리뷰, 현지인 식습관 간파한 맞춤형 만두, 美·中에 글로컬리제이션 돌풍, 동아비즈니스리뷰, 252호.

두산백과(2014), IBM. [online] Available at http://terms.naver.com/entry.nhn?docId=1121529&cid=40942&categoryId=34658 [접속일: 2014년 4월 21일].

디지털데일리, 다음, 해외시장 공략 참담한 실패, 왜?… '콘텐츠가 없었다', 2010년 8월 16일자.

매거진 한경, CJ제일제당, 슈완스 효과 누리며 해외 식품 매출 4조원 돌파, 2021년 2월 3일자.

매경이코노미, 중국·인도, 선진기업 인수해 선진국 잡는다, 제1434호, 2007년 12월 12일자.

매경프리미엄, TSMC 4배, 현금 130조 들고도 옴짝달싹 못하는 삼성… 7만전자 이유있네, 2021년 7월 24일자.

매일경제, CJ 비비고 만두, 국내보다 美서 더 잘 팔린다, 2020년 2월 19일자.

매일경제, CJ 비비고 만두, 연매출 1조원 돌파… 단일 품목으로 식품업계 최초 달성, 2020년 12월

22일자.
매일경제, CJ제일제당, 글로벌 PEF서 3800억 투자받았다, 2019년 5월 23일자.
매일경제, 비비고 만두 1조 매출… 미국서 더 잘 팔린다, 2020년 10월 18일자.
매일경제, 비상경영 선포한 CJ… 신규 임원 수 절반 줄인다, 2019년 12월 30일자.
박상준(2019), “햇반, 쉬완스, 그리고 비비고”, 키움증권.
박애란(2019), “글로벌 기업이 되어가는 성장통”, KB증권.
사공목(2007), “일본의 M&A 관련 대책과 시사점”, KIET 산업경제 55-68, 산입언구원.
삼성전자 뉴스룸(2016), 삼성전자, 美 전장전문기업 하만(Harman) 인수. [online] Available at https://news.samsung.com/kr/%EC%82%BC%EC%84%B1%EC%A0%84%EC%9E%90-%E7%BE%8E-%EC%A0%84%EC%9E%A5%EC%A0%84%EB%AC%B8%EA%B8%B0%EC%97%85-%ED%95%98%EB%A7%8Charman-%EC%9D%B8%EC%88%98 [접속일: 2021년 7월 29일].
서민교, 박병일(2013), “글로벌경영”, 서울경제경영출판사.
서울경제신문, HP, 회계부정으로 오토노미 전 CFO 고소, 2014년 8월 5일자.
스포츠서울, CJ제일제당 비비고, 슈완스 유통망 통해 미국 사업 대형화, 2020년 10월 22일자.
아시아경제신문, 中, 글로벌 M&A시장에서 달라졌다… CNOOC 넥센 인수의 의미, 2012년 7월 24일자.
월스트리트저널 코리아, 오토노미 창업자 “HP 말은 전부 거짓,” 2012년 11월 22일자.
이코노미스트, 삼성의 10년 M&A, 이재용의 뉴 삼성 전략이 보인다, 2021년 5월 10일자.
인베스트조선, 피인수 5년차 하만은 제자리… 전장사업 한계만 드러난 삼성전자, 2021년 5월 7일자.
장세진(2003), “글로벌경영사례집”, 박영사.
장세진(2009), “글로벌경영”, 박영사.
조선비즈, 삼성의 아픈 손가락 하만… 총수 부재 속 車 전장 수익성 개선 쉽지 않네, 2021년 6월 14일자.
조선일보, 삼성의 또 다른 병기 하만… 뚜껑 여니 마이너스였다, 2021년 5월 5일자.
주간동아, 재계는 떨고 시장은 반기고, 2013. 5. 1. 382호.
한겨레, 비비고 만두, 식품 단일 품목으로 첫 매출 1조원 돌파, 2020년 12월 23일자.
한국경제, CJ제일제당, 미국 쉬완스 인수 긍정적-KB, 2018년 11월 16일자.
한국농수산식품유통공사(2019), “2019 가공식품 세분시장 현황 - 간편식 시장”, 한국농수산식품유통공사.
홍림, 정강원(2010), 중국 M&A 실패사례에 관한 연구: 상하이 자동차와 쌍용자동차의 M&A 사례를 중심으로, 경영컨설팅리뷰 1(1): 43~60.

제 12 장 글로벌전략

[1] 이것만은 알아두자

글로벌전략의 정의

글로벌전략이란 기업의 활동방식을 전 세계적으로 통합하는 것을 일컫는다. 오늘날 경제의 범세계화(globalization)에 따른 글로벌산업이 등장하게 되자 다국적기업 경영자들이 가장 중요시하는 문제의 하나는 세계 사업을 국가별로 흩어져 있는 사업의 단순한 집합이라는 개념에서 글로벌전략(global strategy)을 수행하는 하나의 통합된 사업의 개념으로 전환하려는 것이다. 이렇게 글로벌하게 전략을 통합하는 접근방법은 국가별로 현지 소비자의 요구에 적합한 제품을 개발, 생산, 판매하는 데 초점을 맞추는 '다국가적 접근방법(multinational approach)'과 대조를 이룬다.

글로벌전략의 장단점

- **장점** : 첫째, 글로벌전략은 비용절감을 가능하게 한다. 둘째, 다국가전략에서와 같이 많은 종류의 제품과 프로그램을 제공하는 것보다 글로벌전략의 경우 소수의 제품과 프로그램에 집중하는 것이 제품과 프로그램의 질을 높일 수 있다. 셋째, 글로벌전략은 고객의 충성도를 제고하는 데 도움을 준다. 넷째, 글로벌전략은 경쟁압력에 대응하는 데 있어서 여러 가지 대안을 가질 수 있도록 해준다.
- **단점** : 첫째, 글로벌전략은 관리비용의 확대를 가져온다. 이는 본사의 조정활동 및 본사로의 보고사항이 증가하며, 전략의 수행을 위해 더 많은 관리요원들이 필요하기 때문이다. 둘째, 글로벌전략의 수행에 따라 나타나는 본사로의 지나친 집권화는 현지 자회사의 사기 및 동기부여에 악영향을 주어 현지 자회

사의 경영효율성을 감소시킬 수 있다. 셋째, 제품표준화를 극단적으로 추구하다 보면 결국 어느 소비자도 완전히 만족시킬 수 없는 제품을 만들어내는 수도 있다. 또한 지나친 마케팅 표준화도 현지 소비자의 행태나 마케팅 환경에의 적응력을 감소시킨다.

글로벌전략의 주요 요소

- **기업 활동의 세계적 배치** : 다국적기업은 자신이 핵심역량을 보유하고 있는 활동은 본국에 남겨두고 기타의 활동은 세계 각국 중 각 활동부문을 가장 잘 수행할 수 있는 국가에 배치함으로써 기업 전체적으로 효율성을 극대화할 수가 있다. 즉, 부가가치사슬의 개념에 따라 각각의 활동부문을 특정 국가에 집중시키거나 여러 국가로 분산배치하는 전략적 대응이 가능한 것이다.
- **기업 활동의 세계적 조정** : 가치 활동의 조정은 각 국가에서 수행되는 가치사슬의 상호작용 정도를 의미한다. 높은 조정수준의 경우 기업 활동의 통합을 추구하는 중앙집권적 조직구조를 가지게 되며, 낮은 조정 수준의 기업은 조직 내부적으로 자율성이 부여되는 분권화된 조직을 가지게 된다.

글로벌전략의 모델

- **통합-대응 모델** : 개별 다국적기업이 이상에서 살펴본 글로벌통합의 압력과 지역별 대응의 압력의 고저에 따라 취할 수 있는 전략은 글로벌통합전략(global integration strategy), 다중심전략(multifocal strategy), 지역별 대응전략(local responsiveness strategy) 등 크게 세 가지 전략으로 나누어 볼 수 있다.
- **부가가치활동의 배치와 조정 모델** : 부가가치활동의 배치와 조정이란 두 차원을 결합할 경우 다음 네 가지의 대표적인 국제경쟁전략이 나타난다.

  첫째, 순수 글로벌전략(pure global strategy)은 기업의 가치 활동 중 규모의 경제에 민감한 부분들은 어느 한 국가에 가능한 한 많이 집중시키고, 현지화에 충실해야 할 기능만 최소한으로 분산시키며, 개별 국가 간의 차이를 좁히도록 높은 조정수준을 유지한다.

  둘째, 개별 국가 중심의 전략(country-centered strategy)은 가치 활동이 국제적으로 분산배치되어 있고, 서로 다른 국가에 위치한 가치 활동이 서로 조정되지 않는 유형이다.

셋째, 수출중심전략(export strategy)은 가치 활동을 지역적으로 집중시키되 가치 활동의 조정은 별로 하지 않는 전략이다.

넷째, 고도의 해외직접투자전략(high FDI strategy)은 가치 활동을 국제적으로 분산배치하고 있다는 점에서 개별 국가 위주의 전략과 유사하나 이렇게 분산된 가치 활동에 대해서는 철저한 중앙통제 및 조정을 한다는 점에서 차이가 있는 전략이다.

[2] 글로벌전략과 관련된 주요 사례

사례 12-1 KFC가 해외진출의 정답?

KFC는 중국시장에 진출한 1호 패스트푸드점으로서 1987년 닭고기 생산업체인 Animal Production이라는 중국기업과 합작기업 형태로 진출하였다. 우선 KFC가 중국기업과 합작하는 방식으로 진출했던 이유는, 2007년 「상업프랜차이즈경영관리조례」가 발표되기 전까지는 외자기업은 반드시 합자, 합작 방식으로만 중국시장 진출이 가능했고, 기술이전을 제외한 비즈니스 모델이나 경영노하우에 관한 로열티는 수령이나 송금이 허용되지 않았기 때문에 이외에는 달리 방법이 없었다. 또한 현지 파트너를 통해 중국시장에 대한 정보와 유통망 등 인프라 확보의 이점도 추가적으로 얻을 수 있었다. 한편 KFC가 들어온 지 3년 후 맥도날드가 동일한 형태로 진입하였고, 두 기업 모두는 중국시장에 대한 정보부족 등의 이유로 빠른 확대를 위한 플래그십 전략이 아닌 주요 전략거점에서 타 지역으로 판매거점을 옮기거나 확장하는 집적(clustering)방식으로 확장하였다.

그럼 구체적인 사례를 살펴보자. 일반적으로 각국에 진출한 글로벌 프랜차이즈의 경우, 표준화된 제품을 통해 원가를 절감하고, 일부 메뉴나 사이드를 조금 추가하여 현지화하는 전략을 취한다. 세계 시장에서 KFC나 맥도날드의 전략도 크게 다르지 않다. 그러나 중국시장에서 보여준 KFC의 모습은 조금 다른 양상을 보였으며, 그 구체적인 내용은 아래와 같다.

1) 원료의 현지화를 통한 비용우위

초기 KFC는 중국시장에 진출한 첫 번째 패스트푸드 체인이었기에 기존의 전례가 없어 가격을 결정하는 것이 쉽지 않았다. 따라서 실제가격은 영업효율성, 원재료, 원가 등에 의해 결정되었고, 이것은 중국 노동자 평균 주급의 4분의 1에 해당되는, 중국 소비자의 소득과 중국시장의 물가수준을 고려하면 매우 높은 가격으로 책정되었다. 그러나 결과적으로 브랜드가 고급스럽게 인식되는 긍정적 결과를 낳았다. 이후 맥도날드가 중국시장에 진출하고 기본적으로 두 기업 모두 비슷한 가격에, 중국 내 다른 경쟁업체에 비해 상대적으로 높은 가격을 책정하고 있었지만, 자세히 살펴보면 그 속에서도 서로 상이한 가격전략을 취하고 있다. 즉, 일반적으로 비용우위는 규모의 경제를 통한 실현을 대표적으로 꼽을 수 있으며, 이것이 글로벌전략의 최대 장점이다. 이러한 점에서 KFC와 맥도날드는 모두 규모의 경제를 실현하고 있었지만, 두 기업의 차이는 맥도날드의 경우 재료의 절반 이상을 미국 본사에서 조달하는 반면, KFC는 중국 본토에서 대부분을 조달함으로써 비용 면에서 보다 우위에 설 수 있었다. 또한 이는 수익성 및 가격의 일관성에 있어서 긍정적인 영향을 미쳤다.

2) 상품의 현지화를 통한 점유율 우위

KFC는 넓은 중국 소비자의 다양한 니즈를 반영하는 적극적인 현지화 전략을 펼쳤다. 1990년대 중반부터 중국인을 위한 브랜드를 만들겠다고 결심하고 2000년에는 '중국 KFC식품건강자문위원회'를 설립하였다. 그 결과 KFC에서는 매년 1.5개꼴로 중국식 신상품 메뉴를 출시하여 2010년에는 중국에서 판매되고 있는 30여 종의 메뉴 중 절반 가까이가 중국 소비자의 취향에 맞는 고유의 제품으로 구성되었다. 뿐만 아니라 중국 전역을 대상으로 하는 현지화 전략을 넘어서 각 지역별 현지화 전략을 추구하고 있다. 육류보다 가금류를 선호하는 중국 소비자의 취향상 자사의 강점에 잘 맞고 그 강점을 잘 살려 각 지역마다 다른 식성을 고려해 다른 맛의 닭고기를 제공한다. 그리고 북경오리를 이용한 메뉴 개발, 최근 한류열풍에 따른 '한국 김치 돼지고기 트위스터' 혹은 '카라 돌솥 김치버거' 등 부단히 현지화에 노력하고 있다. 반면 맥도날드는 주로 소고기 위주의 제품구성을 추구하였으며,

중국시장 진출 이후 글로벌 표준화 전략에 부합하는 표준화된 제품의 지속적인 공급을 바람직한 장기 전략으로 판단하였다. 따라서 중국시장을 위한 메뉴 개발에는 덜 적극적이었다. 그러나 이러한 점이 KFC 대비 패인으로 지적되자 맥모닝 메뉴에 중국식 메뉴가 일부 포함되었고, 1년간의 연구를 통해 쩐바오싼지아오라는 맥도날드 역사상 최초의 쌀로 만든 메뉴도 출시하게 된다. 그럼에도 불구하고, 제품 현지화 수준 및 그 범위에서 KFC가 압도적인 우위를 점하고 있었기에 메인메뉴의 현지화에도 불구하고 중국 소비자들의 주목을 끌기에는 역시 한계를 갖고 있었다.

3) 브랜드 이미지와 광고 현지화

KFC의 중국 상호는 肯德基(중국명 ; 컨더지)로 켄터키와 유사한 발음을 띄게끔 만들었으며, 말레이시아와 중국에서 패스트푸드가 저가보다 고가음식점에 포지셔닝되어 있는 경향이 있으므로 기존 전략과 다르게 식사 후 자리를 치워주는 서비스를 제공한다. 더욱이 일부 매장은 중국인의 정서를 고려하여 기본 인테리어를 바탕으로 중국풍 소품이나 분위기를 연출하기도 하였다. 이렇듯 KFC는 브랜드가 가지는 외국적 이미지를 최대한 배제하고 현지화에 집중하였다. 또한 2004년 1월에는 "중국켄터키식품건강정책백서"를 발간함은 물론, 더 나아가 2008년 11월 2000호점 개점과 함께 정기적인 건강음식 세미나를 개최하여 웰빙에 대한 이미지를 심어주고 있고, 중국적십자회와 함께 건강펀드를 조성하였으며, 영양사, 의사들로 구성된 '식품건강자문단'을 만들어 건강 및 기호에 맞는 메뉴 개발에 대한 적극적인 의지를 보이고 있다. 이러한 노력들로 인해 중국KFC는 중국 문화를 수용하고 존중하고 있다는 이미지를 심어줌으로써 중국인과 보다 친화적인 브랜드 이미지를 쌓을 수 있었다. 이를 통해 패스트푸드의 비만문제, 쓰레기 식품 논란이 제기됐을 때에도 시장의 비난을 피해갈 수 있었다.

4) 관계 현지화

다국적기업의 중국 진출에 있어서 가장 큰 어려움 중 하나가 바로 '관계(relationship)' 문제이다. 관계 문제란 기존의 선진국 시장과 다르게 중국시장이 행정관리체제, 당정관료의 개입 성향 등 사회 · 문화적으로 발생하는 요인을 뜻하며, 공급자와 수요자 간 안정되고 신뢰성 있는 협력관계를 유지하고, 정부, 지역사회, 은행 등과의 공공관계를 지속적으로 발전시켜 나가는 것도 포함된다. 이를 위해 KFC는 자사 내에 홍보부서를 만들고, 기부와 봉사활동 등 다양한 형태와 경로로 공공사업에 힘씀으로써 관계 형성을 위해 노력하고 있다.

5) 경영과 인재의 현지화

KFC는 아시아지역 본부를 상하이에 설립하여 시시각각 변하는 중국 소비트렌드를 민감하게 모니터링하고 분석할 수 있었으며, 의사결정에 있어서도 소비자의 요구에 신속하게 반응할 수 있었다. 가맹점을 통한 프랜차이징 경영 및 발 빠른 움직임으로 중국 내 대도시에서의 성공을 바탕으로 최근에는 지방의 중소도시로 시장을 확장하는 등 중국 전역으로 매장이 확산되고 있다. 또한 KFC는 인력의 적극적인 현지화 전략을 시행 중이다. 일반직원의 경우 100% 현지인만을 채용하고, 대부분의 관리자급 종업원도 현지 인력을 위주로 선발한다. 그리고 단순고용에 그치지 않고 교육을 통해 현지 인력을 상위관리직으로 육성한다. 이를 위해 KFC는 중국 내에 교육운영부와 인력자원부라는 2개의 인력관리 부서를 만들어 운영 중인데, 이렇듯 현지 인력을 중용함으로써 현지 소비자의 소비패턴이나 시장 및 정책 동향에 보다 민감하게 대응할 수 있을 것이라고 기대된다.

Question

1. 표준화된 글로벌전략이 갖는 장점에도 불구하고, KFC가 중국시장 내에서 현지화 전략을 취한 이유는 무엇인가?
2. KFC가 표준화된 글로벌전략을 취하지 않음으로써 잃은 것은 무엇인가?
3. 그렇다면 현지화 전략이 늘 바람직한 것인가? 이를 논하시오.
4. 한국시장에서는 중국 대비 KFC의 현지화 노력이 덜한 편으로 판단된다. 그 이유는 무엇인가?
5. 글로벌전략과 관련하여 한국시장과 중국시장에서 KFC가 보여주고 있는 모습을 비교함으로써 얻을 수 있는 시사점은 무엇인가?

사례 12-2 수출로 웃는 빙그레

빙그레는 우리나라의 대표 식품기업 중 하나로서 몇 개의 주력상품을 중심으로 활발한 국제경영 활동을 영위하고 있다. 빙그레는 1967년 9월 ㈜대일양행이라는 회사명으로 설립된 기업으로, 1973년 한화그룹의 계열사였다가, 1982년에 '빙그레'로 사명을 변경하였으며, 1992년에는 한화그룹에서 분리되어 독립적인 기업이 되었다.

박홍수, 하영원, 강성호(2008: 26)에 따르면, 빙그레의 기업 미션은 "건강과 행복을 함께 나누는 밝은 미소의 메신저"이다. 빙그레의 사업영역은 크게 투게더, 메로나, 끌레도르 등의 아이스크림 영역, 바나나맛 우유, 떠먹는 요플레, 우유 등의 유제품 영역, 꽃게랑, 야채타임 등의 스낵 영역으로 구분할 수 있다. 빙그레의 주요 수출품목들로는 바나나맛 우유, 메로나, 꽃게랑 등이 있으며, 1990년대 초반 미국과 러시아를 중심으로 수출을 시작했다.

각각의 상품들을 살펴보면, 바나나맛 우유는 가공유 제품으로 우리나라 안팎으로 매우 인지도가 높은 제품이다. 바나나맛 우유는 최초 1974년에 만들어져 시판되기 시작하였고, 2004년 미국 수출을 시작으로 캐나다, 중국, 필리핀 등 전 세계 10여 개국에 수출되고 있으며, 2012년에는 바나나맛 우유의 매출증가가 유음료류의 매출액이 140억 원을 시현하는 데 크게 기여하였다. 메로나 아이스크림은 1992년에 출시된 상품으로, 1995년 하와이 시장에 선보인 이후 현재 전 세계 30여 개국에 수출되고 있으며, 2012년에는 메로나를 포함한 아이스크림류 매출이 230억 원을 달성하게 한 효자상품이다. 마지막으로, 꽃게랑은 1992년 러시아 선원들이 우리나라에 들렀다가 맛을 본 이후 인지도가 생겨나 1993년부터 러시아로 수출하고 있는 스낵제품으로 1986년에 국내에서 출시되었다. 이러한 인연으로 꽃게랑의 인기는 특히 러시아에서 높은데, 이에는 또한 꽃게랑이 2012년 6월, 러시아 최대 유통업체 중 하나인 마그나트에 입점하게 된 것이 또 하나의 계기가 되었다고 본다.

해외진출 현황으로 빙그레가 가지고 있는 해외법인은 2011년 러시아 현지기업인 BDC와 함께 설립한 '빙바'가 있는데, 제품을 현지에서 생산·판매할 수 있어서 비용절감을 통해 원가경쟁력을 갖고 있다. 또한 빙바에서는 꽃게랑뿐만 아니라 쟈키쟈키, 베이컨칩도 생산하여 러시아 시장에서의 사업 확장을 도모하고 있다. 빙그

그림 12-1 | 빙그레 해외수출액

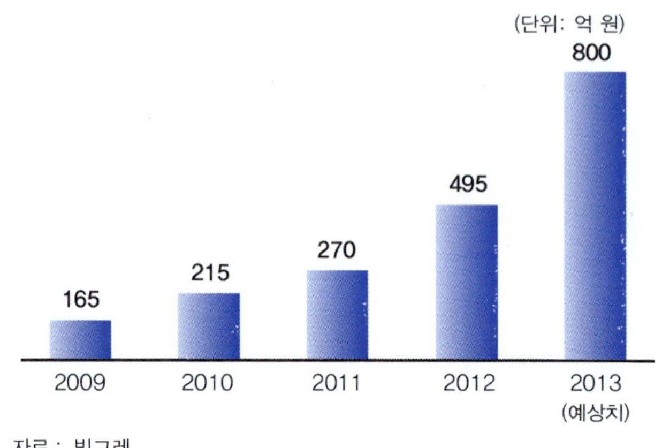

자료 : 빙그레.

레 단독으로 설립한 해외법인은 2013년 9월에 설립한 브라질 법인이다. 빙그레는 브라질에 진출한 최초의 한국 식품기업으로 의미가 있다는 점에서 대내외적으로 주목을 받았다.

위 그래프를 통해 알 수 있듯이, 빙그레의 해외수출액은 꾸준히 증가세를 보이고 있다. 빙그레의 해외진출이 성공적인 이유를 알아보기 위해서는 이 기업의 글로벌전략을 살펴봐야 한다. 빙그레는 제품을 수입하는 나라의 특성에 맞는 현지화 전략을 적절히 활용하면서 동시에, 제품의 표준화 측면에서 세계통합전략을 사용하고 있다. 그 예로 바나나맛 우유의 경우, 국내에서 파는 원제품인 바나나맛 우유를 바탕으로 하여 중국과 일본을 포함한 10여 개국에 표준화된 제품을 수출하고 있다. 국내로 여행을 오는 중국과 일본 관광객의 수가 많아지면서 중국어와 일본어로 만든 광고 문구를 국내 주요 관광지에 배치함으로써 브랜드 인지도를 높이는 등의 마케팅 전략을 사용하고 있으며, 그와 더불어 아래와 같은 현지화 전략을 병행하고 있다.

일본에 수출하는 경우, 빙그레는 시코쿠 유업에 바나나맛 우유의 생산과 판매를 맡기고 있는데 그 이유는 유통기한 때문에 소요되는 유통비를 절감하기 위해서이다. 중국에 수출하는 경우, 국내에서는 플라스틱 용기를 사용하고 있는 것과 달리 유통기한을 늘리고자 멸균 팩(테트라 팩)으로 포장하여 제품을 만들고, 인터넷 쇼핑몰인 이하오디엔에서도 판매를 시행하고 있다. 뿐만 아니라 신규 유통채널인 백화점, 편의점, 대형할인마트에도 납품할 계획을 갖고 있는데, 즉 빙그레는 중국

시장 진출에 있어서 현지 유통망 확대에 주력하고 있다는 것을 알 수 있다. 또한 중국 내에서 불고 있는 한류로 인한 브랜드 인지도 상승과 중국 안에서 심화되고 있는 유제품에 대한 불신으로 인해 상대적으로 바나나맛 우유에 대한 소비자 선호가 상승한 현상 덕분에 매출 상승효과를 누리고 있고, 이에 따라 중국 수출용 바나나맛 우유의 생산량을 늘리고 있다.

메로나 아이스크림의 경우, 기본 제품인 메로나를 바탕으로 세계를 공략하고 있지만 다양한 세계인의 입맛을 사로잡기 위해 멜론뿐만 아니라 딸기, 망고, 바나나, 와플 맛 아이스크림을 제작하여 수출하고 있다. 그리고 빙그레는 브라질을 비롯한 남미지역으로의 수출을 총괄하는 법인을 2013년 9월에 설립하여, 기존의 수출방식인 현지수입상을 통해 수입을 진행했던 방식과는 다르게 수출을 하고 있으며, 브라질에 첫 해외법인을 설립한 이유는 브라질을 비롯한 남미지역과 한국의 기후가 반대이기 때문에 이는 곧 국내시장에서 수익을 많이 얻지 못하는 비수기일 때 그 지역에서는 성수기이므로 국내매출을 보완할 수 있다는 사실과 연결되기 때문이다. 더불어 2014년 브라질 월드컵을 겨냥해 매출량의 증가를 기대한 것도 브라질 법인 설립이유에 포함된다. 일본시장에 진출한 메로나는 일본 대형편의점 K 싼크스에 납품함으로써 시장 내에서 제품 영향력을 키우고 있다. 아이스크림이라는 품목은 콜드체인이라는 구조가 있어야 유통이 가능한데, 콜드체인은 저온유통체계로 아이스크림을 수출할 때 해외 설비구조에 과감한 투자와 관리를 필요로 한다. 메로나 아이스크림이 브라질 및 남미지역, 일본 등 30여 개국에 수출되는 것으로 볼 때, 빙그레는 현지시장에 대한 철저한 분석 및 조사를 바탕으로 한 해외인프라에 대한 투자관리능력이 뛰어남을 시사해 준다.

꽃게랑 과자의 러시아 진출을 살펴보면, 역시 철저한 시장조사를 바탕으로 현지화 전략을 사용하고 있는데 그 내용은 다음과 같다. 시베리아지역은 완전한 내륙지역으로 그로 인해 해산물 가격이 고기 가격보다 높기 때문에 기존 시장에서 팔리는 감자를 원료로 한 과자와 해산물 맛이 나는 꽃게랑을 차별화할 수 있다고 판단해서 수출을 하게 되었다. 러시아에서 꽃게랑을 성공적으로 팔기 위해 빙그레는 주요 도시 간 거리가 먼 러시아의 지역적 배경 때문에 지역별로 버스 배너광고, 라디오 홍보 및 프로모션 행사를 진행하고 있다. 또한 러시아 홈페이지를 개설하여 현지고객과 소통하려고 노력하며, 한국에 유학 온 러시아인 학생들을 대상으로 설문조사를 실시하고 그것을 정기적으로 러시아 시장조사에 활용한다. 정리하면,

러시아 과자시장 부동의 1위를 차지하는 빙그레의 비법은 기본제품인 꽃게랑을 바탕으로 한 철저한 현지화 전략을 사용하는 것이라고 본다.

Question

1. 빙그레의 국제경쟁전략은 수출중심전략이라고 볼 수 있다. 그렇다면 빙그레가 해외직접투자 대신 수출을 통한 글로벌전략을 추구하는 이유는 무엇이라고 보는가?
2. 만약 당신이 빙그레의 최고 의사결정권자라면 지금과 동일한 전략을 추구하겠는가? 만약 그렇다면, 지금과 같은 전략을 추구함으로써 얻을 수 있는 이익은 무엇이라고 판단하는가? 만약 그렇지 않다면, 어떠한 글로벌전략을 채택할 것이며, 그 이유는 무엇인가?
3. 빙그레가 유독 러시아에서만 현지생산을 하고 있는 이유는 무엇이라고 여겨지는가? 그 결정은 바람직한 것인가?
4. 만약 또 다른 국가로의 직접투자와 현지생산을 모색한다면 최적의 국가는 어디이며, 그 국가를 선택한 이유는 무엇인가?

사례 12-3 베스트바이(Best Buy)의 글로벌전략: 중국은 기회의 땅?

미국의 최대 전자제품 소매판매회사 베스트바이(Best Buy)의 중국 진출을 살펴보고자 한다. 우선 베스트바이는 1966년에 사운드 오브 뮤직(Sound of Music) 매장을 시작으로, 1983년에 베스트바이라는 새로운 이름으로 사명을 바꿨으며, 자국 전자제품 판매 소매시장에서 거둔 성공적인 경영모델을 기반으로 세계 시장에 진출한 후, 해외에 진출시킨 현지 자회사의 활동방식을 미국식으로 통합한 대표적인 기업이다. 이른바 표준화된 글로벌전략을 통해 미국 내의 본사를 중심으로 유통상의 규모의 경제를 실현한 것이다. 그리고 베스트바이는 2005년 3월 중국 가전유통시장에 진출하기에 이른다. 당시 중국의 가전유통시장은 연 15%의 높은 성장률을 보이고 있었고, 2001년 중국이 WTO에 가입하며 3년 이내에 시장의 전면 개방이 예정되어 있었다. 다음 표를 보면 베스트바이에게 중국 소매시장이 갖고 있던 시장매력도가 얼마나 컸는지를 가늠할 수 있다.

표 12-1 | 중국의 소매시장 규모

	1996년		2001년
중국 소매시장 규모	약 20조 2,368억元	1996년 → 2001년(중국 WTO 체결) 중국 소매총액 52% 증가 일본 소매총액 7% 감소	약 30조 7,600억元
일본 소매시장 규모	약 79조 2,780억元 (엔화 → 위안화)		약 76조 9,000억元 (엔화 → 위안화)

* 일본의 소매시장 규모는 비교를 용이하게 하기 위해 저자에 의해 재계산됨.

규모의 경제를 확대해야 하는 베스트바이에게 중국시장 진출은 어쩌면 당연한 수순이었다. 사실 2001년 말 중국이 WTO에 가입하기 이전까지 유통기업이 중국에 외국인직접투자를 시행하는 것은 어려운 일이었다. 무엇보다도 중국에 진출하고자 하는 유통기업의 경우 외국인투자 소매업체는 수입상품의 비중이 판매제품의 30%를 초과할 수 없었고, 그마저도 대도시와 경제특구에서만 영업이 가능했기 때문이다. 게다가 비직영체인점, 즉 프랜차이즈전략의 사용이 불가능했고, 위탁대리판매를 통한 소매업도 허가되지 않았으며, 다만 중국기업과의 국제합작투자만이 허용되었다.

그러나 WTO에 가입한 3년 뒤 시장개방의 흐름에 따라 이러한 유통기업에 대한 정부 규제들이 2004년 전격적으로 폐지되었고, 이러한 배경에서 베스트바이는 직접투자를 통한 중국 가전유통시장의 문을 두드리기 시작하였다. 그들은 M&A전략을 전방위적으로 활용하면서 막대한 자금력을 바탕으로 시장을 장악하고자 했다. 우선, 중국기업인 '우싱전기' 주식의 75%를 매입하는 M&A를 통해 현지 유통망을 확보하고, 1호점을 중국 남부 최대 번화가로 일컬어지는 상하이의 '쉬자회이'에 개설하였다. 이는 새로 개점하는 베스트바이 매장은 상하이와 같은 주요 도심에 입지시킨 반면, 인수한 우싱전기의 유통지점은 기존 그대로 농촌지역에 남겨두었기 때문에 베스트바이는 도심과 농촌을 동시에 공략하는 전략을 폈다고 볼 수 있다. 각 지점에서의 수익이 아직 구체적인 지표로 나타나지 않은 시점에서 매장 수의 양적 팽창을 공격적으로 추구한 것은 분명 리스크를 내포하고 있었지만 글로벌 전자제품 유통시장을 장악한 자신감이 이와 같은 과감한 투자를 가능케 했다고 볼 수 있다. 전문가들은 최대한 유통망을 확대해 규모의 경제가 실현될 수 있는 저변을 쌓아갈수록 베스트바이에게의 이익이 비례적으로 증가할 것이라는 판단도 과감한 양적 팽창을 시행하게 된 주요 원인이라고 예상하였다.

하지만 본질적인 현지화에 대한 고려가 결여된 채 추진한 글로벌전략은 베스트바이를 위기로 몰아넣었다. 비록 베스트바이에게 현지화에 대한 인식이 전혀 없었던 것은 아니었으나, 그럼에도 베스트바이가 보여준 현지화 전략은 매장 직원을 현지인으로 뽑았다는 사실 외에는 찾아보기 어려웠다. 그 외의 가격, 상품조달, 상품진열방식, 서비스 등 영업이익을 내는 데에 핵심적인 여러 운영요소들에 대해서는 미국 내에서 사용했던 베스트바이 본사의 방식을 그대로 차입했다. 당시 베스트바이는 미국 본사에서 구입한 상품들을 해외시장에 입지해 있는 자회사들에게 유통했는데, 이는 유통기업의 핵심 가치사슬이라고 할 수 있는 로지스틱스(logistics), 즉 상품의 조달과 유통활동이 미국에 위치한 본사를 중심으로 배치되어 있었다는 것을 말한다. 또한 자회사 간의 경영시스템 등이 본사의 방침과 일치하는 경향을 보이는데, 이는 고도로 통합된 조정수준을 보여주는 것이었다. 이와 같은 집중배치 및 높은 조정단계의 가치 활동을 보이는 표준화된 '순수 글로벌전략'은 개별 국가 간의 시장차이를 완벽히 반영하지 못한다는 한계점을 갖는다.

둘째 문제는 본질적인 현지화가 결여된 글로벌전략의 관점에서 분석할 수 있다. 예를 들어, 인도에서 소고기 햄버거를 판매하지 않는 맥도날드를 현지화의 사례로 꼽고는 한다. 즉, 인도 내 전체 인구의 80.5%에 해당하는 사람들이 소를 신성시하는 힌두교 신자이기 때문에 소고기를 식재료로 사용하지 않는다는 것이다. 이와 같이 현지 문화나 소비자들의 기호에 맞춰 경영방침을 수정하는 것을 '1차적 현지화'라고 할 수 있다. 1차적 현지화는 직접투자 유치국의 시장상황이나 경제력에 상관없이 해외진출을 도모하고자 하는 기업이라면 기본적으로 고려해야 하는 현지화라고 할 수 있다. 그러나 해외직접투자를 시행하고자 하는 기업이라면 현지 문화나 소비자들의 기호뿐 아니라 현지시장을 선점하고 있는 현지기업들의 경영전략에 대응하기 위한 경영의사결정의 수정 역시 요망된다. 이와 같은 현지 시장상황에 맞춘 현지화를 '2차적 현지화'라고 하는데, 즉 'first mover advantage'라고 불리는 시장선점효과의 위력이 만만치 않기에 현지에 먼저 입지해 있는 경쟁기업들에 대한 면밀한 사전조사 없이 기존의 성공모델을 그대로 해외시장에 도입하려는 시도는 자칫 위험을 야기할 수 있다.

조금 더 구체적으로 살펴보자. 베이징 무역관의 2011년 보고에 따르면, 베스트바이는 중국 현지매장에서 '가격정찰제'를 고수한 것으로 보인다. 가격정찰제란 제품에 '정가 표시표'를 부착한 후 가격할인을 허가하지 않는 판매방식이다. 베스트바이는 가격정찰제를 통해 소비자들에게 품질을 보증하는 동시에 매출이익까지 향상시킴으로써 미국 소매시장에서 성공을 거둔 바 있다. 따라서 베스트바이는 미국식 판매방식을 중국시장에서도 고수한 것으로 보이나, 이는 가격 흥정을 중요하게 여기는 중국 소비자들의 특징을 간과한 주요한 실수였다. 한 중국 여행객의 수기(cafe.naver.com/chtour/89959, 접속일 : 2014년 7월 12일)에 따르면, 심지어 미국에 기반을 둔 대표적인 프랜차이즈 매장(예를 들면, KFC)에서도 흥정 후의 가격에 대한 영수증을 별도로 발급해 줄 정도라고 하니, 이를 통해 중국 각지에서 가격 흥정이 얼마나 만연하고 있었는지를 이해할 수 있다. 이러한 특징을 갖고 있던 중국 소비자들에게 일체의 흥정을 불허했다고 하니 베스트바이에 대한 소비자 수요가 감소한 것은 어쩌면 당연한 결과라고 할 수 있을 것이다.

또한 셋째, 베스트바이는 외자기업을 기본적으로는 적대시하는 중국 소비자들의 인식상태를 간과했다. 국산품에 대한 중국 소비자들의 신뢰도가 다른 나라에 비해 절대적으로 높은 것은 아니지만, 중국시장에 진입한 외국기업이 수익을 내는 것을 '국부유출'이라고 인식하는 경향이 있다. 따라서 중국에 진출한 많은 기업들은 자신들이 중국시장에서 성공하는 것이 중국 경제에도 좋은 영향을 끼친다는 메시지를 전달하려고 노력했다. 세계 1위 패스트푸드 기업 맥도날드를 누르고 중국시장에서 점유율 1위를 차지하고 있던 KFC가 그 단적인 예이다. KFC는 이러한 중국 소비자들의 심리를 파악하고 중국 내에서 유통되는 모든 닭고기를 중국산 닭으로 대체했다. 자신들이 매출을 올릴수록 중국 양계업이 성장할 것이라는 메시지를 제공한 것이다. 하지만 베스트바이는 미국에서 유통 및 판매하던 제품을 그대로 중국 매장에 들여와 팔았다. 베스트바이의 경쟁기업인 '궈메이'와 '수닝'이 중국 현지브랜드 제품 혹은 중국 현지에 공장을 보유하고 있는 기업의 제품만을 팔았다는 것과 비교하면 중국 소비자들의 베스트바이 기업선호도에 끼친 부정적인 영향은 상당했다고 할 수 있다.

넷째, 베스트바이는 중국 소비자들이 비싼 돈을 주고 고품질의 서비스를 구입하려 하지 않는다는 경향을 간과했다. 기존 미국시장에서 베스트바이는 고품질의 서비스를 기반으로 기업 이미지의 상승효과를 가져왔을 뿐만 아니라, 고객들의 재구매율을 높이는 효과를 봤다. 즉, 서비스를 강화하는 대신 고가의 제품판매에 주력했다. 이러한 경영정책은 아마도 베스트바이가 중국시장에 진출했을 때 '가전체험매장'이라는 서비스를 도입한 이유였을 것으로 사료된다. 하지만 중국 소비자들은 매장에서 전자제품들을 체험해 볼 뿐 이는 실질적인 구매로 이어지지 않았다. 그 이유는 간단히 말해서 가격이 너무 비쌌기 때문이다. 중국 소비자들은 베스트바이에서 제품을 체험해 본 후 '수닝'이나 '궈메이'의 매장에서 흥정을 통한 저렴한 가격에 유사제품을 구입했다. 더불어 베스트바이는 명절이나 기념일과 같은 공휴일에 실질적인 소비를 많이 하는 중국 소비자들의 특징을 간과했다. 그들은 명절이나 기념일을 활용해 공격적인 판매촉진전략을 펼친 경쟁기업에게 시장을 빼앗길 수밖에 없었다.

다섯째, 베스트바이는 시장 선점기업 대비, 현지 유통 및 재고관리 구조에 근본적인 문제를 갖고 있었다. 당시 베스트바이가 미국시장에서 고집한 유통판매방식은 가전제품을 생산업체로부터 직접 구매해 판매하고 이로 인한 판매마진을 베스트바이 측이 가져가는 것이었다(이러한 판매방식을 '순위탁판매형식'이라고 부른다). 그리고 미국식 경영방침을 전 세계 자회사에게 동일하게 적용하는 표준화된 글로벌전략을 펴고 있던 베스트바이는 언급한 '순위탁판매형식'을 중국 내 매장에도 똑같이 도입하고자 했다. 문제는 본사에서 구입 및 유통해 온 상품들은 매장에서 판매가 이루어지기 전까지 재고로 남아 있어야 했고, 이에 대한 재고관리비용은 베스트바이 상품의 판매가격을 상승시켰다.

이와 달리 베스트바이의 경쟁사인 '수닝'과 '궈메이'는 생산업체에 임대료를 받고 일정 기간 동안 매장의 일부를 임대해 준 후 판매액의 일정 비율을 가져가는 판매전략을 추구했다(이러한 판매방식을 '대리판매'가 혼합된 판매전략이라고 한다). 따라서 '수닝'과 '궈메이'는 임대료 외에 재고비용, 급여비용 등을 지불하지 않을 수 있었음은 물론 생산업체에게 판매에 대한 전권을 부여함으로써 소비자 성향에 맞는 유연한 생산과 판매를 가능하게 했다. 베스트바이가 중국 가전유통시장에 진출하기 전, 현지기업의 경영방식을 면밀히 조사하고 미국식 경영방식은 이에 비해 경쟁우위를 가질 수 없었음을 이해했더라면 '사전구매 후 재판매'하는 전통적인 소매(retail) 방식을 포기하고 '매장 임대' 판매방식으로 선회했을 것이다.

여섯째, 가격적 요소에 대해 조금 더 면밀히 살펴보면, 중국 내 베스트바이 매장에서 판매되는 제품들은 앞서 설명했듯이, 미국 베스트바이 매장에서 판매되는 제품들을 중국으로 그대로 들여온 것이었는데, 이로 인해 고가의 제품이 많았을 뿐 아니라 가격도 미국에서 팔던 가격 그대로였다. 소매기업이 가격경쟁력을 확보하는 핵심적인 방법 중 하나는 영업지점의 수를 최대한 많이 확보하여 저가에 판매하는 방법이라고 할 수 있다(흔히 GS25, CU, 세븐일레븐 등 국내 편의점에서 '1+1 판매'와 같은 지속적인 할인판매전략을 고수할 수 있는 이유도 전국적으로 확보한 유통망 덕분이다). 이러한 소매기업의 성공법칙을 '규모경영, 저가판매'라고 정의할 수 있다. 그런데 베스트바이는 이를 제대로 실현시키는 데 실패했다. 예를 들어, 상하이를 살펴보면 베스트바이는 겨우 6개에 불과한 영업점만을 운영하고 있었던 반면, 경쟁기업인 '수닝'과 '궈메이'는 160개에 이르는 영업점을 가지고 있었던 것이다(참고로, 2010년 말 기준, 수닝의 중국 내 매장 수는 1,340개 이었으며, 궈메이의 매장 수는 1,357개에 이르렀던 반면, 베스트바이의 매장은 상하이, 베이징, 쑤저우, 항저우 등을 모두 포함하여 9개를 가지고 있었다).

일곱째, 이렇듯 현지기업의 시장점유율 과점상황은 베스트바이가 중국 내 시장에서 현지 공급업체에 대한 통제력을 확보하는 데에 어려움을 주었다. '수닝'과 '궈메이'에 상품을 납품하는 것이 최우선 과제인 현지 공급업체가 '수닝'과 '궈메이'의 눈치를 봐야 했기 때문이다. 이는 가격경쟁력에 추가적인 부정적 영향을 초래함으로써 베스트바이의 (고가로 인한) 경쟁력 상실을 부채질했다. 당시 중국 중산층의 소득이 미국의 4분의 1에 해당하는 연 평균 1만 3,400달러였으나, 예를 들어 베스트바이에서 팔고 있던 휴대폰의 가격은 경쟁사인 '수닝'이나 '궈메이'와 비교하여 100~300위안이 더 높았다고 한다. 이는 당시의 중국 소비자들의 소득수준으로 미루어 봤을 때, 높은 가격을 기반으로 한 고급화 전략이 적절하지 않았을 수도 있음을 시사한다.

이러한 일련의 실수로 인해 2011년 중국 내 베스트바이 9개 매장을 폐점하는 것은 물론, 상하이에 위치한 중국유통본부도 철수하기로 결정함으로써 거대기업 베스트바이는 중국 진출 5년 만에 완전철수를 단행한다. 베스트바이는 '가전체험매장'이라는 고유의 판매전략도 갖추고 있었고, 우싱전기를 인수함과 동시에 중국 소비자에 대한 이해도가 높은 현지인을 매장관리인의 자격으로 채용해 높은 질의 서비스를 제공하고자 했다. 더욱이 당시 중국의 가전유통시장에는 '수닝'을 제외하면, 변변한 상장기업도 없는 상황이었다. 그렇다면 강력한 글로벌전략과 동시에 현지화에 대한 고려도 전혀 없지 않았던 베스트바이가 중국에서 실패를 겪게 된 것은 무슨 이유에서였을까?

Question

1. 중국시장에서 베스트바이가 실패할 수밖에 없었던 이유를 나열하고, 여러분이었다면 어떠한 다른 전략을 사용했을 것인지 설명하시오.
2. 중국시장에 대한 이해도가 비교적 높지 않았던 베스트바이에게 가장 적절한 진입전략은 무엇이었을 것으로 여겨지는가? 답변에 대한 이유를 제시하시오.
3. 베스트바이에게 있어 표준화된 글로벌전략은 타당했는가? 그렇지 않다면, 대안으로 어떠한 전략이 필요했을 것으로 여겨지는가?

사례 12-4 한국인 제1의 온라인 커뮤니티 사이트라고 불리던 싸이월드(cyworld), 왜 미국에서는 안 통했나?

싸이월드(www.cyworld.com)는 1999년 9월 처음 국내에 선보인 커뮤니티 서비스이다. 2001년 9월에 '미니홈피'라는 개인형 커뮤니티 서비스를 오픈했고, 2003년에 SK 커뮤니케이션즈와 싸이월드가 합병하여 오늘날과 같은 서비스를 이어오고 있다. 싸이월드는 2005년~2006년 해외시장에도 눈을 돌려 일본, 미국, 중국, 대만, 베트남 등으로의 진출을 모색했으나 불과 진출 3년 이내에 미국과 대만 등 해외 서비스를 중단한 바 있다.

국내에서의 영업활동만 살펴보면, 싸이월드는 실명을 기반으로 한 SNS 서비스를 제공하였으며, 당시 최대 경쟁사이던 프리챌이 서비스를 유료화하면서 시장지배율을 확보 내지 강화할 수 있었다. 2000년대 초중반에 싸이월드는 인터넷을 활발히 사용하는 연령대인 10대 후반부터 20대까지를 공략하는 데에 성공하여, 2007년 상반기에는 싸이월드 및 네이트온 사용자가 2천만 명에 이르는 성과를 보였다. 싸이월드는 미니홈피 서비스를 제공하면서 '일촌맺기'라는 형태를 통해 이용자들 간 네트워크상의 가족을 만들어주었는데, 이 제도는 인맥과 혈연을 중시하는 국내 사용자들에게 신선함으로 다가왔다. 시공간적인 제약을 뛰어넘어 자유롭게 소통할 수 있는 '가족'들이 생긴 것이었다. 또한 일촌끼리만 미니홈피의 내용을 공유할 수 있는 일명 일촌공개제도가 사용자들 간에 일촌을 맺는 것을 활성화시키는 데 긍정적인 영향을 주었다. 싸이월드 미니홈피의 다이어리 공간 역시 싸이월드 서비스의 강점이었다. 다이어리는 사용자가 하고 싶은 말을 적을 수 있는 공간으로, 개인의 생각이나 사적인 일을 공개적 혹은 비공개적으로 올릴 수 있으며, 이를 누군가가 봐줬으면 하는 사람들의 심리를 담아낸 공간이다(일종의 인터넷 일기장이었다). 또한 사용자들의 사진을 미니홈피에 올려 다른 사람들이 볼 수 있도록 한 미니홈피의 사진첩에는 배경음악이나 배경테마 구입을 위한 결제시스템으로 도토리를 이용했는데, 이를 타깃 연령대의 사용자들이 친근한 이미지로 느끼게 됨에 따라 결제에 대한 거부감을 줄였다고 한다. 또한 문화상품권 등을 통한 결제도 가능하게 하여 젊은 층으로부터의 소액결제를 쉽게 했다.

하지만 싸이월드는 타깃으로 한 10대 후반과 20대를 제외하고는 고객층을 확보하는 데 어려움을 겪었다. 실명제와 기타 기능을 통해 사생활 침해에 대한 우려가 있었으며, 실생활에서의 소외가 인터넷상까지 이어질 가능성도 높았다. 커뮤니티 구축에 있어서 일촌제도에 지나치게 의존적인 경향이 있어 일촌의 수가 적은 사용자들은 싸이월드에 흥미를 붙이지 못하는 경우도 종종 나타났다. 그럼에도 불구하고 싸이월드에 대한 국내 서비스 이용자들의 충성도는 비교적 높았다. 당시 네이버와 다음 블로그가 시장에 새로이 진입하기는 했지만, 국내에서의 주된 경쟁사로 지목될 만한 서비스가 변변히 없어 싸이월드가 독보적인 마켓리더의 지위를 가지고 있었다. 또한 디지털카메라가 필수품화됨에 따라 이러한 시장상황 역시 싸이월드와 같은 온라인 커뮤니티 사이트에는 호재로 작용하였다.

이러한 배경하에 싸이월드는 폐쇄적인 집단주의 문화를 적용시켜 거둔 한국에서의 성공을 해외시장에 적용시켜 보고자 했다. 특히 2006년 싸이월드가 선택한 해외진입 시장 중 미국의 경우를 살펴보면, 싸이월드는 해외법인을 직접 설립하여 단독투자를 시행함으로써 공격적인 시장 진출을 모색하였다. 그 당시 미국에서는 마이스페이스(myspace)라는 온라인 커뮤니티가 80%에 이르는 우월한 시장점유율을 가지고 있었고, 그 뒤를 페이스북(facebook)이 바짝 추격하고 있었다.

싸이월드는 고착화된 미국시장 내 상황을 극복하고자 하는 수단으로 적극적인 현지화 전략을 선택하여 미국식 문화에 맞춰 서비스를 과감하게 수정하였다. 즉, 사이트를 열면 여러 개의 팝업 창이 쏟아지는 우리나라와 달리, 팝업 창을 싫어하

표 12-2 | 2007년 마이스페이스와 페이스북의 미국 내 시장점유율(2007.8월 통계)

	myspace a place for freedom		facebook	
	Volume	Chg from July	Volume	Chg from July
Unique Visitors	69,296,915	1%	26,224,486	10%
Visits	1,234,726,456	-5%	354,758,790	7%
Pageviews	67,730,267,976	-20%	15,717,433,083	5%
Average Stay(in mins)	26 : 18	-3%	14 : 08	2%
Pageviews/Visit	55	-16%	44	-2%
Visits/Unique Visitor	18	-6%	14	1%
Attention	10.79%	-10%	1.67%	6%

자료 : http://blog.daum.net/newdaf/13240942

는 미국인의 성향을 고려하여 팝업 창 형식으로 열리는 미니홈피 서비스를 조정하고, 인터넷 브라우저에서 탭을 이용하여 여러 개의 미니홈피를 열 수 있도록 했다. 최초 서비스에 대한 인상을 중요시하는 미국인들을 사로잡고자 특히 싸이월드는 편리한 시스템이라는 이미지를 구축하기 위해 공을 들였다. 즐겨찾기 기능에 익숙한 미국인들의 편의를 도모하고자 홈페이지 위쪽에 새로운 버튼을 추가해 이전에 방문했던 미니홈피를 쉽게 다시 방문할 수 있도록 했다. 소액결제시스템이 잘 구축되어 있는 우리나라와 달리 미국에는 소액결제시스템이 제대로 정착되지 않았었고, 따라서 결제 시마다 매번 신용카드 번호를 입력해야 하는 번거로움이 있었다. 이에 싸이월드는 한국에서와 달리 도토리 결제를 통한 수익창출을 기대하지 않는 대신, 우리나라보다 광고에 대해 우호적인 미국인들의 특성을 이용하여 인터넷 광고를 통한 수익을 올리는 방안을 택했다. 또한 실명제를 그대로 도입하기는 했지만, 인터넷상에서 개인정보를 많이 입력하는 것을 꺼릴 것을 우려하여 개인정보 입력에 대한 부분을 보다 간단하게 했다. 미니미의 체형 역시 현지화시켰다. 자신보다 어려 보이는 것을 선호하는 한국 사람들과는 달리 미국인들은 자신의 모습을 그대로 담아내는 것을 선호했기에, 싸이월드 USA에서는 미니미를 어른스러운 디자인으로 바꾸었고, 서양인의 신체를 고려하여 1.5배 크게 만들었다. 또한 다양한 인종을 고려하여 여러 타입의 피부색으로 구성했다. 촌수의 개념이 없는 미국인들에게 맞추어 우리나라의 일촌 개념을 이웃(neighbors) 개념으로 바꾸는 전략도 병행했다. 10대 후반과 20대 초반을 타깃으로 삼고 그들의 문화를 파악하는 데 주력하였으며, 온라인 커뮤니티라는 특성상 광고보다는 마니아층을 구축하고 그들을 통한 입소문으로 입지를 넓혀가는 '바이러스 마케팅' 전략을 택했다.

하지만 싸이월드의 문제는 현지시장에 지나치게 특화된 기능과 서비스, 그리고 디자인을 제공했다는 사실에서 찾을 수 있다. 지나친 현지화 전략이 불러온 가장 큰 문제는 국가별 네트워크 형성이나 나라 간 연동이 불가능하다는 점이었다. 한국인들은 한국 내 싸이월드에 가입한 사람들과만 소통이 가능했으며, 싸이월드 USA에 가입한 사람과는 일촌을 맺을 수도, 미니홈피를 방문할 수도 없었던 것이다. 하지만 SNS의 세계적인 흐름은 무엇보다 "개방성"이라고 지적할 수 있다. 페이스북만 봐도 하나의 플랫폼을 다국어로 제공하면서 각종 애플리케이션 및 서비스들과의 자유로운 연동이 가능하고, 심지어 이용자가 직접 애플리케이션을 만들어 페이스북 내에서 사용할 수 있기까지 하다. 즉, 하나의 열린 플랫폼을 제공한 것이 페이스북이라면, 여러 개의 닫힌 플랫폼을 제공한 것이 싸이월드였다.

싸이월드의 또 다른 실패 요인은 스마트폰 열풍의 쌍두마차인 '아이폰'과 '안드로이드폰'에 적절히 대응하지 못했다는 것이다. 싸이월드는 세계적인 스마트폰 열풍이 시작되던 당시 옴니아와 같은 윈도우 모바일 기반의 스마트폰에 집중하느라 열풍의 중심에 있는 '아이폰'과 '안드로이드폰'에 적합한 애플리케이션과 서비스를 구축할 수 있었던 시간과 비용을 안일하게 낭비하고 말았다. 그사이 페이스북, 트위터 등 세계적인 SNS 서비스들은 '아이폰'과 '안드로이드폰'에 적합한 애플리케이션과 서비스를 이용자들에게 제공함에 따라, 결국 전 세계 SNS 시장은 이들에 의해 양분되었다. 싸이월드는 세계적 스마트폰 시장의 흐름에 걸맞지 않은 투자를 행함으로써 어찌 보면 기회일 수 있었던 스마트폰 열풍을 오히려 위기로 만들어버렸다.

이후 싸이월드는 이전의 실패를 교훈삼아 2011년 다국어를 제공하는 하나의 열린 플랫폼인 '글로벌 싸이월드'의 제작, 모바일 환경에 적합한 미니홈피 개편 등 다시 한 번 세계 진출을 꾀했지만, 이는 이미 페이스북과 트위터에 익숙해진 세계인의 눈길을 끌기에는 너무 늦은 노력이었다. 결국 '글로벌 싸이월드'는 2014년 2월 10일 서비스 종료를 고하며 싸이월드의 해외진출은 또다시 실패를 경험하고 만다.

Question

1. 과연 기업의 입장에서는 현지화가 바람직한가, 아니면 표준화가 바람직한가?
2. 위의 질문과 관련하여 현지화 혹은 표준화에 적합한 기업 혹은 산업의 예를 찾아보고 이를 설명하시오.
3. 여러분들은 싸이월드가 당시 어떠한 전략을 추구하는 것이 바람직했다고 조언하고자 하는가? 향후에는 시장에서의 입지를 강화하기 위해 어떠한 전략을 구사해야 할 것으로 생각하는가?

사례 12-5 기업 활동의 조정과 한국석유공사

1973년 제1차 석유파동을 겪은 후 한국 정부는 에너지 분야에 있어서 보다 체계적인 정책을 수립하고 추진할 수 있는 부처의 존재에 대한 필요성을 느끼고, 국제에너지 수급을 총괄하고 자원외교를 담당할 독립적인 행정기구로서 "동력자원부"를 설립하게 된다. 이렇게 설립된 동력자원부는 1978년에 해외 석유자원에 대한 탐사와 개발 그리고 원유를 비축하고 관리하는 사업을 전문적으로 수행할 수 있는 공기업에 대한 필요성을 강력하게 제기했고, 이는 마침내 현재의 "한국석유공사"의 전신인 "한국석유개발공사"가 1979년 3월에 공기업으로서 설립되는 것으로 마무리된다. "한국석유개발공사"라는 명칭은 1999년에 현재의 기업명인 "한국석유공사"로 바뀌게 된다.

한국석유공사는 현재에 이르기까지 국내를 포함한 해외의 석유산업에 대한 동향을 파악하고 정부의 공식적인 투자 및 정책지원회사로서 국가의 석유자원 획득과 원활한 공급을 위해 다양한 노력을 기울여 왔다. 국내의 대륙붕 탐사사업, 두성호 시추선 인수를 통한 석유 시추사업, 석유 비축사업, 그리고 가장 핵심적인 사업 중 하나인 해외석유개발사업 등에 집중적으로 투자하고 그 규모를 키워 왔다.

2008년에 MB정부는 한국석유공사가 장기적으로 수익을 꾸준히 증진시킬 수 있고, 보다 안정적으로 석유 및 여타 천연자원을 확보할 수 있도록 하기 위해 대형화 사업 "GREAT KNOC3020" 경영전략을 본격적으로 추진했다. 그 결과 2008년

3월에 미국의 Taylor사를 인수하여 현재의 ANKOR Energy사로 개명하였고, 2009년 2월 페루의 Petro-tech사를 콜롬비아의 국영기업인 Ecopetrol과 공동인수했으며, 사명은 2010년에 SAVIA-Peru로 개명했다. 2009년 10월에는 캐나다의 Harvest사를 인수하였고, 2010년 9월에는 영국의 Dana사를 적대적으로 인수하는 데 성공했다. 약 2년이라는 기간 동안 한국석유공사가 성공적으로 인수한 기업들이 소유하고 있던 석유탐사광구 및 생산광구를 통해서 기존의 석유사업 플랫폼을 훨씬 더 확장시킬 수 있게 되었으며, 각 자회사들이 가지고 있는 석유사업 노하우를 포함한 뛰어난 기술력은 한국석유공사를 글로벌 기업으로서 한층 더 성장시킬 수 있는 발판이 되었다.

(1) 해외 자회사의 수익창출 실패

2008년에 본격적으로 시작된 한국석유공사의 "대형화 사업"이 성공적으로 마무리됨에 따라, 이로써 향후 한국석유공사의 앞날에는 밝은 미래만 제시될 듯했다. 그러나 2013년 석유공사의 재무제표상의 해외 자회사의 영업실적은 그 기대에 전혀 부합되지 않았다. 게다가 2013년 초 국회예산정책처에서 발간한 "2012년 회계연도 결산분석"이라는 보고서에 따르면, 한국석유공사의 해외 자회사 중 캐나다의 Harvest(하베스트) 같은 경우 애초 인수 당시부터 문제가 상당했음이 밝혀졌다. 2009년에 총 약 4조 원이 넘는 금액을 지불하고 캐나다의 하베스트사(社)의 지분 100%를 인수하면서 이를 석유공사의 완전자회사로 만들었는데, 그 과정에서 하베스트의 부실 원유정제자회사 NARL을 함께 인수하게 되었다. 문제는 석유공사가 인수 당시에 정제회사 NARL의 부실경영에 관한 문제점을 어느 정도 인지하고 있었지만, 그럼에도 불구하고 하베스트 측에서 제시한 경영실적 등의 자료에 대한 근거 없는 믿음과 NARL을 함께 인수하지 않을 시 피인수 거부라는 하베스트 측의 완고한 태도로 인해 이 기업을 1조 원가량의 금액을 대가로 지불하고 함께 인수했

표 12-3 | 석유공사 주요 자회사 2013년 재무제표 요약

(단위 : 백만 원)

	자 산	부 채	매출액	당기순손익
앵커홀딩스	1,267,645	613,449	279,280	−38,357
다나페크롤리엄	6,455,994	3,824,008	1,719,649	−78,795
하베스트	5,282,705	3,319,952	5,704,833	−787,080

자료 : The Bell, 2014년 5월 8일자 기사.

던 것이다. 물론 그럼에도 석유공사가 당시 하베스트사를 인수한 이유는 동 기업이 보유하고 있던 캐나다 일대의 석유 생산광구 및 오일샌드 탐사광구가 가져다줄 막대한 이윤에 대한 희망이 있었기에 이 리스크를 감수한 까닭도 있다.

그러나 석유공사가 인수했던 해외 자회사들 중 시간이 지날수록 석유공사에게 수익을 가져다주는 기업은 찾아보기 힘들었고, 분기마다 계속되는 이들의 경영실적 악화는 결국 당기순손실이라는 재무제표상의 뚜렷한 마이너스 지표로 나타나기 시작했다.

그렇다면 당시 긍정적인 수익률을 예상하고 막대한 자본을 투자하여 인수한 해외 자회사들의 경영실적이 적자가 될 때까지의 과정에서 모기업인 석유공사에게는 아무런 책임이 없는 것일까? 단지, 인수 당시 석유공사의 잘못된 예측과 판단이 지금의 결과에 대한 유일한 이유라고는 할 수 없을 것이다. 즉, '해외기업을 잘못 인수했다'라는 단순한 이유가 끝이 아니라는 판단이다.

(2) 해외 자회사에 대한 적절한 통제의 실패

석유공사 예하 해외 자회사의 실적부진에는 다양하고 복합적인 여러 가지 이유들이 있겠지만, 그 중 가장 근본적인 원인으로 꼽을 수 있는 이유는 석유공사가 해외 자회사들을 인수한 후 제대로 된 관리를 하지 못했다는 사실에서 찾을 수 있다. 구체적인 근거는 다음과 같다.

첫째, 석유공사는 해외 자회사들에게 해외자원개발에 있어서 석유 탐사광구 및 생산광구에 대한 투자결정권을 사실상 모두 허용했다. 즉, 이는 곧 해외 자회사들이 자원개발투자에 관한 의사결정과 그에 따른 예산편성에 대한 판단을 내릴 때 정작 본사인 석유공사는 그 과정에 거의 개입하지 않았음을 의미한다. 석유공사 입장에서는 이것이 석유자원개발에 있어서 본사보다 많은 경험과 실적을 가지고 있는 해외 자회사들의 경영노하우에 대한 강력한 신임과 배려였을지는 모르겠으나, 본사의 이러한 방만한 조정행동은 글로벌전략이 조직 내에 존재하는지 여부조차 의심케 하는 꽤나 무책임한 행태라고 아니할 수 없다. 인수를 성공적으로 마무리했다고 해서 그 인수된 기업이 그때부터 온전하게 본사의 수익을 위해서 노력할 것이라고 믿었다면 이는 순진함을 넘어 무지한 행동일 것이다. 본사는 항시 그들이 추구하는 목표에 부합하는 합당한 노력과 경영전략을 해외 자회사가 펼칠 수 있도록 자원을 효과적으로 배분하고 체계적인 통제관리시스템을 구축할 필요가 있다. 특히 업무에 대한 평가와 재무적인 측면에서의 철저한 관리가 필요한데, 이를 석유공사는 제대로 이행하지 못했던 것이다.

둘째, 자회사들이 가지고 있는 뛰어난 기술력 또는 역량을 본사와의 교류를 통해 습득하거나 활용하려는 노력을 기울이지 않았다. 예컨대, 하베스트의 경우 증기열중력배유 방식으로 원유를 정제할 수 있는 뛰어난 기술력을 보유하고 있으며, 다나페트롤리엄은 유럽과 아프리카 지역의 탐사 및 개발역량이 높다. 뛰어난 기술력을 가진 해외기업을 인수하였다면, 자회사화(化)된 피인수기업과의 활발한 교류를 통해 기술을 습득하고, 자회사의 훌륭한 역량을 역지식이전을 통해 이를 본사가 적극 수용하여 미래수익을 창출해야 하는 것이 당연함에도 석유공사는 과도할 만큼 방만한 자율권을 부여하였다. 결론적으로, 석유공사는 인수한 해외기업을 체계적으로 통제하고 관리한 것이 아니라, 사실상 방치를 해둔 뒤 그저 자회사들이 좋은 성과를 시현하기를 바라고 있었던 셈이다.

Question

1. 기업 활동의 세계적 조정과 관련하여, 조직 내부적으로 자율성이 부여되는 분권화된 조직의 위험성을 설명하시오.
2. 상기 위험성에도 불구하고 단점은 최소화시키고, 이의 장점을 활용하기 위해서는 본사가 어떠한 전략을 행해야 한다고 판단하는가?
3. 그렇다면 기업 활동의 통합을 추구하는 중앙집권적 조직구조는 어떠한가? 이러한 구조가 자회사에게 자율권을 부여하는 것보다 낫다고 여겨지는가? 두 조직구조를 선택하는 데 있어서 고려해야 할 전제는 무엇이라고 생각하는가?

토의자료 12-1 스타벅스의 글로벌전략

스타벅스 커피 맛은 똑같다고?

커피명가 스타벅스가 현지화 전략을 내세워 제2의 도약기를 맞고 있다. 스타벅스의 재도약을 주도하고 있는 하워드 슐츠 회장은 최근 인터뷰에서 "획일적이고 표준화된 매장으로는 인간애를 바탕으로 지역사회와 호흡하고 봉사하는 스타벅스의 가치를 실현할 수 없다는 판단을 내렸다"며 글로컬라이제이션 추진배경을 설명했다.

슐츠 회장은 "스타벅스는 지역사회와의 소통을 강화하고 '착한 기업'의 가치를 실현하기 위한 전략을 추진 중"이라면서 "단순히 매장 수를 자랑하기 위해서가 아니라 '커피문화'와 '스타벅스의 가치'를 함께 전파하기 위해 점차 체인점을 늘려갈 것"이라고 밝혔다.

슐츠 회장은 지난 2008년 미국발 금융위기 때 지나친 성장전략의 부작용으로 매출이 떨어지고 수백 개의 점포를 닫게 되자 최고경영자로 복귀해 위기 탈출 전략으로 '창업정신 회복'을 선언했다. 고객들이 보다 편안한 분위기 속에서 최고의 맛을 즐길 수 있도록 하고 지역사회와의 소통도 강화하고 나섰다.

효과는 바로 나타났다. 떨어지던 글로벌 매출은 곧바로 회복돼 2009년 98억 달러에서 2010년 107억 달러로 올라섰다.

변신 시도하는 커피명가 스타벅스

시애틀의 1호점에서 오후의 여유를 즐겼던 사람도, 바쁜 출근길에 아침식사 대용으로 찾았던 뉴요커도, 점심식사 후 커피 한 잔의 즐거움을 느끼고자 했던 한국 사람들도 모두 같은 로고의 같은 커피 잔을 들었다. 획일화와 표준화. 스타벅스는 그렇게 성장했다. 서울 한복판에서도 심지어 중국에서도 뉴욕과 똑같은 인테리어에 똑같은 커피 맛. 전 세계 사람들은 어느 곳에서나 스타벅스 커피에서 시애틀의 향을 맡았고 뉴욕의 맛을 음미했다. 고객들이 세계 어느 곳을 가더라도 고향 같은(Homie feeling) 스타벅스 커피 맛을 즐길 수 있었던 것이다. 이른바 글로벌 스탠더드 전략 덕이다.

그러던 스타벅스에 변화가 일기 시작했다. 이는 위기에 처한 스타벅스가 마케팅 전략을 새로 정비하면서부터다. 세계 경제를 강타한 미국발 금융위기 때인 2008년, 스타벅스 매출은 급감했다. 그해 104억 달러였던 글로벌 매출은 2009년 98억 달러로 떨어졌다.

급기야 수백 개의 점포 문을 닫고 파트너라고 아끼던 직원도 줄이는 등 치욕적인 결단을 내리기도 했다. 지난해 한국에서는 토종 브랜드 카페베네가 점포 수에서 스타벅스를 앞질렀다.

서울 광화문 이마빌딩에 입점한 스타벅스 400호점 내부. 이마빌딩은 조선시대 궁중의 말과 가마, 마필 그리고 목장 등을 관장하던 관청 "사복시"가 있던 터에 자리 잡고 있다. 스타벅스는 400호점 내부를 문화재청으로부터 조선시대 말에 대한 국립중앙박물관 자료 등을 받아 한국적 스타일로 꾸몄다.

무리하게 점포를 확장했지만 금융위기를 계기로 수익을 못 내는 매장이 속출했다. 급기야 하워드 슐츠 스타벅스 회장이 구원투수로 나섰다. 돌아온 슐츠는 기존의 표준화 전략에 메스를 대기 시작했다.

단순히 매출이 떨어지고 점포가 문을 닫았다는 것 때문만은 아니었다. 스타벅스 본래의 창업정신이 흔들리고 있다는 판단 때문이었다. 고향 같은 스타벅스 커피 맛, 획일화된 커피 맛을 강조하다 보니 지역별 특성이 무시됐고 결국 지역사회에 제대로 뿌리내리지 못했다는 반성이 일어났다.

'다각화 · 현지화'가 본격적으로 시작됐다. 이제 뉴욕의 스타벅스와 서울의 스타벅스는 인테리어부터 판매되는 메뉴, 머그와 텀블러(뚜껑이 달려 있는 컵의 일종)도 다르다. 한국인 직원의 아이디어로 개발된 훈민정음 머그와 텀블러가 '한국의 스타벅스' 매장에서 외국인 관광객의 눈길을 끌고 있다.

서울 광화문 이마빌딩에 자리한 스타벅스 400호점은 조선시대와 말에 대한 전통 자료 등을 토대로 매장을 꾸몄고, 충무로 점은 영화의 역사가 담긴 인테리어를 도입했다. 한국의 팥빙수에서 아이디어를 얻은 레드빈 프라푸치노는 전 세계 매장으로 진출했다. 경기도와 스타벅스가 '우리 쌀 소비를 위한 떡산업 육성 협약'을 체결하고 공동 개발한 경기미 떡과 라이스바, 라이스칩, 라이스키위 등이 한국의 스타벅스 매장에서 팔리기 시작한 지도 벌써 수년째다.

슐츠 회장은 최근 매일경제와 인터뷰하면서 "현지화 전략은 이제 시작"이라며 "방한 때 한국에서 볼 수 있었던 한국민의 스타벅스는 매우 흡족했다"고 말했다.

스타벅스의 이러한 변신을 두고 전문가들은 단순한 세계화 시대 '글로벌라이제이션(globalization)' 전략을 넘어 현지화를 동시에 추구하는 '글로컬라이제이션(glocalization)' 전략이 본격화된 것이라고 분석한다.

김주권 건국대 경영대 교수는 "획일화되고 표준화된 맛과 인테리어로 세계화의 첨병으로 나섰던 맥도널드는 이미 수년 전부터 유럽과 중국 등지마다 각각 현지 사정에 맞는 메뉴와 인테리어를 도입했다"며 "맥도널드 성공 이후 또 다른 미국적 세계화의 선봉에 있던 스타벅스 역시 그동안의 세계화 전략을 근간으로 이제부터 현지화에 나서고 있는 것"이라고 덧붙였다. 모든 글로벌 프랜차이즈 사업은 앞으로 현지화 전략을 함께 추구할 수밖에 없고, 특히 문화적 자존감이 강한 중국시장 등 아시아 시장에서의 성공을 위해서는 더더욱 글로컬라이제이션 전략을 쓸 수밖에 없다는 얘기다. 여기에 '창업정신', '지역사회와의 소통'을 강조하니 자연스레 현지화가 탄력을 받는다는 것이다.

현지화에 다각화도 더해졌다. 새로운 세대에도 스타벅스를 알리고 지속적인 혁신과 성장을 이루기 위해 현지화뿐만 아닌 비즈니스 다양화도 필요했다는 것이 스타벅스 관계자들의 전언이다.

스타벅스의 새로운 시도 중 가장 파격적인 것은 '스타벅스 바(Bar)'다. 커피전문점이었던 스타벅스가 테스팅 매장으로 시애틀에 스타벅스 바 1호점을 냈다. 오후 시간에는 스타벅스 와인과 맥주를 즐길 수 있는 곳으로 변신했다.

뿐만 아니라 스타벅스는 커피믹스 브랜드인 네슬레와 경쟁을 시작했다. 한국에는 9월 출시될 예정인 스타벅스 카페 VIA(커피믹스)는 미국에서 출시되자마자 선풍적인 인기를 얻었다. VIA는 언제 어디서나 스타벅스를 즐길 수 있다는 장점으로 고객들의 눈길을 끌었다. 단순한 커피믹스가 아니라 질 좋은 스타벅스 원두를 미세처리한 후 진공포장을 했다. 커피전문점 고객들의 까다로운 입맛을 공략하기 위해서다.

이전부터 추구해 온 '쿨하고 착한 기업' 스타벅스의 이미지 메이킹도 디지털 공간을 활용하면서 점점 강화되고 있다. 이러한 '공정무역'과 스타벅스의 '사회책임'이 소셜네트워크서비스(SNS)와 유튜브 등 뉴미디어를 타고 소비자들에게 퍼지면서 '착한 기업' 스타벅스의 이미지를 더욱 강화시키고 있는 것이다.

(자료 : 매일경제신문, 2011.9.2)

토의자료 12-2 "글로벌전략 없는 르노그룹 경영실패가 원인"

판매부진을 겪던 르노삼성이 전 직원의 15% 가량인 800명을 희망퇴직시키기로 결정한 이유로 전문가들은 ▲신차의 잇따른 실패 ▲높은 원가구조로 인한 수익성 악화 ▲르노닛산 그룹의 글로벌 생산전략 부재 등을 꼽는다. 1995년 삼성자동차로 출범한 르노삼성은 외환위기 이후인 1999년 법정관리를 신청하고, 2000년 프랑스 자동차회사인 르노에 매각됐다. 르노삼성은 지난해부터 판매가 본격적으로 줄기 시작했고, 올 상반기에는 국내·외에서 지난해 같은 기간보다 32.8% 감소한 8만 3,062대밖에 차를 팔지 못할 만큼 부진한 상황이다. 6월에는 쌍용차에까지 밀리며 국내 완성차 업체 중 꼴찌를 하는 수모도 겪었다.

전문가들은 르노삼성의 실적이 안 좋은 첫 번째 이유로 신차가 기대에 못 미치는 것을 꼽았다. 김기찬 가톨릭대 경영학과 교수는 "자동차회사는 신차로 모든 것을 말해야 하는데 르노삼성은 그동안 이렇다 할 신차가 없었다"면서 "닛산 주도로 개발된 과거 신차는 경쟁력이 있었지만, 르노 주도로 개발된 최근의 신차는 국내 브랜드의 차보다 나은 차라는 인식을 주지 못하는 것이 문제"라고 말했다.

김필수 대림대 자동차학과 교수도 "르노삼성은 차종이 겨우 네 개로 적은데다, 디자인이 나빠졌다는 평가를 받는다"면서 "프랑스에서 대중차 역할을 하는 르노의 디자인으로는 눈 높은 국내 소비자를 잡을 수 없다"고 말했다.

르노삼성은 지난해 9월 최고급 세단인 SM7을 출시했지만, 오히려 구형 모델보다도 판매가 저조한 상황이다. SM7은 8월까지 지난해보다 62.2% 줄어든 3,966대가 팔렸다. 구형 모델을 팔았던 지난해 8월까지 르노삼성은 1만 486대의 SM7을 판매했다.

이어 올 초 출시한 주력 제품 SM5의 개선 모델도 부진하기는 마찬가지다. 연비 향상 기술을 적용해 상품성을 높였지만, 판매 증가로 이어지지는 않고 있다. SM5 역시 8월까지 지난해보다 39% 줄어든 2만 667대밖에 팔지 못했다. 스포츠유틸리티차량(SUV)인 QM5는 월평균 400여 대가 팔릴 만큼 존재감이 없다.

르노삼성은 최근 신형 SM3를 출시하며 반전을 노리고 있다. 특히 신형 SM3에 동급 최고의 연비를 구현한 것에 르노삼성은 큰 기대를 하고 있다. 하지만 SM3가 이익이 많이 남지 않는 준중형 세단이라 실적 개선에 큰 기대를 하기는 어려운 상황. 김필수 교수는 "SM3 역시 이전 디자인이 크게 바뀌지 않아 성공을 말하기가 쉽지 않다"면서 "앞으로 나올 SM5는 디자인을 더 획기적으로 개선해야 할 것"이라고 말했다.

르노그룹의 글로벌 생산전략도 실패

전문가들은 또 르노삼성을 제대로 활용하지 않는 르노그룹의 전략 부재도 위기의 원인으로 꼽았다. 먼저 르노그룹이 르노삼성의 연구개발 부문을 육성하지 않고 르노와 닛산의 기존 것들을 그대로 가져다 쓰는 전략을 사용한 것이 문제로 꼽혔다. 김기찬 교수는 "기본적으로 투자가 부족하다 보니 좋은 제품이 나올 수 없고, 제품이 경쟁력이 없다 보니 판매도 부진해 투자할 자금이 더 부족해지는 악순환이 이어지는 것"이라고 분석했다.

특히 카를로스 곤 회장이 최근 르노삼성 부산공장에 1,800억 원을 투자해 닛산의 신형 스포츠유틸리티차량(SUV) 로그 생산을 맡긴다고 한 것에 대해서도 전문가들은 부정적인 시각을 갖고 있다. 김필수 교수는 "위탁생산을 맡아 생산기지 노릇을 하는 것은 단기적인 처방밖에 되질 않는다"면서 "결국 중요한 것은 내수판매를 살리는 일이고, 그러려면 대대적인 연구개발 투자가 필요하다는 것을 르노가 간과하는 것 같다"고 말했다.

르노그룹이 국내에서 현지화하려는 노력이 부족하다는 것도 문제로 꼽힌다. 르노삼성 관계자는 "르노 또는 닛산 출신의 외국인 임원과 한국인 임직원들 사이에 의사소통이 잘 안 되어 답답한 경우가 많다"면서 "식민지 시대가 이런 것이구나 하는 말을 하는 사람도 있다"고 전했다. 김필수 교수도 "르노가 현지화 노력을 별로 하질 않아 르노삼성 조직 내에서 이질감을 느끼는 직원이 많다"면서 "외국기업의 이미지를 최대한 탈피해 현지화를 해야만 국내시장에서 성공할 수 있을 것"이라고 말했다.

김기찬 교수는 "가장 시급한 것은 뛰어난 신차를 내놔 성공을 하는 것"이라면서 "신제품을 통해 규모의 경제 효과를 보고, 이를 다시 투자하는 선순환 구조가 만들어져야만 르노삼성이 회생할 수 있다"고 말했다. 김필수 교수는 "한번 떠난 고객이 돌아오는 데는 많은 시간이 걸린다"면서 "틈새 차종을 지속적으로 투입하고 기존 차종도 완전히 바꿔야 르노삼성이 3~4년 안에 회복할 수 있을 것"이라고 말했.

(자료 : 조선비즈, 2012.9.10)

토의자료 12-3 中 '라인' 차단… 네이버, 글로벌전략 차질 우려

중국이 모바일 메신저 라인을 차단하면서 네이버의 중국 진출에 제동이 걸렸다.

4일 중국 통신과 업계에 따르면 중국은 지난 1일부터 현재까지 카카오의 카카오톡, 네이버의 라인, 다음의 마이피플 등 국내 3대 모바일 메신저의 접속을 차단했다.

현재 카카오톡의 경우 메신저 기능 등은 사용할 수 있지만, 게임 연동 등 매출 서비스의 사용은 불가능한 상태다. 반면 라인은 메신저 등 모든 기능을 사용할 수 없어 상황이 더욱 심각하다.

특히 업계가 이번 모바일 메신저 차단이 장기화될 가능성이 높다고 예상하는 등 네이버의 글로벌전략에 차질이 빚어질 전망이다.

실제 카카오톡 관계자도 "이번 차단 조치에 대해 통보받지 못했다"면서 "지금까지 확인한 결과 차단 방식은 구글을 차단했던 방법과 동일하다"고 말했다. 구글 등은 중국 내 서비스가 원천 차단돼 IP우회 등을 사용하지 않으면 접속이 불가능하다.

이번 사태로 발등에 불이 떨어진 것은 국내시장을 기반으로 한 카카오톡보다 라인이다.

라인은 올해 들어 13억 인구의 모바일 성장 잠재력을 가진 중국 진출에 공을 들여왔다. 최근 중국 현지에 라인 담당자들을 배치하고, 중국형 맞춤 콘텐츠와 기능 개발에도 힘써 왔다.

또 글로벌 웹툰 서비스 '라인 웹툰'을 출시하면서 '갓 오브 하이스쿨', '강시대소동' 등 50개의 중국어 작품을 별도로 선보였을 정도다.

특히 라인이 최근 중국 내에서 방영된 '별에서 온 그대'를 통한 간접광고(PPL) 효과로 사용자가 증가하고 있는 시점이라 이번 사태의 타격은 더욱 크다.

중국 내 라인 가입자는 1,400만 명 수준으로 일본(5,100만 명)과 태국(2,700만 명), 대만(2,000만 명), 스페인(1,800만 명)에 이어 5위권을 형성하고 있다. 이는 국내 라인 가입자 수와 비등할 정도로 네이버도 이번 사태를 쉽사리 넘길 수만은 없는 형편이다.

이 때문에 4일 예정된 중국 경제사절단과의 만남에서 네이버 김상헌 대표가 문제 해결을 모색할 것이라는 전망도 나오고 있다. 라인이 네이버 매출의 큰 비중을 차지하고 있는 데다, 중국시장 진출을 더 늦추면 글로벌화에 차질이 생길 수밖에 없다는 판단에서다.

네이버는 올해 1분기 매출 6,380억 원, 영업이익 1,898억 원의 실적을 기록했다. 이 중 해외매출 비중은 28%로 지난해 동기보다 10%포인트 가량 증가했으며, 특히 라인 등 해외매출(1,813억 원)은 전년 동기보다 92.6% 증가해 네이버의 성장을 이끌고 있다.

네이버 관계자는 "라인의 경우 일본법인이 주도적으로 사업을 진행하고 있다"면서 "네이버의 움직임보다 라인 쪽에서 문제 해결을 위해 노력하고 있다"고 전했다.

한편 라인의 중국 내 접속 차단이 장기화될 경우 네이버의 하반기 매출 전망치 하락 요인으로 작용할 가능성도 높다.

(자료 : 이투데이, 2014.7.4)

참고문헌

The Bell, 석유공사, 해외사업 줄줄이 '적자', 2014년 5월 8일자.

곽정(2013), KFC의 현지화에 중국 진출 성공의 답이 있다. [online] Available at http://globalwindow.org/gw/overmarket/GWOMAL020M.html?BBS_ID=10&MENU_CD=M10103&UPPER_MENU_CD=M10102&MENU_STEP=3&ARTICLE_ID=5006250 [접속일: 2014년 4월 23일].

다음이마케팅본부(2014), [사이트분석] 페이스북(facebook). [online] Available at http://blog.daum.net/newdaf/13240942 [접속일: 2014년 7월 12일].

매일경제신문, 스타벅스의 글로벌전략, 2011년 9월 2일자.

매일경제신문, 빙그레 러시아 현지법인 '빙바' 설립, 2011년 9월 5일자.

박의범, 권종욱, 오대혁(2009), "글로벌경영 CASE 100", 두남.

박흥수, 하영원, 강성호(2008), "이제는 빙그레 웃어요 : 마케팅 CEO의 경영혁신", 연세대학교 출판부.

서민교, 박병일(2013), "글로벌경영", 서울경제경영출판사.

서울경제신문, 히트 상품 앞세워 식품 한류 전파… 中 등 해외 유통망 확대도 팔 걷어, 2013년 8월 5일자.

아주경제신문, 대륙 입맛 사로잡은 K-푸드, 2013년 10월 23일자.

에너지신문, 석유公, 해외자회사 관리 '엉망', 2013년 6월 13일자.

원천식(2002), "WTO 가입 이후 중국 유통시장 현황과 진출 강화 방안", KIET산업경제, 제44호, 산업연구원.

이투데이, 中 '라인' 차단… 네이버, 글로벌전략 차질 우려, 2014년 7월 4일자. [online] Available at http://www.etoday.co.kr/news/section/newsview.php?idxno=943898 [접속일 : 2014년 7월 12일].

임태순(2011), "글로벌경영", 한국학술정보.

조선비즈, '묻지마' 유전 투자로 혈세 1조 3,500억 날린 석유공사, 해외출장 땐 비즈니스 클래스 타고 다녀, 2014년 2월 5일자.

조선비즈, 글로벌전략 없는 르노그룹 경영실패가 원인, 2012년 9월 10일자.

중앙일보, 빙그레, 브라질에 식품업체 첫 해외법인 설립, 2013년 9월 16일자.

한경비지니스, 꽃게랑・메로나・마요네즈・토익… 우리가 해외서 제일 살나가, 2013년 8월 26일자.

한경비지니스, 빙그레 '내년 해외매출 1,000억', 2013년 9월 15일자.

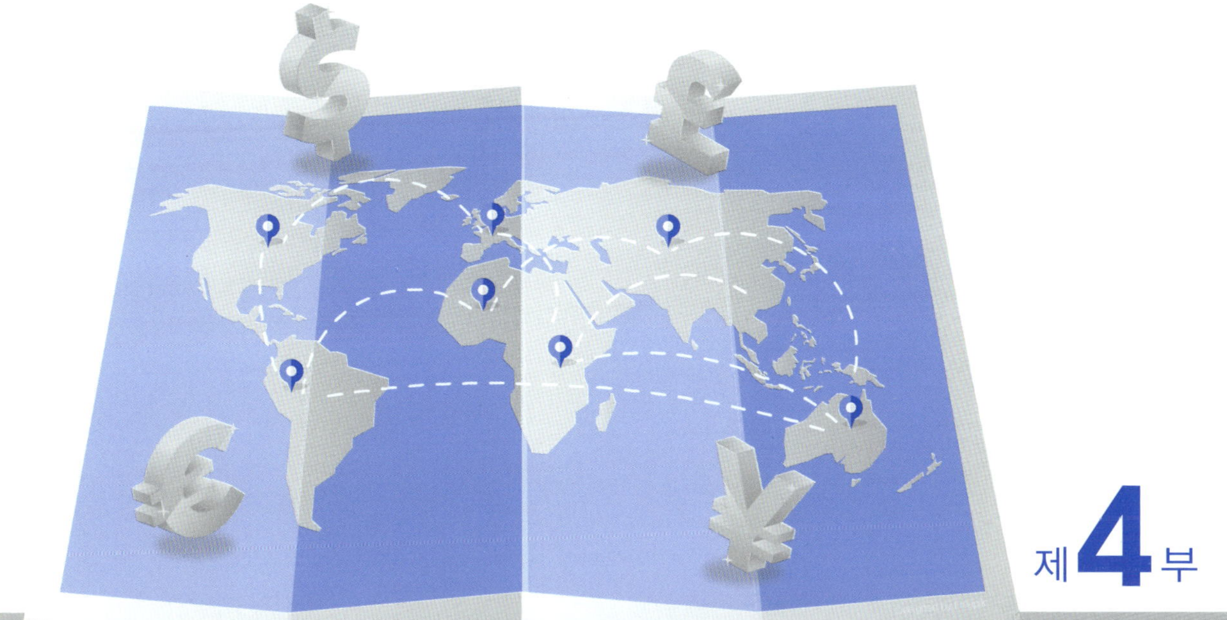

제 4 부

국제경영관리

국제경영관리의 각 기능별 영역을 체계적으로 이해하기 위해 국제마케팅관리, 국제재무관리, 국제인적자원관리, 국제기업의 조직 및 통제전략 등을 살펴본다.

제 13 장

국제마케팅관리

[1] 이것만은 알아두자

국제마케팅의 정의

국제마케팅이란 "개인 및 조직의 목표를 충족시키는 교환을 위해 해외시장에 개입하고 아이디어, 재화, 용역의 개념화, 가격, 촉진 및 유통을 국제적으로 계획하고 수행하는 과정"으로 정의할 수 있다.

국제 시장세분화와 제품 포지셔닝

- **시장세분화** : 서로 다른 환경을 가진 복수 국가 시장을 대상으로 하는 국제마케팅의 경우 가장 자연스러운 형태의 시장세분화는 국가마다 갖고 있는 고유의 독특성과 환경적 차이를 전제로 하는 국가별 시장세분화(country-by-country segmentation)라 할 수 있다.
- **제품 포지셔닝** : 제품 포지셔닝(positioning)이란 제품을 구매자 마음속의 확고한 위치에 심어주려는 마케팅관리자의 목표를 의미한다. 이것은 경쟁사의 제품과 차별화된 포지셔닝을 하기 위해서 제품의 특성, 예를 들어 디자인, 상표, 포장, 가격, 유통 또는 광고 등을 변화시키는 것을 의미한다.

국제마케팅의 표준화와 현지적응화

표준화 전략의 가장 큰 장점이자 근거가 되는 것은 규모의 경제(economies of scale) 효과에 의한 원가절감이다. 국가별 반응전략을 택할 때 매출액의 증가 가능성은 더 높아지겠지만 R&D, 생산, 마케팅 측면에서의 비용이 많이 발생한다. 대고객관계의 일관성을 유지시켜 준다는 점도 범세계적 접근법(global approach)에 의

한 표준화 전략의 장점이다. 물리적, 법적, 정치적 환경의 차이는 물론 여러 측면의 시장특성에 있어서도 국가 간 차이가 크기 때문에 표준화 전략을 추구하는 데는 한계와 제약이 따른다.

국제제품전략

우선 제품 개념은 일반적으로 세 차원에서 이루어진다.

첫째, 핵심제품(core product) 개념으로서 이는 소비자욕구를 충족시켜 주는 용도나 편익 측면만을 고려한다. 제품 자체를 구매하는 것이 아니라 그 제품을 통해 편익을 구매하고자 한다. 예를 들면, '소파를 구매하는 것이 아니라 안락함을 구매'하는 것이다. 둘째, 유형제품(tangible product) 개념으로서 이는 핵심제품에 품질, 스타일, 상표명, 포장 등의 요인이 부가된 개념이다. 셋째, 포괄제품(augmented product)으로서 유형제품 개념에 추가적 서비스 및 혜택, 즉 품질보증, 배달, 설치, A/S 등의 서비스와 혜택이 부가된 가장 포괄적인 차원의 제품을 의미한다. 따라서 제품은 핵심제품, 유형제품 및 포괄제품의 개념 모두를 포함하는 총체적 차원에서 제품정책을 수립해야 한다.

국제제품전략은 적정한 상품을 적정한 현지 시장에 대하여 적정한 시기에, 적정한 가격으로 진출시키기 위한 정책 · 기획 및 실천을 말한다. 국제제품전략은 "만든 것을 수출한다"고 하는 프로덕트 아웃(product out)이란 소극적인 개념에서 탈피하여 "국제시장에 진출시킬 수 있는 상품을 만든다"고 하는 마켓 인(market in)의 적극적 개념에 투철해야 하며, 국제마케팅의 중추를 이루고 있는 제품정책은 국제마케팅조사를 기반으로 하여,

(1) 새로운 제품의 기획 · 제작

(2) 기존 제품의 개량 · 개혁

(3) 기존 제품의 새로운 용도와 새로운 판로의 개척

(4) 제조원가의 절감 등을 도모하고 국제시장을 대상으로 ① 품종 ② 품질 ③ 규격 ④ 디자인 ⑤ 상표 ⑥ 포장 ⑦ 특허 등을 기획 · 결정하는 것이다.

국제가격전략

가격전략의 가장 주된 목적은 이윤극대화라고 할 수 있으나, 그 이외에 국제기

업의 전략목표에 따라 (1) 시장침투 목적, (2) 시장대응 목적, (3) 조기 현금회수 목적, (4) 적정이익의 추구 목적, (5) 특별한 제품계열의 판매촉진 목적들이 있을 수 있다. 국제가격의 결정방법에는 (1) 원가중심의 국제가격결정, (2) 목표가격결정 (target pricing), (3) 수요중심 국제가격결정, (4) 경쟁중심 국제가격결정 등으로 구분할 수 있다.

국제유통전략

국제유통경로는 크게 (1) 간접판매경로(indirect selling channel)와 (2) 직접판매경로(direct selling channel)로 대별된다. 첫째, 간접판매경로란 제조업자가 자신의 제품을 해외시장에 진출시킬 때 국내에 소재하는 중간상을 통하는 것으로 주로 ① 국내수출대리점(domestic export agent)과 ② 국내수출상(domestic export merchant)에 의존한다. 둘째, 직접판매경로란 국내중간업자를 거치지 않고 제조업자 자신이 직접 외국 대리점 및 유통업자(foreign agent/distributor)와 판매계약을 체결하거나 현지에 자사의 판매 지사나 법인(foreign branch/subsidiary)의 설립을 통하여 물품을 유통시키는 경로유형을 일컫는다. 또한 현지시장에서 직접 생산하여 제품을 유통시킬 수도 있다.

국제촉진전략

국제촉진(international promotion)은 국제소비자에게 설득력 있는 의사전달을 통해서 기업의 목표를 달성하고자 하는 기업의 활동이다. 주요 국제촉진 수단들은 광고, 판매촉진, 인적판매, PR 등이 있는데 이들은 기업의 커뮤니케이션 목표달성을 위해 서로 조화되어야 한다.

[2] 국제마케팅관리와 관련된 주요 사례

사례 13-1 이마트, 중국에서 투자한 돈 다 까먹었다. 왜?

1. 회사 소개

emart

이마트는 신세계그룹의 계열사 중 하나이며 대한민국 최초, 그리고 최대의 토종 대형마트이다. 생필품에서 가전제품에 이르기까지 다양한 제품을 구비하여 이를 취급하는 이마트는 "저렴한 가격으로 소비자들에게 상품과 서비스를 제공한다"는 기치 아래 영업활동을 영위하고 있으며, 한국에서는 '이마트 신화'라고 불릴 정도로 큰 성공을 거뒀음을 인정받고 있다. 특히나 까르푸나 월마트 등 외국계 슈퍼마켓 체인점들과는 달리, 한국인의 눈높이에 맞는 진열방식을 선택함으로써 대형마트의 대표 브랜드 중 하나로 성장했다. 1993년 서울시 창동에 1호점을 개점했고, 2014년 현재 국내에 151개 점포를 입점하고 있다. 이마트의 비전은 '언제 어디서나 고객 곁의 이마트', '풍요로운 일상을 만드는 이마트', '가격 혜택을 약속하는 이마트', '지역사회와 함께 하는 이마트'이며 CI (corporate identity)로는 'FRIENDLY', 'BOLD', 'FEMININE', 'INNOVATIVE'를 제시하고 있다. 더욱이 기존의 남성적인 로고를 소문자로 바꿔서 여성적인 부드러운 이미지를 추구하고 있다.

2. 중국 진출 배경

지금 현재도 그렇긴 하지만, 중국 진출을 결정할 당시 국내 대형 유통업체의 상황은 그리 썩 좋은 편이 아니었다. 2012년 이후 유통업체의 매출성장률은 크게 둔화된 상태이며, 이에 따라 이마트를 포함한 롯데마트 등 국내 대형마트들의 해외 진출에 가속도가 붙고 있었다.

이러한 상황 아래, 타깃 마켓으로서의 중국은 문화적으로도 한국과 유사성이 높으며, 14억의 인구를 보유함으로써 시장의 잠재력도 뛰어나고, 비록 최근 다소 주춤하고는 있으나 그럼에도 연평균 7~8%의 높은 경쟁성장률을 시현하고 있는 매력적인 국가이다. 이에 힘입어 소비자들의 구매력 수준도 크게 향상했다. 이에 국내에서의 한계를 절감한 이마트는 중국시장을 거점으로 여타 아시아 지역으로 사업을 확장할 목표를 세웠다.

3. 경쟁 환경 분석

중국시장은 가히 브랜드의 각축장이라고 불릴 정도로 글로벌 브랜드 기업들이 많이 진출해 있다. 유통시장도 상황은 마찬가지여서 까르푸, 월마트, 테스코 등 굵직한 다국적 슈퍼마켓 체인들이 이미 중국에 진출하여 영업활동을 하고 있다. 특히 까르푸와 월마트는 중국 유통마트 순위에서 각각 7위와 9위를 기록할 정도로 중국에서의 입지가 비교적 탄탄하다. 이마트가 투자 거점지역으로 선정했던 상하이는 경쟁이 더욱 치열했다. 이마트는 1997년 상하이에 취양점을 개점하면서 중국 진출을 시작한 반면, 까르푸는 상하이에 이미 10개의 점포를, 월마트는 20개의 점포를 보유하면서 서로 우위를 점하기 위해 치열한 각축전을 벌이고 있었다.

4. 이마트의 국제마케팅 전략

이마트는 우선 중국시장을 화북·화남·화동 등으로 세분화했다. 화북에서는 상하이, 톈진, 베이징을 거점으로 주변지역으로 점차 확장해 나간다는 것이 기본적인 이마트의 진출전략이었다. 이러한 구상하에 1997년 상하이 취양점을 교두보로 톈진에는 아오청점, 탕구점 그리고 광화차오점을 차례로 개점했다. 상하이와 톈진은 여타 지역 대비 가처분소득이 높은 지역으로 이마트는 다른 유통기업들과 마찬가지로 해당 지역의 중산층 이상 주민들을 타깃팅 했다. 이마트는 중국에서 마케팅 전략을 구사할 때 현지화와 차별화를 동시에 진행했는데, 구체적으로 중국에서 이마트가 행한 4P전략을 살펴보면 다음과 같다.

먼저 상품전략에 있어서 이마트는 물건을 직접 만져보고 구매하는 현지문화를 반영, 상품을 소비자와 가깝게 배치했다. 그리고 대량구매를 선호하는 중국인들을 위해 소규모보다는 대규모로 상품을 포장했으며 한국 제품을 다수 구비했다. 특히 많은 한국산 제품의 배치는 한류 열풍과 이로 인한 한국 제품에 대한 높은 선호도를 고려했을 때 매출 증가로 이어지리라 기대되었다. 또한 중국인이 선호하는 빨간색을 가격과 제품명에 사용하는 등 현지인의 입맛도 고려했다. 동시에 PB제품을 통해서 경쟁력을 확보하려고 노력했다.

가격전략으로는 한국에서와 마찬가지로 원가우위전략, 즉 저가주의를 추구했다. 대규모 포장, 유통비용 절감 등 제반 다양한 간접비용을 절감하고자 노력함으

그림 13-1 | 적자 늘어나는 이마트 중국사업

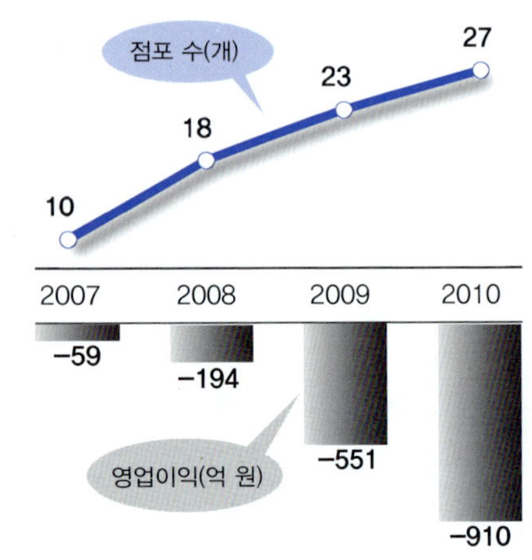

로써 시중가보다 저렴한 가격을 책정하기 위해 노력했다. 또한 상품전략에서 소개한 PB제품을 적극 이용했다. PB제품은 잉여생산능력이 있거나 브랜드 인지도가 떨어지는 회사에게 상품 주문을 의뢰하고 이마트 로고를 붙여서 파는 제품을 말한다. PB제품을 사용하면 마케팅비용과 재고부담을 줄일 수 있어서 일반 제품보다 가격을 낮출 수 있고 진열대에 배치할 때 소비자의 눈에 쉽게 띄는 위치에 배치할 수 있는 장점이 있다. 이마트의 PB상품으로는 대표적으로 이플러스, 이베이직 등이 있는데, 이를 통해서 이마트는 가격 수준을 낮출 수 있었다.

유통전략의 일환으로 입지가 좋은 곳에 점포를 위치시켰다. 또한 지역별로 상이한 소비자 선호도와 특색을 감안하여 마트별 차별화를 구현했다. 대표적인 예로, 무단장점과 탕구점은 주거지역에 위치해 있었기에 매장 앞에 수천 대의 자전거를 보관할 수 있는 보관소를 만들었다. 소비자 구매력이 높은 텐진의 아호청점은 소비자의 가격탄력성이 상대적으로 낮음을 고려하여 고급 화장품, 패션, 주류 등의 품목비중을 높였다.

중국에서는 브랜드 전략에 있어서도 현지화를 추구했다. 즉, 중국에서의 이마트 회사명은 쉽게 살 수 있고 살수록 돈이 된다는 뜻을 가진 易買得(이마이더 : 이매득)으로 번역함으로써, 소비자가 가급적 회사명으로부터 긍정적인 이미지를 떠올릴 수 있도록 힘썼다. 또한 판촉전략으로 정기적인 DM과 전단광고를 통해 브랜드 이미지 제고를 경주했다. 더불어 경쟁사인 까르푸, 월마트의 서구형 창고 마트와 달리, 한국형 이마트 방식대로 중국인의 키와 눈높이를 고려하여 상품을 낮게 배치했다. 그리고 한국식 이마트 분위기를 가져와 깔끔함과 고급스러움을 추구했다.

이러한 일련의 노력 끝에 이마트는 2011년 27개까지 공격적으로 점포 수를 늘리기도 했지만, 결국 같은 해에 12개 점포를 매각하고 현재에는 15개 점포만을 운영하고 있다. 이마트에서 제시한 자료에 따르면, 1997년 사업을 시작한 이후로 2005년에는 990억, 2007년에는 2,200억 원으로 매출액이 증가했다고 한다. 하지만 위의 그림에서 볼 수 있듯이 중국에서의 이마트는 사실 기대한 성과를 시현하지 못하고 있다. 점포가 늘어날수록 순이익이 증가하기는커녕 해마다 적자가 늘어나서 2010년에는 910억 원의 손실을 봤다. 결과적으로, 1997년 이마트가 중국에 진출한 이후 20년 만에 정용진 신세계그룹 부회장은 이마트를 중국시장에서 완전히 철수시키겠다고 밝혔다.

Question

1. 이마트의 국제마케팅 전략은 어디서부터 잘못된 것일까?
2. 중국인들은 생선을 고를 때 '머리를 좀 보여달라'고 말할 정도로 자신이 직접 상품의 신선도를 확인하기를 원한다고 한다. 만일 그렇다면, 상품을 랩에 씌워 판매하는 이마트의 상품전략은 바람직했는가?
3. DM활동과 전단지 광고를 활용했던 촉진(promotion)활동은 이마트가 중국시장에서 상대적인 후발주자였음을 감안했을 때 충분했던 것으로 여겨지는가?
4. 만일 상기 마케팅 전략을 수정한다면 중국에서 성공할 수 있을까? 중국시장에서의 성과를 견인하기 위해서 추가적으로 어떠한 전략적 보완책을 마련해야 한다고 생각되는가?

사례 13-2 일본에서 기사회생한 스타벅스

프랜차이즈 카페의 문화를 바꿔버렸다고 해도 과언이 아닐 정도로 어느새 스타벅스(Starbucks)는 세계 '프랜차이즈 카페'의 표준이 되었다. 이는 전 세계 어딜 가나 같은 품질, 동일한 느낌의 경험을 제공하려는 스타벅스의 지속적인 노력이 있었기에 가능했다고 할 수 있다. 스타벅스라는 기업명은 허먼 멜빌의 소설 '모비딕'에 등장하는 커피를 사랑하는 1등 항해사의 이름에서 유래했다고 한다. 우리가 스타벅스 텀블러나 컵에서 쉽게 볼 수 있는 기업로고는 그리스 신화에 나오는 '세이렌'이라는 인어의 형상인데, 노랫소리로 선원들을 홀렸던 것처럼, 로고에는 스타벅스 역시 소비자들에게 매력적으로 다가가 다시 방문하고 싶은 카페가 되겠다는 기업이념이 담겨 있다.

2015년 4월 위키백과의 설명을 근거로 스타벅스에 대해 조금 더 부연하면, 스타벅스는 세계에서 가장 큰 다국적 커피전문점으로, 64개국에서 총 23,187개의 매장

을 운영하고 있다. 국가별로 미국에서 12,973개, 중국에 1,897개, 캐나다에 1,550개, 일본에 1,088개, 영국에 927개, 한국에 720개, 멕시코에 356개, 타이완에 276개의 매장을 갖고 있다. 최초의 스타벅스 점은 동업자 제리 볼드윈과 고든 보커, 지브 시글이 1971년 미국 워싱턴주 시애틀에서 개점했던 것이 시초였다. 이때는 커피 원두를 판매하는 소매점이었으나, 1987년에 하워드 슐츠가 이를 인수하여 커피전문점으로 새롭게 탄생시켰다. 앉아서 쉬는 카페라는 개념이 미국에서 생소했을 당시, 하워드 슐츠는 길가 주변 많은 에스프레소 바에서 이탈리아인들이 커피를 마시며 휴식을 취하고 있는 것을 목격하고, 이렇듯 휴식하며 커피를 마실 수 있는 공간조성이란 콘셉트에 착안하여 만들어진 기업이 바로 스타벅스라고 한다.

스타벅스가 표준화된 품질과 서비스를 제공할 수 있는 이유는 심지어 얼음을 넣었을 때의 양과 넣지 않았을 때의 양의 차이까지 자세히 설명되어 있을 만큼 상세한 매뉴얼이 존재하고 있기 때문이다. 커피를 만드는 사람이 설령 바뀌어도 동일한 품질을 느끼게 해주는 비결이다. 또한 장소(place)적인 면을 고려했을 때 스타벅스는 유동인구가 많고 대상 소비자가 밀집되어 있는 지역에 매장을 오픈한다. 핵심적인 지역에 세워 매장이 랜드마크 역할을 해주도록 하는 것이다.

스타벅스의 프로모션은 우리나라만 보더라도 가히 독보적이라고 할 수 있다. 스타벅스는 지역별, 시즌별로 상이한 음료를 만들어 표준화된 메뉴의 지루함을 벗어나려고 노력하고 있다. 스타벅스는 막강한 브랜드 파워를 가지고 있는 기업인만큼 커피가 아닌 다른 제품에서도 그 위력을 발휘하고 있다. 텀블러와 다이어리를

▌시애틀에 있는 스타벅스 1호점

예로 들 수 있는데, 스타벅스의 텀블러는 각 나라마다 모양이 다르고 시즌 및 매장별로 그 종류가 다양하기 때문에 이를 모으고 소유하고 싶어 하는 소비자들이 다수 존재하고 있을 정도이다. 또한 크리스마스가 돌아올 때마다 음료를 일정수준 이상 소비한 고객에게는 스타벅스 다이어리를 제공하는 프로모션을 진행하고 있는 바, 항상 디자인이 다르기 때문에 소비자들의 꾸준한 사랑을 받고 있다.

스타벅스는 소비자와 소통을 하는 기업으로도 잘 알려져 있다. 비만에 대해 걱정이 많은 소비자들이 무지방 우유 옵션을 만들어달라는 의견을 제시하자 그것을 받아들여 적용했고, 얼음 혼합음료에 대한 수요를 반영하여 개발한 음료가 지금의 프라푸치노이다. 스타벅스는 소비자들과의 지속적인 소통을 통해 브랜드 충성도를 지속적으로 향상시켰다고 할 수 있다.

그럼에도 브랜드 자체만 보면 전혀 흠잡을 만한 곳이 없는 스타벅스지만 유독 일본에서는 진출 이후 철수의 위기까지 내몰렸던 경험이 있다. 일본은 연간 커피 소비량이 세계 3위이고, 원두 수입량 역시 세계 3위인 국가였기에, 스타벅스가 일본시장에 진출하는 것은 일견 당연한 것처럼 보였고, 물 흐르듯 스타벅스 재팬이 지속적으로 성장할 것처럼 비춰졌다. 하지만 스타벅스 재팬은 모두의 예상처럼 성공만을 구가하지는 못했다.

그 이유로, 첫째, 일본 소비자 고유의 성향을 제대로 파악하지 못하고, 그들이 항상 고수해 오던 '표준화' 전략을 똑같이 적용하는 오류를 범했다. 흔히 일본 소비자들은 근검절약이 몸에 배어 있다고 말한다. 즉, 다른 국가의 소비자들보다 가격에 민감한 특성을 가지고 있었다. 따라서 프리미엄 전략을 고수하고 있는 스타벅스 커피의 가격은 일본인들에겐 다소 부담스러운 가격이었다. 또한 스타벅스 재팬의 주 타깃은 20~30대였는데, 특히 이들은 커피를 마시며 담배를 함께 피우는 것에 익숙했다. 그러나 주지하는 바와 같이 스타벅스에는 흡연실이 조성되어 있지 않았기 때문에 일본 내 타깃 소비자들에게 필연적으로 불편함을 초래할 수밖에 없었다.

둘째, 일본이 전 세계 연간 커피 소비량 1위 국가인만큼 일본에는 이미 여러 카페들이 들어서 있었다. 더불어 외관이나 커피 맛에 있어서 스타벅스와 비슷했으나,

이들의 가격은 훨씬 더 저렴했다. 스타벅스가 최초 미국에서 설립되었던 당시와는 달리, 커피를 마시며 쉴 수 있는 공간이라는 고유의 콘셉트는 이제 어느 커피전문점에서나 충족되어지는 상황이어서 일본인들이 느끼기에 다른 커피전문점이 아닌 스타벅스를 굳이 가야 하는 이유를 찾지 못했다.

셋째, 스타벅스는 표준화 전략으로 일관된 품질과 서비스를 제공하여 소비자들의 신뢰를 얻었지만, 동시에 그렇기에 경쟁 커피전문점이 많은 일본에서 스타벅스의 음료들은 그저 일반적인 상품에 불과했다. 더욱이 전통적으로 일본에는 '다도'라는 문화가 있기에 커피가 아닌 차에 대한 수요 역시 상대적으로 높다. 그럼에도 불구하고, 표준화된 메뉴만 준비하여 이를 소비자들에게 판매하는 스타벅스의 음료는 일본인들에게 매력적으로 다가올 수 없었다.

늦게나마 이를 간파한 스타벅스 재팬은 현지화의 중요성을 깨닫고 일본에 맞는 음료와 푸드를 만들고자 노력하였다. 차를 좋아하는 일본인들의 성향에 맞게 '말차'와 그에 어울리는 베이커리 제품군을 개발하였고, 시즌별로 다른 음료를 개발하여 다른 커피전문점과의 차별성을 두었다. 또한 스타벅스는 지역의 특성에 부합하는 프로모션 제품을 선보였다. 지역마다 한정판 교통카드를 만들어 여행기념품을 개발하였고, 지역과 시즌에 맞게 텀블러를 제작하여 소비자들로 하여금 커피가 아니어도 스타벅스를 방문해야 하는 이유를 제시해 주었다. 이에 더하여 사회적 책임의 이행이라는 관점에서 '허밍 버스 재팬카드'를 출시하였는데, 이는 지진으로 피해를 입은 토호쿠 지방에서 카드를 충전할 경우 충전금액의 10%를 기부할 수 있는 특색 있는 아이템이었다. 또한 이 카드의 홍보를 적절히 병행함으로써 '스타벅스라는 브랜드가 일본에서만큼은 일본기업이다'라는 인식을 소비자들에게 심어주는 데 성공하였으며, 이는 브랜드 이미지 제고로 이어졌다. 즉, 스타벅스는 기존 표준화의 문제점과 한계를 인식하고, 스타벅스의 매뉴얼적인 요소에 현지화 전략을 적절히 혼합하여 위기에서 탈피하고자 힘썼다. 일본시장 진출이 자칫 실패로 귀결되고 스타벅스의 명성이 흔들렸을 때, 스타벅스 재팬은 전략을 적시에 수정함으로써 브랜드 파워를 지켜낼 수 있었다.

Question

1. 현지화와 마케팅 전략을 상호 연결하여 고려할 때, 마케팅 전략을 구사함에 있어서 현지화의 중요성을 설명하시오.

2. 표준화 전략을 유지하면서 현지화를 혼합할 수 있는 다른 예시를 스타벅스를 위해 제시해 보시오.

3. 스타벅스에게 적절한 촉진(promotion)전략을 제안하시오.

사례 13-3 콧대 높은 IKEA의 일본화 전략

이케아(IKEA)는 1940년대 잉바르 캄프라드(Ingvar Kamprad)에 의해 설립되었으며, 전 세계 27개국에서 315개의 매장을 운영하고 있고, 약 9,500개의 제품을 판매하는 거대 다국적기업이다. 이케아는 흔히 '스웨덴의 가구공룡'이라고 불리기도 하는데, 우리는 이 별명을 통해 이케아가 세계 가구시장에 미치는 막대한 영향력을 짐작할 수 있다.

이 기업과 관련된 몇 가지 특이점은 첫째, 이케아는 세계적으로 엄청난 규모를 자랑하는 거대기업임에도 불구하고 주식상장을 하지 않았다. 그 이유에는 "장기적인 비전만이 이케아의 성장을 보장할 것이라는 믿음 아래, 따라서 금융기관에 의존하는 것을 원치 않는다"라고 밝힌 기업의 최고경영자이자 창립자인 잉바르 캄프라드의 의사가 반영되었기 때문이다. 따라서 이 기업의 소유구조나 이익규모는 정확히 밝혀지지 않고 있으며, 개인은 이케아의 주식을 살 수 없다. 일부 전문가들은 이러한 정책이 일종의 가족기업처럼 수십 개 이상의 재단이 이케아를 공유하는 매우 복잡하게 얽혀 있는 소유구조에 기인했다고 주장하며, 장수기업을 소망하는 설립자의 바람이 투영된 것일 거라고 추측한다.

둘째, 이케아 공식 사이트로부터 기업 소개 페이지를 열어보면 '민주적인 디자인(democratic design)'을 설명하는 코너가 독립적으로 존재한다. 이케아는 좋은 품질과 디자인의 제품을 많은 사람들이 만나볼 수 있게 해야 한다고 믿으며, 이것을 '민주적 디자인'이라고 칭한다. 그들이 말하는 민주적 디자인에서는 소비자와의 긴밀한 협력관계를 형성해 제품을 합리적인 가격에 제공하려는 노력을 포함하고 있다. 제품을 제작하는 과정에 고객의 일부가 함께 참여하게 하여 제작비용을 절감시킴으로써 타사 대비 저렴한 가격을 가능케 할 뿐만 아니라 소비자후생을 증가시키고자 힘쓴다. 민주적 디자인이라는 모토를 통해 소비자들이 이케아를 많이 구입해 줄수록 더 많은 고객들이 보다 싸고 질 좋은 제품을 사용할 수 있다는 설득도 함께 진행하고 있다.

셋째, 이케아는 매장을 일부러 다소 복잡하게 만들곤 한다. 최근 경기도 광명시에 지어진 이케아 코리아는 누리꾼들 사이에서 '주말에는 피해야 할 데이트 장소'로 뽑힌 바 있다. 하루에는 매장을 다 둘러보기 어려울 만큼의 넓은 부지와 제품을 구입하기 위한 복잡한 구조 때문이다. 하지만 이것은 철저히 이케아 자체적인 전략 아래 조성된 고의적인 번거로움이라고 할 수 있다. 이케아는 매장 내 고객의 동선을 복잡하게 만들어 소비자의 매장 체류시간을 늘리고자 하였으며, 이러한 전략을 통해 매출을 극대화시킨다.

사실 이케아는 확고한 경영철학을 바탕으로 가격차별화 전략, 제품차별화 전략, 심지어는 독보적인 제품 포지셔닝까지 어느 하나 흠잡을 곳 없이 완벽에 가까운 국제마케팅 전략을 펼치고 있으나, 일본에서만큼은 그렇지 못했던 듯하다. 앞으로 이어질 이케아의 일본 진출 실패사례를 통해 국제마케팅 전략에 대해 더 자세히 살펴보자.

1950년대 비싸고 화려한 유럽식 가구가 가구시장의 공식처럼 여겨지던 그 시절, 이케아는 'DIY 가구'라는 다소 생소한 개념을 도입하여 가구업계에 혜성처럼 등장했다. 하지만 모두의 우려와는 달리, 이케아는 폭발적인 매출성장을 시현하며 이미 포화상태였던 국제 가구시장에서 성공적인 데뷔를 해 많은 이들의 주목을 받았다. 이것은 기존의 기업들과는 다른 차별화된 제품 포지셔닝과 유통전략이 있었기에 가능했다. DIY 가구의 장점은 점포 임대료나 인건비를 절약하여 유통판매단가를 낮추는 데 있기 때문에, '저렴한 가격'과 '직접제조'라는 콘셉트를 세계 시장을 공략할 주요한 기업경쟁력으로 삼았다. "모든 사람들이 구매할 수 있는 저렴한 가격으로 훌륭한 디자인과 실용성을 갖춘 다양한 가정용가구를 제공함으로써 많은 사람들에게 매일매일 더 나은 삶(The better everyday life)을 꾸리도록 도와준다"라는 기업정신은 소비자의 호감을 사기에 충분했다. 시간이 지날수록 이케아에 대한 수요는 점차 증가했고, 기업성장에 탄력을 받은 이케아는 여세를 몰아 해외진출에 박차를 가했다. 일본은 이 시기에 이케아가 진출한 아시아 국가 중 하나였다.

급격한 '기업의 세계화'를 추진함에 따라 그들에게는 효과적인 국제마케팅을 실현하기 위한 전략이 필요했다. 그러한 인식하에 통합적 마케팅커뮤니케이션에 가까운 범세계적 국제마케팅 전략을 수립하였다. 그들이 핵심으로 여기는 저가우

선정책은 시장경제체제에 기반을 두고 거의 모든 국가에 동일하게 적용되었기에 해외진출에 있어서 큰 효과를 거두었다. 하지만 지나친 표준화는 현지화를 간과하는 문제를 낳았다. 모두에게 적용되는 국제마케팅 전략만 고려하다 보니 각각의 국가상황과 특수성을 파악하지 못했던 것이다. 즉, 숲을 보느라 세세한 나무를 보지 못했다고 표현할 수 있으며, 당시 일본은 대부분 소비자들의 거주형태가 소형 아파트였기에 가구조립공간이 넉넉하지 않았고, 때문에 DIY 제품에 흥미를 느껴 구입을 하더라도 제품을 조립할 공간이 없었다.

이케아가 고려하지 못한 문화적 차이도 있었다. 당시 일본 소비자들에게 가구는 단순히 실용적으로 물건만을 수납하는 공간이 아니라, 집안에 갖추고 비치해야 할 중요한 요소로 여겨졌다. 이는 그동안 이케아가 성공적으로 진출해 왔던 서양에서의 가구에 대한 의미와 동양에서의 의미 사이에 문화적 차이가 있음을 보여준다. 현지 문화나 정서에 대한 이해가 부족하다 보니 DIY 문화에 익숙하지 않은 소비자들을 설득하기가 더더욱 어려웠다. 결국 이케아는 1974년 일본에 진출했다가 1986년 전면 철수하는 수모를 겪은 바 있다.

물론 이케아가 추구하는 저가정책은 일본에서도 충분히 매력적인 국제마케팅 전략이었다. 다만, 각 국가의 환경이나 문화적 배경에 따라 그것에 대해 느끼는 매력의 규모나 정도가 다를 수 있었으나, 이케아는 그 부분을 간과했던 것이다. 통합주의적 국제마케팅 전략이 비용과 효율 측면에서 많은 이점을 가지고 있기에 많은 기업에 의해 도입되어 활용되고는 있으나, 오직 그것만으로는 환경적, 문화적 배경이 판이한 전 세계 소비자들을 모두 만족시킬 수는 없을 것이다. 이와 관련해 이케아의 일본 진출 실패사례는 현지중심적 및 통합주의적 국제마케팅 전략의 균형이 얼마나 중요한지를 보여주는 좋은 본보기가 되었다. 지나친 표준화로 인한 현지화의 간과는 세계적인 '가구공룡'도 쓰러뜨릴 만큼 치명적이었던 것이다.

이후 이케아는 아시아의 문화나 정서가 서양과는 많이 다름을 인정하고, 일본시장 재진출의 기회를 모색했다. 그 과정에서 오래도록 고수해 오던 국제마케팅 전략을 대폭 수정하여, 약 20년 뒤인 2006년에 들어 다시 한 번 일본 진출을 시도했다. 당시 일본 가구업계에서는 이케아의 두 번째 실패를 점쳤다. 일본시장 내에서 DIY 가구는 20년 전이나 그때나 여전히 익숙하지 않았기 때문이다. 하지만 결과는 일본 가구업계의 예상을 크게 빗나갔다. 이케아는 일본 현지 사정에 맞춰 그동안 고집하던 DIY 가구공급체계를 대폭 수정함으로써 기존 제품과 서비스를 달

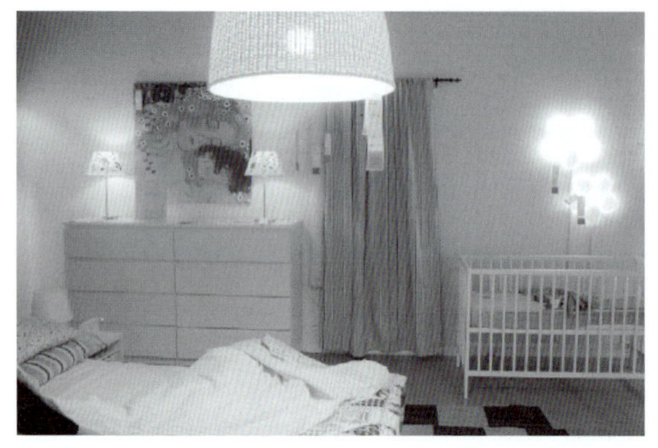

▌실제 도쿄에 위치한 이케아 쇼룸

리하였다. 또한 첫 진출 때 시장에서 직접 느꼈던 실패경험을 적극 활용했다. 일본인의 주택규모가 비교적 소형이라는 점을 감안해, 디자인은 유지하되 가구 사이즈는 줄였고, DIY에 익숙하지 않은 고객을 위해 배송 및 조립 서비스를 도입했다. 특히 아시아 정서를 반영하여 가격구성의 경우에도 보급형과 고급형을 구분해 비슷한 상품이라도 소재·디테일을 달리하는 가격차별화 정책을 시행했다. 한편, 제품전략에 있어서도 현지의 특성을 반영하기 위한 노력이 활발히 이루어졌다. 예를 들어, 가구를 직접 체험하고 볼 수 있는 쇼룸을 일본인의 생활방식을 반영해 좁은 공간을 효율적으로 사용할 수 있는 상품들로 채운다든지, 가구 색깔을 일본인이 선호하는 차분한 색으로 바꾸었다. 비용과 시간이 들기는 했지만, 적극적으로 현지중심의 국제마케팅 전략을 반영함으로써 표준화와 현지화의 균형점을 찾고자 노력했고, 이는 성공적인 결과로 귀결되었다.

이케아 재팬은 2006년 오픈한 후나바시점을 시작으로 점차 그 수가 늘어나, 현재에는 8개의 매장이 일본 현지에서 활발히 사업을 운영 중에 있다. 이케아는 재진출과정에서 과거 실패했던 경험을 대폭 활용하여, 이를 적극적으로 보완하고자 노력한 덕분에 일본시장에 안착할 수 있었다. 이케아 재팬은 2020년까지 최대 14곳으로 매장을 확대하는 것을 목표로 하고 있으며, 비슷한 저가정책을 선보이는 후발업체들의 위협 속에서도 굳건히 시장에서의 위치를 지키고 있다.

Question

1. 국제마케팅의 표준화와 현지화 및 이들 간 균형을 모색했을 때 각각의 장단점을 논하시오.
2. 아시아시장에서 사업을 영위함에 있어서, 이케아를 위한 바람직한 국제제품전략과 촉진전략을 제시해 보시오.
3. 일본에서의 경험을 바탕으로, 이케아 코리아에게 어떠한 시사점을 줄 수 있을 것으로 여겨지는가?

사례 13-4 바비, 중국에서 쫓겨나다

1. 마텔, 기업 소개

마텔(Mattel)사는 1945년 루스 핸들러와 플라스틱 전문 디자이너인 남편 엘리엇 핸들러에 의해 설립된 미국의 장난감 회사이다. 세계 150여 개국에 제품을 판매하고 있으며, 43개국에 지사를 둔 글로벌 기업이다. 대표적인 제품은 1959년에 출시한 '바비 인형'이고, 이외에도 Sesame Street, Winnie-the-Pooh 등 유명 장난감을 생산하였다.

마텔사의 대표적인 제품인 바비 인형은 출시된 지 50년이 지난 지금까지도 많은 이들의 관심을 받고 있는 인형으로 자리매김하고 있다. 1959년 출시 당시에는 아기 모습을 한 인형밖에 없었기 때문에 성인 여성의 모습을 한 바비 인형은 큰 인기를 끌었다. 현재는 여성의 모습을 한 수 많은 바비와 그녀의 남자친구인 켄, 여동생 스키퍼, 남동생 두디 등 가족과 친구 인형도 출시되고 있다. 또한 바비의 의상은 디자이너들에 의해 제작되기도 하며, 세계 유명인사의 모습으로 재해석되기도 한다. 다양한 직종에 종사하는 여성의 모습을 표현하고 있다고 하여 긍정적인 평가도 받는 반면, 비현실적인 몸매를 가지고 있다고 하여 페미니스트들 사이에서는 외모지상주의를 부추긴다는 부정적인 평가를 받기도 한다.

2. 마텔, 중국으로의 진출

2009년 미국의 금융위기로 인해 글로벌 기업인 마텔도 매출에 큰 타격을 입었다. 2008년 4분기 순이익은 46% 급감하였으며, 크리스마스 시즌 판매량이 전년 대비 5% 줄어 최근 10년간 비교하여 가장 낮은 매출을 시현하였다. 이러한 이유로 인해 마텔은 해외시장으로 눈길을 돌려 사업을 확장하고자 하였다.

해외시장 진출의 기회를 엿보던 마텔에게 중국은 매우 매력적인 시장이었다. 중국시장은 점차 개방되어 가고 있는 추세였으며, 서양과의 문화교류가 더욱 활발해지고 있는 상황이었다. 더욱이 미국발 금융위기에도 불구하고 중국경제는 안정적이고 견고한 모습을 보였을 뿐만 아니라, 13억이라는 인구와 그들의 높은 구매력은 마텔의 구미를 당기기에 충분했다. 마텔만이 아니라 중국의 안정적인 경제와 든든한 구매력에 매력을 느낀 많은 글로벌 기업들이 중국시장의 문을 두드렸다.

중국의 13억 인구에서 약 4억여 명이 14세 이하 어린아이라는 사실은 어린아이들을 주 타깃으로 삼는 마텔에게 큰 기회로 여겨졌고, 어린아이들뿐만 아니라 30대 성인 여성까지 아우를 수 있는 '플래그십 스토어'[1])의 오픈을 통한 중국시장으로의 진출을 긍정적으로 고려하고 있었다.

3. 중국시장 분석 및 전략

드디어 2009년 3월, 마텔은 상하이의 화이 하이루에 '바비 플래그십 스토어'를 입점했다. 6층짜리 건물을 온통 핑크색으로 치장하여 바비 액세서리, 의류 등 바비 인형 관련 제품으로 가득 채웠다. 그 외에도 앞서 잠시 언급했듯이, 어린아이들뿐만 아니라 성인 여성들 역시 주 고객층으로 사로잡기 위해 미용센터, 화장대, 칵테일 바 등 다양한 편의시설을 갖추었다.

이러한 마텔의 노력에도 불구하고 바비 플래그십 스토어의 매출은 저조했다. 심지어 목표로 삼은 매출의 3분의 1 수준에도 미치지 못했으며, 시장 진출 이후 계속적으로 적자를 시현하였다. 이렇듯 적자가 누적되자 개점 2년째인 2011년 3월, 마텔은 결국 중국시장에서의 철수를 결정한다.

우선 마텔에 의한 중국시장에서의 STP 전략을 분석해 보면 다음과 같다. 먼저 시장세분화에 대해 논의해 보자. 마텔은 연령대를 기준으로 시장을 세분화하고자 하였다. 즉, 3~11세, 12~19세, 20~29세, 30~39세, 40~49세, 50대 이상으로 6개에 이르는 그룹으로 중국인들을 세분화하였다.

이 중 마텔이 세운 표적화의 대상 연령층은 어린 여자아이와 성인 여성인 20~30대였다. 주로 인형을 가지고 노는 연령층은 어린아이들이었으나, 중국에 설립한 '바비 플래그십 스토어'에서는 아이들보다도 성인 여성들의 입맛에 맞는 테마를 구축하였다. 바비 플래그십 스토어의 테마를 성숙하고 우아함을 강조한 모습으로 포지셔닝하고, 화장품, 고급 레스토랑 등의 편의시설을 구축함으로써 표적시장을 다소 색다르게 수립했다고 할 수 있다. 또한 40대 이상의 여성의 경우에는 보다

---

1) 저자 註 : 플래그십 스토어란 시장에서 성공을 거둔 특정 상품을 중심으로 브랜드의 이미지와 성격을 극대화한 매장을 말한다.

실용적인 것을 추구하는 성향을 보인다는 점을 고려, 이들을 아예 표적으로 삼지 않았다.

이러한 바비의 경쟁상대로는 중국 내 '시양양'이라 불리는 인형과 일본의 헬로키티 인형을 들 수 있다. 마텔은 단순히 인형을 판매하는 것에 그치는 것이 아니라, 브랜드 인지도를 높이고, 여성들의 유행을 선도하고자 노력하였다. 마텔은 자신의 주 타깃인 20~30대 여성 고객들에게 바비의 이미지가 고급스럽고 우아하다는 것을 각인시키고자 노력하였다.

마텔의 제품, 가격, 유통, 프로모션 전략에 대해서 살펴보면, 기존 미국에서의 전통적인 바비 인형의 모습을 조금 수정하여 중국의 미인상에 가깝게 고쳤으나, 출시된 인형은 여전히 다소 비현실적인 글래머의 몸매를 가지고 있었고, 드레스가 아닌 중국 전통의상인 치파오를 입은 인형을 제작하였다. 고급화 전략을 추구하여 프리미엄 이미지를 각인시키고자 하였기에, 마텔은 가격 면에서도 그다지 큰 변화를 주지는 않았다. 따라서 플래그십 스토어에서 판매되는 바비 인형은 개당 100~200달러의 가격을 책정하였다.

마텔의 주요 유통전략은 바비 플래그십 스토어를 활용하는 것이었고, 따라서 전 세계 최초로 세운 상해의 바비 플래그십 스토어에서는 자사의 인형제품과 더불어 다양한 서비스를 제공하였다(온라인을 활용한 유통이나 일반 대형 마트에 바비 인형을 유통시키지는 않았다). 이는 바비 플래그십 스토어에서만 인형을 구입할 수 있다는 점을 강조하고자 한 계획된 전략이었다. 마텔은 바비 플래그십 스토어에 많은 투자를 행하는 대신에, 플래그십 스토어 외 또 다른 프로모션, 예컨대 적극적인 광고나 PR전략을 구축하지는 않았다. 마텔의 목적은 고객이 단순히 인형을 사가는 것에서 그치는 것이 아니라, 플래그십 스토어를 백분 활용하여 이곳에서 소비자가 정말로 바비의 친구가 된 것 같은 기분을 느끼며 즐기다 가기를 원했다.

그러나 유행에 민감하게 반응하며 관심이 많은 집단이라고 판단하고, 화려하고, 성숙하고, 우아한 것을 선호할 것이라고 생각하여 마텔이 주 타깃으로 선정한 20~30대 중국 여성들이 선호하는 인형의 모습은 실상 바비처럼 성인 여성의 모습을 띤 인형이 아닌 동그랗고 귀여운 모습이었다. 그러한 귀여운 이미지의 인형이 익숙한 그들에게 바비 인형의 모습은 이질감을 느끼게 하기에 충분했다. 더불어 문제는 별다른 판촉활동을 전개하지 않았기 때문에, 바비 플래그십 스토어만으로는 그들이 대상으로 삼은 주 타깃소비자들을 설득하기에도 무리가 있었다. 무엇보다도, 중국의 완구시장 규모가 점차 커질 가능성에 주목했으나, 그 규모를 키워 주는 핵심 소비자 계층은 20~30대 여성이 아니라, 바로 16세 이하의 청소년들이었다. 성인 여성들을 위한 테마로 호기심은 잔뜩 자극했을지 몰라도, 장난감 본연의 기능을 고려했을 때 타깃 선정에 다소 문제가 있었음을 알 수 있다.

또한 아이들을 위해 지갑을 여는 부모에게도 바비는 매력적인 인형이 될 수 없었다. 아이의 교육에 관심이 많은 그들에게는 인형도 교육적인 것이 필요했다. 실제 중국 내 인형 중에는 당나라 시를 읊고 영어 노래를 할 수 있는 인형이 인기리에 판매되고 있었다. 게다가 보수적인 성향을 띠고 있는 그들에게는 여성의 몸매를 적나라하게 표현하는 바비가 달가워 보일 리 없었다.

앞서 말했듯이, 마텔이 중국시장에 진입했을 때 취했던 가격전략은 고가전략이었다. 주 소비자층은 청소년이었고, 실질 구매자는 그들의 부모들인 소시민들이었기에, 100~200달러에 달하는 인형을 흔쾌히 구매하기에는 그들에게 너무 부담이 됐다. 그나마 인형을 사길 원하는 부모들은 실컷 바비 플래그십 스토어에서 구경만 하고, 실제 구매는 온라인상으로 돌아다니는 짝퉁을 구입했다.

2010년 중국 사회조사사무소(SSIC)가 중국 도시와 농촌을 대상으로 실시한 장난감 시장에 대한 조사결과를 보면, 장난감에 지출하는 도시 아동의 연평균 소비금액은 35위안(약 5.5달러), 농촌 아동의 장난감 연평균 소비금액은 10위안(약 1.5달러)으로, 아시아 아동 연평균 장난감 소비금액이 13달러, 전 세계 아동 연평균 소비금액이 34달러인 것과 큰 차이를 보여준다. 이처럼 중국 소비자들은 인형과 같은 장난감을 구매할 때 비싼 가격의 고가 장난감을 사지 않는다. 이러한 특성을 갖는 시장에서 바비의 가격은 중국인들에게 턱없이 비싸 보였다. 세계 최대 인구를 보유한 중국시장과 소비자들을 좀 더 자세하고 면밀히 분석했다면, 마텔이 개점 2년 만에 철수하는 일은 없었을지도 모른다.

Question

1. 사례에서 마텔이 취한 국제마케팅 전략의 가장 큰 오류는 어디에 있었다고 여겨지는가?
2. 상기 질문에 대한 답변으로 제시한 오류를 시정한다면, 중국에서의 성공 가능성은 충분하다고 판단하는가? 그렇게 판단하는 근거를 제시하시오.

3. 성공 가능성을 견인하기 위해서는 어떠한 전략을 추가로 고려해야 한다고 보는가? 마케팅과 관련된 세부 전략별로 제안해 보시오.

사례 13-5 피아트 500, 1,160만 원 할인 후 '완판'… "깎아줘서 미안합니다"

1. 피아트그룹 소개

이탈리아의 자동차 생산기업인 피아트는 그 이름이 국내 소비자들에게는 다소 생소하게 들릴지도 모르겠다. 하지만 피아트그룹은 창립 100년이 넘는 유서 깊은 자동차 생산기업으로, 페라리, 마세라티, 알파로메오, 지프 등 유수의 많은 자동차 브랜드를 소유하고 있다. 2009년에는 미국 내 3대 자동차 제조업체 중 하나인 크라이슬러까지 인수한 바 있다. 즉, 우리나라에서만 생소할 뿐이지 유럽에서는 소형차 시장에서 상당한 영향력을 보유하고 있는 이탈리아의 대표 자동차 제조업체라 할 수 있다. 2013년 피아트는 한국시장 진출을 도모하면서 유럽에서 이미 높은 인기를 구가하고 있던 효자모델인 소형차 친퀘첸토 500(과 카브리올레 모델인 500C)을 주력 상품으로 출시하고, 이미 크라이슬러를 통해 구축한 인프라를 활용키 위해 피아트-크라이슬러라는 사명(社名)으로 국내시장에 발을 디뎠다. 하지만 사실 피아트의 한국시장 진출은 2013년이 처음은 아니었다. 1970년대에는 아시아 자동차에 의한 OEM 방식으로 피아트 자동차가 국내에 선보여진 일이 있고, 이후 기아자동차 역시 1979년까지 피아트 브랜드를 생산, 판매한 바 있다. 하지만 이들 차량들은 1981년 자동차산업 합리화 조치의 영향으로 생산이 중단되었다. 그 뒤에는 1990년대 한보그룹이 피아트 브랜드를 국내에 수입하여 판매한 적이 있다. 그러나 이때 역시 1997년 말에 발발한 예기치 않은 국내 외환위기로 인해 철수를 해야 했다. 즉, 피아트는 이미 국내시장 진출에 두 번이나 실패한 전력이 있었던 것이다. 물론 이전의 실패는 피아트그룹 자체의 문제라기보다는 한국의 정치적, 경제적 환경이 급변한 탓이 컸지만, 16년 만에 다시 진출한 세 번째 시도에서도 그다지 성공의 가능성을 확인하기는 어려운 듯하다. 심지어 시장 진출 이래 채 2년이 경과하지도 않은 2014년 중순부터는 한국시장 철수설이 '솔솔' 새어 나오고 있는 상황이다.

피아트 친퀘첸토 500

삼수마저 실패로 귀결되는 경우, 특히 세 번째 도전의 가장 근본적인 문제는, 물론 판매량 부진에서 찾을 수 있지만, 판매량 부진의 이면에 존재하는 피아트그룹의 과도한 고가 정책과 이를 뒤늦게 극복하기 위해 채택했던 무리한 프로모션(할인) 진행, 그리고 신 모델 도입시기를 연기하고, 소비자와의 관계를 소홀히 하는 등 한국시장에서의 마케팅 전략 부재를 지적하지 않을 수 없다.

2. 피아트 500시리즈 소개

전술했듯이 피아트의 대표 모델은 500시리즈 혹은 '친퀘첸토'라는 이름으로 불리는 경차 이미지의 소형차이다. 다만 국내에서는 경차 기준에 부합하지 못해 경차로 분류되지는 않아 관련혜택을 받을 수는 없다. 하지만 특유의 매력적인 디자인과 콤팩트한 사이즈로 유럽에서는 큰 인기를 얻고 있는 차종이며, 한때 도산 위기에 몰렸던 피아트를 다시 구해준 효자 차량이다. 피아트는 이 차량을 들고 한국시장에 세 번째 진출을 노크하면서, 친퀘첸토 팝의 경우 2,690만 원, 친퀘첸토 라운지의 경우 2,990만 원을 책정하였다.

하지만 한국은 피아트에게는 그 어느 시장보다도 냉엄했다. 국내에서의 연간 판매목표를 2,800대로 잡고 영업을 시작했지만, 월 판매량이 고작 한 자릿수에 머무는 달이 있는 등, 글로벌 인기상품을 보유하고도 국내에서는 형편없는 실적을 시현하였다. 아래 표는 아시아 투데이 기사문에서 발췌한 피아트 500의 국내 판매량이다.

매달 채 50대를 넘기기 힘겨워하던 판매량이 2014년 5월과 6월에는 급증해서 213대, 301대를 기록했지만, 이는 기존 2,990만 원에 달하던 차량가격을 한시적으로 1,160만 원이나 할인해서 1,830만 원에 판매하는 프로모션을 적용한 기간에 거둔 일시적인 착시효과이다. 피아트 측에서는 프로모션 이후에도 판매량 증가를 기

표 13-1 | 피아트 국내 판매량 추이

	1월	2월	3월	4월	5월	6월	7월	8월	9월
2013년	3대	43대	13대	6대	7대	16대	26대	35대	24대
2014년	24대	49대	75대	47대	213대	301대	77대	1대	0대

자료 : 아시아 투데이, 2014년 10월 22일자.

대했지만, 2014년 8월에는 1대, 2014년 9월에는 심지어 한 대도 팔지 못하였다. 이런 형편없는 성적표의 원인은 다음과 같다.

첫째, 피아트는 국내 소비자들의 성향을 제대로 분석하지 못한 채 과도한 고가정책을 추구했다. 국내 자동차시장은 중형 이상의 큰 차를 선호하는 성향이 있다. 유럽에서는 소형차가 매력적으로 인식되지만, 아직까지 국내 소비자들은 중형 내지 대형 차량을 선호하며, 차량에 있어서 과시적인 소비성향을 보인다. 국내 소비자들에게 좋은 차의 기준은 상당 부분 차량의 크기와 배기량에 있다고 해도 과언이 아니다. 이름도 생소한 이탈리아 차량 제조회사의 경차만한 소형차는 국내 소비자들의 시각에서 볼 때, 이는 절대로 3,000만 원에 가까운 금액을 지불하면서 살 만한 차량이 아니다. 최근 2,000만 원대 수입차 경쟁이 시작된 시점에서 3,000만 원이면 수입 중형차 구입까지 고려해 볼 수 있는 등 소비자들의 선택의 폭은 그 어느 때보다 넓어졌다. 하지만 피아트 측은 이러한 시장상황을 전혀 이해하지 못한 듯하다. 500시리즈에 대한 과도한 자신감 때문인지 미국시장에서는 1,800만 원대에 팔리고 있는 차량을 한국에서는 2,000만 원 후반대에 들여와 판매하며, 독특하고 아름다운 이탈리아 감성을 담은 프리미엄 소형차량으로 포장해 보려 노력하고 있다. 그러나 이런 막무가내식 고가정책은 피아트가 애초 의도했던 프리미엄 이미지를 소비자들에게 심어주는 데 기여하지 못하고 있으며, 오히려 가격거품에 대한 거부감만 안겨주었다.

둘째, 결국엔 자충수로 돌아오고만 파격 프로모션을 지적할 수 있다. 저조한 판매실적을 올려보려고 3,000만 원가량의 차량가격을 뒤늦게 1,000만 원 이상 할인한 파격적인 프로모션을 진행하여 자사 차량을 국내 소비자들에게 홍보해 보고자 했지만, 오히려 소비자들의 반응은 좋지 못했다. 오히려 이 프로모션은 기존 제값을 치르고 구입한 중고차의 가격을 불과 차를 구매한 지 1년 반 만에 반값 밑으로 떨어뜨리는 효과를 가져왔고, 이는 기존 고객과의 관계 관리에 있어서의 실패를 낳고야 말았다. 뿐만 아니라, 이로 인해 기존 차량구매 고객들이 집단적인 항의에 나섬에 따라 피아트는 비싼 가격을 주고 자동차를 구매한 충성도 높은 고객들을 잃고 말았다. 피아트 측에서는 연식변경을 앞두고 재고처리를 위한 통상적인 수준의 프로모션이라고 강변했지만, 굉장히 이례적인 수준의 프로모션이었음을 부인할 수 없다. 그럼에도 불구하고 새로운 고객을 끌어들이는 것마저 실패하여 어느 것 하나 마음대로 되는 것이 없었다. 프로모션 기간에는 일시적으로 판매량이 급증하

표 13-2 | 피아트 500의 SWOT 분석

S	W
• 독특하고 아름다운 디자인 • 유럽시장에서 검증된 실용성	• 낮은 경제성 (11.8km/l 수준의 연비, 경차혜택 부재) • 높은 가격(무리한 고가정책) • 낮은 브랜드 인지도 • 과도한 프로모션으로 악화된 브랜드 이미지
O	**T**
• 수입차 시장 소비자들의 유럽 차 쏠림현상 심화 • 높아지고 있는 경차 기준 완화 여론	• 푸조, 도요타, 사브 등 2,000~3,000만 원대의 다양한 수입차 국내시장 진출

였지만, 결국 이 프로모션은 잠재고객들의 마음속에 피아트가 차량가격을 지속적으로 인하할 것이라는 기대감만 심어준 꼴이 되어, 피아트가 노린 판매량 증가로는 이어지지 못하였다.

요약하면, 피아트 500의 경우 디자인과 실용성의 측면에서는 굉장한 강점을 지니고 있지만, 경제성이 낮으며, 브랜드 파워가 약하고, 무리한 고가정책을 펼치다 실행한 과도한 프로모션이 결국 브랜드 이미지를 크게 악화시켰다. 다만 수입차 시장에서의 유럽 차 쏠림현상이 최근 몇 년간 심화되고 있으며, 국내에서 경차 기준을 완화해야 한다는 목소리가 높아지고 있는 것은 향후 피아트에게 호재가 될 수 있다. 더불어 2,000~3,000만 원대의 수입차가 갈수록 많아지고 있으며, 수입차 가격이 지속적으로 하락하고 있다는 것은 위협요인으로 작용할 수 있을 듯하다.

1. 피아트에게 적합한 제품 및 포지셔닝 전략을 강구하시오.
2. 피아트의 향후 한국 내 시장세분화와 바람직한 타깃 선정 전략을 설명하시오
3. 피아트의 적절한 가격 및 프로모션 전략을 제시하시오.

사례 13-6 위기의 HTC, 한국시장에서는?

1. HTC 소개

HTC는 1997년에 설립된 대만의 스마트폰 제조업체로서 그 시작부터가 휴대전화 제조업체였던 것은 아니었다. 초기에는 ODM이나 OEM 방식으로 윈도우 PDA와 컴퓨터 관련 부품을 제작하던 업체였으며, 이를 통해 관련 기술을 축적하였다.

2000년대 초반 HTC는 스마트폰 관련 시장의 성장을 예상하고 막대한 수익을 올리던 PDA 관련 사업에서 스마트폰 시장으로 눈을 돌린다. 또한 2006년에는 그간의 ODM 및 OEM 방식을 버리고 독자 브랜드 HTC로의 변신을 선언하였다. 본격적으로 스마트폰이 국내에 보급된 시점이 2010년경이기에 스마트폰이 2010년에 개발된 신상품으로 생각하기 쉽지만, 구글 안드로이드폰의 역사는 생각보다 길다. 그리고 첫 번째 안드로이드폰을 생산한 회사가 바로 삼성도 LG도 아닌 이 HTC라는 기업이다. HTC는 2008년 9월 구글과의 협업을 통해 안드로이드폰을 최초로 시장에 내놓으며 삼성 등 경쟁기업보다 훨씬 빠르게 스마트폰 시장에 진입했다. 시장에 선발주자로 진입하면서 2010년~2011년경 HTC는 스마트폰 시장을 이끄는 마켓리더의 위치에 있었다. 비록 지금은 시장점유율이 많이 떨어져 메이저 업체에 속하지 못하고 있지만, 한때는 안드로이드 시장에서 독보적인 위상을 가지고 있었다. HTC의 한국시장 진출은 2008년 7월 국내 1위 통신사업자인 SKT와 손잡고 '터치듀얼'이라는 전략제품을 출시하면서 이루어졌다. HTC에게 한국시장은 통신 인프라가 가장 빠르게 발달하여 관련 설비가 잘 갖추어진 매력적인 시장으로 비춰졌을 것이다. 하지만 국내시장 진출 불과 4년 만인 2012년 7월 HTC는 매출부진으로 철수를 선언하게 된다.

HTC의 실적악화와 사업축소는 사실 국내시장에만 국한된 상황은 아니다. HTC는 현재 세계 스마트폰 시장점유율이 10위권으로 밀려난 상태이며, 매 분기 판매량이 급격하게 감소되어 경영난에 봉착하고 있다. 고가제품군에서는 삼성과 애플에 밀리고, 저가제품군에서는 화웨이와 ZTE에게 밀려 날이 갈수록 입지가 좁아지고 있는 것이다. 비록 HTC의 비즈니스 상황이 전 세계적으로 불안정하지만, 그럼에도 불구하고 한국시장 공략의 실패를 국제마케팅 전략적인 측면에서 고려해 볼 만하다.

첫째, HTC가 국내 스마트폰 소비자들의 성향을 제대로 파악했는지 의구심이 든다. 최근 조사 결과에 따르면, 한국은 OECD국가 중 스마트폰 가격이 가장 비싼 국가이며(512.2달러) 교체주기 또한 조사국 중 가장 짧은 것으로 나타났다(15.6개월). 고가의 스마트폰 가격의 경우 한국시장이 고사양의 플래그십 제품을 고집하는 경향이 있기 때문이며, 교체주기가 짧은 것은 이동통신시장이 과열되어 보조금 등 소비자들의 스마트폰 교체주기를 앞당기는 구조를 형성했기 때문이다. 따라서 한국시장에서 지속적으로 안정적인 매출을 올리기 위해서는 항상 발 빠르게 최고사양의 최신 제품을 적시에 들여오는 것이 중요하다. 하지만 HTC의 경우 신제품 출시가 빠르게 이루어지지 못했으며, 소비자들이 원하는 사양의 제품을 반 박자씩 느리게 들여와 결국 국내 소비자들에게 외면받을 수밖에 없었다.

둘째, 적극적인 장려금 마케팅을 실시하지 않은 것도 문제였다. 최근에는 소위 '단통법'으로 인하여 법적 보조금 상한선이 정해졌지만, 최근까지도 국내 스마트폰 시장은 온갖 보조금의 지급이 가능했다. 따라서 소비자들은 보조금이 얼마나 지급되는지에 대해 민감했기에 국내 스마트폰 시장에서 경쟁사 대비 보조금이 적게 지급되는 것은 바로 치명적인 결과로 이어지곤 했다. 이 보조금은 통신사에서 제공하는 보조금과 제조사에서 제공하는 보조금으로 나뉘는데, 국내 휴대전화 제조업체들은 통신사 보조금에 더해 제조사 보조금을 많이 지급하곤 했다. HTC의 경우 전략적으로 SKT와 손을 잡고 있었기 때문에 국내 유통에 있어서 상당히 유력한 파트너와 함께하고 있었다고 말할 수 있지만, 여전히 적극적으로 제조사 보조금을 지급하지는 않았다. 결국 상대적으로 실구매가가 비싸지게 되면서 소비자들은 HTC에게 등을 돌리게 되었다.

셋째, 국내시장에서 포지셔닝에 완전히 실패하였다. 국내 소비자들은 자국 글로벌 기업인 삼성과 LG 제품에 대한 신뢰와 애정이 있다. 기존 휴대전화 시장을 선점하고 있는 이 두 강력한 브랜드 사이로 소비자들의 마음속을 비집고 들어가는 것은 물론 HTC로서는 굉장히 힘든 일이었다고 할 수 있다. 하지만 휴대전화 시장이 스마트폰 시장으로 변화하기 시작할 때 HTC는 분명 시장 선두주자로서 유리한 고지를 점할 수 있는 기회가 있었다. 이때 적극적이고 공격적인 마케팅 노력과 포지셔닝을 펼쳤다면 잠시 국내 휴대전화 제조업체들이 주춤하는 사이 소비자들의 마음속에 성공적으로 자리 잡을 수 있었을 것이다. 하지만 HTC는 당시 신형 스마트폰 제품 출시가 늦었을 뿐만 아니라, 경쟁사에 비해 광고 등 홍보 노력도 등한시하여 결국 이름을 알리는 데 실패했다.

넷째, 차별화 전략을 통한 경쟁우위 달성에 실패했다. 2010년 국내 초기 스마트폰 시장 상황에서 HTC는 다른 업체들보다 '기술력'과 '사용자 및 생산경험'에 있어서 사실상 우위를 점하고 있었다. 하지만 HTC가 제품 속성이나 이미지 측면에서 차별화에 성공하지 못한 채 뛰어난 자사 제품을 그저 그런 수준의 제품으로 전락시키는 사이 국내 대기업들은 무서운 속도로 HTC를 추월해 나갔다. 소위 '외산(外産)폰의 무덤'이라고 불리는 한국시장에서도 애플이 꿋꿋이 품귀현상까지 빚어가며 판매를 하고 있는 것이 다른 이유가 있는 것이 아니다. 애플이 국내에서 영업실적을 견인할 수 있었던 것은 삼성의 고성능 기계 이미지와는 차별화된 감성적인 이미지를 형성하는 데 성공했기 때문이다.

Question

1. 아직까지는 소문의 수준이지만 HTC의 한국 재진출설도 나오고 있는 상황이다. 그렇다면 앞의 사례에서 설명한 HTC의 한국시장 진출 실패원인을 바탕으로 만약 HTC가 우리나라에 다시 진출한다면 어떠한 마케팅 전략을 사용하는 것이 적절할 것인가에 대해 견해를 피력하시오.
2. 보다 더 구체적으로 HTC를 위한 포지셔닝 전략을 제시하시오.
3. 이번엔 거시적인 질문을 던져보고자 한다. 세계 시장에서 HTC의 영업실적을 개선하기 위해서는 어떠한 대안이 필요하리라 보는가?

사례 13-7 모로코 사막에서는 힘을 못 쓴 러쉬(LUSH)

러쉬는 마크 콘스탄틴이 1994년대에 설립한 영국계 핸드메이드 화장품 회사이다. 신선한 유기농 과일과 채소, 그리고 중세 유럽으로부터 자연치유적 효과가 있다고 알려진 식물과 꽃을 이용해 화장품을 만들어 판매해 오고 있다. 따라서 러쉬는 친환경 기업이미지를 가지고 있으며, 특히 이를 소비자들에게 각인시키기 위해 환경보호, 동물실험 반대, 식물성 천연재료 사용 등을 강조한다.

러쉬는 여타 기업과의 차별성을 두기 위해 광고에는 많은 지출을 하지 않는 전략을 사용하며, 고객들이 향을 바로 맡아볼 수 있도록 제품을 포장 없이 그대로 매장에 진열해 놓는 특징을 가지고 있다. 이외에도 제품 구매 시 원하는 만큼 덩어리를 잘라 종이로 말아주는 패키징, 공정거래 무역을 통한 원료 사용 등 다양한 차별화 전략들을 구사했다. 창립자 마크 콘스탄틴은 조선일보 윤형준 기자와의 인터뷰에서 이와 같은 전략에 대해 다음과 같이 말했다.

> "이유요? 일부러 향이 좋은 제품을 만들었는데, 포장재로 꽁꽁 싸매 놓으면 고객이 그 냄새를 맡아보기 어렵잖아요. 저희는 이걸 '벌거벗었다'고 합니다. 우리는 모든 포장지 회사가 도산하기를 손꼽아 기다리고 있습니다."

> "제품의 포장에 투자하지 않고, 광고에도 거의 돈을 쓰지 않습니다. 그 때문에 오히려 수익성이 올라가는 거죠. 큰 회사는 매출의 20~30%를 광고에 쏟아 붓습니다. 광고의 단맛을 본 화장품업체들은 더더욱 광고에 치중하게 됩니다. 어느 순간부터 '도덕적 해이'도 발생합니다. 제품이 어떻든 광고부터 세게 넣죠. 거짓말을 하는 겁니다. 그런데 최근 시대가 바뀌고 있어요. 모든 정보가 인터넷을 통해 공유됩니다. 소비자

표 13-3 | 러쉬의 매출 상위 10개국

순위	1	2	3	4	5	6	7	8	9	10
국가	미국	영국	일본	캐나다	프랑스	한국	독일	호주	러시아	이탈리아

주 : 2014년 6월 기준.

들은 이제 더 이상 기업이 말해주는 정보를 곧이곧대로 믿지 않습니다. 그 이면에 있는 것까지 찾아보죠. 이런 소비자들이 늘면서, 돈을 벌고 있는 겁니다."

그들의 차별화 전략은 소비자들의 구매욕구를 자극시키기에 충분했으며 이후 사람들의 발길을 잡는 글로벌 브랜드로 자리매김하게 됐다. 1994년 설립 이후 꾸준한 성장세를 이어오고 있는 러쉬는 연 매출 8,000억 원 이상을 기록하고 있으며, 전 세계 50개국에서 800개 이상의 매장을 보유하고 있다.

러쉬는 마치 성공가도만 달릴 것 같았다. 그러나 모로코 시장에서는 그렇지 못했다. 모로코는 약 3,000만 명의 인구를 보유한 잠재력 있는 시장으로 연 15% 이상의 고(高)성장세를 시현하고 있었다. 또한 일하는 여성이 많아지면서 여성들의 소비가 모로코 경제에 큰 역할을 담당하고 있다. 현 모로코 여성의 비율은 전체 인구 중 42%를 차지하고 있는바, 또한 여성의 사회적 지위가 지속적으로 향상되고 있는 모습을 보여주고 있다. 러쉬는 이러한 긍정적인 요인들이 사업성장에도 바람직한 효과를 불러일으킬 것이라고 전망했고, 이에 발맞춰 2004년에 샤워젤, 입욕제, 샴푸 등 자사의 기존 제품들을 모로코 시장에 진출시켰다.

그러나 장밋빛 기대는 흙빛 결과로 나타나, 모로코 시장 진출 2년 만에 폐점하게 되는 수모를 겪었다. 러쉬의 모로코 시장 진출 실패요인을 2가지로 나누어 분석하자면 다음과 같다. 먼저 러쉬가 채택한 높은 가격정책이 실패의 주원인 중 하나였다. 소비자들의 구매능력과 모로코 내 여타 천연화장품 대비 러쉬의 제품들은

표 13-4 | 러쉬의 글로벌 매출성장률

연 도	2006	2007	2008	2009	2010
성장률	28%	24%	27%	45%	1%
연 도	2011	2012	2013	2014	2015
성장률	19%	16%	14%	14%	16%

주 : 매년 7월~다음 해 6월 기준, 전년 동기 대비 성장률.

지나치게 가격이 비쌌다. 현지 주요한 타깃 층인 젊은 세대들은 고가품이 아닌 저가제품 구매에 더 많은 지출을 행하는 소비문화를 가지고 있어 경쟁제품보다 2~3배 이상 가격이 높게 책정된 러쉬 제품에 대해 당연히 구매 부담을 가질 수밖에 없었다. 두 번째 요인으로는 러쉬의 차별화된 특징이라고 할 수 있는, 그리고 중요하게 여겨 강조하고 있는 천연화장품이라는 사실에 대해 모로코 소비자들은 그리 큰 관심을 두지 않았다는 점을 들 수 있다. 모로코인은 자국 화장품 브랜드에 대한 신뢰도가 매우 높은 편이다. 자국 화장품 기업들은 100% 천연화장품을 판매하지만, 해외 화장품의 경우 100% 천연 원재료만 사용하여 제품을 판매하지 않는다는 인식이 강하게 자리 잡고 있었고, 이는 해외 화장품에 대한 신뢰도를 낮추는 작용을 하는 데 기여했다. 러쉬는 천연화장품을 표방하지만 실제로 일부 제품에는 글리세린, 리날롤, 메틸 등을 사용하기에 엄밀하게 보면 100% 천연화장품이라고 보기 어려웠다.

Question

1. 러쉬의 모로코 시장에서의 실패를 국제마케팅 전략의 부재 관점에서 논하시오.

2. 특히 국제가격전략과 관련하여, 현지 소비자들의 소비문화에 맞춘 저가격 제품 출시 전략이 필요할 것으로 여겨지나, 그 경우 자칫 기업의 브랜드 이미지를 훼손할 수도 있는바, 이러한 딜레마를 어떻게 해결하는 것이 타당하다고 생각되는가?

3. 〈표 13-3〉 및 〈표 13-4〉를 보면, 러쉬의 성장이 대체로 해외 선진국에서 거둔 성과에 기반을 둔 것으로 보여진다. 그렇다면 모로코와 같은 개발도상국에서 성과를 견인하기 위해서는 어떤 마케팅 전략을 구사해야 할 것으로 판단되는가?

토의자료 13-1 프랑스 향수시장 인기 5위 부상(浮上)

아모레퍼시픽의 향수 '롤리타 렘피카'가 최근 프랑스에서 절찬리에 판매되며 인기 향수 브랜드 5위에 자리매김되는 등 '코리아' 브랜드 인지도를 크게 높이고 있다. 이로써 아모레퍼시픽은 세계 화장품 경기의 메이저리그 팀으로 당당히 진출한 셈이다.

최근 일본의 화장품 전문주간지 '주간장업'은 해외판 화장품 보도를 그대로 인용해 이 같은 기사를 내보내고 아모레퍼시픽이 프랑스에서 제조 판매하는 롤리타 렘피카 향수를 '프랑스 향수계의 총아'라고 크게 보도했다.

이에 따르면, 프랑스와 거리상 차이가 있고, 향수부문에서 세계 화장품 유행의 본고장인 파리보다는 트렌드를 주도하는 감각이 아직까지는 뒤져 있는 한국이 이미지가 크게 존중되는 프랑스에서 롤리타 렘피카를 베스트셀러로 등극시킨 점이 크게 평가된다고 전했다.

롤리타 렘피카는 프랑스 패션 디자이너의 이름을 따 프랑스 향수 전문가가 조향, 프랑스 아티스트가 사과 모양의 향수병을 디자인한 것으로, 향수 보틀에는 엄연히 '메이드 인 프랑스'라고 인쇄돼 있다.

그렇다면 아모레퍼시픽 제품이 잘 팔리는 비밀은 무엇인가. 롤리타 렘피카 개발에 참여한 마케팅 책임자 로리타 도핑 여사는 "우리 제품의 브랜드를 보고 고객들이 한국을 연상하는 것을 피하고 싶었다. 롤리타 렘피카의 성공은 우리도 샤넬처럼 글로벌 플레이어로 발돋움할 수 있는 충분한 기회를 포착할 수 있음을 보여준 것"이라고 말했다.

이것은 또한 한국이 각 산업분야별로 세계무대에서 국제적인 플레이어로 활약하고 있는 최근의 추세와도 일치한다. 한국의 반도체 · 휴대전화 · 가전제품 메이커인 삼성전자가 지난 2월 인터브랜드 조사 '세계 소비자의 브랜드 인지도'에서 나이키 · 소니 · 노키아를 제치고 세계 5위로 진출한 점 등이 궤를 같이한다는 것.

이와 관련해 또 아모레퍼시픽의 해외사업 담당자는 "아모레퍼시픽 측은 해외사업이 성공적인 가운데 성장지속을 위해서라면 굳이 한국시장에서만이 아니라 세계 시장에서 충분히 경쟁할 수 있는 자신감을 갖게 됐다"고 말했다고 전했다.

그러나 아모레퍼시픽이 처음부터 승승장구했던 것은 아니다. 지난 1990년대 초 프랑스에 첫 진출했을 당시만 하더라도 현지인들은 개발도상국의 화장품에는 무관심했고, 스킨케어 제품들은 매장 한구석에서 먼지를 뒤집어쓴 채 홀대를 받아야 했다. 1995년도에는 철수도 생각했었다.

그러나 아모레퍼시픽의 최고경영자는 해외시장에서 성장해야 한다는 굳은 결의를 품었고, 이 과정에서 프랑스 내 소규모 화장품 회사를 M&A하려는 움직임도 취했으나 무산된 후 프랑스인을 경영책임자로 초빙했다. 올해는 파리 서쪽 80km 거리의 샤르트르에 새 공장을 건설하는 데 이른 것이다.

신제품 출시 품목으로 선정한 것이 향수였고, 프랑스인들로 구성된 마케팅, 판매 팀들을 조직, 크리스챤 디올의 향수 마케팅 이사였던 도핑 여사를 아모레퍼시픽 유럽사업 책임자로 발탁했다.

도핑 여사는 프랑스 본토박이의 브랜드를 만드는 것으로 결단을 내린 끝에 섹시하고 캐주얼한 스타일을 선보여 온 프랑스 디자이너 렘피카와 계약을 맺고 향수와 기타 화장품에 렘피카라는 브랜드를 부착할 수 있는 사용권을 획득, 샤워 젤에서 남성용 향수까지 출시했다. 그 중 가장 성공한 품목이 바로 여성용 향수로 꽃내음과 동양적 향기를 담은 자색 용기의 이 향수(50ml · 57유로)였다.

롤리타 렘피카 브랜드의 프랑스 향수시장 점유율은 1998년도 1%에서 2003년도에는 2.7%로 3배 가까이 늘어 전체적으로 프랑스 향수시장이 감소세를 지속하는 역경 속에 일궈낸 뜻 깊은 성장이라 더욱 돋보이는 대목이다.

이 제품은 현재 세계 70여 개국에서 판매되고 있으며, 매출액의 40%는 프랑스 이외 지역에서 거둬진다. 롤리타 렘피카의 급성장으로 현지 공장의 생산능력은 5배로 증강됐다.

아모레퍼시픽이 프랑스 내에서 성공한 또 하나의 비결은 고위 경영 간부진이 프랑스 사업에 전혀 간섭을 하지 않고 전면적으로 현지 경영진에 맡기고 지원해 준 때문이라고 도핑 여사는 말한다. 별개의 기업처럼 경영에 대해 재량권과 자치를 인정한 것이다.

아모레퍼시픽은 프랑스에서 얻은 이 같은 교훈을 다른 사업에서도 활용하고 있다. 프랑스에서 얻은 고락의 경험으로 글로벌 비즈니스를 전개하는 데 큰 도움이 되는 귀중한 경영노하우를 습득한 것이다.

아모레퍼시픽은 화장품 매출 순위에서 세계 26위에 랭크된 상태지만, 앞으로 수년 내 10위권 내 진입을 기내하고 있다. 지난해 미국 뉴욕 소호 지구에 대형 판매점을 개설하고 고급 화장품을 출시한 것이나, 아시아지역에서 '라네스' 브랜드로 젊은 층을 겨냥해 사업을 확대하고 있는 점 등 일부 해외사업은 아직까지 막대한 수익을 올릴 단계까지 오르지 못한 상황이긴 하지만, 해외시장에 대한 투자는 계속되고 있다.

글로벌사업의 성장이 장래를 좌우하는 열쇠가 될 것이라는 시각이 지배적인 가운데 아모레퍼시픽의 향후 해외 비즈니스 노력은 그 강도와 열정 측면에서 더 강화될 것으로 예상된다.

(자료 : 장업신문, 2004.10.11)

토의자료 13-2 글로벌 브랜드 '얌브랜즈'의 중국 마케팅

▶ 현지화와 공익마케팅으로 입맛과 호감 모두 사로잡아

중국 내수시장 규모가 커지면서, 중국을 수출기지로 삼아온 다국적기업보다 내수 공략의 대상으로 삼는 기업이 더 큰 성장의 기회를 잡을 수 있는 시대가 도래했다. KFC, 피자헛 등 유명 외식업체를 거느리고 있는 미국의 얌브랜즈(Yum Brands)가 좋은 예다. 중국 내수시장 내 각자의 영역에서 확고한 입지를 굳히고 있는 KFC와 피자헛이 성공할 수 있었던 데에는 중국인의 입맛을 사로잡을 현지 메뉴의 개발과 공익마케팅의 전개가 크게 기여했다.

맥도날드는 베이징올림픽을 중국에서 KFC를 따라잡을 기회로 보고, 전 세계에서 사용 중인 광고 슬로건 '너무 좋아요(I'm lovin' it)'를 '중국이 이기면 너무 좋아요(I'm lovin' it when China wins)'로 바꾸었다. 올림픽을 앞두고 중국에 고조되고 있는 애국심에 호소하는 마케팅을 펴고 있는 것이다. 하지만 중국 전문가들은 맥도날드의 도전이 쉽지 않을 것으로 본다. 경쟁사라 할 KFC가 중국에 구축한 아성이 그만큼 견고하다는 뜻이다. KFC뿐이 아니다. KFC의 모회사인 미국의 얌브랜즈(Yum Brands) 계열의 피자헛도 중국에 이미 확고한 입지를 굳히고 있다.

얌브랜즈는 지난해 중국 내 2,500여 개 매장에서 215억 위안(3조 2,250억 원)의 매출을 올렸다. 특히 중국 내 영업이익은 3억 7,500만 달러로 전년 대비 30% 증가하면서 얌브랜즈 전체 영업이익의 4분의 1을 차지했다. 중국이 얌브랜즈라는 글로벌 패스트푸드업체의 성장동력으로 자리 잡고 있는 것이다. 올해 들어서도 마찬가지다. 1분기 얌브랜즈의 중국 매출 증가율은 전년 동기 대비 12%로 미국의 3%나 다른 해외지역에서의 매출증가율 5%를 크게 웃돌았다. 얌브랜즈의 중국 공략은 속도 면에서도 성공적이라는 평가를 받는다. 1987년 11월 베이징 톈안먼광장 인근 첸먼에 1호점을 개설한 KFC는 중국 최초의 서구식 외식스타일을 선보였다.

그로부터 100호점까지 여는 데 9년이 걸렸다. 하지만 1,000호점으로 확장하는 데는 그보다 짧은 8년이 소요됐고, 다시 2,000호점까지 여는 데는 3년밖에 걸리지 않았다. 피자헛도 1990년 베이징의 동즈먼 지역에 1호점을 개설한 이래 지난해에만 100개 점포를 신설하는 등 점포확장 속도가 빨라지고 있다. 얌브랜즈의 중국 마케팅은 다국적기업들에게 많은 점을 시사한다. 중국이 경제의 성장동력을 수출과 투자에서 소비로 다변화하면서 내수 마케팅은 더욱 중요해지고 있다. 지난 6월 중국의 수출 증가율은 5월보다 10.5%P 낮은 17.6%에 그쳤지만, 6월 소매매출은 전년 동기에 비해 23% 늘어 1999년 이후 가장 가파른 증가세를 보였다. 중국을 수출기지로 삼아온 다국적기업보다는 내수 공략의 대상으로 삼는 외국기업이 더 큰 성장의 기회를 잡을 수 있는 시대로 접어들고 있는 것이다.

더욱이 중국은 소득수준 향상에 따른 중산층

의 부상으로 패스트푸드시장이 폭발적으로 성장하고 있다. 시장조사업체인 유로모니터에 따르면, 지난해 517억 달러에 달했던 중국의 패스트푸드산업 규모는 오는 2009년에 660억 달러에 이를 전망이다. 그러면 얌브랜즈는 어떻게 중국에서 성공할 수 있었을까. 전문가들은 본사의 비즈니스모델을 현지에 맞게 새롭게 창조해낸 철저한 현지화와 공익마케팅 등을 꼽았다. 중국 컨설팅업체 차이나마케팅리서치그룹의 숀 레인 대표는 "중국엔 저가로 승부를 거는 토종업체들이 너무 많다"며 피자헛의 성공 배경으로 현지실정에 맞춰 중산층 이상이 찾는 고급음식점으로 차별화한 점을 꼽았다. 본사의 비즈니스모델과 다른 건 가격 차별화에 따른 타깃 고객뿐만이 아니다. 상하이에 있는 광고회사에서 일하는 35세의 허치는 일주일에 서너 차례 KFC를 간다. 그러나 그가 찾는 건 생선과 쌀죽 그리고 계란으로 만든 '과일파이'다.

"튀김은 안 먹어요. 건강에 안 좋기 때문이죠." 쑤징쓰 얌브랜즈 중국사업부 총재는 "본사 모델을 중국에 그대로 답습할 수는 없다. 새로운 모델을 만들어야 한다"고 말한다. 서구에서 건강에 나쁜 정크푸드로 인식되던 패스트푸드를 중국에서 새로운 개념으로 재설정한 것이다. 특히 KFC는 미국과는 달리 아침메뉴를 대폭 강화했다. 중국인들이 출근하면서 길거리 노점 등에서 식사를 즐기는 습관에 맞춘 것이다. 올해 초 내놓은 요우티아오(油條)가 대표적이다. 요우티아오는 기름에 튀긴 가느다란 빵으로 쌀죽과 함께 중국인들이 좋아하는 대표적인 아침 식사다. KFC는 중국에서 이미 쌀죽을 아침메뉴로 제공해 왔다. KFC 진출 초기 중국인들은 KFC를 통해 서구식 음식문화를 경험했다. 하지만 KFC가 이를 그대로 고집했다면 외면을 받았을 것이라는 게 전문가들의 지적이다. KFC가 맥도날드보다 메뉴를 더 많이 현지화한 것이 성공비결인 셈이다. 주요 소비층인 대학생을 집중 공략한 것도 성공요인으로 꼽힌다. 2004년 대학생들에게 20% 할인 카드를 발급한 데 이어 올해부터는 아예 학생증만 보여주면 20% 할인 서비스를 제공해 주고 있다.

공익마케팅을 통해 '더불어 사는 기업'이라는 이미지를 굳힌 것도 실적호조의 배경이다. KFC는 지난해 11월 2,000호점 개점과 함께 중국홍십자회(적십자사)와 공동으로 켄터키음식건강펀드를 조성했다. 정기적으로 건강음식 세미나도 열고 '중국 도시음식 영양건강보고서'도 펴낼 계획으로 중국인의 건강을 생각하는 좋은 기업의 이미지를 만드는 데 노력하고 있다. KFC는 앞서 2004년 1월 '중국켄터키식품건강정책백서'를 발간하기도 했다. 공익마케팅은 최근 들어 중국에서 심화되고 있는 반외자(反外資) 정서를 완화시키는 역할도 한다. 중국인들에게 먹혀든 이 같은 전략은 바로 현지 인력에게 사업총책을 맡긴 덕분이라는 분석이다. 루씨우 중국프랜차이즈협회 부주임은 "얌브랜즈 차이나는 최적의 리더를 두고 있다. 외국인보다 중국시장을 더 잘 아는 중국인을 대표로 앉힌 게 성공비결"이라고 말한다. 얌브랜즈는 중국에서의 성공열기를 계속 몰아간다는 계획이다. 지난 2월 IR(투자설명회)에서 노박 CEO는 "중국에 있는 매장 수를 2,500여 개에서 향후 2만여 개까지 늘릴 계획"이라고 말했다.

2017년이면 얌브랜즈 중국사업 매출이 전체 매출에서 40%를 차지해 30%를 점유할 미국사업을 제칠 것이라는 전망도 나온다. 미국에서 태어난 얌브랜즈가 중국을 통해 새로운 글로벌 기업으로 거듭나는 것이다. 물론 중국사업의 리스크도 있다. 레인 대표는 "길거리에 KFC가 너무 많아지면 고객들이 싫증을 낼 것"이라고 말했다. 하지만 중국은 넓은 나라다. 서부지역의 낙후된 도시로 전선을 확대해 가는 얌브랜즈의 중국 행보가 거침없어 보인다.

(자료 : 한국방송공사)

참고문헌

Hill, C. W. L.(박철순, 남윤성, 최원용, 차세정, 이재민, 강동수 역)(2009), "(글로벌 시대의) 국제경영", 한국맥그로힐.

곽창주, 박선희, 김용구, 정가영, 정윤영, 황인수(2004), "스타벅스 경영전략 및 발전방향", 경우논집, 35: 113~137.

동아비즈니스리뷰, 환경・동물・인권의 테마 극단적 실천 화장품 넘어 '체험적 윤리'를 판매한다, 동아비즈니스리뷰, 232호.

박신자, 이상윤(2011), "글로벌 기업 IKEA의 경영전략에 관한 연구", 한국유통과학회 동계 국제학술대회.

비즈니스 와치, HTC의 탄식 "고가폰 시장서 쓴맛 봤다", 2014년 2월 11일자.

서민교, 박병일(2013), "글로벌경영", 서울경제경영출판사.

아시아경제신문, 中 공략 실패한 美 기업들, '바비'도 상하이 매장 철수, 2011년 3월 8일자.

아시아투데이, 철수설까지 나돈 피아트, 500x 출시 때까지 버티기?, 2014년 10월 22일자.

위키백과(2015), 스타벅스. [online] Available at http://ko.wikipedia.org/wiki/%EC%8A%A4%ED%83%80%EB%B2%85%EC%8A%A4 [접속일: 2015년 4월 15일].

장업신문, 프랑스 향수시장 인기 5위 浮上(부상), 2004년 10월 11일자.

조선비즈, 중국서 죽 쑨 바비인형, 2011년 3월 9일자.

조선비즈, 진정성 마케팅으로 성공한 브랜드 '러쉬', 2017년 9월 9일자.

최상철(2014), 일본소비시장의 특성과 신 마케팅 전략의 필요성, 제2회 한경닷컴 일본경제포럼.

코트라(2011), 中 외자유통기업 실패 사례 ③ 바비인형. [online] Available at http://blog.naver.com/PostView.nhn?blogId=sbm011&logNo=10108190255 [접속일: 2015년 5월 2일].

프라임경제, HTC, 한국시장서 물러나는 사연, 2012년 8월 1일자.

한국방송공사(2015), 글로벌 브랜드 '얌브랜즈'의 중국 마케팅. [online] Available at https://www.

kobaco.co.kr/information/adinfo/html/200808/044_%BB%E7%B7%CA%B1%DB%B7%CE%B9%FA%B1%E2%BE%F7.htm [접속일: 2015년 1월 13일].
히데타카 하야시(2014). 일본 커피 시장의 흐름. 월드커피리더스포럼.

국제재무관리 제 14 장

[1] 이것만은 알아두자

국제재무관리의 정의

재무관리란 금융시장을 배경으로 기업 내의 자금흐름 및 이와 관련된 의사결정을 보다 효율적으로 유도하고 관리하는 활동이다. 즉, 기업이 금융시장에서 필요한 자금을 조달하여 이를 기업 내부에 시기적절하게 분배·공급함으로써 기업 활동의 계속성을 유지하고, 발생한 이익을 주주들에게 적절히 배분하거나 사내유보시키는 등의 모든 재무활동이 재무관리에 속한다. 국제재무관리(international financial management)란 이러한 재무관리가 국경을 초월하여 이루어지는 것을 말한다.

환위험의 유형

환위험이란 다국적기업이 환율변동에 따라 기대하지 않은 불확실성에 직면하는 위험을 의미한다. 환위험은 다국적기업이 환율위험에 노출(foreign exchange exposure)되는 유형에 따라 거래적 환노출(transaction exposure), 회계적 환노출(translation exposure), 그리고 경제적 환노출(economic exposure)의 세 가지 유형으로 나타난다.

① **거래적 환노출** : 미리 결정된 가격으로 재화나 서비스를 해외에서 구매하는 계약을 체결하거나, 또는 외국환으로 자금을 빌려주거나 빌리는 계약을 할 때 발생한다. 즉, 현재시점에서 서로 다른 통화사용국 간에 실물거래는 발생하였으나 거래대금은 아직 지불되지 않은 상태에 있을 때, 그 기업은 환율변동에 따라 수익이 달라질 수 있다.

② **회계적 환노출** : 개별 거래상의 환위험과는 달리, 이미 발생한 다국적기업의 여러 자회사의 경영성과를 수합하여 연결재무제표를 작성할 때 환율의 변동

으로 인해서 재무제표상의 경영성과가 달라지는 것을 의미한다.

③ **경제적 환노출** : 다국적기업이 미래의 해외사업으로부터 얻을 수 있는 이익이 환율변동에 따라 달라지는 것을 의미한다.

환위험 관리

① **거래적 환노출에 대한 관리** : 거래노출에 대한 관리방법은 크게 대내적 환노출 관리방법과 대외적 환노출 관리방법으로 나눌 수 있다. 대내적 환노출 관리방법이란 환노출을 본원적으로 감소 및 제거시키기 위해 기업 내부적으로 사용하는 방법으로 네팅(netting), 매칭(matching), 리딩(leading)과 래깅(lagging) 등을 말한다. 대외적 환노출 관리방법이란 외환시장 및 국제시장을 통한 거래를 행함으로써 환노출을 제거시키는 방법을 말하며 그 대표적인 예로 선물환시장, 금융시장 또는 옵션시장을 통한 헷징방법 등이 있다.

② **환산노출에 대한 관리** : 이를 관리하는 기법에는 대차대조표 헷지와 전통적 관리기법이 있다. 먼저 대차대조표 헷지는 일종의 소극적 환위험 관리전략으로서 동일한 외화로 표시되어 있는 화폐성 자산과 화폐성 부채의 규모를 일치시키는 방법을 사용한다. 즉, 환율변동으로 인한 외화자산의 평가손실(이익)을 외화부채의 평가이익(손실)으로 상쇄시켜 환위험을 제거하는 방법이다. 한편 전통적 관리기법은 향후 강세가 전망되는 통화에 대해서는 자산을 늘리고 부채를 줄이며, 이와 반대로 약세가 전망되는 통화에 대해서는 자산을 줄이고 부채를 늘리는 방법이다. 만약 환율이 예상대로 변동하면 이익을 얻을 수 있는 적극적 전략이다. 그러나 환율이 예상과 반대로 변동하면 손실을 입게 된다.

③ **경제적 환노출에 대한 관리** : 기업의 영업활동 및 자금 조달원천을 국제적으로 다변화시켜 위험을 분산시킬 수 있다. 영업활동의 국제적 다변화는 판매, 생산시설의 위치, 원료공급원 등을 국제적으로 분산시키는 것을 말하며, 자금조달원천의 국제적 다변화는 여러 국가의 자본시장에서 여러 가지 통화로 자금조달을 하는 것을 말한다.

국제자금조달

그림 14-1 | 해외 자회사의 자금조달원

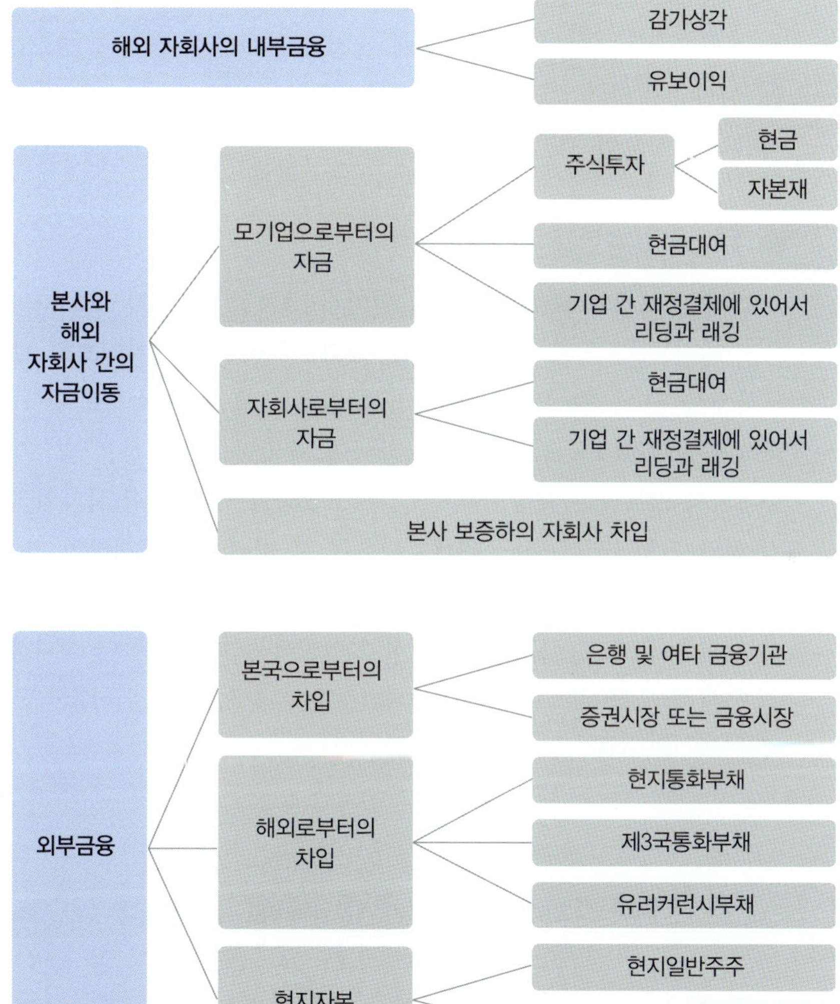

이전가격

기업부문 간의 내부적 거래에 적용되는 가격을 이전가격 혹은 내부이전가격이라고 한다. 내부이전가격을 변화시키면 기업 각 부문 간에 이익이 재배분된다. 다국적기업의 자회사 간 내부거래는 그 자체가 국제무역에 해당되므로 이전가격의 조작은 단순히 기업내부 부문 간의 이익재배분일 뿐만 아니라 국가 간의 이익재배분을 가져오게 되고 나아가 실질적인 국제자금 이동을 초래하게 되므로 국내적 이전가격문제와 비교할 수 없는 다양하고 중요한 의미를 가진다. 다국적기업은 국가 간의 조세제도 차이, 규제의 차이 등을 이용하여 서로 다른 나라에 입지한 자회사 간 거래에서 이전가격을 최적하게 결정함으로써 납세부담의 최소화, 위험의 최적화, 이익증가 등의 기회를 갖게 된다. 이전가격 결정 시 조세, 관세, 자금이동효과, 내부적 저항요인 등을 고려해야 한다.

국제적 이중과세

각국의 조세제도는 그 나라에 있어서 정치적 · 사회적 · 경제적 제 조건을 배경으로 해서 각각 독자적으로 발달해 왔고, 각국은 그 독자적으로 발달해 온 조세제도하에서 각각 고유의 과세권을 배타적으로 또 보편적으로 행사하고 있으나, 그 과세권이 행사되는 범위가 항상 타국이 과세권을 행사하는 범위와 경합한다거나, 중복되지 않는다는 보장은 없다. 그리고 2국 간에 있어서 각각의 과세권이 행사되는 범위가 중복된다거나 경합한 경우에 그 범위에서 국제적인 이중과세라고 하는 문제가 발생하게 된다. 이러한 문제를 제거하여 경제교류의 원활화를 기하기 위해서 선진국 간에서는 관련된 국제적인 이중과세를 가능한 한 회피하려고 하는 방법을 모색해 오고 있으며, 그 대표적인 방법으로서는 ① 외국소득면제방법과 ② 외국세액공제방법의 두 가지가 있다.

[2] 국제재무관리와 관련된 주요 사례

사례 14-1 삼성전자의 헝가리 진출

삼성전자는 헝가리의 국영전자회사인 오리온사(Orion Co.)와 50 : 50의 지분비율을 가지고 합작기업인 Samsung Electronics Magyar Rt.(SEM)를 설립하였다. SEM은 1990년 4월, 처음에는 컬러텔레비전의 조립라인을 가지고 약 90명의 종업원과 함께 영업을 시작하였다. 이는 한국기업의 입장에서도 최초로 유럽의 동구권 국가에 진출한 사례였고, 헝가리의 입장에서도 1989년 시장개방 이후 본격적으로 해외

자본을 유치한 최초의 외국인투자 사례였다.

(1) 삼성전자의 헝가리 진출 동기

삼성전자가 헝가리에 해외직접투자를 결정하게 된 이유로는 크게 3가지를 들 수 있다. 첫째, 헝가리 시장을 동구권 진출의 거점기지로 삼기 위함이었다. 동구권의 핵심 상권 중 하나인 헝가리 시장에 경쟁기업보다 먼저 진출함으로써 동구권 시장의 환경과 그 특성에 대한 경험을 쌓을 수 있기 때문이었다. 둘째, 헝가리 시장에서의 수익실현 가능성이 투자의사결정에 영향을 주었다. 기업이 해외에 진출하는 가장 주요한 이유는 바로 막대한 이윤창출이라고 할 수 있다. 쉽게 말해, 돈을 더 많이 벌 수 있기 때문에 많은 비용과 위험을 감내하고서라도 해외로 진출하는 것이라고 지적해도 과언이 아닐 것이다. 당시 헝가리의 컬러텔레비전 시장규모는 1년에 30만 대 정도로, 주로 20인치 이상의 대형 제품이 인기를 끌고 있었으나, 현지 국영전자회사인 오리온사는 21인치 이상의 텔레비전을 연간 15만 대 정도 생산하고 있었고 나머지 부족한 양은 유럽의 다른 국가로부터 수입해 오고 있었다. 당시의 증가하고 있던 자국의 텔레비전 제품 수요를 충당하기 위하여 오리온사는 삼성전자에게 국제합작기업 설립을 제안하였으며, 삼성전자도 헝가리 시장 내 텔레비전에 대한 급증하는 수요를 보고 수익실현 가능성이 있겠다고 판단하여 진출을 결정하였다. 셋째, 우리나라와 헝가리 정부가 국가적 차원에서 정치적·경제적 협력을 위해 노력하였고 이에 따라 해외직접투자를 하기 위한 여건이 조성되었기 때문이었다.

(2) 진출 당시 헝가리 시장의 환경과 특성

1990년 삼성전자가 헝가리로 진출할 당시에는 헝가리가 문호개방을 한 직후였다. 때문에 정치적으로도 급격한 변화를 겪고 있었으나, 그럼에도 헝가리는 개혁·개방정책을 표방하면서도 아직까지는 여전히 사회주의의 색깔이 잔재로 남아 있었다. 하지만 삼성전자는 시장선점효과를 노리기 위해 적극적으로 투자를 밀어붙였고, 또한 1989년 2월 한국과 헝가리 간의 국교가 수립되면서 한국과 헝가리 정부 간 상호 정치·경제적 협력을 위해 노력하고 있던 상황이었다. 따라서 정부의 적극적인 지원이 삼성전자의 헝가리 진출에 중요한 동기로 작용하였다.

헝가리 내 컬러텔레비전 시장의 특성을 살펴보면, 삼성전자가 처음 진출할 1990년 당시에는 연간 30만 대 정도의 TV제품 수요가 있었고, 그 중에서도 20인치

이상의 대형 TV제품에 대한 수요가 주류를 이루었다. 이러한 헝가리 국내 수요에 맞추어 헝가리의 TV제품 주요 생산업체이자 국영전자회사인 오리온사가 국내 수요의 약 50%를 책임지고 있었다. 그리고 나머지 50%는 헝가리 자국의 다른 전자회사가 일부를 책임지고, 나머지 부족분은 유럽의 다른 국가로부터 수입하고 있었다. 그런데 그즈음 헝가리 정부는 자국의 컬러텔레비전에 대한 수요를 국내에서 충당하고 싶어 했으며, 그만큼 컬러 TV제품에 대한 헝가리 내 수요가 증가하고 있었기에 삼성전자의 입장에서는 충분히 시장성이 있다고 판단하였을 것이다.

(3) 입지여건

입지여건은 썩 좋지 않았다. 삼성전자가 처음 헝가리로 진출할 당시에는 부다페스트에서 동쪽으로 약 70km 떨어져 있는 '야스페니사루'라는 작은 농촌에 입지한 오리온사의 기존 공장을 사용하였기 때문이다. 생산공징을 헝가리의 수도인 부다페스트에서 약 70km나 떨어진 농촌에 두었기에 초기 물류비용이 적지 않게 발생하였다.

(4) 경영성과

삼성전자는 1990년 4월 9일에 헝가리의 국영전자회사인 오리온사와 50 : 50의 지분비율로 합작기업인 Samsung Electronics Magyar Rt.(SEM)를 설립하여 컬러 TV 조립라인을 설치하고 종업원 약 90명과 함께 영업을 시작하였다. 진출 첫 해에는 약 96만 달러의 흑자를 시현하였으며, 2차년에는 설비투자를 증설함으로써 이익이 다소 감소하여 약 16만 달러의 흑자를 기록하였다. 그리고 3차년에는 약 40만 달러의 이익을 달성하였다. 뿐만 아니라 헝가리 내에서 삼성을 배우려는 움직임이 생겨나는 등 비교적 나쁘지 않은 성과를 이룩했다고 할 수 있다.

하지만 삼성전자가 상기 언급한 성과에도 불구하고, 투자 직후 4가지에 이르는 문제들이 대두되었다. 첫째, 텔레비전 생산공장의 종업원에 대한 인력관리 문제를 지적할 수 있다. 이미 설명했듯이 초기 삼성전자가 헝가리로 진출하였을 때 헝가리의 수도 부다페스트에서 동쪽으로 약 70km나 떨어진 '야스페니사루'라는 작은 농촌에 공장을 건립하였다. 합작파트너였던 헝가리의 오리온사가 사용하던 부지였기에 이곳을 선택하였으나, 농촌지역이다 보니 작업자들은 주로 지역 인근에 살고 있던 헝가리의 농부들로 구성되었고 이들은 농번기에 결근이 잦았다. 결국 삼성은 종업원들의 결근율을 낮추기 위해 고심해야 했다.

둘째, 야스페니사루에 위치한 공장의 낙후성 문제였다. 야스페니사루에 위치해 있던 오리온사의 공장은 애초 흑백텔레비전 생산을 위한 공장이었다. 따라서 이를 컬러텔레비전 생산이 가능하도록 개·보수를 해야 했는데 이 비용 또한 만만치 않았다. 삼성전자는 신규로 설치해야 하는 설비를 합작파트너였던 오리온사에게 인도하였고 추가적으로 발생하는 경비도 오리온사가 부담하도록 하였다. 그런데 그렇게 기존의 오리온사 공장의 일부를 컬러텔레비전 공장으로 바꿔서 사용하다 보니 공장의 실내가 너무나 비좁았음은 물론 제반 환경이 열악했다. 삼성전자는 인근 지역에서 공장의 후보지가 될 만한 곳을 물색하였으나 마땅한 곳을 찾기가 어려웠고 신규 공장을 짓기에는 약 1~2년의 시간이 소요되었기 때문에 이는 갓 진출한 기업에게는 상당히 심각한 난관이었다. 따라서 삼성전자는 일단은 기존의 공장을 개·보수하여 사용하기로 하고 이후 점차 주변 부지를 사들여 공장을 확장하는 방안을 채택하였다.

셋째, 해외에서 헝가리로 수출하는 가전제품에 대한 관세율 부과 문제였다. 삼성선자는 직접 헝가리 현지로 진출하여 공장을 건립하고 텔레비전을 생산하였다. 그런데 해외에서 헝가리로 텔레비전을 수출하는 제품에 대해 관세가 높지 않다면 이는 곧 그만큼 삼성전자가 해외직접투자를 시행한 이점을 살리기 어려움을 의미하는 것이었다. 헝가리는 1988년 1월 전자제품에 대한 수입자유화를 단행하여 당시 전자제품에 대한 수입관세는 15%에 불과하였다. 이렇듯 낮은 수입관세로는 헝가리로 직접 진출한 효과를 충분히 보기가 힘들다고 판단한 삼성전자는 기존의 15%이던 전자제품에 대한 수입관세를 50%로 대폭 상향토록 헝가리의 무역부와 재무부에 건의하였다. 그러나 헝가리 정부는 50%의 수입관세 부과에 난색을 표하며, 이에 한참 못 미치는 향후 3년간 25%의 수입관세 부과를 제안하였다.

넷째, 그리고 무엇보다 심각한 문제는 자금 조달과 관련된 이슈에서 찾을 수 있었다. 즉, 헝가리와 같은 경우에는 사업 초기 현지화 비율이 낮을 수밖에 없기 때문에 상당수의 원자재를 한국에서 수입할 수밖에 없었으나, 헝가리 내 달러 부족으로 결재에 어려움을 겪었으며, 이로 인해 삼성전자는 재무관리 위기에 부딪쳐야만 했다.

Question

1. 생산공장 내 종업원에 대한 인력관리 문제를 해결할 수 있는 최선은 무엇이라고 판단하는가?
2. 합작파트너 기업의 공장부지가 위치한 곳이라고는 하나, 야스페니사루와 같은 농촌지역이 공장의 입지로 타당하다고 생각하는가? 수도 인근으로 이전하는 것이 물류비용의 절약 등 제반 거래비용을 줄일 수 있는 방안은 아니었을까?
3. 정부와의 관세율 부과 문제를 해결하기 위해 삼성전자가 어떻게 대응해야 한다고 여겨지는가?
4. 헝가리의 외환부족으로 인해 발생한 위기를 극복하고 이를 타개할 수 있는 방안을 제시하시오.

사례 14-2 KIKO사태 누구의 잘못인가?

KIKO(Knock-In Knock-Out)는 환율 하락으로 인한 환차손 위험을 줄이기 위해 수출기업과 은행 간 맺은 일종의 파생상품 계약을 일컬으며, 일반적으로 "키코"라고 알려져 있다. KIKO에 대한 두산백과의 설명을 그대로 옮겨보면 아래와 같다.

"녹인 녹아웃(Knock-In, Knock-Out)의 영문 첫 글자에서 따온 말로서 환율변동에 따른 위험을 피하기 위한 환헤지 상품이다. 약정환율과 변동의 상한(Knock-In) 및 하한(Knock-Out)을 정해놓고 환율이 일정한 구간 안에서 변동한다면 약정환율을 적용받는 대신, 하한 이하로 떨어지면 계약을 무효로 하고, 상한 이상으로 올라가면 약정액의 1~2배를 약정환율에 매도하는 방식이다. 예를 들면, 어떤 기업이 약정액 100만 달러를 1달러당 약정환율 1,000원, 하한 950원, 상한 1,050원으로 정하여 은행과 계약하였을 때, 만기 시 환율이 970원으로 내려가더라도 약정환율 1,000원을 적용받아 이익을 얻을 수 있다. 또 만기 시 환율이 1,000원에서 1,050원 사이에 해당할 때는 시장가격에 매도할 수 있으며, 이 경우 시장환율이 약정환율보다 높을 경우 이익을

그림 14-2 | KIKO 상품 손익구조

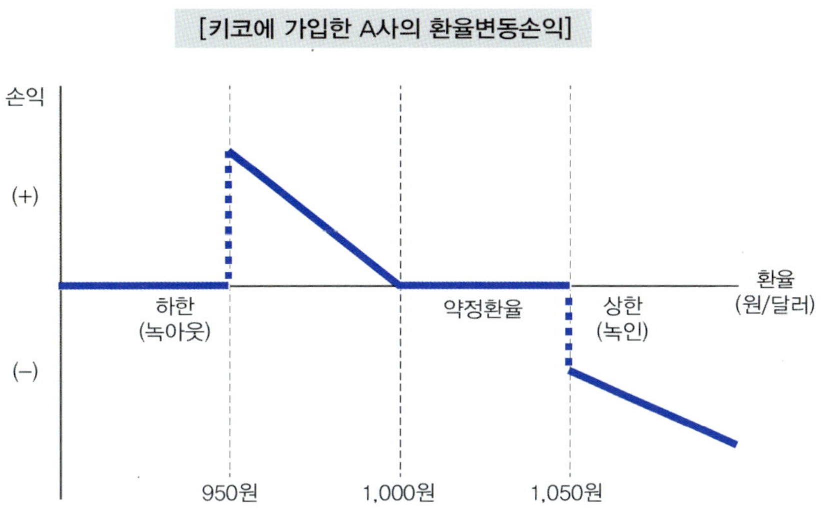

얻을 수 있다. 그러나 환율이 하한 이하로 내려가면 계약이 무효가 되어 환손실을 그대로 감수해야 하고, 상한 이상으로 올라가는 경우에는 더 큰 손실을 입는다. 보통 상한 이상으로 오를 경우 약정금액의 2배 이상을 팔아야 한다는 옵션이 붙기 때문에 손해가 더욱 커진다. 2배의 옵션인 경우, 약정액 100만 달러 외에 100만 달러를 오른 환율로 매입하여 은행에 매도해야 하기 때문이다."

상기에 설명한 특성을 갖는 파생상품인 KIKO로 인한 피해에 대해서 구체적으로 알아보자. 이는 2006년부터 2008년 초까지 은행을 통해 기업에 집중 판매되었던 상품으로, 이후 2008년 글로벌 금융위기의 여파로 예상과 달리 환율이 폭등하면서 은행과 KIKO 계약을 맺은 상당수 중소기업들이 천문학적인 손실을 입으면서 KIKO에 대한 불공정 논란이 확대됐다.

그러나 공정거래위원회에 대한 심사청구에 대해 공정위는 "KIKO는 불공정계약이 아니어서 약관법상 문제없다"는 결정을 내렸으며, 대법원 역시 "KIKO가 환헤지 목적의 정상상품이다"라고 판결함으로써 은행의 손을 들어줬던 바 있다. 하지만 이 사건으로 인해 수많은 중소기업들이 재무건전성 악화로 줄도산을 했고, 심지어 흑자를 시현하고 있던 건실한 기업임에도 도산을 피하지 못했던 곳도 있어 당시 언론과 사회의 지대한 주목을 받았다.

표 14-1 | KIKO로 인한 총손실

구 분	총손실		
	2008년 12월 말	2009년 12월 말	2010년 12월 말
중소기업	2조 3,812억 원	2조 3,394억 원	2조 3,260억 원
대 기 업	8,787억 원	8,890억 원	8,987억 원
합 계	3조 2,599억 원	3조 2,284억 원	3조 2,247억 원

주 : 1. 금융감독원이 은행을 통해 집계(2008년 1월 이후).
2. KIKO거래 관련 수출거래에서 발생한 환차익은 감안하지 않은 손익.

위의 <표 14-1>을 통해 알 수 있는 바와 같이, KIKO를 가입했었던 것으로 인해 기업들은 매년 수천억 원대에 이르는 대규모 손실을 입고 있음을 알 수 있다. 특히 중소기업의 경우 대기업보다 자산규모가 작음에도 불구하고 대기업 대비 약 3배에 가까운 손실액을 감당하고 있다. 또한 KIKO 피해기업의 수가 1,000여 개에 이르는 것으로 볼 때 기업당 평균 200억 원이 넘는 재정적 피해를 감당하고 있음을 어렵지 않게 추정할 수 있다.

이렇듯 위험한 상품임에도 당시 기업들이 이에 가입했던 이유는 <그림 14-3>을 보면 이해할 수 있다. KIKO가 판매되던 2006년 환율은 IMF 이후 지속적으로 하락세를 보여 왔기에 약정된 환율보다 시장환율이 더 낮아질 경우 기업은 약정환율로 달러를 팔 수 있는 풋옵션을 행사할 수 있었다는 점에서 기업 입장에서는 상당한 매력으로 다가왔다(즉, 이를 통해 가입자는 환차익을 얻을 수 있을 것으로 기대됐다). 반면 상기 백과사전을 통해 설명되었듯이, 환율이 변동해 약정환율보다 시장환율이 오히려 높아질 경우, 계약된 범위 내의 변동이라면 시장환율로 거래할 수 있었기에 이 또한 기업의 입장에서 생각해 보면 환손실 위험을 줄일 수 있는 장점도 취할 수 있었다.

피해기업 중에서 800억 원이라는 어마어마한 손실을 입은 대표적 KIKO 피해기업인 태산엘시디의 사례를 보면, 태산엘시디는 LCD광원장치를 생산 및 판매하는 코스닥상장기업으로 5년간 연평균 매출이 6천억 원에 달하는 튼실한 우량 중소기업이었다. 하지만 태산엘시디에게는 이미 다수의 경쟁자가 존재하고 있었고 경쟁자 간의 과잉투자가 매우 심했다. 또한 산업의 특성상 고정원가 비율이 매우 높아 호황기에는 생산량이 증가해도 총원가가 크게 늘지 않아 상당한 이익이 발생하지만 불황기에는 반대로 회사 존립이 위태로울 정도의 막대한 적자가 발생하는 구조

그림 14-3 | 2006년 환율변동 추이

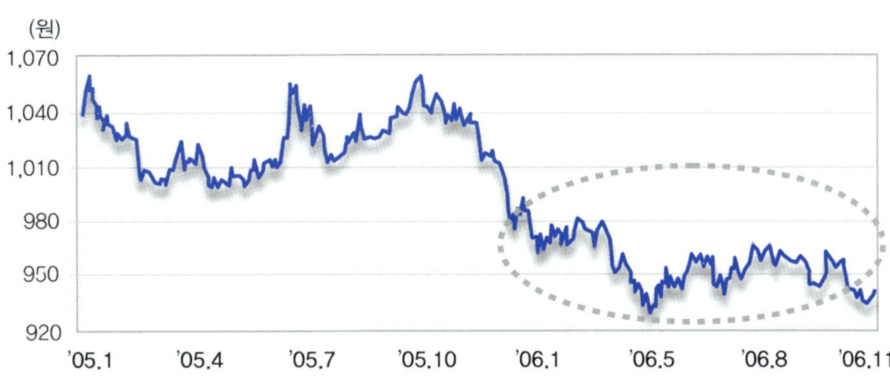

였다. 또한 상당수의 원재료와 중요 부품을 수입에 의존했기에 달러가 많이 필요했다. 뿐만 아니라 결제 역시 달러로 이루어져 전체적으로 환율변동에 매우 취약한 구조를 지니고 있었다. 따라서 태산엘시디는 환율변동에 대한 위험을 줄일 수 있는 방법을 찾고 있었다.

앞서 KIKO에 대한 설명으로 돌아가면, 문제는 2008년 발생한 세계 금융위기로 인하여 그동안 한국의 주식시장에 투자해 왔던 많은 외국자본이 철수하면서 원화를 달러화로 환전하려는 수요가 갑자기 크게 증가하였다. 따라서 예기치 않게 원/달러 환율이 가파르게 상승하기 시작했고, 급기야 1,500원 수준까지 치솟아 올랐다. 12월 31일, 상황이 급박해지자 이를 방관할 수 없다고 판단한 정부가 외환시장에 개입했음에도 불구하고, 2008년 종가환율은 1,259.5원으로 장을 마감하였다. 이로 인해 환율이 Knock-in 범위를 넘어서게 되었고, 이는 곧 기업들이 약정환율에 계약된 금액의 두 배의 달러를 매도해야 함을 의미했다.

태산엘시디는 2007년 10월 외환, 산업, 하나, 국민, 신한 등 5개 은행과 KIKO 계약을 체결했다. 약정환율 926원에 계약금액은 3억 7,440만 달러였다. 앞서 설명했듯이, 대금결제 상당액이 달러화로 이뤄졌기 때문에 환헤지를 위해 KIKO 파생상품에 크게 의지했다. 그러나 잘못된 환헤지 전략으로 상반기에만 667억여 원의 당기순손실을 보면서 문제가 시작됐으며, 2008년 상반기에만 파생상품 거래 손실액은 806억 4,100만 원에 이르렀고, 이는 자기자본 624억 원의 129%에 해당하는 수치였다. 더 심각한 문제는 2/4분기 이후에도 원/달러 환율이 급등했다는 점이었다. 이 때문에 2008년 당시 태산엘시디는 약 7,700억 원 규모의 당기순손실을 시현했지만, 이 중 KIKO로 인한 손실액이 무려 7,500억 원으로 대부분 순손실의 이유가 KIKO로 인한 피해로 기인했다. 결국 태산엘시디는 약정된 달러화를 은행에 매도할 자금이 없어 2008년 9월 파산하였다. 그 직후 10월 태산엘시디의 경영권은 채권단 은행의 공동관리 상태로 넘어가게 되었다. 채권단은 사실상 태산엘시디가 KIKO 손실로 인해 파산한 것일 뿐 건실한 기업이기 때문에 청산절차를 밟지 않기로 하였지만, 이후 이 사태의 영향으로 결국 2014년 5월 상장 폐지되었다.

Question

1. 은행은 정당하게 정상적인 파생상품을 판매했다고 생각하는가? 아니면, 기업이 KIKO 사태의 피해자라고 생각하는가?
2. KIKO 사태를 겪으면서, 향후 국내 중소기업들은 어떠한 방법으로 환위험에 대처해야 한다고 여겨지는가?
3. 파생상품의 위험성을 나열하고, 이를 어떻게 활용해야 하는지 설명하시오.

사례 14-3 애물단지 까르푸, 이랜드도 재매각하다

패션 및 유통전문 기업인 이랜드는 '多브랜드' 마케팅 전략으로 아동복사업, 여성 캐주얼 사업, 쥬얼리사업 등 패션사업 부문과 킴스클럽, 엔씨 백화점, 뉴코아 아울렛 등의 유통사업 부문, 그리고 식품, 호텔 인테리어 등의 기타 사업부문으로 구성되어 있다. 이랜드 그룹은 1980년대 서울 신촌 이화여대 앞의 작은 옷가게에서 출발해 2003년 이후 중소규모에서 초대형 인수합병에 이르기까지 총 23번의 M&A를 통해 거대기업으로 성장했다. 이를 통해 이랜드 그룹은 2008년 자산규모 5조 2,000억 원, 국내기업 33위의 패션·유통 전문기업으로 발돋움했다.

이랜드 그룹이 공격적인 인수합병을 하게 된 이유는 국내외 침체상황에서 인수합병을 통해 기업을 확장하고 고성장을 달성하겠다는 의지에서 비롯되었다. 이랜드가 본격적인 인수합병전략을 펼친 2003년에는 당시 다른 기업들이 자금부족, 불투명한 경기전망으로 인해 과감한 M&A를 하지 않았던 시기라 이랜드의 움직임은 시장에서 더욱 주목할 만했다.

반면, 까르푸는 1963년 프랑스에서 설립되었으며, 국제적인 하이퍼마켓 체인점을 가지고 있는 다국적기업이다. 주요 사업은 식품, 잡화 등의 판매와 대형마켓 운영 등이다. 하이퍼마켓이란 할인매장, 백화점, 슈퍼마켓을 혼합한 형태의 할인점을 말한다. 까르푸는 30여 개 국가에 9,200여 개의 매장과 38만 3,000명의 직원을 보유한 거대 다국적기업으로서 1990년대 이후 아시아에도 진출해 여러 매장을 설립하였고, 1993년 한국에도 현지법인을 세웠으며, 이로부터 3년 후 부천시 중동에 최초의 매장을 개설하였다.

(1) 이랜드의 까르푸 인수배경 및 과정

까르푸는 2006년 이랜드 그룹에 인수되었다. 당시 이랜드 그룹은 이랜드, 티니위니, 후아유, 푸마 등 30여 개 패션 브랜드를 보유하고 있었다. 이랜드 그룹에게는 패션사업과 할인점의 규모를 확장해 규모의 경제를 가능케 하고, 이랜드의 상품을 전국적으로 판매하고 유통할 수 있게끔 하는 유통업 분야로의 진출은 향후 그룹 전체의 이익을 위한 필수 불가결한 과정이었다. 즉, 이랜드의 유통업계로의 진출은 패션사업분야의 성장과 이를 통한 이랜드 그룹 전체의 성공적인 발전을 기대할 수 있는 경영전략이었다. 이러한 상황에서 이랜드 그룹에게 까르푸는 최적의 매물이었다. 까르푸는 1996년 한국시장에 첫 매장을 오픈한 이래 일부 점포를 제외하고는 적자를 면치 못하고 업계 4위에 머물러 있었다. 해외의 다른 대형마트 시장에서 줄곧 성공적인 성과를 올려왔던 까르푸는, 한국 소비자들의 정서와 취향을 고려하지 않은 채 까르푸 자체의 스타일만을 고집했다. 현지화에 실패한 까르푸는 결국 업계 내 한국인들의 입맛에 맞게끔 만들어진 이마트와 같은 국내 대형할인점들과 경쟁하기 힘들어졌고, 할인점 매출 업계 4위로서 선두그룹 3위에 들지 못하면 과감히 시장을 포기하는 까르푸의 경영방침에 의해 1996년부터 10년간 9,000억 원이라는 자금을 투자했던 한국시장에서 결국 철수하게 되었다.

까르푸가 철수하면서 까르푸를 인수하려는 국내의 각종 업체들 간의 각축전이 벌어졌는데, 당시 까르푸 인수협상에 참여한 유력 업체들은 이마트, 롯데쇼핑, 홈플러스, 이랜드 등 5~6개 기업에 이르렀다. 이 기업들은 경쟁적으로 까르푸를 인수하려는 움직임을 보였고, 기업총수가 직접 인수의지를 밝히기도 하는 등 적극적인 태도를 취했다. 이 과정에서 까르푸 인수가격은 천정부지로 치솟게 되었다. 최초 인수 적정가는 약 1조 4,000억~1조 5,000억 원 선에서 형성되었으나, 인수경쟁이 심화되면서 한때 인수가격이 2조 원을 돌파할 것이라는 추측도 제기되었다. 결국 최종적으로 이랜드 그룹이 다른 경쟁기업들을 제치고 1조 7,500억(15억 유로) 원에 까르푸를 인수하게 되었다.

(2) 실패 및 재매각

까르푸를 인수한 뒤 이랜드 그룹은 까르푸 브랜드명을 '홈에버'로 교체하고 내·외부 간판 및 유니폼 등 모든 점포를 리뉴얼해 재오픈했다. 그러나 2년 뒤인 2008년 이랜드 그룹은 홈에버(구 까르푸)를 통한 기업성장을 이뤄내지 못하고 손실만 입은 채 홈플러스에게 2조 3,000억 원에 재차 매각하게 되었다. 수치상으로는 이랜드가 홈에버를 매각함으로써 5,500억 원의 이익을 시현한 것으로 보이지만, 2007년 한 해에만 홈에버는 2,000억 원의 당기순손실을 기록했고, 까르푸를 홈에버로 리뉴얼하는 데 들어간 비용 등 자본적 지출이 2,500억 원이 넘는다. 추가로 까르푸 인수 당시 국내 은행에서 차입한 금액에 대한 이자비용 또한 2년간 1,000억 원에 달했다. 이러한 재무적인 부담을 해결하지 못한 이랜드 그룹은 유통업계 강자로 성장하는 데 있어 발판이 될 줄 알았던 까르푸(홈에버)로 인해 엄청난 손실을 입고 말았다.

(3) 실패이유

여러 가지 자료를 종합해 봤을 때, 이랜드 그룹의 까르푸 인수 후 경영실패 사례의 가장 큰 요인은 이랜드 그룹의 인수자금 형성에 있다고 할 수 있다. 이랜드는 2006년 까르푸 인수 당시 1조 7,500억 원을 지출했는데, 이 중 이랜드의 자체적인 자금은 3,000억 원에 불과했다. 나머지 자금은 LBO방식의 차입을 통해 인수협상을 진행하였다. LBO방식이란 'Leveraged Buy Out'의 약자로서 인수자금 대부분을 인수대상 기업의 자산을 담보로 차입금을 충당하는 방식이다. 이랜드가 까르푸를 1조 7,500억 원을 들여 인수하는 과정에서 투자자들로부터 5,100억 원을 출자 받고 우리은행과 국민은행 두 곳에서 8,000억 원을 차입하는 등 인수자금의 80% 이상이 외부에서 빌려온 자금이었다. 이러한 차입금으로 인해 이랜드 그룹은 한 해에 1,000억 원에 가까운 이자비용을 부담해야 하는 상황에 직면했고, 재무적 부담은 늘어갔다.

위와 같은 자금조달 형태를 볼 때 이랜드의 까르푸 인수부터 재매각까지의 과정은 기초자금보다 훨씬 큰 대규모 차입을 통한 무리한 인수합병 시도로 인한 실패라고 볼 수 있다. 이랜드 그룹 입장에서 까르푸를 인수하려고 결정했을 당시 그룹 내부에서는 까르푸를 인수해 당시 가지고 있었던 다른 사업분야의 상품들을 유통시켜 비용을 절감하고 영업이익을 확장하는 경영전략을 가지고 있었던 것으로 추측된다. 이를 통해 까르푸 인수에 투입되었던 1조 원 이상의 차입금을 상환하려 했지만 엄청난 차입금에 대한 이자와 각종 내부적인 불안 요소에 의한 영업부진으로 인해 결과적으로 이는 실패한 전략이 되었다.

이렇듯 이랜드는 까르푸를 인수함으로써 전체적인 그룹의 성장 및 발전을 도모하였으나, 추가적인 손실 발생으로 인해 이랜드 그룹의 전반적인 재정상태가 위협받는 상황에 직면하게 된 것이다. 이러한 상황이 지속된다면 유통업 분야뿐만 아니라 다른 사업분야까지 위험해질 수 있었기에, 홈에버를 재매각하겠다는 이랜드 그룹의 의사결정은 인수합병의 성공사례로 이를 남기기보다는 인수 실패를 인정하고 상황이 보다 악화되기 전에 그룹 전체 재무상황에 압박을 주는 홈에버를 털어내어 그룹 내부의 다른 기업들을 살리고자 하는 의도였다고 볼 수 있다. 까르푸와 같은 외국계 기업을 인수하는 과정에서 자금의 조달을 효율적으로 하지 못했던 이랜드 그룹은 국제재무관리의 대표적인 실패사례로서 그 의미를 가진다.

Question

1. 그렇다면, 이랜드는 까르푸를 인수하지 않는 것이 정답이었을까? 답변에 대한 이유를 제시하시오.
2. 만약 LBO방식을 사용하지 않는다면, 어떤 방법이 당시 옵션이 될 수 있었을까?
3. 까르푸를 재차 매각하는 것이 최선이었을까? 여러분이 최고 의사결정권자였다면 어떠한 결단을 내렸을 것으로 여겨지는가?

사례 14-4 해외교환사채의 발행으로 인한 한국전력공사의 환차손

한국전력공사는 1982년 1월 1일 정부가 전액 출자하여 설립한 공기업으로 한전 또는 켑코(KEPCO)라고 한다. 전원개발과 전력수급 안정을 위한 발전, 송전, 변전, 배전업이 주요 사업이다. 1989년 8월 증시에 상장되었으며, 1994년 10월 뉴욕증권거래소에 상장되었다. 한국정책금융공사가 최대주주로 29.95%, 대한민국 정부가 2대 주주로 21.12%의 지분을 갖고 있다. 지난 2006년 한국전력공사는 2대 주주인 대한민국 정부가 소유한 한전 주식 중 1,890만 주를 매입하는 데 필요한 자금을 마련해야 했다. 한국전력공사는 주식의 매입을 통한 주가 안정을 위해, 그리고 한국 정부는 추가적인 세외수입 확보를 위해 정부 소유의 주식을 매각하기로 합의했던 것이다. 이를 위해 한국전력공사는 50 : 50의 엔화와 유로화의 비율로 9,627억 원 상당의 5년 만기(발행 3년 후 풋옵션[1] 부여) 해외교환사채[2]를 발행했고, 교환가격은 51,000원이었다. 발행 3년 뒤인 2009년, 환율이 발행 당시에 비해 엄청나게 폭등한 상황에서 투자자들은 9,627억 원의 발행가액의 95%에 대한 풋옵션을 행사했고, 한국전력공사는 환율의 차이로 인해 무려 1조 4,715억 원을 상환하게 되었다. 즉, 환위험에 노출되어 4,968억 원에 이르는 막대한 환차손을 입게 된 것이다.

한국전력공사가 위와 같은 막대한 환차손을 입게 된 결정적인 이유는 환위험 관리에 소홀했기 때문이다. 해외교환사채와 풋옵션에 대한 특징을 살펴보면, 한전이 환위험에 노출될 수 있음을 사채 발행 이전에 충분히 알 수 있었음에도, 한전은 이에 대한 준비를 전혀 하지 않았다. 해외교환사채는 투자자가 사채를 주식으로 교환하지 않고 상환을 요구하거나 만기 이전에 풋옵션, 즉 조기상환청구권을 행사할 경우 사채의 발행과 상환의 시기적 차이로 인한 환율변동에 의해 환위험에 직접 노출된다. 앞서 잠시 언급했듯이, 여기서 풋옵션이란 특정한 기초자산을 미리 정한 가격으로 미래의 특정 시점 혹은 그 이전에 팔 수 있는 권리를 매매하는 계약을 말한다.

---

1) 저자 註 : 풋옵션은 특정한 기초자산을 미리 정한 가격으로 미래의 특정 시점 혹은 그 이전에 팔 수 있는 권리를 매매하는 계약을 말한다.

2) 저자 註 : 해외교환사채란 채권을 보유한 투자자가 일정 시일이 지난 후 발행한 회사가 보유 중인 다른 회사의 주식으로 교환할 수 있는 권리가 붙은 사채를 말한다.

예를 들어, 1,000원짜리 주식을 미래의 어느 시점에 900원에 팔 수 있는 풋옵션을 계약하고, 대신 프리미엄으로 100원의 매수가격을 지출한다고 하자. 미래의 어느 시점에 주식이 500원으로 떨어졌다면 투자자의 입장에서는 주식시장에서 해당 기업의 주식을 사다가 팔면 500원인데, 투자자는 이미 과거에 900원에 팔 수 있는 권리를 사놓은 상태이다. 때문에 주식시장에서 500원짜리 주식을 사들여 900원에 팔 수 있게 되어 무한정의 이익을 볼 수 있다. 반대의 경우 주식이 1,500원으로 올랐다면 투자자는 주식시장에서 풋옵션 없이 거래할 때 1,500원에 해당 기업의 주식을 팔 수 있는데, 과거에 900원에 팔 수 있는 권리를 사놓았던 것은 비록 쓸모없는 권리를 가진 셈이지만, 이때 풋옵션 계약을 매수할 당시 지출했던 프리미엄 금액만 포기해 추가적인 환차손을 피할 수 있게 된다.

한국전력공사는 위의 상황에서 전자의 경우에 해당한다. 2008년 서브프라임 모기지 사태로 인해 전 세계에 금융위기가 닥쳐 유로화와 엔화의 환율은 사채 발행 시기에 비해 40~60% 이상 폭등했고 한전의 주식 역시 하락한 상태로, 투자자들이 풋옵션을 행사할 수 있는 충분한 상황이었다. 그러나 한전은 이러한 상황에서 적절한 대응책을 마련하지 못해 결국 커다란 환차손으로 인한 피해를 보게 되었다. 또한 당시 재정경제부는 이미 국내 공기업들에게 각 기업들의 보유 외환부채에 대한 환위험을 파악하고 헤지(hedge) 여부를 검토하라는 내용의 「공기업 환위험관리에 관한 표준지침」을 제정해 놓은 상태였다. 즉, 환위험에 노출될 수 있는 리스크를 회피하라고 지시한 바가 있었지만 한전은 이마저도 검토하지 않았다. 한국전력공사는 내부 규정에 따라 매 분기 환위험관리위원회를 열어 환위험에 노출될 가능성이 있는지와 현재의 환위험 관리현황을 파악해야 한다. 그럼에도 불구하고, 2007년에는 1회, 2008년에는 3회만 환위험관리위원회를 열었고, 특히 2008년 하반기에는 리먼브라더스 파산 사태로 인한 국제적인 금융위기 상황이 벌어졌음에도 4차 정기 환위험관리위원회를 열지 않는 등 환리스크 관리 활동에 매우 소극적이고 안일한 태도를 보였음을 알 수 있다.

1. 한국전력공사는 위와 같은 사태가 벌어지기 전에 환위험에 대한 헤지를 어떻게 준비해야 했다고 여겨지는가?

2. 2014년과 2015년에는 공기업들의 해외 자원외교가 실속도 없었을 뿐더러, 이를 넘어 국민들의 혈세가 무수히 낭비되었다고 하여 비난이 발생했던 전례가 있다. 공기업들의 안일한 해외활동을 제대로 통제하고 감독하기 위해서는 어떠한 장치와 제도들이 필요하다고 판단되는가?

사례 14-5 환위험에 무감각한 닌텐도, 환차손 직격탄

1. 기업 소개

닌텐도는 1889년 화투(花鬪) 제조회사로 그 역사를 시작했다. 화투의 앞뒷면에 석회가루를 넣어 화투를 칠 때마다 특유의 소리가 잘 나도록 한 화투를 제작한 이후, 닌텐도는 일본 최대의 카드회사가 되었다. 이후 증조부의 가업을 이은 야마우치 히로시는 다양한 사업을 시도해 보지만 번번이 그다지 좋은 성과를 내지 못했다. 영업상황이 개선되지 않자 결국 야마우치 히로시는 1980년에 전자게임기를 처음 출시하면서 비디오게임산업에 뛰어들었다.

그 뒤 1983년 가정용 게임기 '패미컴'을 시작으로 사세(社勢)의 새로운 전환점을 맞게 된 닌텐도는 '닌텐도'라는 기업명이 곧 게임기를 의미하는 말이라고 인식될 정도로 거대한 게임기 제작 기업으로 성장하기 시작했다. 승승장구를 구가하게 된 닌텐도는 2002년 이와타 사토루가 사장에 취임한 이후 2004년에는 처음으로 게임기에 터치 기능을 추가하며 신(新)감각의 오락영역을 개척한 닌텐도 DS를 발매했다. 닌텐도 DS는 전 세계적으로 선풍적인 인기를 끌며 2009년에는 총 1억 대의 보급률을 달성하였다. 뿐만 아니라 닌텐도 Wii를 출시함으로써 온몸으로 게임을 즐길 수 있는 새로운 방식의 게임기를 발매하여 게임업계 선구자의 입지를 견고히 했다. 닌텐도는 2008년 비즈니스 위크로부터 세계 유망 기업 1위에 선정되었을 뿐만 아니라, <그림 14-4>에 보이듯 2009년 한 해에만 약 1조 8,390억 엔에 이르는 막대한 매출을 시현하는 등 게임시장의 영원한 1위로 남을 것만 같았다.

그림 14-4 | 닌텐도의 매출액과 영업이익, 순이익(1991~2012년)

(단위 : 백만 엔)

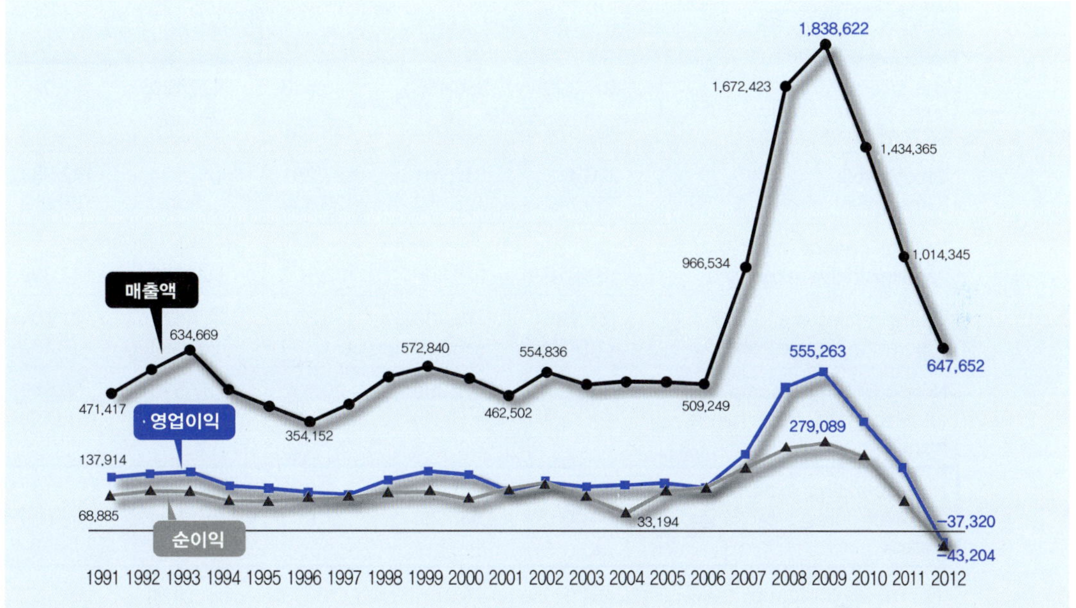

자료 : 김광희(2012).

그러나 이토록 독보적인 위치를 시장에서 점하고 있던 닌텐도에게도 위기가 찾아왔다. <그림 14-4>에서 매출액의 정점을 찍은 2009년 이후 닌텐도의 매출액이 급격하게 떨어지는 것을 확인할 수 있다. 닌텐도는 2011년 4월부터 9월 말까지 집계한 반기 실적에서 702억 엔(약 1조 200억 원)의 적자를 기록했으며, 573억 엔(8,300억 원)의 영업적자를 시현했다. 이러한 적자는 창업 30년 만에 처음 있는 일이었으나, 여기서 그치지 않고 그 후에도 3년 연속 적자를 기록하였다. 가장 최근인 2014년에는 실적 전망을 1,000억 엔(약 1조 200억 원) 영업이익에서 350억 엔(약 3,570억 원) 영업손실로 수정했다.

2. 닌텐도의 위기와 그 원인

이처럼 닌텐도가 2011년 처음 적자를 기록한 이래 좀처럼 적자의 늪에서 헤어나오지 못하는 이유는 무엇일까? 그 원인들로는 우선 스마트폰 플랫폼이 강세가 되면서 자연스럽게 신제품으로 출시한 기기 매출이 줄어든 점, 인기 게임 타이틀의 부재 등 다양한 요인들이 위기의 원인으로 제시되고 있다.

표 14-2 | 닌텐도 연결제무제표

(단위 : 백만 엔)

	FY3/2011 Apr.–Dec.'10	FY3/2012 Apr.–Dec.'11	FY3/2013 Apr.–Dec.'12	FY3/2014 Apr.–Dec.'13	FY3/2015 Apr.–Dec.'14
Net sales	807,990	556,166	543,033	499,120	442,920
Cost of sales	487,575	425,064	415,781	349,825	269,976
Gross profit (Gross profit ratio)	320,415 (39.7%)	131,101 (23.6%)	127,251 (23.4%)	149,294 (29.9%)	172,944 (39.0%)
Selling, general and administrative expenses	161,619	147,509	133,108	150,873	141,339
Operating income (Operating income ratio)	158,795 (19.7%)	−16,408 (−3.0%)	−5,857 (−1.1%)	−1,578 (−0.3%)	31,604 (7.1%)
Non–operating income (of which foreign exchange gains)	7,327 (−)	7,369 (−)	29,602 (22,225)	57,570 (48,122)	60,949 (51,089)
Non–operating expenses (of which foreign exchange losses)	85,635 (84,403)	56,988 (53,725)	989 (−)	425 (−)	197 (−)

자료 : Nintendo IR(2014), 「Earnings Release for the Nine–month Period Ended December 2014」.

그러나 그 중에서도 환위험 관리의 실패라는 재무적 요인이 가장 주요한 원인들 중 하나로 지목되고 있다. <표 14-2> 닌텐도 연결재무제표의 일부를 보면, 영업외 비용 중 환차손(Non-operating expenses of which foreign exchange losses) 항목에서 2011년 4월부터 12월 사이 537억 엔의 손실이 발생했음을 알 수 있다. 닌텐도는 2009년부터 이미 환차손으로 골치를 앓고 있었다. 2009년 20억 1,000만 엔(약 270억 원)의 적자를 냈을 당시 니혼게이자이신문의 보도에 따르면, 이 기간 1,192개의 일본 상장기업 중 536개 기업이 환차손을 입었는데, 닌텐도가 621억 엔(8,350억 원)으로 환차손 규모가 가장 컸다고 한다.

그렇다면 닌텐도는 왜 환위험에 노출된 것이었을까? 이는 닌텐도가 해외에서 벌어들인 수입의 대부분을 해외 현금으로 보유하는 독특한 환정책 때문이다. 닌텐도는 매출의 거의 모두를 해외시장에서 시현하는 기업이다. 즉, 신제품인 닌텐도 3DS의 매출 중 남북아메리카에서의 매출이 45.5%, 유럽에서의 매출이 32.5%로 매출의 70% 이상은 여타 선진국 시장에서 발생했다. 그렇기 때문에 당연히 닌텐도는 매출의 대부분을 해외 외화로 벌어들였는데, 다른 기업과는 달리 이러한 수입을 엔화로 환전하지 않고 외화 현금으로 보유하는 정책을 취했다. 월스트리트저널

그림 14-5 | 엔-달러 환율변동 추이(1973~2013년)

자료 : 연합뉴스(2013), 엔 · 달러 환율 4년 만에 100엔 돌파. [online] Available at http://www.yonhapnews.co.kr/economy/2013/04/10/0325000000AKR20130410227051073.HTML [접속일 : 2015년 4월 9일].

(WSJ)의 보고에 따르면, 닌텐도는 2010년 7억 4천만 달러의 현금을 외화로 보유하고 있었으며, 이는 닌텐도가 보유하고 있는 전체 현금보유량의 70%에 달하는 규모라고 보도하였다.

문제는 국제금융시장에서의 엔고(高) 현상이었다. 엔고 현상이란 국제기축통화인 미국의 달러화 대비 엔화의 가치가 높은 현상을 일컫는다. <그림 14-5>의 엔-달러 환율변동 추이에서 볼 수 있듯이, 일본은 엔화가 달러보다 높이 평가받는 엔고현상을 지속적으로 장기간 겪어왔기에 수출 중심의 산업구조를 가진 많은 일본기업은 큰 타격을 입어왔으며, 특히 엔고 현상은 많은 외화를 보유하고 있던 닌텐도에게는 엄청난 부메랑으로 작용하였다.

닌텐도가 이러한 독특한 환정책을 취하고 있었던 이유는 불확실성이 강한 게임산업의 특성에 기인한다. 닌텐도의 야마우치 전(前) 사장은 "게임은 결국 소비자들이 필요 없는 것으로 인식할 것"이라고 입버릇처럼 말했다고 하며, 이 같은 단언은 언제 수요가 감소할지 모르는 불확실성이 짙은 게임산업의 특성을 명확하게 보여주는 말일 것이다. 게임은 여타 산업과는 달리 일상생활에 반드시 필요한 재화인 필수품이 아니기에, 닌텐도는 여차하면 다른 사업으로 다각화를 모색하기 위해 장기적인 관점에서 자산의 대부분을 외화 형태의 현금으로 유보하고 있었던 것이다. 더불어 닌텐도는 다른 국가의 금리가 일본보다 높다는 점, 환전 수수료를 아낄 수 있다는 점 등을 들어 가급적 사내 유보중인 외화를 다른 용도로 투자하는 것을 지양했다고 설명한다.

하지만 이러한 사업의 특성을 고려하더라도, 닌텐도의 사례가 보여준 환정책은 537억 엔의 환차손을 발생시킨 2011년 한 해의 예시만 보더라도 환위험을 고려하지 않은 잘못된 재무적 판단이 얼마나 위험한지를 여실히 보여주고 있다.

Question

1. 다국적기업의 환위험 관리의 필요성을 설명하시오.
2. 닌텐도가 외화 현금자산을 보유하고 있었던 이유는 게임산업의 특성과 다각화의 필요성을 고려할 때 일견 불가피했던 것으로 보인다. 그럼에도 불구하고, 만일 여러분이 닌텐도의 CEO이었다면 어떠한 의사결정을 했을 것으로 여겨지는가?
3. 외화 현금자산을 사내에 유보하면서 동시에 환위험을 헷지할 수 있는 방안은 없었겠는가? 있다면, 그 대안과 방법을 제시하시오.

사례 14-6 GM의 몰락… 고비용 구조의 고착에 있다

1. 기업 소개

GM은 1908년 마차 제조업자인 W. C. 듀랜트에 의해 미시간주 디트로이트에서 설립되었다. 그 후 1920년의 불황으로 인해 듀랜트는 퇴진하고, 대주주인 뒤퐁과 금융왕 J. P. 모건의 지원하에 A. P. 슬론 2세가 회장에 취임하여 회사의 재건과 조직의 개혁을 단행하였다. 그는 조직적 운영체제, 중앙집중식 경영을 통해 GM의 기틀을 닦았다. 슬론은 적절한 브랜드 관리를 근간으로 쉐보레부터 폰티악, 뷰익, 올즈모빌, 캐딜락을 잇달아 출시하며, 저렴한 브랜드에서 고급 브랜드에 이르기까지를 아우르는 거대한 자동차 제국으로 GM을 성장시켰다.

GM은 제2차 세계대전 종전 후 다시 본업인 자동차 제조기업으로 돌아와 다양한 차종들을 출시했다. 1940년대 초반 처음으로 완전 자동변속기를 도입한 GM은

미국시장의 수요를 적절하게 충족시키며 도약했다. 1950년부터 1970년까지 GM은 최고 전성기를 누렸다. 미국시장에서 절반 이상의 점유율을 지켜왔던 것은 물론, 전 세계 곳곳에서 굴러다니는 자동차 3대 중 1대는 GM의 자동차였다. 이로 인해 흔히 '미국 문화'는 곧 '자동차 문화'로 통하게 되었으며, 미국 제조업의 상징과도 같은 존재가 되었다. 1952년 GM 사장 출신으로 국방장관이 된 찰스 어윈이 의회 청문회에서, "GM의 이익에 반하는 결정을 할 수 있느냐"는 질문에 "미국에게 좋은 것은 곧 GM에게 좋은 것이며 그 반대도 마찬가지"라고 대답한 일화는 유명하다. 그만큼 GM은 미국 전체의 자존심으로서 전 세계 자동차시장을 좌지우지하던 공룡 기업이었다.

그러나 GM이라는 왕국도 영원하지는 못했다. 1973년 제1차 오일쇼크 이후 미국 연방정부가 새로운 연비기준을 마련하면서 대형 자동차를 주력으로 생산하던 미국 자동차기업들은 타격을 입었다. <그림 14-6>에서 볼 수 있듯이 50%에 가까웠던 GM의 미국 시장점유율이 1976년 이후부터 지속적으로 감소해 2010년에는 18.8%를 기록했다. 반면, 1980년대부터는 일본 자동차기업들이 매섭게 GM을 추격해 왔으며, 도요타는 2010년에 약 15%, 혼다는 약 10.4%의 시장점유율을 기록했다.

결국 GM은 2008년 3분기 379억 4,100만 달러로 전년 대비 13% 감소한 매출을 시현하여 총 25억 4,200만 달러의 순손실을 기록했다. 특히 GM은 2008년에는 현금 보유액이 210억 달러에서 162억 달러로 크게 감소하여 운영에 필요한 자금이 바닥나는 유동성 위기가 예측되는 상황에까지 이르렀다. 당시는 2008년 서브프라임 모기지 사태로 미국 경제 전반이 흔들림에 따라 미국 정부도 GM을 여유 있게 도와줄 수 있는 상황이 아니었기에, GM의 파산은 시간문제인 것처럼 보였다. 결국 2009년 6월 1일, 서브프라임 모기지 사태와 급격한 유가 상승이라는 악재가 겹치게 되며 실적이 급락하게 된 GM은 유동성 위기를 견디지 못하고 파산보호 신청을 하게 되었다.

그림 14-6 | GM, 도요타, 혼다의 미국 시장점유율(1976~2010년)

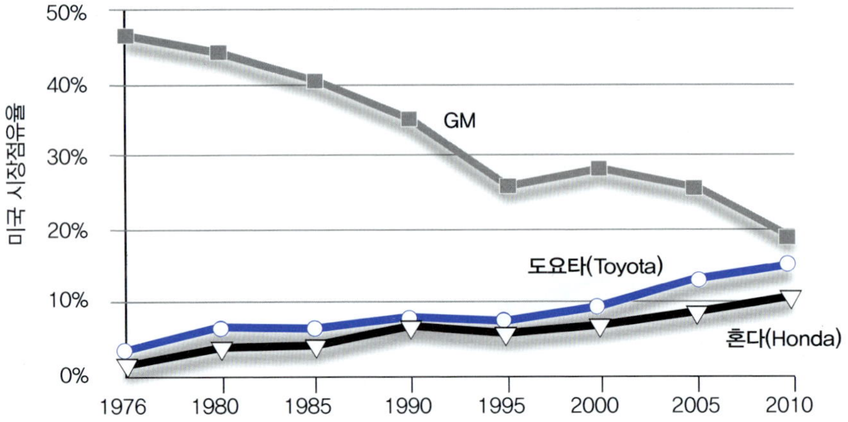

자료 : Sauer, F. N.(2011). "Union Workers' Greatest Enemy: The Collective Bargaining Agreement", *Business Insider*. [online] Available at http://www.businessinsider.com/union-workers-greatest-enemy-the-collective-bargaining-agreement-2011-6 [접속일 : 2015년 4월 9일].

표 14-3 | GM 현금 유동성 현황

(단위 : 억 달러)

	2007	2008			
		1분기	2분기	3분기	4분기
매출액	1,780	427	382	379	11월 초 이미 유동성 위기 봉착 우려 대두
손실액	387	33	155	25	
현금 유동성	273	239	210	162	

자료 : GM 연례보고서.

2. GM의 몰락과 그 원인

뛰어난 역량을 지닌 기업이었던 GM은 왜 유동성 위기를 겪으며 몰락의 길을 걷게 되었을까? 이에 대한 가장 근본적인 원인으로는 지나치게 안일했던 경영진과 그에 따른 잘못된 재무적 판단에서 비롯되었다고 할 수 있다. 더 구체적으로는 경제위기에 취약한 제품 포트폴리오의 구축과 막대한 유산비용이 잠재적 뇌관으로 작용했다고 사료된다.

우선 첫째, GM이 어떻게 해서 경제위기에 취약한 제품 포트폴리오를 구축하게 되었는지를 살펴보자. 이를 위해서는 GM이 본격적으로 거대기업으로서의 기틀을 닦은 시기인 1920년대로 거슬러 올라가야 한다. 당시 GM은 8개의 다양한 브랜드를 출시하며 폭넓은 소비자층을 타깃으로 한 강력한 포트폴리오를 구성, 당시 선두업체였던 포드를 추월하였다. 이러한 다양한 제품 포트폴리오는 GM이 1980년대까지 자동차왕국으로 군림하는 데 크게 기여했다. 하지만 1970년대에 두 차례의 오일쇼크를 거치면서 미국 내에서 새로운 연비기준이 마련되었다. 이러한 연비기준은 중·대형차를 중점적으로 생산하던 미국 자동차기업들에게는 큰 타격이 되었으며, 소형차를 생산하던 일본에게는 또 다른 기회가 되었다. <그림 14-6>에서 볼 수 있듯이, 자연스럽게 일본기업들은 이러한 법률적인 이득을 통해 서서히 점유율을 높여왔다. 결국 1980년대에 GM은 자동차시장의 주도권을 되찾기 위한 새로운 제품 포트폴리오 구축의 필요성에 직면하게 된다.

실적이 악화되어가는 와중에 GM이 선택한 것은 비교적 사이즈가 큰 경(經)트럭 위주의 포트폴리오를 구축하는 것이었다. 미국시장은 여타 다른 시장과는 달리 중·대형차에 대한 수요가 매우 높은 독특한 시장구조를 지니고 있었다. 미국시장 자체는 500만 대 이상의 자동차를 판매하는 최대 시장이었기 때문에 GM은 미국시장의 선호도에 맞춰 전략을 수립한 것이다. 하지만 그나마 여기까지는 좋았으나, 미국시장에서는 소형차 생산이 수익을 내지 못한다는 이유로 GM은 소형차 제품개발에 충분한 자산을 투입하지 않는 전략적, 재무적 실수를 저지른다. 많은 전문가들은 소형차의 약진과 일본 자동차의 뛰어난 품질에 주목하라고 GM에게 경고했으나, GM은 소형차 개발을 위한 투자를 경시하고 대신 경트럭 시장에만 집중했으며, 전반적인 품질개선이 아닌 설비자동화에 800억 달러를 투입하는 우를 범했다. 이로 인해 GM에는 다양한 제품 포트폴리오가 아닌 경트럭 제품라인에 집중한 비교적 제한된 포트폴리오가 구축됨에 따라, 이는 특히 유가의 폭발적 상승과 전세계적 경제위기 발생 시 물릴 수 없는 치명적인 악수로 작용하였다. 경트럭은 중소형 승용차에 비해 엔진과 차체가 크고 가격이 비싸기 때문에 유가상승과 경제위기에 매우 취약했다. 장기적 관점에서 국제금융시장의 변화를 고려하지 않고 연구개발투자를 다양한 제품군에 시행하지 않은 재무관리 전략의 실패사례라고 볼 수 있는 이유가 여기에 있다.

GM 몰락의 두 번째 원인으로 지목된 것으로 GM이 부담해야 했던 엄청난 유산비용(legacy cost)[3]을 들 수 있다. 미국은 의료보험 시스템이 민간보험으로 운영되기

3) 저자 註 : 기업이 종업원뿐 아니라 퇴직자, 그리고 그 가족의 의료보험과 연금 비용을 평생 부담

에 근로자는 흔히 본인을 고용하고 있는 기업주에게 의료보험을 부담해 줄 것을 요구하는데, 미국 자동차 생산기업의 경우 노동자의 건강보험 지원금이 계약 이후 3년마다 증가하도록 시스템이 갖춰져 있었다. 이는 주요 경쟁업체인 일본, 유럽이 국가에서 건강보험을 보장해주는 것과는 상반되는 것으로서, 더욱이 GM이 막대한 유산비용을 부담하게 된 데에는 강경한 노조의 요구가 한몫하고 있었기 때문이었다. GM은 1950년대부터 노조와의 관계를 원만하게 유지하지 못했다. 당시 GM 노조는 미국자동차노조연맹(UAW) 산하의 지부 중에서도 가장 강성(强性)이었고, 특히 1946년에는 무려 113일간에 이르는 사상 최악의 파업으로 인해 막대한 경영손실을 입은 GM의 경영진은 파업을 극도로 두려워했으며, 결국은 노조의 과도한 유산비용 부담요구를 수용하기에 이른다. 1950년대 당시의 재무부서에서는 퇴직자가 많지 않기 때문에 노조의 요구를 수용하더라도 기업의 비용부담이 크지는 않을 것이라는 의견을 제시하였으며, 당장 눈앞의 단기적인 주주이익만을 우선시하던 경영진은 과도한 유산비용의 위험을 제대로 인지하지 못했다. 이후 1990년 비교적 온건한 인물로 평가받는 밥 스템플이 CEO로 취임했을 당시, 포드, 크라이슬러 등을 포함한 GM의 경영진은 과거 미국자동차노조연맹(UAW)의 요구를 수용해 종업원뿐만 아니라, 회사부담으로 퇴직자들에게까지 평생 의료혜택을 제공하기로 합의했다.

이때 GM의 재무부서 역시 건강보험비용이 더 이상 오르지는 않을 것이며, GM의 매출 또한 지속적으로 향상될 것이기 때문에, 그 비용을 충분히 감당할 수 있을 것으로 예측했다고 한다. 하지만 이러한 예상은 보기 좋게 빗나갔고, 건강보험비용은 매년 10% 이상씩 증가했다. GM이 전성기 때만큼의 성과를 내지 못하고 퇴직자의 수가 늘어나자 GM의 부담은 더해져만 갔다. 의료보험비는 경영상황과는 무관하게 반드시 지불해야 하는 비용으로, 기업의 매출이 줄고 적자가 커지는 상황에서 유산비용은 GM의 경쟁력을 저해하는 요인으로 작용하였다.

<그림 14-7>은 GM의 자동차 1대당 의료비용 부담액을 나타낸 그림이다. 2005년에 자동차 1대당 1,660달러를 부담하고 있었던 바, 이로 인해 2005년에는 56억이라는 천문학적인 액수의 의료보장비를 지출했다. 결국 GM은 무리한 유산비용 부담을 감당하지 못함에 따라 유동성 위기를 맞고 결국 파산신청에 이르는 데 큰

하는 비용을 말한다.

그림 14-7 | GM의 자동차 1대당 의료비용 부담액(1999~2006년)

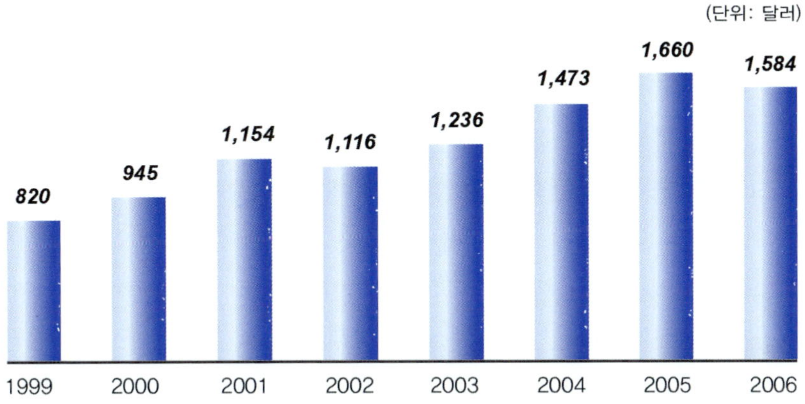

(단위: 달러)

연도	1999	2000	2001	2002	2003	2004	2005	2006
부담액	820	945	1,154	1,116	1,236	1,473	1,660	1,584

자료 : 복득규(2009).

빌미를 제공하게 되었다. 첫째 이유와 함께 이 역시 GM의 안일한 재무적 판단과 예측의 결과라고 할 수 있다.

정리하자면, GM의 경영실패 요인은 매출 감소 및 시장점유율이 잠식당하는 것을 경계하지 않고 경쟁력 있는 신규 포트폴리오 개발에 적극적으로 자산을 투자하지 않은 점, 그리고 강경한 노조의 요구에 굴복하여 천문학적인 유산비용과 같은 고비용 구조를 고착시킨 점이라고 할 수 있다. 그리고 가장 근본적으로는 과거의 성공에 얽매어 안일한 태도로 경영에 일관했던 경영진과 재무적 판단의 오류들이 이러한 사태에 이르게 한 주요한 원인이라고 할 수 있다.

Question

1. 거대공룡 GM의 몰락 원인을 장기적 전략부재의 관점에서 정리해 보시오.
2. GM의 실패를 재무적 관점에서 조명해 보시오.
3. 돌이켜보면, 일본기업의 약진 시 GM은 어떻게 대응해야 했다고 생각하는가?
4. GM의 사례를 통해 현대・기아차 등 국내 자동차 메이커들에게 시사점을 제공해 보시오.

사례 14-7 서울지하철공사, 450억 환차손… 환위험관리 엉망

1. 사례의 개요

서울지하철공사는 1970년대 중반 이후 지하철 건설을 위한 자금을 필요로 했고, 이 과정에서 엔화를 차입하였으며, 그 액수는 각각 1972년에 272억 엔, 1974년에 154억 엔이었다. 엔화 차입금은 3년 뒤부터 7년 동안 균등상환하는 것을 조건으로 하여 실제 상환은 1975년과 1977년부터 7년간 이루어지게 되었다.

1970년대 당시만 해도 한국은 경제개발 초기 단계에 있는 개발도상국이었기 때문에 환율이라는 것에 대한 인식이 부족했다. 이와 관련된 전문인력도 없었을 뿐만 아니라, 그 어느 누구도 환율과 관련된 문제를 크게 생각하지 않았다. 한국의 수도 서울의 지하철공사 사업이니만큼 천문학적인 돈이 필요했다. 원금만 해도 426억 엔이었고, 상환시기까지의 이자를 고려한다면 결코 적은 금액이 아니었다. 당시 엔화의 가치는 계속 상승하고 있는 추세였고, 이후에도 더 상승할 전망이었다. 이런 엔화 강세 현상과 차입규모로 인하여 서울지하철공사에서 빌린 엔화부채에 대한 부담은 계속 상승하였다.

엔화는 차입 당시(1972년) 132원에서 원리금을 모두 상환하게 되는 1983년에는 327원에 이르기까지 약 10년간 그 가치가 2배 이상 상승하게 되었으며, 따라서 이러한 현상 때문에 결국 자연스럽게 원리금 역시 애초에 차입했던 금액의 2배 가까이 불어나게 되었다. 272억 엔과 154억 엔을 차입한 부채는 차입 당시 환율로 계산하면 원화가치가 각각 359억 원과 239억 원으로, 간단히 원금만 계산하면 합이 약 598억 원이었다. 그러나 지속적인 엔화의 가치상승으로 인해 상환시점까지의 원화가치가 1,048억 원이 되어, 엔화의 액면가는 동일하지만, 원화 가치로는 원래 원금의 약 두 배에 이르는 금액을 부담해야 하는 상황으로 내몰렸던 것이다(즉, 598억 원에서 약 원금의 75%에 달하는 금액이 환차손으로 추가되었다).

결국 환위험에 대한 제대로 된 인식 없이 주의를 소홀히 했던 귀책으로 인해 그 피해는 고스란히 국민들의 부담으로 전가되었다. 이 사례는 기업재무관리의 중요성을 여실히 보여줌과 동시에, 세계 경제동향을 제대로 파악하지 못했을 때 어떠한 결과로 귀결될 수 있는지를 우리에게 알려주고 있다.

표 14-4 | 서울시 지하철공사의 엔화부채 실제 지급액

연도	실제환율 (₩/¥100)	차입금	엔화상환액	환율에 따른 원화상환액
1972	132.09	272억 엔		
1973	141.96			
1974	155.23	154억 엔		
1975	158.30		38.9억 엔	61.58억 원
1976	164.23		38.9억 엔	63.89억 원
1977	200.60		60.9억 엔	122.17억 원
1978	251.70		60.9억 엔	153.29억 원
1979	201.08		60.9억 엔	122.46억 원
1980	314.46		60.9억 엔	191.51억 원
1981	317.88		60.9억 엔	193.59억 원
1982	307.45		22억 엔	67.64억 원
1983	327.08		22억 엔	71.96억 원
합계		426억 엔	426억 엔	1,048.09억 원

2. 실패의 원인 분석

(1) 환위험에 대한 인식의 부족

1970년대 개발도상국들이 대부분 그러했듯이, 우리나라도 환율에 대해 깊은 인식이 없었다. 차입을 했을 때 단순히 해외에서 자본이 유입되고, 그에 대한 대가(원금과 이자)는 추후에 그만큼 갚으면 된다는 생각이었을 것이다. 따라서 환율의 변동과 그에 수반되는 위험이 기업의 부채에 어떤 영향을 줄 수 있는지에 대한 면밀한 고민과 이해가 부족했을 것으로 여겨진다.

(2) 전문가 및 대응 인력의 부족

기본적으로 환위험이라는 것은 미래의 위험을 의미한다. 개발도상국의 입장에서 먼 미래까지 내다보기보다는 당장 부족한 돈을 빌리는 데에 급급했던 것도 한 이유겠지만, 서울지하철공사에서 가지고 있던 문제점 중 하나는 경제 분야에 해박한 전문적 지식을 가지고 있는 인력이 없었다는 것이다.

또한 공기업이나 공공기관의 많은 곳이 방만하게 경영이 이루어지고 있다는 지적은 사실 어제 오늘의 일이 아니며, 따라서 경제 분야에 대해 전문인력이 없었기

에 문제가 발생한 후에도 이에 대한 책임소재가 불분명했다. 본인들의 책임 분야가 아니라며 발뺌하는 모습과 더불어 서로 책임을 미루며 소극적인 대응을 함으로써 사태를 악화시켰다고 보인다.

(3) 외환자금 운용상의 문제

상기에 언급한 전문가 및 전문인력의 부재라는 근본적인 원인은 연쇄적인 문제를 야기하였다. 즉, 경제 분야에 대한 전문적인 지식을 가지고 있는 사람이 없어 의사결정 수립과정에서도 당시 강세를 보이는 엔화에 대한 문제가 제기되지 않았고, 후에 문제가 발생한 이후에도 이에 손을 쓸 수 없는 상황에 직면하게 되었다. 전문가가 없고 환위험에 대한 인식이 없었기 때문에 이러한 문제들이 전혀 고려되지 않았다. 그 결과 서울지하철공사는 수백억에 달하는 외환을 차입하면서 아무런 구체적인 상환계획을 세우지 않았다.

3. 시사점

서울지하철공사 사건이 일어날 당시는 1970년대이다. 경제적으로 시장이 개방되며 자본과 생산요소가 막 국가와 국가 간 이동을 시작하던 때였다. 더군다나 경제 전문가는커녕 고등교육을 이수한 사람의 비율도 지금 현재에 비해 현저히 낮은 시기였다. 국가적으로 경제, 특히 세계 경제에 대해서 전체적인 상황을 거시적으로 파악할 수 있는 사람이 부족했다. 그 결과는 앞에서 말한 것처럼 기업의 참담한 손실로 이어졌다.

환율 문제는 어찌 보면 기업 내에서 가장 중요한 '자금'과 관련된 사항이기에 조직에서 반드시 필요한 핵심 지원영역이라고 봐도 과언이 아니다. 그렇기에 전문가뿐 아니라 기업 전체적으로 환율과 환율로 인해 발생할 수 있는 환위험에 대한 인식을 제고시킬 필요가 있다. 한국무역보험공사가 2014년 6월, 359개사의 수출 중소·중견기업을 대상으로 실시한 아래 설문조사 결과를 보면 많은 기업에서 환위험 관리의 필요성과 중대성이 아직도 제대로 이해되고 있지 않는 듯하다.

> "중소·중견기업의 77%는 환위험 관리를 전혀 하지 않는다고 답변하였으며, 그 이유로는 ① 환율 변동성 예측 불가(29%), ② 적절한 방법을 모름(20%), ③ 전문인력 부족(17%) 등으로 응답하였다." (한국무역보험공사, "환위험관리 설문조사 결과 발표", 2014, p.3)

Question

1. 환위험 관리를 담당할 전문가 육성의 방안에는 무엇이 있겠는가?
2. 환위험 관리의 중요성이 제대로 인식되지 못하고 있는 상황은 비단 중소·중견기업에만 국한된 문제가 아닐 것이다. 비단 사내(社內)에 전문가 몇 명을 두었다고 해서 언급한 인식이 바뀌는 것은 아닐 것이라는 점에서, 이를 개선할 수 있는 방안을 고려해 보시오.
3. 환위험 관리상품의 예를 설명하시오.

토의자료 14-1 기업들 해외채권 발행 러시

올해 국내기업 해외채권 발행실적

발행일	기업	발행국가	조 건
2월 3일	롯데쇼핑	홍콩	3년 만기 7억 5,000만 위안 규모 딤섬본드
4월 10일	삼성전자	미국(현지법인)	5년 만기 10억 달러, 미국 국채(5년) 수익률+0.80%포인트
4월 12일	현대자동차	체코(현지법인)	5년 만기 5억 달러, 미국 국채(5년) 수익률+1.975%포인트
4월 18일	CJ제일제당	미국(아이오와 주정부 발행)	2억 2,000만 달러 미국 면세채권(지방채)
4월 26일	CJ제일제당	인도네시아(현지법인)	30년 만기 신종자본증권(2,000억 원)
5월 3일	롯데쇼핑	글로벌본드	5년 만기 4억 달러, 미국 국채(5년) 수익률+2.60%포인트
5월 7일(예정)	이랜드그룹	중국 본토(상하이법인)	3년 만기 5억 위안(900억 원) 규모, 발행금리 연 5.8%(원화 환산시)

국내 대기업들이 잇따라 해외 자금조달에 나서고 있다. 국내보다 금리가 싼데다 국내기업들에 대한 신용도가 워낙 좋아, 기업들의 해외채권발행은 러시를 이루는 분위기다.

6일 업계와 금융계에 따르면, 올해 들어 롯데쇼핑, CJ제일제당, 삼성전자, 이랜드 등이 해외채권발행에 성공했거나 추진할 예정이다.

이랜드의 상하이법인은 오는 7일 5억 위안(900억 원) 규모의 위안화 채권을 발행할 예정이다. 대출을 받는 것보다 금리가 1%포인트는 낮을 것이란 전망이다.

앞서 롯데쇼핑은 지난 2월 초 7억 5,000만 달러의 3년 만기 딤섬본드(홍콩에서 외국기업들이 발행하는 위안화 표시 채권) 발행에 성공한 데 이어 지난 3일에도 4억 달러 규모의 글로벌 본드를 발행했다. 국내 최대 유통기업으로 중국 내 비즈니스 기반이 두터운 롯데쇼핑이 채권발행에 나서자 목표치의 2배가 넘는 청약이 들어올 만큼 투자자들에게 큰 인기가 있었다는 후문이다.

CJ제일제당은 지난달 미국에서 바이오공장 투자를 위해 2억 2,000만 달러의 면세채권을 발행했고, 이어 인도 현지법인 투자를 위해 현지에서 2,000억 원의 신종자본증권을 발행했다.

삼성전자 미주법인은 지난달 초 미국에서 10억 달러 규모의 5년 만기채권을 발행했다. 금리는 미 국채에 0.8%포인트의 가산금리를 더한 수준이었는데, 이는 국채(외평채)보다도 낮은 금리였다. 업계 관계자는 "가산금리만 보면 해외투자자들에겐 삼성전자가 우리 정부보다 더 높은 신뢰를 받고 있다는 뜻"이라고 말했다.

이처럼 국내기업들의 해외 자금조달이, 더구나 좋은 조건의 채권발행이 늘어나는 것은 그만큼 한국물에 대한 인기가 높다는 뜻. 한 기업관계자는 "글로벌 금융위기 이후 다른 세계적 기업들에 비해 우리나라 기업들이 선전하고 있기 때문에 자금조달도 용이해지고 있다"고 말했다. 그러다 보니 본사 아닌 해외법인도 어렵지 않게 자금조달이 가능해지고 있는 것이다.

금융계는 특히 중국 내 채권발행이 늘어나는 것에 주목하고 있다. 한 관계자는 "과거엔 중국에서 채권을 발행하려면 매번 승인을 받아야 했지만 지금은 외환당국에 등록만 하는 정도로 규제 수준이 낮아졌다"면서 "국내기업들의 중국 진출이 활발한 데다 규제완화가 겹쳐 앞으로는 위안화 채권 발행 시도가 늘어날 것"이라고 전망했다.

(자료 : 한국일보, 2012.5.6)

토의자료 14-2 빅맥 가격 한국 3,700원, 미국 4.07달러 - 빅맥지수로 읽는 한국경제

빅맥이란 무엇이며, 이를 근거로 한국경제를 어떻게 읽을 수 있을까?

:: **빅맥지수**(Big Mac Index)

영국 경제전문지 이코노미스트가 매 분기마다 발표하는 지수로서 올해 25주년을 맞고 있다. 맥도널드 햄버거인 '빅맥(Big Mac)' 가격에 기초해 전 세계 120여 개국의 물가수준과 통화 가치를 비교하는 주요 지수이다. 빅맥 가격을 달러로 환산해 각국 물가수준과 통화가치를 비교해 환율의 적정 가치를 측정하는 지수이다.

예를 들어, 미국의 빅맥 가격이 4달러이고, 우리나라에서 3.5달러(3,850원)인데 원·달러 환율이 1,100원이라면 적정 환율은 962.5원(3,850/4=962.5)이 된다. 이 경우 현재 통용되는 시장 환율보다 적정 환율이 작으므로 원화가 저평가되었다고 볼 수 있다.

그러나 저개발국이나 개발도상국의 경우 선진국보다 빅맥의 가격이 더 저렴할 수 있다. 통화의 적정 가치를 평가하기 위해서 이코노미스트에서는 빅맥 가격에 해당 국가의 GDP를 가미한 '빅맥 보정지수'도 함께 발표한다. 이를 비교해야 '빅맥 원지수'에 대해 저평가 혹은 과대평가된 부분을 추려낼 수 있기 때문이다.

영국 시사 경제주간지 이코노미스트 최근호(7월 30일)는 올해 2분기 빅맥지수를 발표했다. 맥도날드 햄버거의 가격은 미국에서 4.07달러인데 한국에서는 3.50달러(약 3,700원)이고, 가장 비싼 나라는 노르웨이로 무려 8.31달러이다. 이에 반해서 중국에서는 2.27달러에 불과하다. 즉, 중국에서의 빅맥 가격이 미국보다 44% 싸다는 것을 뜻한다. 이를 바꾸어 말하자면, 위안화가 달러에 비해 44% 평가절하되어 있음을 의미한다. 그러나 중국의 빅맥 가격이 낮다고 해서 중국의 위안화가 너무 심하게 평가절하되었음을 증명하는 것은 아니다. 중국의 임금 수준은 미국의 10분의 1에 불과하기 때문이다.

저개발국가나 개발도상국에서는 같은 상품을 선진국보다 싸게 팔 수 있다. 소득수준이 낮고 제품의 원가 또한 저렴하기 때문이다. 따라서 한 상품을 직접 비교하여 지수를 삼는 경우 오류가 생길 수 있다. 이런 이유로 이코노미스트에서는 1인당 국내총생산(GDP) 수준을 감안하여 '빅맥지수'의 보정판을 따로 만든다.

놀라운 사실은 44%나 저평가된 중국 위안화의 보정지수는 오히려 3% 고평가된 것으로 나타났다는 점이다. 이는 곧 위안화가 달러의 가치에 근접해 적정 가치에 도달했음을 나타낸다. 앞서 보았듯, 한국의 경우 빅맥지수 원지수는 3.50으로 원화가 미국 달러화에 비해 14% 저평가된 것으로 나타났으나, 중국의 예에서 살펴봤던 것과 마찬가지로 보정지수로 보면 21% 고평가된 것으로 드러났다.

빅맥지수가 가장 높은 나라는 브라질이다. 브라질의 빅맥지수는 6.16인데 원지수는 52% 고평가되었고, 보정지수로 보면 무려 149% 과대평가된 것으로 드러났다. 콜럼비아(원지수 17%, 보정지수 108%), 칠레(원지수 −2%, 보정지수 52%), 페루(원지수 −10%, 보정지수 63%) 등 중남미 국가들은 대체로 과대평가된 것으로 나타났다. 노르웨이(원지수 104%, 보정지수 46%), 스웨덴(원지수 88%, 보정지수 85%) 등의 유럽국가도 높은 수치를 나타낸다.

물론 일각에서는 빅맥지수의 실효성에 의문을 제기하기도 한다. 쇠고기 등에 대한 무역장벽과 소비세율 등이 각 나라마다 천차만별이어서 최종가격을 객관적으로 비교하기는 곤란하다는 지적이다.

그러나 미국 조지타운대학 로버트 컴비 교수의 연구에 따르면, 빅맥환율은 실제 시장 환율이 움직이는 방향을 상당히 정확하게 예측하고 있는 것으로 조사됐다. 최근 몇 년간 12개 주요 통화에 대한 움직임을 분석한 결과 10% 이상 움직인 7개 통화 중 6개의 방향을 정확히 맞췄을 정도다.

빅맥지수는 개구리가 뛰는 방향처럼 예측하기 힘든 환율의 움직임을 맞추는 데 아직은 가장 유용한 수단 중 하나임이 입증된 셈이다.

(자료 : 금융/경제 인사이드, 2011.9.27)

토의자료 14-3 조세피난처 몰리는 대기업… 법인 167개로 늘어

지난 1년간 국내 대기업이 만든 해외법인 5개 중 1개는 케이맨군도, 버진아일랜드, 홍콩 등 조세피난지역에 설립된 것으로 나타났다.

22일 금융감독원에 따르면 총수가 있는 30대 그룹(공기업 제외)의 해외법인 중 조세조약 미체결국에 있는 해외법인은 5월 말 현재 167개로 1년 사이 26개가 증가했다. 같은 기간 30대 그룹이 세운 전체 해외법인 수는 1,942개로 130개가 늘었다. 신생 해외법인 20%가 조세피난지역에 세워진 것이다.

전문가들은 조세피난지역에 진출한 30대 그룹의 '숨은 계열사'가 있을 수 있기 때문에 해외법인 수가 더 많을 가능성도 제기한다.

조세조약은 이중과세를 피하고 탈세방지를 위해 국가 간에 체결하는 것으로 6월 현재 우리나라는 미국과 중국·일본·영국 등 77개국과 조세조약을 체결했다. 미체결국가로는 경제협력개발기구(OECD)가 대표적인 조세피난처로 지목한 버진아일랜드·모리셔스·파나마·케이맨군도·버뮤다·마셜군도 등이 포함돼 있다. 또한 홍콩·대만·페루·괌·아르헨티나·나이지리아·콩고 같은 신흥경제 국가들도 조세피난처로 활용된다.

조세피난처의 경우 기업소득에 세금을 거의 매기지 않고 회사 설립이나 외국환 업무를 규제하지 않아 다국적기업들의 돈세탁 또는 비자금 은신처로 자주 이용된다.

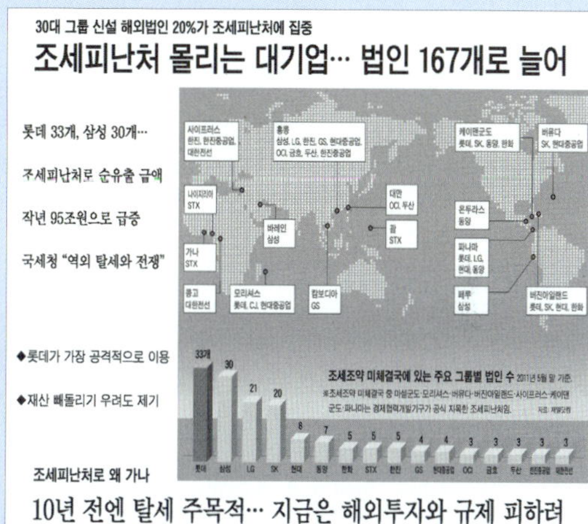

30대 그룹 신설 해외법인 20%가 조세피난처에 집중

조세피난처 몰리는 대기업… 법인 167개로 늘어

롯데 33개, 삼성 30개…

조세피난처로 순유출 금액

작년 95조원으로 급증

국세청 "역외 탈세와 전쟁"

◆롯데가 가장 공격적으로 이용

◆재산 빼돌리기 우려도 제기

조세피난처로 왜 가나

10년 전엔 탈세 주목적… 지금은 해외투자와 규제 피하려

롯데가 가장 공격적으로 이용

30대 그룹 중 조세피난처에 가장 많은 해외계열사를 둔 그룹은 롯데로, 지난 1년간 4개가 늘어난 33개를 기록했다. 롯데그룹은 이에 대해 "탈세 의도가 전혀 없는 정상적인 영업활동"이라고 설명했다. 예를 들어, 롯데그룹은 작년 7월 조세회피지역인 케이맨군도에 본사를 둔 중국 홈쇼핑 업체 럭키파이를 인수하기 위해 케이맨군도에 SPC(특수목적회사)를 설립했다는 것이다. 계열사인 호남석유화학도 말레이시아 화학업체 타이탄을 인수했는데, 이 회사의 본사는 버진아일랜드에 있었다고 설명했다.

롯데 다음으로 삼성(30개), LG(21개), SK(20개), 현대그룹(8개), 동양(7개), 한화·STX·한진(각각 5개) 등의 순서로 조세피난처에 해외법인이 있었다. 삼성은 작년 홍콩에만 4개 법인을 추가로 세웠다. 삼성그룹 관계자는 "대중국 교역 등 글로벌 기업 활동을 하려고 홍콩 등지에 국외 법인을 뒀다"고 밝혔다. LG그룹은 "파나마에서 가전을 팔고, 마셜군도에서 자원개발을 하기 위해 법인을 각각 설립했다"고 말했다.

재산 빼돌리기 우려도 제기

세무당국에서는 공개적으로 설립된 회사보다는 몰래 숨겨둔 페이퍼 기업들 중에서 비자금 창구 역할을 하는 회사들이 있을 것으로 추정하고 있다. 관세청에 따르면, 우리나라에서 조세피난처 62개국으로 순유출된 금액이 2006년 554억 달러에서 2010년 889억 달러(약 95조원)로 급증세를 보이고 있다.

재계에서는 조세피난처에 법인을 설립했다고 무조건 탈세를 위한 것이라고 보는 것은 너무 일방적인 해석이라고 반박하고 있다. 전국경제인연합회 조동욱 연구원은 "글로벌 기업이나 금융사들이 절세의 수단으로 활용하는 조세피난처를 우리 기업만 못하게 하는 것은 어처구니없는 일"이라며 "탈세 목적인지를 파악하기 위해서는 관련 기업과의 거래관계, 자금흐름, 채권·채무관계 등을 종합적으로 분석해야 한다"고 말했다.

(자료 : 조선일보, 2011.6.23)

참고문헌

Osawa, J.(2010), Yen Takes Toll on Nintendo but With a Twist, 2010년 11월 10일자.

Sauer, F. N.(2011), "Union Workers' Greatest Enemy : The Collective Bargaining Agreement", *Business Insider*. [online] Available at http://www.businessinsider.com/union-workers-greatest-enemy-the-collective-bargaining-agreement-2011-6 [접속일 : 2015년 4월 9일].

금융/경제 인사이드, 빅맥 가격 한국 3,700원, 미국 4.07달러 - 빅맥지수로 읽는 한국경제, 2011년 9월 27일자.

김광희(2012), "닌텐도의 성공과 실패에 대한 소고", 상업교육연구, 26(3): 71~90.

김민주(2012), "Must Know 세계 100대 기업", 미래의 창.

김병도(2008), 인수 대상 기업을 통한 기업 인수 합병 자금 조달에 관한 연구 : 중소기업의 M&A 자금 조달 전략을 중심으로, 한양대학교 경영대학원 석사학위 청구논문.

네이버 지식백과(2014), 환위험. [online] Available at http://terms.naver.com/entry.nhn?docId=74295&cid=43667&categoryId=43667 [접속일 : 2014년 12월 11일].

두산백과(2014), 풋옵션. [online] Available at http://terms.naver.com/entry.nhn?docId=1348977&cid=40942&categoryId=31825 [접속일 : 2014년 12월 11일].

두산백과(2014), 키코(KIKO). [online] Available at http://terms.naver.com/entry.nhn?docId

=1287549&cid=40942&categoryId=31825 [접속일: 2014년 11월 6일].

매일경제신문, 잘나가던 닌텐도 최대위기… 올 연말이 고비, 2010년 12월 13일자.

머니투데이, 이랜드, M&A 통해 대형 유통사로 변신, 2007년 3월 27일자.

머니투데이, 이랜드, 웃돈 받고 팔아도 '손실', 2008년 5월 14일자.

머니투데이, 한전, 환위험관리 소홀로 5000억 원 손해, 2010년 9월 30일자.

복득규(2009), 100년 기업 GM 몰락의 교훈, 삼성경제연구소.

서민교, 박병일(2013), "글로벌경영", 서울경제경영출판사.

연합뉴스(2013), 엔・달러 환율 4년 만에 100엔 돌파. [online] Available at http://www.yonhapnews.co.kr/economy/2013/04/10/0325000000AKR20130410227051073.HTML [접속일: 2015년 4월 9일].

이장로, 신만수(2000), "한국기업과 신흥해외시장", 무역경영사.

이지은(2009), "GM 파산보호 신청의 배경과 그 영향", Click 경제교육, 2009년 7월호.

조선비즈, '마리오 왕국' 닌텐도 끝없는 추락… 어닝쇼크 이어 사장 "물러나라", 2014년 1월 22일자.

조선일보, 키코, 설계부터 잘못, 2009년 1월 19일자.

조선일보, 조세피난처 몰리는 대기업… 법인 167개로 늘어, 2011년 6월 23일자.

최종학, 권혜진(2011), "태산엘시디의 KIKO(키코) 관련 손실이 재무제표에 미친 영향", 회계저널, 20(4): 367~395.

파이낸셜뉴스, 이랜드, 까르푸 인수 복병, 2006년 3월 30일자.

파이낸셜뉴스, 한전, 해외교환사채 관리 부실로 5000억 환차손 입어, 2010년 9월 30일자.

한경비즈니스, [역사를 바꾼 자동차 M&A 명장면] '모두를 위한 자동차'… GM 왕국의 탄생, 제958호.

한국경제신문, [환리스크 관리] '환관리 성공・실패 사례', 2002년 2월 4일자.

한국경제신문, 이랜드, 1조 7500억에 까르푸 인수, 2006년 4월 28일자.

한국경제신문, '환전' 무관심한 닌텐도 621억 엔 환차손 직격탄, 2010년 11월 11일.

한국경제신문, GM엔 毒, 도요타엔 藥이었던 것, 2009년 6월 8일자.

한국일보, 홈플러스, 홈에버 2조 3,000억 원에 일괄 인수, 2008년 5월 15일자.

한국일보, 기업들 해외채권 발행 러시, 2012년 5월 6일자.

한국자동차산업연구소(2008), 「KARI 주간브리프」, 제345호.

한국콘텐츠진흥원, "글로벌 게임산업 트렌드", 2011년 11월 1호.

국제인적자원관리 제 15 장

[1] 이것만은 알아두자

해외주재원 충원정책

해외주재원 충원정책에 대한 이론적 접근방법은 본국중심주의, 현지국중심주의, 지역중심주의, 지구중심주의의 네 가지로 구분한다. 본국중심주의는 자회사의 주요 지위를 본국 주재원으로 채우는 것이고, 현지국중심주의는 자회사의 주요 지위를 각 지역의 현지인으로 충당하는 것이다. 지역중심주의는 관리자에 대한 선발, 교육훈련, 임명 등을 지역에 일임하여 지역중심적 체제로 인력관리를 운영하는 것이고, 지구중심주의는 국적에 구애받지 않고 본사와 자회사를 세계적 조직의 일부로 간주하여 모든 직위에 능력 위주로 인원을 선발·배치하는 것이다.

본국중심주의는 투자 초기단계와 후기단계의 지도부에 주로 이용하는 경향이 있으며, 중간경영층에 현지인의 능력, 경험, 자질 등이 부족할 때 이 정책을 채택하며, 본사직원은 본사와의 업무연락, 통제, 정책을 자회사가 따르기 쉽게 하고 현지인을 훈련·교육시키는 데 필요하다. 현지인 고용의 장점은 언어, 문화, 관습에 익숙하여 언어 훈련이나 문화이식이 필요치 않고 환경적응 시간도 불필요하며 현지의 경영상황에 익숙하여 고객, 정부관계자, 고용인, 일반인과의 관계설정에도 도움이 된다. 높은 직위 본국 주재원의 지나친 이용은 그 기업의 외국기업으로서의 이미지를 강화시키는 단점이 있으며 현지고용인은 비용면에서도 유리하다.

국제노사관계

국제기업은 전 세계에서 기업 활동을 전개하므로 다양한 노사관계에 직면하게 된다. 이러한 노사관계의 관리를 위하여 대개 분권화 정책과 중앙집권화 정책을 쓰게 된다. 상이한 사회적 가치, 노동자들의 정신적 욕구, 법제도 등을 통하여 노무관리에 영향을 미치는 현지국의 고유한 문화적·제도적·법률적 환경의 특성을 외국인이 제대로 이해하기를 기대하는 것은 무리이며, 따라서 대부분의 다국적기업에서는 일반적으로 노무관리의 문제를 현지의 경영자에게 일임하고 있다. 이에 반하여 노사관리에 관한 결정권을 본사에서 중앙집권적으로 통합적인 관점에서 행사하여야 함을 주장하는 논리도 있다. 신설된 지사가 일천한 관리경험으로 다국적기업이 기대하는 수준의 노사관리가 가능하겠는가 하는 의구심에서 비롯된 논리로, 한 국가에서의 협약이 여타 국가에서의 협약에 대한 선례가 될지도 모른다는 우려도 포함하고 있다.

[2] 국제인적자원관리와 관련된 주요 사례

사례 15-1 삼성전자가 합병하면 다릅니다? —AST리서치에 대한 M&A 사례

1990년대 중반, 반도체시장의 호황으로 막대한 부를 축적한 삼성전자는 1994년 세계 PC시장점유율 1.9%로 세계 6위(미국 5위)에 자리하고 있던 미국 AST리서치에 대한 인수합병에 착수한다. 그 당시 삼성그룹은 글로벌 브랜드 전략에 따라 해외 PC시장 진출을 모색하고 있었는데, 세계 PC시장 진출, 컴퓨터 부품의 자체조달, 멀티미디어 기술 확보를 주요 목표로 삼았고, 이를 통해 PC사업부문에 대한 새로운 시장개척을 원하고 있었다. 이러한 동기하에 연 매출액 24억 달러에 자본금 3억 8,000만 달러의 AST리서치에 관심을 가지게 되었고, 1995년 2월 인수합병에 대한 가계약을 맺게 된다. 이어 같은 해 7월 살로먼 브라더스를 주관은행으로 하여 본 계약을 체결하고, 미래에 추가 지분 매입이 가능하다는 조건으로 우선 AST의 지분 15%를 21.06달러(당시 주가 15달러 선)에 매수하여 총 지분 40.25%를 3억 7,700만 달러에 매입한다. 이어 12월에는 안정적인 경영권 확보를 위해 보통주 440만 주를 주당 1센트에 매입하고, 이로써 총 지분율을 49.5%까지 높이게 된다. 또한 1997년 8월 보통주 1주당 5.1달러에 잔여 지분 50.5%인 1억 6,200만 달러를 투자하여 이 기업을 100% 인수합병하기에 이른다.

삼성전자는 AST리서치를 인수하면서 ① 삼성전자가 생산하는 PC를 AST 브랜드로 판매함으로써 연간 2억 달러 이상의 브랜드 프리미엄 효과, ② 전 세계 50여 개국의 AST 유통망을 이용하고, ③ 언급한 두 가지 이점으로 인해 물류비용과 로열티 절감의 경제적 효과를 누릴 수 있을 것이라 예상하였다. 하지만 삼성전자의 기대와는 달리 그 효과는 미미하였는데 당시의 실패의 요인들로는 다음과 같은 이유들이 꼽히고 있다.

첫째, 삼성전자는 정확한 미래 시장수요를 제대로 예측하지 못했다. 삼성전자가 AST리서치를 인수할 때에는 미국뿐만 아니라 전 세계적으로 PC시장의 수요가 증가할 것이라 관측하였다. 하지만 대부분의 PC가격에 1,000달러 이상의 고가격이 책정됨에 따라 일반 소비자들의 구매 욕구를 만족시키지 못했으며, 더욱이 산업용 PC에 비해 가정용 PC의 수요증가율이 크게 둔화되었다. 또한 1990년대 후반 본격적으로 인터넷이 시장에 등장함에 따라 컴퓨터산업을 이끄는 원동력이 PC제조로부터 인터넷 애플리케이션으로 바뀌게 되었다. 이로 인해 소프트웨어보다는 하드웨어에 치중했던 삼성전자의 진출결정은 어쩌면 그 시작부터 잘못되었다고 할 수 있다.

둘째, 현지 인력과의 마찰을 들 수 있다. 삼성전자는 대량생산을 통한 생산비용 절감효과를 누리기 위해 대량생산체제에 효율적인 컨베이어 생산방식을 택했고, 이를 위해 7,000여 명의 근로자를 무려 500여 명으로 감축하는 구조조정을 단행했다. 하지만 구조조정이 노동조합과의 충분한 사전협의 없이 진행됨에 따라 이는 극심한 갈등을 야기하는 중요한 단초를 제공했다. 삼성의 입장에서 구조조정을 서둘렀던 이면에는, 막대한 자금을 투자하여 합병을 단행한 만큼 신속한 의사결정과 대량생산을 통한 즉각적인 수익극대화를 이루고자 했던 이유와 더불어, 한국 정부의 대규모 해외투자 승인이 지연됨에 따라 실제 인수시기가 6개월 이상 지체되었고, 이러한 투자시점의 지연으로 야기된 신제품 출시의 실기(失機)가 삼성을 서두르게 일조하였으며, 이 때문에 삼성으로서는 노동자들과의 대화를 거치는 것이 시간낭비로 비추어졌다. 뿐만 아니라 본사와의 물리적인 거리로 인해 두 기업 간 의사결정이나 협의가 어려워 구조조정을 효율적으로 주도하기가 힘들었다.

하지만 이러한 행동은 결국 제품을 생산하는 당사자가 종업원들이라는 것을 경시한 조치였다고 할 수 있을 것이며, 특히 1990년대 중반 미국에서는 노동조합의 조직화가 강화되고 있었다는 영업환경 변화를 고려할 때 이는 합병실패에 직접적인 도화선으로 작용하였다. 즉, 미국 내부에서 노동조합의 파워가 강해지고 있는 상황에서 조합과의 협의를 무시했으니 합병 후 미국인 종업원들의 호의적인 태도를 기대하는 것은 사실상 무리였다. 이에 대한 결과로 현지 인력들의 삼성에 대한 태도는 그야말로 적대적이었다. 이렇듯 종업원들의 협력적인 태도를 기대할 수 없는 분위기에서 생산력의 저하는 이미 예견된 필연적인 결과였다.

삼성전자와 달리 당시 대부분의 주요 업체들은 해외투자 추진 시 현지경영체제를 유지하고자 하였다. 현지인들을 유지함으로써 현지시장에 대한 정보력을 강화하고, 인력의 이동을 제한함으로써 불필요한 비용을 최소화하고자 하였다. 이와 같은 흐름에 따라 삼성전자도 인수 당시에는 현지경영체제를 유지하겠다고 발표했었지만 2년도 되기 전에 현지 경영인들을 본사 경영진으로 교체함으로써 AST리서치 직원들의 동요를 불러일으켰고, 그 결과 핵심 기술인력과 영업자원들이 대거 퇴사를 결정했다. 현지 사정을 잘 알고 있는 현지 직원들의 퇴사는 효율적인 영업전략의 부재를 초래하게 되어 이는 극심한 매출감소로 귀결되었다.

또한 삼성은 AST리서치를 인수하고 기술력을 이전함으로써 삼싱 고유의 멀티미디어 기술을 개발하려 했다. 하지만 이마저도 기술인력들의 퇴사와 기존 남아있는 종업원들의 적대적인 태도로 인해 삼성이 원했던 기술이전은 현실적으로 불가능했다.

요약하면, 삼성전자는 PC시장에 있어서의 적절한 미래 수요예측에 대해 실수를 범하고, 국제인사관리에 실패함으로써 주축 경영진들과 실무진들의 퇴사는 AST리서치 인수실패에 결정적인 역할을 하게 된다.

Question

1. 가정용 PC의 수요가 감소하고 있던 북미로의 투자가 삼성전자에게 정답이었을까? 아시아 국가에서의 투자를 도모했다면 수익창출에 어떠한 영향을 주었을까?
2. 인수합병 이후 조직통합의 중요성을 설명하시오.
3. 성공적인 구조조정을 위해서는 당시 삼성전자가 어떠한 접근법을 취했어야 했다고 여겨지는가? 여러분의 견해를 밝히시오.

사례 15-2 영국에서도 유니클로 신화는 성공?

1. 유니클로의 연혁

유니클로(UNIQLO)는 1974년 일본에서 설립된 캐주얼 의류업체 중 하나로써 1984년 일본 히로시마에 제1호점을 오픈하면서 사업을 시작했다. UNIQLO는 "Unique, Closing wear house"의 앞 글자를 따온 약자로써 다른 곳에서는 구할 수 없는 질 좋은 캐주얼 의류들을 자유롭게 골라 살 수 있다는 의미를 가진 브랜드이다. 일본에서 계속된 공전의 히트에 힘입어 2001년에 영국, 2002년에 중국, 2004년에는 한국시장 등 연쇄적인 해외진출을 도모했다. 연이어 2007년 '히트텍 글로벌 트라이 잇 캠페인'을 통해 시장에 보다 더 혁신적인 기능성 제품들을 내놓음으로써 시장에서 성공을 견인하며 입지를 다진 바 있다.

앞서 언급했듯이, 현재 유니클로는 일본시장뿐만 아니라 여러 다른 국가들로 진출해 있으며, 특히 한국에서도 영업활동을 영위하고 있다. 한국 내에서 거둔 성과만 살펴보더라도, 약 93개의 매장을 보유하고 있으며, 2011년에는 국내 패션 아울렛 최고 기록인 하루 매출액 약 12억 8,000만 원을 기록하는 등 매우 성공적인 진출효과를 시현하고 있다.

하지만 유니클로가 한국시장에서는 성공적인 경영성과를 보였던 반면, 2001년 진출한 영국에서는 이야기가 달랐다.

2. 영국의 경영문화

영국은 조직과 시스템 중심의 경영 사회이다. 개개인보다는 조직적이고 전체적인 부분을 더 중시한다. 따라서 고위 임원을 제외하고는 한 개인이 회사를 그만두게 된다고 해서 업무가 마비되거나 일이 잘 진행되지 않는 일은 없다. 왜냐하면 신규 채용된 사람이 그 자리를 효율적으로 대체하기 때문이다. 또한 영국기업 조직의 스타일을 보면 기업 내 여러 조직, 조직원들 사이에 정보공유가 원활하지 않은 경우가 많으며 비교적 수직적인 구조를 보인다. 이렇듯 계급적인 특징을 보이는 영국 내 기업들에서 직무는 각 직위마다 정확하게 분리, 구분되어 있기 때문에 직위별로 알고, 습득하고 있는 정보의 범위가 다르다. 따라서 한국의 기업들처럼 정보공유가 광범위하지 않기 때문에 일방적인 일처리를 요구하는 것은 통하지 않는다. 영국의 경우에는 특정 직무책임자에게 최대한 많은 권한을 부여하는 '유럽형 방식'을 취함으로써 조직을 효과적으로 운영할 수 있다.

영국은 계약사회이다. 영국은 계약을 매우 중요하게 생각한다. 계약을 어기거나 위반한 사람에게는 경고를 주거나 심한 경우 징벌을 부과한다. 다른 형태의 계약으로써, 일반적으로 영국기업 내 매니저급 이상의 임원들에게는 보험, 기름 값, 관리유지비 등이 제공되기 때문에 그러한 사항들에 대한 구체적인 내용, 방법 등을 미리 명문화해두는 것이 중요하다. 게다가 영국인들은 특성상 흥미를 가지지 못하고 어쩔 수 없이 해야 하는 업무라고 생각되면 쉽게 직무 의욕을 상실해 업무효율이 급속도로 낮아진다. 이를 방지하기 위해 기업 차원에서는 구체적으로 직무에 대한 내용 및 방법들을 협의하게끔 해야 하고 중요한 부분 혹은 빠트려서는 안 되는 부분들은 직무담당자에게 분명하게 지시를 해주어야 한다.

마지막으로, 영국은 오래되고 역사가 깊은 기업일수록 현지인만을 고용하고 현지인들만으로 일을 진행시키겠다는 의식이 강하다. 따라서 영국으로 진출할 계획을 가진 여타 국외 기업들의 경우 성급하게 자사의 인사관리문화를 강요하거나 주입시키는 행동은 갈등의 원인이 될 수 있다.

3. 유니클로의 경영방식

그럼 이제 유니클로의 경영방식에 대해 알아보자. 유니클로는 매장주도형적인 운영방식을 띠고 있다. 따라서 유니클로는 기업 내 많은 직위, 직책 중에서도 특히 점장을 제일 중요한 직위로 여긴다. 유니클로는 매장을 중심으로 경영활동을 하며 본사나 본부를 위한 능력 있는 인재가 아닌, 하나의 점포를 위한 한 명의 능력 있는 점장을 육성하는 것을 가장 큰 목표로 둔다. 유니클로의 회장인 야나이(Yanai Tadashi)가 말했던 "점장이라 함은 '독립적'이어야 하고 '자주적'이어야 한다"는 주장은 이 기업에서 점장이 얼마나 중요하게 고려되고 있는지를 여실히 설명하고 있다.

유니클로의 점장체계를 보면, 점장은 일반적인 점장, 슈퍼 점장, 그리고 슈퍼스타 점장 이렇게 3단계로 나누어져 있다. 이 중 슈퍼스타 점장의 수는 일본 내 전국에 소재한 약 760개 점포 중 불과 10여 명 내외에 이르지 않는다고 한다. 슈퍼스타 점장은 유니클로의 기본 방침을 따르되 독자적이고 자주적인 권한을 가지고 경영 및 재고계획을 세우는 것부터 점포 설계, 점포 조정, 점포 운영까지의 다양한 일을 맡는다. 이와 더불어 점포에서 함께 일할 사람을 채용하고 교육하는 등과 같은 인

표 15-1 | SS 점장제도 및 FC 점장제도 내용

SS 점장제도	1999년부터 실행한 제도로, 30명의 실력파 점장(슈퍼스타 점장)을 선발해 재고관리와 상품의 진열 및 발주 등에 상당한 재량을 부여하고 있음. 그리고 매장의 영업이익 달성 정도를 보너스에 반영함으로써 점장들 사이에서 수입의 격차가 생기도록 유도하며, 단 현재 SS 점장은 일본에서 8명밖에 없음. 그 이유는 기준을 더 강화하고, 그 밑에 S 점장을 신설했기 때문임.
FC 점장제도	심사기준부터 SS 점장제도보다 훨씬 엄격하다. ① 유니클로에 10년 이상 재식하고 있을 것 ② 유니클로의 철학을 피부로 이해하고 있을 것 ③ 점장 혹은 SV 경험이 3년 이상일 것 ④ FC 매장이 있는 지역에 본인 혹은 가족의 연고가 있을 것 ⑤ 자기자본(약 1,000만 엔, 한화 약 1억 3천만 원)을 준비할 수 있을 것 이 조건을 충족시킨 후 임원회의의 심사를 거쳐, 최종적으로 사장과 회장의 면담(기혼자는 부부 동반)을 통과해야만 FC 점장이 될 수 있다.

자료 : 임상혁(2013).

사관리적인 업무도 담당하고 있다.

유니클로의 점장제도에 대해 더 자세히 살펴보면, 유니클로는 'SS 점장제도'와 'FC 점장제도'를 시행하고 있다. 그 내용은 <표 15-1>과 같다.

이렇듯 유니클로는 점장 관리를 매우 중요하게 생각하나, 점장뿐만 아니라 자사 내에 종사하는 모든 직원들, 본사 근로자나 종업원 등을 위한 다양한 인적자원관리 제도들도 시행하고 있는데 대표적인 예로 '유니클로 대학'을 들 수 있다. 유니클로 대학은 2000년에 새로운 인재를 개발하고 교육시키는 것을 목적으로 최초 신규 설립되었다. '유니클로 대학'의 설립목적은 체계적인 사원 연수를 통해 직원들의 직무를 효율적으로 지원하는 것이었다. 교육 대상은 일반 직원들은 물론이고, 고위직에 있는 임원들을 포함하며, 유명 대학 등의 교육시설과의 연계를 통해 다양한 교육을 제공하고 있다.

이 외에도 경력직 채용을 적극적으로 실시해 유력한 기업에서 옮겨오는 인재들을 유치하고 확보하는 데 힘을 쓰는 등 인재관리를 위한 다양한 전략들을 실시하고 있다.

4. 유니클로의 영국 진출 실패

앞서 살펴봤듯이, 유니클로는 자신들만의 독자적이고 뚜렷한 인적자원관리 전

략이 존재한다. 이러한 확고한 전략을 가지고 있으면서도 왜 영국 진출에서는 실패하게 되었을까? 그 이유에 대해 좀 더 자세하게 알아보도록 하겠다.

기업이 외국 진출을 계획하고 시행했을 때 우수한 인재 육성은 높은 생산성과 높은 경쟁우위의 원천이 된다는 점에서 세심한 인적자원관리가 요망된다. 한편, 우수한 인적자원관리 전략을 수립하는 데 있어서 기업에게는 이 전략을 진출하는 국가의 관행에 맞출 것인지 혹은 자사의 관리 전략을 고수할 것인지에 대한 2가지 선택권이 주어진다.

인적자원관리 전략을 진출 국가의 관행에 따라 계획할 경우, 이를 위해서는 진출 기업이 새로 계획된 전략에 익숙해지는 데 있어서 많은 시간이 소비될 것이라는 단점이 있다. 그뿐만 아니라 그 기업만이 가지고 있는 독특한 특징들을 강하게 어필하고 추진할 수 없게 된다는 단점도 있다. 이와 반대로 진출 국가의 관행에 대해 다소 거리를 두고 자국과 자사의 독특한 관리 전략을 고수한다면 진출 국가의 기대 소비자들로부터 외면을 받을 가능성이 높아진다.

유니클로는 영국 진출을 결정하면서 이 2가지 인적자원관리 전략 방법 중 어떤 것을 선택했을까? 보다 간단히게 답만을 얘기하면, 유니클로는 언뜻 보기에 전사를 선택하는 듯했다. 우선 영국의 관행, 특징, 방식을 존중해 그에 따라 새로운 관리 전략을 세웠다. 또한 유니클로는 현지인, 즉 영국인을 경영자로 고용해 영국식 기업조직을 구성했다. 이러한 전략을 선택했던 배경에는, 현지인을 고용함으로써 영국 문화에 더 잘 스며들고 자사 브랜드가 더욱 빠른 속도로 전파되는 것을 목적으로 하였지만, 그럼에도 기대와 달리 그 결과는 완전히 달랐다. 그 이유는 다음과 같다.

앞서 상기에 설명했듯이, 영국은 계급사회의 모습을 띤다. 그로 인해 영국은 그 국가 자체뿐만 아니라 영국인들 사이에서도 이러한 사회적인 문화가 잘 배어 있다. 특히 영국 내 기업문화는 수직적인 지위 간 정보공유가 원활하지 않은 특징을 보이며, 직원들은 자신이 맡은 업무에 대한 정보만을 습득하는 경향이 있고, 자신이 알고 있는, 자신이 지시받은 직무에만 집중하는 성향을 보인다. 따라서 기업의 최고경영자, 중간관리자, 하위관리자, 점원 등 모든 임직원들이 동일 기업 안에서 공통된 목적을 가지고 함께 일을 하고 있으면서도 실상 그들은 업무상 서로 개개인 간 유관관계가 없는 것처럼 보이기도 한다. 좀 더 의미를 정확하게 하기 위해 한 상황을 가정해 보겠다. 사무실 내 바닥에 쓰레기가 떨어져 있다고 생각해 보자. 한국사회라면 쓰레기를 먼저 본 직원이 그 쓰레기를 주워 휴지통에 버릴 것이다. 하지만 영국에서는 특정 직원이 바닥의 쓰레기를 보았음에도 불구하고 이를 주워 버리는 것은 자신이 지시받은 일이 아니기에, 따라서 자신이 해야 하는 일이 아니라고 생각하고 이를 줍지 않고 그냥 지나친다는 것이다.

여러분들은 이러한 모습이 왜 유니클로의 영국시장 진출을 실패로 귀결시켰는지 아마도 의아할 것이다. 문제는 매장에서 결함이 있는 제품이 발견되었을 때 흔히 불거지곤 했다. 유니클로의 원칙에 근거할 때, 매장에서 불량품이 발견되었을 경우 이에 대한 처리의 최종책임은 그 매장의 점장이 맡게 규정되어 있다. 그럼으로 인해 만약 점장이 아닌 다른 점원이나 다른 직위의 매장 근로자가 처음 그 결함을 발견한다면, 자신이 지시받은 해야 할 일이 아니라고 생각해 그 상황에 필요한 적절한 조치나 행동을 취하지 않는 일이 빈번했던 것이다. 심지어 중간관리자라 하더라도 그 사실을 직원으로부터 보고받음으로써 매장에 불량품이 있다는 것을 인지하였지만, 본인은 문제해결에 대한 최종권한자가 아니기에 책임을 지지 않으려 했던 것이다. 이러한 문제가 지속적으로 반복되었음에도 제대로 된 해결책이 조기에 마련되지 않음에 따라 그 결과 유니클로가 최초 영국시장에 진출하며 내세웠던 '고품질 저가상품' 전략은 영국 소비자들에게 제대로 어필되기도 전에 소비자들을 떠나게 만들었다. 결국 유니클로는 2003년 3월, 런던 시내에 불과 5개의 점포만을 남겨두고 16개에 이르는 점포들을 폐쇄하기에 이르렀다.

Question

1. 유니클로의 영국에서의 주요한 실패원인은 어디에 있었다고 생각하는가?
2. 유니클로가 매출부진을 극복하고 투자성공을 이루기 위해서는 향후 어떤 보완책을 마련해야 한다고 여겨지는가?
3. 특히 인적자원관리 관점에서 유니클로를 위한 적절한 인적자원관리 방법, 평가방법 및 보상방법을 제시해 보시오.

사례 15-3 영원무역 사태로 본 국제인적자원관리

2010년 12월 13일, 한국 언론들은 일제히 방글라데시 치타공 수출자유지역(EPZ) 의류생산업체인 한국기업 영원무역의 노동자들이 임금인상에 불만을 품고 대규모 시위를 벌였다는 뉴스를 보도했다. 3명이 사망하고 수백 명이 부상당했다는 소식과 더불어 불타는 자동차와 최루탄 자욱한 거리가 영상으로 전해지면서 그동안 우리에게 익숙하지 않고 낯선 국가였던 방글라데시에 이목이 집중되었다. 곧이어 시위의 원인과 배경에 대해 방글라데시 의류산업의 열악한 현실과 새로운 최저임금체계로 인해 숙련 노동자들의 불만이 높아졌다는 보도가 터져 나왔다.

한편, 방글라데시에서 섬유 및 의류산업이 차지하고 있는 비중은 사실 국가경제의 전부라고 해도 과언이 아니며(이들 섬유 및 의류산업은 항만도시인 치타공 내 수출자유지역에 밀집되어 있다), 특히 세계 3위(2009년 기준 1위 터키, 2위 중국, 4위 인도)인 방글라데시 섬유 및 의류산업은 전체 수출에서 차지하는 비중이 80%에 이르고 있었다. 또한 직접 고용인력만 3백만 명에 달하고, 간접 고용인력도 2천만 명으로 추산되고 있다.

영원무역은 한국기업으로서 상기 언급한 수출자유지역 내에서도 가장 큰 규모의 공장을 운영하고 있으며, 치타공을 포함하여 방글라데시의 수도인 다카 등에 총 17개의 공장을 소유하고 있는 방글라데시 최대 의류제조업체이다. 이곳 방글라데시에서 기능성 아웃도어 의류와 신발을 주로 생산하여 노스페이스를 비롯한 나이키, 폴로 등 세계적인 유명 의류브랜드 기업들에게 OEM(Original Equipment Manufacturing) 방식으로 납품하고 있다. 생산된 제품은 주로 미국(48%)에서 소비되고 있으나, 유럽(28%)과 아시아(24%)에서도 다수의 제품이 판매된다. 영원무역 치타공 공장에는 36,000여 명의 노동자들이 일하고 있고, 다카 공장의 노동자 수는 약 6,000명으로 총 42,000명에 이르는 노동자들이 고용되어 있다. 영원무역 생산량의 약 60% 이상을 차지하는 방글라데시 생산공장에는 총 책임자를 포함하여 99% 이상이 현지인력으로 구성되어 있으며, 한국인은 의료지원단을 포함 20여 명이 상주하고 있다.

방글라데시에 의류산업 투자가 행해지는 이유는 이 나라에 투자할 경우 누릴 수 있는 다수의 혜택에서 비롯되는데, 3년간 외국인에게 지급되는 임금에 대한 소

득세 면제, 10년간 세금과 배당세 면제, 자본재 수입과 지역에서 생산되는 제품 수출에 대한 면세, 그리고 미국, 유럽, 일본시장에서 일반특혜관세제도(GSP; Generalized System of Preference)가 보장하는 각종 혜택, 미국으로부터의 최혜국대우, 수출가공지역(EPZ; Export Processing Zones) 내 외국인투자에 대한 상한선 예외, 모든 수익 본국 송금 허용 등을 그 예로 들 수 있다.

그런데 첫 문단에서 지적한 영원무역의 문제는 방글라데시의 국가경제를 떠받치고 있는 의류산업의 중요성에도 불구하고, 노동자들이 받고 있는 불합리한 최저임금에서 비롯되었다. 방글라데시 내 노동자들의 최저임금은 1994년부터 2006년까지 불과 월 950타카(한화 15,000원)에 불과했으며, 2006년에는 1,660타카(한화 26,000원)로 인상되었고, 2006~2010년 사이 4년간 있었던 노동자들의 처절한 투쟁 끝에야 비로소 2010년에 3,000타카(한화 48,000원)로 인상되었다. 그러나 방글라데시 영양과학부(Department of Nutritional Science)가 2010년에 발표한 자료에 의하면, 방글라데시에서 한 개인이 일을 하기 위해 최소한으로 음식을 섭취할 경우, 소요되는 비용은 60타카이다. 따라서 4인 가족 기준으로 하루 음식 섭취비용은 240타카이며, 한 달을 기준으로 보면 노동자 가족이 생존하려면 최소 7,000타카가 필요하다. 영원무역은 노동자들에게 법정 최저임금보다도 10달러가 높은 임금을 지급한다지만, 이는 최저생계비에도 미치지 못하는 수준이었던 셈이다. 노동집약적 산업인 의류산업에서 저임금은 투자를 유인할 수 있는 가장 큰 핵심이었기 때문에 방글라데시 정부는 의류산업 노동자들의 최저임금을 억제해 왔다. 게다가 방글라데시 정부는 수출자유지역에서 사실상 노동조합을 설립할 수 없도록 규정하고 있으며 설사 노조가 설립된다 하더라도 파업권은 강력하게 금지했다. 이로 인해 공장들이 화재대피시설을 제대로 설치하지 않아 방글라데시 국내에서는 2006년부터 2009년까지 213개 공장에서 무려 414명의 노동자들이 화재로 목숨을 잃기도 했다.

이러한 배경하에서, 영원무역 사태는 2010년 11월 1일부로 발효된 신임금체계가 실행되는 과정에서 발생하였는데, 신임금체계에 따라 수출자유지역 내 비숙련 신입노동자에 대한 최저임금이 대폭 오르게 된 데 반해, 신입사원급 노동자의 임금 상승폭만큼 경력직이나 상위 직급에 해당하는 숙련 노동자들의 임금 인상폭이 크지 않았다. 애초 신임금체계에서는 신입사원급의 임금상승률이 경력직의 상승률보다 높게 책정되었기 때문이었다. 하지만 노동자는 물론이고 일부 기업주도 신임금체계를 제대로 이해 또는 인지하지 못하고 있을 정도로 홍보가 부족하여 이러한 체계에 대한 노동자들의 몰이해와 오해가 생기게 되었다. 이 와중에 노동자들이 회사 측에 불만을 제기하는 과정 속에서 영원무역 회사 측 관리자와 노동자들 간 심각한 몸싸움이 발생하였고, 놀란 노동자들은 그때부터 흥분하여 회사 집기 등을 부수고 관리자들에 대한 억류와 폭행을 시작하였다. 엎친 데 덮친 격으로 이 소식을 듣게 된 다른 공장의 노동자들까지 몰려오게 되자 소요는 걷잡을 수 없이 확산되었다.

다음날인 12월 12일 오전에 출근하던 영원무역 노동자들은 수출자유지역 대문에 게시된 무기한 휴업공고를 보고 불안에 휩싸이게 되었다. 노동자들은 어찌할 바를 모르고 수출자유지역 정문을 중심으로 연좌농성에 들어가게 되었고 출근하던 다른 기업 노동자들까지 연좌농성에 동참하였다. 한 노동자의 증언에 따르면, 평화롭게 연좌하던 여성노동자 일부가 경찰에게 "여기에서 무엇을 하고 있느냐? 우리가 아닌 사측을 보호하고자 하느냐?"라고 항의하자 경찰이 이 여성노동자들을 곤봉으로 폭행하였으며, 이 광경을 본 노동자들이 이에 격렬히 항의하면서 시위가 과격화되었다고 한다. 경찰은 최루탄과 고무탄을 동원하여 노동자들을 무자비하게 진압하였는데, 이 과정에서 실탄이 발사되어 노동자 3명이 현장에서 즉사하였으며, 수백 명의 노동자들이 부상당했다.

방글라데시 현지 공장 등에서 의류산업 노동자들의 폭력시위로 사상자가 발생했다는 소식에 국내에서는 영원무역의 주가가 급락했다. 영원무역은 13일 유가증권시장에서 장중 한때 12% 가까이 하락하는 등 급락세를 보이다가 전날보다 7.42%(850원)만큼 떨어져 10,600원으로 거래를 마감했다. 특히 기관은 그날 하루에만 20만이 넘는 주식을 순매도했다. 거래량도 평소의 2배를 훨씬 웃돌아 100만 주 이상에 달했다. 또한 당시 피해금액은 조업이 중단된 이틀 간 피해 500만 달러, 이미지 실추에 따른 피해 1,000만 달러로 총 1,500만 달러의 손실을 입은 것으로 추산되었다.

Question

1. 영원무역 사태 발생의 근본적인 이유를 국제인적자원관리의 측면에서 설명하시오.
2. 향후 종업원들의 노동에 대한 보상 문제로 재차 폭력시위가 발생하는 것을 막기 위해서 영원무역이 고려해야 할 사항들에는 어떤 것들이 있을 것으로 판단하는가?
3. 영원무역 사태의 기저에는 저임금 문제와 더불어 열악한 노동환경도 기여했을 것으로 여겨진다. 이러한 인식하에, 해외공장에서 근무하는 내부 관리자 및 종업원들에 대한 다국적기업의 사회적 책임활동 수행의 필요성을 설명하시오.

사례 15-4 한국에 진출한 스위스 기업 '네슬레'

Nestlé®

스위스 베베에 본사를 둔 세계적인 식품업체인 네슬레(Nestle)는 초기에는 우유나 유아제품을 생산·판매하였으나, 점차 커피, 애완동물 사료, 미네랄워터, 과자 등으로 제품의 범위를 확대해 나갔으며, 현재에는 총 86개국에서 28만 3,000여 명의 노동자를 고용하고 있다. 한편, 네슬레는 지난 1979년 합작기업 형태로 한국에 처음 진출하여 한국법인인 한국네슬레㈜를 1987년에 설립하였다. 특히 테이스터스 초이스, 네스카페, 커피메이트, 네스퀵 등의 브랜드 제품을 개발하고 청주공장에서 직접 생산, 공급하고 있다.

매출 기준으로 세계적인 부동의 1위인 식품업체지만 유독 한국에서만 커피, 과자, 캔디, 이유식 등에서 고전을 면치 못하는 한국네슬레는 2002년 초 한국인인 이삼휘 사장이 취임하면서 적극적인 현지화 전략을 펼치겠다고 나섰다. 그 일환으로 우선 해태제과와 제휴를 맺고 캔디, 초콜릿 과자를 위탁판매하기로 하였으며, 또한 2003년 7월 3일에는 농심이 보유한 전국 영업망을 활용하여 인스턴트 커피, 이유식 등을 대리판매하기로 판매대행계약을 맺음으로써 농심과의 전략적 제휴를 체결하였다.

하지만 마케팅을 포함하여 회사의 전반적인 변화와 기업의 운영방식에 대해 네슬레 노조 측은 우선적으로 자신들과 협의 후 결정할 것을 요구하였지만, 회사 측에서는 이 같은 요구가 고려대상 자체가 되지 않는다고 판단, 이를 무시하였다. 즉, 노조는 회사 측이 노조와 협의하지 않은 채 일방적으로 농심과 판매 제휴를 맺자

네슬레 대리점주들을 포함한 종업원들은 자신들에 대한 고용유지가 불안해짐을 느끼고 판매 제휴에 반발, 농성을 벌이기 시작하여 7월 7일부터 전면 파업을 감행하였다.

노조가 파업에 돌입한 것은 7월 7일부터지만 사실 발단이 된 계기는 4월부터 시작된 임금협상 과정에서 대리점판매방식을 아웃소싱하기로 했다는 소문이 돌기 시작한 때부터였다. 노조가 6월 26일 충북지방노동위원회에 전격적인 조정신청을 하자 회사 측은 아웃소싱을 공식적으로 외부에 발표하고 영업부 직원 일부를 부서 전환배치하였다. 한국네슬레는 또한 희망퇴직 실시를 일방적으로 공표하고 커피믹스 제조기계를 13대분이나 줄이는 한편, 외주를 시행하겠다고 밝히는 등 고용불안을 유발하는 계획을 잇달아 내놓았다. 상황이 이렇듯 악화되자 노조원들과 전국의 영업사원, 서울사무소 직원들도 철야농성을 벌이면서 투쟁 강도를 높여 나갔다.

한국네슬레 노조 측에서는 회사 측이 커피 공급을 농심에 대행키로 하면서 직원들이 고용불안에 시달리고 있음을 주장하며 사전적인 제도적 장치로서 11.7% 임금인상과 고용안징 보장을 문서로 남기라고 요구하며 파업을 벌였다. 이에 대해 회사 측에서는 5.25% 임금인상을 제시하는 한편, 회사 고유의 경영권과 인사권에 대한 노조의 간섭은 용인할 수 없다며 첨예한 대립각을 세웠다. 상황이 이렇듯 악화되자 파업은 50여 일째 장기화되면서 판매대행이 1개월째 미뤄졌다.

종업원들이 조업에 참여하지 않은 채 계속 파업을 벌이자 한국네슬레는 급기야 2003년 8월 22일 청주지방노동위원회에 직장폐쇄를 신고하여 25일 오전 0시부터 청담동 서울사무소에 대한 노조원의 출입을 봉쇄하였다. 직장폐쇄라는 이러한 한국네슬레의 초강경 조치는 노조가 회사의 경영권에 참여하려는 시도를 절대로 용인할 수 없다는 강한 의지를 내보인 것으로 풀이된다. 이에 맞서 노조는 기업의 구조조정으로 발생할 수 있는 임금삭감과 정리해고 등을 사전에 막으려면 자신들이 경영에 참여할 수밖에 없다고 주장했다.

네슬레 스위스 본사는 한국네슬레에서 계속되는 노조 파업의 여파로 공장가동률이 10%대를 밑돌자 경쟁력이 심각히 저하되고 있다고 판단하여 한국 공장 철수 검토를 통보하였다. 이에 대해 노조는 더욱 반발하여 스위스 본사까지 원정을 가서 강경투쟁을 진행하였고, 스위스 정부에 한국네슬레가 OECD 다국적기업 가이드라인을 위배했다고 주장하며 제소하였다. 이후 사업장의 철수를 빌미로 노조를 위협한 것은 OECD 가이드라인 위반이 분명하다는 사실이 드러나자, 이에 OECD는 노사 양측이 대화에 나서서 합의점을 찾도록 중재에 나서겠다고 밝혔다.

2003년 11월 28일, 파업 돌입 145일, 직장폐쇄 95일, 26차 협상 끝에 극적으로 노사협상이 타결되었다. 한국네슬레 노사는 충북지방노동위원장 중재로 밤샘 협상 끝에 회사 측과의 합의서에 서명을 하였다. 합의안의 내용으로는 근로조건 변경 및 감원이 예상될 경우 노사 공동의 '근로조건 및 고용유지위원회' 설치, 기본급 3%를 포함하여 임금 5.5% 인상, 올해에 한해서 월평균 임금에 근속연수 1.5배를 곱한 희망퇴직금 지급 등이 포함되었다. 마지막으로, 이를 한국네슬레 노조 측에서 찬반투표를 실시한 결과 77.1%의 찬성을 보임으로써 합의안이 최종 가결되었다.

이로써 회사 측이 노조의 임금인상안(11.7%)을 거부하고 대리점판매방식을 아웃소싱하며 영업부 직원 44명을 다른 부서로 전환배치하는 구조조정을 일방적으로 추진한 것에 강력하게 반발하며 한국네슬레 노조가 전면 파업에 들어간 사건, 회사 측에서는 이에 맞서 서울사무소 폐쇄에 이어 청주공장과 물류창고, 영업지역본부 등을 폐쇄하는 강경 조치를 취한 사건, 노조는 또 7명의 원정 투쟁단을 구성하여 스위스 네슬레 본사 앞에서 항의 시위를 벌여 국제적 이목을 끌었던 일단의 사건 등이 모두 일단락되었다.

노사분규 타결을 통해 노조 측은 당초 요구했던 임금인상안을 절반 수준으로 양보하는 대신 명예퇴직, 변형근로 등 근로조건에서의 실익을 챙겼고, 회사 측에서는 당초의 임금인상안을 관철시킬 수 있었다. 하지만 노사 간의 무리한 힘겨루기의 결과로서 사측은 최소 500억 원의 매출 손실을 입었고 근로자들도 4개월분의 급여를 못 받아서 1인당 1,500만~2,000만 원 정도의 피해가 생겼다.

시장점유율에서의 변화 또한 즉각적으로 나타났다. 노조의 파업 등으로 내분이 심해진 2003년 6월 이후로 슈퍼마켓 부문에서의 점유율이 두 달 만에 6.3%p 하락한 반면, '맥심'과 '맥스웰'을 생산하는 대표적인 경쟁기업인 동서식품은 6월 70.7%였던 점유율이 77.0%로 상승하여 6.3%p가 상승하였다. 네슬레가 잃어버린 시장점유율을 고스란히 1위 기업인 동서식품이 차지한 것이다. 시장조사업체인 CMS가 전국 300개 대형 슈퍼마켓을 대상으로 조사를 실시한 결과, 한국네슬레의 커피시장 점유율은 파업이 시작되기 전인 6월 26.1%에서 7월 24.3%, 8월에는 19.8%로 급락했다는 보고가 나왔다.

한때 고급스러운 이미지로 1990년대 인스턴트 커피시장에 돌풍을 일으켰던 스

그림 15-1 | 네슬레의 한국 커피시장 점유율

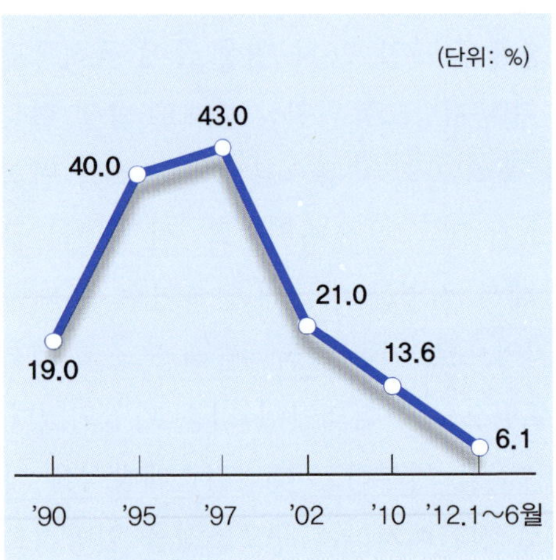

자료 : AC닐슨, 업계.

그림 15-2 | 최근 3년간 인스턴트 커피믹스 시장점유율

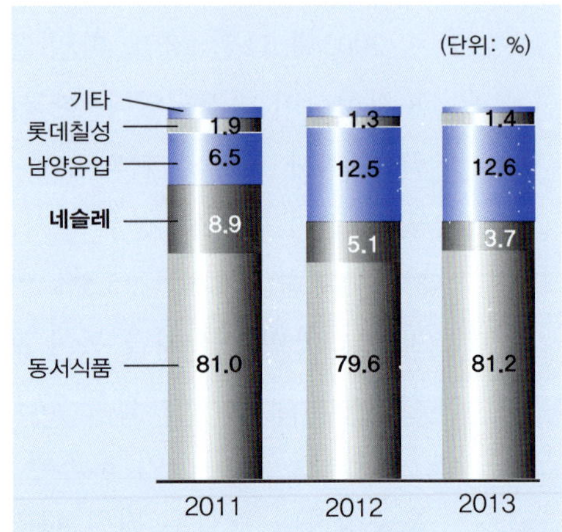

자료 : AC닐슨.

위스 네슬레의 '테이스터스 초이스'가 국내에 들어온 이래, 한국시장에서 동서식품에 이어 2위의 시장점유율을 시현히던 네슬레는 한국네슬레 노조에 의한 장기간 파업으로 인해 국내 커피시장의 점유율이 곤두박질치게 되었다. 게다가 남양유업이 '프렌치카페 커피믹스'를 생산하여 새로이 커피사업에 뛰어들면서 네슬레는 더욱더 큰 타격을 입었다. 위의 네슬레의 한국 커피시장 점유율 그래프를 통해 파업이 시작된 2003년 이후로 네슬레의 한국 커피시장 점유율이 끊임없이 하락하고 있음을 확인할 수 있다. 또한 최근 3년간 인스턴트 커피믹스 시장점유율은 노조 파업의 여파로 인해 2013년까지도 하락세가 끊임없이 지속되고 있으며 그나마 남양유업에 2위 자리까지 넘겨준 상황을 보여준다.

Question

1. 네슬레가 세계 수많은 국가에서 1위를 차지하고 있음에도 한국에서는 쉽게 입지를 구축하지 못하고 있는 주요한 이유를 사례에서 찾아보시오.
2. 외국계 기업이 지방까지 유통망을 확보하고 제품을 판매하는 데는 현실적인 한계가 있어 보인다. 따라서 이러한 점에서 네슬레도 농심과 판매대행계약을 했을 것으로 여겨진다. 그렇다면 농심과의 계약으로 비롯된 노조의 고용불안 주장을 여러분은 어떻게 평가하는가?

3. 많은 경우 노조는 기업에 대한 인사 및 경영권 참여를 관철시키고자 한다. 기업의 최고경영자라면 노조와의 관계를 원만하게 유지하기 위해 어떠한 노력이 필요하다고 생각되는가?

4. 네슬레가 향후 동일한 어려움을 겪지 않게끔 하기 위해 어떠한 제안을 하고자 하는가?

사례 15-5 마루티 스즈키, 폭력사태로 손실 엄청나

SUZUKI

일본의 스즈키사는 1980년대 인도 정부의 국민차 사업입찰이 발표되자 무엇보다도 인도인들의 성향을 철저히 파악하는 데 주력했다. 이로 인해 중형차를 제안한 프랑스의 르노사와 달리 소형차를 주력으로 내세워 입찰에 성공하였고, 이후 1984년 인도 정부의 주도하에 마루티사와의 합작을 통해 인도시장 진출을 시작하였다. 인도시장에 진입한 이래로, 마루티 스즈키는 1980년대부터 현재까지 인도 자동차산업을 대표하는 지위를 차지하며 승용차 시장점유율 1위를 시현 및 유지해 오고 있다. 그로부터 10여 년이 지난 2006년 1월 인도 정부는 8%의 지분을 인도 내 8개 금융기관에 매각한 데 이어, 2007년 5월 남은 236억 8,000만 루피(5억 8,250만 달러) 가치의 10.27% 지분을 32개 자국 은행 및 금융회사들에게 민영화하였다. 이로써 인도 정부 지분은 모두 민간기관에 매각되었으나, 그럼에도 불구하고 인도인들은 여전히 마루티 스즈키를 인도 고유의 민족기업으로 인식하고 있으며, 이러한 이미지는 자국 제품을 선호하는 인도인들의 특성으로 인해 소도시나 농촌 지역을 중심으로 마루티 스즈키 차량의 구매도를 높이는 데 긍정적으로 작용하고 있다.

그러나 마루티 스즈키는 2011년 이후 노사분규의 발생빈도가 높아졌고, 만성적인 노사갈등 및 여타 문제들로 인하여 2012년 3월 기준 순이익이 29% 급감하고 자동차 판매량이 감소하는 등 실적 악화에 시달렸다. 지속된 노사갈등은 2012년 7월에는 수도 뉴델리 근처의 마네사르 공장에서 폭동이 발생하는 지경에까지 이르렀다. 2012년 7월 18일 발생한 폭동으로 인하여 인도인 사원 1명이 사망하였고, 일본인 사원 2명과 경찰 등을 포함한 100명 이상이 부상을 입었으며, 급기야 공장에

는 화재까지 발생하였다. 마네사르 공장은 마루티 스즈키의 인도 내 총 생산량의 40%를 담당하고 있었으나, 폭동으로 인하여 종업원들의 안전이 보장받지 못하는 상황이라 판단되어 이후 1달간 조업이 중단되었으며, 이로 인해 경영성과에 큰 타격을 입었다.

폭동 발생 바로 다음날인 19일 마루티 스즈키의 주가는 8.9% 급락하였으며, 2012년 상반기 41.8%에 이르던 점유율은 28%대로 급감하였다. 마루티 스즈키는 8월 21일 조업을 재개하였으나 폭동에 가담했다고 판단된 500여 명의 근로자들을 해고했기 때문에 자동차 생산대수는 폭동 전에 비하여 크게 줄었다. 2012년 8월의 신차 판매량을 살펴보면, 전년도 동기 대비 M800, A-Star, Alto Wagon R은 41.2%, Swift, Estilo, Ritz는 62.2%, DZire은 60.0%, SX4는 76.4% 감소했으며, 전체 국내 판매량은 35.0%, 전체 수출 판매량은 72.0% 감소하여 국내와 수출을 합한 총판매는 40.8% 격감하였다. 이는 자동차 차량 수로는 약 37,000대에 달하며, 파업으로 인한 총 손실은 2,720억 달러에 이르렀다.

마루티 스즈키 내 종업원 폭동의 원인은 다양할 수 있으나, 무엇보다도 그 이유를 인적자원관리 실패에서 찾을 수 있다. 한편, 동사(同社)의 인적자원관리 실패요인은 다음과 같이 정리될 수 있다.

첫째, 인도 특유의 문화에 대한 이해가 부족했다. 인도인들은 지위와 명예를 굉장히 중요하게 여기는 성향이 있는데, 마루티 스즈키는 2007년 인도 정부가 지분을 모두 매각한 이후로 단 1명의 인도인 임원도 뽑지 않았다. 이로 인해 인도인들의 지위향상의 욕구를 충족시켜 줄 수 없었으며, 이는 동기부여 및 직무만족을 저하시키는 결과를 가져왔다. 또한 인도인들은 시간관념에 굉장히 관대한 성향이 있어서 오늘 못하면 내일 하면 된다는 식의 일처리 방식을 가진 반면, 일본인은 약속을 중시하는 경향이 있기 때문에 약속 기일에 맞춰 짜여진 생산방식에 인도인들은 적응하지 못했고, 이는 인도인들에게 생산압력으로 작용하여 불만이 더욱 증폭되었을 것이다. 뿐만 아니라 규율에 얽매이지 않는 인도인들의 성향과 달리 일본식의 엄격한 규율적용 방식이 행해진 점 역시 인도에 대한 문화적 이해의 부족으로 인한 갈등을 야기하였을 것이다.

둘째, 생산성과 원가절감은 강조한 반면, 근로조건은 개선되지 않았다. 마루티 스즈키는 생산성과 원가절감을 강조하면서도 자동화 설비에는 투자하지 않은 채로 오직 근로자들의 생산효율성 향상만으로 폭동 전 3년간 40%의 생산성 증가를 얻어냈다. 이러한 과정 속에서 근로자들은 하루 8시간 동안 근무하면서 휴식시간은 7분 30초씩 두 번, 즉 단지 15분만 쉴 수 있었으며, 점심시간도 30분밖에 제공받지 못했다. 그런데 이는 관계를 중요시하고 대화하기를 좋아하는 인도인들의 습성을 고려할 때, 언급한 작업조건은 인도인들이 식사, 용변 해결, 동료와의 대화에 필요한 시간에 턱없이 부족한 시간이었기에 이러한 환경이 근로자들의 불만을 이끌어낸 것으로 보인다.

셋째, 과도한 계약직의 채용으로 인해 고용불안감과 근로자들 간 갈등이 증폭되었다. 인도에는 종교휴일을 비롯하여 수많은 휴일이 있는데, 그 중에서도 인도 최대 축제기간인 디왈리시즌에는 평상시에 비해 자동차 수요가 크게 증가한다. 이때를 대비하여 마루티 스즈키는 임시직들을 대량 고용하였는바, 이러한 임시계약직의 경우 사전통보 없이 언제든지 해고될 수 있고 보너스나 수당 등은 제공되지 않아 임금수준이 정규직의 33%에 불과했다. 이처럼 정규직에 비해 임시직의 임금이 저렴했기 때문에 특정 시즌이 아니어도 임시계약직이 확대되는 추세였고, 2000년 9월에는 인센티브안의 개정과 인력조정(92명 해고, 수백 명 퇴직, 정규직 2,000명의 계약직 전환)이 이루어졌다. 언급한 상기 정책은 근로자들의 고용불안정에 대한 염려를 키워 회사에 대한 불만족을 높였으며, 임시직과 정규직 간 갈등을 증대시켰다.

넷째, 인도인 관리자 및 종업원들 간 문제도 있었다. 현지에서 채용한 인도인 관리자들이 권한을 과도하게 남용하여 일반 근로자들 사이에서 불만의 목소리가 높았고, 당시 파업이 진행된 마네사르 공장 근로자들의 평균나이는 25세로 아직 감정조절이 미숙한 직원들이 많았다. 따라서 회사 측에 대한 불만이 폭동과 같이 과격한 형태로 나타났을 가능성이 크다. 또한 인도 노동조합의 특성 자체가 노조의 협상력이 강력한 것은 아니나 '강성노조'의 성향을 지니고 있어 장기적이고 폭력적인 파업을 주도했을 가능성도 존재한다.

Question

1. 기업경쟁력의 원천으로서 인적자원이 왜 중요한지 설명하시오.
2. 현대자동차 등 강력한 경쟁자가 인도에 진출하면서 마루티 스즈키의 시장점유율이 급락하고, 이 과정에서 마루티 스즈키는 시장점유율 회복 및 가격경쟁력 확보를 위해 생산성 향상과 원가절감 등을 강조하면서 근로조건을 악화시켰던 것으로 보인다. 그렇다면 후발주자들과의 치열해진 경쟁을 극복하기 위해 품질 및 엄격한 작업 기준을 강조하는 일본식 경영방침 대신 마루티 스즈키는 어떠한 전략을 사용해야 했다고 여겨지는가?
3. 향후 같은 노사갈등을 되풀이하지 않기 위해 마루티 스스키는 어떠한 변화를 모색해야 한다고 판단하는가?

글로벌 인재 양성과 채용을 통한 삼성전자와 LG전자의 국제인적자원관리

1. 삼성전자의 인재양성

1969년에 설립된 삼성전자는 국내 넘버원 기업을 넘어 세계적인 기업으로 성장하고 있다. 이러한 발전에는 삼성전자가 추구한 글로벌화 전략의 성공요인들이 주요한 역할을 했다고 판단된다. 초창기에는 국내에서 생산된 제품을 수출하기 위해 해외 현지판매법인을 설립하는 데 중점을 두었고, 신경영을 시작한 후부터는 해외 직접투자의 증가와 해외 생산법인의 확장을 도모하여 외형을 확장시켰다. 그 후 해외사업의 구조조정과 내실화를 추구하면서 현재까지 적극적인 해외시장 다변화와 글로벌 사업 다각화를 통해 삼성은 국제적인 경영성과를 이룩하고 있다. 이러한 글로벌화를 통해 삼성전자는 싸구려 물건을 만드는 카피캣 기업이라는 이미지를 벗어던지고 현재는 다른 기업들을 이끄는 이노베이터 기업으로 인식되고 있다. 정리하자면, 삼성전자가 세계 최고의 혁신기업으로 인정받고 탁월한 경영성과를 가능하게 한 가장 중요한 요인 중의 하나가 바로 성공적인 글로벌화이고, 그 글로벌화 중에서도 국제인적자원의 관리에 대한 아낌없는 투자가 빛을 발하며 큰 성과를 이룰 수 있었다고 여겨진다.

삼성전자의 글로벌 조직과 인력운영은 본국지향형이라고 볼 수 있다. 본국지향 접근법은 글로벌 조직운영에 있어서 핵심 기능과 권한을 본사에 집중시키고 본사의 전략을 해외 현지에 신속하게 지시하고 실행하는 전략을 말한다. 삼성전자는 이러한 글로벌 조직운영을 가능하게 하기 위하여 글로벌 인적자원의 운영에 있어서도 본국지향형의 접근법을 지향하고 있다. 즉, 본사에서 파견된 한국인 주재원들이 중심이 되어 본사의 전략과 지시를 해외 현지관리자들에게 이해시키고, 그들이 직접 현지인들을 지휘, 통솔함으로써 글로벌경영을 주도하고 있다. 하지만 이러한 본국지향적 인력관리를 가능하게 할 수 있었던 것은 그동안 본국 인력에 대한 삼성의 투자가 없었다면 불가능하였을 것이다. 다시 말해서, 이렇듯 본사에서 파견된 주재원들을 중심으로 인력운영을 할 수 있었던 배경은 국내 인력들에 대한 인재교육 · 훈련 등의 사전적 투자가 없었다면 어려웠을 것이다.

삼성전자는 세계가 하나 되고 있는 무한경쟁시대에서 살아남아 글로벌 경영성과를 이룩하기 위해서는 국제인력의 확보와 양성이 필수적이라는 것을 인식하고 있었다. 그래서 삼성전자는 남들보다 한발 앞서서 글로벌 인재의 양성에 많은 투자를 해왔다. 앞에서도 언급하였듯이 삼성전자는 국내 인력들에 대한 인재교육 · 훈련에 많은 투자를 하였고 지금도 집중적으로 이를 실시하고 있다.

(1) 본사 인력의 글로벌화(지역전문가제도)

그 예로, 삼성전자가 1990년에 시작한 지역전문가제도를 들 수 있다. 지역전문가제도는 삼성의 글로벌화를 위한 국제인적관리를 위한 발판으로 삼은 전략이다. 3년차 이상의 사원 및 대리급 인력을 1년간 해외로 보내 언어와 문화를 배우게 하는 프로그램으로, 현재까지 이 제도를 거쳐 양성된 지역전문가들이 해외주재원으로서의 역할을 수행하고 있다. 이렇게 파견된 주재원들은 현지시장을 개척하고 해외법인의 설립과 안정화에 큰 역할을 하였고, 현지의 인맥 구축 등 철저한 현지화 노력에 밑바탕이 되었다. 1990년도에 시작한 이 제도는 삼성이 국제화와 현지 인력의 효과적 관리에 대한 중요성을 미리 인식한 선견지명의 결과이며, 이를 통해 배출된 인력들이 나아가 국제인력의 확보와 관리에서 중요한 역할을 하여 총 매출의 80% 이상을 해외에서 시현하는 성과를 이룩하였다.

(2) 코스모폴리탄 제도

앞에서 언급한 지역전문가제도의 단점들을 보완하여 실행된 코스모폴리탄 제도는 준비된 주재원을 만들기 위한 목적으로 대리에서 과장 초반의 직원들을 대상으로 실시되는 인력관리 프로그램이다. 4개월간 국제경제연구소에서 교육을 받으며 다음 2개월간은 현지에서, 또 다음 6개월은 지역전문가 과정을 밟는 과정이다. 본사의 직원들을 글로벌화하기 위한 목적으로 시행된 코스모폴리탄 제도와 지역전문가제도는 글로벌 경영성과를 이룩하는 데 초석이 되었지만 그 한계점 역시 드러내었다. 그리하여 삼성은 다음에 소개할 현지인력 양성 프로그램을 실시 운영하면서 인사관리의 역량을 높였다.

(3) 현지인력 양성 프로그램

위에서 설명한 본사 인력의 국제적 경영능력 향상을 위한 프로그램과 더불어 삼성전자에서는 현지법인의 우수한 현지 관리자들에 대한 양성 프로그램을 실시하였다. 현지인 우수인력을 한국에 파견하여 한국어와 한국문화를 배우게 하는 역 지역전문가제도를 운영하였다. 또한 한국인 주재원들이 수행하고 있는 현지법인장을 대체할 수 있는 현지 전문인력을 경영리더로 키우기 위한 글로벌 리더십 프로그램을 시행하였다. 예를 들어, 세계 각국의 우수한 MBA 출신 외국인들을 미래의 국제인력으로 인식하여 그들을 뽑아 수년간 한국에 근무시키면서 글로벌화에 대한 업무와 컨설팅 등을 수행하게 함으로써 미래 글로벌경영에 필요한 인재로 양성하였다.

(4) 법인장과 중간관리자급의 현지화

삼성전자의 글로벌경영은 1993년 신경영 선언 이전까지는 본사 인력의 해외출장과 주재원을 중심으로 이루어졌다. 하지만 신경영 이후에는 삼성의 해외인력 운영관리에는 본국지향 접근방식의 주재원 중심에서 벗어나고자 하였다. 그래서 해외법인장들을 현지인으로 임명하는 등 현지화 전략을 추구하였지만, 본사의 글로벌 경영관리능력이 충분히 배양되지 않은 상태에서 시행함으로써 본사와 현지법인 간 갈등이 발생하고 경영성과가 하락하는 부작용도 발생하였다. 그리하여 여전히 현지법인의 장과 중간관리자급은 주재원의 비율이 높지만 삼성은 계속해서 현지인들을 현지법인의 장과 중간관리자로 대체하려는 노력을 진행하고 있다. 한국 주재원 중심의 해외법인 운영은 본사의 사업전략을 신속하게 시행할 수 있고, 본사 중심의 경영통제가 원활하다는 장점이 있지만, 우수한 현지 인력들이 삼성에서의 성장 한계를 느껴 이직률이 높아지고, 이에 따라 해외 현지법인이 속한 국가의 문화 및 사회적 특성에 부합하는 경영을 어렵게 할 수 있다. 그리고 현지 시장과 소비자에 대한 대응력이 떨어지며, 한국에서 교육하는 주재원들의 교육비나 파견비 등 주재비용의 부담이 늘어나기 때문에 삼성은 점차 현지 인력화에 박차를 가하고 있다.

2. LG전자의 인재양성

삼성과 더불어 LG전자 역시 한국을 넘어 세계 일류 기업들과 어깨를 나란히 하는 글로벌 기업으로 성장했다. 국가 간 진입장벽의 완화, 시장개방 가속화 등으로 해외진출에 대한 매력도가 증가했고, 더불어 내수시장이 포화상태에 이르자 두 기업들은 글로벌시장 공략의 필요성을 절감하게 된다. 하지만 국제인적자원관리에 있어서 LG전자는 삼성전자와는 사뭇 다른 어프로치(approach)를 사용하였다. 우선 LG전자는 한국 국적의 임직원이 전체 86,697명의 42%인 36,378명밖에 지나지 않는다. 절반을 넘는 58%의 임직원 중 대부분이 현지에서 채용한 인력들이라고 할 수 있다. 따라서 LG전자는 현지 채용인력들을 관리할 프로그램을 찾기 위해 노력했는데, 그 과정에서 다국적기업으로서 비교적 후발주자에 속하는 자사의 위치에서 그 해답을 찾았다. LG전자보다 앞서 글로벌화의 필요성을 느끼고 해외진출을 시도해 성공한 기업들의 노하우를 벤치마킹하기로 한 것이었다.

(1) 멘토링 제도의 사용

LG전자가 현지 채용인 관리의 롤 모델로 삼은 기업은 인텔(Intel)과 맥도널드(McDonald)였다. 많은 자원을 투자하여 채용한 해외 우수 인재들이 자국의 문화와는 이질적인 기업문화에 적응하지 못하고 이직을 결심해버린다면 이는 심각한 자원낭비가 될 것이며, 따라서 이들의 적응을 돕고자 기업 차원의 관리가 필요함을 깨닫고 상기 기업들에서 시행했던 멘토링 제도에 주목하였다.

인텔은 자사에 입사한 후 적응에 어려움을 겪는 해외 현지인들을 위해서 'Multi-cultural Integration'이라는 프로그램을 운영하고 있다. 우리말로 표현하면 '다문화의 통합'이라고 해석할 있는 이 제도는, 해외 현지인들을 대상으로 커뮤니케이션 훈련과 경력개발을 중점적으로 지도하며, 특히 그들의 선배 격으로 볼 수 있는 기존 해외채용 임직원들 중 적응에 성공하고 관리자의 위치까지 올라간 진임자들로부터 경험과 지식을 전수받을 수 있도록 하였다.

맥도날드는 인텔과 유사하지만 다른 방식, 즉 'International Personnel Director'라는 내부 컨설턴트를 두어 해외 현지인들에게 멘토 역할을 부여하는 멘토링 제도를 운영하고 있다. 이 내부 컨설턴트들은 12년에서 최대 23년까지 해외근무 경험을 했던 인재들로 장기간 축적된 그들의 경험을 토대로 적응에 힘들어하는 현지 인력들에게 유용한 조언을 해주고 있다.

LG전자는 이들 두 기업의 멘토링 제도가 효과적이었음을 확인하고 이를 자사 제도에 접목하였다. 우선 LG전자는 멘토링 제도가 단순한 멘토-멘티 관계를 지정하는 데서 그칠 것을 우려해 해외 인재들 중 자사가 꼽은 60명의 핵심인재를 한국에서 순환근무할 수 있도록 초청하여 3개월에서 1년간 본사의 관련 부서에 배치하였다. 이들에게 본사의 핵심인재들을 멘토로 지정하여 인텔과 맥도날드보다 오히려 더 가깝고 긴밀한 네트워크 관계가 형성될 수 있도록 관리하였다. 물론 한국으로 초청받지 못한 인재들에게도 멘토는 지정되었으며, 초청받은 인재들에게는 멘토링 이외에도 회사 및 한국의 이해, 공장 방문, 난타 공연 관람 등 애사심을 증진시킬 수 있는 다양한 활동들이 제공되었다.

(자료 : 삼성경제연구소 및 LG주간경제, 2004.7.28)

토의자료 15-2 [인적자원(HR)] 이제는 글로벌 인적자원관리 시대

해외진출 기업, 유연한 '현지화 전략' 필요…
스타급 현지인 간부 육성 '대세'

한미 FTA(자유무역협정) 타결을 비롯한 개방화 확대에 따라 국내기업의 글로벌 무한경쟁은 더욱 심화될 것으로 점쳐지고 있다. 해외 투자진출 기업은 물론 국내 소재 기업들도 외국인 근로자의 유입 확대와 외국 전문인력의 필요성 증대 등에 따라 글로벌 인적자원관리(HRM)는 선택이 아닌 필수적 과제가 아닐 수 없다.

우리나라 기업을 둘러싼 글로벌 환경변화는 무엇이며, 국내기업의 글로벌화 수준은 어느 정도인지, 글로벌 HRM 성공비법은 무엇인지를 살펴본다.

글로벌 HRM은 필수

지식·정보화와 글로벌 경쟁심화로 인재와 역량의 중요성이 강조되면서 외국인 인재와 근로자에 대한 중요성이 그만큼 커지고 있다. 해외 현지나 국내에서 우수한 외국 인력을 효율적으로 채용·관리하는 것은 기업의 사활과 직결되는 중요한 경영과제인 것이다. 시장개방의 확대와 국가 간 진입장벽 완화, 소비자 수요의 다양화 등 환경변화는 글로벌 HRM을 더욱 촉진시킬 수밖에 없다는 전망이다. 특히 국내기업들은 내수시장의 한계를 이겨내기 위해 해외시장 진출을 확대할 것이기 때문에 해외에서 우수 인재를 확보하고 유지하는 것은 중요한 경영 현안이라고 할 수 있다.

한국무역협회를 비롯한 경제단체와 연구기관들은 "삼성전자 등 주요 기업의 글로벌경영은 해외생산 확대 차원을 넘어 인사, 재무 등 모든 경영부문의 글로벌화를 목표로 변신하고 있다"고 평가한다. 그러나 주요 대기업을 제외한 대부분 기업의 글로벌경영은 아직 미진한 것으로 지적되고 있다.

갈길 먼 글로벌 HRM

실제로 글로벌경영을 위해 삼성전자, LG전자 등 국내를 대표하는 기업들은 본사와 각 사업부문에 해외법인 사업 등을 종합적으로 관리하는 관제탑 격인 '글로벌 오퍼레이션&커맨드센터(GOC)'를 설치 · 운영하고 있다.

LG전자의 경우, 지난해 전사 차원에서 각 사업본부 산하에 'GOC'와 '공급망관리(SCM)팀'을 신설해 82개 해외 생산 · 판매법인의 체계적 관리시스템을 구축한 데 이어, 올해에는 1천여 개 1차 부품 협력사들을 효율적으로 관리하는 방안을 추진 중이다.

이같이 대기업들은 전 세계에 걸쳐 생산 및 판매체제를 구축하면서 글로벌 HRM을 적극 수행하고 있는데, 이런 추세는 앞으로 더욱 확대될 것으로 보인다.

하지만 전반적으로 볼 때 국내기업의 글로벌 경영은 아직 부진한 수준인 것으로 평가되고 있다. 무역협회 관계자는 "제조업 분야의 대부분 해외투자는 중국을 비롯한 아시아 지역에 편중돼 있어 이들 국가의 정책변화에 크게 좌우되는 구조적인 취약성을 안고 있다"고 지적했다. 특히 글로벌 HRM은 미국 등 선진국의 거대 다국적기업에 비해 그 수준이 떨어지는 것으로 지적되고 있다.

전략적 HRM 추구 필요

전문가들은 "국내기업의 글로벌 HRM이 성공하기 위해서는 무엇보다 해외 현지 사정에 적합하고 유연한 '전략적 HRM'을 추진해야 한다"고 말한다.

포스코경영연구소는 국내기업이 집중적으로 진출해 있는 중국에서 글로벌 HRM을 성공시키기 위해서는 무엇보다 스타급 현지 간부를 육성해야 한다고 지적했다. 이 연구소는 '중국-실무에서 터득한 인사관리 성공 포인트' 자료를 통해 "중국은 종업원 이직률이 연간 20~30%에 달하는 등 우리나라와 노동시장 여건이 다르다"며 "중국에서 한국식 호봉제나 승진 시스템을 적용할 경우에는 우수한 핵심 인력은 떠나고 현장 기능인력은 오히려 재충원되지 않는 현상이 발생할 수 있다"고 경고했다.

포스코연구소는 이어 "중국 현지법인 인사관리의 본질적인 문제점은 중국 직원은 그대로 있는데 최고경영자(CEO)와 한국에서 직접 파견된 부서장은 4~5년 주기로 바뀌는 데 있다"며 "기업은 신입사원들이 입사하여 목표로 삼을 만한 스타급 중국인 간부를 육성해야 할 것"이라고 권고했다.

또 해당 직원에게 파격적인 보상을 하고 본사 파견 직원의 후임으로 대체하는 등 회사의 현지화 의지와 목표를 강력히 보여주어야 한다고 지적했다.

연구소는 또 "중국 현지법인의 HRM은 중국 여건을 충분히 검토한 후 마련해야 하며, 만약 현재 운영하는 제도에 문제가 있다면 땜질식 처방보다는 고통이 수반되더라도 근본 원인부터 찾아 해결하는 노력이 필요하다"고 조언했다.

LG경제연구원 관계자는 "글로벌인재 확보와 관련해 해외에 흩어져 있는 우수한 인재를 채용하는 것은 시간적, 공간적 제약으로 인해 그리

쉬운 일이 아니다"며 "또 일단 채용했더라도 이들을 조직에 계속 유지시키는 것도 쉽지 않다"고 말했다. 이 연구원은 이런 관점에서 외국 인력의 성공적인 확보 및 유지를 위해서는 해외진출 기업의 경우 그 현지에서 좋은 기업 이미지를 심을 필요가 있다고 강조했다. 해외의 우수 인재를 채용하기 위해서는 무엇보다 기업이 적극적으로 현지 인재를 찾아 나서는 것이 중요하며, 적극적인 홍보활동을 통해 좋은 기업이란 이미지를 심어주는 것이 해외의 우수 인재를 확보할 수 있는 첫걸음이라는 것이다.

이미지 제고로 우수 인재 확보를

기업 이미지 제고 방안으로는 해외 현지에서의 각종 산학협력 프로젝트, 연수 및 취업 프로그램, 기부활동 등을 들 수 있다.

LG경제연구원은 이와 함께 우수 인재를 확보하기 위해서는 담당 업무별로 자격요건을 명확히 제시할 필요가 있다고 지적했다. 업무에 따라 적합한 자격요건을 사전에 명확히 제시해야 우수 인재가 모여든다는 것이다. 또 본사에서 글로벌업무를 담당하는 인재에게는 업무에 대한 기술보다는 이질문화를 잘 이해할 수 있는 유연성, 인내심, 불확실성에의 대응능력이 더 많이 요구된다고 이 연구소는 밝혔다.

반면, 해외 현지에서 업무를 담당할 인력들은 글로벌 감각이나 의사소통능력보다는 직무수행 역량을 무엇보다 중요한 자격조건으로 해야 한다고 이 연구원은 권고했다.

외국 인재에게 내국인과 차별 없는 성장비전을 제시하는 것도 글로벌 HRM의 중요한 과제인 것으로 지적되고 있다. LG경제연구원은 "국적을 불문하고 채용 문호를 개방하여 우수한 해외 인재를 많이 유치해야 글로벌 무한경쟁에서 지속성장이 가능하다"고 밝혔다.

외국인에 성장 비전 제시해

겉으로는 글로벌 기업을 표방하면서 실제로는 조직 내부에 외국인 임원이 없거나 외국인으로서 기업 내에서 성장할 수 있는 가능성이 제한된다면, 장기적 관점에서 해외 우수 인재들을 계속 확보하거나 유지하기 어려운 게 현실이다. 따라서 해외의 인재들로 하여금 국적에 무관하게 성과와 능력에 따라 동등한 대우를 받을 수 있다는 확신을 갖게 하는 조직문화를 창조해야 한다는 것이다. 기업 실정에 맞는 적합한 인재를 찾고, 그가 갖고 있는 능력을 제대로 발휘하도록 전폭적으로 지원해 주는 것은 해외 인재를 이용해 기업을 성장·발전시키는 전제조건이라고 할 만하다.

한편, 해외 인재들은 조직에 대한 정보 부족, 문화적 배경의 차이 등으로 본사의 핵심 가치에 대한 이해가 부족한 경우가 많은 점을 유념해야 한다고 LG경제연구원은 지적했다.

이에 따라 국가 간의 서로 다른 문화적 배경을 존중하면서 기업이 지향하는 핵심 가치를 공유하도록 노력하는 것은 해외인력들 스스로 자신을 자연스럽게 조직의 일부로 받아들이게 만드는 방법이라고 이 연구원은 밝혔다.

HR 전문가들은 "기업들은 고령화 시대에 대비하기 위해서도 해외 우수 인재를 적극적으로 확보해야 한다"며 "글로벌 HRM의 성공을 위해서는 무엇보다 해외진출 기업의 현지상황에 적합하고 유연한 '현지화 전략'이 필요하다"고 강조했다.

(자료 : 이코노미21, 2007.5.28)

토의자료 15-3 "삼성 등 초국적기업 열악한 노동환경, 베트남 반중 시위 격화시켰다"

최근 베트남 노동자들의 반중 시위의 발단은 영유권 분쟁지에서 중국의 석유시추였지만, 삼성 등 외국계 기업 및 하청공장에서의 열악한 노동여건도 원인으로 작용했다고 미국의 〈월스트리트저널〉이 보도했다.

18일(현지시간) 〈월스트리트저널〉은 "베트남 반중 시위 뒤에는 폭넓은 불만이 자리 잡고 있었다"며 "안정적인 제조환경과 낮은 (투자)위험을 제공하는 베트남의 권위주의적 지배" 속에서 열악한 노동조건이 문제가 된 사례를 소개했다.

▌자료 : 〈월스트리트저널〉 화면캡처

지난달 13일을 기점으로 확산한 이번 사태는 애초 베트남과 영유권을 다투는 파라셀제도(시사제도) 인근 남중국해에서 중국이 석유시추에 나선 게 발단이었다. 그러나 반중 시위는 베트남 중북부 하띤 등 주요 산업단지로 급속히 확산되면서 폭력사태로 돌변했다.

조사에 따르면, 시위 조직가들은 애초 당국의 제안에 따라 4개 도시에서 평화시위를 계획했지만, 베트남의 핵심 제조단지가 있는 3개 지방에선 시위가 폭동으로 번졌다. 5명이 사망하고 중국과 다른 외국기업이 소유한 수백 개의 공장이 불에 탔다. 폭력은 특히 블루칼라에 공격적이었던 외국계 공장관리직에 집중됐다.

〈월스트리트저널〉은 "주요 폭력사태가 발생한 280-플러스 산업단지는 중요한 경제 엔진"이라는 점에 주목했다. 제조업은 베트남 경제의 40%를 차지하고 이 지역에선 외국기업이 투자를 위해 각축하고 있다.

대만계 기업 관리직 조니 리아오는 "그것(폭동)은 시추문제 때문만은 아니었다"며 "일부는 폭동을 공장에서 해고된 노동자처럼 불만을 나타내는 도구로 이용했다"고 전했다. 대만 자전거 안장 생산업체 DDK 그룹에서 시위대는 반중 정서와 함께 공장 보스들에 대한 불만을 나타내기도 했다.

이 언론은 베트남 정부가 외국인투자자들을 안심시키기 위해 노력하고 있다고 전했다. 베트남 정부는 현재 폭동을 일으킨 이들을 연행, 기소하고 있다. 도난 물품 중 일부에 대한 반환조치 명령도 내리고 있다.

베트남의 임금은 중국의 절반에도 미치지 않으며 남아시아에서 가장 낮은 축에 속한다. 베트남 정부는 또한 외국계 투자자에게 필리핀, 인도네시아보다 더 많은 인센티브를 제공한다. 대만과 같은 이웃국보다 정치적으로도 안정돼 있다. 이러한 베트남의 투자환경은 싱가포르와 함께 높은 비중을 차지하고 있다. 외국인투자는 2012년 163억 달러에서 지난해 223.4억 달러로 뛰어올랐다.

(자료 : 참세상, 2014.6.19)

참고문헌

가와시마 고타로(2010), "야나이 다다시 유니클로 이야기", 비즈니스북스.

김용식(2012), "마루티 스즈키, 폭력사태로 경제손실 엄청나 : 인도인들의 문화와 성향에 대한 이해 우선되어야", 포스코경영연구소.

나현필(2011), "방글라데시 노동자 시위, 현장을 가다", 세상을 두드리는 사람, 제26호.

두산백과(2014), 크라이슬러. [online] Available at http://terms.naver.com/entry.nhn?docId=1151009&cid=40942&categoryId=34658 [접속일 : 2014년 11월 2일].

매일경제신문, 한국네슬레 파업 길어지면 전점포 폐쇄, 2003년 8월 25일자.

매일경제신문, 145일 파업 한국네슬레 정상화 첫날 표정, 2003년 12월 3일자.

매일경제신문, 성기학 영원무역 회장… 정상 오른 비결은 호기심과 끈기, 2014년 9월 22일자.

서민교, 박병일(2013, 2015), "글로벌경영", 서울경제경영출판사.

서울경제신문, "방글라데시 시위, 영원무역 7.4% 하락", 2010년 12월 13일자.

신형덕(2007), "Samsung Electronics Co., Ltd's decision on AST in 1997", 경영교육연구, 10(2): 93~105.

이코노미21, [인적자원(HR)] 이제는 글로벌 인적자원관리 시대, 2007년 5월 28일자.

임상혁(2013), "유니클로(UNIQLO) 야나이 다다시(YANAI TADASHI)의 기업가정신에 관한 연구", 경영사학, 68: 177~203.

참세상, 삼성 등 초국적기업 열악한 노동환경, 베트남 반중 시위 격화시켰다, 2014년 6월 19일자.

한겨레신문, 한국네슬레 '145일 파업' 교훈, 2004년 4월 4일자.

한국경제신문, 파업 네슬레 커피점유율 급락, 2003년 9월 4일자.

한국경제신문, 네슬레 분규 145일 만에 타결… 무노동 무임금 지켜져, 2003년 11월 28일자.

한국경제신문, '테이스터스 초이스'의 눈물… 한국 상륙 23년 만에 퇴장, 2012년 8월 12일자.

한국일보, 한국네슬레 공장 철수 위협 OECD 위반, 2003년 11월 20일자.

국제기업의 조직 및 통제 제16장

[1] 이것만은 알아두자

국제기업의 조직

국제기업의 조직형태는 기능별 조직, 국제사업부제 조직, 지역별 조직, 제품별 조직 및 매트릭스 조직으로 구분할 수 있다.

(1) 기능별 조직

최고경영층 밑에 마케팅, 재무, 생산, 인사, 기획 등의 기능에 따라 부서가 나누어져 있는 형태이다. 기능별 조직은 기업의 취급품목이 다양하지 않고, 생산 또는 판매대상지역이 넓지 않을 때 흔히 채택된다.

그림 16-1 | 기능별 조직

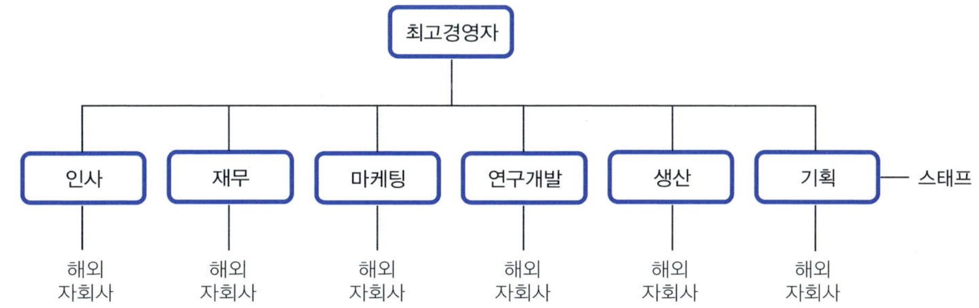

(2) 국제사업부제 조직

국제사업부제 조직구조에서는 기업의 활동이 국내업무와 국제업무로 구성되는데, 국제사업부는 국내업무와는 별도로 주로 기업의 해외사업을 개발하는 기능을 수행한다. 국제사업부서를 지휘 감독하는 본사의 경영진은 집행 권한을 가지며, 국제사업부의 수익성에 직접적인 책임을 진다.

그림 16-2 | **국제사업부 조직**

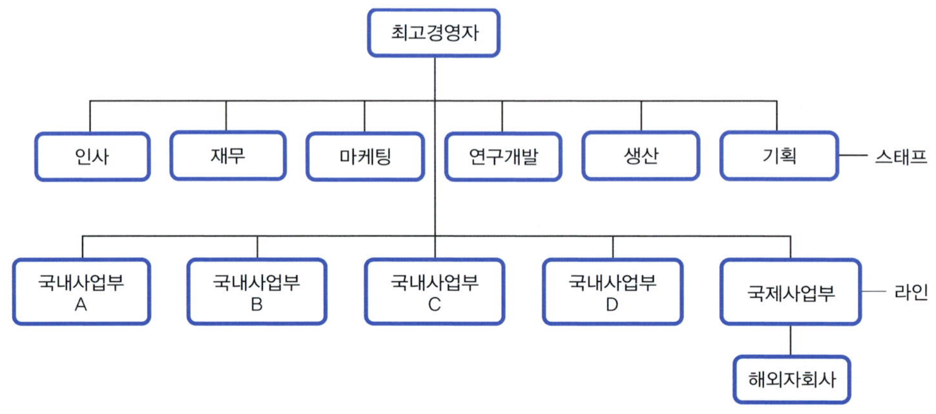

(3) 지역별 조직

최고경영진 아래에 세계 시장에서 세분화된 여러 지역이 하나의 부서를 이루고, 각 지역별 부서 밑에 여러 제품과 기능이 하부 부서로 존재하는 형태이다.

그림 16-3 | **지역별 조직**

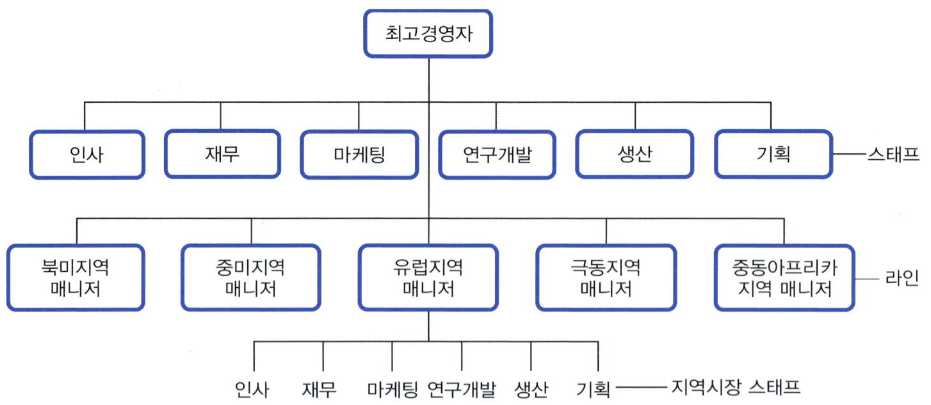

(4) 제품별 조직

최고경영진 밑에 각 제품별로 하나의 독립된 부서를 구성하고 그 제품별 부서 밑에 생산, 마케팅, 인사 등의 기능별로 하부 부서가 이루어진 형태로서, 제품별 부서의 책임자가 자기 부서의 수익을 책임지는 독립채산제 성격을 가진다.

그림 16-4 | 제품별 조직

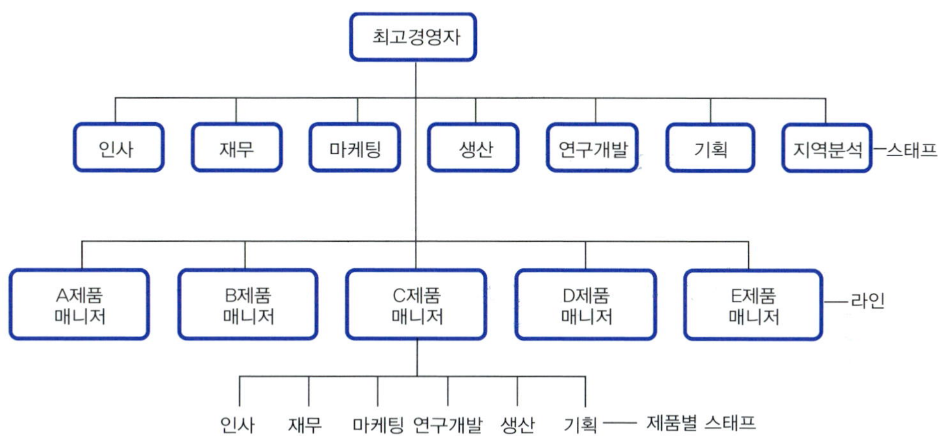

(5) 매트릭스 조직

앞에서 설명한 기능, 제품, 지역의 세 가지 조직이 상호 결합된 다차원적 구조로서, 일차원적 조직구조에 비해 신축성이 있고, 조정과 규모의 경제라는 장점을 지니고 있다. 특히 이러한 조직형태는 제품과 지역의 두 부문의 변화에 대해 민감하게 대처해야 하는 국제기업들이 많이 채택한다.

그림 16-5 | 매트릭스 조직

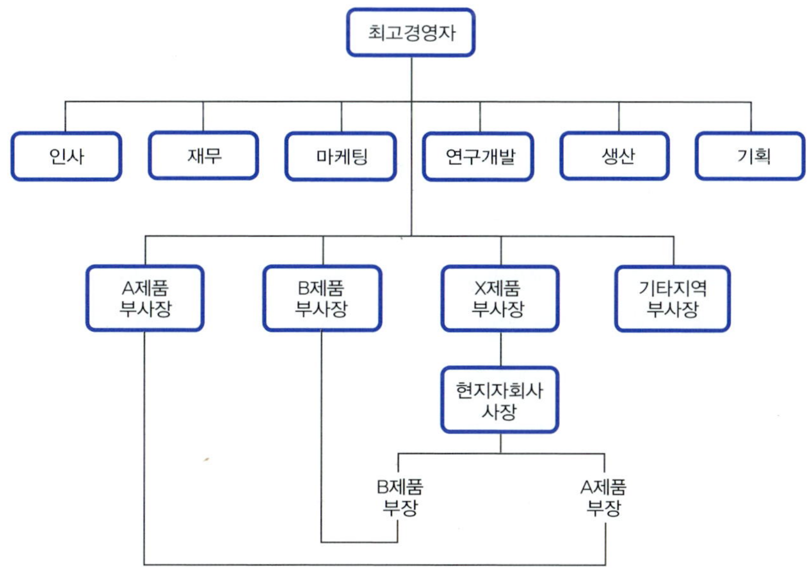

국제기업의 통제

국제기업은 본국 모기업의 기업 시스템하에서 해외 자회사를 하위단위로 여러 국가에 형성하고 있다. 따라서 범세계적 환경에 시스템 전체가 대처하는 단일조직이면서 한편으로는 지리적으로 떨어진 개별 국가 환경에서 운영되는 일련의 조직으로 구성되어 있다. 그러므로 해외 자회사를 본국 모회사의 하위조직으로 관리하기 위해서는 권한의 행사가 수행되는 일련의 통제과정이 있어야 한다. 이러한 통제(control)란 기업목표 혹은 기업목표를 위해 수립된 계획이 의도대로 수행될 수 있도록 성과를 평가하고 수정하는 기능이며, 통제의 영역에는 비용통제, 매상고 통제, 가격통제, 제품통제, 광고촉진통제, 유통경로통제가 있다.

[2] 국제기업의 조직 및 통제와 관련된 주요 사례

사례 16–1 아마존: 기능별 조직구조

amazon

아마존(Amazon.com)은 1994년 제프 베조스(Jeff Bezos)에 의해 설립되어 미국 워싱턴주의 시애틀에 본사를 둔 세계 최대의 온라인 쇼핑몰이다. 설립 당시 아마존은 온라인 서점이었지만, 제프 베조스는 계속해서 기업의 제품 및 사업영역을 확장했고, 현재는 거의 모든 제품을 판매함과 동시에, 아마존 웹서비스(Amazon Web Services)와 같은 서비스도 제공하는 글로벌 기업으로 성장했다. 아마존의 핵심적인 성공요인에는 아마존 서비스도 있지만, 아마존 조직구조의 특징도 아마존의 성공에 크게 기여했다. 아마존 조직구조의 특징은 국제적 전자상거래(global e-commerce) 활동을 하향식(top-down) 방식으로 강하게 통제하는 것이다. 글로벌 기업으로서 아마존은 지속적으로 사업을 확장해나갔고, 국제적 전자상거래 활동을 효과적으로 통제할 수 있는 조직구조가 필요했다. 따라서 아마존은 서로 다른 기능에 초점을 맞추어 조직을 구분하였던 바, 각 기능 부서를 최고경영자(CEO), 최고재무책임자(CFO), 고위 부사장급 임원(SVP: senior vice president), 부사장급 임원(VP: vice president)이 전담하는 기능별 조직구조인 S팀(S-team)을 채택했다.

표 16-1 | 아마존의 S팀 구조

이름	직위
Jeff Bezos	CEO of Amazon
Jeffrey Wilke	CEO of worldwide consumer
Andrew Jassy	CEO of Amazon Web Services
Jeff Blackburn	SVP, business and corporate development
Dave Limp	SVP, Amazon devices, digital management
Brian Olsavsky	SVP & CFO
David Zapolsky	SVP & general counsel
Beth Galetti	SVP, human resources
Jay Carney	SVP, corporate affairs
Dave Clark	SVP, worldwide operations
Doug Herrington	SVP, North America Consumer
Russ Grandinetti	SVP, international consumer
Steven Kessel	SVP, physical stores
Charlie Bell	SVP, Utility Computing Services
Paul Kotas	SVP, Amazon Advertising
Tom Taylor	SVP, Alexa Management
Amit Agarwal	SVP and country manager, Amazon India
Peter DeSantis	VP of global infrastructure and customer support

자료 : The Seattle Times.

S팀 소속 임원의 평균 근속연수는 20년에 달할 정도로 높은 충성심을 보이고 있다. 베조스는 모든 고위 경영진과 관리자에 대한 궁극적인 통제권을 행사하는 위치에 있으며, 이들은 자신의 재량 혹은 베조스의 지시에 따라 통제되는 부문(department)에 해당 지침을 적용하고 있다. 이러한 강력한 운영지침은 전 세계 모든 자회사에 영향을 미치게 된다. 이러한 기능별 사업부 조직의 가장 중요한 특징은 제품마다 자체 손익계산서(profit-and-loss statement)가 있다는 것이다. 각 부서의 성과는 CEO에서 부사장, 그리고 최하층 직원에 이르기까지 모든 사람이 자체 손익계산서와 직접적으로 연결되어 있다.

아마존은 각 CEO를 중심으로 사업개발팀(business development), 웹서비스(amazon web services), 재무(finance), 국제 소비자 부서(international consumer business), 회계(accounting), 소비자 부서(consumer business), 법률(legal and secretariat)의 기능별

조직구조를 갖추고 있다. 이러한 기능별 조직구조를 통해 아마존은 자사의 전자상거래 활동을 효과적이면서 성공적으로 관리할 수 있게 되었다.

아마존이 기능별 조직구조를 채택한 핵심적인 이유는 강력한 조직 내 위계질서(hierarchy)를 위해서였다. 『아마존처럼 생각하라(*Think Like Amazon*)』의 저자이자 아마존 기업 서비스 부문의 임원이었던 존 로스만(John Rossman)도 조직의 리더는 단기적인 결과를 위해 조직의 장기적인 가치를 희생하지 않고, 자신의 팀이 아니라 회사 전체를 대변하므로 리더가 조직구조의 중심이 되어야 한다고 강조하였다.

하지만 거대한 조직 내에 강력한 위계질서가 있는 경우, 조직의 전반적인 유연성(flexibility) 및 민감성(responsiveness)이 제한되고, 국제적 전자상거래 시장에서 직면하는 새로운 이슈 혹은 문제점에 신속하게 대응하기 어려울 수 있다는 단점도 존재했다. 이러한 단점을 보완하기 위해 아마존은 정확한 의사결정을 내릴 수 있도록 하는 'Day 1 철학' 및 '피자 두 판 팀(two-pizza teams)'과 같은 메커니즘을 만들어 냈다.

제프 베조스(Jeff Bezos)가 강조한 Day 1 철학의 핵심은 아마존이 설립된 1997년의 첫날(Day 1) 정립한 경영방침과 의사결정 원칙을 한결같이 지키자는 것이다. 그는 지금까지도 주주들에게 다음과 같은 공개서한을 보낸다. "언제나 여전히 우리에게는 첫날이기에, 우리의 전략은 변함이 없습니다(Our approach remains the same, because it's still day 1)." 기업규모가 확장되면 기업이 의사결정을 내릴 때, 조직원들 간 합의에 이르기까지의 과정 및 소통구조, 그리고 위계질서는 더욱 복잡해지고, 주어진 상황에 맞는 결정을 신속하게 내리는 데 어려움이 생긴다.

이러한 문제를 해결하며 조직의 규모가 지속적으로 확장되는 상황에서도 꾸준히 양질의 의사결정을 신속히 내리기 위해 아마존은 피자 두 판 팀을 구성한다. 피자 두 판 팀(two-pizza teams)이란 피자 두 판으로 팀원들이 배부르게 먹을 수 있

을 정도로 6명에서 10명 정도의 소규모 팀을 구성하는 것이다. 베조스는 이 정도 소규모 구성원이 한 팀으로 만들어졌을 때 가장 높은 팀(team) 창의성이 발휘될 것으로 예상하며, 피자 두 판으로 식사를 함께할 수 있는 규모 이상으로 팀이 커지면 팀이 관료화되기 쉬워 그런 조직에서 혁신이 나올 수 없다고 강조했다.

피자 두 판 팀의 각 팀 활동은 아마존의 기업 비전인 고객에게 가치를 어떻게 더할 수 있는지에 대해 이루어지고, 활동에 대한 보고는 중간관리자(senior managers)가 아니라 최고경영자층(top management team)에게 직접 전달된다. 최고경영자층은 6개월 단위로 각 팀의 활동을 평가하여, 각 활동이 아마존의 비전에 적합하다고 결정하면, 해당 팀은 6개월 동안 자신의 프로젝트를 독립적으로 진행할 수 있게 된다. 아마존이 적은 인원들로 팀을 구성하면서 그룹 내에 복잡한 소통이나 불필요한 위계 없이 고객의 요구에 신속하게 반응할 수 있게 되었고, 독립적으로 각자의 프로젝트에 집중하는 문화가 형성되면서 팀의 자율성 및 책임감이 강화되었다. 이와 같은 전략을 통해 아마존이 무수히 많은 작은 팀으로 구성되면서 위계질서 중심의 조직구조 문제점을 보완하고 더욱 효과적인 기업운영이 가능하게 되었다.

아마존 조직구조의 또 다른 조직 특징은 지역에 따라 사업부를 구분하는 것이다. 지역 사업부의 장점은 각 지역마다 조금씩 다른 시장 환경이나 소비자 특성에 맞게 직면한 문제를 즉각 해결할 수 있다는 데에 있다. 현재 아마존은 북미(North America)와 글로벌(International) 사업부로 지역별 사업부를 구분하여 관리하고 있으며, 이는 계속해서 성장하는 국제 전자상거래 시장을 관리하는 데 효과적이다. 지역별 사업부는 각 지역이 가지는 장점, 규제, 물류와 같은 다양한 상황을 기반으로 전자상거래를 보다 쉽게 관리할 수 있도록 하여 최상의 성과를 시현할 수 있도록 관리하게 된다.

아마존은 각 팀을 소수 인원으로 구성해서 독립적인 프로젝트를 진행하도록 하고, 강력한 위계질서를 바탕으로 조직을 기능별로 구분하면서 경영진의 지침을 신속하고 효과적으로 수행할 수 있게 되었다. 또한 사업부의 지리적 구분은 각 지역의 환경적 특성에 맞게 사업을 관리하는 데 유용하다. Day 1 철학과 피자 두 판 팀 등의 아마존 메커니즘은 계속해서 확장하는 기업규모와 강력한 조직 내 위계질

그림 16-6 | 시장점유율과 성장률 (2017–2019년 회계기준)

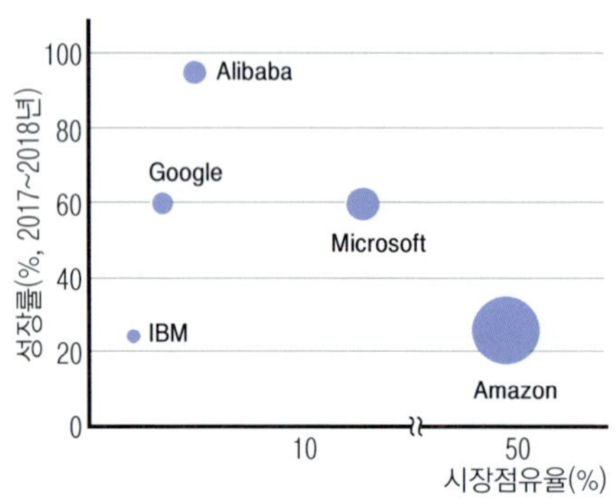

자료: 테크월드뉴스.

그림 16-7 | 포춘 500 2위와 높은 순이익 달성 (2020년 회계기준)

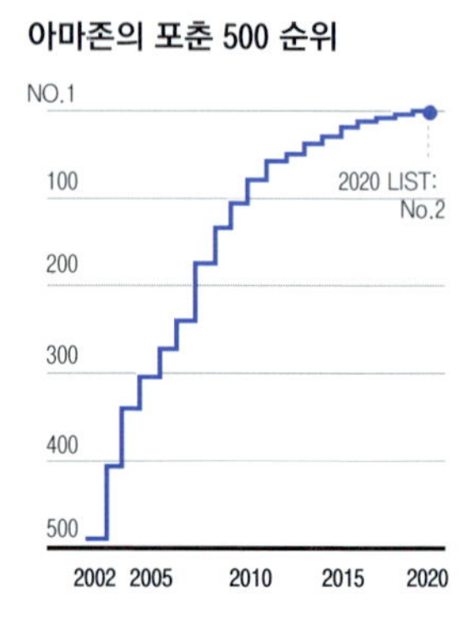

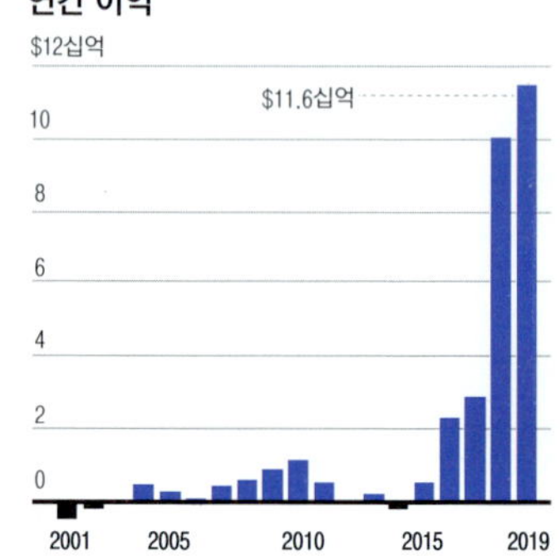

자료: Fortune.

서로 인해 발생하는 조직 내 소통 문제, 조직의 유연성 및 조직 구성원들의 자율성 약화와 같은 문제를 보완하며, 오늘날 아마존의 글로벌 시장에서의 성공에 기여하고 있는 것으로 볼 수 있다.

아마존의 빠른 성장 속도에도 불구하고, 조직구조의 전반적인 분위기는 엄격한 통제시스템으로 인해 조직 내 스트레스 지수가 높은 편이다. 피자 두 판 팀 구성으로 팀 내부적으로는 자유로운 소통이 가능하고 각 팀 간에는 독립적으로 자율성이 보장되지만, 여전히 상부의 지시에 구속되어 있기 때문이다.

뉴욕 타임스가 2015년 아마존 인사팀, 마케팅팀, 엔지니어 등 다양한 분야의 아마존 전·현직자 100명 이상을 대상으로 아마존의 근무환경에 대한 인터뷰를 진행한 결과, 많은 이들이 아마존의 조직 내 압력과 직원들의 스트레스가 매우 높다고 응답하였다.

기업서비스 부문 고위 임원이자 "아마존 웨이(*Amazon Way*)"의 저자인 존 로스만도 뉴욕 타임스와의 인터뷰에서 많은 아마존의 직원들이 업무 내외부적으로 매우 높은 긴장 상태를 느끼고 있고, 근무환경이 좋다고 말하기는 어렵다고 밝힌 바 있다. 강력한 하향식 의사전달을 바탕으로 상부의 지시가 하부조직으로 내려오는 상황에서, 만약 상부조직의 지시가 합리적이지 않을 정도로 매우 높은 수준의 표준을 요구한다면, 조직 내 강력한 위계로 인해 이에 대응해야만 하는 하부조직으로서는 상당한 어려움을 겪을 수밖에 없다. 이에 더해, 각 팀이 독립적인 방식으로 동일한 목표를 지향하며 서로 경쟁하는 비효율이 발생할 가능성도 있다. 이처럼 강력한 위계질서를 바탕으로 하는 아마존의 조직구성으로 인한 문제점은 여전히 아마존이 극복해야 할 과제이며, 아마존이 이러한 조직 내 잠재적 문제점을 해결할 수 있다면 지금보다 더욱 혁신적인 성과를 이룰 수 있을 것이다.

1. 아마존은 현재의 조직구조를 유지하는 것이 바람직한가? 여러분의 견해를 밝히시오.
2. 아마존은 기능별 조직구조로 인한 조직의 비효율성과 직원들의 스트레스 문제를 해결하기 위해 어떤 노력을 기울여야 한다고 여겨지는가?

사례 16-2 SC은행 경영실패, 책임은 누가?

스탠다드차타드은행은 최초 1853년 제임스 윌슨에 의해서 설립되었으나, 이후 스탠다드 뱅크 오브 브리티시 사우스 아프리카(The Standard Bank of British South Africa)와 차타드 인도 오스트레일리아 중국은행(The Chartered Bank of India, Australia and China)이 1969년에 합병하여 오늘날과 같이 성장한 영국계 은행이다. 현재는 아시아, 태평양, 중동, 아프리카, 영국 및 미주지역의 57개 국가에 영업망을 구축하고 있으며 약 5만 명의 직원을 고용한 글로벌 은행이다. 같은 견지에서 본사는 영국에 있지만 수익의 90%는 국내 영국시장이 아닌 해외에서 벌어들이고 있다. 한국에는 1880년 진출하여 인천에서 금융영업을 시작하였으나, 1910년 일제에 의해 강제 철수된 바 있다. 그 뒤 현재 한국시장에는 ㈜한국 스탠다드차타드 금융지주라는 이름으로 재진출해 있다. 한국 스탠다드차타드 금융지주 예하에는 SC 캐피탈, SC 제일은행, SC 서비스, SC 증권, SC 저축은행 등의 자회사가 영업활동을 하고 있다. 스탠다드차타드은행은 2005년 당시 경영상의 심각한 어려움을 겪고 있던 제일은행에 대한 인수를 두고 HSBC와 치열한 매입경합 끝에 이 경쟁에서 승리하면서 동 은행의 지분을 100% 소유하게 되었다.

이후 한국시장에 진출한 스탠다드차타드은행은 SC 제일은행 내 약 5,500명의 종업원과 전국에 소재한 340개의 지점을 바탕으로 영업을 시작하였다. 하지만 2013년부터는 뚜렷한 경영성과가 나타나지 않고 오히려 적자를 기록하게 되면서 약 90여 개의 지점을 폐쇄하여 250개만 남겨두기로 2014년 1월 발표했다. 2013년 3분기에 SC 제일은행의 당기순이익은 적자로 돌아서 3분기에만 222억 원의 순손실을 기록했으며, 그 추세는 4분기에도 계속되어 연속적으로 적자를 시현하였다. 이로 인해 수많은 임직원들이 구조조정 대상에 포함되면서 노조에서는 파업을 단행하기도 하였고, 기존의 힐 행장이 사임하고 아제이 콴왈 대만 SC은행장으로 교체되는 결과를 낳는 경영위기를 겪었다.

이를 조금 더 자세히 살펴보기 위해 2011년 말 현재 국내 은행업계에서의 각 은행별 시장점유율을 나타내는 그래프인 <그림 16-8>을 살펴보기로 하자.

이에 따르면 스탠다드차타드은행은 점포 수 대비 총자산 수준이 우리은행, 신

그림 16-8 | 국내 은행의 시장점유율

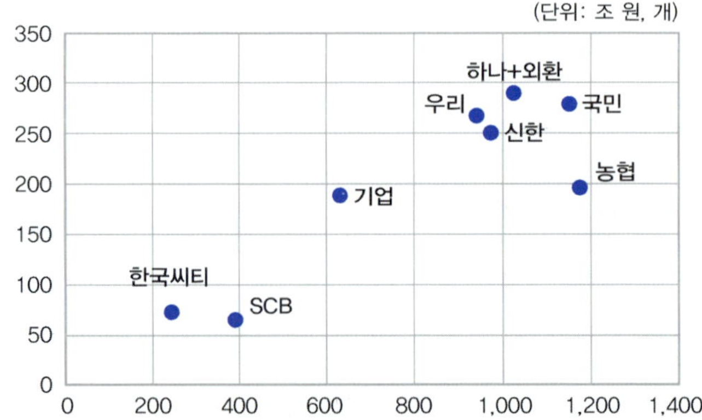

자료 : 금융감독원
주 : 가로축 : 2011년 말 국내 점포 수 기준(영업소 포함)
세로축 : 2011년 말 총자산 잔액 기준

표 16-2 | 은행별 지점 수와 당기순이익 비교

(2013년 기준, 단위 : 억 원)

은 행	자 산	당기순익	해외용역비	당기순익 + 해외용역비	지점 수	인원 수	비고
씨티은행	498,000	2,191	1,390	3,581	192	4,240	2014년 56개 폐쇄예정
스탠다드 차타드은행	574,302	1,824	1,350 (추정)	3,174	343	5,358	2014년 50개 폐쇄예정
외환은행	1,011,720	3,604	–	3,604	357	8,001	–
국민은행	2,624,284	8,972	–	8,972	1,207	21,695	–
신한은행	2,257,356	13,414	–	13,414	943	14,696	–

자료 : 세계파이낸스신문.

한은행, 국민은행 등의 타 경쟁은행보다 현저히 낮아 불과 지방은행 수준의 자산 규모를 보유하고 있다는 사실을 알 수 있다. 또한 동일한 외국계 은행인 씨티은행과 비교해 봐도, 스탠다드차타드은행은 시티은행보다 점포 수는 두 배 가량 많지만 그럼에도 총자산은 유사한 수준을 보이고 있음을 확인할 수 있다. 다음으로 스탠다드차타드은행과 타 은행들 간 당기순이익을 비교해 보면 <표 16-2>와 같다. <표 16-2>는 2013년 현재 국내에서 영업 중인 은행별 지점 수와 당기순이익을 비교해 놓은 것이다.

동일 자료를 활용하여, 지점당 평균 당기순이익을 비교하기 위해 '당기순이익' 항목을 '지점 수'로 나누어 정렬하면 다음과 같은 결과를 얻을 수 있다.

표 16-3 | 각 은행 지점당 평균 당기순이익(2013년 기준)

(단위 : 억 원)

은 행	당기순이익/지점 수
한국씨티은행	11.41145833
한국스탠다드차타드은행	5.317784257
외환은행	10.0952381
국민은행	7.433305717
신한은행	14.22481442

<표 16-3>에 따르면 스탠다드차타드은행의 지점당 평균 당기순이익은 약 5억 3,000만여 원으로서 상기 제시된 은행들 중 가장 낮다. 또한 같은 외국계은행인 씨

티은행과 비교했을 때 지점당 평균 당기순이익의 저조한 경향은 더욱 두드러진다. 씨티은행에 의해 시현된 약 11억 4,000만 원의 지점당 평균 당기순이익은 스탠다드차타드은행의 그것보다 두 배 이상 높은 수치이다.

이와 같은 결과들을 종합적으로 미루어 봤을 때, 앞서 언급했듯 스탠다드차타드은행은 한국시장에서 부진한 실적을 거두고 있다는 것을 확연히 알 수 있다. 스탠다드차타드은행은 2011년 노조의 총파업을 겪으며 적지 않은 타격을 받았으며, 2014년 초까지도 지속적으로 노사갈등을 경험하고 있다. 그렇다면, 이러한 총체적 난국은 어디서 기인될 것일까? 주원인이 노사갈등으로 인한 것일까? 스탠다드차타드은행이 한국에서 부진을 면치 못하고 있는 데에는 다양한 원인이 있을 수 있지만 기업 내부에서는 '매트릭스 조직구조 도입의 실패'를 큰 이유로 꼽는다.

SC 제일은행은 은행장 예하에 기업금융총괄본부, 글로벌마켓총괄본부, 소매금융총괄본부 등을 두는 매트릭스 조직구조를 가지고 있다. (기업 구성원들의 예상과 마찬가지로) 전문가들의 평가 역시 이러한 경영악화와 지점축소의 배경에는 매트릭스 구조가 큰 영향을 미쳤다고 본다. 매트릭스 조직이 성공적으로 운영되기 위해서는 각 단위부서에서 타 부서의 업무협조에 대해 적극적으로 도움을 주려고 노력하고 때로는 기꺼이 희생하기도 하는 자세가 필요한 반면, SC 제일은행의 경우 부서 간 의사소통 부족이 이미 만연해 있었다. 매트릭스 조직이 효과적으로 운영되기 위해서는 무엇보다도 부서별, 제품별, 기능별 경계를 뛰어넘어 소통하려는 자세가 필요하다. 애초 매트릭스 조직이 탄생하게 된 것도 기존 제품별, 기능별 조직 등으로 명확하게 세분화되고 구분되었던 조직의 단점을 극복하기 위해서였다. 각 부서가 나누어져 있다고 해서 단절되는 것이 아니라 서로 연속적인 조직이라는 관점을 가지고 부서 간에 활발한 교류가 증폭되어져야 했으나, SC 제일은행은 영업그룹, 리스크관리그룹, IT그룹, 인사그룹처럼 그룹별로 업무를 따로 추진하고 성과평가를 받는 방식이어서 통섭이 쉽지 않았다. 서성학 SC 제일은행 노조지부장은 "매트릭스 조직을 해체하지 않으면 한국에서만의 독자적인 영업을 할 수가 없다"며 "자기 라인만 잘되면 그만이니까 책임은 전가하고 실적만 부풀리는 경영을 한다"고 비판했다. 또한 매트릭스 조직의 특성상 조직이 너무 복잡하게 얽혀 있기에 업무처리에 있어서 협조요청을 하기도 어렵고, 이로 인해 업무진행이 자주 지연되는 불편함을 겪었다.

즉, 상기 설명을 다시 부연하면, SC 제일은행의 경영위기 이유는 매트릭스 조직의 장점은 전혀 활용하지 못한 반면, 동 조직구조가 원만히 작동하기 위한 필수조건인 단위사업부서 간 상호 협력이 이루어지지 않음에 따라 조직구조 선택에 수반된 단점을 제대로 극복하지 못했다는 사실에서 찾을 수 있다. 매트릭스 조직구조는 그 특성상 기존의 기능별, 제품별 조직구조보다는 다소 부서 간 경계가 모호한 부분이 있기에 각 단위부서 간 자발적으로 상호 협력하려는 자세와 타 부서에 대한 신뢰가 바탕이 되지 않고서는 책임회피 및 전가와 같은 부정적인 현상을 피할 수 없다. 더욱이 상호 소통, 협력 및 이해의 노력이 부재한 상황에서는 실적 악화나 경영상의 어려움이 발생했을 때 이에 대한 원인을 타 부서에게로 전가하려고만 하는 태도를 취할 수 있고, 이는 전체 조직 내 부조화를 심화시킬 수 있다는 매트릭스 조직의 전형적인 문제가 SC 제일은행의 사례에서 여실히 드러났다고 지적할 수 있다. 이러한 문제들로 인해 2014년 현재에도 SC 제일은행의 지점축소는 여전히 진행형이며 향후 앞으로도 지점폐쇄 및 직원에 대한 구조조정은 계속될 예정이다.

Question

1. 스탠다드차타드은행 본사는 경영실적의 악화를 이유로 2014년 1월, 임기가 2년이나 남은 SC 제일은행의 은행장을 전격 교체한다고 발표하였다. 향후 SC 제일은행의 실적이 개선되리라 판단하는가? 새로이 부임하는 은행장은 실적개선을 견인하기 위해 어디에 주안점을 두고 개혁을 진행해야 하리라고 판단하는가?

2. 매트릭스 조직구조의 근본적인 장단점을 논하시오.

3. SC 제일은행의 사례에 비추어, 매트릭스 조직구조가 원만히 작동되기 위해서는 조직 차원에서 어떠한 노력을 해야 한다고 여겨지는가?

사례 16-3 매트릭스의 한계? : ABB사의 글로벌 매트릭스

ABB

스웨덴 및 스위스계 기업 'ABB(ASEA Brown Boveri)'는 1988년 유럽의 2대 엔지니어링 회사인 스웨덴의 아세아(ASEA)와 스위스의 브라운 보버리(Brown Boveri)의 합병으로 탄생했다. 이 두 기업의 결합은 아세아의 CEO 퍼시 바네빅(Percy Barnevik)의 제안으로 이루어졌는데, 그는 국내 전력시장이 쇠퇴하고 있다고 판단, 국경을 넘어 해외로 뻗어가는 기업만이 궁극적으로 경쟁우위를 달성할 수 있다고 생각했다.

곧이어 두 기업은 빠른 속도로 통합 작업에 착수하였고, 곧이어 일련의 기업인수를 통해 해외사업을 확장했다. 일련의 과정에서 ABB는 "새로운 형태의 글로벌 기업"이라고 칭송받으며 각종 해외랭킹을 석권했던바, 그 성공의 열쇠는 조직설계에 있었다. 모든 다국적기업은 규모의 경제로 인한 이익을 극대화함과 동시에 각기 다른 지역 시장에서 경쟁해야 한다. 그러기 위해서는 새로운 조직이 필요했다. ABB는 7개의 주요 사업부문을 사업영역 및 국가를 기준으로 세분하는 글로벌 매트릭스 조직에서 이를 추구하기 위한 대안을 찾고자 했다. ABB의 매트릭스는 51개 사업영역, 41개국 경영자로 구성되었고, 1,300개의 별도 기업으로 나뉘었다. 또 다시 이들 기업은 5,000개의 이익센터로 구분되었다. 이를 기반으로 1990년대 중반 당시 ABB는 세계적인 기업으로 우뚝 섰으며, ABB의 성공은 누가 봐도 확고한 듯했다.

하지만 1997년 이후 ABB의 운명이 바뀌기 시작했다. 새로운 CEO가 취임하고, ABB는 서비스를 포괄하는 새로운 사업조직으로 변혁을 시도함과 동시에 또 다른 기업들을 인수해 나갔다. 2000년에는 수익성장이 정체되며 점차 문제의 조짐이 보이는 듯싶더니 지속적으로 ABB의 실적은 악화되었다. 엎친 데 덮친 격으로 12억 달러 규모의 석면소송에까지 휘말리며 부채는 산더미처럼 불어났다. 취임하는 CEO마다 그리 길지 않은 시간을 버텨낼 뿐 이내 줄줄이 사임했다. 심지어 일각에서는 ABB의 도산이 임박했다는 목소리가 흘러나왔다.

길었던 암흑기를 지나 2003년 ABB는 조직을 전통적인 글로벌 제품별 사업부제 조직으로 재개편하고 재도약의 발판을 마련했다. 이듬해 새 경영진들의 노력으로 수익은 다시 증가하기 시작했다. 산업수요는 여전히 불투명했지만 다시 예전의 흑자 기업으로 전환되었다. 우여곡절이 많았던 ABB는 2010년 이후로 글로벌 사업부제 조직에 +α로 관리 · 지원부서를 신설하여 조직구조를 운영하고 있다.

ABB가 관료주의를 타파하고 글로벌 기업인 동시에 지역 기업이기 위해, 그리고 분권화함과 동시에 중앙집권화하기 위해 고안한 과거 글로벌 매트릭스 조직은 복잡한 환경이나 고객의 다양한 요구에 신속하게 대응할 수 있고, 조직이 보유한 인력들에 대한 유연한 활용을 가능하게 하여 인적지원의 불필요한 누수와 낭비를 방지하였다. 그 결과 ABB는 큰 규모에 더불어 다양한 사업영역에도 불구하고 작은 기업과 대비해도 대등한 유연성과 신속한 의사결정 속도를 보였다. 또한 실제 ABB의 직원들은 의사결정에 참여할 수 있는 자율권을 얻고, 책임을 부여받아 동기부여의 효과를 느꼈다고 한다. 여기까지만 본다면 ABB의 글로벌 매트릭스 조직은 성공적이었다. 아마 다수의 사람들이 ABB의 조직사례를 매트릭스 조직의 성공사례로만 기억하고 있을지도 모른다. 하지만 아래와 같은 문제들이 부각되면서 1990년대와 2000년대 초 사상 유례없는 위기를 겪은 바 있다.

1. 복잡한 조직으로 인해 중복비용 발생

전술했듯이 ABB는 글로벌 매트릭스를 51개 사업영역, 41개국 경영자로 구성하였고, 또다시 그것을 1,300개의 각 기업으로 나누었다. 이뿐만 아니라 각 기업은 5,000개의 자율적 이익센터로 구분되는 아주 복잡한 조직으로 설계되었다. 전 세계적으로 수많은 기업을 인수하면서 성장한 ABB로서는 그들 모두를 중앙에서 통제하려는 시도 자체가 무리였을 것이다. 이렇게 복잡한 조직은 당연히 여러 가지 문제를 드러내기 마련이다. 누가 어떤 사업을 맡고 있는지 파악하여 커뮤니케이션은 물론이거니와 고객집중을 유지하는 것조차도 힘들었다. 실제 이 조직 구성을 적용하는 동안 동일 고객을 상대하는 조직이 최대 10여 개에 이를 정도로 중복과 혼란이 난무했다. 너무 많은 국가, 본부, 이익센터가 엄청난 중복을 초래하고 있었던 것이다. 수익을 창출해 내는 것을 목표로 하는 기업을 경영함에 있어 중복은 심각한 낭비이자 손실이었으니, 사업부문제 조직에서 발생하는 중복비용을 막기 위해 적용한 매트릭스 조직이 또 다른 중복비용을 발생시켰던 것이다.

2. 데이터 공유의 실패

자율적 의사결정을 허용한 결과, 각 지원부서에서 사용하는 자원계획 시스템,

급여 시스템, 소프트웨어 프로그램이 하나로 통일되지 않았고 데이터의 공유는 꿈도 꾸지 못했다. 평가를 통해 부족한 부분은 보완 및 개선시킬 수 있다는 점에서 성과 및 업적평가는 기업경영에 있어 대단히 중요한 절차이다. 그러기 위해서는 데이터 공유가 당연한 전제조건이지만, ABB는 이를 충족시키지 못했다.

3. 자회사끼리의 경쟁

경영자들의 국가 간 조정이 잘 이뤄지지 않았고, 다른 국가의 경영자가 자신의 영역을 침해할까 봐 계획을 공유하지 않는 등 자회사끼리의 이상한 경쟁이 발생하였다. 제품별 조직과 지역별 조직 간의 이해갈등과 권력다툼 또한 발생했다. 매트릭스 조직을 적용한 것은 어느 한 단위에서 찾아내지 못한 문제점을 다른 단위에서 찾아내어 업무상의 과실을 줄이고, 보다 빠른 의사결정을 통해 여타 경쟁사보다 차별적 우위를 차지하기 위함이었다. 하지만 효과적인 전사적 관리가 불가능하여 주객전도의 상황이 발생해버린 것이다.

복수의 조직을 상호 교차 · 양립시킨 구조, 매트릭스의 등장은 많은 경영자들이 매력을 느끼기에 충분했다. 실제로 1970년대와 1980년대에는 전 세계적으로 그야말로 가히 매트릭스 붐이라고 일컬을 만했으나, 대부분의 기업들은 현실적 한계를 느껴 동 조직을 개편하였고, 이내 매트릭스 붐은 사그라졌다. 이론적으로 매트릭스 조직은 지금과 같이 경쟁이 심화된 글로벌시대에 아주 적절한 조직임에 틀림없다. 하지만 현실 속에서 매트릭스 구조가 성공적으로 운영되기 위해서는 복잡한 매트릭스 구조를 통제가능한 카리스마 있는 최고경영자의 존재가 필수적이며, 현지 상황에 맞게 오랜 준비 시간을 거쳐 전체적인 변화를 거치는 것이 필요하다. 다시 말해, 단기적인 조직의 개편만으로 끝나는 것이 아니라, 장기적으로 구성원들의 사소한 습관, 마음가짐부터 기업의 제도에 이르기까지 기업에 전반적인 변화가 수반되어야 할 것이다.

Question

1. 스웨덴의 일개 현지기업에서 세계적 규모를 갖춘 다국적기업으로의 변신을 단기간에 가능하게 했던 원동력은 무엇이었다고 생각하는가?
2. 신속한 의사결정과 발 빠른 사업운영을 가능케 하는 데 크게 기여했던 매트릭스 조직이 갑자기 부적합한 조직형태로 변모한 이유가 무엇이라고 생각하는가?

3. 매트릭스 조직이 성공하기 위한 가장 중요한 선행조건은 무엇이라고 생각하는가?

사례 16-4 아프리카TV의 국제화 전략실행에 따른 조직구성 변화 및 실패

afreecaTV

2014년 기준, 온라인 방송 스트리밍 시장은 약 8,440백만 달러의 규모로 성장하였으며, 이와 같은 추세에 부응하여 국내에서는 ㈜아프리카TV에서 아프리카TV를, ㈜다음카카오에서 다음팟을 서비스하고 있다. 해외에서는 최근 Amazon.Co가 게임 전문 온라인 방송 스트리밍 업체인 Twitch TV를 인수합병하면서 관련시장에 진출한 상황이다.

한편, 기업성장을 위한 국제화 전략을 취하는 데 있어서 기업의 조직형태와 자회사에 대한 통제방식은 흔히 해외진출의 성공여부를 판가름하는 경우가 많을 뿐만 아니라, 해외시장 안착 이후에도 안정적인 기업경영 가능여부에 지대한 영향을 미친다고 봐도 무리가 아닐 것이다. 이에 2014년부터 국제화 전략을 본격화하여 미국, 태국, 일본, 그리고 대만에 법인을 설립함으로써 해외에 진출한 ㈜아프리카TV의 조직형태를 살펴보고, 이로부터 시사점을 얻고자 한다.

㈜아프리카TV의 공식 홈페이지에 기재된 내용에 의하면, 2014년 동 기업은 <표 16-4>와 같은 조직구조를 취하고 있었던 것으로 파악된다.

㈜아프리카TV는 인사, 회계, 재무 등 영업활동의 지원업무 전반을 담당하는 경

표 16-4 | ㈜아프리카TV의 조직개편 이전 조직구조

CEO/COO					
경영지원실	모바일 프로젝트팀	아프리카 사업본부	게임사업본부	CDN사업본부	연구소
		플랫폼사업팀	마케팅팀	기술영업팀	솔루션기술 연구소
		제휴사업팀	플랫폼팀	서비스개발팀	서비스기술 연구소
		UXD센터	게임개발팀	기술운영팀	
		SB프로젝트팀	사업개발팀		

자료 : http://corp.afreecatv.com/company/group.html

영지원실을 제외하고, 나머지 조직들은 이들에게 각기 부여된 사업 및 프로젝트 업무만을 담당하는 형식을 취하고 있었다. 또한 2014년까지만 하더라도 ㈜아프리카TV는 독립적으로 해외사업을 추진하는 부서가 공식적으로 존재하지 않았으며, 상기 표에는 드러나 있지 않지만, 해외업무는 아프리카사업본부 플랫폼사업팀에 배속된 직원들이 담당하거나, 각 부서 혹은 팀에 소속된 직원들이 필요시 상황에 따라 그때그때 업무를 담당하는 주먹구구식으로 유지되었다. 그 후 2014년 상반기에 이르러 미국, 대만, 일본, 그리고 태국시장으로 진출하기로 결정하면서 ㈜아프리카TV는 독립적인 해외사업팀의 필요성을 인식하게 되었다. 즉, 기업의 국제경영 활동이 점차 증대되면서 그 필요성이 대두됨에 따라 연구개발 및 그 운영을 담당할 해외사업팀이 발족되기에 이르렀다. 해외사업팀의 구조는 팀장 1인, 대만 업무 담당직원 1인, 미국 업무 담당직원 2인, 태국 업무 담당직원 1인, 일본 업무 담당직원 1인, 연구개발 담당직원 2인 등 총 8명으로 구성되었다. 그리고 이 구조는 2015년 1월 중순 서비스가 동시에 런칭되기 직전까지 유지되었다.

2015년 1월 중순 해외 서비스 런칭 전까지 해외사업팀은 조직구조상 플랫폼사업팀에 예속되어 있는 하위부서였다. 그러나 업무체계, 공간 구성, 두 부서 간 교류에 있어서의 화합과 조화가 제대로 이루어지지 않자 조직구조에 대한 변화의 필요성을 느끼게 되었다. 무엇보다도 업무체계의 측면에서 다음과 같은 문제를 가지고 있었다. 해외사업팀은 CEO/COO의 강력한 의사에 따라 추진된 독립부서였고, 따라서 실질적으로는 CEO/COO의 관리하에서 업무가 진행되었음에도, 명목상으로는 플랫폼사업팀에 소속된 하위부서였기에 팀장 간 알력다툼의 발생은 물론, 일반 직원들은 이들에게 이중으로 결재를 받아야 하는 어려움이 존재했다. 또한 공간 구성적인 측면에서도 해외사업팀은 ㈜아프리카TV 건물의 9층에 위치해 있었던 반면, 플랫폼사업팀의 나머지 부서들은 2층 사무 공간에 자리 잡고 있었고, 이로 인해 부서 팀원 간 교류는 실질적으로 전무했다고 봐도 무방했다. 마지막으로, 두 부서 간 교류에 있어서의 문제도 빼놓을 수 없다. 플랫폼사업팀은 국내 아프리카TV 서비스의 일정과 업무에 맞추어 세미나, 교육 및 업무를 진행하였으나, 해외사업팀, 특히 북미사업팀의 경우 시차 등으로 인해 국내 서비스 일정과는 정반대의 시간대에 근무를 해야 하는 상황이었기에 외견상 플랫폼사업팀의 하위부서였음에도 불구하고 동일한 근무시간대에 업무를 수행할 수 없었고, 이는 두 부서의 교류에 장애요인으로 작용하였다.

따라서 국제경영활동의 확대와 이와 관련된 업무의 정상화를 위하여 2015년 2월 ㈜아프리카TV는 조직구성을 변경하기로 결정했다. 우선, 해외사업팀을 플랫폼사업팀에서 완전 분리하여 CEO/COO 산하의 직속 부서로 재편하였다. 이를 통하여 보고체계가 단순화되어 문제 발생 시 발 빠른 대응이 가능토록 만들었으며, 업무일정을 해외 상황에 맞추어 유동적으로 조정할 수 있는 자율권한을 부여하였다. 또한 해외사업 지역별로 국제경영활동이 달리 적용되어야 했기에, 크게 북미 및 아시아 지역으로 범주를 나누어 북미서비스의 운영을 담당할 해외사업1팀과 일본, 태국, 대만의 서비스 운영을 담당할 해외사업2팀으로 분할하였다.

표 16-5 | 2015년 2월 조직개편 이후 ㈜아프리카TV의 조직구조

CEO/COO					
경영기획본부	모바일게임 사업본부	SNS플랫폼 사업본부	콘텐츠기획TF	기술연구소	CEO/COO 직속 E-Sports 사업부
					해외사업1팀
보안문제로 인해 개편 이후 소속 부서는 공개 불가하다고 함					해외사업2팀

자료 : ㈜아프리카TV 해외사업1팀 팀장과의 인터뷰.

더불어 2015년 3월에 이르러 내부적인 인력운용에 한 번 더 변화가 있었다. 해외사업1팀과 2팀의 팀장 및 서비스 연구개발인력을 제외한 종업원들은 각 국가에 새로 설립된 지사에 파견되어 근무함으로써 서비스에 대한 현장에서의 관리감독을 강화하게 했고, 따라서 이메일 및 화상회의를 통해 업무보고 및 지시를 내리게 되었다. 즉, 핵심인력을 제외한 근무자들에게 현지에서의 통제업무를 일임한 것이었다. 지금까지는 서비스 운영 전반에 대해 협력회사에 아웃소싱을 주어 서버유지 및 모니터링 업무를 진행해왔는데, 인터넷방송 서비스의 특성상 이는 가장 핵심적인 부분이었기에 이를 보다 적절히 통제하기 위해 변화를 도입한 것으로 풀이해 볼 수 있다.

이와 같은 변화의 원인은 일본법인으로 인해 기인했던 것으로 보인다. 앞서 설명했듯이 2015년 2월이 되자 ㈜아프리카TV는 플랫폼사업팀 산하 해외사업팀에 대해 북미서비스를 담당하는 해외사업1팀과 기타 지역(대만, 태국, 일본)을 담당하는 해외사업2팀으로 분리, 독립하여 CEO/COO 직속으로 개편하였다. 북미, 태국, 대만은 각각 ㈜아프리카TV에서 직접 법인을 세우고 운영을 했던 반면, 일본은 현지의 스트리밍 업체인 '드라마 피버'를 인수하고, 게임팟 대표와 일본온라인게임협

표 16-6 | 해외사업팀 조직구성도

이 름	소 속	담당(직책)	기 타
박XX	해외사업1팀	해외사업1팀 팀장	
이XX	해외사업1팀	기술개발	
김XX	해외사업2팀	해외사업2팀 팀장	
이XX	해외사업1팀	기술개발	
윤XX	해외사업2팀	대만 담당	대만 파견직원(관리자)
황XX	해외사업2팀	일본 담당	
이XX	해외사업1팀	미국 담당	미국 파견직원(관리자)
이XX	해외사업2팀	일본 담당	
Brian MckXXXX	해외사업2팀	미국 담당	미국 법인 현지직원
백XX	해외사업2팀	대만 담당	대만 파견직원(관리자)
이XX	해외사업1팀	미국 담당	
Emma IyaXXXXX	해외사업2팀	태국 담당	
Johny ScheXXXX	해외사업2팀	미국 담당	미국 법인 현지직원
Krisda XXXXXXX	해외사업2팀	태국 담당	태국 법인 현지직원

자료 : ㈜아프리카TV 해외사업1팀 팀장과의 인터뷰.

회장을 역임한 우에다 슈헤이를 법인 장으로 임명하였다. 현지 스트리밍 업체인 '드라마 피버'를 인수함으로써 법인을 설립하는 데 들어가는 비용을 절감하고, 기존에 있는 시설과 인력을 그대로 활용할 수 있는 장점을 극대화하고자 하였으며, 또한 게임과 관련이 깊은 인력을 사장으로 임명하여 시너지를 배가하기 위해 노력했다. 그 덕택인지는 정확치 않으나, 일본법인은 미국, 대만, 태국법인 대비 10배 높은 성장세(시청인원 기준)를 보이며 성공적인 영업을 시현하였다.

한편, 아프리카TV의 주 서비스가 온라인 스트리밍 서비스인 것을 감안하였을 때, 방송규제와 관련된 가이드라인과 이를 숙지하고 방송을 모니터링할 수 있는 인력이 항상 필요했다. 국내 본사의 경우에는 플랫폼사업팀에 모니터링 팀이 따로 독립된 부서로 존재하며, 주간, 야간, 새벽의 3개조로 나뉘어 24시간 모니터링 및 CS업무를 담당하고 있었다. 이를 통하여 방송콘텐츠상 법에 위촉되는 것들을 상시 적발하고 차단하며, 유저들의 신고가 들어오는 사안들을 바로바로 정립하여 플랫폼사업팀에 전달할 수 있었다.

하지만 직접 모니터링 팀을 조직하여 24시간 운영하고 있는 국내서비스와는 달리 가용할 수 있는 인력자원이 대개 제한되어 있는 해외법인의 특성상, 방송에 문제가 발생하더라도 발 빠른 대처가 어려운 상황이었다. 이 문제를 해결하기 위하여 정상 근무시간에는 국내업무를 보는 직원들이 웹으로 접속하여 모니터링 업무를 겸임하였지만, 이들이 퇴근한 후에는 이조차 할 수가 없었기에 일본법인을 담당하고 있는 국내 해외사업2팀 직원들이 추가근무를 통하여 모니터링 업무까지 도맡아 하고 있는 실정이었다.

그런데 2015년 1월 초 새벽 2~4시경, 서비스를 이용하는 한 방송유저가 나체로 방송을 하고 이것이 실시간으로 중계되는 사고가 벌어졌다. 이 사건으로 인해 구글로부터 유해매체로 지정을 받고 하루 동안 일본 아프리카TV의 인터넷 노출과 검색이 차단되는 사태가 발생되었는데, 검색에 노출이 되지 않음은 인터넷 유저들이 신규로 유입할 수 없다는 것을 의미했기에 신속한 대책마련이 시급했다.

다음날 직원이 검색차단 상황을 발견하고 구글 콘텐츠관리자에게 공식으로 이메일을 보내어, 자사는 일반 방송매체와는 달리 기업이 콘텐츠를 제작하고 유통하는 업체가 아니며, 다만 각 개인들이 방송을 할 수 있게 플랫폼을 제공하는 플랫폼 회사라는 점을 강변하였다. 그러므로 문제시된 콘텐츠는 아프리카TV 자체의 문제가 아니라 방송을 진행했던 개인이 가졌던 문제였다는 논리를 강조하며 차단된 검색어를 풀어달라는 정정요구 메일을 보냈고, 다행히도 하루 만에 어필이 받아들여져 정상화되었다. 하지만 이와 함께 적합한 규제를 시행하지 않는다면 동일한 제재를 가하여 검색에서 누락시킬 수밖에 없다는 취지의 경고성 답장을 받게 되었다.

㈜아프리카TV는 문제가 된 유저의 IP를 차단하여 방송을 하지 못하도록 막았으나, 그는 다른 컴퓨터나 인터넷 망으로 접속하여 똑같은 행위를 반복하는 등의 기행을 저질렀다. 이러한 일련의 일들을 겪게 되자 ㈜아프리카TV는 상시로 모니터링 및 CS업무를 담당할 수 있는 부서가 해외법인에도 동일하게 구비되어 운영되지 않으면 정상적인 경영활동이 불가능하다는 사실을 깨닫게 되었다.

기존에 운영 중이던 스트리밍 회사를 인수하여 법인을 시작한 일본과는 달리, 대만에서는 신규법인을 설립하는 그린필드 유형으로 사업을 시작하되, 이에 앞서 본사에서는 대만법인 업무를 담당할 직원을 국내에서 채용한 뒤 그들을 해외사업팀에 발령내어 근무를 하도록 했다. 당장 대만에서 활동하는 것보다는 효과적이고 효율적인 커뮤니케이션을 위하여 동 전략을 택했다고 한다. 이를 부연하면, 법인 자체에서 업무들을 자율적으로 계획하고, 이를 국내 법인에 보고하고 승인받는 방식으로 사업을 진행했던 일본의 경우와는 다르게, 대만에서는 현지 게임유통 비즈니스를 영위하고 있는 카이엔테크(Cayenne Tech)라는 기업과 공동으로 지분을 투자하는 합작기업 형태의 법인을 설립하는 절차를 밟았으며, 대만에서의 인력관리 및 서비스는 카이엔테크가 처리하고 유지하였다. 해외사업팀(이후 해외사업2팀)의 담당 직원들은 ㈜아프리카TV와 파트너십 관계에 있는 카이엔테크와의 커뮤니케이션 업무를 주로 맡아보았다.

2015년 2월, 해외사업2팀이 발족되고, 대만을 담당하는 직원이 직접 현지시장에 대한 관리감독을 시행하기 위해 종종 출장을 나가곤 했다. 이때 이들은 한 달간 유효한 여행비자를 이용하여 수시로 두 나라 사이를 오가며 업무를 봤으나, 이는 해당 직원이 정식으로 비자를 발급받고 ㈜아프리카TV 대만법인에 발령을 받아 노동을 제공했던 것이 아니었기에 명백한 불법행위에 해당되었다. 따라서 해외사업2팀 직원은 이후 협력업체인 카이엔테크의 직원으로 고용되어, 카이엔테크의 사무실에서 근무하며, 현지법인의 설립 및 커뮤니케이션과 관련된 업무활동을 영위했다. 즉, 해당 직원들은 두 기업에 동시에 종업원으로 등록하여 근무하는 편법이 동원되었다.

특히 전술했듯이, 대만법인은 ㈜아프리카TV와 카이엔테크 간 합작기업의 형태로 설립된 것이었기에, 상기 직원들은 두 기업에 모두 보고를 각기 행하고 필요한 결재를 이중으로 받아야 했으며, 이에 따라 제대로 된 통제관리시스템의 구축이 어려웠다. 현지 자회사에 필요한 자료공급, 업무집행계획의 책정까지는 ㈜아프리카TV에서 의도한대로 운영되었으나, 계획을 실행에 옮기는 과정에서 필요한 심의 및 승인절차가 조화롭게 이루어지지 못했고, 법인의 실제 운영에 있어서 ㈜아프리카TV 본사가 추구하는 경영전략이 제대로 적용되지 못하는 빈도가 늘어만 갔다. 또한 방송콘텐츠의 특성상 일일사건사고 동향파악, 주간 이용자 동향파악, 월간 보고서를 작성함에 있어서, 두 기업에 보고서를 각각 중복 제출해야 하는 이중고를 겪어야 함은 물론, 자회사에 대한 본사통제가 제대로 이루어지지 못하는 경우가 많았고, 두 모기업 간 경영성과를 바라보는 관점이 상이했기 때문에 시현한 성과에 대한 적정한 업적평가가 어려웠다.

Question

1. ㈜아프리카TV에게 가장 적합한 조직구조의 모습을 제안하고 그 이유를 설명해 보시오.
2. 일본법인과 관련하여, 불법, 유해매체들에 대한 모니터링 및 CS 관리체계를 구축함에 있어서 이를 국내조직에서 행하는 경우와 해외법인에서 직접 행하는 경우 간 장단점을 논하시오.
3. 대만법인과 관련하여, 위와 같은 이원화된 보고 및 통제 체계를 바로잡기 위해 ㈜아프리카TV는 어떠한 노력을 해야 한다고 여겨지는가?

사례 16-5 삼성전자 영국 윈야드 복합단지·지역본사제도 실패사례로 본 조직구조 개편

1. 기업 소개

삼성전자(SEC)는 1969년 설립된 대한민국의 대표적인 전자제품 제조회사이다. 2013년 현재 228조 6,930억 원의 매출과 36조 7,850억 원의 영업이익을 기록한 거대기업으로, 현재 사업영역은 크게 3가지, 즉 Consumer Electronics(CE)사업부, IT& Mobile Communication(IM)사업부, Device Solution(DS)사업부로 각각 나누어져 있다. CE사업부에서는 영상디스플레이, 생활가전, 의료기기, 프린팅 솔루션을 다루며, IM사업부에서는 휴대전화 단말기, 네트워크 인프라, 디지털 카메라 사업에 진출해 있다. 그리고 DS사업부는 메모리, LED 등의 디스플레이, 시스템LSI 영역을 총괄하고 있다. 삼성전자는 해외 임직원 수가 19만 486명에 달하며, 전 세계 10개 권역에 지역총괄본부를 두고 있고, 해외에 32개의 생산법인과 54개국에 판매네트워크가 형성되어 있는 다국적기업이다.

삼성전자의 조직구조는 제품별 사업부제 조직이며, 각 부문마다 세부 사업조직과 경영지원조직을 운영하고 있다. 이외에 IM부문 산하에 이미징사업팀과 빅데이터센터가 있고, DS부문에는 솔루션개발실과 모뎀개발실이 편제되어 있다.

2. 1990년대 초반 삼성전자의 상황

삼성전자는 1971년 산요와 제휴하여 생산한 흑백TV를 파나마에 수출한 이래로, 1978년 미국 현지법인을 설립하였으며, 1982년에는 포르투갈에 해외 제조 자회사를 설립하여 해외사업을 확대하는 상황이었다. 1990년에는 '지역전문가제도'를 도입하였는데, 현지 언어와 문화 습득, 현지인들과 교류활동, 글로벌 네트워크 구축이 그 목표로 1990년대에는 연간 약 1,200여 명이 파견되는 등 국제인력 확보에 노력하였다. 1987년 취임한 이건희 회장은 1993년 6월 17일 독일 프랑크푸르트에서 "마누라와 자식만 빼고 다 바꿔라. 2등은 아무도 기억해 주지 않는다"는 내용의 신경영 선언을 하게 된다. 이에 따라 삼성그룹은 새로운 CI를 도입하고 1993년 10월 조직을 개편하여 비서실을 8개 팀으로 축소(기존 10개 팀, 인원 100명 감축)하고 산하에 신경영실천위원회를 편제로 두게 된다. 비서실은 전략적 이슈를 다루기 위한 기획기능을 맡았으나 과도한 통제로 인해 그룹 산하 기업의 자율성이 제한되었고, 1년 만인 1994년 10월 회장과 비서실 중심의 조직에서 계열별 사업부제 조직으로 개편하였다.

또한 삼성의 신경영이 추구하는 혁신과 국제화 추세에 따라 삼성그룹의 전자계열사가 함께 생산시설을 이용하여 구매, 고용, 물류 등에서 기술 경제적인 시너지를 꾀하는 복합단지 사업이 추진되었다. 복합단지는 수직계열화로 인해 제품을 개선 및 개발하고 경영효율성을 높일 수 있다는 장점과 더불어 현지 기반 구축을 통한 효과를 기대할 수 있었다. 이에 따라 멕시코 티후아나, 영국 윈야드, 말레이시아 세렘반, 중국 천진, 브라질 마나우스 등에 복합단지를 설립하였다.

3. 윈야드 복합단지

삼성전자는 1994년 12월 영국 티사이드(Teaside) 지역에 윈야드 복합단지를 착공하였고, 1995년 10월 준공하였다. 복합단지는 25만 평의 규모에 1,000여 명이 근무하였으며, 전자레인지, 모니터, TV 공장 등으로 구성되어 있었다. 삼성전자의 투자는 고용창출 등의 효과를 주었기 때문에 영국 정부는 전담팀을 편성하고 4,600만 파운드를 지원할 것을 약속하였으며, 삼성전자는 평당 5,000원에 부지를 매입하였다. 삼성전자는 윈야드 복합단지를 통해 유럽시장의 교두보를 마련하고 현지화를 목표로 하였다. 현지화란 해외공장을 본사로부터 독립된 운영주체로 만들어 독자적인 생산, 판매를 하고 핵심부품을 제외한 부품을 현지에서 조달함(핵심부품의 경우 협력업체와 동반진출을 통해 현지에서 생산)으로써 제품 납기일을 단축하는 등의 제품과 서비스의 품질을 향상시키는 것과 동시에 관세부과로 인한 가격경쟁력 하락을 예방하는 의미를 가졌다. 그러나 윈야드 복합단지의 성과는 예상과는 달리 밑돌았는데, TV사업의 부진 및 적자로 TV 생산공장을 1998년 헝가리로 이전하였다. 윈야드 복합단지 자체도 축소되어 운용되다가 2003년 삼성전자 생활가전 부문에서 1,000억 원의 적자를 시현하면서 구조조정 대상으로 지목되어 2004년 영국에서의 철수가 결정되고, 생산시설은 슬로바키아로 이전되었다. 부진의 이유로는 높은 임금으로 인한 원가경쟁력 악화, 부품의 공급차질, 파운드화로 인한 환차손 등이 거론된다.

4. 삼성전자의 이후 대응

삼성전자의 복합단지 사업은 지역본사제도(1996년)를 바탕에 두고 함께 실시되었는데, 이는 본사의 제품별 사업부와 경영지원부문과는 별개로 북미, 유럽, 중국, 일본, 동남아에 지역본사를 두고 CIS, 중동, 중남미 지역에 총괄본부를 두는 것이 있다. 삼성선사의 각 지역본사는 삼성그룹 차원의 지역본사의 통제 역시 이중으로 받는 것이었다. 각 지역본부는 인사, 조직, 마케팅, 생산, 판매 등의 의사결정을 본사로부터 완전 독립되어 독자적으로 하며 현지시장의 성과에 대해 책임을 가졌다. 윈야드 복합단지 역시 유럽지역본사에 소속되어 통제를 받았다. 그러나 그룹 차원의 지역본사에 의한 통제는 너무 광범위해서 상이한 산업에 진출한 계열사끼리는 통합적 효과를 받을 수 없음에도 불구하고 통합적인 정책을 추진함으로써 조직의 효율성을 떨어뜨리고, 이중적인 관료조직으로의 모습을 보임으로써 비판을 받는다. 그룹 차원에서 추진했던 복합단지 역시 같은 이유로 복합화로 인한 효과가 미미했고, 앞서 언급한 문제로 지지부진한 실적을 보이면서 이에 대한 대응으로 삼성전자는 1998년 GPM(global product management)제도를 통해 조직개편을 실시했다. GPM조직은 단일 제품사업본부제를 의미하는 것으로, 마케팅, 판매, 제조, 개발, 조달, 서비스 등의 총체적인 프로세스를 맡았다. 삼성전자는 현재의 조직구조처럼 정보가전총괄, 정보통신총괄, 반도체총괄로 나뉜 사업부문 아래 전략적 군별로 각각 10개, 4개, 3개의 GPM부서를 배치하였다. GPM부서는 산하에 독자적인 마케팅부서와 해당 시장의 판매・생산법인을 편제로 두었으며, 본사에서 중요 의사결정을 맡고 현지법인에 운영을 할당하였다. 지역본사제도가 분권화적인 조직구조였다면, GPM조직은 중앙집권화를 추구한다는 점에서 주요한 차이가 있다.

하지만 중앙집권적 의사결정구조를 가진 GPM조직구조로의 변화가 기대했던 것과는 달리 좋은 해결책이 되지는 못했으며, 또한 해외법인과 필연적으로 마찰을 빚을 수밖에 없었다. 그 주요한 이유는 한국 본사에서는 현지 상황에 밝지 않았기 때문에 노사관계에 유연하게 대처할 수 없었고, 생산・설계 등의 엔지니어 출신들이 GPM조직의 장을 맡았기에 이들은 생산효율성에만 관심이 있었지 판매, 유통, 마케팅 및 광고홍보, 공동 개발에 대한 투자 등에 소홀했기 때문이다. 더불어 현지 상황을 이해하지 못하면서 이를 제대로 고려하지 않은 정책을 집행함에 따라 혼란이 가중되는 경우가 빈번히 발생하였다. 이에 삼성의 내부에서는 이러한 중앙집권적인 GPM제도가 합리적으로 실행되고 있지 않다는 볼멘소리가 여기저기서 터져나왔다.

uestion

1. 삼성전자가 시행했던 지역별 본사제도의 주요한 단점은 무엇이라고 여겨지는가?
2. 삼성전자는 원야드 복합단지 실패를 지역본사제의 분권화된 의사결정과정과 관련지어 GPM조직을 중심으로 한 조직개편을 단행하였으나, 이 역시 정답은 아니었던 듯하다. 그렇다면 GPM제도의 문제는 무엇이라고 판단하는지 구체적으로 설명하시오.
3. 만약 여러분이 삼성전자의 최고 의사결정권자였다면 어떠한 형태의 조직구조를 채택했을 것이며, 그 이유는 무엇인가?

사례 16-6 LG전자의 조직과 통제의 변화

1. 기업 개요

LG전자는 전자제품 분야의 기술혁신을 선도하는 대한민국 대표 글로벌 기업 중 하나임을 부인할 사람은 없을 것이다. 2014년에는 59조 408억 원의 매출을 기록했으며, 약 8만 3,000명의 직원들이 전 세계 50여 개국의 사업장에서 근무하고 있다. LG전자는 HE(Home Entertainment), MC(Mobile Communications), H&A(Home appliance & Air solution), VC(Vehicle Components)의 4개 사업부로 이루어져 있다. 또한 LG전자는 미국 환경보호청에서 주관하는 '에너지스타 올해의 파트너상'을 2년 연속으로 수상하면서 친환경 선도기업으로 인정받고 있기도 하다.

2. 연혁

LG전자의 홈페이지에 기술된 설명에 의하면, 동사(同社)의 역사는 총 6개의 시기로 구분할 수 있다. 첫 번째는 창업의 시기(1958~1969년)로 기업이 태동하고 성장하기 시작한 시기이다. 두 번째는 성장의 시기(1970~1979년)로 어려운 환경 속에서도 꾸준한 노력을 통해 기업이 성장하게 된 시기이다. 성장의 시기를 발판으로 LG전자는 국제화의 시기(1980~1988년)를 맞게 된다. 이 시기의 LG전자는 그동안의 성장을 발판 삼아 세계 시장으로 무대를 넓혔다. 또 LG전자는 국제화의 시기 다음으로 혁신의 시기(1989~1994년)를 경험하게 된다. 이 시기의 LG전자는 노사문제와 시장개방 요구로 최대 위기를 맞게 된다. 그러나 LG전자는 그 위기를 극복하고 경영혁신과 세계화 전략을 구사하여 유럽, 아시아, 아프리카 지역 등에 현지 공장을 설립한다. 다섯 번째는 도약의 시기(1995년~2003년)로 사명(社名)과 CI를 바꾸면서 새로운 미래를 계획한다. 그리고 휴대폰과 디지털 TV분야에서 세계 최고의 기술력을 입증하면서 국내 최고에서 세계 최고로 도약하게 된다. 마지막으로, 현재의 LG전자는 가치창출의 시기(2004년~)를 맞고 있으며 'GLOBAL TOP 3'라는 비전과 함께 전 세계인이 인정하는 글로벌 기업으로 성장하고 있다.

표 16-7 | LG전자의 연혁

창업의 시기 (1958~1969년)	1958년. 금성사 설립 1959년. 국산 라디오 개발 1964년. 종합전기기기공장 건설 1966년. 국내 최초 흑백TV 생산
성장의 시기 (1970~1979년)	1973년. 기업공개 1975년. 생산기지 전국 확대 1977년. 컬러TV 개발과 생산 1978년. 매출 1,000억 원, 수출 1억 달러 돌파
국제화의 시기 (1980~1988년)	1982년. 국내 최초 VCR 및 컬러 비디오카메라 개발 컴퓨터 사업의 본격 전개 국내기업 최초의 해외 생산기지 확보 1984년. 매출 1조 원 돌파
혁신의 시기 (1989~1994년)	1989년. 노사 분규, 최대 위기 극복 신경영 1990~1994년. 세계화 경영전략 수립
도약의 시기 (1995~2003년)	1995년. 사명 및 CI 변경 미국 최대 가전회사 제니스 인수 1996년. IBM과 전략적 제휴, PC 사업 확장 1997년. 디지털 경영, 디지털 LG 선포 2001년. 세계 최초로 리니어 압축기 상용화 성공 2003년. CDMA 단말기 세계 1위 달성
가치창출의 시기 (2004년~)	2004~2006년. 해외 생산기지 확대 2005년. 친환경 생산체제 구축 2007년. 수익 1조 시대 개막 2010년. 세계 최초 듀얼 코어 스마트폰 '옵티머스 2X' 출시 2011년. 시네마 3D 스마트 TV 출시 2013년. 세계 최초 곡면 올레드 TV 출시

자료 : LG전자 홈페이지.

3. LG전자 조직과 통제구조의 변화과정

LG전자의 조직과 통제구조의 변화과정은 크게 네 부분으로 나눌 수 있다. LG전자는 본격적으로 해외진출을 도모하면서 국제사업부제 조직을 채택했다. 이후 국제사업부제 조직은 기업의 전략에 따라 제품별 조직으로 변화하게 된다. 그리고 지역별 조직의 형태를 띠게 되면서 통제구조도 함께 변화하게 된다. 본국중심의 통제구조에서 지역중심의 통제구조로 변화한 것이다. 마지막에는 지역별 조직에서 다시 제품별 조직으로 돌아오면서 통제구조 또한 본국중심의 통제구조로 회귀하였다. 그렇다면 LG전자의 조직과 통제구조는 어떤 전략에 따라 구체적으로 어떻게 변화했는지 알아보자.

(1) 본격적인 해외진출과 국제사업부제 조직

LG전자는 1980년대에 이르러 본격적으로 해외시장에 눈길을 돌리기 시작한다. 당시의 1인당 국민소득이 낮아 내수시장만으로는 기업이 성장하는 데 한계가 있었기 때문이다. 그러나 당시 세계 경제는 2차 오일쇼크로 인해 상당히 침체되어 있었다. 그에 따라 허신구 CEO는 성장보다는 안정을 추구하게 되었고, <전천후 경영전략>을 수립한다. 이는 급변하는 환경에 적절하게 대처하면서 국제화를 추진하기 위한 전략이었다. 그리고 여러 차례의 조직구조 개편을 통해 제품별 사업부와 기능별 사업부가 분리된 조직구조를 채택한다. 기능별 사업부 아래에는 수출전담 부서를 두어 수출업무를 전담하게 했다. 이뿐만 아니라 독립채산제를 실시하여 경영의 효율성도 제고했다. 이러한 조직구조를 통해 사업부별 책임경영이 가능하게 되었다.

(2) 사업부와 제품중심의 조직구조로의 변화

LG전자는 국제화의 시기에 해외 생산기지 확보, 판매법인과 해외지사의 설립 등을 통해 국제기업의 발판을 마련했다. 하지만 전기전자사업 부문에서 여러 문제점들이 발견되었고 <F-88 프로젝트>를 통해 조직구조를 개편하게 된다. 각 사업부 아래에 해외담당 사업부를 두어 사업부별로 국제화 전략을 실행할 수 있다는 것이 조직구조 개편의 핵심이었다.

2000년에 이르러 LG전자는 디지털 LG를 선포하면서 <디지털 LG 달성을 위한 변혁실천의 해>를 통해 제품별 조직을 채택한다. 제품을 세 가지로 분류하여 각각 다른 전략을 취하게 하는 형태의 조직구조였다. 디지털 TV, PDP 등의 제품들은 기술력 향상을 통해 세계 최고로 자리매김하도록 하는 것이 목표였다. 그리고 TV, 모니터, 에어컨 등의 제품들의 전략은 브랜드 인지도를 높이는 것이 당면 과제였으며, 마지막으로 냉장고, 세탁기 등의 제품들은 지속적인 개발을 통해 경쟁우위를 유지하는 것이 목표였다.

(3) 지역중심의 조직과 통제구조의 대규모 개편, 그리고 실패

LG전자는 국제기업으로 성장해 나가면서 어느 정도 현지화를 실현하기는 했으나 여전히 본국중심의 통제구조의 형태를 띠고 있었다. 그러나 2000년대 후반에 남용 CEO는 조직과 통제구조를 지역중심으로 개편한다. 남용 CEO는 고객중심의 원칙을 확고하게 가지고 있었고, 이에 따라 고객, 즉 수요자 위주로 모든 것을 바꾸게 된 것이다. 제품별 마케팅 조직구조는 총 8개의 지역별 마케팅 조직구조로 개편되었으며, 연구개발 부문을 제외하고 인사, 평가 등의 통제권한을 지역본부 중심으로 이전시키기 시작했다. 또한 한국 본사라는 개념을 없애고 한국 본사도 해외지역본부 중 하나라는 개념을 도입했다. 이뿐만 아니라 외국인 임원을 대규모로 채용하는 파격적인 인사를 단행하기도 했으며 현지 밀착형 마케팅 전략에 따라 해외법인장의 30%를 현지인으로 교체한다고 선언했다.

그러나 남용 CEO의 대규모 조직과 통제구조 개편에도 불구하고 LG전자의 실적은 악화되었다. 마케팅 전략 중심의 경영으로 경쟁사들에 비해 연구개발이 부족했기 때문이다. 그리고 과도한 지역중심의 조직과 통제구조도 큰 이유였다. 지역본부들의 권한이 지나치게 강해 지역본부들 간의 의견 충돌이 많았다. 또한 지역본부들은 성과주의로 인해 판매율이 높은 제품들만 판매하려는 경향을 보였다. 그리고 외국인 임직원들과의 소통이 제대로 이루어지지 않았다. 아무 대책 없이 외국인 임직원들을 대거 채용하다 보니 한국인 직원들과의 의사소통이 이뤄지기 힘들었던 것이다.

(4) 제품별 조직, 본국중심의 통제구조로의 복귀

지역중심의 조직과 통제구조 개편이 실패로 돌아가면서 외국인 임원들과 남용 CEO는 교체된다. 남용 CEO 이후 구본준 CEO가 새로 취임하면서 조직구조는 다시 사업부와 제품중심의 조직구조로 개편된다. 통제구조 또한 본국중심의 통제구조로 돌아오게 된다. 지역별 마케팅 조직은 사업부별, 즉 제품별 조직으로 개편되었으며, 해외지역본부라는 개념은 사라지고 지역대표의 개념이 새로 생겨났다. 남용 CEO 때보다 지역대표의 통제 권한은 대폭 낮아지고 대표들은 전사적 전략을 실행하고 해외조직을 관리하는 역할만 맡게 된 것이다. 구본준 CEO는 이러한 조직과 통제구조를 통해 신속한 의사결정을 추구했던 것이다.

Question

1. LG전자가 최초 해외시장 진출을 위해 노력하면서, 국제사업부제 조직을 선택한 이유는 어디에 있다고 여겨지는가?
2. LG전자에서 지역별 조직이 제대로 운영되지 못했던 이유는 무엇이라고 판단하는가?
3. LG전자가 다시 제품별 조직으로 회귀한 이유는 동 조직형태의 어떠한 장점에 기인한다고 생각하는가?

토의자료 16-1 다시 생각해보는 매트릭스

1969년 아폴로 11호가 달 표면에 착륙했다가 무사히 지구로 귀환하는 인류 역사에 길이 남을 기념비적인 업적을 거두었다. 언론들은 그 성공요인 중 하나로 매트릭스 구조를 들었다. 제한된 시간과 자원을 최대한 효율적으로 활용하기 위한 프로젝트 매니저, 그리고 첨단기술을 다루는 전문가들이 모인 기능 조직이라는 두 개의 축이 공존하는 매트릭스 구조가 있었기에 소련보다 앞서서 성공할 수 있었다는 것이 당시 언론들의 분석이었다. 그 이후 매트릭스 구조는 수많은 기업들이 앞 다투어 도입하는 하나의 시대적 트렌드가 되었다. 1970년대 후반부터 1980년대 초반까지는 가히 매트릭스의 전성시대라 할 만했다.

그러나 안타깝게도 대부분의 기업들은 기대했던 효과를 얻지 못했다. 오히려 역할/책임의 모호성으로 인한 혼란, 빈번하게 발생하는 갈등 해소 실패, 의사결정 속도의 저하 등의 부작용만 경험하게 된 것이다. 기업에서는 물론 경영학자들 사이에서도 매트릭스 구조는 이론적으로는 매우 훌륭하지만, 너무나 복잡하기 때문에 현실에서 이를 효과적으로 운영한다는 것은 사실상 불가능하다는 주장이 나타나기 시작했다.

여기에 마침표를 찍은 것이 1982년 출간된 톰 피터스(Tom Peters)와 로버트 워터만(Robert Waterman)의 "초우량 기업의 조건(*In Search of Excellence*)"이란 책이었다. "초우량 기업들은 모두 고객과 가까운 조직구조를 택하고 있었다. 그리고 초우량 기업 중에서 매트릭스 구조를 선택한 기업은 하나도 없었다"라는 문구가 일종의 사형선고가 되어버렸다.

그 이후 매트릭스 구조를 운영하던 기업들도 사업부형 조직, 기능식 조직, 지역별 조직 등으로 다시 돌아갔다. 매트릭스 조직의 모범사례로 꼽히던 ABB마저 1998년 전통적인 글로벌 제품별 사업부제형 구조로 조직을 바꾸었다. '라인-스태프(Line-Staff) 조직'이나 R&D 부문의 프로젝트 매니저 제도 등 부분적으로 매트릭스 구조를 활용하는 기업들은 있지만, 매트릭스 구조를 조직의 기본 틀로 사용하는 것은 쉽지 않은 듯 보였다.

매트릭스의 재조명

그런데 최근 IMD(International Institute for Management Development)의 갈브레이스(Jay R. Galbraith) 교수, 서던 캘리포니아(Southern California) 대학의 폴 아들러(Paul Adler) 교수 등 일부 경영학자들 사이에서 매트릭스 구조에 대한 재조명이 이루어지고 있다. 경영환경의 복잡성이 심화된 지금 시점이야말로 매트릭스 구조가 필요하다는 것이다. 실제 경영현장에서도 많지는 않지만 매트릭스 구조를 취하고 있는 기업들이 존재하고 있다. P&G, 시스코(Cisco), BMW, 언스트 앤 영(Ernst & Young) 등이 그 대표적인 기업들이다. 이 중 P&G의 전 CEO였던 라플리(A. G. Lafley)는 P&G의 성공요인을 설명해달라는 질문에 "첫째, 고마진·고성장 사업분야 진출이라는 사업전략의 전환, 둘째,

외부의 아이디어를 받아들이는 오픈 이노베이션(Open Innovation) 시스템, 셋째, P&G만의 독특한 4차원 매트릭스 구조이다"라고 답하여 매트릭스 구조에 대한 기존의 통념에 충격을 주기도 했다. 이들 기업이 복잡하기 때문에 현실에 적용하기는 어렵다는 매트릭스 구조를 선택한 이유는 크게 3가지로 요약될 수 있다.

• 경영환경의 복잡성 증가

피터 드러커(Peter Drucker)는 "조직구조는 기업을 둘러싸고 있는 경영환경이 요구하는 정도의 복잡성을 갖추어야 한다. 그보다 더 복잡하거나, 덜 복잡한 구조는 바람직하지 않다"라고 말한 바 있다. 소수의 제품으로 1~2개 시장에서만 사업을 하는데 조직구조가 복잡하면 불필요한 조정비용 등 낭비가 발생한다. 따라서 사업이 단순하면 조직구조도 단순한 것이 바람직하다. 반대로 다양한 제품을 여러 시장에 파는 형태의 복잡한 사업을 하고 있는 기업에서는 단순한 조직구조로는 시장과 고객의 다양화로 인해 발생하는 복잡성을 충분히 해소하기 어렵다는 것이다. 매트릭스 구조를 선택한 대부분의 기업이 복수의 사업군/제품군을 갖추고 여러 국가에 걸쳐 퍼져 있는 복수의 지역시장에서 사업을 영위하고 있는 기업들이란 것도 이런 맥락에서 이해할 수 있다.

• 동시 달성이 어려워 보이는 목표를 추구하는 기업전략

"조직구조는 전략을 따른다"는 하버드(Harvard) 대학 알프레드 챈들러(Alfred, D. Chandler) 교수의 말처럼 이들 기업이 추구하는 사업전략을 가장 충실하게 실행할 수 있는 조직구조 형태가 매트릭스이기 때문이다. 만약 '글로벌시장에서 1개의 제품으로만 사업을 한다'는 사업전략을 취한 기업이라면 제품중심 사업부 조직이나 기능식 조직이 더 효과적이다.

그러나 이와는 달리 동시에 달성하는 것이 어려워 보이는 두 개의 목적을 사업전략에서 추구한다면 매트릭스 구조가 그에 맞는 조직구조가 된다. 예를 들어, '규모의 경제를 누리기 위해 제품 개발/생산 등은 글로벌 차원에서 통합 대응하고, 현지시장/고객에게 가깝게 다가가기 위해 마케팅/영업 등은 지역별로 밀착 대응한다'는 사업전략을 갖고 있다면, '제품조직-지역조직'의 2개 축을 갖는 매트릭스 조직이 적합한 형태라 할 수 있다. 이럴 경우 제품 담당자는 제품의 입장에서, 지역 담당자는 지역의 입장에서 각자 가장 적합하다고 생각하는 방안을 가지고 만나서 서로 논의하는 과정에서 더 나은, 그렇기 때문에 양 축이 모두 성공할 수 있는 제3안을 찾을 수 있기 때문이다. 갈브레이스 교수는 "사업부 조직이나 지역별 조직이 두 가지 목적 중 하나만을 선택할 수밖에 없는 'OR형 조직'이라면 매트릭스 구조는 둘 모두를 추구할 수 있는 'AND형 조직'이다"라고 말한다. 즉, 쉽지는 않지만 매트릭스 구조를 성공적으로 운영할 수만 있다면 사업부 조직이나 지역별 조직에 비해 더 큰 성과를 거둘 수 있다.

• 시너지 창출과 효율적인 이노베이션

서던 캘리포니아(Southern California) 대학

의 폴 아들러(Paul Adler) 교수는 "과거에는 대량소비경제에 맞는 생산 효율성을 갖춘 기업들이 경쟁우위를 가졌지만, 이제부터는 생산 효율성에 더하여 이노베이션도 효율적으로 할 수 있는 기업이 경쟁우위를 갖는 시대가 될 것이다. 이를 위해서는 '협력형 기업(Collaborative Enterprise)'으로의 변신이 필요하다"고 말했다. 아들러 교수가 말하는 협력형 기업은 조직 내부의 경계를 넘어 시너지를 창출할 수 있는 기업이다.

그런데 사업부 조직이나 기능식 조직은 '명확한 책임'이 더 중요한 조직구조이다. 흔히 '사일로(Silo) 조직'이라고 불리는 것만 보아도 조직 간 경계를 넘는 협력과 시너지 창출이 용이하지 않음을 알 수 있다. 시너지 창출이란 면에서는 매트릭스 구조가 보다 유리하다. 최근 시스코(Cisco)의 존 챔버스(John Chambers) 회장도 "매트릭스 구조로 전환한 이후, 기존 조직 체계에서는 미처 보지 못하고 놓쳤거나, 비용이 많이 들어간다는 이유로 무시되었던 새로운 사업기회들에 보다 효과적으로 대응할 수 있게 되었다"고 말한 바 있다. 또한 챔버스 회장은 "지금의 경영환경에서 승리하기 위해서는 매트릭스 구조가 제대로 작동하도록 하는 방법을 배울 수밖에 없을 것이다"라고 말하면서 매트릭스 구조의 필요성을 강조하기도 했다.

매트릭스 구조의 성공요인 : 상호 협력

경영환경이 매트릭스 구조로 갈 수밖에 없는 방향으로 변화해 가고, 매트릭스 구조를 통해 얻을 수 있는 장점이 아무리 크다 하더라도 제대로 작동하지 않는다면 무의미하다. 무수히 많은 기업들이 매트릭스 구조를 도입했지만 기대한 효과를 얻지 못하고 실패했다는 사실을 잊어서는 안 된다. 그러나 한편에서는 이 순간에도 매트릭스 구조를 성공적으로 운영하고 있는 기업들도 있다. 이들이 갖고 있는 비결은 무엇일까?

결론부터 간단히 말하자면, 매트릭스 구조가 성공적으로 운영될 수 있는 핵심원리는 바로 '상호 협력(Collaboration)'이다. 명확한 책임과 자기완결성을 기본원리로 삼고 있는 사업부형 조직이나 기능식 조직과는 사뭇 다른 조직원리가 존재하는 것이다. 갈브레이스 교수는 매트릭스 구조를 선택했다가 실패한 기업들은 이를 간과했기 때문이라고 지적한다. "단순히 사각형과 선을 그리면서 조직구조 그 자체에만 신경을 썼을 뿐, 매트릭스에 내재한 복잡성을 해결할 수 있는 '상호 협력'을 이끌어낼 수 있는 리더십, 제도, 조직문화 등을 구축하는 데에는 별반 노력을 기울이지 않았다"는 것이 갈브레이스 교수의 주장이다. 조직의 외형은 매트릭스로 바뀌었지만, 그 속의 사람들과 제도는 여전히 사업부형 조직이나 기능식 조직구조에 머물러 있기 때문에 실패했다는 것이다. 그렇다면 매트릭스를 성공적으로 운영하고 있는 기업들은 어떻게 '상호 협력'을 이끌어내고 있는지 살펴보도록 하자.

• 협력가형 리더십

2009년 <캘리포니아 매니지먼트 리뷰(*California Management Review*)>에 실린 매트릭

스 구조에서 일했던 경험이 있는 한 리더의 인터뷰를 보자. "글로벌 기업이라면 제품이나 기능 등 한 가지 축으로만 조직을 구성한다는 것은 사실상 불가능하다는 것은 분명하다. 그러나 그보다 더 분명한 것은 내가 다시는 매트릭스 구조 속에서 일하고 싶지 않다는 점이다."

사업부형 조직 혹은 기능식 조직이 매트릭스 구조로 변화를 시도했을 때 이와 비슷한 반응을 보이는 리더들이 적지 않았다. 갈브레이스 교수의 연구에 의하면, 시스코의 경우에는 경영진의 20%, P&G의 경우에는 경영진의 50%가 매트릭스 구조에 적응하지 못하고 회사를 떠났으며, 그 이후에 매트릭스가 더욱 효과적으로 작동하기 시작했다고 한다. 왜일까? 매트릭스 구조에서 요구하는 리더의 역할은 사업부형 조직이나 기능식 조직에서 요구하는 리더의 역할과 다르기 때문이다. 사업부형 조직이나 기능식 조직에서 일하는 리더들의 최우선 과제는 자신이 담당하고 있는 조직의 성과를 극대화하는 것이다. 이를 위해서 리더들은 부여된 권한을 활용하여 적절한 의사결정과 지시를 내림으로써 산하 조직을 잘 통제하고 관리하면 된다. 즉, '지시 통제형(Command and Controller)' 리더십이 필요한 것이다. 반면, 매트릭스 구조에서는 리더들에게 담당 부서 관점이 아니라 조직 전체 관점에서 성과를 극대화할 수 있는 방향으로 사고하고 행동하길 요구한다. 그렇기 때문에 리더의 역할, 책임, 권한이 정해져 있다 하더라도, 그 경계선이 다소 모호한 면이 존재할 수밖에 없다. 전체 조직의 성과를 위해 담당 부서의 이익을 뒤로 미뤄야 하는 경우도 있고, 자신의 일이 아니면서도 나서서 해야 할 경우도 있다. 특히 매트릭스 구조라면 어쩔 수 없이 빈번하게 발생하게 되는 갈등에 대해서도 지시가 아닌 설득과 코칭을 통해 해결할 수 있어야 한다. 즉, 리더는 권한과 지시/통제 대신, 조직의 목표, 프로세스 등에 기반한 협상을 통해 영향력을 발휘하여 상호 협력을 이끌어낼 수 있는 '협력가형(Collaborator)' 리더십을 발휘해야 한다.

• 협력적 행동/사고를 중시하는 평가/보상

옥스퍼드(Oxford) 대학의 로이스톤 그린우드(Royston Greenwood) 교수는 "조직구조와 평가/보상 시스템이 서로 충돌하면 항상 후자가 이긴다. 따라서 매트릭스 구조가 제대로 돌아가게 하기 위해서는 평가/보상 시스템도 같이 바꾸어야 한다"고 말한다. 갈브레이스 교수도 "많은 기업들이 개인별 성과에 대해서만 평가를 하면서 '매트릭스는 제대로 작동할 수 없다'고 말한다"라고 지적한다. 앞서 말한 것처럼, 매트릭스를 제대로 돌아가게 만드는 것은 바로 상호 협력이다. 그런데 자신과 자기 부서의 이익만 주장하는 사람이 승진하거나 더 큰 보상을 받는다면 협력이 될 리가 없다.

그렇기 때문에 매트릭스 구조를 택하고 있는 기업들은 경영진을 비롯한 리더들이 '전체 조직의 성과 창출 관점에서 어떻게 행동했는지'를 평가하고, 그 결과에 따라서 보상하고 있다. 즉, '협력적 행동과 사고'를 재무적 성과 못지않게 중요한 항목으로 간주한다. 일례로, 경영 컨설팅 회사인 맥킨지(McKinsey)의 경우, 성과평가 항목 중에 'Partner-like Behavior'이란 것이 들어 있다. 그 세부항목은 첫째, 동료가 도움을 청했을 때 어떤 반응을 보였는지, 둘째, 다른 부서나 팀에 도움이 되기 위해 얼마나 적극적으로 노력하였는지, 셋째, 성과나 비용을 배분함에 있어 자기만의 이익을 챙기지는 않았는지 등 3개 행동으로 구성되어 있다.

매트릭스를 성공적으로 운영하고 있는 기업들은 대부분 이와 비슷한 기준으로 평가를 한다. 여기에 덧붙여 주목할 만한 점은 객관적인 수치로 측정할 수 없는 '협력적 행동과 사고'를 평가함에 있어 공정하고 깊이 있는 평가가 이루어지도록 하기 위해서 1명의 평가자의 주관에 맡기는 것이 아니라 평가위원회를 구성하여 4~5일 정도의 시간을 들여서 평가를 하거나, 상위 리더 2명이 상호 논의를 거쳐 합의를 통해 성과평가를 하도록 한다는 점이다.

• 광범위한 개인 간 협력 네트워크 형성

매트릭스가 성공적으로 움직이도록 하기 위해서는 자발적인 상호 협력과 신뢰가 필수적이다. 그리고 이런 자발적인 협력은 개개인 간의 친밀한 인간관계가 있을 때 더 잘 이루어진다. 그렇기 때문에 매트릭스 구조를 취하고 있는 기업들은 구성원 개개인 간에 네트워크를 형성할 수 있는 기회를 마련해 주기 위해 많은 노력을 기울인다. 전혀 일면식도 없던 사람들 간에 협력이 원활하게 이루어지는 것은 쉽지 않다는 것을 잘 알기 때문이다.

매트릭스 구조를 취하고 있는 BMW의 경우를 보자. 동사는 새로운 자동차를 개발하는 단계에서 모든 관련 기획팀이 한 공간에 모여서 업무를 수행하도록 하고 있다. 자동차 디자인팀은 물론, 마케팅 기획팀, 영업계획 기획팀 등까지도 한 공간에 모아서 같이 일을 하는 것이다. 새로운 자동차는 어떤 점에서 기존 제품과 다른지, 이를 어떻게 마케팅 해야 할지, 영업 측면에서는 어떤 판촉활동을 벌여야 할지 등을 같이 고민하도록 하는 것이다. 이런 과정에서 구성원 간에는 자연스럽게 인간관계가 형성되는 것이다. 또한 인재육성에 있어서도 폭 넓은 인간관계를 쌓을 수 있도록 여러 직군을 옮겨 다니면서 성장하도록 하고 있다. 이런 기능 간 경계를 넘는 이동은 상위 경영진의 경우에도 마찬가지이다. CFO를 하던 사람이 글로벌 영업담당(Global Sales)으로 이동하기도 한다.

이런 기능 간 경계를 넘는 이동을 통해 구성원들은 광범위한 네트워크를 형성하게 되고, 이는 향후 상호 협력을 원활하게 만드는 토대가 된다. 또한 이런 제도들의 부수적인 효과로 구성원들은 타 직무나 직군에 대한 경험과 지식을 습득함으로써 매트릭스의 다른 축에 속해 있는 부서의 입장을 보다 잘 이해하게 되고, 상호간의 협력이 보다 원활하게 이루어질 수 있게 된다.

글로벌경영 컨설팅사인 언스트 앤 영(Ernst & Young)의 경우도 구성원 개개인 간의 네트워크 형성을 토대로 매트릭스 구조를 운영하고 있다. 동사는 지역/전문 서비스/산업 분야의 3개의 축으로 조직이 구성되어 있다. 조직도만 본다면 3개 조직이 별도로 분리되어 있는 듯 보이지만, 실상은 이와 다르다. 대부분의 구성원들이 속해 있는 조직은 각 국가별 법인이다. 즉, 구성원들은 지역별 조직의 구성원인 동시에 서비스부문의 구성원이며, 산업부문의 구성원이기도 하다. 예를 들어, 회계 전문가이면서 한국이라는 지역에서 자동차산업 분야의 기업들을 주로 고객으로 두고 일을 하는 식이다.

이렇게 한 사람이 조직을 구성하는 3개의 축에 동시에 걸쳐 있기 때문에 경계가 모호한 커뮤니티가 여러 개 생겨나게 된다. 이런 겹쳐 있는 커뮤니티를 통해 구성원들은 방대한 규모의 네트워크를 형성할 수 있다. 여기에 본인의 직접 네트워크만이 아니라 간접 네트워크를 활용하게 되면 그 범위는 더욱 넓어진다. 예를 들어, 한국에서 일하는 회계 전문가가 고객인 한국의 자동차회사로부터 미국지역의 IT 서비스에 대해 문의를 받았다면 본인의 회계 전문가 네트워크 속에서 알게 된 미국 회계 전문가를 통해 미국의 IT 서비스 전문가를 찾아 연결해줄 수도 있는 것이다.

상호 호혜주의 문화

지금까지 살펴본 것처럼 매트릭스 구조를 효과적으로 운영하기 위해서는 어느 정도 공식적인 프로세스와 제도가 이를 뒷받침해야 한다. 그러나 이것만으로는 충분하지 않다. 오히려 프로세스나 제도 등과 같은 것에 집착한다면 매트릭스에 필수적인 '상호 협력'이 손상받을 수도 있다.

한 글로벌 금융회사에 근무하는 파트너의 인터뷰 내용을 보자. "내가 지금 독일법인에서 일을 하고 있는데, 런던법인의 도움이 필요하다고 가정해 보자. 한 가지 분명한 것은 공식적으로 런던법인 장에게 협력을 요청하는 것이 내가 가장 먼저 할 일은 아니라는 것이다. 우선 나는 런던법인에 있는 지인에게 전화를 하고 도움을 요청한다. 내가 런던법인에 아는 사람이 없다면 여기 독일법인 직원 중에서 런던법인에 지인이 있는 사람을 찾아서 도움을 요청하라고 부탁한다. 대개의 경우, 이런 방식을 통해 나는 원하는 도움을 얻을 수 있다. 왜냐하면 우리 모두 이렇게 하지 않으면 매트릭스 구조가 제대로 돌아가지 않을 것임을 알기 때문이다. 문제해결이 가능한 다른 어떤 방식이 있을까? 결국은 서로 도움을 주고받는 것이다. 물론 이렇게 해도 되지 않는다면 나는 어쩔 수 없이 런던법인 장에게 전화를 한다. 그러나 이때에도 나는 결코 런던법인 장에게 강요할 수 없다. 강요한다고 협력이 되는 것은 아니지 않은가?"

이처럼 매트릭스 구조에서는 공식적인 제도나 프로세스보다는 비공식적인 경로를 통해 협력이 이루어지는 경우가 더 많다. 그리고 이를 뒷받침하는 것은 서로 도움을 주고받는 '상호 호혜주의(Reciprocity) 문화'이다.

매트릭스 구조로의 변화에는 오랜 준비가 필요

글로벌 기업이라면 매트릭스 구조를 취할 때 얻을 수 있는 이점이 더 많아 보인다. 그리고 지금까지 이야기했던 것처럼 기존의 통념과는 달리 매트릭스 구조를 성공적으로 운영하고 있는 기업들도 적지 않다. 그러나 이에 혹하여 지금 당장 매트릭스 조직으로 바꾸려 하는 것은 그다지 바람직한 선택은 아니라고 여겨진다. 아무런 기반 준비가 되어 있지 않은 상태에서 매트릭스 조직으로 이행해 봐야 실패할 확률이 높다. 하버드 대학의 크리스토퍼 바틀렛(Christopher A. Bartlett) 교수는 "매트릭스 구조로의 변화는 구조 자체가 바뀌는 것보다 사람들의 사고방식, 제도 등이 바뀌는 것이 더 중요하다"라고 말했다. 즉, 조직구조를 바꾼 이후에도 그에 맞추어 다른 제도들도 변화가 되어가야 하며, 사람들도 기존의 한 명의 상사를 모시고 일하던 때의 습관을 버리지 않으면 안 된다. 이는 단시간 안에 이루어질 수 있는 일이 아니다.

폴 아들러 교수도 "협력적인 기업으로의 변화는 오랜 시간이 걸리며, 이 과정에서는 단기적인 경쟁력 약화, 재무적 성과의 하락 등의 비용을 지불할 수밖에 없을 것이다"라고 말한다. 만약 매트릭스 구조로의 변화를 시도해 보고자 한다면 이를 유념하고, 충분한 시간과 노력을 들여 장기적인 변화 계획을 수립한 후에 시작하는 것이 바람직할 것이다. 혹은 전사를 한 번에 매트릭스 구조로 변화시키기보다는 부분적으로 도입한 후 확대하는 단계적 접근 방법도 고민해 볼 수 있을 것이다. 지금 당장 매트릭스 구조를 도입할 생각이 없더라도, 기업 경쟁력 제고 차원에서 매트릭스 구조의 상호 협력 문화를 접목할 여지가 없는지 한번 살펴보는 것도 나름 의미가 있을 것이다.

(자료 : LG경제연구원, 2012.5)

토의자료 16-2 석유公, 해외 자회사 관리 '엉망'

석유공사가 해외 자회사 관리 부실로 막대한 손실을 입은 것으로 드러났다.

12일 감사원은 석유공사 재무 악화의 주원인으로 해외자원개발을 지목, 구체적 문제사안과 대책 마련 및 시정을 요구했다. 감사원에 따르면, 석유공사는 2008년부터 2012년 6월까지 총 약 124억 달러를 투자, 6개 석유개발기업을 인수했고 8개 생산광구를 매입했다. 문제는 거액을 주고 인수한 해외 자회사에 대한 관리감독이 부재했다는 것. 감사원의 조사결과, 석유공사는 자회사 인수 후 기술습득 노력을 기울이지 않은 데다 자회사의 무분별한 사업진행을 전혀 관리하지 못한 것으로 나타났다.

석유공사는 2010년 선진 기술력 및 기술인력 확보가 가능한 해외기업 인수를 통해 공사 기술역량 강화를 도모한다는 목표를 설정했으나, 인수한 6개 자회사의 기술습득 및 역량 활용에 대한 어떤 방안도 수립하지 않았다. 또 자회사들에게 사실상 투자결정권을 내줘 거액의 손실을 입고도 탐사 실패원인을 파악치 못한 것으로 알려졌다. 감사원에 따르면, 석유공사는 6개 해외 자회사가 2008~2012년 진행한 109개 탐사사업 과정에서 의사결정에 전혀 참여하지 않았다.

이는 외형적 성장에 집착한 결과라는 분석이다. 당장 성과를 낼 수 있는 생산광구 확보와 대형화 정책에 따라 내실을 쌓지 못했다는 진단이다. 실제 해외자원개발산업의 근간이라 할 수 있는 탐사부분의 경우, 2008~2011년간 투자 비중은 전체 47.6%에서 8.5%로 급감, 탐사성공률은 2007년까지 8%, 이후 3%로 하락했다.

감사원은 석유공사에 대해 장기적 관점에서 균형적인 석유개발사업을 추진하고 해외 자회사의 기술력을 활용해 탐사사업을 추진해 역량을 향상하는 한편, 이들의 투자의사결정에 검토와 통제를 강화하라고 요청했다.

(자료 : 에너지신문, 2013.6.13)

참고문헌

Amazon Web Services, Elements of Amazon's Day 1 Culture. [online] Available at https://aws.amazon.com/ko/executive-insights/content/how-amazon-defines-and-operationalizes-a-day-1-culture/ [접속일: 2021년 8월 7일].

Associated Press(2021), Bezos: Time for Amazon to focus on workers' welfare, *Texarkana Gazette* 4/17/2021.

Becker's Hospital Review(2015), 9 key issues with Amazon's corporate culture. [online] Available at https://www.beckershospitalreview.com/hospital-management-administration/9-key-issues-with-amazon-s-corporate-culture.html [접속일: 2021년 7월 3일].

Benjamin Romano(2020), Who's in charge at Amazon? Moves on secretive S Team signal tech giant's priorities, *The Seattle Times* 2/9/2020.

Brian Dumaine(2020), Amazon was built for the pandemic—and will likely emerge from it stronger than ever, *Fortune* 5/18/2020.

Insider(2019), Jeff Bezos' philosophy for Amazon is that it's always Day 1 — here's what that means and why it works. [online] Available at https://www.businessinsider.com/jeff-bezos-says-always-day-1-amazon-philosophy-2019-12 [접속일: 2021년 7월 30일].

Kathryn Mayer(2021), Amazon takes big step in improving workers' mental health, *Human Resource Executive* 5/21/2021.

Katina Stefanova(2015), Is Amazon's Ruthless Management Culture Hurting Its Stock Price?, *Forbes* 10/24/2015.

LG경제연구원 뉴스 룸(2014), 다시 생각해보는 매트릭스. [online] Available http://www.lgeri.com/management/organization/article.asp?grouping=01020200&seq=492 [접속일: 2014년 4월 24일].

Organimi, Amazon's Organizational Structure. [online] Available at https://www.organimi.com/amazons-corporate-structure/ [접속일: 2021년 7월 14일].

Panmore Institute(2019), Amazon.com Inc.'s Organizational Structure Characteristics (An Analysis). [online] Available at http://panmore.com/amazon-com-inc-organizational-structure-characteristics-analysis [접속일: 2021년 8월 3일].

Pingboard(2019), Hierarchical vs. Flat Organizational Structure and Benefits of Each. [online] Available at https://pingboard.com/blog/hierarchical-vs-flat-organizational-structure-and-benefits-of-each/ [접속일: 2021년 7월 25일].

ProductPlan, Should You Structure Your Product Team Like Amazon, Spotify, or Something Else Entirely? [online] Available at https://www.productplan.com/learn/product-team-structure/ [접속일: 2021년 8월 15일].

Ramish Zafar(2021), Jeff Bezos Promises To Make Amazon Earth's Best Employer In Farewell Letter, *Wccftech* 4/15/2021.

Steve Denning(2019), How Amazon Became Agile, *Forbes* 6/2/2019.

Steve Denning(2020), Don't Reorganize: Run Your Firm As An Agile Network, *Forbes* 6/7/2020.

금융감독원(2014), 2013년 은행 경영 금융통계, 금융감독원

매일노동뉴스, [서성학 SC제일은행지부 위원장] "경영진이 경영실패 책임져야 위기 헤쳐 나갈 수 있다", 2014년 1월 7일자.

박상문(2013), 매트릭스 조직에서 길을 찾아라, KOITA Special Report.

박종민(2012), 기업의 글로벌화 단계에 따른 조직구조의 변화: LG전자 사례를 중심으로, 한국과학기술원 석사학위논문 청구논문.

서민교, 박병일(2015), "글로벌경영", 서울경제경영출판사.

세계파이낸스뉴스, 씨티은행, 지점 수 대비 수익 최상급, 2014년 5월 14일자.

손지동(2008), 중국에 진출한 글로벌 기업들의 Business Structure 분석, 한국과학기술원 테크노경영대학원 석사학위 청구논문.

에너지신문, 석유公, 해외 자회사 관리 '엉망', 2013년 6월 13일자.

윤경훈(2011), "잘 되는 회사는 실패에서 배운다", 원앤원북스.

장세진(2009), "글로벌경영: 글로벌경쟁시대의 국제경영", 박영사.

정구현(2008), "한국기업의 글로벌 경영", 위즈덤하우스.

중앙일보, 〈인터뷰〉김광호 삼성전자 부회장, 1995년 10월 14일자.

테크월드, 1인자 아마존, 맹추격하는 애저와 중국… 세계 클라우드 사업 시장 분석, 2020년 1월 21일자.

파이낸셜뉴스, 아프리카TV, 우에다 슈헤이 신임 법인장 내정, 2014년 5월 4일자.

한국거래소(2014), [아프리카TV] [정정]사업보고서(일반법인). [online] Available http://kind.krx.co.kr/common/disclsviewer.do?method=search&acptno=20140513000318 [접속일: 2015년 4월 14일].

박병일

[약력]

한양대학교 영문과 졸업

영국 University of Leeds, MBA

영국 University of Bradford 대학원 국제경영학 박사

(현) 한국외국어대학교 경영학부 교수

(현) 한국외국어대학교 경영대학원 부원장

(현) 경제정의실천시민연합(경실련) 경제정의연구소 이사

(현) 한국국제경영관리학회 회장, 한국국제경영학회 부회장, 한국전략경영학회 상임이사, 한국경영컨설팅학회 상임이사

(현) 국제학술지 *International Business Review*, Editorial Advisory Board Member

(현) 국제학술지 *Entrepreneurial Business and Economics Review*, Consulting Editor

(전) 한국외국어대학교 경영대학 부학장

(전) 경제정의실천연합(경실련) 기업평가위원회 위원장

(전) 국제경영연구 편집위원장

(전) 영국 University of Birmingham 방문교수

(전) 프레시안 칼럼니스트

박병일 교수는 *Journal of World Business*, *International Marketing Review*, *Journal of Business Research*, *Emerging Markets Finance and Trade*, *Multinational Business Review*, *Thunderbird International Business Review*, *European Journal of International Management*, *Canadian Journal of Administrative Sciences* 등 다양한 해외저널의 특별호 Guest Editor를 맡아 학계에 봉사하였으며, 또한 *Journal of World Business*, *International Business Review*, *Management International Review*, *Journal of International Management*, *International Marketing Review*, *International Small Business Journal*, *Asia Pacific Journal of Management*, *Journal of Business Research*, *Corporate Governance: an International Review* 등 해외저명저널에 약 60편의 학술논문을 게재한 바 있다. 박병일 교수의 주요 논문은 아래와 같다.

[주요 논문]

- Network learning, digital experience, and emerging market SME international orientation: The moderating effects of Covid-19 pandemic, accepted by *Journal of International Management*, forthcoming.
- Doing good by combating bad in the digital world: Institutional pressures, anti-corruption practices, and competitive implications of MNE foreign subsidiaries, *Journal of Business Research*, 137, 2021.
- Knowledge centralization and international R&D team performance: Unpacking the moderating roles of team-specific characteristics, *Journal of Business Research*, 128, 2021.
- International new product development performance, entrepreneurial capability, and network in

high-tech ventures, *Journal of Business Research*, 124, 2021.

- International network searching, learning, and explorative capability: Small and medium-sized enterprises from China, *Management International Review*, 2020.
- Interplay between dual dimensions of ambidextrous knowledge sharing within globalized chaebols: Moderating effects of organizational and global environmental munificence, *International Business Review*, 2020.
- Risk in international business and its mitigation, *Journal of World Business*, 55, 2020.
- '2R-based view' on the internationalization of emerging economy service MNEs: Evidence from China, *Management International Review*, 59, 2019.
- Post-entry performance of international new ventures: The mediating role of learning orientation, *International Small Business Journal*, 36(7), 2018.
- Corporate social responsibility in international joint ventures, *International Business Review*, 27(6), 2018.
- Bring institutions into FDI spillover research: Exploring the impact of ownership restructuring and institutional development in emerging economies, *International Business Review*, 27(1), 2018.
- The impact of country-of-origin on context effects in choice, *International Marketing Review*, 34(6), 2017.
- Institutional legitimacy and norms-based CSR marketing practices: Insights from MNCs operating in a developing economy, *International Marketing Review*, 32(5), 2015.
- Culture clashes in cross-border mergers and acquisitions: A case study between Sweden's Volvo and South Korea's Samsung, *International Business Review*, 24, 2015.
- Determinants influencing CSR practices in small and medium sized MNE subsidiaries: A stakeholder perspective, *Journal of World Business*, 50, 2015.
- Corporate social responsibility: Stakeholders influence on MNEs' activities, *International Business Review*, 23, 2014.
- Innovative knowledge transfer patterns of group-affiliated companies: The effects on foreign subsidiary performance, *Journal of International Management*, 20(2), 2014.
- Control mechanisms of MNEs and absorption of foreign technology in cross-border acquisitions, *International Business Review*, 23, 2014.
- The impacts of turbulent event on technology acquisition: Comparison of cross-border acquisitions formed before and after the crisis, *Management International Review*, 52(2), 2012.
- What changes the rules of the game in wholly owned subsidiaries? Determinants of knowledge acquisition from parent firms, *International Business Review*, 21, 2012.
- Does ownership structure matter for firm technological innovation performance? The case of Korean firms, *Corporate Governance: an International Review*, 20(3), 2012.
- Key factors affecting acquisition of technological capabilities from foreign acquiring firms in small and medium sized local firms, *Journal of World Business*, 46, 2011.
- Knowledge transfer capacity of multinational enterprises and technology acquisition in international joint ventures, *International Business Review*, 20, 2011.
- What matters to managerial knowledge acquisition in international joint ventures? High versus low knowledge acquirers, *Asia Pacific Journal of Management*, 27(1), 2010.

노태우

[약력]
한국항공대학교 경영학과 경영학사
서울대학교 국제대학원 국제학 석사
서울대학교 경영대학 경영학 박사
(현) 순천향대학교 글로벌경영대학 부교수
(현) 경제정의실천시민연합(경실련) 경제정의연구소 기업평가위원
(현) 한국무역학회 부회장, 한국국제경영관리학회 상임이사, 한국국제경영학회 상임이사,
한국전략경영학회 이사, 한국국제상학회 상임이사, 한국산업경영학회 이사
(전) 한국과학기술원(KAIST) 경영대학 방문교수

노태우 교수는 *Journal of Cleaner Production*, *Journal of Environmental Management*, *Journal of Business Ethics*, *Technological Forecasting and Social Change*, *Journal of Retailing and Consumer Service*, *Business Research Quarterly*, *Managerial and Decision Economics*, *Electronic Commerce Research*, *Telematics and Informatics* 등 해외저명저널에 약 20편의 학술논문을 게재한 바 있다. 노태우 교수의 주요 논문은 아래와 같다.

[주요 논문]
- M&A successes: Breadth, depth, and deal completion time in the US semiconductor industry, *Business Research Quarterly*, 26(3), forthcoming.
- What makes consumers trust and adopt fintech? An empirical investigation in China, *Electronic Commerce Research*, forthcoming.
- Preparing an exhibition in the post-pandemic era: Evidence from an O2O-based exhibition of B2B firms, *Technological Forecasting and Social Change*, 185, 122041.
- Multiple principal conflicts and technological innovation performances of international new ventures: Moderating role of founder's experiences, *Journal of Innovation & Knowledge*, 7(4), 100274.
- Exploring the impact of environmental, social, and governance on CDM implementation through an institutional approach, *Frontiers in Psychology*, 13, 890524.
- The effects of CEO narcissism on corporate social responsibility and irresponsibility, *Managerial and Decision Economics*, 43(6), 1926-1940.
- Structural relationships of a firm's green strategies for environmental performance: The roles of green supply chain management and green marketing innovation, *Journal of Cleaner Production*, 356, 131877.
- Unveiling ways to reach organic purchase: green perceived value, perceived knowledge, attitude, subjective norm, and trust, *Journal of Retailing and Consumer Service*, 67, 102988.
- How do intellectual property rights and government support drive a firm's green innovation? The mediating role of open innovation, *Journal of Cleaner Production*, 317, 128422.
- How shipping company satisfies shippers through service quality in South Korea: The mediation role of trust, *Journal of Korea Trade*, 25(5), 19-38.

- Impact of non-aeronautical revenues on airport landing charge in global airports, *Transportation Research Record*, 2675(10), 667-677.
- Do information and service quality affect perceived privacy protection, satisfaction, and loyalty? Evidence from a Chinese O2O-based mobile shopping application, *Telematics and Informatics*, 56, 101483.
- MNC subsidiary's entrepreneurship and knowledge transfer: Evidence from MNC subsidiaries in South Korea, *Journal of Korea Trade*, 24(8), 185-202.
- The effect of eWOM on purchase intention for Korean-brand cars in Russia: The mediating role of brand image and perceived quality, *Journal of Korea Trade*, 23(5), 102-117.
- Chinese multinationals' FDI motivations: Suggestion for a new theory, *International Journal of Emerging Markets*, 14(1), 70-90.
- Not good, not bad: The effect of family control on environmental performance disclosure by business group firms, *Journal of Business Ethics*, 153(4), 977-996.
- Shackles of the past: Why firms divest too late and when they can free themselves?, *Academy of Management Best Papers Proceedings* (Division: BPS), 1, 1292-1297.
- Contingent feasibility for forest carbon credit: Evidence from South Korean firms, *Journal of Environmental Management*, 144, 297-303.

오금식

[약력]
제주대학교 영어영문학과
한국외국어대학교 경영대학원
영국 University of Bradford, MBA
영국 University of Huddersfield 대학원 국제경영학 박사
(현) 부경대학교 글로벌 자율전공학부 부교수
(현) 한국국제경영관리학회 이사, 한국경영컨설팅학회 이사
(현) 국제학술지 *Review of Economics and Finance*, Editorial Board Member

오금식 교수는 *Management Decision*, *Canadian Journal of Administrative Sciences*, *Emerging Markets Finance and Trade*, *Service Industries Journal*, *Frontiers in Psychology* 등 해외저명저널에 학술논문을 게재한 바 있다. 오금식 교수의 주요 논문은 아래와 같다.

[주요 논문]

- Integration of ESG Information Into Individual Investors' Corporate Investment Decisions: Utilizing the UTAUT Framework, *Frontiers in Psychology*, 13, 2022.
- Unraveling the underlying mechanisms of new product development in high-technology emerging-market multinationals, *Management Decision*, 59(1), 2021.
- The Influence of Hotel Employees' Perception of CSR on Organizational Commitment: The Moderating Role of Job Level, *Sustainability*, 13(22), 2021.

- FDI, Institutional Quality, and Bribery: An Empirical Examination in China, *Sustainability*, 11(15), 2019.
- Factors affecting reverse knowledge transfer from subsidiaries to multinational companies: Focusing on the transference of local market information, *Canadian Journal of Administrative Sciences*, 34(4), 2017.
- Reverse knowledge transfer from subsidiaries to MNCs in Korea: size matters, *International Journal of Multinational Corporation Strategy*, 1(3/4), 2016.
- Introduction of Shareholder-Friendly Behaviors after Governance Reform in Korean Firms: Is It a Proactive Response?, *Emerging Markets Finance and Trade*, 51(2), 2015.
- Acquisition of local market information in international joint ventures: service sectors, *Service Industries Journal*, 32(7), 2012.
- Technology acquisition and performance in international acquisitions: The role of compatibility between acquiring and acquired firms, *Journal of East-West Business*, 15(3-4), 2009.

글로벌경영 사례 100 -3판-

초 판 2017년 8월 25일 발행
제 2 판 2019년 1월 15일 발행
제 3 판 2023년 1월 2일 발행

저 자 박병일 · 노태우 · 오금식
발행인 김광범
발행처 도서출판 시대가치
주 소 서울특별시 마포구 토정로 222, 422-1호(한국출판콘텐츠센터)
전 화 02)3152-2620
팩 스 02)6442-2621
등 록 2017년 3월 23일 제2018-000088호
이메일 timepub2017@gmail.com

ISBN 979-11-89607-69-2 93320

정가 35,000원